[MIRROR]

理 想 国 译 丛

063

想象另一种可能

理
想
国
imaginist

理想国译丛序

"如果没有翻译，"批评家乔治·斯坦纳（George Steiner）曾写道，"我们无异于住在彼此沉默、言语不通的省份。"而作家安东尼·伯吉斯（Anthony Burgess）回应说："翻译不仅仅是言词之事，它让整个文化变得可以理解。"

这两句话或许比任何复杂的阐述都更清晰地定义了理想国译丛的初衷。

自从严复与林琴南缔造中国近代翻译传统以来，译介就被两种趋势支配。

它是开放的，中国必须向外部学习；它又有某种封闭性，被一种强烈的功利主义所影响。严复期望赫伯特·斯宾塞、孟德斯鸠的思想能帮助中国获得富强之道，林琴南则希望茶花女的故事能改变国人的情感世界。他人的思想与故事，必须以我们期待的视角来呈现。

在很大程度上，这套译丛仍延续着这个传统。此刻的中国与一个世纪前不同，但她仍面临诸多崭新的挑战。我们迫切需要他人的经验来帮助我们应对难题，保持思想的开放性是面对复杂与高速变化的时代的唯一方案。但更重要的是，我们希望保持一种非功利的兴趣：对世界的丰富性、复杂性本身充满兴趣，真诚地渴望理解他人的经验。

理想国译丛主编

梁文道　刘瑜　熊培云　许知远

[美] 马克斯·伯格霍尔兹 著　　何其原 译

何故为敌：

1941 年一个巴尔干小镇的
族群冲突、身份认同与历史记忆

MAX BERGHOLZ

VIOLENCE AS A GENERATIVE FORCE:
IDENTITY, NATIONALISM,
AND MEMORY IN A BALKAN COMMUNITY

民主与建设出版社
·北京·

© 民主与建设出版社，2023

图书在版编目 (CIP) 数据

何故为敌 : 1941 年一个巴尔干小镇的族群冲突、身
份认同与历史记忆 /（美）马克斯·伯格霍尔兹（Max Bergholz）著；
何其原译 . -- 北京 : 民主与建设出版社，2023.10
　　书名原文 : Violence as a Generative Force:
Identity, Nationalism, and Memory in a Balkan Community
　　ISBN 978-7-5139-4368-0

　　Ⅰ . ①何… Ⅱ . ①马… ②何… Ⅲ . ①巴尔干半岛—
历史—研究 Ⅳ . ① K540.7

中国国家版本馆 CIP 数据核字（2023）第 183857 号

Violence as a Generative Force: Identity, Nationalism, and Memory in a Balkan Community
by Max Bergholz, originally published by Cornell University Press
Copyright © 2016 by Max Bergholz
This edition is a translation authorized by the original publisher, via Bardon-Chinese Media Agency.
Simplified Chinese translation copyright © 2023 Beijing Imaginist Time Culture Co., Ltd.
All rights reserved.

审图号 : GS（2021）7070 号

北京市版权局著作权合同登记号 图字 : 01-2023-4522

何故为敌： 1941 年—个巴尔干小镇的族群冲突、身份认同与历史记忆
HEGUWEIDI 1941 NIAN YIGE BAERGAN XIAOZHEN DE ZUQUN CHONGTU SHENFEN RENTONG YU LISHI JIYI

著　　者	［美］马克斯·伯格霍尔兹
译　　者	何其原
责任编辑	王　颂
特约编辑	魏钊凌　黄旭东
装帧设计	陆智昌
内文制作	陈基胜
出版发行	民主与建设出版社有限责任公司
电　　话	（010）59417747　59419778
社　　址	北京市海淀区西三环中路 10 号望海楼 E 座 7 层
邮　　编	100142
印　　刷	山东临沂新华印刷物流集团有限责任公司
版　　次	2023 年 10 月第 1 版
印　　次	2023 年 10 月第 1 次印刷
开　　本	635 毫米 ×965 毫米　1/16
印　　张	33.75
字　　数	520 千字
书　　号	ISBN 978-7-5139-4368-0
定　　价	118.00 元

注 : 如有印、装质量问题，请与出版社联系。

致所有提供过帮助的人
和所有给予信任的人，
从匹兹堡到多伦多，
从贝尔格莱德到库伦瓦库夫，
以及途中走过的——
一切地方，
无论大小。

目　录

第一部分　历史

第二部分　1941

第三部分　社群间暴力之后

第一部分

历史

引言

　　2006 年 9 月的一个下午，我在萨拉热窝的波斯尼亚和黑塞哥维那档案馆翻看未编目文件时，一捆破旧蓝色文件夹上的醒目字样引起了我的注意：《对波斯尼亚和黑塞哥维那社会主义共和国集体处决地点的考察》（ Pregled stratišta u SR BiH ）。其中收录的文件显示，当时的政府于 1983 年下令发动全国性的秘密调查，搜集人民解放战争（ Narodnooslobodilački rat ）期间，也就是 1941— 1945 年所有发生过集体处决平民事件的地点的信息。该调查由以下几个问题组成：每一个当地社区里各有多少平民被杀？杀人地点在哪里？受害者属于哪个"民族"或"族群"？事发地点有没有修建纪念碑？接下来的几年里，隶属于官方的地方退伍军人在各个社区展开了调查，并将调查结果提交给萨拉热窝的中央机关以供分析。[1]

　　调查的最终报告于 1985—1986 年完成（但未公开发表），其中反复提到了一个不大为外人所知的社区的战时经历，它名叫库伦瓦库夫（ Kulen Vakuf ）。这个小镇坐落于波斯尼亚西北部的农村地区，

横跨乌纳河（Una River），距现在与克罗地亚的边界仅数公里。根
据报告，在 1941 年 9 月，这里有多达 2,000 人遭到了杀害，全都
是属于"穆斯林群体"的男人、女人和儿童。至于杀害他们的凶手
是谁，报告中只留下了几句艰涩含混的论述。共产党在战争期间领
导的"游击队"被认为是没有责任的。德国和意大利的军队也不是
凶手，尽管这些外国军队在 1941 年 4 月入侵并肢解了南斯拉夫王
国。至于"塞族人"和"克族人"的民族主义武装，即"切特尼克"
（Chetniks）和"乌斯塔沙"（Ustašas），虽然被历史学家普遍视为
1941—1945 年该地区对平民施暴的主要凶手，但他们也没有出现在
报告里。报告认定的凶手是一个没有组织形态可言的群体："起义者"
（ustanici）。他们似乎都是受害者的乡邻。在大部分甚至是所有战争
时期的历史记录中，他们作为施暴者都不太能排得上号。奇怪的是，
在 1945 年后的几十年里，库伦瓦库夫的约 2,000 位死者从未被官方
认定为"法西斯恐怖受害者"（žrtve fašističkog terora），这个概念
指的是受到官方承认的战时死难平民。既然这些人未被当作战争受
害者，也就没有纪念碑。报告称，库伦瓦库夫的往事至今仍然不清
不楚，是一个长期存在的"政治问题"。要解决这个问题，并最终
打破公众对于这些受害者的存在所保持的沉默，就要对 1941 年的
暴行做出清晰而准确的回答。[2]

　　次日上午在档案馆，一位老练的管理员把两份文本摆到了我的
桌上。其中一份是回忆录，另一份则是被标记了几页的专刊。[3] 关
于 1941 年库伦瓦库夫的谜案，他所知可能帮得上忙的材料只有这
些。结果，它们反而让问题的层次变得更加复杂了。这些材料显示，
在 1941 年夏天造成数千人死亡的一系列地方性集体屠杀中，这个
多族群地区的很多人其实都兼具施害者和受害者这两种身份。第一
批沦为受害者的是当地那些被称为"塞族东正教徒"的居民，加害
他们的是由其穆斯林和天主教徒乡邻组成的民兵组织"乌斯塔沙"，

这个组织获得了新成立的"克罗地亚独立国"（下文简称"克独国"，Nezavisna Država Hrvatska，NDH）的领导人赋予的权力。克独国是 1941 年轴心国入侵南斯拉夫王国之后成立的，其领导人希望建立一个专属于所谓"克族人"（当地的天主教徒和穆斯林）的国家。不过，最初的被迫害者很快拿起了武器，从受害者摇身一变成了"起义者"，反过来向旧日的乡邻们寻仇。新一批受害者中，有些人是最初施暴的乌斯塔沙分子，但也有很多人只因被认为与乌斯塔沙分子属于同一族群，就遭到了杀害。

　　蓝色文件夹里的文件，连同这些零星的文字，只能让我们对这个复杂的故事略知一二：一个多族群混居的社区里突然爆发了社群之间的暴力，结果居民的生活随之剧变。不过，即使只是这种快照式的描述，其中也蕴含着某种微观的视角，可能帮助我们为一些更广泛的问题找到答案：是什么造成了多族群社区邻人之间的社群暴力？这种暴力又怎样影响了他们的身份和关系？本书是这场探索抵达的顶点。最初的几步是在档案馆的那两天里迈出的，后续旅程持续了将近十年。我在波黑、克罗地亚、塞尔维亚的档案馆和图书馆里查阅了成千上万份文档，其中大部分都是初见天日。很多文件是在萨拉热窝（Sarajevo）、巴尼亚卢卡（Banja Luka）、萨格勒布（Zagreb）、贝尔格莱德（Belgrade）等城市里找到的，另外一些则发现于比哈奇（Bihać）和卡尔洛瓦茨（Karlovac）这样的小城镇。有不少材料是老练的档案管理员和图书馆馆员帮助我找到的；还有一些材料被权欲熏心的地方人物严密看守，需要大量的时间和周折才能一探究竟。为了跟库伦瓦库夫地区的居民做深入交流，我搭乘过当地的公交车，骑过借来的自行车，有时还徒步走过河谷、森林和山路。我还搜寻到了人们谈话中提到的、未发表过的历史著作、回忆录和文件，它们不在任何官方机构手中，多年来都藏匿在人们的衣柜与鞋盒里。

　　慢慢地，这些信息来源向我透露了1941年9月库伦瓦库夫事件的真相。不过，要讲述这个故事，我们首先要打开几扇通往遥远过去的大门，从这个地方社区的历史说起。它经历了一个个帝国的崛起和灭亡，各个政权的诞生和毁灭，以及这类动荡造成的地方团结与冲突的变换。要讲述这个故事，我们还须追溯到1941年的灾难性事件和整个战争余下的时间，以及共产主义建立起来的那几十年。在那段时期，地方性的暴力的经验与记忆仍然持续地影响着人们的身份认同和社会关系。我在破烂的蓝色文件夹中找到的这个简短故事，它的种子慢慢发芽成长，成为一部细节丰富的历史，记述了一个地方社区的社会身份认同形态、它的凝聚力和冲突的基础、引发当地的杀戮事件的诸多因素，以及经历了社群间暴力后，人们找到的那些使他们可以重新和邻人一起生活下去的方法。

　　重构这样一个世界的困难之处在于，要先掌握这个社区多元的词语，但这些词语在更广大地区的历史中经常是被抹去或是忽略掉了。以"族群"或者说"民族"来给人归类的方法，只是诸多不同归类方法中的一种。从显现出来的这部地方历史中，看不出有一条通向1941年社群间暴力事件的清晰、线性的路径，尽管有人会认为当地的多数居民通过广泛而根深蒂固的族群冲突，有意识地铺就了这样的路径。该社区这段不大为外人所知的往事说明了一个反直觉的事实：族群能够在1941年很快成为生死攸关的核心问题，其深刻的显著性（saliency）事实上并不是由数十年的地方民族主义和对抗性族群割裂造成的。确切地说，是一系列事件以独特的方式汇流到了一起，迅速地让一小撮人获得了权力，而他们正确地认识到自己手中正握有前所未有的机遇，可以实施以族群为核心的暴力，借此获取利益，一劳永逸地了结地方争端。在库伦瓦库夫地区，他们为了实现这一目标而迅速发动的暴力很快蔓延成为更多的杀戮。根据蓝色文件夹中的简略记载，这一过程最终在1941年9月的屠杀达到顶峰。

　　这个故事还让我们看到，这些暴力活动激发了一系列难以察觉却影响深远的变革，而它们被聚焦在了地方社区的视角之下。对有些人而言，暴力使族群迅速变得显著起来；对另一些人来说，族群则以同样快的速度变得无关紧要了。有些人不惜一切代价要让以族群为核心的杀戮逐渐升级，另一些人则要求有所克制。如此一来，地方性杀戮造成的动乱，便让人们对族群划分产生了新的感知和理解，即对自己、对所谓"兄弟"、对被认为是"他者"的人有了新认识。其结果是，暴力锻造出了新的共同体、新的权力形态和权力配置，以及新的民族主义实践。这个小社区的历史因而被打上了新的印记：意外爆发的、由少数人执行的暴力产生了一种强大的生成力，使很多人的身份认同、关系和生活发生了变革。

　　因此，讲述1941年库伦瓦库夫的故事，就远不止是为了给某个小镇在重大时期发生的故事提供更好的解释。它事实上可以成为一种方法，帮助我们重新思考对族群划分、民族主义和暴力之间相互关系的基本假设。通过细挖欧洲这一不大为外人所知的角落的历史，我们找到了一种有力的方式，去直面这些问题中对学者和公众来说都很重要的核心难题：族群划分和民族主义是否像很多人假设的那样会导向暴力？还是说，以族群为核心的暴力真的能够制造出深刻的族群认同和民族主义的敌对风潮？我那年9月在档案馆遇到的蓝色文件夹促使我直面这一双重问题，将我引向了1941年库伦瓦库夫这个几乎被遗忘的故事。而探索这个波斯尼亚小镇里熟人相 7
杀的复杂故事的漫长旅程，最终则指向了一个全球性重大难题的核心：怎样解释社群间暴力的起因及其对多族群社区的影响？

　　通过这些宏大的问题来探索族群性、民族主义和暴力，并不是历史学家和其他作者论述二战时期巴尔干地区这一区域历史时的常用方式。在过去，对于克独国发生的社群间暴力，学界都很少会持续关注其起因、机制和影响，对杀戮最猖獗的乡下地区（比如库伦瓦库夫）尤其如此。[4] 过去几十年间倒是有大量以南斯拉夫诸语种写成的著作，但它们最突出的特点大概就是：对暴行的描述压倒性地代替了对暴行的解释。尽管历次暴力事件的基本信息（如日期、地点、死难者数目估算）常常一应俱全，但大部分作者的写法都可以被统称为"血色大地"式的风格。[5] 就像历史学家蒂莫西·斯奈德（Timothy D. Snyder）近期这部著作《血色大地》（*Bloodlands*）的书名和主旨一样，这种风格就是栩栩如生地描写暴力，提供庞大、精确的死亡数字和震撼人心的幸存者证言。[6] 几位重要的历史学家批评斯奈德这本书时指出，这种写法尽管令人手不释卷，但其解释力却往往不尽如人意。[7] "血色大地"式的风格让我们震撼于暴力的恐怖，但这种震撼也可能让我们忘记就暴力的起因、机制和影响提出问题，尤其是在地方层面上。通常互为邻人的施害者和受害者就是在这一层面上彼此遭遇。

　　很多同类著作的另一个普遍特征，是族群倾向严重到了惊人的地步。这类历史和文件集常常专注于某个特定"族群"或"民族"的成员所遭受的杀戮经历。记述克独国"塞族人"被杀害的著作，多是从被归类为该族群成员的人们遭到迫害开始写起，而且经常会生硬粗暴地打住，对于塞族人稍后发动的起义及其造成的针对所谓"克族人"和"穆斯林"的报复性屠杀，完全避而不谈。[8] 同样，描写所谓"克族人"和"穆斯林"被屠戮的著作，一般是以"塞族人"攻击这些群体为开头，基本不（或者完全不）关注克独国先前针对所谓"塞族人"犯下的暴行。[9] 如此一来，这些历史著作明明是在讨论同一时间、同一地点的事情，但它们提供的故事却是自说自话、互不相容。对于这段支离破碎的历史，我们接触到的故事版本几乎完全取决于该故事的作者想要妖魔化一个"族群"，还是想把一个"族群"描述为殉道者。

为达目的，这些作者经常把杀戮事件从具体情境中抽出来，把 ⁸ 不同地点、不同时间针对某一特定群体的暴行汇编到一起，而不去说明这些事件的具体起因，也不解释它们在时间地点上的种种令人费解的差异，仿佛给屠杀事件列个表就算是提供了充分的解释。这种研究方式使得某些人可以更轻易地声称，族群甲身上存在着某种要彻底排斥族群乙的民族主义意识形态，而这就是社群间暴力的首要起因。[10] 这样做的动机往往来自要把某次特定的集体屠杀解释为种族清洗的企图，所以有必要把事情说成是早有打算，具体而言就是所谓根深蒂固的排斥性意识形态。比如兹德拉夫科·迪兹达尔（Zdravko Dizdar）和米哈伊尔·索博列夫斯基（Mihael Sobolevski）在研究克独国时期切特尼克意识形态和暴力的著作和文献集中就如此宣称："所有这些文件都显示，切特尼克分子对克族人和穆斯林犯下的种族清洗罪行都是早有谋划的。"[11]

因此，在与克独国暴力有关的南斯拉夫文献中，可以看到两种关键要素：一方面，存在着一种意识，要把整个"族群"视为主要历史行动者，无论是作为施害者还是受害者；另一方面，认为这些"群体"之间的暴力都源自所谓根深蒂固的民族主义意识形态。[12] 我们甚至很少能粗略地看到某个特定暴力事例的具体起因，也无从得知事情为何在某时某地（而非其他时间地点）发生，更搞不清楚暴力、族群性和民族主义之间的关系。实际上，所有这些要素都被汇集在同一幅静止不变的画像里，其中总是有某些"族群"杀害其他"族群"，或者被其他"族群"杀害。在这种框架下，暴力似乎早已为遥远的历史因素所注定，因此历史学家的任务只剩下描写杀戮的恐怖。这让人想起唐纳德·霍洛维茨（Donald Horowitz）在评论许多关于南亚骚乱的文献时说的话："暴力要么无从解释，要么就根本不需要解释。"[13]

鉴于大量涉及克独国暴力事件的南斯拉夫文献都是这种状况，我们或许能够理解，为什么某些北美的历史学家（比如塔拉·扎赫拉［Tara Zahra］）会泛泛地提议说，也许是到了"挽救东欧于无休止的暴力［和］民族主义"的时候了。不过，这样的声音并不是在呼吁以更成熟的方法来研究和解释历史上社群间杀戮中那些令人费解的片段。他们所谓的"挽救"，似乎是在要求历史学家和其他人放弃所谓"对暴力的无情注视"，转去研究其他的课题。新的研究领域（比如跨民族历史）的确能给人以启迪，但如果东欧（或巴尔干地区）历史的书写的确如扎赫拉所说，已经陷入了"病态的……种族冲突及暴力的陈旧故事"的泥潭中，那么富有建设性的做法应当是细致分析相关现象并做出更成熟的研究。这样的研究并不会像某些人害怕的那样，让这一地区的历史进一步"病态化"；事实上，它们能更好地解释那些至今难解的问题，比如暴力的起因、机制及其与民族主义和"族群冲突"之间的关系，从而起到"去病态化"的作用。[14]

幸运的是，过去十年来，学者们（特别是来自南斯拉夫地区以外的学者）对克独国的兴趣有所增加，产生了多项新的研究。如今，我们对以下领域的理解已经远超从前：二战时期萨拉热窝的生活；乌斯塔沙和切特尼克的最高政治目标，以及他们的暴力政策和实践；切特尼克分子和共产党领导的游击队之间的冲突；克独国政权的文化政策。[15]毫无疑问，今天的英语读者比过去任何时候都能更多地了解克独国的历史，包括其存在期间发生的暴力事件的某些侧面。不过，对于地方社群间暴力的起因、机制和影响等问题，这些文献给出的答案却还是少得惊人。

这些研究还普遍以各种各样的形式表现出了政治学家斯塔希斯·卡里瓦斯（Stathis Kalyvas）所谓的"都市偏见"。直到最近，都市偏见都是各个不同情境下的集体暴力与内战研究的一大特征。

它指的不仅是字面上的意思，既不只是说相关研究完全没有涉及乡村，也不仅是说研究者们更喜欢在大城市开展研究；它还意味着一种"更加普遍的倾向：解释现象时不看具体背景，而完全采用自上而下的方式"。[16] 在选题和研究方法论方面，有些新近研究克独国的著作对该国少数城市地区的特定战时生活机制表现出了明确兴趣。在那些确实研究了乡村社区事件的著作中，作者们通常也只是简略地使用一些地方案例，用来展示更宏观层面上的意识形态、政策和趋势，而并未持续以地方乡村社区为核心焦点。而且，这些研究几乎都完全依赖中心城市里保存的信息源，研究者不到地方档案馆去做田野工作，也不去村子里做民族志研究。

新近的研究确实有成果产出，但是对于克独国的地方农村社区，我们的了解仍然少得惊人，即便学界普遍认为绝大部分社群间暴力都发生在这样的地方。几十年来，对亚洲、非洲等其他语境里 10 集体暴力的研究已经转向地方层面（尤其是乡村），地方已成为研究的核心主题。[17] 但在我们这段历史的叙述中，这个空白点却持续存在，尤为令人费解。对二战时期的其他欧洲地区（如波兰和东加利西亚［Eastern Galicia］*）的研究也已经出现了如此转向，我们只须注意到，扬·格罗斯（Jan Gross）研究地方性集体屠杀的开创性著作《邻人：波兰小镇耶德瓦布内中犹太群体的灭亡》（*Neighbors: The Destruction of the Jewish Community in Jedwabne, Poland*），是在近15年前出版的。[18] 然而，对于克独国乡村地区的小镇和农村，却还没有历史学家担负起微观研究的重任，尽管在这些地方，以族群为核心的邻人相杀或许比德国占领下的波兰更为普遍。[19]

近来的一些研究克独国的相关著作确实以某种方式涉及农村，

---

* 加利西亚是中欧的一个地区，二战爆发时属于波兰。二战结束后，东西加利西亚分别被划给乌克兰和波兰，这里的东加利西亚指的是加利西亚地区中今天属于乌克兰的那部分（本书脚注若无特别说明均为译注）。

我们也不能认为它们忽略了乡村暴力的普遍存在。但是，它们通常还是倾向于使用大体上自上而下的解释框架，更强调民族主义意识形态和上层精英决策的重要性。因此，地方上的生与死在本质上似乎只是因果链条的最后（通常也是被动的）一环，因果关系的起点都在远方首都城市的核心政治领袖身上。[20] 1941 年（以及之后的几年），克独国当局鼓励支持的暴力无疑是非常重要的；学者若是想要解释这个国家的暴力，就绝不能轻视这个层面。但是还有种种问题，比如本地居民以族群为核心杀害乡邻、暴力在时间和地理上的高度差异性、暴力与族群性和民族主义之间的关系以及对它们的影响。如果不持续关注 1941 年及之前的地方社会关系的话，就不能恰当地处理这些问题。[21]

这种大体自上而下的解释框架，至今仍然居于主流地位，实在是令人难以理解。毕竟有大量证据说明，克独国政权在很多乡下地方十分弱小，在指挥自己的地方民兵武装——乌斯塔沙的暴力活动时尤其如此。可以思考一下波斯尼亚小镇亚伊采（Jajce）的一位克独国官员 1941 年 9 月向上级反映乌斯塔沙暴行时的说法："（在亚伊采）没有什么权力机关，也没有政府，没有最高领导人，没有宪兵队，没有军队，只有这些乌斯塔沙分子。"[22] 1941 年 5 月，克独国军方的指挥官也这样描述过库伦瓦库夫当地乌斯塔沙分子的态度："他们回答说，对他们来说没有什么上级领导，他们想干什么就干什么。"[23] 这些证据都说明了自上而下地解释克独国地方性暴力机制的局限性。这样一种解释方法的持续流行，说明人们仍缺乏对地方乡村社区（实际发生大量屠杀事件的地方）的持续关注。在研究集体暴力的学术界，这样的反差并不新鲜：一方面想要解释集体暴力的起因和机制，另一方面又不对其实际发生的社区给予足够的关注和研究。这正是最近几十年大屠杀研究的特点，正如奥默·巴托夫（Omer Bartov）所说，对于东欧地区的研究尤其如此，直到最近约 15 年才有所改观。[24]

这样的改观并未出现在对克独国的暴力的研究中。之所以长期局限于此，很大程度上跟那些受到重视的研究话题有关系。研究克独国的历史学家倾向于关注一些广受争论的话题：克独国到底有多少人被杀；某些特定的屠杀是否构成"种族清洗"；各个"族群"在战争时期的经历；共产党领导的游击队与塞族民族主义的切特尼克分子之间的斗争；那几年应该被定性为三方内战还是四方内战；波斯尼亚的"穆斯林"是纳粹的"天然"盟友，还是"反法西斯主义者"。[25] 这些话题长期主导着整个研究领域。可以说，它们确实都值得关注，都应有其一席之地。但它们长期占据研究的主流，也使得涉及这段历史的讨论总是向内聚焦，与当前更大范围内对世界各地不同情境下的政治暴力的起因、机制和影响的学术讨论脱节。[26] 其不幸之处在于，研究克独国的学者本来应该对这类讨论做出很大的贡献，毕竟这个国家的地方社群间暴力如此泛滥。

过去十年来，重要的理论和经验研究著作大多出自政治学家和人类学家之手，这些作品说明，冲突的宏观界限与地方或微观层面（特别是在农村地区）的暴力之性质间经常存在很大的断层。[27] 很多人认识到了这一点，并付出了持续的努力，想要解释地方性暴力某些时候表现出的那种令人费解的、时间和地理上的差异，尤其是通过微观比较研究的方式。[28] 这类差异越来越受到关注，它要求我们解释国家内部同一个行政区里暴力的发生和缺席，同时也要求我们解释同一地区里暴力的升级和对暴力的克制。[29] 对暴力的消长及其后果的研究已经有著作产出，其中探讨了战时机制如何塑造对进一步暴力的预期。这就让关注焦点集中到了这样一些问题——战前的政治分裂和地方的战时动态在多大程度上有助于解释社群间暴力的是否发生、在什么地方发生（或者没有发生）和以何种方式发生。[30] 这类对暴力冲突内在机制的研究说明，暴力事实上能够剧烈地改变身份认同和社会分类的形态，使之变得与冲突之前截然不同。[31] 过去这些年来，这些研究让政治暴力这一领域变得生机勃勃，也为解释克独国的地方性暴力提供了有力的研究和再思考的方法。然而，它们几乎从未被应用在本书讨论的这个案例上。

要更好地理解 1941 年库伦瓦库夫等地爆发的这种复杂的屠杀潮，以及它们对当地生活的后续影响，就得把两种彼此密切关联的研究方法结合起来，才能得到一种能够取得丰硕成果的研究路径。一方面，我们需要尽快把乡村社区（大量的克独国暴力事件实际上都发生于此）作为分析的中心视角。对于内战和集体屠杀频发的乡下地区，微观上的分析性关注已经有所增加，这推动了学术界在其他暴力个案的研究方面取得了重要进展，比如对非洲暴力事件的研究。然而，即使是研究这些地区的学者，也仍然有人呼吁更多地方层面的研究，哪怕只是为了在邻人相杀的村子里，对那些往往不明不白的系列事件做出基本的重构。[32] 鉴于对克独国农村地区的类似研究少之又少，这个方向更是特别需要分析性的关注。

另一方面，在克独国地方农村社区的特定历史与围绕世界各地暴力的起因、机制和影响的更广泛的学术辩论之间，需要架起一座分析性的桥梁。要直面这项挑战，就不只要挖掘库伦瓦库夫地区的地方历史，而且也要利用更广泛的暴力讨论中浮现的各种问题和全球范围里的比较案例绘制出一条航路，供我们在克独国农村社区的未知水域里试航。有了新的研究问题和比较数据，我们将可以专注于辨别起因、机制和影响，再把它们应用于世界的这个特别的角落，或许就能更好地阐明那些至今仍基本无解的问题：多族群社区里比邻而居的人们在长期大体和平共处的生活之后，为什么会突然在 1941 年爆发骇人的社群间暴力？这又是怎样发生的？这样的经历对他们的身份认同和关系有怎样的影响？

本书就是应对这些挑战的一次漫长而持久的尝试。它吸收了政治暴力、族群性和民族主义等领域的问题和发现，去讲述库伦瓦库夫1941年及其前后发生的故事；与此同时，这个故事中丰富的实证细节，也将会为批判性地参与这些领域的重大辩论提供一种工具。本书同样也揭示和分析了这个巴尔干乡村社区的社群间暴力的地方机制及其影响。在政治暴力的相关文献中，关于这一主题的内容一直少得出奇。然而，本书虽然援引了这一学术领域的重大问题和发现，却并不仅是把它们套用到巴尔干身上来阐述老生常谈的理论；事实上，这个巴尔干社区的故事为我们提供了一种拓展政治暴力研究的方法——很多时候，这类研究探讨的都是与族群无关的内战。本书的目标是要进一步巩固这种研究，将其扩展至一种少有文献分析的暴力类型，即很多人通常认为的"族群暴力"。

本书的第一部分（"历史"）余下的章节，是对1941年以前库伦瓦库夫地区历史的重建，其中尤其关注族群性和冲突的话题。我们将从17世纪末开始，当时乌纳河谷有好几座军事防御工事，都是为了奥斯曼帝国西部边境持续不断的战事而建的，在这些防御工事的附近建起了一座小镇，也就是后来的库伦瓦库夫。我们对它及其周边地区历史的探索以两大问题为框架：在地方层面上，"族群"（或"民族"）在1941年以前意味着什么？在多大程度上，族群性和民族主义以归类方法和意识形态的形式推动了冲突爆发？这里必须仔细研究的是，它们在当地战前是否具有显著性。相关档案来源虽然丰富，但未得到充分利用，特别是奥匈帝国统治当地的时期（1878—1918）和两次世界大战之间南斯拉夫王国统治时期（1918—1941）留下的材料，对本研究颇有助益，包括与土地纠纷相关的法院文件、犯罪统计、警方对政治割裂和人际冲突的报告、政党的项目和活动、选举结果、极端主义组织的存在（或者不存在）及其活动的报告。如果对抗性的族群意识在地方政治和社会关系中已经形成了一套现成可用的词汇，那它到底有没有占据主导地位？如果答案是肯定的，这又是从何时何地开始的？

在挖掘了战前身份认同、冲突和凝聚力的地方性机制之后，本书的第二部分（"1941"）将转向对1941年的分析，尤其聚焦于这一年的4—9月——在这段时期，库伦瓦库夫地区发生了规模空前的地方性暴力行径。1941年4月初，德国带头入侵南斯拉夫王国，致使这个国家被肢解，克独国由此建立。其军事和行政机关留下了有关建立这个新国家的大量档案材料，宏观（中央）、中观（地区）和微观（地方）层面的都有，再加上当时的报刊，使我们有可能拼凑出这场急剧转型的发生过程。这些材料还使我们能够分辨，这个过程对本地身份认同和社会关系形态造成了怎样的影响。政府创造了新的政治领域，使得"族群"的显著性急剧上升，这对地方上的族群间关系和族群内关系产生了怎样的影响？他们又有哪些新的归类方法来区分包容对象和排斥对象？在地方层面上推动变革的主要行动者，是那些加入政府手下的乌斯塔沙民兵。一大批档案馆里的文件，加上未出版的当地居民手稿和回忆录，使我们得以利用库伦瓦库夫地区的案例，详细描绘出这一群体的社会画像，阐明其在地方层面上的动员机制。

在这一地区，政府政策的首要影响之一是批准乌斯塔沙民兵等当局认定的"克族人"大量抢掠"非克族人"的财产。族群间抢掠的机遇对族群内和族群间关系造成了怎样的影响？最初，被定性为"族群他者"（也就是"塞族人"）的人是唯一的受害者。然而，当乌斯塔沙抢光了"他者"的财物以后，很快就转过来向所谓的"兄弟"（也就是"克族人"）下手。这能告诉我们，在这种动荡时刻，族群的显著性意味着什么？克独国军事和行政机关留下的文件提供了充足的材料，使我们可以围绕这些难以辨别且罕有研究的机制问题，编织出一幅生动的地方性图像。这里重要的是要做出区分：是探索族群性新近具备的政治显著性如何影响了暴力的机遇，还是把暴力与抢掠直接看作所谓早已存在的对抗性"族群"分裂的后果？然后我们就可以提问：根深蒂固的民族主义情绪和族群分裂，是不是在地方层面上以族群为核心的暴力的必要条件？

到了 1941 年 7 月初，在很多地方社区里，被认作"非克族"（即"塞族"）的人开始遭到屠杀。这些屠杀通常都是对互相强化的恐惧感的回应。克独国当局发动了种族迫害的政策，结果大量被迫害者逃进森林，而地方领导人又因此担心他们在准备叛乱。于是，在政府的支持和鼓励下，他们对那些人的村子发动了先发制人的打击，结果酿成了集体屠杀。在这些事件的整个过程中，克独国军队和政府留下的档案文件，加上保存至今的幸存者的证言和回忆录，使我们得以细致地重现这些屠杀事件。这些材料的存在也让我们得以解释，地方性暴力为什么会发生在特定的时间与地点？我们也得以探索，屠杀究竟怎样影响了社群之间的关系和对群体性身份认同的感受：在暴力发生时，以及在暴行刚结束时，施害者和受害者对邻人和自己的看法改变了吗？为什么屠杀发生时，一些地方出现了跨族群的救助和干预行为，救下了一些险些沦为受害者的人，但其他地方就没发生这种情况？我们也需要解释这种令人不解的地域差异。是什么让邻人互助成为可能？ 1941 年以前的因素（比如长年累月的跨族群友谊）当然重要，但我们寻找解释时发现，暴力的内在因素也非常关键。毕竟，战前族群关系良好的证据普遍存在于各个地方，但救助与否却差异极大。

乌斯塔沙屠杀开始不到一个月后，相当一部分东正教群体发动了起义。从 8 月到 9 月初，他们袭击了天主教徒和穆斯林的村庄，发动了大规模的报复性杀戮。其中许多拿起武器的人后来都写了回忆录，讲述了自己的经历。这些信息源的质量良莠不齐，而且在谈到共产党的角色时经常会倾向于将其神圣化——起义开始数月之后，共产党设法取得了对不少本地战士的领导权。不过，这些第一手回忆还是描绘出了地方性事件的复杂图像，对于起义的弱点、不同族群者之间的救助和社群间暴力的事例，经常能提供丰富的细节。档案文件中，也留下了起义者们在叛乱期间的公开宣言和私下通信，这有助于我们评估这些回忆录，判断它们在多大程度上夸大、淡化或遗漏了信息。

　　将这些信息来源彼此对照，我们便可以一窥当地起义者的动机、行为和目标，从而提出以下几个问题：以族群为核心的暴力怎样影响了当地人看待自己的方式，又怎样影响了他们看待那些施暴者的方式？正是这些施暴者通过暴力将区分包容对象和排斥对象的族群标签铭刻在了当地人身上。以及，这些在暴力中产生的新型身份认同形态有多坚固？早先对东正教徒群体的集体屠杀，不只激发了将"族群他者"定性为敌人的快速集体归类法，而且还引导了一个进程，在边界刚刚得到强化的群体内部也开始了集体归类。屠杀的幸存者们为了回应他们遭受的集体迫害，常常会要求所谓的"兄弟"都族群化起来，以种族为核心保持内部团结一致。

　　在考察这次起义时，除了要分析以族群为核心的暴力怎样制造出了一种把人们快速区分为族群"他者"和"兄弟"的归类方式，更关键的目标是往前再推一步，思考社群间暴力怎样在事实上推动了在多个方向上同时高速展开的族群化进程。施害者或许是通过暴力行为把族群性刻在了受害者身上；反过来，受害者们也内化了这种外部强加的族群划分，并以复仇的方式把族群性又刻在了最初的施害者和相关人员身上。不过，在施害者和受害者群体内部，族群化也可以通过暴力行为和恐吓（对族群"他者"和"兄弟"都适用）快速蔓延开来。因此，我们在分析这种暴力时，需要一套运作性假说来理解暴力的力量：暴力除了是一种破坏力，对于迅速为个人和群体的身份认同制造边界和可能性来说也是一种强大的生成性力量。

　　不过，这里存在选择性偏差的风险：我们从一开始就选中了库伦瓦库夫地区作为分析对象，这里的一些社区遭受了高强度集体暴力的肆虐，这可能会使我们相信，"族群"暴力只会让人们滑向连带的"族群"极化。我们可以采取微观比较的方法来避免偏差，从而识别出"反面案例"，比如同一地区里未发生暴力的那些事例，再比如跨族群的救助干预抑制或避免了杀戮。这种看似很可能发生但最终没有发生暴力的实例，还没有得到过充分的研究。起义者一方的回忆录和档案文件是我们研究它们的重要材料，在这些事件中，暴力有可能发生，却最终并未发生。此外还有这类事件中遭受暴力但得以幸免的当地人的回忆。难题在于，那些未发生暴力的地区，其战前的结构性特征和发生了集体屠杀的地区都差不多。而且在1941年夏天，它们都处在克独国相似的迫害政策下。我们该怎样解释暴力的这种令人费解的国家层面以下的差异？跨族群的救助行为和克制暴力的努力，对族群认同和社群间关系发挥了怎样的影响？在这里，我们或许要处理一种少有研究的、违反直觉的机制。一波又一波的屠杀能够迅速制造出以族群为核心的对抗性集体识别方法，但与此同时也能创造其反面：跨族群救助的风潮，以及一种视行为（而非族群）为区分敌友的最高标准的意识。

　　第二部分的最后一章（"48小时"）对波黑档案馆的蓝色文件夹中的速写做了细致的重构和分析。讲述这段历史，也就是1941年9月初那几天里库伦瓦库夫起义者对以平民为主的受害者的大屠杀，需要多方面的信息来源：克独国军事和行政机关的档案文件、起义者的回忆录和文件、当时的克独国媒体、幸存者的证言（书面的和口述的），以及未出版的手稿（比如当地村民写的历史和回忆录）。对起义者的暴力做过微观比较研究后，我们就不必再通过那些表面上的归类方法和问题来分析暴力了，可以换些别的。与其去问起义 17

者（很多人会将其简单地定义为"塞族人"）为什么要杀死大量的库伦瓦库夫平民（即"穆斯林"），我们倒不如提出另一个更有助于分析的问题：起义者中那些"主张升级"的人，是怎样压倒了队伍中其他"主张克制"者的抵制，继而在库伦瓦库夫犯下了一系列以族群为核心的屠杀？

这样分析以后，我们就能避免把这段历史简化成各个"族群群体"之间的整体性冲突，认为是因为各个群体的人之间怀有所谓强烈的复仇渴望，所以才产生了大规模的报复性暴力。相反，这段历史要求我们解释的是，那些想要"升级"或者说加剧暴力的人究竟怎样克服了他们首先会碰到的难题：打败他们的反对者。毕竟，反对者和主张升级的人属于相同阵营、相同族群，只不过反对者反对杀人。解释了这个问题，我们就能准确阐明，对族群暴力的渴望是通过何种机制转化成在特定时间、地点的屠杀行为的，而不必再把所谓长期以来的"族群对抗"因素以及具体情境中的强烈复仇欲当成事情的主要起因。它们在某些案例中或许是必要条件，但并没有充分到可以解释问题。我们之前对反面案例的微观比较分析说明，在单个给定地区里，即使"族群对抗"和族群复仇的渴望确实高涨，暴力也还是有可能不会发生。因此，要重构 1941 年 9 月初那几天库伦瓦库夫的极端暴力事件，我们就要面对一个独特的难题：我们该如何解释，具体是什么让可能导致社群间暴力的局面走向了真实发生的大规模屠杀？

在第三部分（"社群间暴力之后"）里，我们转而探索战后的几十年间，暴力的经验和记忆怎样影响了地方性的身份认同、社会关系和民族主义的形态。1941 年的屠杀怎样塑造了人们对自己和他人的感受？发生了如此高强度的社群间暴力，共产党政府又企图消除一切形式的对抗性民族主义，人们后来会以什么方式说出（或是不说出）民族主义的语言？ 近来，20 世纪 50—60 年代南斯拉夫共产主义者联盟（Savez komunista）市级委员会编纂的地方性跨社群关系档案得到公开，使得微观上的研究变得可行，再配合一些当地村民的观点，便能为社群间暴力阴影下当地民族问题的微观机制打开一扇珍贵的窗口。曾经的施害者和受害者（同一批人可以兼具这两种身份）如今常常又比邻而居，共同生活；当有乡邻试图散布某种对抗性的民族主义意识时，人们的反应是否会受到 1941 年屠杀的影响，特别是在地方上发生冲突事件的时候？是什么让有些人无动于衷，又让另一些人力图予以克制？这里的首要目标，是要对民族主义研究领域的一个重大问题给出微观层面的答案：普通人是怎样开始说民族主义语言的？又为什么会对之无动于衷或者加以抵制？

　　在尾声中，我们将回到当下，思考三个重要的地方性画像：1981 年，库伦瓦库夫镇的第一座战争纪念碑揭幕；1992 年 6 月，在一座横跨乌纳河的桥上，波斯尼亚和克罗地亚的塞族武装挑选了210 名当地穆斯林男人和男孩，作为逮捕和审讯的对象；最后是对当下该地区战争记忆图景的思考。之所以要介绍这些画像，把我们的这个故事向前推进至当下，目的并不只是要创造一种语境，来更好地阐明这个故事在学术上的主要贡献；同时也是为了提出，历史，以及它被讲述、被噤声和被遗忘的方式，会在这个地方的人的身上持续造成深远广泛的后果。暴力潜能会被激发，成为后来的暴力事件（1992—1995 年）；阴影会笼罩在当下的敏感点上，关系到什么样的未来将成为可能，或者成为不可能。

　　我们的旅程以档案馆里的蓝色文件夹为起点，通过 1941 年的暴力走进遥远的过去，然后又前进到当下。最终，它将对几个具有全球意义的问题，给出具有特殊地方性特征和丰富经验事实的答案：暴力与身份认同、民族主义及记忆究竟是什么关系？是什么制造了人们的这种感受，让他们觉得自己所属的地方性社区是由多个互相排斥、对抗的"族群群体"组成的？为什么这些社区中的某些人会认为，他们的历史是被看似无休止的"族群暴力"循环所驱动的？以及，我们在这样的地方讲述这种暴力历史时的责任是什么？

　　在我们开始旅程前，要先就方法论和概念的问题多说几句。本研究在重构这个故事的几乎所有部分时，都使用了大量的第一手材料。档案文件、回忆录和口述证言打开了通向当地农村生活的窗户。之所以要付出坚实的努力以获取这样的材料，并非只是为了提供更多的地方性色彩，而是这种方法能让我们在讲述这段历史时更靠近事发地。如此一来，我们在重构这段往事时，就不会再频繁地、不加批判地使用族群化、群体化的语言，漫不经心地把当地人区分为"塞族人""克族人""穆斯林"等群体。这样的做法在这一地区的多数历史研究中比比皆是。我们不必认定"族群"或"民族"都有清晰的定义，再把这种意识投射到我们的历史行动者身上；有了大量高质量的原始材料，我们就可以近距离倾听他们对身份认同归类的真实说法。因此，当没有第一手材料说明历史上的行动者自己怎样使用族群名称时，本书通常会在族群类别前面加上"所谓的"一词，或者直接引用史料。这种做法是有意为之的，目的是把我们做历史分析时使用的归类法与历史行动者日常采用的归类法相区分。在讲述这段历史时，我们是否使用族群归类的方式，应当以他们自己说过的话为准绳。我们应当抵抗把自己对那些民族类别的感知投射到我们想讲述的历史中去的冲动。在这个问题上保持警惕是至关重要的，只有这样才能弄明白族群划分对人们而言何以重要（或不重要），以及这些类别的意义和重要性是怎样随着时间推移而改变的、为什么会有这种改变。

　　要更好地把握和解释这种流动性，有一种观念是我们必须抵制的，那就是把"族群"和"民族"看作有生命的存在或者抽象的集体行动者，好像人们天然就从属于它们、通过它们来行动。我们需要认识到，"族群"和"民族"只是一种"看待世界的视角"，就像社会学家罗杰斯·布鲁贝克（Rogers Brubaker）主张的那样。它们是思维框架，是看待和解释世界的方式，不深入，也不恒久，只是在特定的时刻可以突然"发生"在人们之间。[33] 历史学家的挑战就是要发掘出究竟是哪些特定的因素让"族群化"的视角在特定时刻具备或失去了意义和政治上的显著性。在搜寻这些因素的过程中，给予偶然事件以特殊关注是大有用处的，特别是在地方层面上，它们往往能以令人毫无防备的剧烈方式，迅速改变人们看待身份认同和社会关系的视角。[34] 这种"事件性分析"能更好地阐明，"族群"和"民族"的分类是怎样对小型社区里的普通人造成影响的（或者没有），又为什么会有这种影响。

这里的主要焦点是暴力事件。我们的故事生动地显示出，这类事件能成为一种至关重要的手段，让某种强有力的族群性迅速地凝聚成形、放大并变形。简而言之，在族群身份认同和社会关系的形成中，暴力是一种生成性的力量。对很多人来说，这种提法可能是违反直觉的。他们或许坚信，"族群暴力"能够产生，必然存在着各种根深蒂固、长期存在的族群身份认同形态，以及彼此排斥的民族主义意识形态。面对这种以族群为核心的暴力事件时，我们大概很难抗拒这类信念。但我们必须努力避免混淆因果，因此也就不得不采取不同的做法，不去把强烈而广泛的对抗性族群意识假定成以族群为核心的冲突和暴力的天然必要前提。相反，我们的做法是识别出那些使得族群化世界观广为传播的前期导火索事件，并予以解释。对于族群极化与暴力的因果关系，人们经常直接予以假定，而不给出什么有说服力的证据。而我们如果想要做出清晰的阐述和解释，就一定要对相关事件的先后顺序给予密切关注。族群极化和暴力实际上是什么关系？是像很多人假设的那样，前者发生在后者之

20

前，还是说暴力其实才是被漠视的关键力量，不但能催生和加强族群极化，而且能制造和强化更广泛的族群意识？

　　为了成功地探索这些广泛问题的答案，我们的分析应该立足于一个暴力和族群性都曾经在某些特定时刻起了决定性作用的地点。对于两者间关系的问题，如果我们能够坚持通过微观层面的数据，努力对这种地方的生活做出细致的考察，无论是暴力之前、之中、之后，那我们的研究也更可能给出新的答案。那个下午在波黑档案馆无意间发现的蓝色文件夹，向我们提供了这样一个地点：库伦瓦库夫地区。从各个中央档案馆到未出版的手稿，从首都城市到山区农村，多年搜索该地区历史材料的过程，给了我们深入这一多族群世界的关键方法，让我们可以去发现，是什么让邻人们能够共同生活，彼此屠杀，然后再重新开始共同生活。

第一章

社区用词

　　乌纳河从横跨波斯尼亚西北部和克罗地亚利卡地区（Lika）的山地流淌而来，河水冰冷清澈，在日光的照耀下"闪耀着金黄和翠绿的光芒"。这句话是英国考古学家阿瑟·埃文斯（Arthur Evans）爵士于1870年游历这一地区时写下的。[1]乌纳河虽然偶尔会倾泻成瀑布，但多数时候都静静流淌，直到与另一条小得多的奥斯特罗维察河（Ostrovica River）汇流。后者出自大山脚下，独自流淌长达几百米。从两河交汇处的山谷里向上望去，能看到旁边山脊上有一座危耸的古老堡垒，其陈旧的围墙虽已崩塌、朽坏，但直到今天看上去仍然坚不可摧。

　　17—18世纪之交，利卡地区的斯拉夫人来到了这个地区。这些人刚皈依伊斯兰教不久，1689年奥斯曼兵败维也纳后，他们从乌德彼纳（Udbina）等城镇的家园逃离出来，在两河之间的小岛上建起城镇。当地斯拉夫语的发音中，这个镇子的土耳其名字被念作"Džisri-kebir"（"大桥"或者"长桥"），指的是人们在乌纳河上搭建的连接着镇子和波斯尼亚其他地方的木桥。当地人还称

镇子为"帕夏·马哈穆特·库伦诺维奇省"（Palanka Mahmut-paše
Kulenovića），来自一位奥斯曼人物的名字，此人于18世纪上半叶
22　担任过要塞的司令，他曾下令在镇中心建起一座清真寺，敬奉奥
斯曼帝国的苏丹艾哈迈德二世（Ahmed Ⅱ）。白色的宣礼塔高及天
际，下方的拱门横跨一条小小的步行街，街边布满售卖香料、农产
品和金器的小商店。帕夏·马哈穆特·库伦诺维奇宣布，他死后会
把大部分财产留给清真寺。在伊斯兰传统中，这种宗教捐款被叫作
"wakf"（译自阿拉伯语），本地居民则根据他们自己语言的发音将
其念成"vakuf"，因此从18世纪下半叶左右起，小镇就开始被叫作"库
伦瓦库夫"（Kulen Vakuf）了，算是向出资兴建当地最大、最著名
的清真寺的人表示敬意。[2]

　　库伦瓦库夫之所以能在18世纪上半叶建成并发展起来，是
因为当时的一系列战争和战后危机改变了奥斯曼帝国的西部边陲。
24　1683—1699年的奥地利—奥斯曼战争，以及后来18世纪10年代和
18世纪30年代的战争，使得奥斯曼失去了大片领土，尤其是它的
西北边疆。为了避免更大的损失，他们重整了军队编制，新创建了
一系列被称为"官长辖区"（kapetanije）的防御分区，每个官长辖
区的覆盖范围包括一座城镇、主要道路再加上附近的乡下地区。负
责这些分区的司令官被称为"官长"（kapetan）。[3]

　　库伦瓦库夫镇能够成长，是因为当地那座名为"老奥斯特罗维
察"（Stara Ostrovica）的堡垒里被设置了一个这样的官长辖区。这
座堡垒位于乌纳河和奥斯特罗维察河汇流处的山脊上，山里到处是
橡树、山毛榉、枫树和白蜡树形成的密林，树叶在夏日里反射出明
亮的绿色，色调随着太阳的移动而不断改变。四面八方的山地都在
要塞的视野之内。辖区的第一位司令官名叫萨利赫-阿加·库伦诺
维奇（Salih-aga Kulenović），他多半像当地的很多伊斯兰教徒居民
一样，是在1699年前不久从乌德彼纳跑来的。那一年，奥斯曼帝

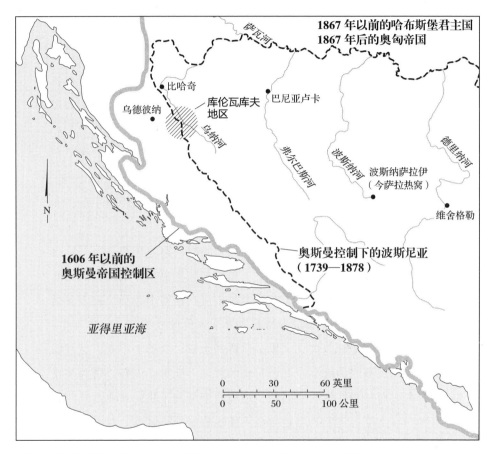

地图 1　奥斯曼帝国西部边界与库伦瓦库夫地区的关系，约 17 世纪早期至 1878 年

国对那座城市的控制权被奥地利人夺走，从此在利卡地区失去了立足之地。从那时起，库伦诺维奇家族的人就在管理这个官长辖区，成了当地最有权势的家族。这些库伦诺维奇家的官长由苏丹正式任命，监管着当地的秩序，军事上手握重权，而且还控制着贸易，监管当地的税务。他们的职衔是终身制，时间长了，他们干脆把官长职位变成了家族世袭之物。[4]边界地区的战事持续不断，当地的税收随之稳定增加，以确保军事行动所需的资金。于是，当地的一小撮穆斯林上层地主，以库伦诺维奇家族的诸代官长为首，掌握了在该地区剥削老百姓的权力。这些老百姓主要是农民。在这些农民里，多数信仰基督教的人都住在库伦瓦库夫周围大小山区的村子里，大部分是东正教徒，天主教徒是少数。[5]

他们居住的石头房子要走上好几个小时的路才能到达，一路上的路面通常都很陡峭，还有尘土飞扬的羊肠小道。那里的生活和库伦瓦库夫有天壤之别，冬天有冰冷的山风扫荡整个草场，夏天又是酷日炎炎。这是一个劳作不休的世界：人们放牧绵羊、山羊和牛，天气严酷时就把它们关在家里；也耕种土豆、豆子、小麦，通常都是在大大小小的山坡上、遍布石块的贫瘠土地里。人们总是为了喂不饱家人而忧心忡忡，原因除了环境因素不利于集约农业之外，还有穆斯林上层人士要为当地持续不断的边境冲突筹钱。腐败的经济操作随之出现了，比如包税制，由地方上层人物向苏丹缴纳固定费用，再从农民身上征税。年景不好时，这些掌权者需要自掏腰包给苏丹上税，但情况较好时，还是能从本地农民身上榨取丰厚的油水。人们因此普遍陷于赤贫，从18世纪下半叶到19世纪上半叶之间，很多人都变成了事实上的无地佃农。[6]

18世纪和19世纪，尽管波斯尼亚的穆斯林大人物们在当地居于经济上的优势地位，整体却还是越来越敌视基督徒了，无论是东正教徒还是天主教徒。这主要是因为国际背景。由于奥斯曼帝国在

地图 2　库伦瓦库夫地区

军事上不断败于奥地利和俄罗斯之手，人们便猜忌本地的天主教和东正教群体，怀疑他们对"基督徒"外敌心怀同情。压迫手段随之而来，比如从 18 世纪 40 年代开始不再允许建教堂了。[7] 18 世纪 80 年代与哈布斯堡的战争和 1804—1813 年的塞族起义，使得穆斯林上层越发恐惧"基督徒"对这片属于奥斯曼帝国的地区的侵蚀，结果本地基督徒到底同情哪一方的问题就越发令人焦虑，于是便激化了穆斯林（特别是其上层人物）对这些人的敌意。18 世纪 40 年代，奥地利、法国、俄罗斯、意大利、英国和普鲁士分别在波斯尼亚设立了地区领事，成了该地区政治局势的新参与者，他们经常声称自己是波斯尼亚基督徒的保护人，这更加剧了穆斯林上层对本地基督徒原本就有的猜忌。

　　到了 19 世纪前半叶，积怨已久的穆斯林大人物对波斯尼亚基督徒的口头辱骂和肉体虐待都变得更加频繁了。在几十年后的旅行者日记中仍能看到这类行为。阿瑟·埃文斯爵士曾在 19 世纪 70 年代访问库伦瓦库夫地区，他写道，有位穆斯林商人告诉他，东正教的曼吉修道院所在土地的地主塔希尔－贝格·库伦诺维奇（Tahir-beg Kulenović）住在修道院附近，该地主每次去修道院时，都是"骑在马背上就进了教堂……然后像他经常做的那样，下马抢过长老的长袍，做成马鞍的样子，架到长老的背上再骑上去。这位不幸的教区长老就像个牲畜一样，四肢并用爬来爬去，直到这个可怜的家伙筋疲力尽瘫倒在地。"[8]

　　这种行径反映的是广大穆斯林上层精英面对波斯尼亚基督徒地位变化时的焦虑。埃文斯记下的这个事例可能言过其实，因为当时是 19 世纪 70 年代中期，波斯尼亚农民起义正如火如荼。但是，各种各样的要素都汇聚在了一起，比如持续的边境战事以及因此引发的地区军事化，官长和其他地主巧立名目横征暴敛，再加上外国"基督教"列强对奥斯曼波斯尼亚的命运兴趣激增，导致阶级认同和宗教认同紧密结合起来，更加激化了以此为核心的对抗关系，这样的变化使得占少数的穆斯林上层地主和占多数的基督徒农民群体之间的关系越来越紧张。在 18 世纪和 19 世纪之交，这条越来越深的裂痕改变了"拉亚"（raya 或 reaya）这个词的内涵，它的字面意思是"群"，不过更好的解释应该是"臣民"。在过去，它指的是整个农民阶层，再加上创造小规模财富的其他人群阶层（比如城镇商贩和小商户）；现在它成了专指"基督徒"的贬义词。[9] 坐落在动荡的奥斯曼帝国西北边境的库伦瓦库夫地区，其社会关系反映了不断变化的国际背景下整个波斯尼亚地区的内部转型。

地方长官和其他穆斯林地方权贵的权力之所以会扩大，这些人又之所以会出现滥用或不遵守奥斯曼帝国法律的倾向，原因正在于上述广泛的历史变迁。19 世纪前半叶，奥斯曼帝国在波斯尼亚启动了一系列改革，企图打破当地波斯尼亚穆斯林上层阶层（比如库伦瓦库夫地区的库伦诺维奇家族）根深蒂固的权力。1835 年，他们决定废除官长辖区制度，以更怀柔的方式对待波斯尼亚的基督徒，目的是要让其他欧洲列强看到这些群体确实受到了法律保护。[10] 不过，当地的穆斯林上层人物坚持认为，他们应该免受奥斯曼中央权力的监管，继续保持对"拉亚"的控制地位。1840 年，在讨论奥斯曼帕夏即将对本地穆斯林上层征收新税时，一位参与讨论的穆斯林上层人物表示："凭什么征我们的税？我们又不是弗拉赫人（Vlachs，对东正教徒的贬称），我们是和他自己一样的土耳其人！"[11] 事实证明，要打破穆斯林地方上层的权力垄断是非常困难的，以致到了 19 世纪中期，奥斯曼帝国竟下定决心，向他们发动了一系列军事进攻。[12]

这些变革发生期间，库伦瓦库夫地区的社会关系形态多种多样，而且并非每一种都是对抗性的。尽管各宗教群体的关系已日趋紧张，但跨社群的密切接触仍然存在，其中有特殊的地方性和区域

性根源。库伦瓦库夫镇的穆斯林在人口中占压倒性的多数，其中有
些是地主和士兵，有些是贸易商和商人，这些商人是从该镇与哈布
斯堡君主国接壤所带来的经济机遇中成长起来的。[13] 16 世纪和 17
世纪时，奥斯曼帝国的控制范围要更大一些，不少人的祖先那时候
都在边界另一边的利卡地区生活。因为贸易上的关系，很多人都和
天主教、东正教群体保持着密切联系，特别是在乌德彼纳，还有下
拉帕茨（Donji Lapac）这样 18 世纪末才落入奥地利手中的镇子。[14]
15—16 世纪奥斯曼帝国征服该地区时，那些基督徒改宗信了伊斯
兰教，等到 17 世纪末奥斯曼失去控制权时，其中有些人就跟着撤
退的奥斯曼军队跑去了波斯尼亚，其他人则留下来改宗当回了基
督徒。不过，虽然家族内部当时因为国际边界和宗教差异而被分
隔开来，但是亲戚之间的联系还是保持了下来，有些人甚至在改
宗后还保留着本来的姓氏，如奥斯曼尼奇（Osmanić）和阿卜杜利
奇（Abdulić）。[15] 因此，对部分当地人而言，本地的历史为一种亲
密的、类家庭的跨社群接触制造了基础。

　　在奥斯曼这边的边界地区，穆斯林居住在乌纳河上游河谷，包
括库伦瓦库夫镇和附近的克利萨村（Klisa）。克利萨村在顺河而下
两公里外，过了布克（buk）峡谷就是。还有些穆斯林定居于河谷
向北约 12 公里处的狭长地带，把住房和清真寺都建在河岸的东边
远处。这片适合农耕的土地向北绵延近 20 公里远，一直通向山谷
里耸立的尖形山峰——柳托奇山（Mount Ljutoč）。谷底的这部分
地区在 18 世纪和 19 世纪还兴起了另外两个穆斯林村庄，分别叫奥
拉沙茨（Orašac）和丘科维（Ćukovi）。[16] 居民们把陡峭的山谷两
边的浓密森林尽可能地砍伐掉，种上玉米等庄稼。克利萨、奥拉沙
茨等地的清真寺都建在小山和山脊上，为的是让宣礼塔看起来高耸
入云。村民中有一小部分是地主，跟他们在库伦瓦库夫的乡邻一样，
通过向佃户征收税费来维持生计。佃户中的大部分人都是东正教徒，

照片 1　从库伦瓦库夫上方的奥斯特罗维察要塞拍摄的乌纳河谷。远处的山峰是柳托奇山，下方的乌纳河蜿蜒经过了克利萨村，照片中心处可以看到清真寺。奥拉沙茨位于右上方。照片由本书作者拍摄。

他们生活在普尔科西（Prkosi）、乔夫卡（Ćovka）、斯蒂耶尼亚尼（Stjenjani）、卡拉蒂（Kalati）、布舍维奇（Bušević）等附近的村子里，全都在河谷肥沃土地上方的高处。不过，住在河谷的人多数也都只是贫穷的穆斯林村民，和附近山上的东正教和天主教乡邻一样，从事的是小规模农业生产。不过，作为奥斯曼统治下的穆斯林臣民，他们享有的权利还是比基督徒更多，比如少缴税、有权拥有小块土地等。但是，很多人都不过是些交租种地的佃农，物质生活条件和他们的非穆斯林乡邻一样困难。

　　档案资料的匮乏，使我们难以梳理 20 世纪之前奥斯曼边境地区地方性跨社群关系的机制。不过，还是有切实存在的证据显示，

28

我们不应急于假设这一地区在 19 世纪后半期就已经出现了普遍的宗教极化或者"族群"对立的极化。阿瑟·埃文斯爵士 1877 年访问库伦瓦库夫地区时，发现有些本地穆斯林上层人士对东正教徒非常轻蔑，其中一人干脆管他们叫"拉亚狗"。[17]但也有其他资料说明，有些地主对佃户很好，深受爱戴。[18]埃文斯自己也承认，该地区另外一些穆斯林的观点非常多元，比如他在库伦瓦库夫碰到的一位商人，对某些穆斯林地主羞辱基督徒的做法表示不齿。[19]

埃文斯还注意到，基督徒群体对他们的穆斯林老爷的看法除了来自他们经常体验的经济剥削，还受到了前代流传下来的奥斯曼征服故事的影响。有一伙东正教徒告诉他："这村子里有一处古老的墓地，古旧的十字架已经被翻倒，半埋在土里。人们说，土耳其人最初征服波斯尼亚时，这里正在举行一场婚礼，结果土耳其人冲进来杀死了宾客和新郎，带走了新娘。这个十字架就是为纪念这场悲剧而建的。"[20]这个故事在本地村民中反复流传，它本身是否真实已经不那么重要了，正如口述史学者长期在类似证词中观察到的那样，它具有了"心理上的真实性"。[21]在这类包含暴力的性别隐喻中，受到暴力侵害的不仅是基督徒社群，还尤其针对"女人"。这些故事对该地区东正教徒历史意识的形成起到了作用，促进了他们对"土耳其人"（Turci）的总体负面感受。这种感受经常被当地农民套用到身边说斯拉夫语的穆斯林老爷和乡邻身上。

不过，相比于反复讲了几个世纪的、以奥斯曼征服为主题的苦难故事，还是基督徒农民每天都要面对的经济窘境更能点燃很多人对穆斯林老爷的深仇大恨。19 世纪 70 年代中期，这种紧张局面造成了该地区第一次重大的社群间暴力事件。[22]1875 年夏天，奥斯曼政权决定，一直以来收取农民收成十分之一的税款现在必须以现金支付，大部分农民基本都不可能负担得起，结果基督徒爆发了武装叛乱。首先出事的是黑塞哥维那。[23] 到夏末时，库伦瓦库夫地区的基督徒（大部分是东正教徒）也加入了，其他边境地区也有很多人参与进来。当地人把这片分隔奥斯曼帝国和哈布斯堡君主国的地区称为"Bosanska Krajina"，字面意思就是"波斯尼亚边疆"。在来自奥地利一侧的志愿兵的支持（往往也是在他们的领导）之下，东正教起义者们袭击并焚烧了许多奥斯曼堡垒，搜捕穆斯林老爷和征税官，杀死了其中一些人，毁掉了他们的不少财产。[24] 埃文斯曾在 1877 年与几位叛军指挥官同行，根据他的说法（以及同时代的其他材料），库伦瓦库夫地区的起义者对"土耳其人"实施了残忍的暴行，像斩杀俘虏、损毁战死者尸体、焚烧穆斯林村庄之类的做法都是家常便饭。暴行之下，大批穆斯林难民从附近的克利萨、奥拉沙茨和丘科维等村庄逃入库伦瓦库夫镇避难。[25]

　　四处奔波的难民并非只有他们。1875 年的夏季和秋季，随着暴力的升级，成千上万东正教农民也逃离了自己的村庄，躲到附近的大山或山洞里，有些还越境去了更安全的地方。[26] 在库伦瓦库夫地区，驱使他们逃离家园的是奥斯曼帝国，尤其是本地的穆斯林上层人士对这场叛乱的暴力回应。除了手头能用来对付叛乱的少数奥斯曼宪兵，本地穆斯林上层人物还另外组织了自己的非常规部队，由通常称为"巴希巴祖克"（başibozuk）的当地穆斯林组成。来自曼吉（库伦瓦库夫以南 12 公里处）东正教修道院的目击者曾告诉埃文斯，1875 年 9 月，他们的教堂就是毁于这种武装团伙之手，有大量男人、女人和儿童被杀。从 1875 年的后几个月到 1876 年，附近农村也遭到了类似的袭击，大茨维耶特尼奇（Veliki Cvjetnić）和小茨维耶特尼奇（Mali Cvjetnić）、大奥奇耶沃（Veliko Očijevo）和小奥奇耶沃（Malo Očijevo）、比耶拉伊（Bjelaj），以及库伦瓦库夫附近的其他村子都未能幸免。逃跑不及的村民惨遭屠杀，他们的家园被烧毁，逃走的人则在森林和山区找地方避难。[27]

组织、指挥这类部队的地方权贵，比如库伦瓦库夫地区的地主塔希尔—贝格·库伦诺维奇很快便纷纷变成了军阀，割据一方。该地区的奥斯曼国家政权（至少在一开始）实在太过脆弱，不足以有效打击叛乱者。[28]随着暴力手段的垄断权落入地方头目的手中，东正教群体遭受的侵害愈演愈烈，屠杀只是其中一种，掠夺财物的事情也很普遍，衣服、存粮（也就是玉米）和家畜都会被人抢走。对那些被动员起来加入武装的人们来说，打击叛乱成了损邻利己的意外良机。

这些本地穆斯林上层人物麾下的武装团伙杀起人来跟叛乱者的暴力行径一样，也经常伴有斩首、虐尸等做法，既是象征性的羞辱，又表达了支配感。埃文斯和一位村中长者的妻子交谈后写道："两个巴希巴祖克从两边抓住那位长者，第三个用手枪结果了他。然后土耳其人就带着他们从库伦瓦库夫抢的东西走了，还得意地带走了长者的人头。库伦瓦库夫的一个基督徒亲眼看到，土耳其人在镇子的街道上踢那颗头颅。"[29]

不过，并非所有本地穆斯林上层人物都认可这种暴行。埃文斯留意到，在同一场袭击中，"（奥奇耶沃村的）女人和少女都被扒光了束腰带和其他所有饰品，那些非正规军人们正要开始他们尤为可耻的恶行，结果一位叫阿里—贝格·库伦诺维奇（Ali-Beg Kulenović）的地主及时赶到，阻止了这场恶行，在这件事上成功制止了他的侍从。"[30]当地其他穆斯林中，也有人反对这种针对非穆斯林乡邻的暴力行动，至少是反对其中的某些做法。商人穆罕默德·欧米奇（Mehmed Omić）公开谴责持续不断的暴行，而且没有说东正教徒乡邻是自食其果。"我们完蛋了，贸易停止了，公共安全也消失了。这能怪谁呢？首先要怪穆斯林地主（Begs）。是他们的兽行和对拉亚的压迫，让所有这些不幸降到我们头上。"[31]还有些人试图劝服地主，让他们手下的巴希巴祖克袭击东正教村庄时手段温和些。[32]

这种地方性的社群间暴力，反映的是宏观层面土地问题的结构性机制。阶级和宗教搅和在了一起，搞得穆斯林地主和库伦瓦库夫地区以东正教徒为主的农民不共戴天。问题不止在于交多少税、如何交，还牵涉更根本的问题：土地应该归谁所有？不过，在这场从1875年持续到1878年的叛乱中，还是凝结出了一些试图跨越族群界限的同盟关系。看起来，某些本地穆斯林权贵和起义指挥者讨论过要终止暴力，并就土地问题达成更公平的解决方案。不过，他们的会面最终未能达成任何结果，原因在于双方的极端分子都向自己这一方的温和派发出了威胁[33]，而且不是装样子，起义者经常纵火焚烧拒绝加入叛乱的东正教村民的房屋。[34] 因此，在这一时期，社群间暴力也引发了相当规模的社群内暴力。

不过，尽管暴力既针对族群"他者"，也针对那些被认为过于温和的"兄弟"，却还是有一些跨族群同盟关系得以维持下来。有一小部分基督徒在叛乱期间仍在库伦瓦库夫镇生活，在更大的地区范围内，也有少数穆斯林商人仍能维持跟基督徒商人的贸易关系。[35]在奥斯曼统治下的波斯尼亚各地，还出现了一种不同于以往的跨社群同盟关系：东正教徒商人站在了奥斯曼帝国政权和本地穆斯林上层一方，反对这场以东正教徒为主的农民叛乱，这一点对叛乱的命运至关重要。这些东正教上层人士的财富有相当一部分都是通过包税攫取而来，因此他们在剥削基督徒为主的农民阶级时和穆斯林地主沆瀣一气。他们也不求对现存的土地关系结构做任何改变。[36]叛乱最终因迷失方向而土崩瓦解，其最大的原因就在于，以商人为主的东正教领袖们无法为了共同的目标团结起来。从事包税生意的人不想夺取穆斯林地主的土地，立场与基督徒农民针锋相对。因此，叛乱结束后，穆斯林地主上层的地位没有任何结构性的改变。

32

结果，奥匈帝国在 1878 年得到了占领波斯尼亚和黑塞哥维那的权利。这是他们在俄土战争（1877—1878）中保持中立换来的奖赏，而这场 1877 年爆发的战争，部分源于叛乱引发的外交危机。新来的奥匈帝国统治者没有尝试解决土地问题，而是更愿意维持奥斯曼帝国治下奠定的现行土地所有制。土地所有权的法律都保持不变，穆斯林上层的统治地位也就得以保全，在小镇和乡下地方尤其如此。这等于是延续了穆斯林地主和以基督徒为主的佃户之间的紧张关系，为日后以族群／阶级为核心的冲突埋下了伏笔。

33

在巴尔干的这一地区，虽然长期以来宗教都是区分"我们"和"他们"的核心标识，但在 19 世纪下半叶，族群和"民族"（narod）的语言逐渐开始占据上风。和欧洲其他很多地方一样，这种转变很大程度上局限于知识阶层。大多来自波黑本土以外地区的形形色色的民族主义活动家们，开始把这一地区的东正教徒和天主教基督徒想象并重新定义成具有民族自觉的集体，称他们为"塞族人"和"克族人"。他们把这些群体主义观念追溯到遥远的过去，同时又为这些"民族"灌输未来的使命，通常是要创建民族国家。对一些人来说，"穆斯林"这一分类的宗教色彩似乎变弱了，它更像是一个准民族群体，相当于基督教徒的"塞族人"和"克族人"。

不过，这里的情况已经极为纷繁复杂，任何想要对其做出简单归类和解释的努力都会遭遇困难。民族主义意识形态的渗透过程很慢，效果也良莠不齐，结果某些所谓的穆斯林（特别是知识分子）往往有时会视自己为"塞族人"或"克族人"，而无视自己的伊斯兰传统。还有一种情况甚至可能更为普遍，正如历史学家爱丁·哈依达尔帕什奇（Edin Hajdarpašić）说的，在波斯尼亚地区的非穆斯林民族主义活动家们看来，当地的伊斯兰教人群乃是"（兄）敌"［（br）others］，也就是说，他们既可以是潜在的民族同胞，也可以被当作文化差距巨大的敌人。[37] 民族主义意识形态早在 1878 年奥匈帝国

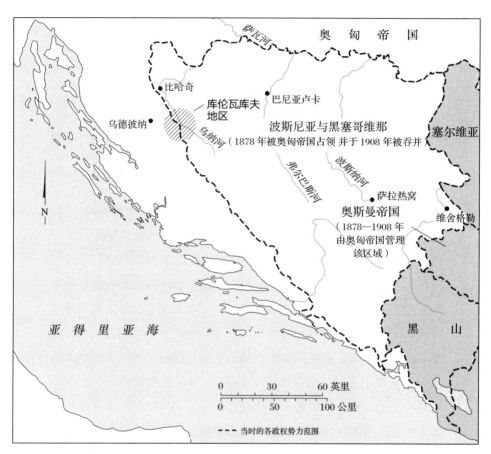

地图 3　1878 年奥匈占领波黑后的库伦瓦库夫地区

占领前几十年就已开始到来，为当地的社会和政治局势添加了新的、潜在的身份认同归类方法，而且并未自动抹去旧有的分类和自我认同。1878 年奥匈占领后，"穆斯林""天主教徒""东正教徒"之类的用词常常是以矛盾且混乱的方式继续存在，与对"穆斯林"更新潮、更"民族"和更"族群"的理解，以及尤其是"克族天主教徒"和"塞族东正教徒"等说法并驾齐驱。哈依达尔帕什奇令人信服地指出，民族主义在这里的发展既非演化性又非线性，而更多的是一个持续前进且矛盾重重的进程，同时走向多个方向，没有一个明确的、以形成所谓各民族为目标的终点。

库伦瓦库夫地区的穆斯林上层人士似乎多数都反对奥匈占领，但他们在 1878 年奥匈军队到来后几乎没有做任何暴力抵抗。[38] 在该地区的一份地方史料中，居民们回忆称，外来的新政府只是进一步巩固了秩序和稳定，特别是在穆斯林地主和基督徒为主的农民之间的经济关系上，新政府给双方都施加了很大压力，要求他们履行对彼此的义务。[39] 这两个群体之间发生冲突的结构性基础当然也就没有改变。但是，奥匈帝国的占领似乎还是遏制了奥斯曼统治时期该地区那些猖獗的、直接引发了 1875 年叛乱的极端恶行，比如包税制和暴力征税。秩序的改善体现在保存了 20 世纪前 15 年库伦瓦库夫地区的土地纠纷、缴租纠纷之类案件的法庭档案文件中。根据这些证据，奥匈帝国并未严重偏向或歧视任何一方。有些案件是穆斯林地主起诉东正教徒佃农非法分割土地给亲属；还有一些案件则是佃农起诉穆斯林地主，说他们想拿走比之前说好的更多的收成。此外也不乏同族群者之间的土地所有权纠纷，尤其高发于家庭成员之间。[40]

当地的另外两项变化更进一步地显示出，波黑地区的新执政者对于牺牲某一群体、促进另一群体的利益并无特殊兴趣。库伦瓦库夫地区的第一所小学于 1880 年开校，面向所有本地儿童，对各个宗教、族群一视同仁，其入口上方写着："人不识字等于目盲。"1892
年，一座塞尔维亚东正教教堂的尖塔出现在镇中心不远处的山头上，
和艾哈迈德二世苏丹清真寺的宣礼塔一样直耸云霄。从早到晚，阿
拉伯语祈祷文的呼告声不时与教堂的钟声相伴。

　　从 19 世纪末到 20 世纪初，奥匈帝国的统治促进了政治稳定，
土地权利与义务的争议似乎不再威胁当地和平。在库伦瓦库夫镇，
更大的威胁来自自然界。乌纳河的激流能产生迅猛恐怖的破坏力，
尤其是在暴雨成洪的春秋时节。为了抵抗快速涨高的水流，房屋经
常都是建在木桩上，对火灾毫无抵抗力，结果 1775 年发生了第一
场几乎毁掉全镇的火灾，1903 年 6 月 16 日大火再次吞噬了几乎所
有建筑。这两场火灾之间，时有发生规模小一些的火情，也造成了
重大的破坏。大自然对小镇的支配使得本地居民中流行起一种宿命
论的说法："库伦瓦库夫要么被火烧毁，要么被乌纳河淹没。"[41] 本
地人在自然界造成的灾害面前感到无力，结果有些人便从中寻找当
时政治事件的解释：据说，奥斯特罗维察河有时会突然从山脚源头
处断流，当地人便慢慢开始认为，河床干涸是政治动乱的先兆。很
多人都说，1878 年奥匈帝国占领前就刚好发生过一次断流。据说，
同样的事情在 1914 年前不久又发生了一次。[42]

　　这一年的 6 月 28 日，弗朗茨·斐迪南大公（Duke Franz
Ferdinand）在萨拉热窝被加夫里洛·普林西普（Gavrilo Princip）
刺杀，第一次世界大战随之爆发。在这一暗杀行动的驱使下，奥匈
帝国对波斯尼亚为数众多的东正教群体（他们被集体定义为"塞族
人"）采取了一系列镇压措施，因为塞尔维亚王国被认为卷入了暗
杀事件。这个国家主张对波斯尼亚的东正教徒群体拥有统治权，他
们被塞尔维亚和波斯尼亚的塞族民族主义者视为塞尔维亚同胞。镇
压东正教徒最严酷的可能是萨拉热窝，但塞尔维亚与黑山交界处附

近的波斯尼亚东部地区也发生了镇压。奥匈帝国军方认为，那些被认定为"塞族人"的平民跟塞尔维亚、波斯尼亚的游击武装一样，都准备对帝国发动战争。作为回应，奥地利军队绑架了一批他们认为卷入这类活动的人，并进行了一系列处决。[43]

有些研究者声称，部分穆斯林和自视为"克族天主教徒"的人应征加入了名为"防卫军团"（Schutzkorps）的辅助性民兵组织，在奥匈帝国的迫害行动中起了辅助作用。据说他们的行径包括绑架人质、盗窃、破坏财产、杀人等。不过，这类民兵小分队并不是完全由所谓"穆斯林"和"克族人"组成的，当时就有旁观者注意到，也有一些自认为是"塞族"的人参与其中。比起被送到前线替奥匈打仗，他们显然更愿意参与迫害自己的民族同胞。说到底，是一战的背景、奥斯曼时代"土耳其人"长期剥削留下的积怨，以及防卫军团的暴行等因素加在一起，最终引爆了针对穆斯林的"塞族打击"。屠杀接二连三发生，在波斯尼亚东部尤其严重。[44] 不过，由于缺乏档案文献，目前还不清楚，在战争初期，这些族群内部暴力的动机是否跟族群间暴力近似。

随着第一次世界大战走向终结，当地居民又记起来，大山里的奥斯特罗维察河源头在1918年突然断流过一次。库伦瓦库夫镇上有些人相信，新的动乱即将来临，就像1878年和1914年那两次一样。不管河水是否真的有过断流，他们的预判都是准确的，大变局是要来了。1918年，塞尔维亚－克罗地亚－斯洛文尼亚王国成立，通常被称为"第一南斯拉夫"。12月1日官方宣布新国家成立前，政府已经宣布了要搞土地改革，[45] 其实质是将土地再分配给耕种者，同时向旧地主支付"公平的补偿金"。[46] 在波黑地区，人口中的绝大多数，接近90%都是农民；同时，土地所有法是奥斯曼统治的时代制定的，又在奥匈帝国的时代（1878—1918）存续下来，所以土地改革就成了波斯尼亚地区最敏感的议题之一，对当地人民和

照片 2　一张库伦瓦库夫的绘画明信片，表现的是 1903 年的大火之后数年，几乎整个城镇都被摧毁。照片提供者为 Buybook，萨拉热窝。

政治领袖而言都是如此。而且，由于土地问题长期和阶级、"族群"之类的争端纠缠不清，任何改变既有现状的尝试都注定会引发紧张局势和冲突。

　　从 1918 年底到 1919 年初，很多曾经的佃农看到政府的土地改革令后并未坐等官方分配土地，往往自己就先动手了。库伦瓦库夫地区的米莱·廷托（Mile Tintor）和拉佐·廷托（Lazo Tintor）兄弟曾写信给贝尔格莱德的中央政府，这两位佃农的言论和行动为我们提供了一扇窗户，可以直接感受当时这些曾经的佃农普遍的失望情绪。他们急于像政府承诺的那样获得自己耕种的土地的所有权，没有耐心等待缓慢的改革，对仍然拒绝让道的地主更是满腔怒火：

　　　　过去 530 年来，我们被迫忍受悲惨的奴役和道不尽的苦难；

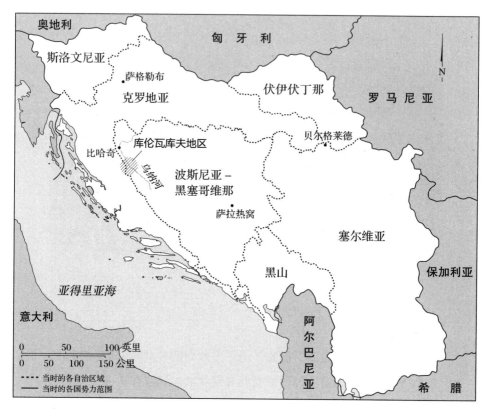

地图 4　塞尔维亚-克罗地亚-斯洛文尼亚王国治下的库伦瓦库夫地区

如今，自由的阳光和美好未来的黎明到来了……国王陛下说了，土地属于耕种者。我们衷心希望自己也在其中。过去 60 年来，这块土地浸透了我们的血汗。所以，我们万万没有预料到，都 1919 年了，我们的地主（spahija）还会让我们交钱给他。[47]

在这样一个时刻，人人喜悦，我们却要哀痛；人人歌唱，我们却要交钱；人人都得自由，我们却遭奴役。而且，我们不是在我国的边缘地带被意大利人之类的外国人奴役，反而是在这里，在我国的中心，被我们库伦瓦库夫的地主阿拉贝格·库伦诺维奇（Alajbeg Kulenović）奴役。

我们一直按这位地主享受的权利向他交租，直到我们听到亚历山大（国王）的话：在他的国家里，农奴制和地主都将不复存在。[48]

米莱·廷托和拉佐·廷托兄弟并不只是用语言表达他们的失望。此前几天，他们在自己耕种的土地上收割了小麦、玉米、大麦、干草和豆子，带走了所有他们能贮藏的收成，把剩下的都毁掉。有好几位当地的显赫穆斯林地主在旁边看着他们，包括他们的前雇主阿拉贝格·库伦诺维奇。米莱·廷托看到他站在一旁，便说了几句，让他明白今时不同往日，他们兄弟已经开始动手改变地主和佃户的关系："滚蛋！滚出这里！"[49]

在波黑各地，前地主和佃农之间的这种对抗有时候暴力得多。有主要由东正教徒农民组成的武装组织名为"绿色骨干"（zeleni kaderi），从地主手中夺取土地，盗窃财物，烧毁房屋，而且还杀害穆斯林，不论具体杀的人是不是旧地主。在一些个案中，他们把整个穆斯林村庄都毁掉了。[50] 波斯尼亚的一些研究者认为，在 1918—1921 年，波黑地区的这类组织杀死了数千穆斯林，他们辩称是在向"土耳其人"复仇，以此证明其行为合理。有人说这些杀人事件中没有任何人被绳之以法。[51] 历史学家伊沃·巴纳茨（Ivo Banac）认为，这种反穆斯林暴力仅在部分层面上是长期阶级对抗的结果。东正教徒农民不是只对少数拥有大量地产的穆斯林地主犯下暴行，对所有穆斯林——其中很多人都是小农——都一概打击。[52] 结果，穆斯林自由农民虽然经常和以前是佃农的东正教徒一样穷，但出于恐惧还是选择站在穆斯林旧地主一边。[53] 因此，在当时的观察家和此后的很多历史学家眼中，1918 年之后几年里的穆斯林屠杀不太像是贫苦佃农对地主的阶级报复，而更像是某种形式的"族群暴力"，也就是说，是一场数百年奥斯曼统治的剥削之后"塞族人"针对"土耳其人"的"复仇"。屠杀也被解释成对 1914 年萨拉热窝刺杀事件后，部分穆斯林和天主教徒参与镇压东正教群体的回应。[54]

39

　　然而，如果把分析视角从宏观层面转到微观层面，这种解释似乎就不那么准确清晰了。根据库伦瓦库夫地区难得的本地历史学家埃萨德·比巴诺维奇（Esad Bibanović）的说法，在库伦瓦库夫周边山区生活的东正教徒群体中，有一部分人看来是很想把暴力的烈火延烧到镇上的穆斯林身上去。就在王国建立后不久，有一大批人游行到镇上，想要攻击那里的穆斯林居民，不过还没来得及杀害任何人就被阻止了。那些把这一时期的事件归结为纯粹的族群仇恨的人，可能会感到惊讶：成功出面干预的并不是穆斯林，而是当地的塞尔维亚东正教司铎武科萨夫·米拉诺维奇（Vukosav Milanović）和邻近帕鲁查克村（Palučak）的著名东正教徒农民约万·克内热维奇（Jovan Knežević）。[55] 米拉诺维奇长老那天正好在镇上，他遇到赶来的武装组织后，就向他们宣布："如果你们是作为解放者而来的，那你们就进城吧，热情的欢迎和招待等待着你们。但如果你们是要对我们的穆斯林兄弟作恶，我将号召我的整个教区起来反抗你们。"[56] 在这段动荡时期的另外一个事例中，穆斯林地主穆罕默德·库伦诺维奇–巴伊布托维奇（Muhamed Kulenović-Bajbutović）

的前东正教徒佃农们夜以继日地保护他和他的财产。这位地主被当地人简称为"帕夏地主"（Pašabeg），大家都知道本地有些东正教徒农民想要杀光所有穆斯林前地主，但"帕夏地主"一直都待大家不错，因此他们愿意保护他和他的财产免遭所谓同族者的袭击。[57]

　　由于缺乏档案记录，很难确认这些人出手干预的动机。部分原因可能是这个地区存在某种跨社群友谊和良好邻里关系的传统。不过，起更大作用的可能是当时人们的一种看法，即那些施暴者并不只是为了报复他们曾经的地主，也不是要颠覆几个世纪以来的地租制度，更不是以"塞族"的名义向"土耳其人"复仇。他们不过是以这些说法为幌子，借着混乱局面占便宜、捞一笔快钱，也就是说，他们跟 1875—1878 年叛乱期间当地穆斯林的巴希巴祖克组织没什么区别——当时很多人的动机也是要借机抢劫。一份写给贝尔格莱德内政部的报告显示，参与暴力的"塞族"人中，"有一批是犯罪分子和堕落分子，伪装在'塞尔维亚主义'和各式政党的面纱下，无法无天地消灭本地的穆斯林，秘密地杀害他们，偷走他们的财物。他们做这种事是为了获取私利和掩盖自己过去的罪行"。[58]

　　1921 年该地区的报告显示，这些武装组织的成员似乎是塞族东正教徒，比如其中一个帮派"兰加"（Langa）的领袖——来自利卡地区村的斯特万·奥布拉多维奇［Stevan Obradović）就是。他们确实在四处游荡骚扰百姓，但他们的首要活动是"抢劫"（razbojstvo），而且并不能确认他们是否严格按照族群标准筛选下手对象。[59] 1921 年的这些抢劫事件的受害者中，有一个是库伦瓦库夫地区的穆斯林商人穆斯塔伊贝格·库伦诺维奇（Mustajbeg Kulenović），他被那些人杀掉了；[60] 而同一时间同一地区发生的另一场劫掠，遭到袭击和抢劫的却是塞族村庄乔夫卡。[61] 很多过去从事非法勾当的人抓住了动乱的机会，大肆犯下以抢劫为主的暴行，对象有时以族群为标准，有时则不。多数时候，那些人的目的都是

40

自己发财。在这个时候，本地的上层人士不难识别出这些暴行参与者的身份和动机，这可能就是武科萨夫·米拉诺维奇司铎和约万·克内热维奇果断出面干预制止暴力和劫掠的原因，他们不想看到自己的社区变得动荡不安。另外，他们可能也是在保护自己，毕竟施暴者并不是完全依照种族来选择下手对象。

　　虽然库伦瓦库夫的地方性暴力遭到了遏制，未能完全吞噬穆斯林群体，但在更大的地区范围里，还是发生了一些前佃农杀害穆斯林地主的孤立事件。[62] 到了 20 世纪 20 年代中前期，整体上的动乱气氛开始缓慢消散，但从当地法院记录可知，当时还是有一些人在借着动荡的局势伺机自肥，比如从事有违法嫌疑的牲畜交易，据说还有些当地官员收受贿赂不予查处，结果冲突和同盟关系纷纷产生。1922 年有两位这样的官员——茨维耶廷·久里奇（Cvijetin Đurić，所谓的"塞族人"）和阿卜杜拉·库伦诺维奇（Abdulah Kulenović，所谓的"穆斯林"）被判刑，他们合谋虐待、盘剥当地售卖肉猪的东正教徒村民。[63] 这类争端因此同时具有了同族群 / 跨族群两种层面。到了 1925 年，当地官员报告说，"和平与秩序"已大体建立起来。[64] 不过，土地改革的执行还要再拖延好些年，这不但在旧地主和前佃农之间持续造成紧张局面，而且有些佃农还为了谁该得到再分配的土地而互相争斗。[65] 有证据显示，前佃农之间的同族群者斗争很快就成了当地冲突的焦点。[66]

41　　　　土地改革难以迅速、高效地展开，部分原因是政府没有组织起数量充足的地方办事处和合乎标准的工作人员，以应对土地再分配相关的复杂诉讼。库伦瓦库夫镇所在的波斯尼亚彼得罗瓦茨县（Bosanski Petrovac）有大量相关争议，但因为缺乏办事机构和人员，整个 1923 年都没能处理完哪怕一起诉讼。[67] 20 世纪 20 年代后期留下的书面投诉显示，当地官员在支付土地补偿金时经常不执行上级政府的政策，这意味着旧地主们经常拿不到补偿款，而他们的土地又被分掉了，日子就变得很艰难。[68] 所以，20 世纪 20 年代和 30 年代间的土地改革是像慢镜头一样展开的，法律改来改去，而且在 1929 年王室独裁建立起来以后（国家从此改名为南斯拉夫王国［Kraljevina Jugoslavije］），整个国土又经历了一轮激烈的重组，新设置了"大省"（banovinas）的行政单位，大约相当于省或者州，大省领导（ban 和 banska uprava）要对土地改革的操作执行和一切相关争议负责。国内行政和管辖权发生这样的剧变，对于迅速解决长期土地争议来说并不是一个好兆头，因为解决问题需要大量的技术官僚，尤其是熟悉本地情况的那种。[69]

有些本地历史学家指出，库伦瓦库夫及附近地区的很多穆斯林旧地主都在土地改革中陷入贫困，政府付给他们的补偿金数额显然不够，而那些相对贫困的穆斯林又没有分到任何新的地块。[70] 档案文献表明，到了 20 世纪 30 年代，旧地主及其家人仍在向地方政府索要合理补偿款。[71] 不过，现有证据不能明确说明是否有人因为土改而变成了穷人，虽然有些历史学家在探讨整个波黑地区时持这种观点。[72] 据说，土地改革影响到了共计约 4,000 个穆斯林家庭（也就是地主和他们的家人），他们的土地大部分被转给了农村里的东正教徒群体，后者大多数是无地佃农。[73] 毫无疑问，穆斯林旧地主失去了他们拥有的大部分土地。不过在库伦瓦库夫地区，这类家庭的一些成员还是得以转行成为成功的商人。事实上，早在塞尔维亚－克罗地亚－斯洛文尼亚王国建立前，这样的转型就已经开始了。这一点有力地缓解了土地改革给他们造成的经济损失。在本地社区中，他们也成功维持住了自己的影响力。

尽管有些人的生活因为土地改革而变得艰难，但 1918 年以后的库伦瓦库夫镇还是缓慢地扩张起来，成了区域贸易和商业中心，20 世纪 20 年代还产生了一批有影响力的本地商人，他们的地位在 1930 年之前就已充分确立，建立了一个旨在促进贸易及与更广大市

地图 5　设置大省后的南斯拉夫王国治下的库伦瓦库夫地区

场建立交通联系的地方协会。[74] 不过，该镇经济发展的真正动力，是 1936 年由政府发起建设的、穿过乌纳河上游河谷的铁路线，其中有部分线路穿过了库伦瓦库夫。铁路建成后，镇上的商人就可以稳定地和外部地区的同行进行大额贸易了。[75] 库伦瓦库夫传统的每周集市吸引了远至达尔马提亚海岸（Dalmatian coast）的商人，因为这里的家畜品种多、质量好，他们都来求购。跟其他农产品和手工制品一样，家畜也都出产自附近的东正教村庄。[76]

贸易额的增长，推动了库伦瓦库夫每周集市的转型，使之变成了一个农民和商人的交往场所，农民主要是东正教徒，商人则主要是镇上占绝对多数的穆斯林。赶集的日子不只可以做买卖，大家还可以打听新闻，培养和维护友谊。本地农民不但要出售牲畜、鸡蛋、奶酪和土耳其冻奶油（kajmak），还要花大量时间和穆斯林熟人朋友们谈论包括本地政治和全国政治在内的各类话题。[77] 等到这些人稍后坐着自家的轻便马车颠簸在泥路上回家时，他们往往还不忘争论和抱怨市场上各类商品的价格。根据回忆录的说法，很少有人用负面的集体性名词来指代库伦瓦库夫的商人。[78]

除了市场，乌纳河铁路线的建筑工程也为跨社群联络的发展提供了更多的机会。不同背景的男人们一起清理树木、敲打铁钉、一天几个小时在黑暗的隧道里挖土，他们之间便建立起了友谊。这种困难条件下的携手劳作，为跨族群友谊和互助行为创造了条件。[79] 在当地，修铁路除了能刺激贸易和提高劳动技能，也让库伦瓦库夫的客栈行业从中受益不少，因为镇子被指定成了一个铁建工人总部，负责铺设总长 30 公里的铁轨。那些土地被铁路线占用的人都得到了不错的补偿，还有很多人应聘做了劳工。据当时人们回忆，金钱似乎正从全镇各处涌出来。[80]

然而，库伦瓦库夫镇虽然在经济上有所好转，但这似乎没怎么影响到长期困难的周边乡下地区。根据地方官员的描述，当地村庄在大萧条前夕仍然陷于"原始与贫困"之中。大部分人上不了学，乡下人的主要生计来源是养殖绵羊、山羊、牛、猪等牲畜，他们的土地多数都在大小山区，土壤贫瘠，支撑不了密集农业。不放牧的时候，大部分村民都把牲畜养在家里（直接在他们自己的住房下面修栏厩），既是为了在冬天保护它们免遭大自然的侵害，也是为了防备它们被人偷走。[81] 尽管很多人在库伦瓦库夫的每周集市上出售牲畜，他们的经济处境在 20 世纪 20 年代末 30 年代前期都没什么改善。[82] 他们在小块土地上种植小麦、黑麦、大麦、玉米，在菜园里种植豆子、卷心菜、土豆，以此维持生存。各个年头的收成好坏都要看气温和降雨量。他们果园里种着李子、苹果、梨和樱桃，但有时能结果，有时则结不出来。整个 30 年代，当地村民要从土地里收获充足的食物都有点勉强。[83]

　　结果，越来越多的男人跑到了库伦瓦库夫东北 45 公里处的德瓦尔市（Drvar），在那里的工厂谋求处理木料和铝土的工作。不过，受到 20 世纪 20 年代后期和 30 年代前期市场波动的影响，雇佣关系往往不太稳定，所以这些农民工有时每月只能工作几天。当地官员忧心地记录说，这些男人经常养活不了自己的家庭。[84]

　　尽管 20 世纪 20、30 年代该地区的经济情况不太稳定，铁路建设和德瓦尔的工厂还是刺激了固定工和季节工数量的增长。有些人在贝尔格莱德和国外的工厂里打过工，想要散播阶级团结、国际工人运动之类的观念。[85] 根据当地政府的记录，20 世纪 20 年代前半叶，德瓦尔各大工厂附近时常发生有数百位愤懑工人参加的集会。"要爱国，"一位发言者在 1923 年 11 月的一次集会上宣布，"得先填饱肚皮才行。"这样的声明预示着某种不同于以往的地方政治，对新国家、特别是"民族"和"族群"的忠诚将不能再压倒解决社会经济紧迫问题的需要。[86] 在德瓦尔外面，工人阶级政治的传播则取决于产业雇佣工人的增长，由于 20 世纪 20 年代工业基本都局限在镇子里，因此该地区正在孕育的工人运动就扩散得比较缓慢。[87]

不过，等到 20 世纪 30 年代下半期，情况就因为修铁路而变得大不一样了。作为当时该地区内最大的建设项目，修铁路需要动员成千上万的工人，其中很多都是本地的农民，不少来自苏瓦亚（Suvaja）、内布柳西（Nebljusi）、贝格卢克（Begluk）和多利亚尼（Doljani）等农村。他们急切地接受了这份修铁路的艰辛工作，以解决自己经济上的困难。对大部分人来说，工资低、工时长、条件艰苦在 1936 年都还是可以接受的，但到了 1937 年，大部分生活用品的价格都飞涨起来，罢工就发生了，而且规模很快就发展到有约 3,000—4,000 名工人离开岗位，还有成批的罢工工人发动规模较小的强力行动，制止别人上工。[88] 当地政府记录说，他们的要求完全是"经济上的"，主要有减少工时、提高工资、把更多工作机会留给本地人而非外地来的工人等。[89]

罢工反映的是群众的不满，不过其中至关重要的组织成分是来自一小撮先前在大城市里有过工人运动经验的本地人，他们中有些人受过社会主义和共产主义观念的影响。约瑟普·霍达克（Josip Hodak）是 1937—1938 年间该地区大部分罢工的重要组织者，他生于库伦瓦库夫附近几公里处的克利什科波利伊采村（Kliško Poljice），是当地建筑工人组织的书记，也是一位献身工人事业的活动家。大部分工人都欢迎他，无论他们来自哪个村子。[90] 他专注于解决工人和雇主之间的冲突，而不关心所谓"族群冲突"。他在这方面起了表率，组织各种旨在发扬工人诉求的、经常是跨族群的同盟。1938 年，霍达克（他名义上是天主教徒）在东正教村庄马丁布罗德（Martin Brod）组织罢工时，曾指派库伦瓦库夫面包师哈姆迪亚·库伦诺维奇（Hamdija Kulenović，一位所谓穆斯林）给工人们供应面包，还找马丁布罗德的本地商人马尔科·弗拉代蒂奇（Marko Vladetić，一位所谓东正教徒）负责接收他烤制的食物，并

45

发放给罢工者。[91]

虽然在某种意义上，"族群性"对罢工组织者来说有其重要性，但看起来也只是一道有待填补的潜在鸿沟，并不能对熔铸地方性的政治团结起到什么决定性的作用。由于霍达克在库伦瓦库夫地区的铁路工人组织中扮演的角色，政府下令将他赶出这一地区，禁止他再回来。[92] 后来，有几位当年的铁路工人在回忆录和地方史中表示，20 岁左右参加这些罢工的经历影响了他们的成长。这是他们初次体验群体性政治行动，其中用于区分敌友的最主要因素是经济的，而非族群性的。[93]

尽管 20 世纪 20 年代和 30 年代见证了地区和当地工人阶级政治的诞生，但本地历史学家却声称，当时人们正式的政治立场几乎完全建立在族群基础上。据说，库伦瓦库夫地区和周边地区穆斯林村庄里 95% 的穆斯林都是南斯拉夫穆斯林组织（Jugoslavenska muslimanska organizacija）的支持者，这是 1918 年后波黑地区成立的一个以保护"穆斯林"利益为主旨的大党；夫尔托切（Vrtoče）、卡拉蒂、布罗特尼亚（Brotnja）、博里切瓦茨（Boričevac）和克尔涅乌沙（Krnjeuša）等村庄的克族天主教徒则据说都支持克罗地亚农民党（Hrvatska seljačka stranka），其领导人的诉求是要在南斯拉夫王国内创建一个属于克族的联邦自治区；至于东正教群体，则被认为其中绝大部分人都支持人民激进党（Narodna radikalna stranka），一个具有"塞族"民族主义倾向的党派。[94]

不过，这些本地史书都只是偶尔才使用档案文献。更多时候，它们都以作者的个人记忆为依据，并不反映选举数据。虽然大多数年头的选举结果都在档案馆里找不到完整数据，但少部分保存下来的数据反映出的情况还是要复杂得多：以各种族群归类方式（包括民族和宗教）划分而成的群体并未表现出清晰的"族群性"投票模式。举例来说，1938 年选举中，全国大选的主要候选人是米兰·斯托亚迪诺维奇（Milan Stojadinović）和弗拉基米尔·"弗拉德科"·马切克（Vladimir "Vladko" Maček）。在波斯尼亚彼得罗瓦茨县的地方候选人清单上，他们各自手下都分别有属于所谓塞族东正教徒的候选人和属于穆斯林的候选人。有趣的是，当地被划为"穆斯林"的选民分别把票投给了两人各自名单上的穆斯林候选人，阿德姆·库伦诺维奇（Adem Kulenović）和哈桑·萨拉契奇（Hasan Saračić）。不过，也有不少穆斯林把票投给了杜尚·诺瓦科维奇（Dušan Novaković）和久洛·斯米亚尼奇（Đuro Smiljanić）这两位塞族候选人。那些被分类为"东正教徒"（也就是"塞族人"）的选民几乎没有给穆斯林候选人任何支持，他们的选票分摊给了多位当地塞族政治领袖；被分类为"天主教徒"（即"克族人"）的选民则几乎都投票给了马切克名单上的当地候选人，不过得到他们支持的似乎都是所谓的塞族人；名单上的本地穆斯林领袖哈桑·萨拉契奇没有得到他们的任何支持。[95]

简而言之，我们并未看到当地历史学家说的那种情况：人们按照泾渭分明的种族边界，把选票投给单一的、族群导向的政党。被分类为各个宗教／族群的人们，投票的倾向比这要复杂得多：穆斯林既支持两位不同的穆斯林候选人，又大量投票给塞族的候选人；东正教徒选民不投票给任何一个穆斯林候选人，把选票分别投给了各位塞族候选人；天主教选民不支持穆斯林（也不支持天主教徒，因为一个进入候选人名单的都没有），分别投票给了各位塞族候选人。这些地方选举数据说明，对于当地人来说，在自认为从属的"族群集体"与其投票行为之间，并没有什么极其清晰的联系。

我们也不应该认为，除了少数人以外，当地会有人把大量的时间、思考和精力投入党派政治。有一个这方面的例子是，当地政府在1924年3月编制的地区政治形势报告中写道，库伦瓦库夫的南斯拉夫穆斯林组织地方委员会主席哈桑·萨拉契奇因近期贝尔格莱

德内阁倒台而感到颇为振奋，他期望克罗地亚农民党的长期领导人
斯捷潘·拉蒂奇（Stjepan Radić）会掌权，到时候南斯拉夫穆斯林
组织的领导人穆罕默德·斯帕霍（Mehmed Spaho）也将随之上台。
不过，同一份报告也注意到："（该地区的）大部分人都不参与政治，
更别提对内阁构成有任何关注了。他们更操心土地耕种和食物的获
取。"[96] 其他大量证据也显示，在该地区，本地政客日常关心的问
题和农民的差异极大。[97]

47

　　至于其他更"极端主义"的政治组织，不但在好几个时期遭到
过政府的查禁，而且他们得到的了解和支持也都更为有限。南斯拉
夫共产党 1920 年即被政府查禁，本地的一小批支持者于 1940 年在
库伦瓦库夫成立过一个小小的支部，而这些人数稀少的共产党人跟
邻近市镇乡村的那些人数同样很少的同志的关系也很淡漠。[98] 更大
地区范围内的各个地方政府（如下拉帕茨的政府）在 30 年代中期
提交的报告中也都一直表示，其城镇和附近农村里都不存在有共产
主义倾向的个人和组织。官员们记录道，当地并没有共产主义小册
子和其他类似印刷品流传。[99] 直到 20 世纪 30 年代末，才开始有一
批组织联合起来，组成一个规模较大的政治反对集团（Udruž enje
opozicije）。当地警方这才提到有一小群"共产主义倾向"的青年积
极分子存在，其中包括库伦瓦库夫附近克利什科波利伊采村的著名
铁路工人组织者约瑟普·霍达克，还有多利亚尼的米洛伊科·马伊
斯托罗维奇（Milojko Majstorović，1939 年成为下拉帕茨自治市
主席）等少数几个人。[100]

　　20 世纪 30 年代的证据显示，当时隶属于乌斯塔沙运动的克族
民族主义者只有一小撮，他们希望毁灭南斯拉夫王国，建立一个克
罗地亚人独占的民族国家。这些人在库伦瓦库夫及周边地区毫无影
响力。1933 年的报告显示，有多场会议在天主教村庄博里切瓦茨举
办，其参与者可以被认为是乌斯塔沙的支持者和潜在支持者。同年

秋天，尤科·帕维契奇（Juko Pavičić）来到该村（他似乎是在那里出生的），据说他和米莱·布达克（Mile Budak）等著名乌斯塔沙流亡者保持着直接联系。[101] 他在村子里和多位库伦瓦库夫本地的穆斯林谈了话，其中包括一位叫侯赛因·泽里奇（Husein Zelić）的商人。据警方报告，他们谈到了"分离主义""反国家行动""克族人民遭受奴役、需要自由"，唱了与"乌斯塔沙行动"有关的歌曲。在 30 年代，地方政府一直严密监视这几个人，但并未发现他们在这十年的后五年里参与过公开的政治活动。[102] 运动的大部分支持者都来自更大地区范围里的巴尼亚卢卡、比哈奇等城镇，以及波斯尼亚彼得罗瓦茨、察津（Cazin）这样的大镇。30 年代后期内政部编制的一份名单列出了在意大利流亡的乌斯塔沙支持者，其中没有一个人来自库伦瓦库夫地区。在村一级，除了博里切瓦茨那几个人外，似乎没有人支持这个组织。事实上，直到 1940 年以前，至少对当地政府来说，那几个人的活动都没什么值得注意之处。它的正式成员和潜在成员则处在当地宪兵的严密监视下。[103]

弗尔巴斯河大省（Vrbaska Banovina）的内政部倒是越来越关注所谓切特尼克团体挑起的"部族敌对与仇恨"，尤其是在 20 世纪 30 年代后半期。切特尼克是民族主义者的组织，大体上由认同塞族的人组成。[104] 不过，无论是在规模上还是影响力上，都没有证据说明这类组织在库伦瓦库夫地区成了气候。1938 年，地区政府没有列出任何活动于波斯尼亚彼得罗瓦茨的切特尼克团体。[105] 因此，证据显示，在整个地区内，任何意识形态较为极端的政治组织，无论是民族主义的（如塞族和克族）还是共产主义的，规模都很小，甚至根本不存在。

在 20 世纪 30 年代，地方政府最关注的是各政党的内部斗争。各党的领导层通常都由彼此视为同族的人组成，因此至少在公众能看到的范围内，族群内部冲突比族群间冲突更为普遍。举例来说，1936—1938 年，提交到贝尔格莱德的警方报告都表示形势"非常好"，大部分人对彼此、对政府的态度基本都是正面的，也没有明显的族群冲突的记录。[106] 而在主要由所谓塞族人组成的南斯拉夫激进同盟（Jugoslovenska radikalna zajednica）内部，两派成员之间的关系则高度紧张（原因往往是"个人冲突"），并多次引起当局的注意。穆斯林政治人物之间也会爆发冲突。1938 年 7 月，一位出身于该地区拉因诺夫奇村（Rajinovci）的不管部长扎费尔·库伦诺维奇（Džafer Kulenović）访问库伦瓦库夫自治市，该市的领导人之一阿德姆·库伦诺维奇拒绝出席为该部长举办的欢迎仪式和演讲活动，也不在他访问期间在自家客栈前挂旗，公开表示对他的蔑视。[107]

这些冲突经常发生在同一族群的个体之间。1932 年的一位地区巡视员注意到，库伦瓦库夫正在发生的好几起冲突，都是伊万·托帕洛维奇（Ivan Topalović）和米兰·斯塔基奇（Milan Stakić）两人之间的"宿怨旧仇"的结果。其中，托帕洛维奇是当地的行政领袖（starešina ispostave），斯塔基奇是市议会的前任领袖，两人都是所谓的"塞族人"。[108] 当年 9 月 7 日，有多人证实，在附近德瓦尔市的一个旅馆里，以批评本地和全国政治事务（特别是在酒后）而闻名的评论家约万·久尔杰维奇（Jovan Đurđević）大声喊道："博戈柳布·库云季奇（Bogoljub Kujundžić，议会成员）、米兰·斯尔什基奇（Milan Srškić，内政部部长），还有那个瓦索·约万诺维奇（Vaso Jovanović，一位已退休的部长），都来亲我的屁股吧！"他紧接着又咒骂了当地商人托多尔·塔迪奇（Todor Tadić）的母亲，还批评了德瓦尔当地市政领导人（načelnik）约沃·克雷佐（Jovo Kreco）的工作。[109] 久尔杰维奇的批判对象范围颇广，从全国领导到地方上的都有。但是，他们和久尔杰维奇自己一样，都是所谓的塞尔维亚族人，他发表的肯定不能算是"针对其他族群"的激愤言论。

当地的犯罪数据也表现出相似的机制：冲突主要发生在族群内部，而且经常是个体之间的问题；而不是在族群之间。虽然缺乏两次世界大战之间的本地犯罪统计，但现存的 1935—1936 年的数据还是能说明一些趋势。比起波斯尼亚西北部其他各县，库伦瓦库夫地区政府所在县的谋杀率较低，一般低于每月一起。无论是发生在族群内部还是在族群之间，实际发生的冲突通常不会闹出人命。不过，当地的伤害、纵火、盗窃等案的案发率总体很高，经常在地区内名列前茅。很多斗殴、故意纵火和盗窃行为可能都是发生在同族群的个体之间，因为该县的大部分社区都是农村，且经常都是所谓的单一族群聚居地，大部分人都直接认识。[110]

定性的证据说明，这种犯罪活动以及强奸、谋杀等更暴力的事件，更容易发生在同族群之间，而非不同族群之间。比如在少数几起强奸案中，有一起是 13 岁女孩被两位男性亲属强暴，施暴者和受害者都是所谓的"塞族人"。[111] 另一起谋杀案的报告中，一名男子用手枪射杀了另一名男子，前者似乎和后者的妻子有染，两人都来自同一地方（库伦瓦库夫西边的利卡地区），都是所谓的"东正教徒"，或者说都是"塞族人"。[112] 1939 年 3 月，多利亚尼村的伊利亚·马伊斯托罗维奇（Ilija Majstorović）刺伤了多布罗塞洛村（Dobroselo）的斯特万·波洛维纳（Stevan Polovina）的后背，他们各自所在的东正教村庄之间只有步行的距离。[113] 此外，苏瓦亚村的凯查家族（keča clan）有两名成员互殴，其中一人用斧子杀死了另一人；距下拉帕茨不远处有两位奥布拉多维奇家族的亲属互殴，其中一人被石块击中后死亡。这两起案件中，所有涉案男子都出身于所谓的相同族群。[114]

这些案例对犯罪学家来说都不足为奇，他们早已阐明，很多暴力犯罪都发生在小社区和小社交圈子内部，施暴者和受害者往往彼此熟识。[115] 比如在 1930 年 5 月东正教村庄多利亚尼的一起暴力抢劫案中，当地居民抱怨说，他们反复遭到两位当地著名罪犯托多尔·梅迪奇（Todor Medić）及其同伙阿夫拉姆·约万尼奇（Avram Jovanić，又名"Buzdum"）的袭击，这两人和他们的受害者一样是所谓的"塞族人"。[116] 同年，地方巡视员还发现，在大部分人都被认为是所谓"塞族人"的下拉帕茨镇，有些人为了"报复"（osveta）邻居而烧毁了他们的畜栏。[117] 值得指出的是，这些本地暴力案件说明，民族、族群和宗教冲突并不是暴力犯罪的主因。在 20 世纪 30 年代的档案文献中，更为频繁的是当地同一族群的个人之间的紧张关系，以及村民之间、市民之间的争端。没有多少证据能说明，公开的"族群"冲突已经成为主流，或者说是正在常态化。

事实上，有证据显示，各群体领袖之间的合作才是当地政治生活的特征，至少在一定程度上是如此。比如说，库伦瓦库夫镇议会（opštinskovijeće）1930 年以后的会议记录显示，有一群当地领袖（经常由数量相当的所谓塞族人和穆斯林组成）投身于本地日常事务，力图改善地区经济和社会福利。他们最关心的是聘请新的医生和兽医，以及讨论该向贫困家庭提供多少帮助，那些人的家都要塌成废墟了。还有一个关注点是推动地区政府准许库伦瓦库夫镇和下拉帕茨合并，以达到促进经济发展的目的。他们也讨论发展地区里的水电产能、铁路和公路。议会领导层构成混杂，其关注焦点又集中于福利、基础建设和经济问题，这说明当时的潮流并不是族群分界造成的深度极化。[118]

1938 年 9 月 6 日举行的南斯拉夫国王佩塔尔二世（Petar Ⅱ）生日庆典，进一步证明当地的整体气氛非常和平，不存在什么公开、持续的族群冲突。当地宪兵记录道，库伦瓦库夫的这一天"完全是和平有序的，没有发生任何变故"。两位镇上的领导人阿德姆·库伦诺维奇和弗拉多·米拉诺维奇（Vlado Milanović）发表了简短的演讲，讲的是国王及其王朝有多么重要。听众对演讲报以掌声，其中既有镇上的居民和附近村庄的农民，也有很多是在该地区修筑穿越乌纳河谷的铁路的工人。库伦诺维奇与其他穆斯林政治领袖的关系是出了名的不睦，米拉诺维奇的父亲则是武科萨夫·米拉诺维奇，也就是 1918 年土地改革期间坚决制止东正教农民袭击库伦瓦库夫穆斯林群体的那位本地东正教司铎。两人的个人历史和参政方式说明，他们在 20 世纪 30 年代后期推进了合作，没有搞什么"族群冲突"。[119]

　　根据政府的内部报告，在 1939 年秋天至 1940 年春天，全国多个地区都出现了"塞族人联合起来！"（Srbi na okup!）运动，算是对新成立的克罗地亚大省（Banovina of Croatia，南斯拉夫王国新设置的行政单位）的回应。这些报告进一步证明，库伦瓦库夫地区的族群间冲突非常微弱，因为当时在莫斯塔尔（Mostar）、格利纳（Glina）、武科瓦尔（Vukovar）、奥托查茨（Otočac）、格拉达查茨（Gradačac）、布尔奇科（Brčko）、代尔文塔（Derventa）和奥西耶克（Osijek）等城镇，都有运动的支持者举行会议，主要由大商人尤其是当地的东正教司铎发起，他们组织当地村民参加会议，起草决议，内容是呼吁他们各自的县从新成立的克罗地亚大省独立出来，再加入一个新成立的塞尔维亚人大省，[120] 但是，在库伦瓦库夫的任何市镇和农村里，都没有举行过表达这类诉求的会议。本地政府注意到有些零星的个人同情这场运动，但他们的感受似乎并未体现在公开的行动上。只有少数几个人，比如来自斯尔布镇（Srb）的斯特沃·拉杰诺维奇（Stevo Rađenović），曾专程跑到距住处稍远的市镇去参加会议。[121] 而且，虽然这些活动的民族主义调门起得很高，会前会后也不时发生些族群间冲突事件，但看不出它们对库伦瓦库夫地区的政治领袖们有什么触动。[122]

　　证据显示，整个 20 世纪 30 年代，那些不热心参与政治的人在日常的邻里来往中大体都是和平的，鲜见值得注意的族群冲突。当地历史学家写道，在库伦瓦库夫镇，属于所谓"穆斯林"和"塞族东正教徒"的人们有时会在每周集市或酒馆里激烈辩论，话题围绕着贝尔格莱德最近的政治局势和丑闻；不过几天之后，同一批人又会一起走进当地的足球场，边喝酒说笑边观看青年队和乌纳队等球队的比赛，这些球队的队员都既有所谓"塞族人"又有穆斯林。这一时期各球队的照片中，我们只能通过一些球员戴的土耳其毡帽（fez，本地穆斯林经常戴的一种帽子）分辨出男球员们所属的族群。[123] 在一些案例中，这些名义上分属不同族群的人们之间的友谊，正是源于孩提时代一起参与体育活动的经历，后来发展出了真正的友谊。有时候，当这些男人各自结婚成家时，他们还会成为对方家庭的"库莫维"（kumovi，类似教父的角色）。

根据口述证言，在自认为是塞族东正教徒和穆斯林的个体之间，这种亲如家人的人际关系并不罕见，在库伦瓦库夫镇及其周边地区尤其如此。[124] 在更大的地区范围内，貌似也有些信仰各异的宗教领袖成为好朋友。当地历史学家曾在克尔涅乌沙村采访天主教徒，发现他们1937年就职的神父克雷希米尔·巴里希奇（Krešimir Barišić）与东正教的司铎德拉戈·萨维奇（Drago Savić）关系密切，两人时常一起散步、说笑，互相还定期上门做客。萨维奇曾经向他这位有义务独身的天主教朋友问过一个著名的糟糕问题："你什么时候结婚啊，我到时候去你婚礼？"[125]

证据表明，同族群的冲突即便不比跨族群的冲突更多，至少也是同样常见的。跨社群的友谊也是存在的。不过，也有理由相信，与此不同的思维模式也同样存在，至少在一些人身上是如此。在他们对事物的观察和解释中，族群性的语言是非常重要的，特定条件下更能突然以对抗性的方式爆发出来。从地方巡查员和当地居民的谈话可知，有些人对他们的乡邻抱持着建立在族群归类上的负

照片3　库伦瓦库夫的青年足球队成员来自各个族群，这张照片是他们于1937年拍摄的合影。站立者从左至右依次为：波格丹·多舍诺维奇（Bogdan Došenović），穆哈雷姆·季古莫维奇（Muharem Džigumović），马哈茂德·切西奇（Mahmut Ćehić），埃萨德·易卜拉辛帕希奇（Esad Ibrahimpašić），埃萨德·比巴诺维奇，拉西姆·切利科维奇（Rasim Čeliković），哈姆迪亚·比巴诺维奇（Hamdija Bibanović）。就座者从左至右依次为：易卜拉欣·代米罗维奇－赛诺（Ibrahim Demirović-Seno），斯特沃·弗拉代蒂奇（Stevo Vladetić），穆罕默德·库伦诺维奇－布尔克（Muhamed Kulenović-Brk），久洛·茨维耶特尼查宁（Đuro Cvjetnićanin），阿莱·阿拉伊贝戈维奇（Ale Alajbegović），胡赛·德米罗维奇（Huse Demirović）。中间坐在地上的人：博罗·凯茨曼（Boro Kecman）。照片提供者为佐兰·比巴诺维奇（Zoran Bibanović）。

面看法，这塑造了他们面对所谓异族族群时的行为。比如说，库伦瓦库夫镇议会成员马哈茂德·库伦诺维奇－哈拉奇利亚（Mahmud Kulenović-Haračlija）据说就对"塞族人"持负面态度，因为他的父亲在1918年塞尔维亚－克罗地亚－斯洛文尼亚王国成立不久后死于谋杀。根据警方报告，他的父亲在一战期间苛待其东正教佃农，结果被其中一个人杀掉了。1928年进入市议会后，库伦诺维奇－哈拉奇利亚开除了所有的塞族雇员，以此宣泄他对"塞族人"的负面情绪。他还尽力让市议会撤回了批给库伦瓦库夫塞族东正教会一块土地的决定。[126]

另外一些时候，当地居民似乎会用负面的族群归类方法来解释他们碰到的问题，即使相关争议并未牵扯到属于所谓其他族群的人。20 世纪 20 年代后期，大卫·奥帕契奇（David Opačić）在库伦瓦库夫地区奥斯特罗维察河源头处的国有土地上非法建房，当地政府当时就知道了，但睁一只眼闭一只眼。到 1930 年，奥帕契奇准备再加盖厕所和牛棚，到时候粪便将直接流进河里，而库伦瓦库夫很多人都饮用这条河的水。针对这些违法行为，当地的新任行政领导人伊万·托帕洛维奇和他对峙，结果根据地区巡查员（okružni inspektorat）的事件报告，奥帕契奇突然大声道："如果我是土耳其人（对"穆斯林"的贬称），我就能为所欲为了。"[127]

此处的冲突双方都是所谓"塞族人"，争论焦点是其中一方明显的违法行为，结果他却突然攻击起了"穆斯林"或者说"土耳其人"——显然，后者垄断了政治权力，可以无视现行法律任意行事。附近比哈奇市的巡查员关于库伦瓦库夫镇土地整顿的报告说明，这种指控可能确实说出了实情，至少是人们对实情的感受。"这是公开的秘密，"巡查员写道，"（库伦瓦库夫）镇之所以是现在这样的结构，就是为了确保穆斯林群体的多数地位，以此保证他们在镇议会乃至市政机关里都能占据多数。"[128]

这些证据都说明，人们在冲突中的行为，以及对冲突的阐释中反映出的思维模式可以染上强烈的、敌对性的族群色彩。由于档案来源有限，很难确知这种思维方式有多普遍。但这里的证据足以说明，族群归类已经成了一种被普遍用来理解冲突状态的工具，尤其是以负面的方式。此外，这一点与人们地位的高下（马哈茂德·库伦诺维奇—哈拉奇利亚位高权重，大卫·奥帕契奇无权无势）无关，和他们属于哪一个所谓"族群"也无关。

这种敌对观念可能根植于过往暴力的经历和记忆，也可能源自对当下某个群体大权在握的感受。至于人们能在多大程度上将这种看待世界的方式付诸实践，则要取决于他人的接受程度，尤其取决于政府是纵容还是打击这种撕裂族群的言行。档案证据表明，在20世纪30年代库伦瓦库夫的历届地方政府中，至少有几届政府是不容许这类观念的。在地方行政领袖伊万·托帕洛维奇与非法建房威胁饮用水的大卫·奥帕契奇对峙前后，比哈奇市的地区巡查团收到了一封匿名信，作者很可能是大卫·奥帕契奇本人，他抱怨说，托帕洛维奇执法手段明显严苛，造成他的"处境可怕且艰难"。信中甚至声称托帕洛维奇在搞种族歧视。不过，地区巡查员在调查后发现，是奥帕契奇先发表的反穆斯林言论——"如果我是土耳其人，我就能为所欲为了"，而且托帕洛维奇只是回敬了一句讽刺的话："是啊，你要是土耳其人，早就想怎么说就怎么说了。"[129]

这句话意味着，奥帕契奇的族群归属在此事中并不要紧，他只是违反了法律，然后因为托帕洛维奇没有睁一只眼闭一只眼（像之前的当地政府领导一样）而感到不快，因此诉诸族群对抗性质的语言，目的是要操弄这场对峙。不过，他的做法未能奏效，还招来了讽刺性的驳斥。这个看似微小的事件之所以值得我们注意，是因为它阐明了一个更广泛的问题：在冲突中的特定时刻，该地区的某些人会动用对抗性的族群语言。不过此事也显示出，这种做法是否能产生影响，取决于社区里其他人的接受程度，特别是政府的反应。

对地方性冲突的族群式解释，以及建立在其基础上的政治实践，并不是从一开始就注定会占据上风。而是需要有人采取强力行动来制造这种时势，并挫败一切可能出现的抵抗。没有证据能说明，在两次世界大战之间的最后几年里，当地政府和老百姓中有接近多数的人有强烈的动机要支持某种对抗性的族群政治。但是，只要有一个意识形态和政治都与之前迥异的政府，把权力交给大卫·奥帕契奇和马哈茂德·库伦诺维奇—哈拉奇利亚这样的人物，便足以扭转政治局面。这种政治背景允许他们以高度族群化的方式看待当地社区。它被迅速创造出来并马上变得非常有影响力，这并不是什么历史的必然，也没什么不可思议的。

1877年叛乱期间，阿瑟·埃文斯爵士在库伦瓦库夫地区徒步旅行，他发现："今天，在这片不幸的土地上，我们无论看向哪里都只见到分裂——政治的、社会的以及宗教的隔阂。但是后退一步的话……我们无论何时转过目光，都会看到人们之间的联系纽带仍然存在。"[130] 在很多方面，他的观察都同样适用于1914年初的几个月，当时该地区的居民还不知道，他们的国家南斯拉夫王国只有几个月的存活时间了。从17世纪末在乌纳河和奥斯特罗维察河汇流处建立库伦瓦库夫镇开始，一直到1941年的春天，对巴尔干的这个角落的这段历史时期的研究，给我们带来了历史编纂上的大难题，它在埃文斯的文字中同样可见：我们讲述这段历史时，能否既公正地描述分裂和冲突的界限，又充分地考虑到"联系纽带"的存在，同时不抹杀这两者都有可能支配政治和日常生活的历史偶然性？我们想要理解的这些人，此时都还不知道未来会发生什么。我们在讲述他们的故事时，也有责任认清这一点。要写作这段历史，我们就要克制自己可能的渴望，避免把自己对后续事件的了解当成解释工具，或者以任何形式把我们（而非身处当时情景之中的人）知道即将发生的事情说成是不可避免的。

从当地社区的视角来谈这段历史，并且用让我们接近实地的资料重构历史的做法，能够为我们提供解决上述难题的工具。有了地方性的证据，我们就更能避免作出一概而论的假设和概括，从而免于忽略社区历史的复杂与微妙之处。特别是，我们因此不会轻易屈从于过分简单化的宏大叙事，相信当地社区的历史就是要反映各个界限分明、彼此敌对的"族群集团"或"民族"之间看似不可阻挡的进程，以及他们之间可想而知必然要爆发的以"族群"为核心的暴力冲突。

与之相反，在我们这场针对库伦瓦库夫地区历史的调查中，最惊人的发现可能在于，就 1941 年以前的两个社会冲突最激烈的时期（1875—1878 年的叛乱，以及 1918 年到 20 世纪 20 年代早期）而言，任何对该地区冲突性质的简单概括都是靠不住的。以族群为核心的杀戮和劫掠确有发生，不过族群内暴力在这些时期里也同样严重。很多个人和团体都曾做出重大努力，想要避免和制止族群间暴力，通过各种形式建立起解决社会冲突的基础。该地区长期存在的对"我们"和"他们"的认知，根植于宗教认同和奥斯曼社会中的社会、经济和政治结构。但我们不能因为这些就无视一个事实：冲突往往是在宗教和"种族"之外展开的。在当地层面上，19 世纪到 20 世纪上半叶民族主义意识形态缓慢而均匀的渗透，并未改变这种大体上的机制。在特定时刻，族群类别能为冲突提供可用的语言，但这种语言并未消除掉其他的冲突核心。

这一地区的历史还显示，塞尔维亚－克罗地亚－斯洛文尼亚王国建立后的那段动乱时期虽然常被历史学家描述成纯粹是在助长族群间的冲突，但当时也产生了多种形式的跨族群团结。[131] 随着该地区的社会经济结构从地主－佃农转变为城镇（即商人）－农村（即农民生产者），新的相互依存关系出现了。像是乌纳河谷修铁路这样的大型建设工程，以及德瓦尔市时好时坏的工业发展，都促进了小股建筑工人和产业工人的日渐增加，他们的出身背景五花八门。这些变化创造出了新的联结点，包括经济关系、友谊和政治团结。冲突也随之出现，有些带有族群间冲突的成分，但族群内部、党派内部，以及个体之间的冲突即便没有变多，也并不少。

所以，各种形式的冲突都有可能发生，但和平、可控的紧张状

照片4　乌纳河在马丁布罗德和库伦瓦库夫之间流过。照片由作者拍摄。

态也同样可能维持。历史学家面临的挑战，是即使明知该社区1941年很快就要发生的事情，也要记住并没有哪个发展方向是一开始就注定的。对未来而言真正关键的是，在后来的融合政策或排斥政策的产生中，究竟是哪些社会归类的方式起到了主要作用。这将决定群体和个人沿着什么方向，在他们持续的紧张状态和冲突中采取多大限度的行动，迅速创造出新的分裂界线。如果我们着力于讲述1941年之前的历史，而不将我们已知的后续发展投射到这段历史中，就根本看不出1941年春天的库伦瓦库夫地区要发生什么剧变。随着冬季让位于温暖长日，当地生活似乎注定要像以前一样缓慢流逝，正如翠绿的乌纳河水。

第二部分

1941

第二章

天翻地覆的世界

1941 年 3 月底，奥斯特罗维察河清澈的水流到底有没有突然断流，现在已经不得而知了。如果库伦瓦库夫山底当时一直有河水流出，那么无论是镇上的人还是该地区的大约 16,000 位居民，都无法通过当地传说预感到一场规模远大于先前的全新动乱即将爆发。[1] 3 月 27 日，贝尔格莱德发生了一场军官领导的军事政变；希特勒因此派军队入侵并消灭了南斯拉夫王国。德国轰炸机于 4 月 6 日攻击了贝尔格莱德，国内的其他地区则在德国人、意大利人和匈牙利人之后几周里的闪电战攻势下纷纷陷落了。[2]

德国的坦克和部队来到了波斯尼亚西北部，但并没有留下来正式占领这里。[3] 这一地区跟今天克罗地亚、波黑的大部分地区，以及塞尔维亚的一些地区一起，被合并成了克罗地亚独立国。这个新国家成立于 4 月 10 日，它的法西斯主义领导者，一个名为"乌斯塔沙"的组织，决心要建立一个"克罗地亚人"独享的民族国家。该组织作为一股政治运动力量，最初成形于 20 世纪 20 年代末至 30 年代初，后来凝聚成了一个小型恐怖主义组织，其成员强烈反对南斯拉夫王国的存在。他们联合其他的反南斯拉夫分子，在 1934 年亚历山大国王（Aleksandar）访问法国时成功暗杀了这位塞族人国王。他们还曾在 1932 年 9 月图谋于利卡地区发动叛乱，但未获成功。[4] 20 世纪 30 年代的多数时间里，组织的大部分成员（看起来只有几百人）都流亡国外，多数在意大利，也有人去了匈牙利和德国。到 30 年代末仍然留在南斯拉夫王国的成员中，人数最多的一群（可能占总数的至少一半）生活在萨格勒布，其他人数少得多的小群体则分布在卡尔洛瓦茨、戈斯皮奇（Gospić）等城镇，以及黑塞哥维那的西部地区。在波斯尼亚，巴尼亚卢卡市和比哈奇、特拉夫尼克（Travnik）等几个小镇里也有一小撮乌斯塔沙的支持者。[5]

　　一开始，希特勒找了一些前克罗地亚大省的核心政治领袖，邀请他们做克独国的领导人，这些人（比如克罗地亚农民党的"弗拉德科"·马切克）都不是乌斯塔沙分子。他们拒绝后，乌斯塔沙便成了希特勒退而求其次的选择。该组织的领袖是安特·帕韦利奇（Ante Pavelić），一位 20 世纪 30 年代多数时间在意大利流亡的律师。他和志同道合的同志们接受了希特勒的邀请，来领导这个新国家。创建这个国家是轴心国毁灭南斯拉夫王国的一个手段，另一个手段则是残酷的武力。帕韦利奇及其副手们意外地发现，自己手中掌握了好大一片他们认为应当专属于"克族人"的领土，位居其中心的是曾经地处奥匈帝国和奥斯曼帝国交界处的边疆地区（Krajina），在这里生活的人们信仰各种不同的宗教，其中一些人视自己为某个民族／族群混合体的成员，"克族"只是多个这样的类别中的一个。库伦瓦库夫地区也在这里，它横跨曾经的国界，在边疆地区和利卡地区都有彼此互联的共同体。当地百姓和克独国的其他地方性社群一样，在成为这个新的民族国家的一部分并被置于国家领导层的民族主义愿景下之前，并没有人征求过他们的意见。不过，当地人民对政府和政策的剧变并不陌生，特别是从 1878 年以来，他们已经习惯了伊沃·安德里奇（Ivo Andrić）的小说《德里纳河上的桥》（The Bridge on the Drina，1945）描述的那种世界："一切都在远处进行，而且神速成交。世界上某个遥远的地方，那里彩票抽了签，或者打了一场战争，它就决定了这个城市每个人的命运。"[6]

在划定新的国界时，克独国当局和一些外国盟友产生了分歧，为此耗费了一段时间，但这对库伦瓦库夫当地社区的日常生活没什么影响，争议地区离他们很远。在地方层面上，国家新近推行的国内政策才是最重要的，尤其是有些政策会决定哪些人算是克罗地亚民族共同体的一员，哪些人不算。在这个问题上，乌斯塔沙的意识形态宣传者和当时欧洲的其他法西斯主义者一样，使用了种族概念。但是，前者对此作了明确的限制。作为纳粹种族意识形态的追随者，克独国当局颁布了一系列法令，将犹太人这一群体定义为种族类别。此外，吉卜赛人、黑人、鞑靼人、亚美尼亚人、波斯人和阿拉伯人等类别也被新政权定性为种族，其中大部分甚至被认为并不存在于克独国。但是，"塞族东正教徒""克族天主教徒"和"穆斯林"——在当时，克独国的上层人物和很多普通人在谈到这个新国家的绝大部分人口时都会使用这些分类——并未被官方认定为种族，尽管某些官员不时会发表带有种族主义色彩的言论。[7]

事实上，在克独国最高领袖（"元首"，poglavnik）安特·帕韦利奇看来，"穆斯林"乃是"持伊斯兰信仰的克族人"。"穆斯林是我们的血缘同胞，"他曾表示，"他们是我们克罗地亚民族的花朵。"[8]其他的克独国高层官员，如米莱·布达克（1941年任宗教与教育部部长），则把克罗地亚人（hrvatski narod）定义成一个多元信仰的民族："我们（克族人）是一个信仰天主教和穆斯林信仰的民族。"[9]知识界的同路人加入了这场合唱，他们写作的文章中援引、综合了历史学、语言学、人类学和近乎种族主义的说法，论证波黑的穆斯林和克族天主教徒属于同一个整体，团结在共同的克罗地亚民族性

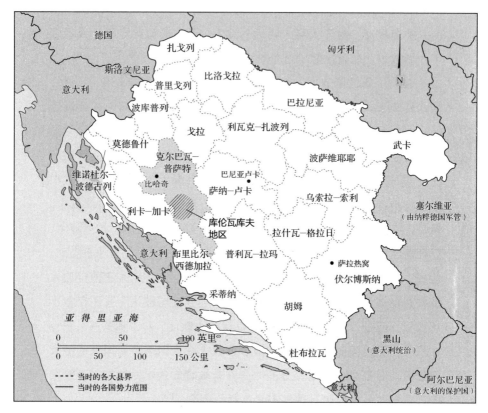

地图6　1941年克罗地亚独立国设置大县后的库伦瓦库夫地区

中。构成这种群属感的关键因素如下：塞族人以往对穆斯林和克罗地亚人的迫害，特别是在两次世界大战之间的做法；据说塞族人看起来肤色更黑一些，而克族人和穆斯林要浅些；还有观念认为穆斯林和克族人从事农耕，而塞族人养育家畜；口语和书面语据说也有差异。[10]

　　至于视自己为穆斯林的广大人口怎样看待这些说法，目前尚无确切答案。像穆罕默德·阿拉伊贝戈维奇（Mehmed Alajbegović）这样的知识分子，在克独国成立时就早早宣布："波黑地区穆斯林身上的克罗地亚性可以说是无可争议的事实。"[11] 不过，其他同时代的思想家，比如穆罕默德·哈季亚希奇（Muhamed Hadžijahić）却说："'克罗地亚民族性'目前尚未在穆斯林群体中明显地体现出来。"[12] 无论如何，克独国高层及其支持者的表态，即波黑地区的穆斯林社群事实上都属于"克族人"，给了某些穆斯林领袖一个突如其来的机遇，让他们公开控诉他们心目中迫害过自己的人：信仰东正教的塞族人社群。建国后的前几个月里，克独国报纸发表了讲述过去塞族人如何迫害穆斯林的文章，写到了一战时期，其中 1918 年塞尔维亚–克罗地亚–斯洛文尼亚王国建立后发生的事情尤其受到了强调。[13] 土地改革成了报刊和克独国政府内部文件关注的话题，尤其是"（两次世界大战间的）贝尔格莱德政府"怎样通过土改来"在物质上灭绝全体穆斯林"。[14] 报纸上还刊登了克族天主教徒在塞族人手中受苦受难的故事，背景多在 1918—1941 年。[15]

　　之所以要鼓吹这些或真实存在或莫须有的苦难往事，其目的是要动员今天的所谓"克族人"支持克独国，并以"塞族人"为敌。如此一来，新上台的克独国当局就公然地将"族群"确立为冲突展开的唯一主题。1941 年 4 月底，一份政府报纸在针对波斯尼亚西北地区"穆斯林"的声明中宣称："士兵兄弟们！把你们的武器对准我们的敌人塞族人。不要后退，也不要交出武器。要夺权，因为从现在起，你们就是自己国家里当家做主的人。"[16]

在克独国高层看来，要建立种族纯净的克罗地亚民族国家，除了"犹太人"（以及"吉卜赛人"或者说"罗姆人"）这种以种族名词定义的群体之外，主要的绊脚石就是所谓的塞族东正教群体。这之所以是个大问题，是因为根据克独国的统计，这个群体在国家总人口中占的比例很大。[17] 政府先是根据南斯拉夫王国的最后一次人口调查（1931）绘制了自己版本的国内人口宗教结构表（即依照信仰划分人群），认为波黑有 55 万名天主教徒、71.8 万名穆斯林、103 万名东正教徒，还有 2.9 万人属于"其他"。根据这些数据，他们宣称当地的族群结构如下："克族人"123.8 万（包括所谓的"克族天主教徒"和"穆斯林"），"塞族人"102.4 万。[18] 这套逻辑的关键之处在于，它宣布波黑地区的伊斯兰教徒群体都属于"克族人"，这样一来克独国高层就可以断言"克族"的人数确实多于"塞族"。

克独国的高层人物，比如司法部部长米尔科·普克（Mirko Puk）在新国家诞生最初几个月里发表的演说中，既解释了高层领导心目中作为概念的"塞族人"，也说明了要怎样处置"塞族人"：

> 在我们的祖国里，除了犹太人和共产主义分子之外，还有另外一个敌人，那就是塞族人。20 年来，他们把我们融进了这个实质上是克罗地亚民族监狱的人造物（指两次世界大战间的南斯拉夫王国）。塞族人和土耳其先遣队一起来到我们的土地上，他们是一群盗贼、人渣，是巴尔干的垃圾。我们不能允许有两个民族来领导我们的民族国家。上帝只有一个，负责统治的民族也只有一个，那就是克族人。让那些两三百年前跑到我们祖国来的人回到他们来的地方去吧。要么自愿离开我们的祖国，要么我们就用武力赶你们走。[19]

波斯尼亚西北部和利卡地区（边疆地区的重要组成部分）历史上曾是哈布斯堡（以及后来的奥匈帝国）和奥斯曼帝国的边界，所以被克独国领导层赋予了特殊的重要性。当地东正教徒人口众多，因为以前的帝国政策是向东正教徒定居者提供土地，换取他们服兵役守卫边疆。在乌斯塔沙高层看来，这个地区急需将非克族人的影响"净化"掉。他们选中了一位强力人物在该地区执行自己的政策。此人名叫维克托·古蒂奇（Viktor Gutić），来自巴尼亚卢卡，曾经做过法官，还曾是南斯拉夫军队的预备役上尉。他从 20 世纪 30 年代中期就开始跟乌斯塔沙运动有政治上的往来，在轴心国入侵南斯拉夫王国之前就与其海外支持者保持日常联络。[20] 古蒂奇的克罗地亚民族主义观念特别歹毒，他曾在 5 月上旬向波斯尼亚西北部的一批塞族东正教司铎发表声明，强调了乌斯塔沙对于这些人代表的事物的强硬立场，并宣布了未来对他们的处置方式："不再有塞族人了。我不会再承认什么塞族人。滚出这个地方。这里是克罗地亚的心脏，心脏是不能沾染任何毒药的。你们就是毒药。"[21]

看起来，帕韦利奇及其萨格勒布的同僚们把在波斯尼亚西北部组织建立克独国政权的任务交给了古蒂奇个人。他们认为他在意识形态上忠于乌斯塔沙的事业，政治上值得信赖。克独国成立之后，他几乎是立刻就在该地区的比哈奇、波斯尼亚克鲁帕（Bosanska Krupa）和波斯尼亚诺维（Bosanski Novi）等几个市镇完成了这项任务，并派遣了亲信同僚到察津和大克拉杜沙（Velika Kladuša）去做同样的工作。到 5 月前，古蒂奇已经任命了至少十个重要的乌斯塔沙领导人，这些人再各自任命下属。所有这些人都是全靠着古蒂奇才意外地成为当地无可争议的掌权者，他也尽力去细致地掌握他们的活动。[22]

古蒂奇吸引人们加入地区一级乌斯塔沙领导层的一个重要方法，是纵容他们抢占那些已经被政府定性为"非克族"的人，如犹太人和塞族人的产业和财物。如此一来，加入新政权就有了可观的经济激励。对那些以往在政治和经济方面都没什么特权的人而言，加入乌斯塔沙更是格外有吸引力。古蒂奇率先发难，他上台后立刻命令巴尼亚卢卡最富有的塞族商人、产业家们在24小时内交出大笔的金钱，否则就要面临可怕的后果。[23] 他还在4月底设置了一个专员的职位，专管犹太人名下的财产与公寓住房，所有付给犹太房东的房租现在都要交给这位专员——事实上也就是直接交给了位于巴尼亚卢卡的古蒂奇政府。[24] 他禁止人们从所谓"塞族人"和"犹太人"手中购置地产，也禁止人们帮忙打理他们的地产，只有受古蒂奇领导的克独国政府不受此限。[25] 因此，克独国政府的建立就赋予了地区级和地方级的领导人们前所未有的巨大权力，以族群为目标霸占旧日乡邻们的财物和产业。

67　　萨格勒布的克独国高层很快就难以控制这些所谓的地方盟友了，这很大程度上是因为这些人划定势力范围的方式。克独国国家机器的创建是在好几个层面上展开的，其中之一是组建民政部门，其工作人员并不见得对乌斯塔沙的民族主义理想抱有多么深刻的同情，他们经常都只是些被认为属于"克族人"的地区级或地方级官僚。这些人之所以能干这份工作，是因为他们本来就在前南斯拉夫王国的政府里供职。克独国军队（被称为"克罗地亚家园保卫军"[Hrvatsko domobranstvo]）和宪兵部队（oruž ništvo）的情况就不大一样了，尤其是构想中的军队应当是一支高度克罗地亚化的武装，由所谓支持克罗地亚民族理想的前南斯拉夫王国军队军官，以及一些曾在奥匈帝国统治时期于军中服役的退休军官组成。[26]

至于乌斯塔沙，它在组织上却是一个高度独立且内部垂直一体的权力架构。最极端的民族主义者通常都会聚集到这里来，尽管并非所有加入乌斯塔沙的人都应该被假定是这种人。乌斯塔沙在村一级（roj）、覆盖多个农村的乡下市镇一级（tabor）、市镇群一级

（logor）乃至县一级（stožer）都有组织机构，它们理论上都听命于乌斯塔沙总部（Glavni ustaški stan）。大部分层级的组织都拥有相当于地方民兵的武装组织。[27]重点在于，无论民政部门、军队还是警察，跟乌斯塔沙组织之间都没有正规的横向联系。同样重要的是，乌斯塔沙的武装组织也不用听军队、宪兵队的命令；他们有自己的指挥体系，不对克独国的其他任何武装组织负责。总而言之，在这个新国家里，只有最高层的乌斯塔沙领导人拥有控制所有国家分支机构的权力，而这些机构之间事实上互无瓜葛。如此一来，乌斯塔沙组织事实上就成了国家之外的另一套政权组织，几乎没有任何外部制度能够约束他们的权力。在波斯尼亚西北部，古蒂奇和他的直属手下们成了这个组织绝对的领导者。[28]这种权力的分裂有两层重大含义。首先，这意味着地区级和地方上的强人能够赋予乌斯塔沙组织以权力，让他们推行符合自己意愿的政策；其次，克独国的军队、宪兵队和行政机关都没有正式的权威去干预乌斯塔沙的活动。

4月的第三个星期，克独国最高领袖安特·帕韦利奇把古蒂奇召到萨格勒布开会，给了他新的头衔和势力范围。从1941年4月20日开始，古蒂奇被称为"Ustaški stožernik"，即原属弗尔巴斯河大省的所有地区的乌斯塔沙领袖，这个前南斯拉夫行政单位覆盖了整个波斯尼亚西北部，以及利卡地区的一些地方。[29]后来，古蒂奇正式开始给自己冠上越发浮夸的头衔，比如"波斯尼亚克罗地亚的乌斯塔沙领袖"（Ustaški stožernik za bosansku Hrvatsku）。他如此改变自己的职务，似乎是为了取得比波斯尼亚西北部更大的势力范围。[30]

在萨格勒布，古蒂奇见到了克独国高层的核心人物，包括内政部部长安德里亚·阿尔图科维奇（Andrija Artuković）和克独国军队的最高司令官（vojskovođa）斯拉夫科·克瓦泰尔尼克（Slavko Kvaternik）。[31]5月20—24日，他在萨格勒布参加了更多的会议，会上赤裸裸地讨论了日后重组波斯尼亚西北部人口民族比例的措施。回到巴尼亚卢卡后，古蒂奇公开宣布了眼下的任务："现在我将着手一项重任，将克罗地亚的波斯尼亚边疆的有害分子清洗干净。"[32] 所谓"有害分子"指的是哪些人，此时已经很清楚了。当时还没有确定主要会采用什么办法将他们清洗出这个地区。在萨格勒布高层以及地区级领导人的政策驱动下，很快就会有具体的方法出现。

早在 4 月萨格勒布未曾直接下达命令的时候，古蒂奇就已经主动行动，以族群为标准划出了融合哪些人、排斥哪些人的界限。通过他自己的报纸《克罗地亚边疆报》（*Hrvatska Krajina*），他公开发布命令和宣言来达到这一目的。首先的任务是要在实际景观中大搞去塞尔维亚化，同时发动激烈的克罗地亚化。巴尼亚卢卡的商店和其他公共设施使用的西里尔字母都被认为是"塞族性、拜占庭主义和巴尔干主义"的表现，全部遭到禁止。[33] 公共场所里一切能联想到前南斯拉夫王国的徽章、旗帜和照片都要立刻撤下，尤其是涉及塞尔维亚的卡拉乔尔杰维奇王朝以及塞族政客的。[34] 先前用塞族历史人物命名的街道，现在全都改成以乌斯塔沙领导人和其他所谓"克族人物"（天主教徒和穆斯林都有）命名。[35]

不过，古蒂奇最关心的还是当地人类景观的族群结构。克独国成立仅数周后，他就开始试图在人口中实现去塞尔维亚化。4月 24 日，他发布命令，"所有"出生于或者老家在"前塞尔维亚和黑山"的人都要在五天内离开克独国。[36] 萨格勒布当时并未指示他这样做。他宣布这个激烈的命令时，完全没考虑到很多来自这些地区的人根本就不认为自己是塞族东正教徒，结果命令发布后没几天他又不得不让步，从这些地方来的穆斯林和天主教徒有权留在克独国。[37]

当时的关键要事，是要把波斯尼亚西北部的当地人口依照明确

69

的族群界线区分开来。古蒂奇对所有被认为是塞族人和犹太人者实行宵禁，禁止犹太人进入任何公共场所。[38] 以族群为界线的融合和排斥也被应用到雇工上，大量被认为是塞族人和其他所谓"国家公敌"者丢掉了在政府里的工作，他们的名字出现在报纸上。[39] 公共交通的使用也有了族群上的界线，所谓"克族人"可以优先搭乘公共汽车（不过目前尚不清楚，现实中的司机个人是怎样做这种区分的）。[40]

　　这些命令与新规的重要之处在于，它们通过强制行动，公然把个人划入了以族群归属为标准的正面或负面类别中。这种行动同时也把一些个人融合进新的民族共同体，把另一些个人排斥出去。古蒂奇的报纸《克罗地亚边疆报》发表的文章聚焦于个别塞族人及其他所谓非克族人的"反克族"行为，"我们的土地上不欢迎他们的存在"。[41] 4 月底全国法律颁布后，他又要求犹太人在左胸佩戴标识身份的黄布、"大卫星"和一个大大的字母"Ž"，以标明他们是犹太人（židovi）。他还禁止他们进入公共场所。[42] 不过，这种族群上的分门别类与划分等级似乎不是他的最终目标，他们的最终目标是彻底抹去某些特定"群体"（至少是他们目前代表的人类群体）。5 月 17 日，古蒂奇下达命令，将所有塞尔维亚东正教会的成员（以及所有俄罗斯东正教会的成员）都划入"东方希腊人"（grko-istočnjaci）这一类别，事实上废止了"塞族"类别的使用。这似乎要比萨格勒布的中央政府下达同样的命令还早出将近两个月。[43]

　　这些命令、宣言和新法律的惊人之处在于，它们很多时候都并非出自克独国中央政府的指令。更多的时候，是古蒂奇这样的地区领导人主动推出了自己的迫害政策，其中一些对萨格勒布来说甚至造成了反效果，比如要求所有来自塞尔维亚和黑山的人都离开克独国，而其中很多人都不是所谓的"塞族人"。[44] 地区领导人掠夺被

迫害者的财富、以之中饱私囊的做法，对中央政府来说也同样有害
无益。这说明，尽管克独国确实在 4 月和 5 月自上而下地推进歧视
政策，但促进这一进程的推动力看起来却有好几种。地区领导人可
以根据自己的意志出台政策，这就给萨格勒布的克独国高层造成了
管控上的麻烦。因此，中央政府启动的、通过出台新的法律和宣言
来发动迫害的进程，在协调地区和地方方面并不成功，中央也难以
对地方实施监管。所以，在规模较小的市镇村庄里，歧视政策的具
体形式就开始变得五花八门，有些来自上层，有些出自下层，互相
之间往往自相矛盾。

现有的克独国研究文献中，对古蒂奇等地方上层人物这种自
行发动迫害的尝试还缺乏充分研究。对这段关键时期里乌斯塔沙在
市镇、村庄等小型行政区里的内部运作，就更是完全没有什么了解
可言了。即使是最基础的问题，比如这些地区的乌斯塔沙分子到底
都是些什么样的人，在文献中都找不到明确答案。即使在最新的研
究中，学者们通常也都依赖整齐划一的说法：乌斯塔沙分子。战时
事件参与者们的回忆录，以及克独国官员和其他地方人物基本未被
利用过的档案文献，让我们得以窥探这些群体。然而学者们通常都
未对这些材料加以批判性的使用，因而也未能对 1941 年克独国以
乡村为主的地方社区里激荡的历史剧变作出微观层面上的发掘和重
构。[45] 克独国这个新国家的建立，在占其人口比例最大的乡下地
方意味着什么？库伦瓦库夫地区就是这样的地方之一。对这个地区
1941 年 4—6 月历史的分析，能够为我们提供一种全新的视角，帮
助我们更好地理解在南斯拉夫王国灭亡后重大的政治和社会变革面
前，克独国的地方性社区是如何回应的。

　　4 月 10 日克独国成立后，库伦瓦库夫的镇长是阿德姆—贝格·库
伦诺维奇。众所周知，此人是个政治温和派，跟其他穆斯林政客的

关系也是鸡争鹅斗。他是前任镇长弗拉多·米拉诺维奇的朋友，此人的父亲是东正教司铎武科萨夫·米拉诺维奇，1918 年曾经保护过镇上的穆斯林人群，使他们免遭愤怒的农村东正教暴民的毒手。1941 年以前，这个地区根本没有乌斯塔沙运动的官方成员，尽管有些当地居民似乎与鼓吹"分离主义"（这个词在 30 年代被南斯拉夫政府用来代指克罗地亚民族主义，在某些特定案例中，也可以指两次世界大战之间的乌斯塔沙运动）的人士有联系。因此，像古蒂奇及其同僚这样的克独国地区领导人，在较小的村镇里经常需要搜罗感觉可靠的新人来充当领导。从库伦诺维奇战前的政治活动来看，他被选中充当这种角色实在是有些勉强。现在尚不清楚究竟是谁最先来这里鼓动当地最早的乌斯塔沙组织，但主要的行动者应该是克独国的官员，要么是从邻近的比哈奇市来的，要么就是来自距离差不多远的波斯尼亚彼得罗瓦茨。另一个人选是来自库伦瓦库夫以西约 10 公里处的天主教农村博里切瓦茨的尤科·帕维契奇，此人 1941 年以前都在外地生活，如今在这里的乌斯塔沙组织中表现踊跃。20 世纪 30 年代时，他曾多次与当地的天主教徒和穆斯林会面讨论"（克罗地亚）分离主义"。[46] 不过，无论最初的发起人是谁，最后被找出来领导库伦瓦库夫地区乌斯塔沙组织的乃是一位名叫米罗斯拉夫·"米罗"·马蒂耶维奇（Miroslav "Miro" Matijević）的人物。[47]

　　马蒂耶维奇于 1908 年生于夫尔托切，这个村子在库伦瓦库夫东北部群山的高地上。他在 1941 年之前几年带着老婆孩子来到镇子上，到 1941 年春天时他已 33 岁，方脸黑发，身材粗壮。20 世纪 30 年代后期，他在距离库伦瓦库夫镇中心 1 公里的地方开了家客栈，旁边就是乌纳河被称为"布克"的河岸，此处的河流围绕着一条长长的曲线形成瓶颈，因此河水会快速冲过一个小峡谷。附近通往克利萨村的道路上，坐落着库伦瓦库夫的宪兵站，跟客栈距离不远，喊一声都能听见。[48] 20 世纪 50 年代后期有战后南斯拉夫的国

71

家安全人员声称，马蒂耶维奇早在战前就是乌斯塔沙运动的成员。一些当地居民的回忆录也持此说法。不过，谁都没有专门的证据能支持此说，也没有档案文献能作为印证。事实上，战前根本没有什么写有马蒂耶维奇名字的文件能证明他1941年前的政治参与（如果有的话）属于何种性质，也没有他参与任何能被认为是"族群冲突"的事件的记录。

在那个时候，这个人即使确实有强烈的民族主义倾向，他也绝没有因此而回避跟"非克族人"维持密切的社交关系。在该地区的一份回忆录里，这位未来的乌斯塔沙领袖出现在克利什科波利伊采1938年秋天的一场当地婚礼的照片中，跟他合影的乡邻里有一些就是东正教徒。有一位颇受欢迎的东正教乡亲名叫米洽·鲁迪奇（Mića Rudić），照片中他坐在地上，手持一个大盘子，盘中的乳猪头清晰可见，是婚礼欢乐气氛的明确表现。距他不远处还有另一个东正教乡邻久伦达·库加（Đurenda Kuga）。这些东正教徒跟本地的天主教徒混在一起，后者中就有未来成为乌斯塔沙分子的米罗斯拉夫·马蒂耶维奇。来参加婚礼的东正教徒被描述为"好邻居"（dobri susjedi），其中一人甚至被称为"血亲兄弟"（pobratim）。[49]

73　　南斯拉夫王国灭亡时发生的一件事，可能是致使马蒂耶维奇最终加入乌斯塔沙的重要原因。4月的第一周，当德国坦克和士兵经过马蒂耶维奇的家乡村庄夫尔托切时，他的父亲约瑟普挥舞着一面克罗地亚旗帜前去欢迎，甚至有目击者说他敬了纳粹礼。在场的一位塞族宪兵忍无可忍，开枪打中了他的腿部，最后他被迫截肢。当地居民的回忆录声称，约瑟普的儿子马蒂耶维奇被这件事激怒了，想要向"塞族人"复仇。[50] 如果属实，这件事说明马蒂耶维奇的父亲支持克罗地亚民族主义，这或许影响了他儿子对这种理念的接受程度。此外，那位宪兵对马蒂耶维奇父亲的袭击，似乎也推动他走

照片 5　1938 年克利什科波利伊采村的一场婚礼，照片中可以看到库伦瓦库夫的客栈老板、未来的乌斯塔沙领导人米罗斯拉夫·马蒂耶维奇（第二排左数第二个），身穿皮大衣，胸前挂着饰带。跟他一起庆祝的并非只有基督徒同胞，而且还有信奉东正教的乡邻如米洽·鲁迪奇（第一排左数第二个），手中的盘子里摆着一个猪头。照片提供者为约瑟普·帕维契奇（Josip Pavićić）。

照片 6　1906 年绘制的一幅明信片，图中是库伦瓦库夫的布克，乌纳河在此奔流过一处小峡谷。乌斯塔沙领导人米罗斯拉夫·马蒂耶维奇的房子和客栈都离图中右侧的房屋不远。照片提供者为 Buybook，萨拉热窝。

到了乌斯塔沙那边。

根据当时在库伦瓦库夫生活的本地历史学家埃萨德·比巴诺维奇的说法，马蒂耶维奇在 1941 年 4 月 15 日左右当上了该地区政府的乌斯塔沙司令（Ustaški tabor），真实日期可能要稍晚些。到了 4 月下半月，古蒂奇这样的克独国地区领导人已经在发布新的歧视性法律法规，库伦瓦库夫却没有在马蒂耶维奇上任之后发生什么重要的变化，既未出台新的针对所谓"非克族"群体的监管规定和迫害政策，也没有因为克独国的建立和马蒂耶维奇的任命而在当地居民中掀起自发的"族群暴力"洪流。相反，该地区的人民照旧在库伦瓦库夫的每周集市上和平相处，当地百姓也照常一起参加舞会，跟不同族群的人一起组队踢足球，就像在 1941 年 4 月前一样。[51] 这一点并不值得大惊小怪，1941 年以前该地区的历史说明，当地社会关系的中心机制并不是暴力的肆虐，更不是什么以族群为核心的冲突。

如果要让"族群冲突"成为当下的新秩序，就必须通过有意识的工作，彻底改造这个地区的政治环境。首要的任务就是要组织一批当地人加入乌斯塔沙。4 月下半月和 5 月的很多时间里，马蒂耶维奇花时间走访了该地区的各个穆斯林和天主教村庄，到处寻找志愿加入的人。他可能还在他的客栈以及库伦瓦库夫的其他客栈里组织了讨论活动，有不少当地人参与，尤其是在每周集市的日子。根据比巴诺维奇的说法，此人在库伦瓦库夫找到了 6 个志愿者，其中一个是天主教徒，其他都是穆斯林。他还在附近的卡拉蒂村找到了 6 个天主教徒。此外奥拉沙茨村和丘科维村也各有 5 个人，他们全都是穆斯林。[52] 不过，比巴诺维奇尽管作出了极有价值的先驱性研究，但他的部分目的是要打破一种流行于战后的说法，即库伦瓦库夫地区是所谓的乌斯塔沙地区（ustaško mjesto）。这种目的可能促使他刻意少算当地志愿者的数量。他也没有参考档案材料，而且在他从事研究的 20 世纪 70—80 年代，他多半也进不去档案馆。

波黑、克罗地亚和塞尔维亚各地档案馆的文件显示，加入乌斯塔沙的人数实际上比比巴诺维奇记述的 32 人多得多。各种文献中出现的名字至少有 111 个，其中 72 人的名字看起来是所谓的"穆斯林"，另外 39 人则是所谓的"克族天主教徒"。我们不能认定他们每一个都是活跃的乌斯塔沙分子，因为有些文件只是草草提到了他们的姓名。不过，也有些文件记录了关于他们所作所为的坚实而令人信服的证词，这些证词来自各式各样的目击者。[53] 然而，这个数字虽然高达比巴诺维奇数据的近四倍，却还是低于库伦瓦库夫地区所谓"穆斯林"和"克族"总人口的 1%。我们评估 1941 年春夏之交该地区乌斯塔沙运动的人气和群众性时应当记住这一点，成为乌斯塔沙分子的只是一小部分人。[54]

动员当地人加入乌斯塔沙并不容易，有时完全是白费力气。举例来说，在附近的下拉帕茨镇，有很大一部分所谓的"克族"群众对克独国政府的建立怀有疑虑。几位当地出身的克独国领导人——比如温科·马林科维奇（Vinko Marinković）——很难说服当地的年轻人加入乌斯塔沙，连哄带吓都不行。挫败之下，这些领导向比哈奇和戈斯皮奇的地区级政府汇报情况，要求从其他地方调派更多人手过来，结果直到 6 月中旬才终于调来了二三十个人。用了近两个月时间，下拉帕茨当地的克独国政权还是没法动员当地人加入乌斯塔沙，最终只得转而依靠外人，这说明在库伦瓦库夫地区的一些地方，克独国其实常常得不到当地人的有力支持。[55]

不过，也有一些当地人加入了乌斯塔沙。他们是谁？是什么让他们这么做的？克独国档案保存的最大缺陷之一，就是没有留下这个新生国家各个地区的本地乌斯塔沙分子的详细数据，特别是在1941 年 4 月建国后这关键性的几个月。如果能有丰富、详尽的个人履历信息，我们就可以对他们 1941 年以前的生活、加入乌斯塔沙

比哈奇方向

克尔涅乌沙

柳托奇山

丘科维

内布柳西

欧拉什科博尔多

凯斯泰诺瓦茨

奥拉沙茨

夫尔托切

普尔科西

布舍维奇

克利萨

乔夫卡

拉因诺夫齐

比耶拉伊

大斯蒂耶尼亚尼

卡拉蒂

小斯蒂耶尼亚尼

奥斯特罗维察

库伦瓦库夫

下拉帕茨

乌纳河

博里切瓦茨

布巴尼

多利尼亚

小奥奇耶沃

德瓦尔方向

多布罗塞洛

米柳希

马丁布罗德

大奥奇耶沃

乌纳克河

布罗特尼亚

大茨维耶特尼奇

小茨维耶特尼奇

苏瓦亚

乌纳河源头

斯尔布

奥斯雷德奇

N

乌斯塔沙的动员地点

0　1　2　3　4　5 英里

0　1　2　3　4　5　6　7　8 公里

地图 7　1941 年 4—7 月库伦瓦库夫地区乌斯塔沙的主要动员场所

的动机和后续的行为作出详尽的"深描"。这样的信息基本上都不存在，虽然也不乏例外。即便只是要确认姓名、出生日期这样的基本信息，往往都必须在多个中央及地方的档案馆做大量的研究。而且很多情况下，相关的信息根本就已经不存在了。历史记录不可避免地出现了盲点，我们因此应该时刻谨记史料来源的巨大局限性。

和马蒂耶维奇一起加入武装组织的当地人中，有一位是来自库伦瓦库夫的穆斯塔伊贝格·库伦诺维奇，他的一个男性亲戚貌似跟斯特万·奥布拉多维奇的"兰加"帮派杀害的一个人姓名相同，这个帮派在塞尔维亚—克罗地亚—斯洛文尼亚王国建国后的动荡时期曾大肆抢劫杀害穆斯林和塞族东正教徒。还有一个人貌似是当地政客哈桑·萨拉舍维奇（Hasan Saračević），此人是南斯拉夫穆斯林组织地方委员会的领导成员，在 20 世纪 30 年代后期的本地选举中十分活跃，通常都支持克族的政治领导人。尽管并非所有自我认同为"穆斯林"的人都喜欢他，但他在选举中还是得到了一定支持，有两次世界大战间的历次选举结果为证。还有一位政治动机能追溯到战前的人叫侯赛因·"胡查"·泽里奇，根据当地政府的记录，他在 20 世纪 30 年代就跟多位到访邻村博里切瓦茨的克族民族主义者有接触，其中包括尤科·帕维契奇。在他们的讨论中，"克族人民遭受的奴役"和"（克族）分离主义"的必要性都会成为话题。[56]这样的人显然会倾向于支持乌斯塔沙这样的运动，因为运动领导人的目标就是要以对抗性的族群界限来重新定义当地政治生态，特别是要设法排斥所谓的"塞族人"。

加入乌斯塔沙的人里，有好几位貌似都是商人，天主教徒和穆斯林都有。证据显示，其中一位穆罕默德·"梅霍"·穆舍塔（Mehmed "Meho" Mušeta）在 1941 年前是库伦瓦库夫商人协会和镇议会的成员，[57] 曾经做过奥匈军队的军官，据说 20 世纪 30 年代后期曾有一次向当地一家客栈墙上的亚历山大国王照片连开数枪。[58] 还有他的邻居侯赛因·"胡查"·泽里奇，此人除了在战前就对克族分离主义表现出兴趣外，据说还是一位积习难改的投机者，在库伦瓦库夫的商人群体中属于最不成功的那种人。[59] 还有一位来自博里切瓦茨村的格尔加·"格尔佐"·帕维契奇（Grga "Grco" Pavičić），据多位当时的人说，他的妻子玛丽亚（Marija）同样是坚定的乌斯塔沙支持者。[60]

政治的突变给这些人带来了意料之外的良机，使他们可以激进地改变当地多年以来的商业规则。比如说，克独国建国后，库伦瓦库夫的一个据说加入了乌斯塔沙的商人穆罕默德对经常卖给他羔羊皮的东正教农民佩塔尔·卡拉诺维奇（Petar Karanović）说："听着，不管我愿意花几个钱买（这些羊皮），你最好都接着，将来你还得白送给我呢。"对当地商人来说，加入乌斯塔沙也是摆脱债务的捷径，只要他们欠钱的对象是当地被认定为"塞族"的居民，以前他们都从这些人手里购买货物。库伦瓦库夫的一位穆斯林商人在1941年4月之前欠了斯皮拉·卡拉诺维奇（Spira Karanowić）一大笔购买家畜的钱；等到克独国建国后不久，卡拉诺维奇派儿子去讨债，结果这个18岁的小伙子被毒打了一顿撵回家里。对于当地加入乌斯塔沙的商人来说，这是突如其来的机遇，让他们可以推倒本地社区内的商业准则，重搞一套纯粹对自己有利的规矩，迅速从中获利。[61] 类似的机制也出现在其他很多历史环境中，这种突如其来的（经常是暴力的）剧变往往能为商人和其他人带来利润丰厚的个人获利机会。M. J. 阿克巴（M. J. Akbar）曾针对印度暴乱写道："动乱的历史显示，地主和商人明显是想要以冲突为幌子，去做合法手段根本办不到的事。"[62]

对其他一些人来说，加入乌斯塔沙组织则似乎是一种迅速果断地清算地方纠纷的机遇，尤其是涉及土地利用等自然资源的纠纷。奥斯特罗维察村的佩赫利万诺维奇大宗族（Pehlivanovićes）的多位成员和布巴尼村（Bubanj）的塞族邻居们似乎常年都有冲突，双方争夺的是村庄边界上的牧场。当地村庄周边森林的砍伐权也有长期争议，能一直追溯到好几十年前（甚至更久）。严酷的冬天和普遍的贫困使人们被迫砍树取暖，他们砍的树却经常不属于自己的产权，而且经常是不付一分钱就在村庄交界处的树林里干这种违法的勾当。随之产生的纠纷中，一旦各方所在的村庄被认为属于所谓不同族群，纠纷就会迅速染上族群关系的色彩。当地的林业官员常常会激化这种冲突，他们往往是本地出身，经常对同村老乡（往往出身于他们自己所在的大家族）的非法砍树行为睁一只眼闭一只眼，而这种特殊对待显然牵涉族群间关系的考虑。[63] 很有可能，正是这种以利己方式一举解决长期纠纷的天赐机遇，促使当地一些人——比如奥斯特罗维察村的易卜拉欣·佩赫利万诺维奇（Ibrahim Pehlivanović）和苏廖·佩赫利万诺维奇（Suljo Pehlivanović）——加入了乌斯塔沙。还有证据说明，有些人加入乌斯塔沙是想借机清算过去的冤屈。有些当地居民以前找工作时曾被当地的所谓"塞族人"拒之门外，心怀愤恨而加入乌斯塔沙。[64] 如今，克独国当局正以族群为主体搞融合和排斥，无论什么纠纷，只要相关人员来自所谓不同的社群，如今都可以被政治化。对于被归类为"克族"的人们来说，眼下是个难得的机会，可以主动清算以前和他们有过冲突、现在被定性为"塞族"的邻人。档案证据显示，在整个克独国时代里，很多加入乌斯塔沙的当地人身上都存在这样的行为模式。[65]

在库伦瓦库夫地区的本地乌斯塔沙动员模式中，家族关系看起来也是一种重要因素。很多乌斯塔沙分子都出身于同样几个小村庄的同样几个大家族，这并非出于偶然。有 3 个乌斯塔沙分子姓马蒂耶维奇，其中 2 个来自天主教村庄克尔涅乌沙，这还不算乌斯塔沙领袖米罗斯拉夫·马蒂耶维奇，他的出生地夫尔托切村与克尔涅乌沙相距不远。奥拉沙茨村的库兹利卡家族出了 4 个人；博里切瓦茨

78

村的马尔科维诺维奇家族（Markovinovićes）中可能有多达 10 人加入了乌斯塔沙，库伦瓦库夫姓库伦诺维奇的乌斯塔沙分子数量也差不多。根据档案记录，至少有另外 13 个家庭出了多位（一般在 2 人以上 5 人以下）乌斯塔沙分子，他们通常都来自该地区的天主教或穆斯林村庄，如夫尔托切村的马里契奇家族（Maričićes）、博里切瓦茨村的帕维契奇家族、奥拉沙茨村的沃伊奇家族（Vojićes）、奥斯特罗维察村的佩赫利万诺维奇家族以及丘科维村的塞利莫维奇家族（Selimovićes）等。这种同一个大家族有多人加入乌斯塔沙的模式非常普遍，说明动员经常是通过家族网络展开的。这并不是说，这些家族整体应该被视为乌斯塔沙分子，因为并无证据证明有哪一个家庭的全体成员都加入了乌斯塔沙。通常每个家族都只有 2—10 名男子加入组织，但这些家族的规模比这要大得多。这些人多在二三十岁之间，其中最年轻的只有 16 岁，最年长的则有 49 岁。大多数人都已婚并育有多名子女。

那些认为有必要加入乌斯塔沙而且对此特别重视的人，可能也给别人造成了一定程度的社会压力。这些人不但自己加入，而且很可能也向别人施加社会压力，这也许推动了他们的亲人效法自己。如果他们的家庭牵涉当地的冲突，加入乌斯塔沙就可以借机快速解决冲突的话，情况就更是如此。我们应该还记得，佩赫利万诺维奇家族和布巴尼村的东正教徒乡邻之间长期为了森林、牧场等本地自然资源的利用问题而发生冲突。值得注意的是社会架构——在这一案例中指的是大家族——扮演的角色，以及它作为一种动员机制在小村庄里发挥的影响力。奥马尔·萨哈布丁·麦克杜姆（Omar Shahabudin McDoom）等研究者在卢旺达社群中加入民兵组织者的数据里，也发现过类似的机制。在那里，当地人际网络中的地方性社会架构和社会压力，往往也是将亲戚和乡邻们转化为潜在作恶者的主要渠道。[66]

　　在库伦瓦库夫地区，有些人貌似出身于 1918 年以前的穆斯林上层地主家庭，但这种人数量很少。尽管其中姓库伦诺维奇的多达十位，但是只有两位姓比巴诺维奇的、一位姓伊斯拉姆贝戈维奇的（Islambegović）、一位姓卡迪奇的（Kadić）和一位姓库尔塔季奇的（Kurtagić），是该地区其他最有名望的前地主上层人物中的少量例子。这一点之所以重要，是因为它能说明，跟当时某些克独国官员的说法相反，穆斯林在 1918 年失去土地的往事并不自然就能促使他们加入乌斯塔沙运动，甚至也不能确保他们都支持乌斯塔沙。[67]尽管有些地主家庭出身者加入或支持乌斯塔沙，但更多相似出身的人并不是这样。

　　证据还显示，大部分加入乌斯塔沙的当地人要么出身于相对贫困的家庭，要么找不到稳定的工作。在本地历史学家米兰·奥布拉多维奇（Milan Obradović）的描述中，这些人是没有工作的"掉队者"，其中不少人酗酒成性，在经济上、社会上都是各自社区的边缘人。这些人无论在所谓哪一个族群类别中，都在各自的乡邻里毫无地位可言。[68]克独国其他地区的很多当地乌斯塔沙分子也差不多如此，如黑塞哥维那的克独国官员就在 1941 年的报告中提到过这种情况。[69]这种共同特征说明，这些本地人之所以会自愿加入乌斯塔沙，目的是要轻松快捷地改变自身在经济与社会上的边缘地位。

　　这样一种社会形象，与克独国建国前乌斯塔沙在波斯尼亚西北部的人员构成有明显反差。二战后社会主义国家安全部门的调查显示，战前的乌斯塔沙运动支持者往往都是受过教育的人，比如律师、银行雇员、教师、工程师，也有公务员、技术工人、企业主，以及宪兵、书记员、铁匠、客栈老板、商人和屠夫。他们身上似乎都有乌斯塔沙运动的民族主义意识形态觉悟，至少在某种程度上献身其中。[70]

　　然而，证据显示，在克独国诞生以前，这样的乌斯塔沙支持者在库伦瓦库夫地区只有极少数。那些在 1941 年 4 月下半月的地方动员中"一夜之间"变成乌斯塔沙的人，跟他们就大不一样了。只有个别几个人符合 1941 年前那种总体形象。[71] 比如当地的乌斯塔沙头目米罗斯拉夫·马蒂耶维奇是库伦瓦库夫的客栈老板，附近下拉帕茨镇的乌斯塔沙头目温科·马林科维奇是个法官，穆罕默德·穆舍塔、侯赛因·泽里奇和格尔加·帕维契奇都是商人。回忆录和档案证据显示，这些人中有一些（也可能是全体）在 1941 年以前就对乌斯塔沙运动持一定的支持态度。[72] 他们的数量并不多，构成了库伦瓦库夫地区乌斯塔沙组织的领导。组织的主体则要大得多，主要由贫困的天主教徒和穆斯林农民及失业者组成，其中穆斯林多过天主教徒，他们现在也被认为是"克族人"。通过有限的信息来源，我们也能够梳理出这些人加入乌斯塔沙的首要动机，那就是要趁着这个难得的意外机遇多占些便宜，"算算总账"，通过侵害那些被新政府定性为"非克族人"的乡邻来快速提高自己的经济和社会地位。

如此一来，地方上的冲突以后就都要以族群为主体了。这倒不是因为有很多人想要按照这样的思路来挑起冲突；也并非有某个关键的群体曾参与过乌斯塔沙运动的政治行动，清楚地理解克独国高层的意识形态目标。确切地说，是新政权为当地的某些百姓（特别是经济、社会和政治生活中的边缘人士）提供了意外的机遇和巨大的动力，推动他们重启或挑起以族群为主体的地方冲突。"族群冲突"的舞台就是这样搭好的。尽管很多本地百姓对自己的邻人会加入乌斯塔沙表示震惊，但那些人的转变并不奇怪，他们的行为有明确的逻辑和合理性。随着当地政治生活发生了根本转变，借机获取个人利益和解决冲突的机会清晰地展现了出来。这些人十分敏锐地捕捉到这种机遇，并迅速利用起来。

从 4 月到 6 月，库伦瓦库夫地区这样的地方社区以族群为界线持续展开动员和政治重组。与此同时，萨格勒布的克独国高层人物们则在辩论"塞族问题"到底要如何解决。他们讨论产生的政策，将在未来几周里影响地方上的上层新贵和他们新近动员起来的乌斯塔沙分子对待其非克族乡邻的方式。不过，这并不只是一个中央制定政策、发出命令，然后听话的地方掌权者依令执行的故事。恰恰相反，中央领导们想象出来的那些政策，在现实执行中严重依赖他们在地方上的同伙的意愿和意志，以及他们所在地方上的具体环境，这种情况对于有效执行中央的意愿来说并不理想。此外，中央政府判断某些人是不是这个民族国家的一员的标准非常复杂，使得地方领导在执行政策时有了更多的自由裁量空间。这些都不利于快速、自上而下地解决所谓塞族问题。

最初，针对数量巨大的所谓"塞族少数民族"的处理办法，中央政府设想了两项重要的政策。第一个是把大量的东正教徒迅速改宗为天主教徒，或者其中某些人也可以改宗为伊斯兰教徒，这样就将"塞族人"变成了"克族人"。[73] 档案文件显示，克独国高层并不是在原则上反对东正教，事实上他们还专门发布过命令，规定克独国其他信仰东正教的人士，比如所谓"黑山人""罗马尼亚人"和"马其顿人"，不受这一转化政策的影响。在克独国高层看来，塞族东正教的问题主要在于它是塞尔维亚人身份认同的基础，并且在族群共同体的建立过程中发挥了显著的作用，而历史证明该共同体的成员对克族人是危险的，所以他们才对其持负面态度。因此，塞族东正教会的追随者（包括一切"觉得自己是塞族人"的基督徒）都被视为转化政策的对象。[74] 至于塞族司铎及其家人，他们作为塞族东正教社群的中心柱石，就不在转化对象之列了，因为他们在宣传"塞族性"（srpstvo）中扮演了核心角色。

1941 年 6 月底，维克托·古蒂奇在报纸上发表了题为《解释》（Objašnjenje）的文章，向公众阐明了"东方希腊人"改宗天主教的问题：

82

贝尔格莱德政府机关巧妙且无休止的塞族民族主义宣传，已经成功通过南斯拉夫（王国）的所有政府和机构，尤其是东正教司铎和宗教学校老师，让几乎每一个东方希腊人都被同化到了狂热的地步。

如果这些人已经意识到，他们只是被异化并被逼疯，现在愿意重新融入克族人民中去，而且作为第一步，愿意离开那个只允许你做塞族人，不给其他选择的（东正）教会。那么当他们弃绝塞族性及其宣传者时，就没有理由不被承认为正式的、彻底的、享有完整权利和责任的克族人，只要他们愿意并渴望如此。[75]

因此，即使是古蒂奇这样最坚定的克族民族主义者，也会持有这样的信念：塞尔维亚东正教的追随者（也就是"塞族人"）可以成为"克罗地亚民族"的一员，至少理论上是这样。他们的族群身份源自宗教、教育和国家宣传，也就是说，一个人的民族性和族群性是一整套外部影响的结果，而不是不可改变的内在本质。所以，改宗能够让克独国当局眼中数量巨大的"东方希腊人"（也就是"塞族人"）的人数显著降低。[76]

在克独国文件中有一个重大的发现，关系到哪些"东方希腊人"有权改宗的问题。1941年7月30日，在司法与宗教事务部发出的一份通知中，该机关表示："除特别情况外，（塞族）农民获取（改宗）证明时不应遇到任何困难。"与此同时，"应当注意的是，不要给教师、司铎、商人、富裕的工匠和农民，以及知识分子发放证明，除非情况特殊或者对方表现得非常真诚。政府的官方立场是不向这类人发放证明。"[77] 任何人只要被看作塞族文化和民族性的积极传播者，都会被挑选出来，视为无可救药的人。[78] 这些规定也显示，克独国政府在定义"塞族人"群体时，并未采取先天决定性的种族

式族群观念。被认定为"塞族人"的人并未被看作那个共同体的 　83
永久成员。[79]

反过来，一个人的职业、教育、他所谓的"塞族"意识，以及他在培养民族／族群感情工作中的参与程度，才是判断他是不是"东方希腊人"中的危险分子（比如知识分子和教士）的核心要素。其他人，比如普通农民，都尽可以改宗为天主教徒，从而成为"克族人"。因此，"东方希腊人"，也就是"塞族人"，这个克独国的分类方法，所关联的其实是某种行为模式，是对构建和维护所谓"塞族人"共同体的参与程度。这样一种"塞族人"概念，跟克独国政府定义"犹太人"和"吉卜赛人"的方式大不相同，后者使用的是明确的纳粹式生物学语言。由于这种差别，政府在处理那些群体时更倾向于采取彻底的肉体消灭政策。[80]

可能是因为标准错综复杂，地区层面和地方层面上的归类出现了惊人的差异性。在宗教转化方面，司法与宗教事务部在制定政策方面给了地区级政府相当大的自由裁量权。[81] 举例来说，在距离库伦瓦库夫镇不远处的下拉帕茨，就有一位本地乌斯塔沙领导人在宗教转化问题上采用了他自己的理解。当一位信仰东正教的男青年申请改宗天主教时，他点了根火柴烧掉了申请书，回答说："黑羊永远都是黑色的。"[82]

尽管在克独国中央政府看来，转化政策是重构全国人口面貌的关键，但它最后还是要取决于地方上的解释，因此在实施中可能没什么意义，到了镇、村一级就尤其如此。在波斯尼亚西北部，克独国中央政府之所以难以推动宗教转化政策的统一实施，不仅是因为那些相关的定义太过错综复杂，也不仅是因为乡下地方缺乏人手。更重要的是，中央政府竟然明确地允许这个地区——当时称为"科尔巴瓦普萨特大县"——及其邻近地区（the Velika župa Gora，位于北部，延伸至萨格勒布）的领导无须按照中央的指示办事，反而要求他们在宗教转化问题上"因地制宜"，跟地方上的乌斯塔沙分子取得一致。[83] 正如历史学家菲克雷塔·耶利奇—布蒂奇（Fikreta Jelić-Butić）所说，这些地区的塞族人口数量位居克独国前列，却能够免于宗教转化政策的影响，足以说明克独国本来就没打算把改宗当作这些地区解决"塞族问题"的主要方案。[84] 所以，尽管克独国是有些"前塞族人"开始在星期天参加天主教弥撒，从此变成"克族人"；但其他人（比如波斯尼亚西北部的很多人）还是被视为不可改变的"黑羊"。他们的命运现在落到了克独国地方官员和乌斯塔沙武装的手里，这些人对宗教转化的可行性有自己的理解。

克独国高层里有一些人，跟他们在罗马尼亚、纳粹德国以及欧洲当时其他认为国内存在"多余人口"的国家的高层一样，更倾向于通过"重新安置"（iseljavanje）来解决塞族问题，也就是强制所谓塞族群体迁出克独国的国境之外。[85] 这是克独国高层为了处理塞族问题而设想出的第二种重大政策。[86] 1941 年 6 月 24 日，国家复兴办公室（Državno ravnateljstvo za ponovu）成立，负责策划和领导塞族人的抓捕和重新安置工作。该部门的文件提供了一套错综复杂的规范，明确规定了一个人是否应当被驱离克独国的判断标准。[87] 7 月 24 日，该部门针对跨宗教联姻家庭的重新安置问题作出了一系列内部指示，其中的一些规定能让我们看到克独国判断一个人是否危险的认定方法：

> 对于跨族通婚者重新安置中出现的大量问题，我们分别作出如下答复：
>
> 一、如果丈夫是东正教徒，妻子是天主教徒，而孩子是东正教徒，则全家人都可以留下；条件是该丈夫没有亲自参与过反克族的政治活动，也不能在经济上太过成功，因为这会使他变得危险。

84

八、如果一家人都是东正教徒，其中有一人目前正在克罗地亚军队服役，则全家人都可以留下，只要他们不违反第一条中的规定。

十、信仰东正教的单身汉和家庭，如果从 1918 年直到现在都一直在行动中忠诚于克族人民，并且对该民族的奋斗给予过道义上、政治上和物质上的支持，则该单身汉或家庭可以留下。[88]

这些规定明确了什么样的联姻家庭可以留在克独国，它们跟改宗政策中的说法一样，都明确意味着，决定一个人是否要被重新安置的是他的行为，而不是某种被认为不可改变的生物性、先天性的“族群”特质。判断一个人对克独国有多危险、是否有必要予以重新安置的最重要因素，是他的政治和经济活动，是他在克独国军队的服役情况以及在两次世界大战之间对待“克族人民”的方式。如此一来，“东正教徒”（或者说“塞族人”）就成了一种根据人们的过往行为划分出来的类别。

人们当下的情感也同样重要，比如 1941 年克独国最高军事指挥部发布的指示《哪些人算是塞族人》（“Who is considered to be a Serb”）中，虽然宣称“塞族人原则上指的就是信仰东正教 / 东方希腊信仰的人”，但并不把在克独国军队中服役的这类人算进去。归根结底，“信仰并不是判断一个人内心是不是塞族民族主义者的唯一标准”。[89] 这些克独国高层文件中值得注意的地方仍然在于，对“塞族”这一类别的理解是非常主观的。至少在政府的更高层级，在判断一个人是不是塞族人时，他“内心”的感受似乎和宗教、语言或“民族性”等所谓的客观标准同样重要，甚至比这些东西更重要。对族群身份的这种弹性理解，给各种各样的解释、例外和再解释留下了巨大的空间，结果所谓“塞族人”受到的处置越来越需要对个案做具体分析。总体而言，对“塞族人”的这种模糊、主观的定义，使得地方政府在判断某人是否属于这一群体时有了很大的自主空间。

克独国军方文件中的证据显示，他们曾经制订过大规模的计划，准备重新安置波斯尼亚西北部的全体或大部分所谓"塞族人"。[90]国家复兴办公室被委以组织重新安置的重任，萨格勒布的中央政府向他们下达了详细的指示，指导他们如何完成这一"性质极为紧迫、机密"的任务，其中包括被安置者的抓捕流程，安置时允许携带什么东西，以及国家政府（而非普通公民）应该怎样抄没他们仅剩的财物。[91]

重新安置计划的制订，并不只是为了解决克独国的"塞族问题"，它的另一个目标是要让政府有能力发动大规模的劫掠。7月中旬发给各地区长官的通知中说得非常直白："为了能更方便地获取被捕人员的银行存款、现金、财物，要建议他们并允许他们带上家里所有拿得走的东西。"[92]不过，在执行中，还是有很多被驱逐的塞族人（像犹太人一样）的财产落到了地方领导人和普通百姓手中。人前脚刚走，旧日的乡邻们后脚就争先恐后地上门洗劫。[93]维克托·古蒂奇身边的那伙人在这方面最为踊跃。从7月上半月重新安置开始后，他们就利用混乱和国家复兴办公室无法有效征用被驱逐者财产的间隙中饱私囊，劫掠了大量的金钱和财产。据说，古蒂奇本人曾把财产和商铺赠给他身边的心腹，还向别人出售。[94]从7月底发给地方政府的一份措辞强烈（通篇都是大写字母和下划线）的指示中可以看出，国家复兴办公室对此是知情的："被重新安置和尚未被重新安置的塞族人的所有财产都属于克罗地亚独立国，由国家复兴办公室全权管理处置。"[95]

面对地方上的劫掠行为，萨格勒布的克独国当局的应对方式，是强迫重新安置政策的目标人群向中央政府登记财产。这种做法是为了确保他们的财产充公，为中央政府所得，而不是落入古蒂奇这样的个人手中。[96] 然而，后来的克独国内部调查显示，地方领导们并未受到什么影响，继续在大肆抄没财产。这类文件显示，这种劫掠行为"并不是为了国家的利益，而是被某些个人及其亲友所利用"。[97] 赋予地区和地方领导人更大的权力、以执行按种族界定的"重新安置"政策，就这样为他们提供了大规模族群劫掠的舞台，而且妨碍了中央政府搞财物充公。

跟克独国的改宗计划一样，重新安置大量所谓塞族人的做法在具体执行中表现出了严重的地区性差异，这说明在中央规划和地方执行之间存在着巨大的鸿沟。波斯尼亚西北部的一些地方，比如 6 月下半月到 7 月初的比哈奇市，组织了大规模的驱逐行动；而巴尼亚卢卡的驱逐行动就缓慢且有选择性得多。[98] 在库伦瓦库夫地区，压根就没有任何档案证据显示当地设立过国家复兴办公室的分支机构，而我们随后就会看到，这个地区的所谓塞族人遭受的并不是重新安置和宗教转化，而是即将到来的抢劫以及另一种暴力得多的做法。从归类到具体执行，相关政策始终内含巨大的解释空间，这意味着地方领导人可以根据自己的需要，制定出截然不同的"非克族人"政策。[99]

克独国中央领导层的权威并非总能覆盖到波斯尼亚西北部那些东正教徒占人口多数的乡下地区，要在当地成功推行大规模重新安置政策也就十分艰难。在某些县市，每 100 个乌斯塔沙分子要对付数千名（甚至数万名）"塞族人"。[100] 而整个波斯尼亚西北部有数十万塞族人，大规模驱逐的难度可想而知。克独国最高领袖安特·帕韦利奇及其亲信之所以会有如此胆魄，是因为他们在 6 月的第一个星期就和德国军队达成了协议，约定将成千上万的天主教"斯洛文尼亚人"送到克独国，再把同等数量的东正教"塞族人"驱逐到当时被德国占领的塞尔维亚。国家复兴办公室向各个地区和地方下达指示，强调了严格遵守该协议条款的重要性；不然的话，克独国要把大量塞族人口重新安置到德占塞尔维亚就会遇到问题。[101]

　　不过，档案记录显示，国际协议的遵守情况往往不全是中央政府能说了算的；雄心勃勃的重新安置计划是否能够成功实施，很大程度上取决于地区和地方一级的掌权者。对波斯尼亚西北部发生的事情做一番简单的梳理就能看出问题。6 月 16 日，柳博米尔·克瓦泰尔尼克（Ljubomir Kvaternik）被任命为一个新设立的行政单位（相当于一个大县）的"区最高领导人"（Veliki župan）。该行政单位名叫"科尔巴瓦普萨特大县"，覆盖了波斯尼亚西北部的大片区域和利卡的部分地区。6 月 20 日，他下令一切所谓的"塞族人"和"犹太人"都要被逐出比哈奇。[102] 现在不用再对个人的过往和现状做仔细审查，以判断他们是否符合驱逐标准了；命令一步到位。6 月 24 日早上 5 点，人们被集合起来塞进公共汽车，在比哈奇乌斯塔沙分子的逼迫下交出大部分钱财和贵重物品，包括家里公寓的钥匙。一部分人被送到 50 公里外的库伦瓦库夫，其他人则被送到东边波斯尼亚彼得罗瓦茨省的各个塞族村庄。被驱逐者获准携带少量钱财和贵重物品，稍后克独国就会全部抢走。[103]

　　驱逐期间，混乱失序、肆意妄为的程度显而易见，这说明克瓦泰尔尼克跟克独国其他地方的领导人一样，主要目标是把"有害分子"驱逐出他们在比哈奇的据点，并劫掠他们的财产。克独国中央政府那种谨小慎微的重新安置计划根本无处得见，对被驱逐者也没有做什么慎重甄别。对那些被抢劫一空再驱逐出比哈奇并装车送往库伦瓦库夫的人们来说，此时噩梦才刚刚开始。他们下车后空等了好几个小时，也得不到食物和水，接着又被命令步行 15 公里前往马丁布罗德村，在野地里过夜。次日，克独国在村里的微弱权力机构又通知他们原路回到库伦瓦库夫去。他们在那里待了一天多，又被下令步行三四十公里，走到波斯尼亚彼得罗瓦茨地区。[104]

　　就这样，遭到驱逐的人们在武装押送下漫无目的地步行了几天，有时多次往返同一地点，然后又被下令继续出发。似乎并没有什么计划要把他们驱逐到克独国境外。有些被驱逐者，尤其是老人和小孩，在长途跋涉中死去了，但要说这类重新安置活动的最终目标就是集体屠杀，也是缺乏证据的。就我们看到的而言，中央政府是想把他们不欢迎的群体驱逐出国家领土，却因为各地区和地方政府缺乏协调、计划不周、只顾追求自己的目标而一筹莫展。的确，对克瓦泰尔尼克这样的地区领导人及其他地方官员来说，首要目标似乎并不是把"非克族人"赶到克独国境外，而是要抢劫他们，再把他们赶到克独国境内的其他地方，哪怕附近紧邻的地方都行，只要不在自己所在的镇子和农村周围。比哈奇驱逐塞族人时，克独国波斯尼亚彼得罗瓦茨政府的回应方式也是一样的自私自利：他们下令，禁止难民待在距离他们镇子五公里以内的地方。[105]

"重新安置"工作的地方自由裁量程度如此之高，使得这种强制移民政策是否可行都成了疑问——意大利驻巴尼亚卢卡的副领事就认为，6月比哈奇的行动如此问题重重，整个政策是否能够持续值得怀疑。[106] 更重要的是，在波斯尼亚西北部很快就引发了严重的内部安全问题。这种从计划到执行都千疮百孔的重新安置政策会影响到地区内的"秩序"，而最关心这种后果的就是克独国的军队。[107] 一位军方分析人士在内部报告中如此评述6月24日比哈奇的驱逐行动：

　　　　（位于波斯尼亚西北部的）波斯尼亚彼得罗瓦茨地区的形势十分严峻，有约2,700名东正教徒被赶出比哈奇和普利特维察（Plitvica）。他们被扔到库伦瓦库夫和德瓦尔市附近，又在没有任何准备和计划也没有食物来源的情况下被赶去各个贫苦农村。整村的人（包括女人小孩）在恶劣的条件下被突然撵走，在这个东正教徒（塞族人）占人口多数的地区引起了震动。尽管和平未被打破，但这些人既然已经被迫离开家园，又在没有食物和真正居所的情况下游荡于各个村庄之间，他们就确实有可能会起来造反。有鉴于此，应当采取干预措施，由民政机关以最快速度为他们组织调配食物、安排住房和工作。这些人正在这个贫困（消极）的地区忍受饥饿和盗抢，这只会滋生动乱与不满的种子。[108]

军方的其他人则认为，到了这个时候，即使把被驱逐者照顾得好一些，也不一定就能遏制住塞族人叛乱。在他们看来，重新安置政策正在引爆这样的叛乱。几周后的 7 月中旬，波斯尼亚西北部和利卡地区的一些指挥官便开始请求部队增援，以确保"不会爆发起义"，"现在塞族人和犹太人的重新安置缺乏组织，政治氛围恶化，要让政治环境平静下来已非常困难。"[109] 他们与其说是害怕那些从比哈奇赶出来的、城市化程度很高的居民会在乡下会做出什么事，不如说怕的是农村的东正教徒群体面临重新安置的威胁时，会做出军方预期中的那种反应。一旦被迫迁移，这些农民就会失去土地、家畜和家园。克独国军方分析家们注意到，乡村地区普遍弥漫着对这种命运的恐惧，东正教村庄为此"焦灼不安"。到 7 月初，农村里越来越多的男人不敢再待在家里了，跑到附近的树林里过夜。不少人都有武装，因为他们直到 4 月还在南斯拉夫军队服役，当时军队为了抵抗德国侵略而动员了他们。一些地方已经开始出现不明人员从村边树林开枪射击克独国官员的事件。[110]

到 6 月底时，克独国中央政府已经逐渐无法再控制他们亲自参与发动的迫害政策在波斯尼亚西北部的具体执行情况。"重新安置"没能赶走所谓的塞族群体，反而很快为重大的安全危机埋下祸根。在地方层面上，之所以突然给加入乌斯塔沙小组的人们赋予权力，本来就是为了能获得必不可少的力量，以实现重塑克独国族群人口结构的目标。然而，当地人随后的行为却表明，他们对中央政府重大的意识形态目标并没有多少理解和忠诚。在库伦瓦库夫地区，当地乌斯塔沙分子的第一波行动并非改宗或重新安置所谓的塞族群体，而是去偷抢他们乡邻家里的东西。这种做法并没有让这个地区摆脱非克族人口，反而跟那些执行不力的重新安置行动一样，制造了越来越严重的恐惧和不安。地方上的劫掠还造成了越来越严重的无序氛围，结果中央政府所设想的族群之间的清晰界线也随之模糊起来，他们本来希望冲突能沿着这条界线展开，现在却连"克族人"也一起受到了波及。

就像古蒂奇 4 月干的那样，到了 5 月（6 月更是愈演愈烈），库伦瓦库夫地区的乌斯塔沙领导人马蒂耶维奇也开始利用自己新得的职务，从他觉得名头最响的那些东正教徒身上抢劫金钱和财物。他向当地农村里的这类人物下达命令，要求他们带着一定数额的钱到库伦瓦库夫镇上来，等人来了以后，他通常把钱扣下，把人抓起来关进监狱一段时间。[111] 马蒂耶维奇的做法并不全是他自己想出来的，他是在效法地区领导人古蒂奇和克瓦泰尔尼克的做法，克瓦泰尔尼克曾露骨地表示，有必要让塞族人的财产"落到（克族）人民的手中"。这是动员当地天主教徒和穆斯林，让他们协助执行克独国高层的族群结构改造计划的一个主要手段。安排了这样的劫掠良机，古蒂奇、克瓦泰尔尼克等领导人就无须再担忧他们的乌斯塔沙士兵是不是高度忠诚的民族主义者了。[112] 当地的不少乌斯塔沙分子也巴不得赶紧抓住这个千载难逢的机会快速致富，他们在克独国建立前本来就是所属社群里的边缘人。有一位克独国军官在说到他们时毫无掩饰："一群只会惹是生非的废人，从来都只会在街头游荡……不干活，如今却要利用现成的机会发不义之财。"[113] 学者们在研究其他地区，比如非洲冲突期间响应号召加入民兵组织的群体时，描述的社会形象也都与此类似。在非洲，这种社会边缘人士会被"族群"迫害活动吸引，也是因为他们突然得到了以"族群"为目标大肆劫掠的意外机遇。要挑动这样的人出来参与，无须他们普遍有什么根深蒂固的族群对抗情绪，只要给他们借机发财的机会，通常就足够了。[114]

91　　这种机制在克独国的很多地方都起到了非常重要的作用。比如黑塞哥维那，1941 年 7 月初，有一位克独国的地区官员曾对那里的局势作出过直白的评估：

> 　　第一批起来（加入乌斯塔沙）的人经常是流落街头的（无业者），如果以他们过去的行为来判断，这些人甚至不能胜任最普通的职员工作，更别说加入乌斯塔沙了。就是这样一群人被武装了起来，掌握了所有居民的生杀大权。
>
> 　　这些武装分子感兴趣的只有他们自己的收益……我亲眼所见，（塞族人）的房屋里连最小的物品都没剩下，全都被他们拿走了。克罗地亚军队的军官曾告诉我……他们碰到过持步枪的人身上带着抢来的赃物，其中一人被问起为什么拿着这些东西，他回答说："因为我是一名乌斯塔沙。"这里……有 12 个男人宣誓加入乌斯塔沙并被武装起来，其中有 6 个人在政治和社会背景上不可靠，有些人以前曾被判过盗窃罪。[115]

　　这种认为"我是一名乌斯塔沙"所以就有权抢东西的观念非常重要，它说明，克独国政府新近给予这些人的地位，让他们产生了自己在当地社区中有很大权力空间的想法，这对他们改变未来的行为起到了关键的塑造作用。社会心理学家曾注意到，给予受试者一个新的身份标签，就足以对他/她日后的行动造成深刻的影响，无论此人在得到标签前个人性情如何。[116] 这种机制在克独国各个地方都发挥了作用：克独国建立前的社会边缘人突然成了"乌斯塔沙"，这赋予了他们在所属社群里以空前手段残害他人的权力。这些人从此开始用这种标签来为自己的行为辩护，哪怕他们的行为已经触犯了这个新生国家的官方法律。

这种史无前例的机遇——只要成为乌斯塔沙分子就能劫掠自己的乡邻——在库伦瓦库夫地区的本地乌斯塔沙分子身上也发挥了作用。克独国文件显示，各个村级支队多次利用新得的权力，向被他们划为"塞族"的名流索要金钱财物，而且数额越来越大。马丁布罗德村的富商马尔科·弗拉代蒂奇在整个地区名声很大，他在不同场合被乌斯塔沙分子抢劫过好几次。[117] 根据回忆录材料，博里切瓦茨村当时很快就变成了一个存放赃款赃物的据点，那里日益出现拆房毁屋后剩下的建筑材料。"就连砖块、木板、梁柱……都被送到了博里切瓦茨村。"一位当地居民回忆道，"（塞族）逃难者房子里的家具也消失了，他们的牲畜和农具没了，所有能从墙壁和房顶上拆下来的东西都被拿走了。"[118]

在分析这种抢劫行为时，要注意到它是一种动员工具，被宏观和中观层面上的克独国政府利用来吸引当地人——其中很多人在1941年前与乌斯塔沙没什么瓜葛——加入新成立的乌斯塔沙支队。然而，这些微观层面上的行动者的表现，很快就开始妨碍那些赋予他们权力之人的宏大意识形态规划。这是因为，他们的抢劫行为并不像克独国中央和地方政府希望的那么纯粹，而是迅速超出了族群的界线，以种种方式对"克族人"造成了负面冲击。在地方层面上，这种趋势在克独国各地都更为普遍。

举例来说，根据波斯尼亚东部各地政府的说法，穆斯林乌斯塔沙分子在1941年夏初做出了"不法的"劫掠行为，事后有"穆斯林"和"克族人"扬言要举报他们，还遭到了他们的死亡威胁。克独国的一些地方官员认为有必要制止劫掠活动，以免"破坏乌斯塔沙运动的形象"和"所有优秀而体面的穆斯林信仰者的形象"。6—7月的报告显示，当地的穆斯林男人仗着他们新的乌斯塔沙身份，大肆劫掠地区内的塞尔维亚村庄，抢走了酒、小麦和衣物，索要钱财，如果在人家家里找不到足够多的值钱东西，就抢走女人佩戴的婚戒。跟库伦瓦库夫地区某些本地乌斯塔沙分子一样，很多参与这种事的人都是当地人眼中的熟面孔，是克独国宪兵口中长期恶名昭著的"惯偷"。有些人甚至都没有正式加入过乌斯塔沙的支队，却在抢劫时自称是乌斯塔沙分子，然后"拿走所有落到他们手里的东西"。据一位当地官员说，这些人会告知所有可能威胁他们的人："在克独国，他们的权力是无限的，他们就是神，可以搜查任何人的家，甚至可以逮捕（克独国的）宪兵。"[119]

这些地方上的乌斯塔沙分子对质疑他们行为的所谓"克族"和"穆斯林"同胞如此威逼恐吓，并不只是在嘴上说说。克独国军方5月底的报告显示，有乌斯塔沙分子（至今也不知道有没有官方身份）抓走了一位克独国军队的军官，还破门闯进另一位军官的房间抢走了鞋子和燃料。[120] 到了7月间，军方还沮丧地记录道，波斯尼亚西北部的当地乌斯塔沙分子跑到军官住房里翻找可偷的东西，拿走了士兵的军服。与此同时在比哈奇，乌斯塔沙分子抓走了两位克独国的中尉，不但拒绝放人，还开枪射击前来营救的上尉。[121] 其他地区的克独国民政机关则在报告中表示，村子里和镇上的穆斯林居民同样遭到了乌斯塔沙分子的盗窃和虐待，后者强迫他们把家里的羊烤了给自己吃，还在酒后向人们开枪。恐惧就这样在各个穆斯林村庄蔓延开来。[122]

证据显示，抢劫活动虽然最初发生在族群不同的人之间，但很快也出现在了同族群内部。因此，要理解克独国成立后不久就迅速发展起来的劫掠活动的机制，我们就得对"族群冲突"的说法有多强的解释力这一问题保持谨慎。如果只是走马观花地看待1941年夏初的事件，人们可能会认为，有些"穆斯林"和"克族人"对抢劫"塞族人"乡邻的财产蓄谋已久。但是，当地的证据显示，同族群者之间的抢掠也迅速爆发起来，乌斯塔沙分子抢劫的时候连克独国军官都不放过就是个例子。克独国的中央和地区政府在发动地方上的"克族人"加入乌斯塔沙支队时，并未预料到这种事态。

在库伦瓦库夫地区，这种超越"克族"／"非克族"界线的机制也普遍存在于抢掠活动中，而且表现形式尤其惊人。1941 年 6 月13 日，在马丁布罗德村，有三个乌斯塔沙打扮的男子跑到塞族富商马尔科·弗拉代蒂奇的商店里向他要钱，结果被他认出其中一个是本地的"塞族人"，名叫伊利亚·丘布里洛（Ilija Ćubrilo）。丘布里洛和他的两个同伙想要利用该地区的新形势，假扮乌斯塔沙分子抢劫有钱的塞族人。[123] 由此可见，即使在克独国政府被定性为迫害对象的族群（即"塞族人"）中，同族群者之间的劫掠也同样存在。

这类证据进一步显示，当时集体劫掠活动之所以遍布克独国各地，有可能是因为人们在利用刚刚因政治因素而变得显著的族群归类法。这跟任何真实存在的对抗性族群裂痕相比至少是同样重要的，甚至更为重要。之所以是"克族人"和"穆斯林"抢劫"塞族人"的情况更多，是因为克独国中央政府当时的政治和政策允许他们这样做。然而，某些被划为"塞族人"的人别有所图，也会利用克独国政府对塞族社群的迫害政策，想方设法抢劫他们所谓的同族兄弟。而且，一个人成了"乌斯塔沙分子"，并不意味着他就只抢劫"塞族人"。这个称谓很快就变成了某种非官方的抢劫执照，而不用在意抢劫对象的所谓族群归属。新政治形势带来的机遇经常会支配所谓"族群"上的亲缘或敌对关系。

地方上的劫掠风潮说明，民族主义意识形态和"族群仇恨"并没有人们一开始想象的那么重要。中央和地区级政府制造了新的政治环境，为地方上的人以族群为目标大肆劫掠提供了方便，其中有些人是以前就有族群方面的牢骚，现在得以放手采取行动。与此同时，同族群人士之间的劫掠活动也很快就涌现出来了，这说明还有另外一种机制在发挥作用：新的环境使得一些特定的人有了劫掠的权力，如果抢其他族群的人更方便，就抢其他族群的人；如果抢同族的人更有利可图，那就抢同族的人。其他学者曾在非洲的冲突中注意到类似的机制，比如在卢旺达以及苏丹的达尔富尔（Darfur），人们往往认为各路民兵暴徒"天然就是"某种长期文化分裂的暴力化身，然而他们实际上都跟乌斯塔沙招募的这些人一样——他们当然是受到了所谓共同文化特征的感召，但倘若他们突然垄断了暴力使用权，他们就会趁机渔利。[124]

因此，发动本地人加入乌斯塔沙的过程，就给克独国地方政府和当地天主教徒及穆斯林的日常生活造成了一定程度的动荡。原因在于，乌斯塔沙的不少新成员似乎不像克独国高层那样，将"塞族人"和其他的非克族人（如"犹太人"和"罗姆人"）以及共产党这样的政治反对派视为唯一的敌人，他们没有这种高度族群化的世界观。即使他们有，在实践中往往也取决于具体情境，看的是物质上的收益。如果劫掠对立族群的乡邻比较方便，他们就会这么做；但稍后情况一旦有变，他们可能就不太在乎劫掠对象的族群归属了。

在某种很重要的意义上，以这种方式来发动本地人加入乌斯塔沙，最初也是情势使然，是国家级和地区级的领导人（以及和地方上的居民）彼此大相径庭的目标会聚到了一起。国家领导人需要人手和动员措施来激励他们以实现自己的目标：让克独国不再有非克族人，并应对所谓的安全威胁。地方领导则突然拥有了武装，以及对乡邻为所欲为的能力，这对他们来说是个史无前例的快速致富机遇，大部分人都无法拒绝。双方的行为各有其符合理性的地方，彼此之间又有明显的冲突，这一点将在此后几个月里愈演愈烈。

我们现在已经摆好了拼图，可以解释克独国成立后最初两个月里库伦瓦库夫地区剧变的主要机制了。宏观、中观和微观层面之间的交互作用，使得1941年4月前的那个地方性社区的世界变得天翻地覆，在截然不同的政治领域里彻底重组。克独国上层用一套族群归类法重新定义了所有人，以此进行融合和排斥。这些归类常常建立在人的过往和现在的行为等主观因素之上，不那么看重种族等所谓不可改变的本质。这意味着，尽管族群将成为未来冲突的核心焦点，但在实际操作中，族群是以地方性的、主观的方式被理解的。政府高层并非只是释放了人们心中的某种根深蒂固、早已普遍存在的深仇大恨，尽管真的有那么一小撮人，其战前的政治冲突和个人恩怨确实能够有力地解释他们为何参加乌斯塔沙支队。高层更多的是创造了一套排斥性、对抗性的区分方法，再向地方上的行动者提供具体的激励，利用他们来推动族群迫害。中央政府希望，这能帮助他们创建一个全新的民族国家。

虽然对地方行动者的动员确实是自上而下发生的，但自下而上的力量对于变革的发生也非常重要。只有一小撮人在战前就有鲜明的政治倾向。对其他人来说，最重要的是从天而降的个人致富机遇。有些商人想借机改写当地的商业规则，从中渔利，并抹平自己的债务。那些跟乡邻争夺自然资源的农民则看到了以于己有利的方式结束冲突，或者趁机清算过往冤屈的机遇。同一家族的成员常常会为了这种目的而成群结队地加入乌斯塔沙。

这些新生的本地乌斯塔沙支队在很大程度上变成了一种自行其是的力量，是因为以下这些因素的影响：在克独国特有的政府体制中，政府、宪兵和军队算是同一边的，与另一边的乌斯塔沙组织没有多少横向的联系；乌斯塔沙分子近乎垄断了地方上的权力，尤其是在地方社区里使用暴力的权力；而且，农村里也不太有什么独立于乌斯塔沙之外的权力部门存在。所有这些因素都加强了乌斯塔沙组织在地方上的权力，尽管他们人数不多，而且在各自的社区里普遍得不到支持。

96　　　这意味着，克独国的迫害模式迅速地具有了某种地区性、地方性的特质，就像维克托·古蒂奇、柳博米尔·克瓦泰尔尼克、米罗斯拉夫·马蒂耶维奇等人的行为显示的那样。这些地方强人带头以自己觉得方便的方式推行新的排斥政策。他们推行迫害政策，比如重新安置时所享有的自由裁量空间，催发了波斯尼亚西北部和利卡地区的大规模劫掠，同时也制造了动乱，导致安全状况迅速恶化。在库伦瓦库夫地区，乌斯塔沙分子们被发动起来之后，甚至没有尝试过搞强制迁移和改宗；动员的主要后果就是当地的集体劫掠和社会动荡。

　　　这就是克独国中央政府与其地方盟友关系中的悖论。要达成意识形态上的目标，克独国的高层就需要在地方上有人可用，就得允许抢劫行为以吸引人员。然而，劫掠很快就超越了"族群"的界线，因为新的政治形势在很多方面也为当地行动者们劫掠同族群的人提供了便利。因此，中央政府很快就面临挑战，他们需要调整乌斯塔沙分子在地方上的行为，使之变得有利于实现意识形态目标。而他们用来动员这些人的基础，经常会妨害这种目标的实现。因此，在波斯尼亚西北部、利卡地区和库伦瓦库夫地区，克独国掌权已经有两个月左右了，结果所谓的塞族群体既没有被重新安置，也没有接受改宗，有的只是集体劫掠。大部分本地人都越来越感到恐惧，政府的不安全感也呈螺旋上升之势。这些都为"塞族问题"相关政策进一步激进化铺平了道路——乌斯塔沙高层长期以来都渴望这样的解决方案。到1941年6月中旬，这样的解决方案在他们眼中已经迅速变得必要、紧迫起来。

　　　事态升级的可能性越来越大，也是因为在波斯尼亚西北部和利卡地区，那些相对温和的克独国地方官员都越来越边缘化。这种过程从5月底、6月初就已初见端倪。维克托·古蒂奇为内部清洗定了调子，他说："一个克族人要是替我们的敌人开脱，那他不仅不是个好样的克族人，而且是和我们对抗、妨碍我们清洗克罗地亚的有害分子。"[125] 柳博米尔·克瓦泰尔尼克前来担任科尔巴瓦普萨特大县的最高领导人，象征着整个地区要大举激进化。[126] 该行政区新近才成立，覆盖着波斯尼亚西北部和利卡地区的大片地方，当地直到 6 月初以前都没发生过什么大规模迫害非克族人的事情。古蒂奇似乎跟萨格勒布的帕韦利奇一样，对克独国在比哈奇的领导人过于温和的表现感到不满，尤其是该地区的所谓塞族人口还如此庞大。[127] 所以帕韦利奇任命了柳博米尔·克瓦泰尔尼克，此人是克独国军队最高司令官斯拉夫科·克瓦泰尔尼克的兄弟。[128] 他貌似是在 6 月 16 日来到比哈奇的，[129] 和他一起来的还有恩韦尔·卡佩塔诺维奇（Enver Kapetanović）、佩罗·西米奇（Pero Šimić）、雅科夫·扎尔（Jakov Džal）等乌斯塔沙分子，其中一些战前曾流亡海外。他们想马上对所谓的非克族人采取迫害政策。[130] 不到一周之内，克瓦泰尔尼克和他的团伙就发出告示，宣称要把"有害分子"（也就是塞族人和犹太人）都挑出来清除掉，认定他们犯下了破坏"克罗地亚祖国和克族民族的荣誉"的罪行。他们很快就将采取行动，把这些人都驱逐出比哈奇。[131]

克瓦泰尔尼克先是抢劫了被驱逐者的财产，然后又下令摧毁了比哈奇的塞尔维亚东正教教堂，还专门挑在塞尔维亚的宗教节日"圣维特日"（6 月 28 日，又名"维多夫丹"，是塞尔维亚东正教教会纪念 1389 年科索沃战役烈士的日子）做这件事。这一行为不但象征着乌斯塔沙高层意识形态上的坚定性，要在克独国消灭一切和塞尔维亚有关的事物，而且也是在展示他们有能力发动这种注定会挑起对抗的政策。然而，比哈奇的温和派市长阿卜杜拉·易卜拉欣帕希奇（Abdulah Ibrahimpašić）却反对克瓦泰尔尼克的命令。他批评说，这样的做法会激起叛乱，到时候没人收拾得了。为了表示抗议，他

声称除非镇上的天主教教堂和清真寺也跟塞尔维亚东正教堂一样被
夷为平地，否则他就不当这个市长了。结果他立刻被撤职换人，拆
毁东正教教堂的工作到底还是开始了。在克瓦泰尔尼克的命令下，
地方政府加强了内部清洗，逮捕了多达 50 名易卜拉欣帕希奇的支
持者，其中不少人以前都曾供职于克独国政府。[132] 相对年轻的乌
斯塔沙支持者取代了他们的职务，如律师雅科夫·扎尔和从 1939
年就开始支持乌斯塔沙运动的大学生佩罗·西米奇。克独国在比哈
奇的内部清洗并未就此降温。市政领导人维茨科·德拉切瓦茨（Vicko
Dračevac）很快也丢掉了职位，因为他被发现近期曾出手干预对当
地多位塞族知名人士的迫害。[133]

　　在克族人内部，倾向激进者和倾向温和者之间的斗争一直持
续到比哈奇的非克族群体遭到集体驱逐以后。集体流放进行了一个
月以后，克独国仍要在内部指示中对全体下层官员发出警告，任何
对"弗拉赫人"（Vlahs，对塞族人的蔑称）进入城市不加阻止的人，
尤其是继续跟"弗拉赫人"保持来往的人，都会面临严重后果。[134]
克独国其他地区的情况也差不多。克宁市（Knin）有乌斯塔沙倾向
的官僚说，当地的克族商人有"敌对倾向"，因为"他们一直和塞
族人保持着最好最亲密的关系"。[135]

　　随着对内部敌人的清洗愈演愈烈，有些该地区的克独国官
员——比如波斯尼亚彼得罗瓦茨的里法特·库伦诺维奇（Rifat
Kulenović）——选择了辞职，以免自己被牵扯到迫害非克族人的
活动中去。[136] 不过，更普遍的还是克独国官员及其他人因为被认
为过于温和而遭到撤职。驻德瓦尔的克独国军官托米斯拉夫·格尔
热塔（Tomislav Gržeta）被称为"恋南斯拉夫癖"，原因是他娶了
个塞族女人，还曾试图要解除当地乌斯塔沙分子的武装。他的一位
姓琴吉奇（Čengić）的副官据说也时常跟当地的塞族人来往走动，
多次跟他们一起吃午餐。这两个人都被解除了职务。如果当地找不

到合适的替代人选，有时还会把外面的人派进来。久洛·库哈尔斯基（Đuro Kuharski）就是从黑塞哥维那赶来德瓦尔接管当地政府的，因为之前的德瓦尔政府领导被地区级政府认定在迫害非克族人方面不够激烈。库哈尔斯基不但立刻解除了所有"塞族人"的职务，还把矛头对准了同为"克族人"同胞的天主教神父马丁·武耶维奇（Martin Vujević），他因为替德瓦尔的东正教人口辩护而收到了死亡威胁，最后逃离了德瓦尔。[137]

　　根据档案文献，在波斯尼亚西北部和利卡地区的其他地方，克独国的军事、政治和宗教人物们也留下过反对"乌斯塔沙政策"的记录。[138] 那些想要加大力度迫害"非克族人"的人，首先得把这些反对者赶下台，再把经得起考验去执行激进政策的人选上去。[139]因此，要想推动对外部族群"他者"的迫害，就势必要开始识别、迫害和处罚被认为过于温和的同族群者。学者们在其他历史背景中也看到过类似的机制，比如在 1994 年的卢旺达，要实现"族群"迫害的升级，首先（或者同时）就要除掉所谓同族群中的温和派。[140]

　　这种自上而下将温和派排除出权力体系的做法，也给了地方上的激进派和投机分子以打压本地政敌的良机。从 5 月底到 6 月中旬，库伦瓦库夫政府机关内部围绕着政府和新成立的各个乌斯塔沙支队的控制权问题展开了一系列斗争。克独国成立后，库伦瓦库夫的镇长一直由一位温和派人士阿德姆－贝格·库伦诺维奇担任，乌斯塔沙分子的领袖则是客栈老板米罗斯拉夫·马蒂耶维奇。马蒂耶维奇貌似对库伦诺维奇等一些当地领导人不太放心，觉得他们对非克族群体太过"宽大"。这种想法可能来源于马蒂耶维奇本人的所谓克罗地亚民族主义，但也很可能是为了方便赶库伦诺维奇下台，而使得他和他的部下可以更肆无忌惮地抢劫。他曾至少一次跑到萨格勒布，面见在库伦瓦库夫颇有根基的尤雷·帕维契奇（Jure Pavičić），此人是帕韦利奇聚集在乌斯塔沙大本营的亲信人马中的高级成员。

99

马蒂耶维奇似乎和他讨论了在库伦瓦库夫撤换温和派人士的必要性。等到 6 月中旬，侯赛因·"胡查"·泽里奇貌似就上任成为库伦瓦库夫的新镇长，而马蒂耶维奇也更加稳固地控制了当地乌斯塔沙各支队的动员和指挥工作。[141] 泽里奇在库伦瓦库夫被认为是个不成功的商人，一名"臭名昭著的投机者"，早在 1941 年以前就和克族民族主义者有联系。[142] 有证据显示他对纳粹也持友好态度。[143]至于马蒂耶维奇，就像被他动员起来的那些本地乌斯塔沙分子一样，此时早已借着任意劫掠"非克族"乡邻的良机大发不义之财了。

1941 年刚开始时，这些人还不太可能想得到，自己有一天能成为比客栈老板和边缘小商人更重要的角色。如今，他们成了当地社区的领导者。克独国的成立及其政府的组建，确实让地方上的世界发生了翻天覆地的变化，使得过去微不足道的人物蹿升到了权力空前巨大的位置上。上级的任何政策调整，都得先通过他们对政策的解读，才能触及当地老百姓的生活。随着 6 月下旬的日子一天天流逝，中央和地区一级政府看上去越来越倾向于以激进手段解决"塞族问题"，其具体执行则要靠这些地方上的人，以及他们现在的同伙。

第三章

杀戮与救助

7 月将至，库伦瓦库夫地区仍然相对平静。抓捕已经开始，劫掠事件肆虐，还发生了一些肉体暴力事件，其中有几起是杀人事件。[1] 但是，当地气氛还是和克独国的其他地方大不一样，因为在不少社区，针对塞族群体的集体暴力已经搞得颇为残酷了。在别洛瓦尔镇（Bjelovar）附近的谷多瓦茨村（Gudovac），乌斯塔沙在 4 月 27—28 日杀害了 184 名农民。在布拉加伊市（Blagaj），他们把韦利温村（Veljun）的所有男人集合起来，然后于 5 月 4 日至 5 日夜杀死了大约 250 人。5 月 11 日到 12 日夜里，格利纳镇的乌斯塔沙分子又逐户捕杀男人和男孩，遇害人数达到 300 以上。6 月 2 日，在黑塞哥维那的柳比涅镇（Ljubinje）附近，乌斯塔沙分子杀死了大约 140 名农民。三天后，他们又在加茨科镇（Gacko）附近的科里塔村（Korita）杀死了 180 人。6 月 23 日，又是在柳比涅附近，他们先杀掉了 160 人，然后在加茨科附近的 3 个村子杀了 80 人。之后两天里，又有近 260 人在黑塞哥维那的斯托拉茨市（Stolac）遇害。研究克独国的历史学者都知道这些屠杀事件，但文献中对其

起因、暴力为何在时间地点上存在差异的解释，令人困惑。大部分
文献只满足于罗列屠杀事件，其中常能见到栩栩如生的细节描述，
但除了搬出乌斯塔沙的民族主义意识形态之外，通常却提供不了多
少或者是完全没有提供因果性的解释。仿佛记录杀人事件和受害者
的数量，以及他们被穷凶极恶的民族主义杀人犯们杀害的具体方式，
就足以让我们理解暴力发生的方式和原因了。[2]

　　要搞清楚这些屠杀事件的确切因果链绝非易事，它们通常都是
在地方上执行的，组织者和施暴者最多只留下一些薄弱而破碎的书
面记录，有些根本什么记录都没有。不过，重建这些地方性杀戮行
为的微观机制并解释它们发生的起因，仍然是学者们在史学研究中
面临的核心挑战。无论是追求乌托邦式清洗的意识形态，还是我们
这个案例中克独国政权意识形态和国家实践中的"种族屠杀"性质，
可能（往往也确实）是在创造大规模屠杀的环境上面起到了重要的
作用。但是，这种意识形态框架并不能解释，为什么以及在何种情
况下暴力会在特定的地点和时刻成为政策选择，而在其他情况下却
没有。[3] 我们不仅需要"深描"地方性暴力的事件链条及其展开方式，
还必须做出细致的分析，以求解释让这种剧变成为可能的宏观、中
观，尤其是微观机制间的互动。

　　在库伦瓦库夫地区，转折点发生在 7 月 1—3 日。当地的乌斯
塔沙分子先前都是从事些零星的逮捕抓人、劫掠和选择性暴力，这
几天却转向了全面爆发的集体屠杀。这就为我们提供了一种地方性
的分析视角，得以探索集体暴力研究文献中那个最主要的、至今仍
被激烈辩论的问题：为什么集体杀戮会在特定的时间地点成为风
潮？学者们长期以来都想搞清楚，为什么国家领袖们会做出如此暴
力的选择，而不采用相对而言不那么严酷的镇压和迫害手段。芭芭
拉·海尔福（Barbara Herff）在几十年前的一篇引人深思的评论文
章中称这个问题为"未解之谜"，吸引了不少学者（主要是在宏观

暴力研究领域）的巨大关注。[4] 近年来，学者们投入了越来越多的精力去探究微观层面上暴行——特别是非洲、亚洲和一些东欧地区的事件——发生的原因。[5] 但是，对于克独国内暴行最为肆虐的乡村社区，至今还是没出现多少经验事实丰富且有理论驱动的研究。因此，对 7 月 1—3 日库伦瓦库夫地区发生的事情做详尽的研究，无论是对这个事件还是在更大的意义上，都有可能会告诉我们一些新的东西：为什么没有长期暴力历史的地方社区会突然爆发地方性屠杀？

　　细致研究这一地区的历史时，可以看到最突出的是当地人的恐惧会彼此强化，进而推动当地的行动者去向上级政府施加压力，促使后者下令发动先发制人的"防御性"集体暴力，这又能激发出更多本地驱动的暴力浪潮。然而，下达暴力命令者的动机可能也截然不同于实地执行者。后者的暴力能够让一个多族群社区变得急剧极化，并迅速加深族群之间的隔阂。不过与此同时，它也能通过不同族群者之间的救助行为，造成和加强跨越族群的团结，无论其之前是否存在。

　　要寻找库伦瓦库夫地区转向集体暴力的确切原因，我们应当先回过头来，看看克独国此前的一项旨在加强对非克族群体控制的政策。4 月底的克独国军方文件显示，解除所谓塞族群体的武装是"我们工作中最重要的部分"。为了实现这一目标，动用武力和抓人关押都得到了许可。[6] 军队最高司令官斯拉夫科·克瓦泰尔尼克发布公开声明，宣布任何不交出武器和装备的人都将被逮捕并以叛国罪审判。[7] 解除东正教徒群体（特别是前南斯拉夫王国军队的军人）的武装是一个关键步骤，完成之后才能采取重大的对抗性政策（比如重新安置），以重塑克独国的族群结构。

　　在比哈奇地区，解除塞族群众武装的尝试从 4 月就开始了，很

102

快又扩散到整个波斯尼亚西北部和附近利卡地区的社区里。然而，一直到 5 月中旬，事态都没取得什么进展。这让当局极为不安，因为在他们的认知中，"塞族"在这个地区里占绝对优势。[8] 根据克独国统计，塞族人在当地大多数市镇的族群结构中的比例占到60%—80%。[9] 回忆录显示，只有在族群最混杂的地区里，东正教老兵们才会较为积极响应号召、交出武器，而这样的地方在整个地区里只占一小部分。在 4 月初抗击轴心国的短暂战争中，这些地方的东正教徒刚刚和天主教徒及穆斯林乡邻并肩服役，之后也经常一道返回各自的社区，所以那些天主教徒和穆斯林的老兵都知道他们的东正教徒乡邻手中仍有武器，而东正教徒也很害怕自己的乡邻会向政府举报他们拒不交出军事装备。至于在东正教徒占人口多数的地方，就没有人害怕这种事了，所以人们更倾向于保留自己的步枪和弹药。他们经常把这些东西藏在离家不远的树林里。当克独国的暴力政策开始升级时，他们这种做法对一个村子是否有能力搞武装抵抗就很关键了。[10]

5—6 月时，库伦瓦库夫地区当地的乌斯塔沙分子试图解除东正教徒老兵的武装，结果只收上来约 100 支步枪，这让前者大感恐惧。[11] 他们相信，当地村民在库伦瓦库夫地区横跨的利卡地区和波斯尼亚边界处的山林中私藏（特别是掩埋）了数量巨大的武器弹药。[12] 这种恐惧并非全无根据。前南斯拉夫军队解散后，很多本地人都是带着步枪、手枪、少量轻机枪和弹药回家的，其中很多都被藏了起来。[13] 奥斯雷德奇村（Osredci）有 71 人参与了 1941 年 4 月的南斯拉夫王国保卫战，据说半数以上回家时都带着自己的步枪和一些弹药。这些人似乎都没有交出武器。[14] 从当局的角度来看，提防这些留着枪支不知要干什么的老兵，也不是没有理由的。

5 月的军方报告开始提到，在利卡地区和波斯尼亚西北部的一些地方（包括库伦瓦库夫周边地区）零星发生了枪击乌斯塔沙分子的事件。恐惧和紧张状态随之升级，对塞族男性的疑虑也加深了。当局越来越相信这些人在准备发动袭击。[15] 那种枪击事件是否多次发生，真实原因又是什么，现在已经搞不清楚了。有些信息来源显示，克独国当局有时会向逃离他们的村民开火，而附近农村的乡邻们听到枪声后，以为这是起义爆发的信号，便也用自己的武器对天鸣枪。[16] 有些回忆录还显示，这种零星开枪的行为有的是因为有乌斯塔沙分子习惯性地进村偷东西。此外，克独国官员报告提到的塞族人开枪事件也可能完全或部分是胡编乱造的，因为现实中经常是乌斯塔沙分子进村后先打几轮枪以吓唬百姓，让他们逃到树林里，然后就可以大大方方地去他们家里抢东西了。乌斯塔沙分子爱在夜里开枪是出了名的，这把气氛弄得紧张兮兮。等到第二天，他们就会说是"切特尼克分子"（塞族起义者）在树林里开枪。[17]

所有这些事情，都在克独国的官员、军方人员和地方乌斯塔沙分子身上制造和加剧了某种对塞族人在树林中所作所为的"精神失调"般的恐惧。人们越来越相信，这些被称为"切特尼克分子"的男人正在策划起义。[18] 有了这种想法，再加上持续恶化的恐惧氛围， 104 要动员天主教徒和穆斯林村民加入乌斯塔沙巡逻队就更容易了。巡逻队人数的增加，又日益加深了各村分属所谓不同宗教和族群的乡邻之间的裂痕。[19]

在这里，当地"非塞族人"的作用大大增加了克独国地方政府的恐惧，他们常常无力核实偏远地方的事件。利卡地区和波斯尼亚西北部各个农村的通信状况总体而言时好时坏，所以小地方都是由少数挑选出来的个人——比如博里切瓦茨村的米莱·克内热维奇（Mile Knežević）和多利亚尼村的托莫·德拉奇（Tomo Delač），他们都在库伦瓦库夫镇附近——负责向比哈奇和戈斯皮奇等地区中心城市的上级领导反映地方的形势。地区一级的领导人既无力又无意去核实这些人的报告，所以这些地方上的信息收集者就对地区政策有了相当大的影响力，特别是他们还会评估当地东正教徒的威胁。这些人的报告称，已经有大批"切特尼克分子"逃入森林，正在准备发动袭击。对上级领导来说，这证实了他们最恐惧的事情，因此着手策划起了先发制人的军事行动。[20] 值得我们注意的是，很多学者都认为，暴力升级的背景是由国家上层精英一手制造出来的，但其实地方上的行动者也能以惊人的方式起到推动作用，促进上级政府采取行动，尤其是在中央权力弱小的时候。[21]

克独国地区级和地方的政府对本地东正教徒群体那些莫须有活动的定义也受到了大环境的影响。克独国军方于 5 月底指出，波斯尼亚可能发生叛乱的谣言正在四处流传。[22] 到 6 月初，这些预言变成了现实：黑塞哥维那的东正教徒群体遭到集体屠杀，在整个地区引发了武装起义，东正教徒起义者开始跟乌斯塔沙分子和克独国军队作战。[23] 6 月底，克独国军方注意到了黑塞哥维那的"切特尼克活动"，认为叛乱者在"乌斯塔沙清洗"之下向非塞族群体复仇的渴望已经发展到了"广泛而严肃的程度"。根据克独国的军方文件，即使在起义尚未打响的利卡地区和波斯尼亚西北部，对黑塞哥维那的乱局即将蔓延到本地的恐惧也在快速升温。在这些地方，为了躲避乌斯塔沙迫害而逃到森林里的男性东正教徒，在克独国的文件里就成了所谓人数众多的切特尼克团伙，据信人数已有数千人。其中许多人都是政府企图"重新安置"和授权当地乌斯塔沙分子大肆劫掠的对象，他们在克独国文件里并不是什么躲避政府的避难者，而是逃入山区、准备向国家发起进攻的"叛匪"。[24]

利卡地区的乌斯塔沙领导人（比如下拉帕茨镇的温科·马林科维奇）报告说，他们在 6 月的最后一周向躲在斯尔布镇东边苏瓦亚村附近山区里的"切特尼克分子"发出了最后通牒，要求他们在 48 小时内返回家中，否则就将以现有的全部武力打击他们，并"报复"他们的家人。作为回应，很多女人和小孩都从森林里回来了，但其中没有男人。地方领导人越发感到恐惧。6月下旬克独国的一份军方报告推测道："那些在逃的男人恐怕正在准备攻击乌斯塔沙。"他们甚至认为有些人持有机枪。6月的最后几天里，比哈奇和戈斯皮奇的乌斯塔沙领导人开始和地区级军事指挥部一起制订计划，准备采取行动来重新确立他们对该地区的控制——他们认为，这个地区正迅速地脱离他们的掌控。[25]

中央政府，尤其是克独国的最高领袖安特·帕韦利奇，给了他们至关重要的支持。谣言四起，说克独国多个地方即将爆发塞族叛乱，日期是6月28日，也就是"维多夫丹"——塞尔维亚宗教节日"圣维特日"。随着恐怖气氛愈演愈烈，帕韦利奇于6月26日发布"特别命令"，为那些被认为正在酝酿"切特尼克"叛乱的地方铺平了暴力升级之路：

> 乌斯塔沙组织的全体官员和乌斯塔沙武装队伍的所有指挥官，都对一切骚乱负有个人责任……他们也有责任采取一切必要手段制止任何形式的骚乱。
>
> 在克罗地亚独立国领土上的任何地方，各级政府如发现任何个人参与所谓的切特尼克组织，或者参与塞尔维亚（南斯拉夫）军队的残余势力，以及发现任何未被授权穿着乌斯塔沙服装或其他任何军事制服的（武装）人员，均有义务对他们使用武力，包括警察、乌斯塔沙武装，以及在必要情况下寻求军队支援。[26]

帕韦利奇在命令中也附带警告了乌斯塔沙，他们的任何违法行为都会遭到严厉惩处。但是事态很清楚，他最关注的是要给克独国地方政府实施的暴行开绿灯，以处理任何所谓塞族群体制造的"骚乱"。

这里极为重要的是，双方的恐惧和疑虑——无论是真实的还是

106 想象出来的——会相互强化，这驱动了紧张局面的升级。借助这种相互性的概念，我们就能更好地理解事态升级的地方性机制。不过，它并不意味着双方的实力是均衡的。克独国高层为了彻底重构克独国的族群结构而尽其所能，赋予地方上的乌斯塔沙分子以权力，后者致力于种种迫害政策，包括解除塞族群体的武装、重新安置他们，然后再大肆抢劫他们的财产，就像 6 月底已经发生的那样。被迫害者因为害怕局势进一步恶化而逃入森林，结果地方上的乌斯塔沙分子以及克独国的军事和地区机关又害怕他们眼中的这些武装人员在策划袭击。到最后，就连中央政府都开始担心会发生叛乱了。结果，克独国的各级政府都开始准备发动预防性打击，以遏制他们眼中即将来临的暴力。正是这种相互强化恐惧的背景——东正教群体面临着乌斯塔沙分子的残酷迫害，而乌斯塔沙分子又相信他们的迫害对象即将向自己发动袭击——使得暴力严重升级越发成为可能。分析迫害者和被迫害者双方的行为，特别是他们在各个权力层级上的互动，很有助于我们阐明是哪些机制在推动各方诉诸暴力。

当地的两起摩擦为恐惧心理迅速转化为大规模暴行提供了借口。6 月最后几天，有地方官员报告称，他们在斯尔布镇和苏瓦亚村之间驾车时遭遇枪击。报告中说，开枪的"匪徒"是所谓的"切特尼克分子"。还有一起事件：一位姓名不详的乌斯塔沙分子在苏瓦亚村遇袭，被打得衣服都破了才回到家里。[27] 这些事件给了地区级乌斯塔沙领导层发动"清洗"行动的借口，他们将在被认为支持森林"切特尼克分子"的村子里，先发制人地对整个村子使用集体暴力。

当时，已经有几起枪击事件招来了这样的威胁：每有 1 个乌斯塔沙分子遇害，就要杀死 100 个"前塞族人"（当时对塞族群体的委婉说法）偿命。[28] 抵抗乌斯塔沙的事件反过来令"复仇"的呼声变得越发尖锐了。与此同时，黑塞哥维那有多位乌斯塔沙分子遇害，结果维克托·古蒂奇（克独国在波斯尼亚西北部的地方强人）建议在该地区对"塞族人"作出如下答复："对那些对塞族人软弱、替他们说话、想要保护他们的人，应当这样回答——塞族人不值得任何优待，因为他们生来就是恶种，尽一切办法对克族人民发起最严酷的打击，包括那些宽容他们的正派人……软弱不是答案，我们要为那些在黑塞哥维那山坡上倒下的（乌斯塔沙）英雄们复仇！"[29]

107

在比哈奇，地位与古蒂奇相当的柳博米尔·克瓦泰尔尼克对那些身份不明、在斯尔布镇和苏瓦亚村之间枪击驾车的克独国官员的人也怀有同样的情绪。除了枪击事件外，其他流言也在迅速流传，说有克独国地方人员惨遭杀害，脑袋被砍下来插在木棍上，舌头被割下来绑到电线上，尸体被吊起来示众。[30] 这些说法犹如火上浇油，是真是假则已经没法证实了。要命之处在于，它们几乎一定会刺激本地的乌斯塔沙分子，促使他们对那些似乎是麻烦源头的东正教村庄发起先发制人的打击。

这种造成地方事态升级的机制，在世界其他地方也能找到对应。唐纳德·霍洛维茨最深入研究的领域是南亚，他曾在整体分析暴动和其他暴力行为时指出："谣言有其特定的预测效用……谣言所描述的事件的规模，经常可以用来准确地预测未来的攻击事件的规模。"[31] 其他一些学者也强调过谣言所扮演的角色，比如乔纳森·斯潘塞（Jonathan Spencer）。他在对 20 世纪 80 年代初斯里兰卡暴力的研究中表示，理解"群体性恐慌"和"野蛮偏执"所扮演的角色，特别是在偏远的农村地区，对于我们理解暴力产生的背景如何在高层极端主义分子以外的世界里催生出具体的暴力事件，是至关重要的。[32] 库伦瓦库夫地区也是类似的力量在发挥作用，它们不但让局势变得越来越紧张，而且促成了发动集体暴力的决定。

转折点在 7 月 1 日下午到来了。多达 300 名武装男子大摇大摆地走进了苏瓦亚村，其中大多数都是来自该地区的乌斯塔沙分子。不过，除了他们之外，还有大约 100 名克独国的士兵。克独国文件显示，他们是在利卡－盖克卡大县（Velika Župa Lika i Gacka，位于库伦瓦库夫地区西部）的宪兵和科尔巴瓦普萨特大县的最高领导人柳博米尔·克瓦泰尔尼克的联合命令下被派到那里去的。这些人的暴行跟该地区此前发生的事情有天壤之别。大约两小时内，他们杀害了多达约 300 名男人、女人和小孩，烧了大约 25 所房屋。[33]

108　他们采用的暴行手段并不只是要从物理上抹去这个村庄和它的居民，而且还要通过虐待和羞辱留在村子里的女人，恐吓那些已经逃进森林里的男人。乌斯塔沙分子找到了他们最近才逮捕杀害的一位当地东正教司铎的孕妻柳比查·拉夫尔涅（Ljubica Lavrnje），将她捅死并挑出子宫里的胎儿，跟她的尸体一起剁碎，扔在那里留给该村的男人看。还有另外一个女人也遭到了同样的命运。[34] 这种性别层面的暴力给受害者所在社区的幸存者造成巨大的心理痛苦。这种情况在其他暴力案例中也有出现，比如美国的一些针对女性的私刑。1994 年卢旺达的集体性别暴力更是与克独国的情况大有可比之处。[35]

　　乌斯塔沙分子和克独国部队还在继续施暴。他们刺穿女人和孩子的胸膛，把人们集合到房子里锁上门付之一炬。他们还抓到了一个从烈火中逃出来的女人，把她扔回火场里，跟其他人一起烧死。他们还把其他的人群集合起来，用相似的方法予以杀害，再把剩下大约 170 名受害者扔进附近三个深深的垂直坑洞里。[36] 从幸存者的记录里可以清楚地看到，"切特尼克"的相关观念已经扎根于施暴者的思想。苏瓦亚村的拉德·杜巴伊奇·奇卡利亚茨（Rade Dubajić Čkaljac）当时刚满 10 岁，有五个乌斯塔沙分子冲进了他的家里，他在母亲和弟弟被杀害后设法逃了出去，藏在附近高高的草丛中。他听到那些人攻击乡亲们的房屋，有人高喊着"打倒切特尼

克""操他们的妈"。[37] 这里值得注意的地方在于，"切特尼克"的
标签被贴到了整个村子身上，就连杀死毫无还手之力的女人和小孩
也成了一种处理所谓叛乱威胁的方法。杀戮一停止，乌斯塔沙分子
就动手抢掠那些还没烧光的房子，牵走数量可观的牲畜，它们是村
民生计的主要来源。[38]

　　克独国军方在这场袭击事件刚发生时写成的报告颇为惊人，因
为在很大程度上，他们是在利用错误的消息来为这场袭击辩解和开
脱。比哈奇的最高领导人柳博米尔·克瓦泰尔尼克声称，有 500 名"切
特尼克分子"在大约 2,500 个本地百姓——显然这些人全都拥有"现
代武装"——的支持下发动了叛乱。他的报告，以及其他那些与他
合作这次行动的军队指挥官的报告中表示，发生了长达三小时的战
斗，其中"杀死 50 名切特尼克分子，俘虏 15 人"。[39] 戈斯皮奇镇
的军队官员们声称，应该对暴行负责的其实是苏瓦亚村。受害者中
"少量女人和儿童"的死亡应该归咎于他们自己"不当心、不害怕"，
而且最先开枪的是村子里的几户人家。至于大量被纵火的房屋，则
应把账算在那些"在我们的武装面前逃窜时点燃约十间房屋的切特
尼克分子"身上。[40]

　　不过，军队里的其他一些人一周后到访该村时，对事件作出了
完全不同的解释。"看起来，最高领导人（柳博米尔·克瓦泰尔尼
克）和本地乌斯塔沙领导层关于切特尼克的组织化活动及其动乱的
信息都太夸大其词了。"他们的结论是，苏瓦亚村几乎没怎么抵抗
过乌斯塔沙分子，最终发生的反抗其实也是对这次袭击的反应："苏
瓦亚会发生动乱，是因为乌斯塔沙分子杀死了一些人，赶跑了其他
人，还烧毁了村子。"[41] 在军方调查人员看来，地区一级政府的报
告里提到的所谓人数众多、武装良好的"切特尼克分子"不大可能
存在，原因是："只用了微不足道的部队就扑灭了抵抗，而且只有
两名乌斯塔沙分子受伤。切特尼克分子人数很少，抵抗很弱，而且

109

这些切特尼克分子，也就是村中被杀害的本地百姓可能根本就没有武装。"[42] 更能说明最早说"切特尼克分子"多达数千人的说法是夸大其词的，是有另外 200 名士兵被派往该地区处理"动乱"，却在 7 月 6 日（袭击事件后不到一周）就返回了戈斯皮奇的基地，因为"已经用不着他们了"。[43]

在这些袭击事件后的报告中，重要的地方在于，正是人们对可能发生的"切特尼克袭击"的恐惧，在很大程度上造成了对其威胁的夸大其词，进而引发了集体暴力。在倾向暴力的意识形态背景转化成为真实杀戮的过程中，起作用的是这样一种机制：在本地轻微的零星枪击事件和随后出现的暴力流言中，恐惧螺旋升级达到了引爆点。这就使得攻击村庄的行为有了正当的理由，尽管没有证据能说明武装抵抗真实存在；而且受到打击的几乎全都是手无寸铁的平民。

就像在其他地区发生的同类乌斯塔沙清洗行动后，克独国军官们注意到的那样，事实上"遭到清洗的都是非战斗人员"，而那些被认为真实存在的战斗人员（也就是逃走的男人们）则仍然"留在森林里"。[44] 在很多像苏瓦亚这样的案例中，屠杀事件发生之前根本就不存在什么数量可观的战斗人员。克独国在地区一级和地方上的政府这种把叛乱者的数量夸大得多如牛毛的倾向仍将持续下去，而对威胁迫近的恐惧则为先发制人的屠杀提供了借口。[45] 乌斯塔沙分子的暴力经常被说成是对（无论是现实中的还是想象中的）"塞族"抵抗活动的回应，然而事实上正是乌斯塔沙的暴力为东正教徒武装抵抗的迅速壮大提供了土壤。在调查 7 月 1 日的苏瓦亚村袭击事件后，克独国军方如此总结道："东正教徒群体大受惊吓，深受打击。自称乌斯塔沙者的行为既非法又不义，正在人群中散布不安和恐惧。人们，特别是男人，之所以会逃离家园、跑进森林里，都是因为被烧杀抢掠的缘故。"[46] 克独国的迫害政策把这些男人逼得逃进了森林，反过来又激起了对塞族武装抵抗当地乌斯塔沙分子的恐惧。这些叠加在一起，便制造出了让先发制人的屠杀迅速变得司空见惯的环境。因此，正是国家支持下的迫害活动制造了对受害者反抗的恐惧，而这种恐惧被不管是真实的还是想象出来的种种事件点燃后，针对受害者的暴力就会急剧升级。

苏瓦亚袭击事件的消息迅速地传开了。在附近的奥斯雷德奇村，大受惊吓的人们逃进森林里，村子变得空空荡荡，但也有少数人选择留在家里，寄希望于暴行不会落到自己头上。7月2日，也就是苏瓦亚村被焚的第二天，约有130—150名乌斯塔沙分子袭击了他们的村庄，捉住了13个人，其中12人被杀，1人逃脱。[47] 就像前一天一样，乌斯塔沙分子洗劫了所有逃跑者的房屋，尤其不放过他们的家畜。[48] 他们第二天又故伎重施,这次抓到的人以老年人为主，其中大部分都被杀掉了。该村的死亡人数至此已超过了30人。再也没有逃脱的村民敢回来了，因为乌斯塔沙分子仿佛就在附近什么地方等着堵截他们。[49] 不久后到访该村的一位克独国官员在报告中描绘了这样一幅可怕的画面："我今天在奥斯雷德奇村，这里已经被烧毁了。到处都能见到7月2日和3日被杀死的男人、女人和儿童的尸体，气味非常可怕，尸体被猪狗啃食，而斯尔布镇来的乌斯塔沙分子却禁止掩埋他们。人们担心传染病，活着的人都跑进了森林，濒临饿死。"[50]

苏瓦亚和奥斯雷德奇的杀戮事件，在附近村庄的东正教群体中种下了深深的恐惧。苏瓦亚村尚未出生的婴儿被从母亲的子宫里剖出来再砍成碎块的故事，被当地村民无数次地讲述。人们无法消化这样的事情，只能沉默着摇头。根据一位年轻幸存者后来的回忆，很多人害怕"这种邪恶行径很快就会降临到我们头上"。人们开始打包食物和衣物，睡在离家不远的树林里，随时准备着逃往更远处的山区。[51]

这种暴力对幸存者在心理上的冲击和创伤，其严重性是怎样说都不为过的。根据奥斯雷德奇村事件（和克独国其他很多地方的屠
111 杀事件差不多）的报告，乌斯塔沙分子经常把受害者支离破碎的尸体扔在显眼的地方，或者把死者以及奄奄一息的重伤者埋在很浅的坟穴里。在波斯尼亚东部等一些地方，这样的尸体会被狗从土里扒出来啃食。据克独国官员记录，那些成功逃命的村民有时会回到杀人现场，目睹亲友乡邻的残破尸骸，这种经历"在塞族人中间激起了极度的憎恨和恐惧"。正是这样的创伤时刻，驱使着幸存者们大量逃进森林。[52] 想要说服他们回到村里，基本已经不可能了。他们的很多亲人和邻人惨遭屠戮，大部分乃至所有的家畜都被人偷走，几乎每个人的房子都被焚毁。克独国一位军队官员在报告中问道："他们已经失去了家人，失去了一切，怎么还会回来呢？"[53]

苏瓦亚和奥斯雷德奇的杀戮事件迅速生成了一套地方性的自发机制。虽然地区领导人没有直接下令，暴力还是在整个地区内进一步升级了。突如其来的暴力能让各社群间的关系产生深刻的极化效应，原本比邻而居的人们从此迅速变成彼此敌对的集体类别的成员，渴望向另一个族群群体复仇。这种暴力的性质——人们因为属于某个所谓的族群类别而遭到杀害——改变了很多幸存者看待自己的方式，也改变了他们看待当下斗争对象的方式。暴力的经验引发了一种迅速明确起来的意识，即当地社区已经沿着族群的分界分裂为彼此敌对的集体。

这些不易察觉的微观机制，在 7 月 3 日，也就是奥斯雷德奇第一次袭击事件的第二天发生的事件中有生动的体现。在邻村布巴尼村的土地上，三个拿着步枪的男人走近一位叫斯塔娜·帕维契奇（Stana Pavičić）的当地女性，冲她喊道："你们克族人现在像是要用我们填埋无底洞一样杀害我们，等到哪一天我们得势，就要对你

们做一样的事。"据说他们还威胁要割断她的喉咙。[54] 在乌斯塔沙的当地成员犯下类似暴行的地方，像这样将整个"族群群体"视为敌人、声称要找他们报仇的威胁，正变得越来越普遍。根据克独国军方分析人员的记录，6 月底桑斯基莫斯特（Sanski Most）地区据说有塞族人扬言："你们土耳其人和天主教徒不要忘记自己做了什么……你们的一切都要被烧光。"还有人补充说："你们土耳其人想抢走我们的土地……操帕韦利奇他妈，你们的日子不长了，你们要被宰掉了。"[55]

有了这些证据，我们就能理解这样一种变化过程了：在地方社群间暴力发生期间，特别是稍晚的时候，人们会突然将其乡邻归类到某个大规模的敌对集体中，然后迅速改变对他们的看法。斯塔娜·帕维契奇不再是邻居家的某位个体，她成了"你们克族人"的个体化身。其他人则被归入了"你们土耳其人"和"你们天主教徒"之列。就像 1994 年卢旺达集体暴力中的机制一样，库伦瓦库夫地区最初的杀戮事件很快就造成了一种"对他者的集体归类"，使得这些历史上基本和平相处的乡邻之间的软性族群分界迅速变成了致命的刚性区隔。[56] 苏瓦亚和奥斯雷德奇的乌斯塔沙屠杀事件中的不少幸存者都认为一切"穆斯林"和"克族人"都是有罪的。[57] 因此，该地区的暴力通过杀戮行为确立起了刚性的界线，迅速制造出了一种极化程度极高的群体身份识别意识。这种机制颇为违反直觉，即暴力行为建立了敌对意识，而非敌对意识导向了暴力。近年来，研究其他历史背景（比如希腊内战和南亚多个地区的暴力）的学者也注意到了这一机制。[58] 不过，这些新近文献虽然在理论上很有贡献，但经常缺少实地数据的支持，也就难以捕捉到这一进程实际发生的时刻。[59] 相比之下，布巴尼村这一事件留下了档案记录和证词，为我们提供了一个具体的例子，使这一理论假设变得既生动又易于理解了。

斯塔娜·帕维契奇被那三个男人看作克族社群的代表，他们貌似还想在她身上复仇，但她设法逃脱了，并立刻把整件事告诉了布巴尼村年轻的乌斯塔沙分子们。有三个人声称，最近有身份不明的人从附近的树林里向他们开枪。[60] 面对明显愈演愈烈的威胁，他们联系了附近下拉帕茨镇的乌斯塔沙指挥官温科·马林科维奇，后者马上尽可能地把该地区的乌斯塔沙分子组织了起来，向布巴尼村的东正教徒村民发动袭击。[61] 最终招来的约 60 个男人中，有很大一部分都来自附近的博里切瓦茨。根据克独国军方报告："乌斯塔沙分子随后前往布巴尼村，用步枪和机枪杀死了他们遇到的每一个人，无论对方是在家里还是在田地里，任何年龄、性别的人都不放过。他们还烧掉了村里的不少房屋。"[62] 证人证言显示，袭击完全出乎这些村民的意料之外：乌斯塔沙分子突然闯进村民的家里，把正在桌前吃饭的全家人斩尽杀绝。[63]

113   布巴尼村袭击事件显示出，像苏瓦亚和奥斯雷德奇那种由上级命令、有地区级军队组织参与的暴力，怎样催生出了更多本地驱动的集体暴力。其根源就在先前两天杀戮事件对当地的影响。在布巴尼村，少数塞族武装分子对斯塔娜·帕维契奇的所谓威胁，本身就是在回应先前的暴行。而对这类威胁和同期发生的零星枪击事件的回应，则是又一次大规模的袭击，但是这一次发动袭击的完全是本地的乌斯塔沙分子，下命令的也是本地的领导人。[64] 克独国在比哈奇的地区级政府和军队貌似压根不知道要在布巴尼村采取行动。后来的军方报告说明，当地乌斯塔沙分子在持续至第三日的暴力中扮演了关键的角色："（苏瓦亚和奥斯雷德奇的袭击事件后）到处都建立了秩序，但乌斯塔沙分子仍然在搜查武器和切特尼克分子。结果他们在 7 月 3 日烧掉了布巴尼村。"[65] 虽然如此，克独国内政部在后来的报告中仍将布巴尼村屠杀事件归咎于塞族一方的"挑衅"。[66]

此处，我们必须把宏观、中观和微观层面的互动关系研究清楚，才能解释暴力的持续方式和轨迹。在苏瓦亚和奥斯雷德奇，自上而下、有预谋的暴力在地方上造成了大规模的破坏，幸存者威胁要报仇雪恨，这反过来又驱动了地方上和地区级的乌斯塔沙分子下令在布巴尼村发动更多的暴力，以应对地方上越来越严重的动乱局面。中央的领导人似乎对这种局面并不知情，可能也并不希望如此。不过，各级政府能成功煽动和激化暴力，与波斯尼亚西北部和利卡地区的主要掌权者（如领导人柳博米尔·克瓦泰尔尼克）处理问题的具体方式之间，事实上存在很高程度的逻辑关系。

　　有一组珍贵的书面记录颇值得我们注意，其内容是克独国地方官员和柳博米尔·克瓦泰尔尼克之间的往来联络。这份资料让我们得以一窥该地区暴力的组织管理方式，令人大开眼界。他们之间的联系是为了答复波斯尼亚彼得罗瓦茨意大利驻军的指挥官罗恩格林·吉劳德（Lohengrin Giraud）中校，此人表达了对大面积地区里急剧爆发的集体暴力的关切。1941 年 6 月 21 日，他紧急要求会见克独国政府在该镇的主要代表布兰科·茨尔尼奇（Branko Crnić），然后激动地、连吼带比画地冲他说道：

　　　　近来发生的事情让我深感不安。在我们意大利，这样的行为就是谋杀。几天前，乌斯塔沙支队的指挥官逮捕了一批塞族人，他向意大利的塔尔奇（Tarzi）少校承诺——这可是一位军官的庄严承诺——不会枪杀这些人，而会送他们到巴尼亚卢卡受审。然而，我发现那些人全都遭到了谋杀，这真是骇人听闻、野蛮不堪。做出这种事的是乌斯塔沙分子，不是官方的克独国政府。在克罗地亚，我只承认官方政府和宪兵，不想再听到什么乌斯塔沙了。将来无论发生什么，我都要算在地区级军事首长的账上，他要向我报告这里发生的一切事情。如果乌斯塔沙不能以和平方式活动，我将用武力收拾他们。我有 2,000 支步枪和机枪，所以用不着我再多说什么了。[67]

114

吉劳德陆军中校的威胁引发了上述的那次联络，其记录虽然并不长，但却揭露了克独国当局暴力组织中极为重要但难以察觉的机制：

> 地区一级的（克独国）代表打电话向比哈奇的副主管报告了这一事件，他叫我们（指波斯尼亚彼得罗瓦茨的克独国代表）当天（6月21日）赶紧过去，向最高领导人（指柳博米尔·克瓦泰尔尼克）口头报告我们做过的事情。他告诉我们，不要执行意大利指挥官给我们下的命令，而要继续做我们迄今为止一直在做的事，也就是说，乌斯塔沙部队的指挥官应该按照规章（propisi）行事。[68]

此处有好几种机制值得我们注意。首先，克独国这边主要是以电话和面谈的方式来处理类似事件，这一点很说明问题。书面的档案记录中，地区级上层人物和官员讨论地方乌斯塔沙的记录极其罕见，尤其是涉及暴力的内容。这份文档可以说明，为什么研究者在重建克独国暴力（特别是在地方层面上）的组织决策过程时会遇到困难。敏感问题经常是通过电话讨论的，"按照规章行事"的指示则是面对面发布的。[69] 其次，这一事件中很清楚的是，最高领导人柳博米尔·克瓦泰尔尼克是该地区的核心领导人，因此无论在理论上还是在实际管理中，自上而下的组织元素在集体暴力政策中都是至关重要的。战后南斯拉夫共产党的战争罪行委员会在克独国档案馆里找到的证据，说明最高领导人这一职务与克独国政府里的其他很多人不同，经常会密切参与管理地区内的行政机关、军队和乌斯塔沙，尤其对最后一个组织常常是亲自管理。[70] 最后，尽管本地乌斯塔沙分子逮捕塞族人士时似乎是在执行当地和地区级官员的命令，但他们有相当的自主空间去实施暴力，去按照自己认为合适的方式行事，按照自己的意愿和方式杀害俘虏，因此被人认为"骇人听闻、野蛮不堪"。本地乌斯塔沙分子的这种自主权很可能不只是上级政府授予他们的，他们本来也认为自己就是有这种权力。正如5月中旬附近地区的一位克独国军队指挥官所说，无论谁想要制止这些人的暴力行动，他们都会坚持"自主权在自己手里"。[71] 另一个人在7月初的一份报告里记录了乌斯塔沙分子在马丁布罗德村和多利亚尼村（分别位于库伦瓦库夫的南面和西面）附近的所作所为，其中也描述了他们这种对待批评的态度："他们回答说，他们头上没有更上级的人能管他们，所以他们可以为所欲为。"[72] 这一发现部分可以解释，为什么1941年针对东正教徒群体的暴力的地区差异如此巨大。这些组织被中央和地区级政府赋予了重权，在地方上的行动也几乎不受任何监管，因此可以在任何时候、任何地方随意使用暴力。这种机制在其他历史背景中也有出现，比如关于1965年印尼爪哇地区的集体暴力，人类学家罗伯特·海夫纳（Robert Hefner）写道："低地地区的活动家得到了国家的鼓励，有时还得到了国家的武装，但是在杀戮的第一个阶段里，他们无论在政府方面还是在军方都享有很大的独立空间。"[73]

根据那段珍贵的记录，一位意大利军官愤然提出抗议，克独国地方官员们便忧心忡忡地给比哈奇的上级打电话，然后又和柳博米尔·克瓦泰尔尼克当面会谈。其中可以看到，该地区地方性暴力的初期阶段存在着一种非常重要的微观机制：克独国的地区级政府下达了对部分所谓塞族社群发动肉体迫害的命令，却又在执行中给地方上留出了解释空间，结果地方上的行动者认为自己在这方面有权做主。而且，一切都没有留下书面的痕迹。

在布巴尼村，这种自认为有权根据本地情况实施暴力的意识，在接下来的一天又一次酿成了集体屠杀。克独国军方报告称，乌斯塔沙分子最后杀死了共152名村民，烧毁了将近20座民房。指挥

地图 8 1941 年 7 月 1—3 日发生的第一波乌斯塔沙暴力

官们后来还提到，有些尸体被彻底烧毁了，还有些家庭没有任何人
存活，也就是说准确的死者数量很难计算。[74] 根据幸存者的证词，
受害者大约有 270 人。[75]

　　让乌斯塔沙迅速动员起来的，是所谓本地东正教群体造成的安
全威胁，比如本地乌斯塔沙分子被不明人士枪击，以及斯塔娜·帕
维契奇遭遇恐吓等事件。不过，当地没有受到过直接威胁的天主教
徒和穆斯林也参与了进来，特别是来自库伦瓦库夫和附近奥斯特罗
维察村、博里切瓦茨村的人。[76] 资料显示，他们加入袭击的动机跟
抢劫乡邻很有关系。几天后，幸存者们回到布巴尼村，想要找找看
有什么东西剩下，结果找到的只有光秃秃的墙壁和斑斑血迹，剩下
的一切都被本地的天主教徒和穆斯林带走了。[77] 克独国军方的指挥
官后来提道："库伦瓦库夫地区的穆斯林也来参与，尤其是盗窃别
人家里的财物和畜栏、牧场里的家畜。"参与者中有两个人来自奥
斯特罗维察村，分别叫苏廖·佩赫利万诺维奇和易卜拉欣·佩赫利
万诺维奇。还有一些人本来跟布巴尼村村民是很熟络的乡邻，还从
他们手里买过羊皮。克独国文件显示，是当地原有的紧张关系和冲
突促使这些人加入了劫掠：在战前那几年里，"为了分割布巴尼村
和奥斯特罗维察村的树林，双方发生了战斗并互相寻仇"，以争夺
这些资源的使用权。[78] 布巴尼村的一些东正教村民和附近博里切瓦
茨的天主教村民之间，也存在着类似的紧张关系。根据当地历史学
家的说法，他们之间围绕土地划界爆发过冲突甚至战斗。[79] 看起来，
在某些案例中，当地乌斯塔沙分子利用了这些早已存在的个人恩
怨，加以煽风点火，动员本地的男人们参加袭击。[80] 这可以解释，
为什么博里切瓦茨村的马尔科维诺维奇家族有至少七个人参与了
袭击行动。[81]

　　克独国其他地区的证据也支持这种看法，即地方上的乌斯塔沙
领导人给了村民们"清算"过往冤情的机会，以此动员本地的人手。

6 月初在黑塞哥维那，乌斯塔沙杀死了近 170 名东正教村民，把村民的 5,000 多头牲畜暂交本地穆斯林照管，以待乌斯塔沙决定如何处置它们。在一份关于这些杀戮行动的报告中，克独国军方支持暴力的地区级官员表示，这些被带走的牲畜"价值远远比不上 1918 年加茨科地区塞族人从穆斯林手中抢走的牲畜"。[82] 对既往冤情的平反是地方性社区暴力的发生原理之一，在库伦瓦库夫地区也是如此。"我很确定，"一位幸存者说，"博里切瓦茨村的乌斯塔沙分子把他们过去碰到的各种小事都归罪到了我和我父亲头上。"[83] 布巴尼村袭击事件的幸存者还提到，很多加入了乌斯塔沙的博里切瓦茨村乡邻并非只通过杀人来清算所谓的旧日冤情，他们还带走了村里的至少 750 头牲畜。[84]

其他领域的研究者，如关注南亚的学者已经注意到，这种围绕着自然资源和牲畜的冲突通常很激烈，而且往往牵涉具体的个人，很容易用来快速催化对抗性的族群划分。[85] 举例来说，1941 年 6 月，波斯尼亚西北部桑斯基莫斯特地区的特里温·斯托伊科维奇（Trivun Stojković）跟他的穆斯林邻居们打了一架，起因是他觉得他们用了本来属于他的牧场。"你们这些土耳其人，"他冲他们吼道，"我操你妈，你们知道这（牧场）是塞族人的。操你们的国家，操你们的政府，操创造了它的人，操允许你们这么干的人。"[86] 战后，在共产党主持的战争罪行法庭上，证人和被告提交的证据显示，在布巴尼村和库伦瓦库夫附近地区的乡邻之间不乏这种涉及长期争议的紧张关系，时机合适时就会爆发。在某些案例中，战前的土地使用权冲突会促使一些人修建围栏制止其他乡邻使用牧场，结果个人之间的积怨越来越深。[87] 在时机合适时，某些人能被快速动员起来袭击他们的邻人，是毫不奇怪的。

在这里，我们应当避免去作出假设，认为那些住得很近、彼此熟识的人们，也就是"邻人"之间的关系应当比其他没有这种关系的人更加积极正面。几十年来，犯罪学家和社会学家都发现，暴力更容易发生在彼此熟悉的人之间。[88]然而，这类发现还是让一些研究政治暴力和种族屠杀的学者大惑不解，他们认为"邻人"之间的集体暴力尤其令人震惊和困惑，好像距离相近且日常熟络的人们之间理应对冲突和肉体暴力更具免疫力。[89]库伦瓦库夫地区的证据显示，真理可能完全相反："邻人"关系事实上为冲突密布的社会关系奠定了基础。不过，**这种关系在稳定状态下并不一定能够制造出暴力**，这一点值得特别强调。但是，一旦局势让某一方有了动用武力一举清算本地争端的机会，这种社会关系就能爆发成为暴力行为。

邻人之间的个人恩怨往事，跟某种了如指掌"别人家里都有什么东西"的地方性知识结合在了一起。"尤其是本地（乌斯塔沙）的男人们，"一位布巴尼村袭击事件的幸存者回忆道，"科瓦切维奇家的人、马尔科维诺维奇家的人、佩赫利万诺维奇家的人，还有其他人……他们清楚布巴尼村的每一寸土地，用不着有人带路。"[90]这些人熟知邻居家里的财产情况，因此抢劫的条件堪称得天独厚，而抢劫行为又会在他们之间引发冲突。一位幸存者回忆袭击事件称："在乌斯塔沙分子中，是由那些来自布巴尼村周边岩山及其附近的人——包括斯特维奇·科瓦切维奇（Stević Kovačević）、伊利娅·帕维契奇（Ilija Pavičić）和杜约·帕维契奇（Dujo Pavičić）、米兰·米什库林（Milan Miškulin）、约西纳·马尔科维诺维奇（Josina Markovinović）等——来决定谁家的房子要烧掉，谁家的可以留着，谁家的土地要破坏和毁掉，牲畜要到哪里抢，抢到的牲畜归谁所有，谁又能分到其他赃物，比如谷物等物资。每当发现钱、手表和类似东西时，这些人之间就会爆发极为严重的冲突。乌斯塔沙分子把这些东西抢得一干二净，然后就为了赃物而跟自己人打起来。"[91]

劫掠的渴望很快在没有参加乌斯塔沙的天主教徒和穆斯林群体中蔓延开来，结果他们跟克独国军队之间也产生了紧张关系。7月

4 日访问布巴尼村的一名军官在报告中写道："抵达布巴尼村后，我们小队发现有两个农民在从遗弃的房屋里偷东西。我应当说明的是，这些农民想要说服士兵相信，他们刚在树林里看到了两个切特尼克分子，显然只是想让士兵快点走，好继续偷东西。"[92] 突如其来的自肥机遇，很容易让这些至少在名义上属于同一阵营的人互相欺骗。尽管布巴尼村的杀戮和劫掠事件是以族群为目标，但屠杀后的劫掠事件还是表现出了高度的情境性。杀戮停止才 24 小时，克独国军队就跟当地非塞族农民为如何处理塞族残余财产的问题起了冲突。[93] 学者们注意到，在其他背景下（比如卢旺达和德国占领下的波兰），发生族群之间的冲突后，群体内部也发生过围绕分赃的类似争斗。[94] 这里我们应当注意到，"族群性"只是冲突围绕的核心问题中的一个，在它以外还有其他的核心问题，而且族群在其中的地位会随着具体情境中迅速的机制变化而起起伏伏。一个人所谓的族群类别并不能天然决定他的行动范围。[95]

在布巴尼村袭击事件中，促使当地人参与的是近期的仇怨，其中有些源自 1941 年春天早些时候的冲突，而跟经济上的牢骚和对抢劫的渴望没什么关系。4 月南斯拉夫军队战败后，据说有一帮来自苏瓦亚的东正教徒士兵殴打了一伙天主教徒，因为后者说了克独国建国的好话。根据当时人的说法，"（当地的）人们相信，乌斯塔沙分子就是因为这个（事件）才想要报仇的"。[96] 这类事件并不能解释为什么在特定的时间地点会发生针对东正教村庄的袭击，但它们可以帮助我们完成微观背景的拼图，解释人们为什么在特定的机遇下会突然被动员起来袭击邻人。

最后，这些袭击事件的残暴程度——受害者或被用刀砍死，或多处中弹而死，还有手无寸铁的女人小孩被活活烧死，孕妇的胎儿被挖出来，人们的尸首被扔在光天化日下任由兽类啃食——这些杀人手段和尸体处置方法可谓格外残忍，说明当地存在着某种根深蒂固的复仇渴望。心理学家和犯罪学家都曾提到，像家庭成员这样原本就认识的人如果结下深仇大恨，杀害对方时采取的手段通常都要残忍得多，远远超过致死所需的程度：如果是枪杀，开枪次数会明显多得多；如果用的武器是刀，施暴者往往会连刺多刀。[97]类似的机制也会作用于近邻之间的暴力，那些陷于令人沮丧的日常争端的邻居之间尤其如此。这样的人一旦有了意料之外的复仇机会，采用的暴力手段往往残酷到令人无法接受；而这些暴行中可能也有某种内在逻辑，因为地方性社区的很多社会冲突都存在密切联系。

所以，虽然所谓的安全威胁直接激起了袭击布巴尼村的决策，但当地人之所以会如此广泛地被动员起来，还是因为该地区某些穆斯林和天主教徒以前就心怀怨恨。世界上的其他地区也发现过这种情况。研究南亚暴力的学者就发现过小型社区内部存在类似的机制，人类学家维娜·达斯（Veena Das）对此提出："暴力提供了采取行动、一举解决长期问题的可能性。"[98]蒂莫西·朗曼（Timothy Longman）研究卢旺达大屠杀的地方性机制时发现，成为很多人葬身之地的路障经常会"变成个人复仇的工具"。[99]在20世纪80年代初的危地马拉，有位乡村教师注意到，"为了报复和个人恩怨而除掉某人已经变得极为容易了"，尤其是通过向军方告密。[100]迈克尔·费尔曼（Michael Fellman）研究美国内战中密苏里州游击战时也说过："民兵要么加入武装部队来清算自己和家人的冤屈，要么利用其军事地位这样做。"[101]莱斯利·德怀尔（Leslie Dwyer）和德根·桑提卡玛（Degung Santikarma）则在分析1965年印尼集体暴力时指出："事实上，很多暴力都是在……地方性的、多元的、不断变化的社会冲突的驱使下发生的。"在当地百姓讲的故事中，"人们被杀掉是因为土地、遗产及其他私人原因，比如难以忘怀的羞辱，以及性方面的嫉妒心理"。[102]

所有这些洞见，都可以归结到同一个发人深省的大词下面：权

121

力私有化。这个说法是历史学家扬·格罗斯在他对东欧地区苏联化的开创性研究中提出的，指的是人们在动乱时期利用意外到来的机遇发动的"清算"。[103] 布巴尼村袭击事件不仅给了当地天主教徒和穆斯林前所未有、平时不能轻易进行的大肆盗窃牲畜等财物的机遇，还给了他们以暴力手段迅速清算过往恩怨的机会。[104]

连续三天，苏瓦亚、奥斯雷德奇和布巴尼村接连发生了屠杀，遇害者高达四五百人，其中大多数是老人和妇孺。[105] 在研究这些事件时，我们能看到两种重要的微观机制。首先，相互加强的恐惧是一个关键因素。被定性为"塞族人"的人们因为害怕乌斯塔沙的进一步迫害而逃进森林，而地区级和地方上的乌斯塔沙领袖又害怕这些人在策划对他们的袭击，鉴于黑塞哥维那与此同时正在爆发塞族叛乱，他们也有理由相信自己的地区里很快也会爆发武装起义。在这个意义上，乌斯塔沙分子稍后对塞族人的集体屠杀似乎是在一种自生的防御性集体暴力意识的驱动下发生的。在其他历史背景中，比如在美国西南部对印第安人的战事、卢旺达的种族屠杀和斯里兰卡的暴力事件中，学者们也都注意到了同样的机制。每一个案例都显示出，施暴者因为害怕遭到受害者**可能的**报复而急剧升级自己的暴力行为。[106]

第二种微观机制则是，在下达行动命令的人——他们多数关心的都是如何清除该地区的非克族人并粉碎所谓的塞族威胁——和大部分动手杀人抢劫的前线战士之间，存在着巨大的分裂。对于实际施暴者而言，长期以来的个人冤屈和因势而起的暴富欲望往往是推动他们接受动员的主要因素。没有证据能说明，当地施暴者遵照当地政府的命令对乡邻犯下暴行之前，曾经接受过任何形式的系统训练。在其他案例中，比如在 20 世纪 60 年代末至 70 年代初希腊负责刑讯的警察中，社会心理学家发现当时设置有详细的而且也是必要的训练项目，来教会这些"普通人"长期服从领导、面对面地使用暴力。我们从中可以知道，这些经常被称为"某某的儿子"或"平平无奇的人"的个体，他们先前的性情不太可能让他们成为刑讯者，而需要有相应的系统性施暴训练。库伦瓦库夫地区则刚好相反，并不存在这种被认为对"暴力工作者"的产生而言非常必要的复杂训练。[107] 一小部分人身上本来就存在促使他们施暴的基础，包括地方性的个人冲突、复仇渴望和劫掠倾向。这些倾向在社会稳定的时候不会公然表现出来，但遇到1941年初夏这样的天赐良机就会爆发。要推动这样一些人去动手杀人、劫掠和毁灭，事实上不需要任何训练和习惯。

布巴尼村的袭击事件只是将社群间关系极化和族群分化的进程又向前推了一步。几乎所有逃走的人都跑进了森林里，在那里躲避他们的非塞族乡邻。少数人如拉德·拉达科维奇（Rade Radaković），在被烧毁的家园里设法藏在家人的尸体间装死，然后抓住机会逃进了森林。他们自己身上的伤口还在流血，就迫不及待开始向活下来的亲戚和邻居讲述发生的事情，包括儿童被刺刀捅穿、母亲被枪杀时还拿着做饭用的面团、亲人在家里被纵火焚烧等可怕场面。[108] 其他设法逃出来的人后来也返回过布巴尼村，目睹了乌斯塔沙造成的浩劫。他们一开始的反应是彻底的震惊和恐惧，本能地想要保卫自己和家人。当时的人后来写道："乌斯塔沙分子犯下的罪行在人们的意识中引发了异常剧烈的震动。以往对世界、社会和正义的认识全都动摇了。"[109] 另一个当时还是孩子的人则如此回忆这种突如其来的变化："（第一轮杀戮的）消息是非常让人难以接受的，这体现在人们的脸上和心里……某种巨大而奇妙的东西已经改变了。"[110] 只消一两天，整个地区的许多东正教村庄就都听说了暴行的消息。随着故事越传越广，冲击波在家家户户回荡开来。[111]

一些人开始渴望动手还击。一位曾在20世纪60年代后期采访

123 幸存者的当地历史学家写道，很多当地人很快就开始"想象跟那些在布巴尼村屠杀老幼的敌人之间的第一场战斗会是什么样的"。[112] 回忆录显示，这些人在布巴尼村袭击事件后就开始收集武器，组织护卫队和巡逻队，以抵抗可能会闯进森林的乌斯塔沙分子。[113] 我们只需看看死者的数量和构成，就能理解人们对那场毁灭性事件的感受。他们现在不只想要自卫，还渴望复仇。在苏瓦亚村，至少 26 个大家族里有多人死亡，有一些完全被杀光了。[114] 之前逃进森林的男人回到村里时，看到的是他们的母亲、妻子、姐妹和年幼的子女被烧黑的残骸。[115] 乌斯塔沙杀死了该村凯查姓大宗族的至少 45 个人，以及他们的 115 位乡邻。[116] 布巴尼村的 43 个家庭中，每家都失去了至少一名家庭成员，一共有 48 名村民遇害，一半以上是 15 岁以下的儿童，其中 10 人年龄在 6 岁以下。如此袭击之后，某位幸存者的话——"我要报仇"——很快成为其他很多人的口头禅。[117]

　　7 月 1—3 日的袭击事件后，群体之间的恐惧和极化骤然升级。克独国军事指挥官后来找过幸存者谈话，想要复原布巴尼村发生的事件，但其中大部分人都不愿提供证词，害怕会招致更多本地乌斯塔沙分子的报复。几个月后，一些人跑到德国占领下的塞尔维亚，向那里的难民委员会（Komesarijat za izbeglice）提供了证词。他们回忆自己躲在森林里，眼看着当地乌斯塔沙分子边跟家人吃饭喝酒边静观布巴尼村被摧毁、抢掠。这种经历深刻改变了他们对这些老邻居的感受。"那些人曾是我们的邻居，我们以前还帮过他们的忙……（现在）他们对我们已毫无感情。他们唯一的愿望就是让塞族人消失，抢走我们的财产，把塞族人的玉米搬到自家的谷仓里。"[118] 暴力真的是在一夜之间就扯断了本地人之间维持了几十年甚至更久的纽带，这让很多人震惊不已。一位亲历过战争岁月的本地历史学家曾回忆说，这些杀戮事件猛然改变了当地山区牧场年轻人的放牧风俗。在 1941 年夏天以前，人们在同一地点交往，"他们的父亲、祖父和曾祖父都曾一道在这里照管牲口"。暴力的消息传开后，这种传统马上就中止了。[119]

　　集体暴力突然带来的震动，除了斩断地方上长期以来的互动模式，其余波更是对人们越发强烈的复仇心理火上浇油。这就意味着新一轮的杀戮潮即将爆发。布巴尼村的一个天主教徒告诉克独国军事机关，他的东正教邻居沃因·沙拉茨（Vojin Šarac）在袭击爆发期间来找他说："你们克族人正把我们活活扔到无底洞里，但活到最后了结这一切的将会是我们。"[120] 空前的集体暴力持续了三天，复仇越来越可能发生。先发制人的清洗行动表面上本来是为了巩固安全形势，但激起的反应却像政治学者巴里·珀森（Barry Posen）研究其他环境背景时注意到的那样，事实上是让集体暴力实施者的处境变得更危险了。[121] 他们杀人时完全不顾对象事实上有过什么行为，完全抹杀了"越界"的原则。他们的暴力生动地体现出，对罪与罚关系的旧式理解已经不复存在了。现在，一个人只要在特定的袭击地点被认为是某个群体的一员，就可以被处以极刑了。[122] 对打击对象来说，乌斯塔沙暴力给了他们两种赤裸裸的选择：要么被杀，要么还击。因此，克独国当局通过其迫害政策，迅速为暴力反抗的爆发创造了条件，结果使他们自己陷于动荡。

　　值得注意的是，7 月 1—3 日的暴力事件爆发后，并未蔓延到整个地区。库伦瓦库夫的西边、东边和北边的不少东正教村庄，无论在这一时期还是之后几周都没有遭受大规模的破坏。[123] 库伦瓦库夫及其周边地区乌斯塔沙分子实施的暴力行为仍然极具选择性，其目的仍然是从东正教徒乡邻身上掠夺经济资源。为什么会这样？

　　这种模式从 5 月中旬就开始出现了。本地的乌斯塔沙分子从那时就开始跑到这些村子里，抢别人家里的物品和牲畜，索要一定数额的钱财。[124] 证据显示，在这些抢劫事件中尽管存在恐吓和殴打，但很少有人被杀，大规模的屠杀更是闻所未闻。到了 6 月，乌斯塔沙开始派人去找这些村庄里最有名望的人，通知他们把一定数额的钱财送到库伦瓦库夫去。[125] 多数人貌似都照做了，有些是自己送去的，有些是乌斯塔沙分子陪着送去的。他们中的大部分都觉得自己没做过什么错事，用不着害怕。有人说："现在这个政府和之前其他政府都差不多。"还有些人说："他们（只是）要找出那些在旧南斯拉夫（王国）迫害克族人的人而已。"[126] 有时候，这些人交出金钱后，在镇子上的临时监房里待上一阵，就会被释放回家，但也

125 有人被乌斯塔沙处死。其中一位惨遭毒手的是库伦瓦库夫的前任镇长弗拉多·米拉诺维奇，他的父亲武科萨夫就是 1918 年保护镇上穆斯林百姓免遭东正教徒农民毒手的那位东正教司铎。[127] 很多遇害者都曾是该地区政治经济方面的掌权者，这说明了这一时期暴力的本质上是选择性的，它们的目的是要把权力快速转移到当地乌斯塔沙分子手中。

值得注意之处在于，即使在 7 月 1—3 日苏瓦亚、奥斯雷德奇和布巴尼村的几次集体屠杀之后，暴力也还是多少延续了这种选择性。这种差异说明，集体暴力决策作出以后并不一定就会扩大，即使是在一个已经开始迫害（包括选择性地杀戮）所谓塞族人的地区也是如此。如果政府高层没有施加外部压力，也没有真实或者想象的安全威胁，那么库伦瓦库夫及其周边地区的本地乌斯塔沙分子似乎就会满足于威胁恐吓和针对具体目标制造恐怖，只要他们还能一直洗劫信仰东正教的乡邻。

苏瓦亚和奥斯雷德奇的案例并非如此。所谓"切特尼克分子"袭击克独国地方政府的事件已经让比哈奇的地区机关深感警惕，他们认为这些人显然是在准备发动大规模的叛乱。在一系列所谓的枪击和恐吓事件后，本地的乌斯塔沙分子请求协助，结果地区政府——

他们本来就急于执行"塞族问题"的解决方案——立刻就派来了压倒性数量的部队。不过，即使在此时，地方上的参与者也只是对抢劫表现出很大的兴趣，暴力则只用于解决当地的长期争端。由于缺少档案证据，我们很难确认，所谓对东正教徒安全威胁的恐惧，到底能不能算是推动当地人施暴的因素之一。不过有一点意味深长：在事情发生后的几天到几周里，人们并未急于对地区内的其他东正教村庄发动类似的袭击。本地的乌斯塔沙分子不但没有把苏瓦亚、奥斯雷德奇和布巴尼村的暴行移植到其他地方，反而退回到了更克制的做法，比如抢劫、逮捕以及选择性地杀害（有时也释放）他们的俘虏。总体而言，他们还是更专注于抢劫乡邻的财物和金钱，而不是要实施肉体灭绝行动。

7 月 1—3 日的杀戮事件之所以发生在这个时间、这些地点，而没有发生在其他时间地点，是因为在此时此地，地区级和地方上的乌斯塔沙领导人都坚信塞族的男人们正在组织叛乱，他们需要在这种所谓的安全威胁面前保护自己。没有证据能说明，比哈奇的地区级政府人士（比如地区最高领导人柳博米尔·克瓦泰尔尼克）曾经直接下过命令，要把大规模暴力推广到整个地区。事实上反而有证据说明，萨格勒布的中央政府曾经申斥过比哈奇的领导人，批评他们所谓塞族威胁的说辞太过夸张，而且他们用以回应的暴力破坏了稳定。下拉帕茨的乌斯塔沙领导人温科·马林科维奇在布巴尼村杀戮事件后不久就丢掉了职位（至少暂时如此），让他下台的就是地区最高领导人柳博米尔·克瓦泰尔尼克。[128] 马林科维奇和柳博米尔·克瓦泰尔尼克都深度参与组织了苏瓦亚和奥斯雷德奇的袭击事件，后者不太可能在对东正教群体发动集体暴力的问题上突然转变心意，更可能是因为上级政府对 7 月 3 日那种不受其控制、造成地方失控的可怕暴力感到不满。所以，柳博米尔·克瓦泰尔尼克才会突然转变态度，解除了马林科维奇的职务。最可能的情况是，上级政府直接给柳博米尔·克瓦泰尔尼克下达了指示。

进一步给该地区的暴力降温的，是克独国政府的一位叫尤科·帕维契奇的国务秘书（drž avni tajnik），此人在战前就跟博里切瓦茨的某些现在成了乌斯塔沙的人联系密切。7月1—3日的杀戮事件后，他下令"不能允许这种事件重演"。[129]有采访过当时人物的本地历史学家称，尤科·帕维契奇要求跟布巴尼村的一个叫尼基卡·梅迪奇（Nikica Medić）的熟人见面，"杀人是个别乌斯塔沙分子的独立行动"，他向此人保证，克独国政府的高层人士之前并不了解那些人的打算。根据尼基卡·梅迪奇的回忆，尤科·帕维契奇表示："乌斯塔沙分子从布巴尼村抢走的所有牲畜都将物归原主……如果有任何人敢找我麻烦的话，我就直接找他。"在之前几天的极端暴力之后，这样的说法和承诺显然已难以取信于人。尼基卡·梅迪奇说："他说的话，我都当是骗人的。"[130]

所以，虽然7月1—3日杀戮之后乌斯塔沙在行为上的突然变化十分惊人，令当地百姓既无法理解又难以置信，但他们的暴力确实戛然而止。有些活下来的人甚至可以到克族人的村庄去寻找被盗的牲畜。[131]布巴尼村杀戮事件两周后的克独国军方文件证实了这些情况，其中甚至提到，当地政府给幸存者开了财产失窃的证明，让他们等到将来什么时候去索要。军队还组织了天主教农民去掩埋尸体，叫他们把偷来的牲畜集中起来照管，直到幸存者返回家园为止。[132]

127　　　不过，在地区级政府的命令和地方层面上的执行之间还是有巨大的鸿沟。克独国从建国开始一直都是这样。在库伦瓦库夫地区，本地的乌斯塔沙分子继续照自己的需要行事，大肆抢劫东正教徒，处决有影响力的特定人物。不过，他们在7月1—3日的杀戮后没有再使用过集体暴力。这些人的行为说明，尽管刚刚在苏瓦亚、奥斯雷德奇和布巴尼村发生了官方支持下的集体屠杀，但灭绝性的杀戮并非他们优先选择的策略，更不是最终目标。转变的部分原因可能是，在克独国军方的记录中，库伦瓦库夫西侧、北侧和东侧的森林和村庄里似乎既没有发生过"切特尼克分子"的枪击事件，也没有塞族村民对乌斯塔沙发动过袭击。当地的乌斯塔沙分子并不明确认为村里的男人们已经有了武装，也不认为他们正把枪口对准克独国的代表，因此他们似乎还是满足于选择性的暴力，要么大肆抢劫，要么去"了结"个人的而非群体的仇怨。

在更大的层面上，这种变化说明，作为一种政策选项，诉诸集体暴力的风险是很大的，特别是在中央政府对其下级的控制力很弱的情况下。随着成本激增、暴力变得不易控制，施暴者群体中的一部分人就会决定停止杀人。在克独国的案例中，上级政府似乎感觉到，对于地区级和地方上由自己授权的下属们执行的暴力活动，他们正在失去控制。在库伦瓦库夫地区，7月1—3日的暴行迅速地制造出了一种随处可见的动乱气氛，因此地区级政府，甚至可能还有中央政府都表现出了退缩的意思，并下令要给事态降温。这一转变可能在至少一部分乌斯塔沙分子中颇受欢迎，因为至少在这个时刻，选择性地使用暴力对于他们实施抢劫和解决自己的个案问题都更为有利。

但是，1941年的夏天已经没有什么东西能维持稳定了。证人和幸存者的口供都显示，在库伦瓦库夫的米罗斯拉夫·马蒂耶维奇、下拉帕茨的温科·马林科维奇和博里切瓦茨的格尔加·帕维契奇等地方强人的命令下，当地的乌斯塔沙分子在7月下半月逐渐放弃了以策略性的恐怖手段洗劫东正教乡邻的做法，转而发动了一系列越来越严酷的逮捕和屠杀，这开始越来越像是持续性的选择性屠杀了。从7月15日左右开始，那些被他们要求前往库伦瓦库夫的人，以及他们从村子里抓到镇上来的人，都开始越来越多地被一杀了之。

128　镇上的两条沟渠成了杀人和处理尸体的主要地点，一条在镇上的东正教堂附近，另一条在学校旁边。他们还在布舍维奇和多布罗塞洛等附近的村庄大开杀戒。受害者也不再只有地位高的男人，被杀的女人、小孩和老人也越来越多了。[133] 还有一些当地的乌斯塔沙分子（比如一伙来自奥拉沙茨的人）会把俘虏带回村子里，虐待一番再杀掉。[134] 这些杀人事件有一个共同点，那就是该地区的穆斯林和天主教村庄的老百姓也参与其中。到了 7 月下半月，他们开始把越来越多的受害者扔进深坑——尤其是博里切瓦茨附近的一处。[135] 内布柳西村有个名叫达拉·什科里奇·波波维奇（Dara Škorić Popović）的年轻女人，是其中一次屠杀的生还者，她和邻居们一起被扔进博里切瓦茨的深坑里，过了近一周才设法爬了出来。她后来回忆说，她当时认出了施暴者中的一些人，包括米罗斯拉夫·马蒂耶维奇、穆罕默德·阿尔蒂奇（Mehmed Altić）、"胡查"·泽里奇和穆罕默德·穆舍塔，都是库伦瓦库夫的本地人。[136]

　　另一则珍贵的生还者证词则清楚地反映了暴力机制的变化，这位生还者是生于 1916 年、来自库伦瓦库夫东南部山区大奥奇耶沃的弗拉基米尔·坦科西奇（Vladimir Tankosić）。1941 年 7 月 23 日，有五个男人来到他的村子，其中两人名叫希尔米亚·阿尔蒂奇（Hilmija Altić）和马哈茂德·卡迪奇（Mahmut Kadić），是库伦瓦库夫本地的乌斯塔沙分子，他们抓走了大约 30 名男子，[137] 说是要带这些人去问话和做工，稍后就让他们回家。[138] 实际上，这些人被弄到库伦瓦库夫，关押在镇上的学校里，整夜被乌斯塔沙分子用棍棒殴打。次日，他们被徒步押送到博里切瓦茨，在那里被集体处决——这个反转显然对大部分人来说都难以想象。这或许解释了，他们为什么像其他大部分幸运者的证词反映的那样在押送途中没有反抗。[139]

　　快走到村子时，他们离开大路走进了一条小径，尽头处的地上有一个大洞，里面是垂直的深坑。知道这个坑洞存在的本地百姓认为它颇具神秘色彩，有人相信它根本没有底，有人认为坑里面有恐怖的动物，还有人认为坑底是个大湖。[140] 在那里等待囚徒们的是米罗斯拉夫·马蒂耶维奇和其他几个本地乌斯塔沙分子，他们下令大家交出身上剩下的钱，这说明他们的暴力仍然与物质利益密切相关。然后，米罗斯拉夫·马蒂耶维奇和其他乌斯塔沙分子把全体囚徒带到坑边。[141] 坦科西奇的证词记录了接下来发生的事：

> 有个乌斯塔沙分子抓住我，把我的脑袋扯起来，然后马蒂耶维奇就冲我的头开枪。子弹留在了里面，血从我的鼻子、嘴和耳朵流出来，我就掉进了坑里。坑大约有 30 米深。然后他们还扔了一块大石头下来。接着被扔下来的是尼古拉·罗迪奇（Nikola Rodić），之后也扔了块石头下来。整个过程中我都意识模糊。他们后来又杀了六个人。
>
> 坑里堆满了腐烂的死尸，臭不可闻。蠕虫和蛆虫爬得我满身都是，钻进我的嘴和耳朵里。我就在死尸中间。当时天还足够亮，我能看到周围有大约十个摇篮，里面是死掉的孩子。很多死尸的眼睛都被挖了出来，地上还有人肉的碎块。坑底男女老少都有。我几乎无法动弹。每晚都有八到十个人被杀死扔到坑里。
>
> 第三天晚上，拉因诺夫奇村的米莱·皮利波维奇（Mile Pilipović）跳进了坑里。他的儿子、两个兄弟和三个叔叔都被马蒂耶维奇杀害了。他看见这些以后就自己跳了下来。我冲他爬过去，把他吓坏了！有他做伴说话，之后的日子就好过些了。那段时间我们都没吃没喝，活下来全靠舔岩石上的水。[142]

现在，整个东正教社群不分男人、女人和孩子都成了受害者。他们无论先前行为如何，现在都要被人杀死扔进深坑里，这说明事

地图 9　1941 年 7 月底至 8 月发生的第二轮乌斯塔沙暴力

情已经转向了肉体消灭。就像坦科西奇回忆的那样，这类杀人事件在 1941 年 7 月的最后一周几乎每天都在上演。乌斯塔沙分子把库伦瓦库夫地区各个村庄——包括拉因诺夫奇、大小奥奇耶沃，以及大斯蒂耶尼亚尼（Veliki Stjenjani）——的受害者都集中过来，让他们步行到库伦瓦库夫，在学校里殴打上一两夜然后杀掉，就像他们试图杀害弗拉基米尔·坦科西奇和米莱·皮利波维奇时一样。7月的最后几天里，这两个人都躺在博里切瓦茨的坑底，精疲力尽，身上爬满蛆虫。支离破碎、腐败不堪的尸块在身边越堆越高，但他们还是勉强保住了命。[143]

　　为了在夜里杀人，库伦瓦库夫镇上的乌斯塔沙分子除了利用东正教堂和学校附近的水沟，还在火车站旁边也挖了个大坑。有目击者报告称，马蒂耶维奇等当地乌斯塔沙分子每天夜里都会跑到学校里的临时监房，挑出约十个人，打着手电筒把他们带到通往火车站的小山上，割断喉咙再推进坑洞里。据证人回忆，乌斯塔沙分子们杀完人回来时，手肘以下都是血迹。[144]

　　为什么在 7 月的下半月，库伦瓦库夫地区的本地乌斯塔沙分子会变成要对几乎所有囚徒大开杀戒？对这个问题，很难给出准确的答案。没有任何档案记录能说明当地乌斯塔沙强人米罗斯拉夫·马蒂耶维奇等人的决策过程，也没有证据显示像柳博米尔·克瓦泰尔尼克和维克托·古蒂奇这样的地区级领导人曾明确下达过实施屠杀的书面命令，尽管这些人可能以其他方式牵涉其中。我们知道，他们至少能够通过电话和面对面的会议给暴力开绿灯。我们对这一阶段暴力的了解，大部分都不是通过克独国的文件，而是从幸存者的证词以及 1941 年 7 月在库伦瓦库夫地区生活的非塞族人留下的少量回忆录中获得的。我们能够通过这些信息源拼凑出当时发生的事件，但要弄清楚其原因就困难得多了，因为信息都来自受害者、观察者而非决策者。所以，要解释为什么 7 月 1—3 日大屠杀后的相

照片 7　1935 年绘制的库伦瓦库夫明信片，寄出时间是 1941 年 5 月 15 日，大约在当地乌斯塔沙分子夺权一个月后。约六周后，他们将掀起一轮大规模的暴力潮。在库伦瓦库夫，杀人地点包括东正教堂，可以在图中看到，就在清真寺宣礼塔上方；此外还有学校——中心处较大型的建筑，离镇中心朝上山方向稍偏一点。明信片由作者收藏。

对平静会突然转变为 7 月下半月的大屠杀，我们只能靠推测。

　　7 月 1—3 日第一波暴力的消息对该地区东正教村庄的影响，可以部分地解释这种转变。苏瓦亚、奥斯雷德奇和布巴尼村遭到屠杀、纵火和洗劫的消息，到 7 月中旬时已经传遍了大部分东正教村庄，结果除了老年人以外，大多数男人都逃到森林里去了。一位本地男子在回忆录中写道，到 7 月中旬时，"他们（乌斯塔沙分子）无论在哪里都找不到一个年轻男人"。[145] 本地乌斯塔沙分子对此一清二楚，因为他们经常到这些村子去抢劫财物。结果，貌似就像 6 月底时一样，这种状况又造成了恐惧，似乎那些躲在森林里的男人都在准备发动袭击。结果，乌斯塔沙分子们针对留村者的暴力进一步升级，他们想要以此铲除所谓的威胁。在这种意义上，他们的行为是在重演几周前苏瓦亚、奥斯雷德奇和布巴尼村发生的事情。尽管是他们的暴行导致了东正教的男人们逃离村庄，反过来又是他们加剧了对该地区东正教群体的暴力，以回应其所谓的威胁。这里发挥作用的，或许就是这种一定要赶在森林里的人们起来报仇前消灭其威胁的意识。这种转折或许还影响了那个促使不少当地人加入乌斯塔沙的关键因素：抢劫财物。东正教村庄里的人逃得精光以后，再要抢劫活着的人就不那么容易了。他们的家园当然会被洗劫一空，家畜也被带走，但他们会把其他财物都带到森林和山区里去，比如黄金和金钱。逮捕和杀人算是一种较为激进的抢劫手段，可以榨取这些可随身携带的经济资源。扬·格罗斯在研究德国占领下的波兰时发现，对当地百姓来说，杀害犹太人并处理尸体并不只是在消灭某个不受欢迎的群体，这也是回报丰厚的致富机遇，尤其是能从受害者尸体上获得金牙和其他贴身财物。[146] 在库伦瓦库夫地区，米罗斯拉夫·马蒂耶维奇这样的本地乌斯塔沙分子把俘虏推进深坑和水沟前，都会专门抢走他们口袋里的钱。还有其他地区的证据说明，有些乌斯塔沙分子会检查受害者的牙齿，在抛尸前先取出黄金制品。[147] 新的受害者差不多每天都在成批产生，当本地的乌斯塔沙分子不再能打家劫舍时，杀人能持续给他们提供抢劫财物的对象。暴力的每一次升级都会压缩他们轻松抢劫的机会，而这可能又会推动暴力的进一步升级。

我们对地方性暴力起伏涨落的分析中，还有一个重要人群的行为没有考虑到。那些既非"塞族人"又非乌斯塔沙分子的人，对这场前所未有的乡邻暴力作何反应？要理解为什么族群杀戮会在特定的时间地点成为一时风潮，我们就有必要仔细考察社群中那些没有沦为抢劫和消灭对象的人们的行为。证据显示，很多被当局认定为"克族人"的人其实都很反感暴力。根据克独国的监控报告，有军方指挥官提到，很多天主教村庄里都有人发出多半是公开的抗议声音，尤其是地位高的人。其中一人在谈到本地乌斯塔沙分子屠杀他的东正教乡邻时说："以前我们有上帝，现在魔鬼来了。"另一人问道："东正教徒和我们一样是基督徒，为什么要杀害他们？"杀人全家的做法更是令人们感到困扰："小孩、女人和老人能犯下什么大罪，非要杀死他们不可？"[148] 克独国关于"民间情绪"（raspoloženje naroda）的报告提到，直到 7 月中旬以前，由于乌斯塔沙分子犯下的暴行，很多非塞族人对他们的敌意越来越大。呼吁解除他们武装的声音也越来越多。[149] 这些克独国档案中的证据，在被驱逐出比哈奇的难民的记录中得到了印证，他们设法逃到德国占领下的塞尔维亚以后，有人曾经这样讲过："当地的克族人和穆斯林群体（跟塞族人）的关系挺好的，甚至可以说很友好。乌斯塔沙的机关组织对塞族人采取的措施，没能得到本地克族人和穆斯林的认可。"[150] 克独国其他地区也存在类似情绪，比如在科尔敦（Kordun），当地天主教徒将乌斯塔沙的暴行称为"克罗地亚民族、文化与天主教信仰的耻辱"。信仰东正教的邻人直到 1941 年都跟他们和睦相处，现在却遭到了杀害。他们对此深感不安。[151]

有些人并不止于口头抗议、表达不满，还试图出手干预，挽救邻人的生命。尼基卡·梅迪奇有一次冒险跑到库伦瓦库夫采购油料和其他生活用品，他的一位当木匠的穆斯林朋友穆拉托维奇（Muratović）马上把他藏在自己的店铺里，自己去帮他购买所需物品，并告诫他乌斯塔沙分子正在杀害塞族人，"正派人忍受不了这种事"，然后把梅迪奇安全带离了镇子。另一位叫穆拉特（Murat）的铁匠则告诫他的朋友约采·梅迪奇（Joce Medić）和拉德·梅迪奇（Rade Medić），当地那些杀害塞族人的乌斯塔沙分子"都是些酒鬼和没工作的二流子"，提醒他们要"躲到森林里去……告诉别人不要再到镇上来了"。[152] 在克利萨村附近有一家姓霍达克的天主教徒，有好几位成员都跟战前该地区的罢工行动有瓜葛，他们如今也在设法保护信仰东正教的乡邻。布巴尼村的奥布拉德·巴尼亚茨（Obrad Banjac）曾经从好几个人那里收到过乌斯塔沙分子即将发动袭击的警报，其中博若·马尔科维诺维奇（Božo Markovinović）和米莱·克尔潘·雅尔欣（Mile Krpan Jalšin）是博里切瓦茨的天主教徒，还有一个叫阿哲科瓦茨（Adžekovac）的铁匠和一个叫阿利雅（Alija）的商人，都是库伦瓦库夫的穆斯林。有些人通过个人的门路关系制止抓人，或者设法把被抓的人捞出来。他们告诫自己的邻居不要到库伦瓦库夫去，否则乌斯塔沙可能会杀掉他们。每当得知乌斯塔沙要袭击某个东正教村庄（比如布舍维奇）时，他们就会赶在前头通知乡邻们快跑。在乌纳河对面的拉因诺夫奇村，他们用船把一些村民送到河对岸自己的村子里，把他们藏在自己家里。[153]

库伦瓦库夫一位曾经的地主也提前向拉因诺夫奇的村民预报过乌斯塔沙的袭击，他的干预显著降低了受害者的数量。[154] 库伦瓦库夫镇上方奥斯特罗维察村的艾哈迈德·佩赫利万诺维奇（Ahmet Pehlivanović），则曾经几次前往附近的卡拉蒂村，向村民预报乌斯塔沙即将发动袭击的消息。同村的天主教徒伊万·久库洛维奇（Ivan Đukulović）也定期向乡邻们预报危险情况，有一次甚至在一队乌斯塔沙去袭击村庄之前，就去通知老百姓快跑，听他话的人活了下来，其他人都被杀害了。斯韦托·佐里奇（Sveto Zorić）回忆说，一位奥拉沙茨村的穆斯林曾经来到他的村子里，警告他乌斯塔沙正准备杀掉这里的所有男人。此人的行为救下了 150 个人的生命。[155]

甚至有些跟乌斯塔沙合作过的本地"非塞族人"都曾采取过行动，救助他们的东正教乡邻。其中一个是克利萨村的穆哈雷姆·德尔维舍维奇（Muharem Dervišević），他从库伦瓦库夫的乌斯塔沙镇长侯赛因·"胡查"·泽里奇那里领到过一支步枪。即便如此，他

134

还是在乌斯塔沙发动袭击前夜跑到附近的布舍维奇村，通知乡邻奥布拉德·利利亚克（Obrad Ljiljak）赶紧带上其他村民跑到森林里去。[156] 如果无法提前做出预警，有些人甚至会在乌斯塔沙分子发动袭击时出手干预。据说，易卜拉欣·沃伊奇（Ibrahim Vojić）曾舍命质问一队正在大开杀戒的乌斯塔沙分子："你们为什么要杀害这些彻头彻尾的好人？！"他们回答说："你要是不明白的话，我们就连你也杀掉！"然后他们就杀害了沃伊奇。[157]

不过，这种非塞族人因为出手干预而遭遇肉体暴力的情况似乎还是不多见的。总体而言，没有证据说明，出身天主教徒和穆斯林的当地乌斯塔沙分子经常对所谓民族同胞使用暴力，包括在他们公开挑战自己时。[158] 研究卢旺达大屠杀等其他历史背景的学者曾指出，促使本地人参与杀戮活动的一大关键因素，是他们害怕不加入暴力就会遭到报复。但在 1941 年的波斯尼亚西北部和利卡地区，这一点似乎并不特别重要。[159]

在一些案例中，战争爆发前的跨族群友谊，以及非乌斯塔沙的天主教徒、穆斯林与本地乌斯塔沙分子之间的关系门路，是引发干预行为的重要因素。比如米兰·阿利沃伊沃迪奇（Milan Alivojvodić）之所以能救下好几位东正教徒朋友，包括一位重要的共产党员，就是靠着他在乌斯塔沙分子中有关系——那些人常常在他位于下拉帕茨地区的客栈里吃喝。[160] 这种老交情在下拉帕茨镇上也发挥了作用，比如有 15—20 名本地天主教徒要求一位姓科科托维奇（Kokotović）的乌斯塔沙领导人释放被关押的东正教徒乡邻，并停止针对这些"无辜的人们"的暴力和劫掠。其中一人回忆说："我们强调说，我们这些本地人都是一起生活的，最知根知底，他们（被关押的人）中没有人做过坏事。"[161] 当地乌斯塔沙分子最终似乎妥协了，他们意识到社区里没什么人支持他们的迫害政策。

在这些地方，反对迫害东正教徒乡邻的"非塞族人"在人数上超过了乌斯塔沙分子，或者至少旗鼓相当。他们之间不时会爆发冲突。在7月下拉帕茨的一个举行每周集市的日子，本地乌斯塔沙分子押着一队囚徒走过主街，其中每个人都被捆住双手，身上差不多都有新近被殴打的痕迹。结果有一群老百姓凑过来大声抗议道："你们做这种事真是不知羞耻！"还有几次，当地百姓明目张胆地和乌斯塔沙分子对峙，当众说他们是"屠夫"和"小偷"。有些时候，事情会闹到乌斯塔沙分子掏出枪来，但看起来也没有人因为这种口头攻击而遭到过枪击。[162] 这很可能是因为，下拉帕茨人数不多的天主教徒群体似乎大都对乌斯塔沙分子深恶痛绝，这意味着后者在同族人中毫无权威、不受待见，因此难以站稳脚跟、任意妄为。

不过，即使在博里切瓦茨村（该地区乌斯塔沙的权力中心和活动中心之一），也发生过这样的对峙。当一队乌斯塔沙分子从村里抓走东正教徒尼古拉·武奇科维奇（Nikola Vučković）和马尔科·武奇科维奇（Marko Vučković）时，该村有一位年纪较大、受人尊敬的米兰·弗拉尼奇（Milan Vranić）走向这些年轻人，愤怒地吼道："你们这些人渣，要把这些体面的人带到哪里去？他们谁都没害过，尤其没害过你们。"[163] 看起来，是战前的社会等级系统在这里起了作用。有权威的人物很清楚加入乌斯塔沙的都是些什么人，而且后者往往年纪不大，在前者那里得不到任何尊重。他们开始迫害东正教徒群体之后，这种不尊重就迅速转变成了公开的鄙夷和厌恶。从证据来看，天主教徒通常不会因为怒斥和抗议乌斯塔沙而遭到报复。弗拉尼奇遭到了警告，说他的干预行为将招来残酷的后果，但本地乌斯塔沙分子的这种威胁只是做做样子，似乎没人真的伤害他。[164]

还有一些案例显示，本地百姓还会藏匿那些在乌斯塔沙袭击中设法脱身的乡邻。比如九岁的拉伊科·斯尔迪奇（Rajko Srdić），他的母亲、祖母和叔叔都在一次集体枪决中遇害，只有他幸存了下来。他对该地区不太熟悉，便在森林里四处游荡，最后看到了清真

136

寺的宣礼塔——他迷迷糊糊地又走回库伦瓦库夫来了，这里正是他全家人以及其他很多人先前被关押的地方。一位叫穆约·库伦诺维奇（Mujo Kulenović）的本地穆斯林发现了他，把他带回家去，他们一家从此把斯尔迪奇藏匿了两个多月。斯尔迪奇后来回忆说："一开始，穆约的邻居们看到我都一脸狐疑，但他在库伦瓦库夫很有威信，所以我用不着害怕。不过，他的行为也不能说是毫无风险。可不能高估那些人的正直和善意。"[165]

　　另一起事件中，有一位来自皮什塔尔斯卡德拉加（Pištalska Draga）的年轻女天主教徒曼达·克尔潘（Manda Krpan）在6月27日前往佩塔尔·皮利波维奇（Petar Pilipović）家的房子，她和这家人是多年的朋友，有时还帮他们做家务。结果，她见到的只有门前半干的血泊。前一天晚上，博里切瓦茨的本地乌斯塔沙分子刚来过这里，差不多杀光了全家人，准备把这座房子和土地都交给他们自己的一位地方强人。曼达发现了唯一的幸存者、四岁的米莉察·皮利波维奇（Milica Pilipović），她和一个兄弟（后来被枪杀）一起设法从屋子里逃了出来。米莉察在袭击中失去了父母、祖父母、二哥和姐妹。曼达立刻收养了这个孩子，帮她平安度过了之后的几个月。战争结束后，米莉察说曼达是"我的另一个母亲"。[166]

　　尽管很难统计具体数字，但通过当代历史学家收集的证据，特别是20世纪60年代和70年代对幸存者做的口述史，还是可以看到，有一大批本地的东正教徒是被穆斯林和天主教徒乡邻设法救下来的。[167]比如说，根据采访过几十位该地区居民的埃萨德·比巴诺维奇的说法，库伦瓦库夫镇的106个东正教徒居民中，有59人是被穆斯林救下来的。[168]

　　这些有证可查的救助事件不光有力地说明，本地的非塞族人并没有一致支持乌斯塔沙的暴力，而且还指向了战前该地区的跨社群友谊传统——随着东正教群体遭受迫害，一些乡邻不惜冒险搭救邻人的做法事实上使得这种传统在他们身上进一步加深了。这一发现对研究暴力和族群性的学者来说十分重要，他们中的一些人曾声称，多族群社会中的暴行更倾向于强化对抗性的族群认同。[169] 他们的发现是很重要，但库伦瓦库夫地区的历史也说明，同样是在暴力的驱动下，截然相反的进程也可以在同一时期发挥作用：在干预族群间迫害和杀戮的行为的基础上，跨族群的团结精神迅速得到了发扬。这样我们就得出了一种可能有些违反直觉的观点：极端的族群间暴力背景除了时常能催生出对抗性的、能够使暴力进一步激化的集体归属之外，同时也能创造和巩固跨族群的社会联系。

究竟是什么促成了这些干预和救助行为的发生？这是个更为难解的问题。有一种解释很有吸引力，那就是将战前的长期友谊看作重要的甚至是最重要的因素。毕竟连当地乌斯塔沙分子中都有人保护过信仰东正教的多年老友，虽然这种事并不多见。伊利亚·拉舍塔（Ilija Rašeta）曾经发现过一处杀人用的深坑，他的一些邻居就葬身于此。他儿时的一位朋友现在成了乌斯塔沙分子，有一天看到他在那里游荡，便回家叫他的母亲赶紧去找拉舍塔的母亲，告诫他不要再到那个地方去了，否则会有生命危险。拉舍塔相信，他们之间多年的友谊是促使对方出手干预的关键因素。[170]

然而，对其他历史背景的研究却显示，暴力产生前的友谊跟救援及其他干预活动的关联很弱。比如说，对卢旺达大屠杀的研究就显示，跨族群友谊（甚至跨族群婚姻）在1994年以前十分普遍，但族群之间的屠杀还是大规模地发生了，而且也发生在那些种族清洗前互相联系很密切的人之间，出手干预的事情则少见得多。[171]我们该怎样解释，在库伦瓦库夫地区有这么多的本地非塞族人出手干预，救助他们的邻居？原因主要有两个：首先，当地并未普遍潜藏着什么强烈的恐惧和深仇大恨。本地的天主教徒通常认为东正教徒群体"同属基督徒",有些穆斯林(和天主教徒)还认为他们是"彻头彻尾的好人"。这两类人中,很多人都认为他们的东正教徒乡邻没有任何罪过,因此很难理解对他们的迫害,这可能是促使这些人决心出手干预的因素之一。不过,心理学方面的研究、比如斯坦利·米尔格拉姆(Stanley Milgram)著名的服从权力实验也说明,我们不应认定普遍的恐惧和仇恨是促使人们使用暴力的必要条件。米尔格拉姆的一大重要贡献,就是说明了大部分人即使对特定的个体不怀任何仇恨,也还是能按照所谓合法权威的命令行事,将这些个体置于极大的痛苦之中。[172]

促成干预和救助行为的第二个关键因素,就是这种对"合法权威"的感知,特别是感知到它的缺席。地方上的乌斯塔沙分子都是些大家原来就熟识的本地男人和少年,其中多数人本来就不太被看得起。7月初,一位克独国军方官员在造访库伦瓦库夫附近的多利亚尼村后曾这样报告:"乌斯塔沙组织的成员多是些16—20岁的男孩子,不是什么正经人,几乎完全不懂法律,而且看上去完全不知道尊重他们的长辈。"[173] 证据也显示,"他们的长辈"对他们也毫无尊重可言。伊利亚—伊察利·伊万尼什(Ilija-Icalj Ivaniš)是库伦瓦库夫一位乌斯塔沙领导人托莫·伊万尼什(Tomo Ivaniš)的父亲,他公开反对自己儿子的做法,而且每次听儿子说到要发动袭击,都会跑到卡拉蒂、凯斯泰诺瓦茨(Kestenovac)和布舍维奇等塞尔维亚人的村庄去报信,叫那里的老百姓躲到森林里去。[174] 玛拉·伊韦齐奇(Mara Ivezić)和伊维察·伊韦齐奇(Ivica Ivezić)分别是本地乌斯塔沙领导人米罗斯拉夫·马蒂耶维奇的岳父母,他们也谴责乌斯塔沙分子的暴力。就连马蒂耶维奇自己的老婆阿妮察(Anica)都是如此。好几份回忆录都证明,他们曾经设法警告卡拉蒂的乡邻"谁都别到库伦瓦库夫去",以免落在乌斯塔沙分子手中。[175] 这些事例都说明,即使是家庭关系乃至夫妻关系也不能阻止人们出手干预。在一些乌斯塔沙分子的家人眼中，他们的乌斯塔沙配偶或乌斯塔沙亲人的权力并不合法，更不是不可置疑。

至于那些没有乌斯塔沙亲戚的人，证据则说明他们中的很多人非常鄙视乌斯塔沙分子。就像克独国其他地方的乌斯塔沙分子一样，本地不少这样的人在1941年4月以前都是些"酒鬼和流氓二流子""废人""臭名昭著的酒腻子"和"只知道偷东西喝酒的无用烂人"——就是这些人在一夜之间意外成了新的掌权者。[176] 他们对政治生活特别是暴力手段的垄断，在一定程度上让他们拥有了权威。但是，这些人在周围的非塞族民众中根本得不到尊重，大家最客气也不过视他们为平常人，更多人则像后来某些人的说法一样，把他们看作"克族人中的败类"，一夜之间就变成了手握大权的人物。[177] 米尔格拉姆的各种实验显示，当人们觉得掌权人物不过是个"平常人"，因此不具备合法性的时候，他们不但会无视他们不认同的命令，而且经常去抗议和抵制——甚至是通过身体力行。[178] 这正是库伦瓦库夫地区很多人对当地乌斯塔沙分子的感受。

最能解释非塞族人出手救人，甚至还打算要抵制新政权的暴力号召的，就是人们这种认为掌权者不合法的意识，以及很多人都觉得自己的乡邻是朋友而非敌人。7月下旬，库伦瓦库夫的乌斯塔沙领导人米罗斯拉夫·马蒂耶维奇召集全镇会议，号召所有本地居民都加入他们，一起烧光、杀光塞尔维亚人，结果本地居民贝乔·马希诺维奇（Bećo Mašinović）大声回答道："米罗，你让我们去袭击谁？我们自己的邻居吗？你真是疯了。"[179]

来自克独国其他地区的比较证据进一步证实了这种观念：当人们熟识掌权者、认为其权威缺乏合法性时，予以抵制的可能性就会更大一些。1941年9月，黑塞哥维那的117名乌斯塔沙分子来到波斯尼亚小镇亚伊采，当地百姓完全不认识他们。这些人大肆劫掠了七天，弄得居民惊恐不安，然后他们又决定把158个"塞族人"抓

139

到镇上的东正教堂，先杀掉其中一些，再把剩下的人带到附近天主教村庄周边的地方全部弄死。[180] 根据克独国的报告，本地的天主教徒和穆斯林居民"强烈谴责这场暴乱"，"表达了他们对这种血腥暴行的憎恶，暴行不但夺去了那些几十年来和他们和睦相处的市民的生命，而且也夺走了他们自己最美好的回忆"。[181] 然而，除了在私下聊天时激烈抨击乌斯塔沙分子外，亚伊采的非塞族人很少会采取行动救助自己的东正教徒乡邻。只有少数克独国军人保护了镇政府的几个雇员。[182]

在这里，决定人们是否出手干预、做到什么地步的核心因素仍然是他们对权威合法性的感受。在亚伊采，涉事的乌斯塔沙分子中没有一个是本地人，而且他们的行动方式残暴至极，令当地的非塞族群体也惊惧不已，即使是克独国镇政府中的高级成员都害怕他们，有好几个人坚持要求他们所到之处必须有保镖跟随，还有一个人每天晚上都换不同的房子睡觉，因为害怕会被乌斯塔沙分子杀死。在克独国其他地区的军方报告中，也记录过本地天主教徒和穆斯林群体面对乌斯塔沙分子时的这种"消极"态度。主要的原因是，"人们担心自己的性命，害怕自己会沦为这场由（乌斯塔沙）组织里的不可靠分子发动的'净化'运动的受害者"。[183] 黑塞哥维那的一份克独国报告写道："在乌斯塔沙政权下，没有一个（克独国）官员、军官、公民、女人甚至孩子能确保自己的生命安全，无论白天还是晚上。乌斯塔沙分子打到哪里就祸害到哪里。"[184]

这些机制的后果是，那些谁都不认识的暴力分子，仗着能够不受反抗地任意杀人，把所有大权都握在了手里，取代了当地的其他一切掌权者。亚伊采的一份报告生动地写道："没有什么权力机关，也没有政府，没有最高领导人，没有宪兵队，没有军队，只有这些乌斯塔沙分子。"[185] 在这里，出手干预的行为就很罕见了，因为大家都不认识这些手握施暴权力的家伙，对他们极度恐惧。而且，他们的暴行和恐吓威胁到了包括克独国地方官员在内的非塞族人。这样一来，他们几乎完全是凭借着恐惧就成了事实上的"合法掌权者"。这虽然给人们留下了私下批评的空间，但真要大家去出手干预、救助邻人就太可怕了，会危及他们自己的生命。所以这么做的人就少得多了。

在某种程度上，这一机制和德占波兰乡村地区的德国政府与波兰农民的关系颇为相似，那里的本地居民经常参与"猎犹"。历史学家扬·格拉博夫斯基（Jan Grabowski）曾描述过这段历史。有些人参与的主要原因是害怕德国军警的报复，同时也担忧邻人会告发他们。德国人的力量之强，通过施暴来维持服从的意愿之大，使得救助行为不太容易发生，而积极参与迫害的做法更为普遍。[186] 类似情况在卢旺达的案例中可能还要更突出。斯科特·施特劳斯（Scott Straus）曾指出，人们会参与大屠杀，并不是胡图人和图西人之间在屠杀发生前天然敌对的某种直接的自然后果。最初，当地领导人常常会努力阻止屠杀潮吞没他们的社群，有些人甚至曾短暂取得成功。然而，随着施暴者占据上风，支持非暴力政策会招致生命危险，救人的空间很快就彻底消失了，尽管不少人仍然非常希望能保护他们的邻居。[187] 这些例子显示，当公开挑战主张暴力者变得极度危险时，救助行为就会变少。类似的过程也出现在 1941 年的亚伊采，虽然该镇有良好的跨族群关系史，而且非塞族百姓也对邻人遭受的迫害感到厌恶。

库伦瓦库夫地区的情况正好相反。在那里，乌斯塔沙分子们作为合法的权威受到的尊重，特别是给人施加的恐惧，要比在亚伊采这样的地区更弱，因为他们都是本地人，而且本来就不受人待见。正是这种差异使得这个地方的干预和救助事件远远多于大屠杀期间的亚伊采，尽管这两个地方在 1941 年以前的跨族群友谊状况似乎都差不多。这一发现说明，有些学者在解释极端暴力中的救助行为

141

时，将其微观机制归因于具体个人的道德水平，是值得商榷的。[188]
无论在亚伊采还是库伦瓦库夫，都有很多人非常看重他们的乡邻，
并不希望他们遭到迫害，而两地救助行为上的差异与其居民的道德
水平并无关系。事实上，核心要素在于，两地居民对乌斯塔沙分子
的权力合法性的感受迥然不同，而这又取决于两地的武装分子们在
多大程度上威胁着潜在救助者的生命。简而言之，最能解释救助行
为差异的，是各地具体环境的差异，而非潜在救助者们本身的品质。

另外一些库伦瓦库夫地区的非塞族村民之所以反对乌斯塔沙分
子，是因为他们本能地意识到，这些人的暴力很可能会招致东正教
徒群体的报复。本地共产党人戈伊科·波洛维纳（Gojko Polovina）
在回忆录中记述了 7 月初在博里切瓦茨的一次对话，当时乌斯塔沙
分子刚袭击完布巴尼村回来，想要庆祝一下，就把所有本地老百姓
集合起来。结果一位跟很多乌斯塔沙分子一样姓马尔科维诺维奇的
年长农民上前质问他们："孩子们，如果你们还相信上帝和圣子耶
稣基督，就告诉我，你们在干什么？"一个人答道："我们的时代
到了，爷爷。我们正在屠宰布巴尼村的塞尔维亚狗崽子。"老人答道：
"也许一年如此，两年如此，甚至三年还是如此，但那一天早晚会
来的……有一天人们会说：'这里曾经是博里切瓦茨村，但现在没
有了，寻仇的人把它夷为了平地。'"据说有个乌斯塔沙分子动手打
了这位老人，但是从那一夜开始，很多当地农民都开始睡在森林里，
他们害怕东正教徒乡邻很快会来报仇雪恨，摧毁他们的村子。[189]

对报复的恐惧，很可能也影响到了博里切瓦茨的乌斯塔沙领导
人，他们中的多数人在布巴尼村屠杀事件后就不在村子里睡觉了，
留下来的人也跟其他乌斯塔沙武装分子一起睡在学校里。[190] 看起
来，几乎所有天主教徒群体，无论有没有加入乌斯塔沙，都开始相
信"森林里到处都是愤怒的被迫害者"，这话是一位当地居民说的。
克独国军方 7 月下半月的报告中也记录了这种情绪，称"人们害

怕（乌斯塔沙）对东正教徒群体的所作所为会给他们招来大祸"。其他人则注意到"政治局势非比寻常"，其原因在于"恐惧和不安全感"。[191] 在当时的一些人看来，复仇潮的爆发只是时间问题；而且有些人本能地意识到，沦为报复对象的将不只是发动暴力并从中自肥的乌斯塔沙分子，还有其他全体克族人。"博里切瓦茨的有钱人（即乌斯塔沙领导人）把这个地区的克族人害惨了，"一位当地人说，"如果爆发（武装）起义，他们都会躲起来，剩下我们这些人被杀掉。"[192] 他们对于在这种族群识别的过程中被一网打尽的恐惧并非毫无理由。"多数（塞族）农民的深仇大恨都是针对全体穆斯林和克族人，"一位本地百姓后来如此讲述这段时期，"都是针对乌斯塔沙分子对整个塞族社群犯下的暴行。"[193] 类似的机制同样存在于其他地区，比如在黑塞哥维那，当地的天主教徒和穆斯林都明白，乌斯塔沙的暴行已经把他们都牵连了进去。博里切瓦茨村的穆斯林居民也认识到，他们社区里的人驱逐东正教乡邻、抢劫他们的房屋财物的行为势必要招致对方的"血腥报复"（krvna osveta），[194] 所以他们向克独国军队寻求保护。其他村子的老百姓也开始明白，自己虽然反对乌斯塔沙，但也不可能幸免于这种族群识别的进程。"他们凭什么以我们克族人的名义烧杀抢掠？"一位地位颇高的居民说，"我们并不支持这样搞啊。"[195] 7 月底的克独国军方报告称，在 6 月底黑塞哥维那的波波沃波列村（Popovo Polje）发生了 150 名东正教农民被乌斯塔沙杀害的事件之后，剩下的居民全都逃到了山里，连农业生产都停了下来。本地穆斯林和天主教徒已经吓得不敢再去地里干活了，他们觉得自己的乡邻随时可能跑来复仇，把自己杀掉。[196]

　　由于害怕报复，很多村子的日常生活和劳动都骤然暂停。很多非塞族人士对乌斯塔沙暴力的态度似乎也变得更加负面了，很多人认为袭击乡邻毫无道理。当形势允许的时候，有些人就会冒险保护乡邻。干预和救助行为不光能保住人命，似乎还改变了本地乌斯塔沙分子施暴的方式。在库伦瓦库夫镇周边地区等多族群混居地区，乌斯塔沙分子越来越倾向于把受害者带到非塞族群体看不到的地方，再把他们杀死扔进坑洞里。之所以用这种方式杀人和处理尸体，貌似也是为了避免引发非塞族群体的不满，招致更多人抵抗或出手干预。而在东正教群体被认为占多数的地区，乌斯塔沙分子似乎就更愿意把残破腐败的尸体遗弃示众，特别是在数日的大肆劫掠结束之后。这种做法能起到恐吓幸存者的作用。

一位克独国官员曾针其他地区的杀戮行为写道，不管处理尸体的手法如何，"这种（暴行）都引起了人们的恐惧和义愤，令（塞族群体和非塞族群体之间）任何形式的和解都变得不可想象"。[197] 突然消失的亲属和乡邻，带着一身血从垂直深坑里爬出来的、经常是孤身一人的幸存者讲述的故事，各个村子遭受的残酷打击，以及找到父母兄弟姐妹支离破碎、被狗和家畜啃掉四肢的尸块的经验——所有这些加起来，用一位本地男性回忆 1941 年 7 月的经历时的话说，就是"一个人身上所能发生的最大悲剧"。[198] 克独国军方的分析人士也提到了"乌斯塔沙清洗活动"的严重后果："已经很难再想象克族-穆斯林群体和塞族群体共同生活在一起了。裂痕已经过于巨大。"[199] 该地区突然爆发的巨大动乱，在军方看起来起因非常清楚：跟克独国其他很多地方一样，"乌斯塔沙分子是当下动乱的罪魁祸首"。[200] 7 月中旬的一份报告总结道："东正教分子已被打垮，十分恐惧。那些自封的'乌斯塔沙'分子的不法活动给他们带来了动荡和恐惧，他们被劫掠、被杀死，房屋被烧毁，这才是他们（特别是其中的男子）逃离家园跑进森林里的原因。"[201]

根据证据，到 7 月最后一周，库伦瓦库夫地区当地的乌斯塔沙分子已经杀死了大约 700 名他们认定为"塞族"的人。乌斯塔沙分子的第一波暴行比较有选择性，针对的主要是男人，特别是商人、户主、司铎和其他有影响力的人物。后来的几波暴行拓宽了暴力的群体选择性质，将被认为属于"塞族人"的村庄整村消灭。然而，克独国的中央和地区级政府既给了本地乌斯塔沙分子以逮捕、劫掠和杀人的权力，同时也给他们自己招来了动荡。他们对地方上实施有效统治的能力极为虚弱，特别是难以控制暴力手段的使用。将部分塞族群体"重新安置"到克独国境外的工作组织得很不顺利，就像将塞族东正教徒农民集体改宗成天主教徒的做法一样不能解决"塞族问题"。事实上，这些政策在库伦瓦库夫地区根本没得到多少推行，劫掠和屠杀才是当时的主流，而且已经破坏了长期以来跨族群共存的地方生态系统，并很快以急转直下的社群间极化取而代之。杀戮中出现的跨族群救助行为带来了一线希望，似乎暴力有可能得到缓和甚至制止。然而到了7月底，非暴力的空间又迅速消失了——米罗斯拉夫·马蒂耶维奇等乌斯塔沙分子每天把受害者带到博里切瓦茨的坑边，尸体在坑底堆积成山，像弗拉基米尔·坦科西奇这样的幸存者只能舔舐岩石解渴。如果成为肉体消灭对象的人决心还击，克独国当局怎样才能作出有力的回应？他们手下那些粗野的乌斯塔沙武装分子，早已证明是成事不足、败事有余了。

第四章

叛乱与复仇

东正教群体遭到的集体屠杀，使幸存者们面临残酷抉择：要么坐等被杀，要么奋起反击。7月底，一群群躲在森林的人们团结起来决意抵抗。这个月的最后一周里，波斯尼亚西北部和利卡地区的各个地方先后爆发起义。[1] 对这次起义的地方层面的细致重构表明，参加起义的战士们并非像有些人想要说成的那样，是内部一致的共产党"游击队"或者民族主义的"切特尼克分子"，其观念和行为实际上十分混杂。他们缺乏强大的政治组织，有些人想向他们眼中的"天主教徒"和"穆斯林"展开血腥报复，有些人则希望更克制地使用暴力，还有人在这两种倾向之间来回摇摆。鼓吹克制者中，往往以一小部分有共产主义倾向的当地战士最为坚定，他们中的一些人此前已经多年不在该地区了。不过，这些人没什么影响力和权威，面对其他许多渴望以族群为目标发起复仇的人，他们为了施加克制而奋力斗争。微观分析显示，除了向其他族群展开报复，对那些在乌斯塔沙暴力之后没有自行选择复仇的所谓"同族兄弟"，也同样可以施以劫掠恐吓，二者并行不悖。通过讲述这场叛乱的故事，

我们可以知道，社群间暴力怎样同时推动了族群化的多重进程，使　146
得族群归类的观念在跨族群和同族群的坐标轴上发生强化和弱化。

　　当地人会拿起武器成为战士，直接原因自然是克独国的迫害。
不过，他们之所以具备迅速进行自我组织的精神意识和实际技能，
也是因为长期以来的武装抵抗传统，比如 1875—1878 年的农民起
义和像一战这样更近期的、20 世纪上半叶的军事行动。一位当地人
回忆道："我们的祖父辈曾经向（奥斯曼）土耳其人开战，我们的
父辈是第一次世界大战时期的老兵，他们的经历和故事一直都被谈
起。我打从记事开始，就一直听着这些可怕的战争故事，而且新的
战争（1941 年）即将来临时，大家也会越来越频繁地提到它们。"[2]
除了这些故事，很多当地人还有更近期的经历，他们在 4 月刚被动
员起来抵抗德国领导下的轴心国入侵，多数人此时还保存着前南斯
拉夫王国军队的制服和武器。在久远的口述传统中，他们被描述成
一个经常武装起来自我保护的共同体，再加上新近的被动员的经验，
便使得当地人产生了一种心态，认为武装抗击乌斯塔沙不但合理，
而且可行。

　　这一地区的少部分共产党人，如戈伊科·波洛维纳、久科·约
万尼奇（Đoko Jovanić）、斯托扬·马蒂斯（Stojan Matić）、斯特万·皮
利波维奇·马丘卡（Stevan Pilipović Maćuka）等人，早已开始讨
论要武装抵抗了，有些人从 6 月下半月开始组织地下活动组织"革
命委员会"，到 7 月下半月时已经开始制订实际计划了，特别是在
斯尔布、德瓦尔等市镇。[3] 不过，任何正式的政治组织，包括南斯
拉夫共产党，在组织起义中所起的作用都相当小。正如一位本地共
产党积极分子所说："当时既没有党的领导，也没有足够数量的党
员。"[4] 整个利卡地区的情况都差不多，共产党领导人科斯塔·纳
吉（Kosta Nađ）的回忆录里描述的情况就是典型代表："除了个别
情况，我们的党组织没有扮演组织起义的角色。"[5] 因此，是个别

共产党员跟大批有意武装抗争的非共产党村民团体混合在了一起，共同努力在各个东正教村庄成立三五人规模的"农民委员会"，动员他们收集武器，为自己和邻居们做好战备，以保卫自己的村庄免遭乌斯塔沙侵害。[6]

147　　　在这样的组织方式下，起义的骨干都是同村的村民，潜在的起义组织经常由亲戚乡邻组成，跟乌斯塔沙的情况差不多。此外，他们也指望村里地位高、有名望的人出来担任领导。26岁的尼古拉·卡拉诺维奇（Nikola Karanović）是其中之一，他身材矮小，头发乌黑，留着小胡子，曾经是部队里的军官，来自库伦瓦库夫以东六公里处山上的乔夫卡村。他做农活到15岁就出门上了军校，在1941年春天南斯拉夫军队崩溃后不久回到村子里。作为当地的军事人物，他多年来深受东正教徒乡邻们的尊敬。如今，他向跟自己一起跑到森林里躲避乌斯塔沙的人们宣布："我们将和这些招惹我们的魔鬼做斗争。"[7]

　　　根据起义者的证词，只有不到四分之一的农民战士持有火器，军用、打猎用的步枪都算上。其他人只有斧子之类的农具。[8]就像1875年起来反抗穆斯林老爷和奥斯曼帝国的人们一样，多数人称自己为"起义者"。7月24日，他们从森林中跑出来，从内布柳西村发动袭击，很快拿下了至少四个村子和一些镇子，杀死了一些乌斯塔沙分子，烧毁了他们的指挥部，夺走武器弹药。[9]后来克独国的军事报告显示，这些指挥部的规模很多都非常小，而且在东正教人口占压倒性优势的地区孤立无援。克独国在德瓦尔这一区域（kotar）的报告就表示了担忧，当地的乌斯塔沙指挥部只有11个人，所在区域有25,000名塞族人，却只有100名克族人。波斯尼亚西北部的其他地区也有类似忧虑，认为乌斯塔沙分子的力量面对庞大的塞族人口而言太过弱小。[10]因此，这些指挥部不堪一击，毕竟起义者既有东正教人群的支持，又熟悉地形，可谓占尽优势。他们在7

月的最后几天里袭击了更多的村子，取得的胜利程度不一，最终不但摧毁了克独国的多个指挥部，而且切断了电报和电话线路，堵塞了公路，破袭了铁路线。[11]

受到猛烈打击后，当地的克独国军事指挥官向其上级发出一连串电报，用"绝望""紧迫"之类的字眼描述该地区的情势。有些人发现"恐慌"已经在非塞族群体中蔓延开来。突如其来的紧张局面，加上多个位置意外陷入守势，使得许多当地的指挥官估计敌军有数千人之多。[12] 最令人惊讶的是，各股敌军虽然相对缺乏组织，而且大部分人没有武器装备，只能在森林里活动，但是克独国军队在波斯尼亚西北部和利卡地区竟然很快就变得只有招架之力。起义者打响第一枪不到一周后，地方上和地区级的克独国指挥官们就发现他们的电报线路被切断，指挥哨所被袭击，大部分东正教徒都逃进了森林，天主教徒和穆斯林则带着孩子和家畜逃到附近市镇避难，田地里的麦子无人收割。[13] 一位军队指挥官总结道："现状已十分棘手，如不采取紧急措施将陷入绝境。"这些报告说明，在起义爆发时，地方上的克独国政权完全是弱小不堪的。

造成如此恐慌的起义者，本身也是由各色人等混杂而成的组织。有些人身穿南斯拉夫王国军队的旧制服，还有人穿着他们自己的日常服装，这往往是乌斯塔沙袭击村庄期间人们逃命时仅剩的财物。有些人挥舞的是手工制作的塞尔维亚三色旗，其他少数人则更偏爱可能象征共产主义和团结苏联的红旗，然而即使在这些人中，也能听到塞尔维亚"复兴"、克罗地亚"灭亡"的呼声。[14] 多数人看不出有什么政治倾向，他们共同的初始动机是保住自己和全家人的性命。克独国军方指挥官在战斗开始几天后的报告中写道："参与这些行动的人中，只有少数人是切特尼克（塞族叛军）的成员，大部分都是斯尔布（在库伦瓦库夫南方）附近的农民和他们的家人、老婆和孩子。这不过是对我们乌斯塔沙组织的清洗行动的反应。清洗

148

应当被理解为毁灭——对塞族人不分年龄性别的屠杀，摧毁他们的财产。"[15]

在乌斯塔沙的"清洗"中，施害者和他们抢劫、杀害的对象常常都是老熟人，结果很多受害者如今成为起义者以后，也并非只求保全自己。"被抢劫过的人现在想抢劫别人，包括他们最亲近的邻居。亲戚乡邻被乌斯塔沙分子杀害的人想要复仇。最难熬的是那些全家被杀、房屋和财产都被烧光毁光的人。"一位本地战士说。[16] 不少起义者刚刚在乌斯塔沙分子的打击下损失惨重，他们对"算总账"的渴望十分强烈。

149　　在库伦瓦库夫地区，一小股自我认同为"塞族人"的共产党员希望最终能把这些起义者转化成有纪律的游击军队。但是，他们试图控制这些农民战士时遇到了严重的困难。在克独国的其他地区，比如本地共产党员数量很少的黑塞哥维那，情况也是如此。与其他地方要人（如乔夫卡村的尼古拉·卡拉诺维奇这样的前军官或前宪兵）相比，他们缺乏必要的权威。比如说，23 岁的共产党活动家久科·约万尼奇出生于苏瓦亚村，但他 5 岁时就去了伏伊伏丁那（Vojvodina，位于塞尔维亚北部），大部分时间都不在库伦瓦库夫地区生活，直到 1941 年 5 月才回来。所以，他虽然确实可以说是根在这里，但跟大部分当地村民都素不相识，而且很多人对他拥护的共产主义运动都不熟悉。[17] 值得注意的是，在整个 1941 年夏天，该地区最初的各个起义队伍中没有任何共产党组织。[18] 即使在主要城镇里，下拉帕茨 1941 年 4 月以前也只有八位共产党员，库伦瓦库夫只有三位。他们在当地百姓中有一些支持者，在某些农村里则只有个把伙伴。因此，在 7 月底起义爆发时，共产党的影响力和组织能力都很受局限。[19]

这种局限影响到了起义最初阶段的具体形态。共产党员久科·约万尼奇回忆说，最初几天的起义具有相当程度上的"随意性"

（stihijnost）："并没有一个作为核心……的领导。（我们共产党的）领导人是有一些影响力，但只是最低限度的影响力。从第二天、第三天开始，计划就都是匆忙制订的，依据的都是未经证实的消息和随机产生的想法。之后的日子里更是如此。"[20] 几个月后利卡地区共产党的一份报告也对这一时期作出了类似的评估："党组织的总体情况不如人意。众所周知，党并不真正处于起义领导者的位置上，在大部分事件中，党都是在紧跟事态，而不是予以领导（jašilo na recu događaja）。"[21] 该地区其他后来成为共产党员的人也说，这段时期的战斗乱七八糟，明显缺少共产党的领导："问题在于怎样发动和组织斗争，而在这方面，主导性的意见都是一团乱麻，令人困扰。有些人把那场斗争和共产党联系起来，但说实话那个时候还没有什么共产党。"[22] 多布罗塞洛村的戈伊科·波洛维纳，以及该地区另外一位少有的土生土长的共产党员，后来对这一时期的说法也差不多，他们还批评了那些后来夸大党的凝聚力和影响力的老战士："有些参与者的历史叙述是错的，说有些个人——至少是有些共产党人——将各地缺乏组织的农民群众组织了起来，并指派了指挥人员……还说他们靠自己的脑子和办法指挥了人民群众。就我所知，在利卡地区南部（库伦瓦库夫地区的西部边缘），根本不可能有这样的组织建设和指挥工作。"[23] 这些将来的共产党指挥官和农民起义者之间有着巨大的鸿沟。这一点之所以很重要，是因为共产党人（不只是库伦瓦库夫地区的共产党人）很快就将在控制战士们的报复性暴力时遇到严重的困难。[24]

150

　　这场起义既混乱又具有自发性，有些战士拿起武器不只是为了保卫自己和家人，也不光是要复仇；就像他们的乌斯塔沙敌人一样，这些人也想趁着动乱之际大肆抢掠。在一些事例中，就连"塞族"同胞也沦为盗抢对象。多布罗塞洛有一位本地战士叫久洛·什蒂科瓦茨（Đuro Štikovac），在 1941 年以前是村政府的司库，起义爆发不久后，他闯进了商人马尔科·弗拉代蒂奇在马丁布罗德村的店铺。前几天，弗拉代蒂奇和他的两个儿子刚被本地的乌斯塔沙分子抓去了库伦瓦库夫。什蒂科瓦茨抢到了不少财物，便宣布自己是当地起义军的司令官，他还打算靠分发从弗拉代蒂奇那里偷来的莱吉亚酒*来巩固地位。支持共产党的起义者在处置什蒂科瓦茨这种人的问题上颇有分歧，有些人坚持认为应该立刻处死他们，但也有些人认为，这么搞的话，那些视这种人为"本地人"、对他们尊敬有加的战士就会造反。[25]

另一群来自附近下拉帕茨镇的战士也出现了类似的行为，那个镇子是在 8 月初被起义者控制的。对他们来说，劫掠（特别是抢牲畜）似乎跟族群复仇至少是同样重要的，甚至比那更重要。抢到没有天主教徒可抢的时候，他们就转而向当地的东正教家庭下手，洗劫他们的财产，连其他起义者家里都不放过。[26] 起义者抢掠"塞族人"的财产并不是该地区的特有现象，其他地方也有类似记录，比如在起义最初几周乃至之后几个月的黑塞哥维那。[27]

也有观察者和分析者注意到过其他历史背景下游击队战士在初期行动中有类似的行为：抢劫、纪律散漫、完全缺乏组织。相关著作中，最有名的可能是毛泽东的《论游击战》（1937）。[28] 在波斯尼亚西北部和利卡地区的起义中，这些渴望抗击乌斯塔沙分子和克独国政府的战士内部也存在严重的内部张力和冲突。保住自己和家人的生命、报仇雪恨和洗劫乡邻，是他们的原始动机，往往与其所谓的族群归属无关。这些情绪似乎经常同时存在，也经常动摇涨落。

起义刚开始才几天，同族群成员之间的抢劫就开始出现，这意味着我们在分析这场重大的"族群间"暴力的背景和描绘其特点时，

151

---

*　巴尔干地区的一种水果蒸馏酒。

应当小心行事。冲突中强大的"族群间"机制，并不意味着当时和后来的暴力都天然要以族群为目标展开。马丁布罗德的马尔科·弗拉代蒂奇店铺遇劫事件说明，在这种背景下，人们选择下手对象时很容易就不再区分族群，只以个人恩怨、发财的欲望乃至袭击本身的难度作为选择标准。弗拉代蒂奇是马丁布罗德最富有的商人之一，他在当年早些时候就已沦为歹徒的目标——根据克独国当局的记录，曾有几个东正教乡邻假扮成乌斯塔沙分子去抢他。[29] 他可能在1941 年以前就和这些人有过冲突，而他们也很可能早就清楚他很有钱，对之垂涎三尺。此外，乌斯塔沙分子最近刚逮捕了他和他的两个儿子，在起义爆发时他们正被关押在库伦瓦库夫的监房里。既然他不在，抢劫他的店铺就很轻松了。即使在暴力看上去是以族群为目标展开时，地方上的行动者也可能会转向攻击那些本该是他们盟友的乡邻。通过微观层面上的分析，我们就可以避免认定"族群性"是推动暴力发生的主要动力，尽管这种因素乍看上去是起了主导作用，就像 1941 年在克独国发生的事一样。

不过，过去几周里乌斯塔沙暴力的性质——几乎所有受害者都是因为被认为属于某个族群分类而被选中的——也已经注定了要发生以族群为目标的复仇潮流。对很多起义者来说，乌斯塔沙分子的屠杀使他们对穆斯林和天主教徒乡邻的观感发生了剧变。久科·约万尼奇说："在那些至亲骨肉（najrodenije）死于乌斯塔沙之手的（东正教徒）心中，出现了一种向全体克族人复仇的渴望，他们并不区分乌斯塔沙分子和其他克族人。"[30] 当地人的遭遇证明了这种情绪的存在。起义者俘虏的克独国士兵报告称，他们听到起义者没完没了地讨论针对全体克族人的复仇计划。[31] 另一位俘虏则说："（塞族人）群体充满了仇恨。"还有一些人说，东正教村民路过他们的村子时会冲他们喊道："什么时候（用你们）把坑洞填满啊？"[32]

乌斯塔沙的暴力，使得很多农民战士很难再区分屠杀事件的参与者和其他非塞族人。[33] 当时的人回忆道："在他们看来，每一个克族人都是乌斯塔沙分子。"[34] 另一个人描述了战士们刚开进下拉帕茨镇时的气氛："某些塞族人已经开始大声说要杀光所有克族人了，而且后者该杀的原因就是他们是克族人。"[35] 一个人先前的行为已经不再重要了。一位起义者回忆道，有些人已经"没有心情再区分克族人里谁是加害者、谁是无辜者了"。[36]

　　某些战士已经把这种思维方式扩大到了非塞族的女人和小孩身上，他们认为有必要把他们当作敌人彻底消灭，甚至将其比作兽类，必须遏止其繁殖能力。起义第一周，有一位起义者杀死了一个女人和她的孩子，当时他喊道："免得这些母狗再多生出些狗崽子来（neka se paščad ne ligu）。"[37] 其他人这时也在试图套用这种心理模式，视一个人的族群归属来决定该怎样对待他。起义者布拉托·沙希奇（Brato Šašić）来自下拉帕茨附近的一个东正教村庄，战前曾在贝尔格莱德断断续续地当过装卸工，大家都知道他是共产党的支持者，但他跟其他共产党活跃分子一起来到该地区的共产党党委书记（okruž ni komitet）雅科夫·布拉热维奇（Jakov Blažević）所在的村子时，却立刻就逮捕了布拉热维奇。何以如此？"因为他是克族人。"沙希奇后来向一位起义指挥官承认道。[38] 类似的局面也出现在大茨维耶特尼奇村。8 月初，共产党员马尔科·奥雷什科维奇·克尔恩蒂亚（Marko Orešković Krntija）和他的同志久科·约万尼奇一起来到村子里，想跟大家解释说，起义的打击对象是乌斯塔沙分子，不是全体克族人和穆斯林。村民为他们准备鸡蛋时，当地东正教司铎的儿子走到约万尼奇跟前，指着奥雷什科维奇·克尔恩蒂亚问他："他是克族人吗？"约万尼奇回答道："是啊，所以呢？"司铎的儿子回答道："我们杀了他吧……克族人和穆斯林都不能相信。"[39] 一些人即使战前根本不会被认为是民族主义者，但这时对他们来说，所有被认为不属于塞族的人（即使是正在跟起义者并肩作战的人）都已经骤然变成了某个抽象的敌对类别的成员。"克族人"正是这样的一个类别，现在需要被斩尽杀绝。

有些战士也用同样的方式来概念化他们所谓的"穆斯林"乡邻。一位起义指挥官回忆说，"压倒一切的口号是，所有克族人和穆斯林都是乌斯塔沙分子。"[40] 有些人甚至觉得，他们现在作战的对象就是所谓"土耳其人"或者"巴利雅"（balija）——二者都是对本地穆斯林的贬称。[41] 这里反映出的观念是，杀死他们亲戚和乡亲的不是外人，而是他们称为"土耳其人"的穆斯林乡邻。有些人认为，对于迫害的合理回应就是"杀光土耳其人"。1941 年 6—7 月黑塞哥维那地区的乌斯塔沙分子大肆杀人以后，当地的一位起义指挥官就是这么说的。[42] 其他人的言论则说明，在很多人看来，与别的族群（特别是他们的穆斯林乡邻）并肩抗击乌斯塔沙的可能性很有限："土耳其人与我们为敌，他们杀死我们，屠宰我们，把我们扔进坑洞里。我们并未也不可能和他们一起斗争。"[43] 波斯尼亚西北部的很多起义者都是这样想的。[44]

乌斯塔沙大屠杀激发出的这种对抗性集体归类，使得广大东正教徒村民经常要求起义指挥官交出抓到的敌军士兵，然后"就可以杀光他们了"。[45] 这似乎是一部分人参与起义的首要目标。据报，在起义者包围多利亚尼村的克独国军事指挥部时，曾有一位起义者向战友们喊道："抓活的！我要操他们的妈！"[46] 有时候，对处死克独国士兵表示抗议的人会被斥责为"克族保护者"。起义者会威胁要杀害他们，烧毁他们的房子。[47]

对那些没能自行得出这种结论的人，有些起义者还会试图说服他们。拉佐·泰沙诺维奇（Lazo Tešanović）战前是个老师，在前南斯拉夫王国的军队里做过中尉，他试图对屠杀幸存者和死者的亲人乡邻们做说服工作，让他们相信乌斯塔沙分子指的并不是穆斯林和天主教徒中的一部分特定人员，事实上所有穆斯林和天主教徒都是乌斯塔沙分子。[48] 基于这种观点，泰沙诺维奇和其他类似人士公开提出，只有"塞族人"可以被允许加入他们的斗争。[49] 而且看起来，确有不少人以这种族群归类的方法看待自己。某次乌斯塔沙袭击之后，有人给天主教徒乡邻写了劝降信，其中写道："这封信来自塞族人伊索·斯塔尼奇（Iso Stanić），塞族人之子、森林之王。"[50]

154

　　这些人用来传播对抗性族群意识的一个重要方法，是向那些村庄还没被袭击过的同胞讲述乌斯塔沙屠杀的故事，特别是让屠杀的幸存者或目击者现身说法。7月1—3日苏瓦亚、奥斯雷德奇和布巴尼村遭受灭顶之灾的故事四处流传，令人动容。一位聆听者回忆说："在他们讲的故事里，米罗斯拉夫·马蒂耶维奇指挥乌斯塔沙分子在库伦瓦库夫周边农村犯下的暴行真是骇人听闻。有些战士说，有20个女人和小姑娘被绑在草堆上点火……还有更多的女人被活活扔进火海。另一些战士则讲道，乌斯塔沙分子把村里能找到的人都抓起来，老人、女人和小孩都有，把他们逼进谷仓里再付之一炬。"[51] 倾听这种暴行故事使得战士们紧密团结了一起。这既制造了恐惧感，又激发了所谓整个族群共同受难的意识——这一点可能也刺激了很多人对族群复仇的渴望。

　　不过，也有很多人觉得这种意识难以接受，很难把全体穆斯林和天主教乡邻都看作敌人。所以，某些起义者就以暴力恐吓为手段，规训这些所谓的同族同胞。一个惊人的案例是伊利亚·拉舍塔，他生于下拉帕茨地区，有个一起长大的好朋友叫佩约·希基奇（Pejo Šikić），是个天主教徒。这位童年好友不想加入乌斯塔沙，结果因为拒绝与乌斯塔沙合作，而且还谴责他们的暴行，所以经常跟他自己的兄弟发生争执。"他甚至告诉了我们，乌斯塔沙名单上的名字都有谁，谁又会被判处死刑，并迅速赶来告知我们戈斯皮奇的乌斯塔沙分子在下拉帕茨做的事情。"伊利亚·拉舍塔说。然而，1941年8月初起义军开进下拉帕茨时，上述行为都不足以挽救他的生命。

"我看到他跑过一片空地，想逃出他们的手心，就像一只兔子在逃避猎人。我开始哭喊，"伊利亚·拉舍塔回忆道，"我的教父（kum）斯特沃·拉夫尔涅（Stevo Lavrnje）就跟我说：'别哭了，不然就像杀掉他一样杀掉你。'我不得不忍住，不然我也会丢掉性命。"[52]

　　这种将他者视为敌人的集体归类，并非仅仅是人们对乌斯塔沙屠杀造成的创伤和愤怒做出的反应。人们也并非就那么容易信服于朋友、乡邻和亲戚提供的解释和令人动容的暴行故事。尽管暴力在很大程度上确实是以族群为目标发生的，但一个人所谓的族群并不天然就与他的行为相关，更不能决定他的行为。不过，像伊利亚·拉舍塔的教父这样的人也是存在的，在他们眼中，个人只是族群类别（如今已经代表着负面的集体身份认同）的组成部分。对这种人而言，在族群内部搞暴力恐吓，哪怕是恐吓自己的亲人，都是合情合理的，只要能让集体归类的意识深入到整个地区的东正教徒群体中，让他们意识到天主教和穆斯林乡邻属于"敌人"。这场以族群为目标、针对所有属于某个类别的人的大屠杀，正在迅速制造出这样的逻辑。据说，有一位起义者在呼吁乡邻们收集武器、弹药和马匹加入对抗乌斯塔沙分子的斗争时，曾向他们吼道："杀光那些不跟我们一起的（塞族）人！"[53]

　　可能有点自相矛盾的是，针对其他族群的大屠杀反过来导致了族群成员之间的暴力威胁。部分起义者想要强行推动对抗性的族群归类，以此作为对抗乌斯塔沙暴力的动员工具。这似乎也是各类起义的普遍特征：要成功向"敌人"发动战争，对所谓"自己人"施加规训是一种必要手段。很多研究政治暴力的著作（比如对拉丁美洲的研究）都显示，起义者会对他们自称为之而战的群体使用暴力，以此来实现对他们的管控。这在很多叛乱、起义和内战中都是重要的机制，却经常得不到充分的重视。[54]而当这种过程发生在多族群冲突中时，它也能帮助我们发现一种行动者用来制造对抗性族群归类的核心机制。在此类历史背景中，人们即使面对着族群间极端暴力的背景，也不会自动就接受这种将"异族他者"和"同族兄弟"区分开的强硬观念。事实上，要制造这样的情绪，需要有人为的、持续的、自觉的投入，特别是需要暴力恐吓和暴力行动。

　　为了强化队伍内部的一致性，很多战士都反对让非塞族人加入起义，也不支持其他任何跨族群联系。这使得起义在最初的日子里就有了明显的族群倾向。就像当地共产党人戈伊科·波洛维纳说的那样："利卡地区的起义从一开始，其直接目标就是要捍卫和保护塞族人的生命。"[55]克独国军方的一份关于袭击事件爆发的报告中指出，尽管看起来有一小股当地的积极分子参与其中，使得"叛乱具有了某种共产主义特征"，但是"这事实上就是一场塞族起义"。[56]德国军队针对克独国政治形势的报告也作出了类似的评估，对共产党的角色并不看重："塞族农民并不比克族农民更倾向共产主义……如果不是乌斯塔沙分子犯下的罪行，塞族农民不会听信任何宣传而为了共产主义的目标搏上性命。"[57]

156　　不过，这种所谓同一族群的战士起来发动族群复仇的"塞族起义"式画像，虽然肯定是反映出了当时这些事件的一个重要侧面，但还是有必要用现实的另一面来对这种说法加以平衡。对一部分起义者来说，针对族群的对抗性区分并不是他们的指导原则。夫尔托切村的斯特沃·阿特拉吉奇（Stevo Atlagić）和乡邻们一起躲在森林里时曾如此说道："他们杀害了我的父亲，但我不会找他们所有人报仇。我们也不要把武器给想这么做的人。我们该杀的是那些杀害我们的人。"[58]起义指挥官斯托扬·马蒂奇的想法也差不多，他来自内布柳西村，是一位26岁的前南斯拉夫军官，曾就读于贝尔格莱德军事学院和萨格勒布法学院。当地的乌斯塔沙分子杀害了他的大约70名乡邻和亲属，把尸体扔进博里切瓦茨的坑洞里，其中包括他的母亲。不过，他并不主张要对全体天主教徒和穆斯林发动集体惩罚。[59] 其他一些人，如大茨维耶特尼奇村和小茨维耶特尼奇村的起义指挥官斯特万·皮利波维奇·马丘卡，更是在对乌斯塔沙发动袭击前直接向他的战士们下令，不得焚烧任何非塞族人的房子，也不得伤害任何非塞族的老百姓。[60] 即使起义在本质上已经被定义成一场塞族运动，这种要求在天主教徒和穆斯林中区分具体情况的呼声仍然能够被表达出来。8 月底，波斯尼亚西北部和利卡地区的一队起义者更声称："我们塞族人之所以要战斗，就是为了从侵略者及其雇佣兵手中解放我们民族的人民。但是，我们斗争的目标不只是塞族人民的解放，更是我们祖国所有被奴役民族的解放。我们向克族人民伸出兄弟之手……穆斯林人民也是，请和我们团结起来，向侵略者和卖国贼发动无情的战争。"[61]

在认为有必要呼吁"塞族人"和"非塞族人"一起打击乌斯塔沙分子的人中，戈伊科·波洛维纳可能是表达得最直接的一个。他是一位本地共产党人，此时正在试图指挥起义。8 月第一周，他看到起义爆发的后果后写下了一份引人注目的宣言，明确说明是写给利卡地区，特别是库伦瓦库夫地区西部的"塞族"和"克族"人民的。戈伊科·波洛维纳生于多布罗塞洛村，在贝尔格莱德法学院受过教育，1941 年以前就是共产党的积极分子。20 世纪 30 年代后期，他开始作为反对政府的政治反对派在库伦瓦库夫地区活动，和其他人一起在奥斯雷德奇、多布罗塞洛、内布柳西和多利亚尼等村子发表演讲，场地经常是在人们的家里。通过这种方式，他成了地方上赫赫有名的工农权益鼓吹者。[62] 此人在 8 月 3 日或 4 日参与创立了利卡地区游击队总指挥部（Glavni štab gerilskih odreda za Liku），并成为其领导人。然而，从 7 月底到 8 月初，他仍没能与该地区的其他共产党领导人建立直接联系，更别提南斯拉夫共产党的领导层了。

因此，他的宣言所反映的，是他对自己在库伦瓦库夫地区所见所闻的思考，值得在这里大段引用。首先，宣言表示，当时的本地起义者几乎完全由受迫害的东正教徒农民组成，他们是为了自己的生存而战，而不是为了其他任何意识形态上的目标；其次，它生动地体现出，像戈伊科·波洛维纳这样的起义指挥者仍然坚持要在乌斯塔沙分子和其他天主教徒与穆斯林之间作出区分——很多战士对此都是拒绝的；第三，它向"克族"人民（注意是与乌斯塔沙分子区别开的）发出了一种尚在雏形中的呼吁，请他们把针对"塞族人"乡邻的暴行也看作是某种针对他们自己的暴行；因此，通向解放的唯一道路就是两大社群的团结斗争；最后，这份文件还告诉我们，以族群划界的报复性杀戮当时已经开始出现了。在波洛维纳这样的活跃分子看来，这样的报复活动必须赶紧停止。

利卡地区的塞族人们！

帕韦利奇的乌斯塔沙犯下的罪行，已经打破了所有底线。我们塞族东正教徒被判了死刑，无论男女老少都被赶尽杀绝。周围山谷里的所有坑洞都已经填满了我们无辜的兄弟姐妹的尸骨。我们长期默默忍受，但现在不能再这样下去了。我们准备好了武器，正在打一场生死攸关的斗争。我们唯一的战斗口号是：要么胜利，要么玉石俱焚。

各位塞族人，在我们蒙受大难、开始斗争的时候，全世界都是我们的朋友。我们必须让所有人看到，我们配得上自己为之而战的自由，也配得上我们期望得到的帮助。塞族兄弟们，这就是为什么我们不能让自己像乌斯塔沙分子一样。

全世界都谴责乌斯塔沙杀人放火的做法。我们不能容忍，在我们之间会有人为了复仇的目的去杀害无辜的人、破坏无辜的克族人和穆斯林的财产。如果我们像乌斯塔沙分子一样行事，世上就没有人会是我们的朋友。如果乌斯塔沙分子杀害了我们战友的家人，而这些战友因为不能消灭那些真正有罪的人，无法以此表达他们的痛苦，就无法控制自己的痛苦之情，我们就将失去全世界正派人士的友谊和帮助——我们现在正急需这些。

利卡地区的克族人们！

乌斯塔沙强盗在利卡地区犯下的罪行，最重要的目击证人就是你们。很不幸的是，这些强盗竟说他们的所作所为是以你们的名义。我们知道克族人民不是罪犯，并不想要流血，只是身被枷锁，无法发出自己的声音。但是，乌斯塔沙分子和他们的主子强加于塞族和克族人民的奴役锁链，如今已经被打破了。克族人民是时候从他们的历史与过去（istorija-povijest）中抹去血污了。克族人民清理门户的时刻，与其他人民一起为了正义的新生活而斗争的时刻，已经到了。

克族人，乌斯塔沙分子已经对你们民族造成了破坏。乌斯塔沙分子也已经给塞族人民带来了惨烈的伤痛。

克族人，从你们民族中清洗掉腐烂的乌斯塔沙运动，如此便可为你们自己的解放和全世界人民的解放作出最大的贡献。

塞族人，请握住克族人民最真诚、最可敬的子弟们向你们伸出的兄弟之手。不要把克族人民等同于乌斯塔沙分子。我们视自己为光荣的战士，配得上我们祖先的荣耀。要偿还我们被杀害的兄弟姐妹的血，唯一的办法就是抓住那些真正的罪犯和真正有罪的人，而不是流无辜者的血。如果我们像乌斯塔沙分子一样行事，就会再次陷于奴役。所以我们加入战斗，向那些可敬的克族人和穆斯林伸出兄弟之手，战斗到消灭敌人为止。[63]

在那些看起来和共产主义运动没什么瓜葛的战士身上，也同样能看到类似的情绪。在此类案例中，人们之所以会呼吁非塞族人加入起义军，貌似是基于当地的邻里传统。但是，这些起义者身上值

得我们注意的是，他们呼吁加入战斗的说辞会跟暴力复仇的威胁混
杂在一起。这说明，在乌斯塔沙分子持续制造的暴力阴影下，群体
159 之间的人际关系已经变得紧张。比如一位起义者给利卡地区某村乡
邻写信说：

> 克族的兄弟和乡邻们，
>
> 多年来，我们这些村子的乡邻们互相都是和谐相爱的，本
> 来在克罗地亚国（克独国）也应该一直如此。不幸的是现状并
> 非如此。在你们中间出现了一群畜生，他们点燃的仇恨火苗如今
> 已经熊熊燃烧。现在新坟已经过百，但我们并不垂涎于你们的鲜
> 血，也不想向你们这个勤劳、爱好和平的民族发起报复。我们将
> 跨越仇恨，不会碰你们的东西。相反，我们带来的只有亲切的话语。
>
> 所有光荣的克族人，只要没有偷抢过塞族人，也没有对塞族
> 人做过坏事，就还是我们的朋友。他们可以自由前来加入我们，
> 然后一起奋斗。
>
> 不要忘记，只要你还在继续向我们爱好和平的同胞、向我们
> 的女人和孩子开枪，我们就将回敬以同样的打击。[64]

在另一封库伦瓦库夫地区以北"格尔梅奇人民解放军"的信中，
也能看到这样混杂的信息：

> 穆斯林兄弟们，
>
> 你们被迫离开自己的家园，忍饥挨饿，缺衣少穿，打着赤脚
> 和家里的女人孩子一起躲在别人家里或是寒冷的森林里，已经有
> 一个半月了。为什么会这样？你们自己清楚，我们塞族人对此没
> 有责任，因为是你们烧毁了我们那么多的家园和财产，当然了，
> 是在贼人和乌斯塔沙分子的影响下。此时此刻，我们本可以烧毁

你们的家园和财产，但我们不会这么做，因为我们知道，你们是些体面的农民，你们家的东西都是靠辛勤和血汗赚来的。而且，我们之所以不这么做，是因为你们——亲爱的兄弟们——终有一天会明白，我们也是体面的人，不会伤害或杀害爱好和平的人。

我们向你们保证，没有什么势力能消灭我们，如果你们继续像之前那样行事，激怒了我们，我们的所有部队都将从格尔梅奇山（Grmeč）里出来，你们一个人都别想活，一栋房子都别想剩下。我们再说一次，我们是体面的塞族人，不是强盗。我们是自己家园和人民——无论是塞族、克族还是穆斯林——的保护者和解放者。

我们像兄弟一样邀请你们回到你们的家园，这也最符合你们自己的利益。不要把你们的武器留给敌人，还是拿来给我们吧，像兄弟一样加入我们，和我们共同的敌人作战。[65]

在起义最初的几周，这些跨族群联合抵抗的呼声并不多见，即使是这种掺杂了不少威胁报复成分的也为数甚少，且出现频率很低。绝大部分拿起武器的人都有亲戚和邻人刚刚死在乌斯塔沙分子手中，所以在很多人看来，他们的天主教和穆斯林乡邻纯粹就是仇敌。因此，针对这些人的新一轮复仇浪潮的基础已经打好了。下拉帕茨地区的客栈老板米兰·阿利沃伊沃迪奇初夏时曾出手干预过当地的乌斯塔沙分子，保护自己的东正教徒朋友；所以当起义军迫近时，他觉得自己没有必要和天主教徒邻居们一起逃走。他很确信，自己此前的行为足以确保他的安全。然而在这样的时刻，集体归类已经成了时代潮流，他所属的所谓族群类别，以及眼下这种类别所附带的负面特质才是最重要的，他自己的救助行为则不然。7月的最后几天里，他被几个起义者杀害了。[66]

有时候，起义者袭击事件中的这种遭遇，也会迅速消耗那种更有选择性地或者更克制地处置所谓敌人的方法所受到的本就很微弱的支持。1941 年 7 月底和 8 月初，起义军袭击布罗特尼亚、克尔涅乌沙、夫尔托切和博里切瓦茨等村庄时，就发生了这样的情况：一些时候，在袭击中呼吁克制的指挥官（比如斯特沃·阿特拉吉奇）当场被杀，[67] 而一旦没有了他们，渴望复仇的人们就会占据主导地位，成为后续暴力的领头煽动者。证据显示，有这种情绪的人在战士中为数相当不少。"对乌斯塔沙分子的仇恨，"一位起义者回忆道，"和（起义者们）为被杀亲友复仇的渴望，在袭击期间压倒了一切。"[68] 不过，关键的问题是："乌斯塔沙分子"都包括哪些人？在很多战士看来，这个类别跟"天主教徒""穆斯林"等类别在大体上是重合的。所以，每当一小伙呼吁克制的人突然消失（也或者压根就不存在）的时候，针对全体被归入这些类别的人发动复仇的基础就已经奠定好了，那些人过去的行为如何，现在都不再重要。

161　　起义者们在屠杀中处置其受害者及其尸体的方式，值得我们做细致的研究，以便了解究竟是什么原因让当地的暴力发展得如此激烈，是什么影响着后续的变化机制。在一些案例中，人们很快就想要将所谓克族社群全部予以肉体消灭。起义爆发几天后，有一队战士攻入了布罗特尼亚村，将几乎所有天主教居民（其中大部分都来自伊韦齐奇家族）都抓了起来。他们把这些人带往附近的深坑，一个接一个地扔进去活活摔死。被杀者多达 37 人。[69]

　　证据说明，复仇动机在这场屠杀的爆发中起到了重要作用。7月中旬，该地区的本地乌斯塔沙分子，特别是驻扎在下拉帕茨和多利亚尼村的那些人，就曾经跑到布罗特尼亚来抓东正教徒，杀死其中的大部分人。[70] 不过，在先前乌斯塔沙分子的暴行和现在起义者的复仇之间，最主要的关联还是 7 月 1 日苏瓦亚村的袭击事件。按照戈伊科·波洛维纳的说法，在参与屠杀苏瓦亚村民的乌斯塔沙分子中，至少有两名来自布罗特尼亚。而在之后参与屠杀布罗特尼亚

村天主教徒的起义者中，有好几位（比如约措·凯查［Joco Keča］）
就是来自苏瓦亚村。[71]指挥官久科·约万尼奇等人也表示，参与布
罗特尼亚村屠杀的有好几位来自苏瓦亚，他们的家人在一个月前被
乌斯塔沙分子赶尽杀绝。[72]

　　起义者在布罗特尼亚的复仇行动，仿佛是乌斯塔沙分子在苏瓦
亚村所犯暴行的镜像：战士们力图杀人全家；受害者中至少半数都
是女人、老人和儿童。[73]其他地区也差不多都存在这种发展机制，
比如在黑塞哥维那东部，起义指挥官们就发现，在屠杀非塞族人方
面表现最突出的战士常常是那些在乌斯塔沙屠杀中幸存下来的人，
有些是从尸坑爬出来的，有些是提早逃跑，后来发现自己全家都
已被天主教徒和穆斯林杀害的。他们经常都是最积极参与报复性
杀戮的人。[74]

　　这些满腔仇恨的人们的表现如此突出，说明报复性暴力的目的
并不仅是"清算"。比照尼科·弗里达（Nico Frijda）对复仇的研究，
这些人的行为可以被理解成是为了要修复一种认为"我能决定自己
的行为"的意识，尤其是要直面那些被认为是以暴力毁灭了这种意
识的人，也就是我们案例中的"乌斯塔沙分子"。如此一来，复仇
就成了一种有效的方法，可以用来缓解先前的乌斯塔沙屠杀潮造成
的深切无力感。而且，这还是一种残酷而有效的方法，可以用彻底
的权力来取代对世界的彻底无力感。[75]

　　在受害者们被带去布罗特尼亚不远处的深坑旁，将要被扔进去
摔死的时候，有两个年轻的男天主教徒在和邻人一同被杀害之前设
法逃了出来，跑进了森林里。不久以后，这两个人被别的起义者抓
住了，便自称是塞族东正教徒。有个起义者对此表示怀疑，要求他
们以东正教徒的方式向上帝祷告。他们毫无瑕疵地完成了。接下来
的事情生动地体现出，所谓的族群归属的意识已经具有了决定生死
的力量。起义者听完他们的祷告，拍了拍他们的肩膀说"这些人是

162

塞族的儿女"，随后就放他们走了。[76] 不过，在起义者的第一轮杀戮潮中，这种成功逃脱的事例是很罕见的，因为施暴者通常都认识他们的受害者，使得这种欺骗毫无成功的可能。所以，复仇驱动下的暴力经常是关乎私人恩怨的，就像苏瓦亚的人要去杀害布罗特尼亚的乡邻一样。[77]

　　和乌斯塔沙分子的屠杀一样，起义者的暴力也对社群间关系造成了深刻的破坏。那两位布罗特尼亚的男性幸存者，以及另外一位自行逃出的年轻女人，最后都被抓住并送到了斯尔布镇附近的起义军总指挥部。有共产主义倾向的指挥官久科·约万尼奇试图向他们解释说，他和其他像他一样的人都很反对向无辜的天主教徒和穆斯林发动集体复仇，他谴责在布罗特尼亚发生的、针对他们伊韦齐奇家族的屠杀。约万尼奇后来回忆说："他们只是面无表情地盯着我，然后就是努力把自己的脸藏起来。他们根本不相信我说的话，而且怕我怕得要死，这让我既不高兴又没办法。"这样的遭遇说明，虽然有些起义指挥官反对以族群为目标的集体惩罚，想要让这场起义包容非塞族人，但遇到了很大的困难，因为那些本应听他们指挥的战士只想着杀掉所谓的"天主教徒"和"穆斯林"。约万尼奇次日再回来找那两位吓坏了的伊韦齐奇姓男人时，已经找不到人了。当时他们已经被带走枪决。[78]

　　在起义者大肆杀人时，战士们常常一上来就搜捕特定的下手对象，具体施暴的手段也具有强烈的象征意味。8月9日袭击克尔涅乌沙村后，有几个人四处搜捕34岁的克雷希米尔·巴里希奇，此人是当地的天主教神父，1937年来到该村。他与当地东正教司铎德拉戈·萨维奇的亲密友谊为不少当地村民所熟知，那位司铎经常拿这位天主教神父开玩笑，问他什么时候结婚。[79] 而对袭击克尔涅乌沙的起义者来说，巴里希奇神父只是当地克族社群的重要代表人物，现在被他们视为敌人。有证据显示，部分起义者认定，他就是该村乌斯塔沙分子的主要组织者。[80] 抓住他以后，这些人便切开他的全身各处，割下耳朵和鼻子，挖出眼睛——然后暂时把他扔在一边受罪。[81] 他们还以类似手法凌虐了克尔涅乌沙的市政长官（općinski načelnik）伊万·马蒂耶维奇（Ivan Matijević），把他的脸切开，剁下手指，再放火烧他。抓到许多其他当地百姓后，这些人把他们关在天主教堂里，其中包括失明等死的巴里希奇神父，然后他们点燃了整栋建筑，把所有人都烧死在里面。[82] 这种存心要亵渎宗教场所——克族天主教徒社群最重要的实体象征——的做法，看来是一种起义者故意为之的暴力。在博里切瓦茨等其他村庄，起义者还用焚毁的天主教堂废墟来圈养牲畜。这既是对天主教徒群体的进一步羞辱，又可以被视为某种象征性的报复。[83]

至于那些没有被起义者关在教堂里烧死的克尔涅乌沙村民，则被送到了附近的泽利诺瓦茨村（Zelinovac），在那里被起义者关进几间房子里放火烧死。起义者还杀掉了牲畜。在这一案例中，暴力转型为彻底的斩尽杀绝，可能有多达400名天主教徒（也就是所有没能及时逃走的人）遇害，几乎所有建筑物都被焚毁。[84] 只有个别几个人活了下来，其中之一是个小孩，他在逃跑途中碰到了"切特尼克分子"（本地很多人当时对起义者的称呼）。这个男孩后来回忆："他们饶了我一命，叫我快跑。"[85] 不过，证据显示，在这次向全体天主教徒群体复仇的袭击事件中，像这样的跨社群救助行为凤毛麟角。

有些起义者在发动袭击时，会公开搜捕乌斯塔沙分子的家属，这更说明了他们的行为背后普遍有复仇动机的驱动。他们还刻意肢解尸体，以此显示以血还血。回忆录资料显示，起义者们杀害过乌斯塔沙分子的父亲、兄弟和其他亲属，其中很多人从未参与过暴力。"他们是因他们亲人的罪行、因自己与乌斯塔沙分子有相同的姓氏而付出代价。"一位战士这样说。[86] 8月2日袭击夫尔托切村期间，起义者四处搜捕库伦瓦库夫当地的乌斯塔沙领袖米罗斯拉夫·马蒂耶维奇的父亲约瑟普·马蒂耶维奇（Josip Matijević），抓到他以后，就把他的头砍了下来，插在棍子上带到全村各处，同时把包括他夫人在内的其他人也都杀了个精光。随后的受害者中还包括其他至少八名马蒂耶维奇家族的成员，其中还有几个孩子。[87] 8 月中旬克独国军队重新开进夫尔托切时，只找到了个别几名设法幸存下来的女人和儿童。约瑟普·马蒂耶维奇的商店和客栈也跟其他绝大部分房屋一样遭到了洗劫、破坏和焚毁。[88] 这是起义者对他的儿子、当地乌斯塔沙分子米罗斯拉夫·马蒂耶维奇及其招募的同伙在过去几周里对东正教社群犯下的暴行做出的回应。

　　我们要把马蒂耶维奇父母的头颅插在棍子上这一行为放置到当地的历史背景中，才能更好地理解这种做法的含义。奥斯曼帝国政府机关和辖区官长（该地区的奥斯曼—哈布斯堡的军事边界上各个堡垒的当地穆斯林军事指挥官）曾经用这种手段来处置他们眼中的敌人，包括基督徒和穆斯林。这种手法并不只是为了杀人，也是为了在当地人群中散布恐惧，让大家明白是谁在掌权；与此同时，这也是在公开展示敌人可耻而屈辱的死亡方式。这种暴力手法将复仇和示众结合到了一起。

　　至于斩首，则和法国大革命、19 世纪美国西南部的暴力事件以及 1965 年印尼的集体屠杀等其他历史背景中剥头皮、毁尸、斩首、吊死等行为有相似的特质。[89] 这些分尸、毁尸的行为并不只是为了造成死亡，对人们意识中的敌人而言还能发挥某种强有力的交流功能。它们以比语言更鲜明有力的方式告知目标人群，如果做了施暴者认为不当的事，就会遭受这样的惩罚。[90] 在一些案例中，这种以恐怖手段对待另一方身体的做法，其目的是要修正活下来的人日后的行为，让他们学会顺从。[91] 而在另外一些案例中，毁尸示众则更多是为了"清算"（往往大大超出了必要程度），而不是修正别人此

照片 8　约瑟普·马蒂耶维奇在夫尔托切的商店和客栈的遗址，1941 年由克独国军队拍摄。起义者不仅将他斩首并焚毁了他的客栈，似乎还费了工夫想要把他的名字从招牌上抹掉。照片提供者是军事档案馆，贝尔格莱德。

后的行为。在 1941 年 8 月初库伦瓦库夫地区发生的起义者袭击事件中，这两种层面似乎都在发挥作用。

　　起义军在夫尔托切采用斩首这种特别的手法，有其深刻的历史根源。至少从 19 世纪头 30 年开始，甚至从更早的时候开始，斩首就已经是奥斯曼地方政府和他们的本地同伙的标准做法了。当时，插在棍子上的人头被摆在奥斯曼军事要塞旁边，看起来像墓碑一样，让所有本地村民都看到。以这种方式遭到处决会被认为是耻辱。[92] 米罗斯拉夫·马蒂耶维奇的父母被杀的方式几乎与此完全相同——头颅被插在棍子上；因此我们可以假设，起义者们通过本地的口头传说，保存了对奥斯曼时代做法的记忆。在这个重大的危机时刻，他们采用了故事中的暴力手法，以求用一种有效的方式向邻居复仇，羞辱他们。[93]

　　起义者前几天在布罗特尼亚杀害天主教徒的行为，在某些方面跟夫尔托切发生的事情也有共同点。虽然农民战士们把那里的大部分村民都扔进了一个深深的深坑里，但是根据回忆录的说法，有一位名叫米莱·马尔科维诺维奇（Mile Markovinović）的乌斯塔沙分子的尸体却被特意保留了下来，扔到空地里喂野兽。几天之内，米莱·马尔科维诺维奇就只剩下头骨了。这个人一个月前曾参与屠杀布巴尼村的东正教村民。根据当时人的说法，起义者根本没打算掩埋他，就是要扔在大家都能看到的地方，让大家知道他们已经大仇得报。[94] 简而言之，起义者的暴力行径和他们处理尸体的手段，反映的是该地区奥斯曼统治时期的暴力历史，尤其是与复仇有关的那部分历史。

166　　至于夫尔托切村的其他天主教徒，起义者们割断了他们的喉咙，手法跟宰杀牲畜时一样。这一点或许并不出人意料，因为大部分战士都是农民，自己也养牲畜。幸存者在证词中专门提到了这种杀人手法。在克独国报纸上的一篇报道此类袭击事件的文章中，有记者写道："当孩子们谈到切特尼克分子如何杀害他们的父母时，他们从不使用'杀害'（ubili）这个词，而全都是说'屠宰'（poklali）或'宰杀'（zaklali）。"在当地斯拉夫语中，这两个词既可以表示宰杀牲畜，也可以表示把一个人的喉咙割断。[95] 有些学者认为，起义者会采用这种手段杀人，完全是因为缺少弹药。有些时候可能确实如此，[96] 但也有证据显示，这类暴力手法有其象征性色彩。在一些案例中，虐待和杀人都是为了把受害者贬低为畜类。这也可以被看作另一种复仇方式。[97]

　　在其他地区，克独国官员也注意到了这种以非人化为目的的暴力手法，包括切下生殖器、挖出心脏，再摆放在尸体的脸部和腹部，留着给人看到。[98] 有证据显示，这些起义者有时候会在受害者身上花不少时间，不是为了杀掉他，而是有条不紊地将还活着的身体切割成许多碎块，先从切下手指、手、脚和挖出眼睛开始，然后再扯下肋骨，把身体的其他部位切成小块，直至死亡。这种虐杀的手法以极度非人化的方式给受害者造成了极大的痛苦。幸存者的证词显示，这种手段完全就是为了让受害者感到自己只是畜类。一位幸存者回忆说，切割肢体就是为了"让你像条狗一样哀号和死去"（prostiš kao pašće）。任何乡下人看到这样的杀人手法，都会想起屠宰动物，其目的就是要恐吓、羞辱那些稍后找到这些被损毁肢解的尸体的人。[99] 在其他冲突中，比如 20 世纪 50—60 年代的阿尔及利亚*以及 20 世纪 80 年代初的危地马拉†，也有类似的杀人手法被记录下来。至少在其中一些案例中，这种暴虐的暴力手法同样是为了达到与 1941 年库伦瓦库夫地区相似的象征性效果。[100]

为了类似的目的，起义者也采取过其他的虐待手段。在 8 月底黑塞哥维那的一次报复性袭击中，起义者捕获了一位穆斯林男子，除了割下他一只耳朵并殴打他外，还强迫他亲吻了他们的猪，再趴到地上和猪一起进食。然后他们把他带到一个塞尔维亚村庄，逐户展示给村里的女人，还说："我们捉住了一个土耳其人！"好像他们捉到了什么牲畜一样。[101] 在克独国媒体报道的另一起事件中，"切特尼克分子"抓住了一位前南斯拉夫军队里的伊玛目（伊斯兰宗教头衔），除了殴打他之外，还强迫他吃一个战士的屎，然后再吃猪肉和喝酒。[102]

这些非人化的暴力手法以及它们的宗教象征意味，令人想起安那托利亚（Anatolia）的暴力案例，那里的亚美尼亚基督徒被人钉在十字架上，送到他们家人那里。这意味着施暴者们普遍有这样一种情绪：不能只是杀害和虐待受害者，还要利用其文化习俗中的神

---

* 指阿尔及利亚战争期间法国对阿尔及利亚人实施的屠杀行动。

† 指危地马拉内战时期的屠杀事件，持续 14 个月，又被称作"无声的屠杀"。

圣元素，达到非人化的目的，羞辱他们、他们的家人和他们所属的整个社群。[103] 在德国和欧洲其他纳粹占领区对犹太人的迫害中，这样的暴力案例也随处可见，施暴者有意贬低受害者的宗教习俗，比如烧毁犹太教堂（和里面的人）、焚烧希伯来圣经。这种行径也同样是一种交流的方式——既是和受害者交流，也是和施暴者自己的所谓同胞交流。[104] 我们应当这样看待起义者的暴力行径：这是在跟所谓的敌人，以及其他乌斯塔沙暴行的所谓受害同胞做近距离的交流。它们生动地传递了大仇得报的信息，象征着仇人已遭到严重的羞辱和非人化。如此一来，暴力就进一步促进了这样一种概念，即本地社区如今已经分裂成为彼此敌对的群体。

　　这些人的暴力行为，从心理学视角来看或许对他们来说也极为重要。这种心理是在起义者报复性杀戮生成的特定历史背景中激发出来的。他们的行为可以毫不含糊地证明他们对被虐待、被杀害者的绝对权力。先前几个月里，很多人都在乌斯塔沙分子及其追随者手中体会到了彻底的无力感。这种经历不只能给人带来痛苦，而且还造成了沉重的羞辱和无力感。他们如今做出的这些极端残忍的行径，可以被理解成是要明确表明自己已经不再是受害者了，他们和对方的角色已经对调了。在其他游击战争（比如美国内战里的游击战）的虐待和毁尸活动里，也能看到类似的机制。举例来说，迈克尔·费尔曼（Michael Fellman）在对密苏里州暴力行为的分析中曾提道："有些起义者群体想要把事态推进到某种斩尽杀绝的终极状态，使得'我们'的力量在某些土地上意味着一切，让'他们'变得什么都不是。"[105] 在库伦瓦库夫地区，这些起义者之所以采取如此残忍的报复手段，可能也是想通过这种非常有效的方式，重获之前被无情夺走的力量感。他们极度的残忍暴虐在大部分人看来都是不可思议、毫无意义、缺乏理性的，但其背后的合理性或许就在于此。[106]

在这里，我们要格外仔细地观察促成这种暴力的历史背景，拒绝用完全去历史化的理论模型来解释极端行为的冲动。比如说，斯坦利·米尔格拉姆的重要观点就很诱人，他认为人们有能力"放弃人性"。他观察到，多数人对权力的顺从都轻易到了令人不适的地步。在他看来，驱使人们给他人制造痛苦的，并不是仇恨、复仇心理和愤怒。在他的实验中，当一个人把个性融入到更大的权力制度结构中时，他就拥有了对他人施加巨大痛苦的能力。[107]然而，起义者实施酷刑与杀戮的那些方式，并不仅是为了响应指挥官向战士们下达的施暴命令。与米尔格拉姆实验的参与者不同，起义者的暴力行动中有深刻的历史因素——很多人近期都遭受过极端的暴力，目睹过乡邻和亲属被杀。在这里，历史背景对于我们解释起义者报复性暴力的表现形式和手法所能起到的作用，是怎样说也不过分的。在米尔格拉姆那项重要的心理学研究中，这种因素没有得到充分的重视。犯下暴行的人或许不必事先怀有仇恨和愤怒的情绪；反过来说，怀有这些情绪的人也可能永远不会处在采取行动的位置上，特别是如果有什么力量制约他的话。但是，在那个夏天的库伦瓦库夫地区，正是这些充满历史偶然性的情绪，在起义者报复性杀戮风潮的爆发过程中起到了关键的作用。

这场杀戮还表现出了两种分别被称为"选择性"和"无差别"的暴力形态，这两者的区分是政治学者斯塔希斯·卡里瓦斯（Stathis Kalyvas）提出的。不过，这两种形态的实践在这里同时都有所出现。[108]起义者挑选了特定的下手目标，比如克尔涅乌沙的本地天主教神父，以及在夫尔托切找到的本地乌斯塔沙领袖的父亲。在起义者看来，这些人和乌斯塔沙分子有密切的关联，而且是当地克族社群的代表。起义者公然以残暴手法虐待、肢解、杀害这些人，是为了做出某种表达。然而，这种选择性暴力也为集体屠杀搭好了舞台，使之得以迅速爆发。在集体屠杀中，起义者搜捕受害者

时，不再特别看重他们是否在乌斯塔沙中确实或者可能扮演过什么
角色，以及他们是不是该社群中的重要人物。现在的受害者之所以
被选中，更多只是因为他们是所谓"克族天主教徒"。这两种实践
汇流到一起，向所谓克族社群整体复仇的目标就得到了实现。

　　整个 7 月，本地乌斯塔沙分子在处理受害者时，要么把尸体扔
进坑洞，要么埋进万人坑，目的都是要隐匿杀人证据。起义者与
此不同，更多的是把受害者残破的尸体扔在光天化日下。他们这
样做的目的之一，就是要让发现尸体的人感到惊骇、愤怒。后者
也确实做出了这种反应。有一队克独国士兵，在穿过几天前被起
义者毁掉的克尔涅乌沙村时，全队人都为"残破的人尸和动物尸
体发出的恶臭"以及残破烧焦的尸体（很多都已无法辨认了）感
到惊骇不已。[109] 村里发来的报告写道："没有人能在如此恐怖的
景象前无动于衷，士兵们几乎无法控制自己，都想去杀死所有塞族
人。"[110] 这些暴力的消息传来后，克独国军队高层严词批评了那些
"仍然想要宽大处理塞族人"的军官。[111]

　　至于另外一些看到这些尸体或者耳闻杀人和尸体情况的人，他
们的反应就不仅限于震惊和批评了。这些人发动了新一轮的报复性
暴力。库伦瓦库夫的乌斯塔沙领袖米罗斯拉夫·马蒂耶维奇听到父
母被起义者斩首的消息后，立刻前往镇上用于关押囚犯的小学，跟
另外两名乌斯塔沙分子一起把 19 名俘虏带到附近的塞族东正教堂，
在那里杀害了他们。[112] 教堂是维系塞族人历史和社群认同的主要
场所。在这场逐渐爆发的内战中，双方暴力的烈度都逐渐升级，尤
其是报复性杀戮和毁尸行为都以无论是肉体上还是象征意味上均极
具破坏性的方式发生。

　　起义开始后，当地乌斯塔沙分子对库伦瓦库夫周边的东正教村
庄——如普尔科西、欧拉什科博尔多（Oraško Brdo）和拉因诺夫

奇——的袭击变得愈加频繁。他们杀害男人、女人和儿童，盗走数量巨大的牲畜和其他财物。[113] 这些人还把从更多地区抓来的东正教徒村民带到库伦瓦库夫及其周边的穆斯林农村里，再杀掉其中的大部分。[114] 这场杀戮潮针对的是整个东正教徒群体，后者被认定是在给起义者提供给养。留在家里的村民多数是女人、儿童和老人，都是容易对付的目标，杀死这些人不但让乌斯塔沙分子的劫掠活动得以持续，而且还让他们有了一种自己在和起义者作战的感觉，尽管他们并未在军事上直接遭遇过那些四处游击的敌人。

170

　　本地乌斯塔沙暴力的升级得到了克独国军方的官方许可。起义爆发后几天，波斯尼亚西北部和利卡地区的军队领导层就发动了针对起义的战役。7 月 29 日的报告中写道："军队指挥部下达命令，在行动期间，部队对他们在该地区找到的所有人都应**残酷无情**，无论对方是否持有武器。所有达到参军年龄的人都应被送上军事法庭，持有武器者或者被怀疑有过武器但扔掉了的人都应被枪决。这一点也适用于所有给叛匪提供食物、武器和弹药的女人和儿童。"[115]

　　还有其他一些被克独国军方简称为"报复"（represalije）的手段也须得到执行，包括"抓人质、没收牲畜和食品、摧毁协助叛匪行动的村庄"。[116] 在实地操作中，这些命令和政策很容易被解释成给该地区乌斯塔沙暴力的进一步升级开了绿灯。此外，军方的命令中还公开提到了执行"土地清洗"政策的必要性。这个在地方上使用了好几个月的委婉说法指的是集体屠杀和其他形式的"无差别暴力"。[117]

　　研究政治暴力的学者注意到，在很多历史背景下，政府面对游击队起义时都会采取这样的军事策略，比如 20 世纪 80 年代初的危地马拉。[118] 其背后的观念是，要镇压一场起义，不能只靠打垮起义者，还要对其支持者施以同等打击，才能消灭起义的支持基础。[119] 其结果通常是暴力事件急剧增加，尤其针对的是那些被认为支持游

击战士的平民。这种时候，政府军常常是孤注一掷，想要在战斗成
本变得太过高昂之前打垮起义军。除了危地马拉外，阿尔及利亚、
车臣、阿富汗和斯里兰卡的情况也是如此。[120] 和 1941 年 7 月底克
独国军方的命令一样，这种镇压起义的手段很容易就会变得极为残
暴。不过，这种策略经常也会适得其反，因为它们只会造成更多的
暴力，而暴力本来就是造成叛乱的原因。[121]

　　克独国军方最初对付起义的手段就符合这样一种模式。他们准
许各种针对东正教徒群体的暴力，结果有些乌斯塔沙分子就宣称，
他们的杀人行为现在已经属于合法报复了，是对"切特尼克分子"
杀害他们亲属的回应。黑塞哥维那有一队在村子里杀害手无寸铁的
东正教妇女、儿童和老人的乌斯塔沙分子就是如此，结果克独国当
局决定起诉他们。[122] 在讨论这些以牙还牙的杀人事件时，最初造
成起义者暴力的初始原因——乌斯塔沙分子在夏初的杀戮——迅速
从话题中消失了。简而言之，政府的反起义政策给本地的乌斯塔沙
分子提供了制造更多暴力的方便借口，结果越来越多的人被驱赶到
了森林里，加入抵抗克独国的战士们的行列。这意味着起义不会很
快结束。

　　随着暴力愈演愈烈，双方采取的报复手段都越来越相似。在克
尔涅乌沙村，起义者烧毁了几乎所有房屋，把当地的天主教神父杀
死分尸，还杀害了其他几百名村民。不久后，乌斯塔沙分子回到这里，
抓住了一对东正教徒兄弟，带他们到附近的森林里，割掉耳朵和鼻
子后扔进深坑里。这种做法跟起义者处置该村天主教徒老百姓的手
法很相似。乌斯塔沙分子到附近的夫尔托切村发动反击时，也是把
东正教徒村民（大部分是女人、儿童和老人）集合到房子里，再把
房子点燃，看着这些受害者被烧死，就像起义者处置克尔涅乌沙天
主教居民的方法一样。他们还抓到了少数几个达到参军年龄的男子，
剃掉他们的胡子，割掉舌头，然后要求这些受害者唱歌颂克独国最

高领袖安特·帕韦利奇的歌曲。乌斯塔沙分子抓到的一个小孩遭到了跟本地乌斯塔沙领袖米罗斯拉夫·马蒂耶维奇的父亲约瑟普·马蒂耶维奇相似的命运——被起义者砍下脑袋插在棍子上。乌斯塔沙分子把这个孩子钉在了房墙的杆子上，等着起义者来找，以示报复。[123] 这种在暴力手段上的模仿行为成了冲突各方的一种交流方式。

在米罗斯拉夫·马蒂耶维奇的领导下，乌斯塔沙分子试图把这一轮由复仇驱动的杀人毁尸潮扩散到其他邻近的东正教村庄，比如普尔科西和拉因诺夫奇村。起义者们立刻发动了反击，避免了屠杀的发生。[124] 不过，乌斯塔沙分子在袭击普尔科西之后还是抓到了两个女人，分别是 60 岁的久拉·佐里奇（Đura Zorić）和 16 岁的久卡·佐里奇（Đuka Zorić），她们被迫帮忙搬运他们从村里偷的东西。在普尔科西村一公里外，他们砍掉了她们的脑袋，把无头尸体扔在路边，留给起义者看。[125]

这些杀人手法跟乌斯塔沙分子以前的手段——大屠杀后把尸体扔进深坑——大不相同，并不仅是为了镇压起义。这是在以生动而残忍的方式告诉起义者，他们已经复仇成功了。破坏女人、小孩和其他留在村里的人的尸体，对起义者来说也是深深的羞辱。尤为惊人的是，本地的施暴者明显是在互相学习和采纳对方的做法，包括杀人手段和处理尸体的方法。据说，起义者曾在杀死一队乌斯塔沙分子及至少一名儿童后说："咱们把他们扔到坑里吧，跟咱们（塞族）的死者一起。"[126]

然而，也不应该假设所有的本地乌斯塔沙分子都万众一心地要跟起义军势不两立，或者要找他们的家人和邻居报仇。夏季早些时候，有些穆斯林和天主教徒之所以高高兴兴地加入乌斯塔沙，是因为那时候劫掠东正教徒财产还很容易。现在，起义的爆发和起义者的残忍策略抑制了部分本地乌斯塔沙分子参与暴力的愿望。8 月的

172

第一周，受害者们刚开始还击，本地就有至少 25 名被认为是乌斯塔沙的人带着部分家人逃离了库伦瓦库夫镇，跑到比哈奇去了。奥拉沙茨村据说也有 13 个人马上就跟着他们跑了。夫尔托切村的三位马里契奇家族的男性成员，在夏初时还明显是乌斯塔沙分子，起义开始后也离队了。按照克独国文件的说法，他们之所以离开，主要是为了到比哈奇去寻求援助，以对抗起义者。[127]

但是，这些人在起义者的威胁面前突然离去，本身就说明了他们夏初时节参与向邻人施暴的原因。一旦偷东西和杀人会使得自己和家人都面临生命危险，他们就会突然放弃自己在"清洗行动"中扮演的角色，就像他们之前决定要加入时一样突然。这说明，他们的暴力行为有很强的情境性根源。他们会加入乌斯塔沙，似乎是因为能轻松迅速地从中得到好处，而不是为了投身于某种意识形态上的宏大目标，比如创建一个种族纯正的克罗地亚民族国家。

部分本地乌斯塔沙分子的离开，也起因于在 8 月初起义爆发、暴力升级之后，某些克独国领导人正试图在乌斯塔沙分子中作出某种区分。那些在夏初时节大肆洗劫东正教徒村民、以残暴手法虐杀他们的家伙，如今越来越多地被称为"野生乌斯塔沙"（divlje ustaše）。这些人被认为不尊重克独国领导人的权威。按照代尔文塔地区一位官员的说法，他们的暴行"损害了整个克族民族的荣誉"。[128] 显然，这样的人跟"真正的乌斯塔沙"（prave ustaše）无关。后者被认为是克独国的民族斗士，要对抗起义者以保卫国家。起义在克独国政府内部造成了裂痕。他们普遍支持建立一个独立的克罗地亚国家，但对这个国家使用的暴力却持有不同的观点，特别是当时乌斯塔沙分子的杀戮已经造成了安全危机。一位官员这样表示：

这些不负责任的人犯下的（针对塞族群体的）罪行，已经造成了普遍的不安全感，损害了国家政府的形象。克族人民本质上勇敢、高贵、品行端正，他们懂得杀敌要到战场上去，而且一个人可能因为一时的虚弱而在战斗中被杀。他们也懂得，国家政府要通过合法的军队和宪兵部队来保卫国家利益。然而，如果任由那些不认可、不承认权威的不可靠分子对已经投降、恳求怜悯的人加以虐杀，那么即使他们杀的是敌人，这种做法也远远超出了我们人民的道德认知。[129]

无论人们对他们的所谓非克族邻人怀有怎样的负面感情，乌斯塔沙分子的暴力——以及尤其是起义者的以牙还牙——都已经让他们对乌斯塔沙分子的行为产生了深深的怀疑。利卡地区的克独国宪兵在8月中旬的报告中写道：

> 所有认真的、头脑清醒的克族人都在批评乌斯塔沙组织的行动。我们的国家诞生四个月以来，情况并未因为乌斯塔沙组织所谓的"清洗"——也就是对持希腊−东方信仰者（"塞族人"）大肆杀戮、纵火和盗窃——而变得正常起来，反而是一天天地恶化。只要还没有足够的措施来制止这场动乱，制止乌斯塔沙组织，特别是制止那些被称为"野生乌斯塔沙"自行篡夺政权的行为，恐惧，对未来的恐惧，尤其是对近在眼前的未来——也就是明天——的恐惧，就会一直存在。[130]

起义者对乌斯塔沙暴力的残暴回击，为这种恐惧提供了现实的原因，毕竟现在连所谓"头脑清醒"的克族人都已受到了冲击。起义者的每一步进展都在为报复性暴力火上浇油，双方似乎都无人有能力控制这场杀戮的螺旋式激化。

起义者对博里切瓦茨村发动的袭击，体现了这种越来越棘手的

174

麻烦局面。8月2日，起义战士攻陷了这个乌斯塔沙的活动中心，附近不远处就是夏初时候数百东正教村民遇害的那个深坑。[131] 很多战士都听过这个深坑令人毛骨悚然的故事，所以很快就有一队人走出村子去寻找这个他们认为有大量亲戚和邻人罹难的地点。有一个从屠杀中逃脱出来的男人给他们带路。据一位目击者说，坑口附近有好几颗砍下来的人头，眼睛被挖出来，耳朵和鼻子被切掉。周围到处是半干的血泊，树上挂着尸体和人头。[132] 这队人一边消化这个可怕的景象，一边慢慢走向深坑的边缘。一位战士回忆说："走近那个坑并不容易，因为那天很热，恶臭扑鼻。我们走到坑口处，冲里面大声喊叫，想看看有没有幸存者。没人回答。我们又喊了一次，说我们发动了起义，已经攻占了博里切瓦茨，把乌斯塔沙恶贼（zlikovci）赶到库伦瓦库夫去了。结果我们听到一个声音：'兄弟，救救我！'"[133]

起义者凑合弄了一根绳子放下去，最后拉了两个人上来。其中之一是头部中弹后活了下来的弗拉基米尔·坦科西奇，另一位米莱·皮利波维奇则是在目睹乌斯塔沙领导人米罗斯拉夫·马蒂耶维奇枪杀他的儿子、两个兄弟和三个叔叔之后自己跳下去的。他们在尸堆中挨了九天九夜，靠舔舐岩石上的水来解渴，活了下来。[134] 他们俩精疲力尽、遍体污秽、浸满鲜血，生动详细地回忆了自己的遭遇。坦科西奇说，他在尸堆中待了三天，然后皮利波维奇科跳了下来。他们描述说，坑底堆满了男人、女人和小孩的尸体，乌斯塔沙分子甚至把摇篮里的婴儿扔下来摔死。听者都深受震撼。有些人后来提到过这段经历，说这两位幸存者讲述的故事给他们注入了复仇的渴望，而且用其中一个人的话说，这种渴望"压倒一切"。[135]

好几个起义者回忆说，有些指挥官曾明确下令他们不得在这种情绪的驱使下行动。他们不得烧毁博里切瓦茨村，也不许伤害当地的天主教徒居民。"他们是无辜的，"这些指挥官说，"不能让他们对乌斯塔沙分子犯下的罪行负责。"[136]斯特万·皮利波维奇·马丘卡就是这种自封的领导人之一，他在战士们发动袭击前作了简短的演讲，强调村里的女人、小孩和其他人对乌斯塔沙分子的所作所为没有罪责。[137]他的战友戈伊科·波洛维纳在回忆录中说，此前发生的报复性杀戮，特别是布罗特尼亚的伊韦齐奇宗族遭到的处决——

——是一个严重的危险信号，预示着我们的战士可能会对博里切瓦茨的无辜克族人展开血腥报复。尤其提高了复仇风险的是，大家都知道那个村子里有一队农民乌斯塔沙分子，在"格尔佐"·帕维契奇及其妻子玛丽亚的领导下（于7月3日）在邻近的塞尔维亚村庄布巴尼村参与了对塞族家庭的残杀，此外还有一定数量的博里切瓦茨克族人参加过对附近塞族村庄的洗劫。

对我们来说，那个（布罗特尼亚的伊韦齐奇宗族被杀害的）悲剧是一个危险的信号，预示着无辜的男人、女人和小孩都会在野蛮的复仇中沦为受害者，所以（在袭击博里切瓦茨之前），我们在最大的困难下迅速采取了措施，确保那种情况不会重演。[138]

波洛维纳声称，他跟志同道合的战友们一起策划袭击博里切瓦茨时，自己同时也给那个村子送去了消息，恳请当地百姓逃到库伦瓦库夫去。"如果他们留在家里，我将没有能力保全他们的性命。"得到村民已经逃跑一空的消息后，他才下达了袭击的命令。[139]

不过，另一位本地战士则回忆说："能做决定的并不只有那些起义领袖，还有（乌斯塔沙）袭击的幸存者。后者的家人邻居都被杀害了，如今正要毫不留情地报仇雪恨。"[140]还有一位起义者则提到，有些人对复仇的渴望甚至超过了洗劫村子里的房屋店铺，要知道该村的很多财物本来就是过去几周里本地乌斯塔沙分子里从东正

教徒村民那里盗抢得来的。"这些人是为了消灭克族人的一切跑到
博里切瓦茨村来的，他们行动得甚至比贼人还要快。"[141]

　　尤其激发人们复仇热情的是，有一队战士走到博里切瓦茨村
外时，无意中发现了附近卡拉蒂村新遭毁坏的房屋，是本地的乌斯
塔沙分子逃离博里切瓦茨后大肆纵火掠夺留下的。炎炎烈日下，惨
遭屠戮的妇女、儿童和老人的尸骸要么堆放在余烬未熄的房子里，
要么散落在院落和园子中。[142] 杀戮之前的折磨和肢解手法一目了
然：女人和小女孩的尸体能看出强奸的迹象；有些小孩的眼睛不见
了，还有一些靠在栅栏和房屋周围的墙上，身体被干草叉刺过。[143]
一位起义者后来写道："我们看到的东西令我们感到难以接受。大
家已经等不及去找乌斯塔沙分子了。"[144] 学者们在其他历史背景中
也注意到过类似的机制：与受害者尸骸——特别是所谓自己人的遗
体——的创伤性遭遇，刺激了报复性暴力的急速爆发。在温迪·洛
尔（Wendy Lower）对 1941 年乌克兰集体暴力的研究中，有一位
乌克兰民族主义战士如此回忆道："在行军中，我们亲眼看到了犹太-
布尔什维克恐怖下的受害者，这加剧了我们对犹太人的仇恨，所以
在此之后，我们就在两个村子里把遇到的犹太人都枪毙了。"[145] 在
这里，重要的并不是打击对象本人是否有罪，而是遭遇尸骸的经历
能够激发对所谓敌人的报复性杀戮。

　　起义者们从坑洞里拖出了两位幸存者，又在卡拉蒂村见证了
支离破碎的尸骸，却又找不到发泄复仇冲动的出口。包括当地乌斯
塔沙分子在内的博里切瓦茨全体居民都在不久前逃到库伦瓦库夫去
了，战士们得到的是一个空荡荡的村子。当地的东正教徒农民听说
起义者拿下博里切瓦茨之后也纷纷赶来，其中有不少妇女。有些人
是来寻找他们被抢走的财物，而更多的人是来找那些在 7 月 1—3
日对苏瓦亚、布巴尼和奥斯雷德奇等塞族村庄的袭击中杀害他们亲
人和乡亲的天主教徒乡邻。一位起义者回忆道："复仇的渴望狂热

得无法控制（neobuzdana i nesavladiva）。"[146] 村里没人，这群战士和农民混杂而成的暴民很快点燃了所有建筑物，包括天主教堂。不到一个小时，全村就已基本被夷为平地。烈火熊熊燃烧的时候，有些博里切瓦茨的百姓还在逃往约十公里外的库伦瓦库夫的路上，其中个别人转过身来看向遥远的群山，看到的却是直冲云霄的浓烟。烈火吞噬了他们的家园和村庄。[147]

　　8月初博里切瓦茨村的毁灭，使我们得以看清一些重要的机制：首先，乌斯塔沙的暴力并不只是让"塞族人"群体沦为受害者；现在，由于引发了对抗性族群划分和起义进程，所谓的"克族人"（全体天主教徒和穆斯林）也变成了报复性暴力的潜在受害者。这种机制说明，有一套广泛存在的微观转化机制在"族群性"问题中发挥作用。每一波杀戮潮都会重置人们对自身和其他人的认知。虽然最初的导火索是乌斯塔沙的暴行，但起义和稍后的反起义措施也进一步推动了暴力，使之走得更远、推进得更快。人们变成了施害者，并把其他人变成受害者。有些人视自己为受害者，再把其他人（包括那些不愿被卷入集体归类的所谓"自己人"）都归类为敌人。这些螺旋式进程中既有某种行动性的元素，也有无力感的影响：犯下暴行的人拥有巨大的权力，能够把人们统统归入自己无法控制的类别中去。这种迅速发展的暴力机制深刻影响了人们对族群性的感受。以族群为目标的杀戮，使受害者以新的恐怖方式意识到了自己的"族群"。很多人现在已别无选择，只能按照新近显著起来的、现在已能够决定人生死的族群归类，迅速把邻人分成潜在的盟友和敌人。博里切瓦茨的袭击事件跟布罗特尼亚、夫尔托切和克尔涅乌沙的一样，其后果显示出，在这种极端暴力的背景下，人们对自己和他人的族群识别具有深刻的情境性。"族群性"之所以会如此显著，很大程度上是因为村子里实际发生的杀戮。

地图 10　1941 年 7 月底到 8 月的起义者袭击

其次，对于那些反对集体报复的起义领袖们来说，这些袭击事件给他们制造了一场深刻的危机。这种自封的领袖多数都在1941年前就是共产党的成员或同情者。战士们碰到亲人乡邻的尸体，以及跟乌斯塔沙杀戮的幸存者之间的创伤性遭遇越来越频繁，迅速加剧了人们对发动报复性暴力的渴望。很多战士突然就倾向于追求对抗性集体归类的终极后果：对属于某个所谓族群类别的乡邻群体予以彻底消灭。这给自封的指挥者们造成了巨大的挑战，他们想要以某种方式对此加以克制。

反对复仇的起义指挥官（如斯特万·皮利波维奇·马丘卡）在博里切瓦茨袭击事件后严厉批评了他们的战士。"都放火偷东西了，我们还算什么自由战士？"他质问道，"要是一直这样做，我们就会变得和乌斯塔沙分子一样了。对做出这种行为的人，我们必须采取最严厉的惩罚手段。"[148]另一位和他想法一致的指挥官戈伊科·波洛维纳在下拉帕茨的一次集会上对起义者和当地农民发表演说时，也谴责了博里切瓦茨遭受的毁坏。根据一位当天在场者的说法，他谴责了起义者进入村庄后发生的动乱和劫掠，还宣称乌斯塔沙分子的罪责不能由全体克族人来承担。他强调说，对抗乌斯塔沙的战斗需要各民族战士的共同参与。不过，也有些起义者在他演讲时大喊大叫，反对他的训词。[149]而波洛维纳以及少数和他一致的人能否改变那些人的态度，则不得而知。

有些指挥官觉得，要遏止起义者的暴行，最关键的是要在起义者中建立有效的权力架构。在库伦瓦库夫地区和大部分附近地区，基本上不存在这样的架构。波斯尼亚西北部和利卡地区的地区级指挥官为此在8月中旬开始下达命令，要求"统一指挥"，要求地方各小组之间彼此保持密切联系。他们希望加强起义者行动的协调工作，以提高那些人被用来实现政治目标的可能性，比如扩大起义的范围——让非塞族人加入进来而不是向他们复仇。[150]

179

　　但是，人们毕竟正在频繁遭遇乌斯塔沙暴力的残酷后果，这使得这种崇高的目标很难实现，很多时候干脆毫无可能。这种机制的一个生动例证，是该地区的少数非塞族起义者之一伊维卡·博德纳鲁克（Ivica Bodnaruk，他属于所谓的"克族人"）的经历，此人呼吁所有起义者不分所谓族群的"兄弟之情"（bratstvo）。有一次，他和其他战士一起试图阻止乌斯塔沙分子袭击一个东正教村庄。当天早些时候，他向起义者们发表演讲，说他们要跟乌斯塔沙分子作战，但不能让全体穆斯林和克族人为了他们的罪行承担集体罪责。他们来到村子里时，见到的是烧毁的房屋，以及几具男人和七具小孩的尸体。博德纳鲁克回忆道："那景象非常恐怖，我也说不好在那个时刻，我自己是不是也能干出大屠杀，或者其他（向乌斯塔沙分子）复仇的行为。这时我听到了一个起义者的声音，他已把枪口对准了我：'你之前说的、不能杀害全体穆斯林和克族人的说法，现在还算数吗？'我根本不知道该如何回答。"[151] 族群划分的进程在这种创伤时刻爆发起来，以至于博德纳鲁克对起义的积极承诺都不能确保他自己的安全。这种所有"克族人"都有罪的心理模式，在某些时刻会形成一种貌似牢不可破的思维方式。博德纳鲁克是一位起义者，而且他坚信能在战士中实现跨社群合作。他积极地想把这种情绪灌输给其他战士，但当他们在东正教徒村庄里一起站在被害者的尸首前时，他在一些人眼里就成了一个"克族人"，因此也就成了"乌斯塔沙分子"。

180 　　博德纳鲁克这样的起义领袖面临的巨大挑战，是要设法转变如今这种集体归类的思维模式，而它看起来已经牢不可破。柳博·巴比奇（Ljubo Babić）是附近德瓦尔镇一个规模较大的起义队伍（被称为"德瓦尔旅"）的领袖，他把这场斗争描述为一场在起义者中建立纪律的斗争。对他来说，最大的困难在于一直缺乏有能力的共产党员来执行这项任务。他在给共产党的波斯尼亚西北部地区委员会（Oblasni komitet）的报告中如此写道：

> 就我们这些队伍的状况而言：迄今最大的失败之处就是缺乏纪律。我们尽了各种可能的努力来约束这些队伍。这非常困难，在某些特定地区尤其如此，主要的原因就是战士们的政治觉悟非常低。所以，摆在我们以及整个（共产）党面前最重要的任务，就是对群众的政治教育。但是，我们无法以必要的方式执行这一任务，因为我们没有足够数量的（共产）党干部，现有的干部能力又不足。我已向各个方面请求过援助……包括（共产党）中央委员会。我这里来过一些人，但还是不够。事实上，你们能向我们提供的主要帮助，都跟干部问题有关系。某些队伍中还有一定数量的切特尼克分子（塞族民族主义者），我们目前还能设法控制他们，但困难已经开始出现了。
>
> 因为这些薄弱之处，我们的运动和斗争在一些难以应对的震动中受到了动摇：有沙文主义倾向的人已经在某些地方袭击了无辜的人……还发动了大规模的纵火行动（比如在利卡地区的博里切瓦茨村）。这在起义最初的时期尤为严重。我们在采取一切可能的措施制止这些罪行。至于能否成功制止这种恶行，则取决于我们政治工作的力量。[152]

为了达到这些目标，有共产主义倾向的指挥者们在他们控制下的各个村庄召开会议，阐述了他们对部队行事方式的期望，指望战士们能够照做。在 8 月 10 日德瓦尔镇附近巴斯塔西村（Bastasi）的一次会议上，柳博·巴比奇向近五百名与会者宣布："我们的军队不是乌斯塔沙分子那种小偷强盗组成的军队，我们的军队必须建立在纪律之上，必须停止混乱、盗窃和针对和平群体的暴行，无论他们信仰什么宗教，是什么民族。我们的军队也必须从一开始就配得上以正义和人民自由为基础的秩序，也必须能够建立这种秩序。"[153]

其他一些指挥者则通过种种办法印制传单散发到各村。有一张告示说："如果我们想要解放自己，赢得这场斗争，我们就不能让自己像乌斯塔沙分子一样，我们的斗争也不能是为了复仇。"他们经常具体说明需要制止的行为："对于逃走和投降的克族人，我们不能焚烧和破坏他们的财物……我们不能杀害无辜的男人、女人和儿童……我们不能放任自己为复仇而杀人。"也有些人试图将非塞族人群体和乌斯塔沙分子的暴力区分开来："不能让全体克族人民为塞族人遭受的屠杀负责。"[154] 还有的说："并非所有克族人都是我们的敌人……有很多可敬的克族人从未屠杀过塞族人和他们的妻子儿女。"[155]

这类文字也面向那些饱受惊吓的非塞族人群体，力图以正面的语言描述起义者："克族人民要明白，我们不是在寻求报复，相反，我们是他们的兄弟，是为了所有人的自由而战。"[156] 有些起义指挥者则向他们的队伍下达命令，强调"跟大家解释有必要与所有可敬的穆斯林和克族人结下团结与友谊"的特殊重要性，以及"绝不可允许杀害俘虏、降兵和其他无意与我们作战的士兵"的必要性。[157] 这些呼吁克制和强化纪律的声音，在其他地区的共产党宣传材料和内部通信中也曾出现，比如在黑塞哥维那，那里的起义者跟波斯尼亚西北部和利卡地区的一样，使用暴力不只为了自卫和抵抗乌斯塔沙，而且还要报复他们的穆斯林和天主教徒邻人。[158]

之所以要抓紧为这场起义建立集中的意识形态框架，归根结底还是因为这场起义是自下而上爆发的。大部分情况下，这场武装起义都是本地的农民战士发动的，少数有共产主义倾向的指挥官是在努力跟上战士们的行动，并确立自己的领袖地位。对这些他们自认为听指挥的武装人员，他们之所以越来越努力以权力集中的手段来控制其观念与行为，原因正在于他们对其极度缺乏控制力，正如各村遭受的严重的报复性杀戮和破坏所显示的那样。研究叛乱的学者已经注意到，在非洲、拉丁美洲等历史背景下，游击运动领导层如果着力推动单一权威领导下的集中性的纪律，反映出的往往是他们领导层自身的软弱和起义者的混乱行为。[159] 起义开始不到一个月时，波斯尼亚西北部和利卡地区这些倾向共产主义的指挥官面对的核心挑战已经不是怎样推动当地人参与暴力并取得军事胜利。他们的问题在于，人们如此渴望根据所谓的族群分界对乡邻大开杀戒，他们是否还能够以某种方式加以克制。

克制的挑战

起义者杀戮行为的范围和性质表明，他们的主要动机是强大的复仇欲，这也是他们使用暴力的主要原因。本地的乌斯塔沙屠杀激发了对抗性族群划分的进程，结果起义者对他们眼中的非塞族人发动了大屠杀。不过，虽然复仇动机看起来是一种有力的解释，但该地区这一时期也存在着"反面案例"——也就是说，在某些时刻，尽管发生了乌斯塔沙的迫害活动，但同一时期同一地区随后并未发生报复性杀戮。我们应当在此停下脚步。1941年夏天的乌斯塔沙暴力事件本身在时间和地理上就有差异性，对此的研究也不够充分；而且，虽然这种暴力对波斯尼亚西北部和利卡地区的大部分东正教社区都产生了深刻的破坏性影响，却不是所有地方都发生了像库伦瓦库夫地区某些村庄的那种大规模报复性暴力。

就在同一个地区，还出现了起义指挥者设法避免或克制暴力的现象。有一次，起义者伏击数百名开往库伦瓦库夫的克独国士兵后，有的战士要处决俘虏，有些人甚至挥着刀高喊要"操他们的乌斯塔沙妈妈"，结果被起义指挥者制止了。在穆斯林村庄拉希诺瓦

茨（Rašinovac）和比耶拉伊，指挥者没有让寻求复仇的起义者参与
袭击，而且在这些人最终设法参与进来以后，依然成功制止了他们 184
杀害平民、烧毁其财产的行为。在库伦瓦库夫地区东北部的波斯尼
亚杜比察（Bosanska Dubica）附近，有近 1,000 名满腔怨恨的农民
拿着斧头和其他农具，想要进城杀掉所有所谓克族人和穆斯林，结
果被起义军的指挥官们设法制止。

　　我们该怎样解释这些成功克制的案例？在这个地区，乌斯塔沙
分子对东正教群体的迫害到处都差不多，而起义者的行为之间却有
惊人的差异，这该如何解释？过去几十年研究种族清洗的文献，主
要致力于解释大规模的、通常是国家领导的针对平民的暴力的起源、
成因和宏观机制。这些著作都没怎么谈到这样一种时刻：看起来像
是要发生集体暴力，实际却没有。[1] 政治暴力和内战领域的学术研
究，对暴力——包括针对平民的暴力——强度差异的问题给予了很
大关注，也很关注平民受到迫害和救助的原因。但总体而言，这些
文献都没有研究过克制的微观机制。[2] 在迅速升级的紧张局势中，
起义军领导层面对"杀人还是不杀"的问题，该怎样才能成功给出
否定的回答？对于这一话题，很少见到经验事实丰富的研究，微观
导向的研究尤其罕见。[3] 这种总体上对"反面案例"缺乏关注的情
况之所以特别重要，是因为集体暴力本身才是一种罕见的现象；即
使在学者认为能促使形势升级的核心要素都齐备的时刻，多数时候
其实也不会发生暴力，或者只发生烈度较低的暴力。[4] 所以，在考
察 1941 年夏天库伦瓦库夫地区的微观历史时，我们就碰到了一个
宏观上的理论难题：为什么在报复性暴力看似必然发生的时刻，并
不一定都会发生暴行？怎样解释这种现象？

　　如果能回答这个问题的话，我们就不但可以对目前研究不足的
克制机制给出更好的解释，而且对暴力升级的机制（针对这方面的
讨论非常广泛）或许也能作出更好的解释。不管怎样，我们针对某

些村庄的暴力提出假说时，如果也能解释另一些村庄为什么没有发生暴行，那这个假说显然会更加有力。对研究种族清洗和政治暴力的学者来说，辨认、分析这方面的相关要素很有用处，因为它们或许能告诉我们，如果要发生集体屠杀，有哪些因素是必须剔除或者要予以克服的。1941 年夏天库伦瓦库夫地区的这段历史中，起义者的暴力既有过爆炸性的升级，也出现过令人困惑的克制，这就为我们探索使克制成为可能的微观机制提供了理想的环境。在这种探索的过程中，我们还可以开辟新的路径，去回答那两个非常基本却至185　今仍令人费解的问题：在地方性社区里，群体之间的杀戮为什么会发生？又为什么不会发生？

对克制机制的研究，首先把我们带到了 1941 年 8 月 19 日。此前两周多时，博里切瓦茨村刚遭到袭击，事后人们又在卡拉蒂村附近的坑洞边遇到了当时的受害者和幸存者。这一天，有一队大约 250 名克独国士兵开往库伦瓦库夫，那里的乌斯塔沙分子已经四面楚歌。他们走到距离目的地不到 5 公里处一个叫皮什塔尔斯卡德拉加的地方时，道路四周的森林里埋伏了数百名起义者，其中之一是拉德·奥布拉多维奇（Rade Obradović），此人正坐在一挺机枪后面，看着士兵们走近。结果，他认出其中一个叫托莫的是他的朋友。几个月前，他们两人还在南斯拉夫王国军队里并肩与德国侵略军作战。奥布拉多维奇请求他的战友们推迟伏击，先让他去说服那位朋友和其他人投降，结果战友们说，如果他敢过去的话就枪毙他，但他还是去了。"这是谁的部队？"他问队列前面的几个军官。后者回答说，他们不是乌斯塔沙，是"克罗地亚军队"，到这里来是为了建立秩序。他们保证不会再有乌斯塔沙分子杀人的事情发生，要求起义者交出武器，还提出和起义的领导人对话。奥布拉多维奇带着口信回到了森林里。那队士兵等待了半个小时，没有得到答复。克独国军官下令前进，结果根据一个人的回忆，他们几分钟后便听到树丛中有个声音喊道："干活了，切特尼克们！"然后起义者就开火了。[5]

　　枪声持续了大约十分钟，这对于一场大屠杀已经足够了。按照起义者的说法，他们开枪打死了126名克独国士兵，打伤了26人，把剩下的（大约90人）抓为俘虏。克独国的说法是有5人被杀、181人"失踪"、26人受伤。在很多起义者看来，真正的胜利在于报仇雪恨。一位参与了伏击的战士后来说，他和他的战友们满脑子不由自主想的都是16天前他们在卡拉蒂村找到的那些女人、小孩和老人的残破尸体。从那时起，他们朝思暮想的都是复仇。现在，看到士兵们的尸体"像火柴一样"散落在路上，他们的梦想突然变成了现实。[6]

　　对一些人来说，与敌人尸体的遭遇已经给了他们满足感。他们的杀人欲望很快也就消散了。不过对其他人来说，这场屠杀则促使他们想把俘虏也赶尽杀绝。争论很快爆发了，一方想把俘虏送到附近德瓦尔镇的起义总指挥部去，另一方则希望向指挥官报告说"没抓到活的"，意思是现在就把他们处决掉。[7]有些战士在俘虏身边取出长刀，声称："把他们交给我们，让我们料理他们。我们会操他们的乌斯塔沙妈妈。"[8]但其他起义者用身体挡在俘虏和想杀俘虏的人之间。"你们谁都料理不了。"他们高声宣布道。双方一直这样僵持着，直到想要保护俘虏的一方举起步枪，那些想要当刽子手的人的态度便缓和了下来。[9]

　　后来，主张把战俘送到德瓦尔起义总营地审问并最终释放的一派人占了上风。在这一派起义者中，有些人和拉德·奥布拉多维奇一样，没有把克独国士兵直接划入"乌斯塔沙分子""穆斯林"或者"克族人"等在他们心中对亲人和邻人的遇害负有集体责任的类别。相反，他们在其中认出了南斯拉夫军队时期的老战友，觉得应该给他们一个加入起义队伍的机会。[10]也发生过与此相比角色

186

对调但结果相似的事：有些俘虏——如杜尚·沃伊沃迪奇（Dušan Vojvodić）——在起义者中认出了他们在战前的各种政治生活中结识的朋友和同僚。据目击者说，起义者和俘虏在这种时候回想起他们以往的正面关系，有助于缓和紧张局面。[11] 还有些人知道大部分克独国士兵都没有参与过屠杀东正教徒村民，对此没有罪责，村民的死亡根本就是本地乌斯塔沙分子的责任。[12] 看起来，正是这些因素将天平推向了不杀害俘虏的一侧。简而言之，并非所有战士都被卷进了对抗性集体归类的进程。

鼓吹克制者还获益于其他两个重要的情境性因素。首先，伏击行动中没有起义者死亡，因此起义领导层并未突然出现空缺，鼓吹暴力升级的人也就无法果断固执己见。其次，这群起义者没有找到先前乌斯塔沙袭击留下的尸骸和幸存者，这降低了他们情绪波动的可能性；在其他时间和地点，情绪波动正是起义者发动大规模报复性杀戮的一大关键因素。克制派能够在这里占据上风，不仅是因为他们本人在场，坚定地认为暴力要区分对象；还有一些不太在他们控制范围内的情境因素正好发挥了对他们有利的影响。

187 起义队伍中这种倾向克制的平衡是既脆弱又不稳定的，这在8月该地区的另一起事件中有清楚的体现。当时，战士们在与乌斯塔沙分子的战斗中来到了拉希诺瓦茨村，这里居住着穆斯林和东正教徒居民，其中后者占大多数。[13] 有位难民还记得，从7月中旬到8月初，"本地的穆斯林乌斯塔沙分子"抓捕了约35名东正教徒男人，大部分后来都被杀害于波斯尼亚彼得罗瓦茨，执行这些逮捕的穆斯林（貌似其中很多人都来自几个大家族）洗劫了村里的几乎每一户东正教徒的家园，将其中65处付之一炬。证据显示，乌斯塔沙分子在强奸杀害多位妇女后，还要泼上汽油放火焚烧。起义的第一周里就有约45—50个女人和小孩被杀，很多人都是在房子里被乌斯塔沙分子活活烧死的。[14]

刚到该村时，少数支持共产主义的起义领袖并没打算要伤害非乌斯塔沙的穆斯林居民，也不想洗劫、破坏他们的财产。看起来，大部分村民并没有加入过乌斯塔沙。但是，这些起义者难以对追随他们的大批战士发挥影响力。那些人中间，有的带着步枪，有的带着斧头，还有的被大家简称为"烧房者"（palikuće），这个称谓来自他们以往在类似袭击中的行为。很多人想要报复当地乌斯塔沙分子的杀戮行为，把拉希诺瓦茨村属于穆斯林的一切都毁掉。要说服他们放弃这种渴望谈何容易，正如一位战士后来的回忆："我们的指挥官没有其他办法制止大家烧房子、烧清真寺，除非对大家发出死亡威胁。"[15]这一招能让多数人罢手，但还是有一帮农民要烧毁村里的清真寺，结果有几个起义者不得不动手制止他们。还有一个妇女想要烧掉一栋她认定有乌斯塔沙分子居住的房屋，也被他们制止了。接下来，本地的起义指挥官久洛·久雷堪·佩查纳茨（Đuro Đurekan Pećanac）明确阐明了哪些人属于他心目中起义者的作战对象，哪些人不算：他敞开了一位本地穆斯林男人的门，然后在其他战士和农民的密切注视下亲吻了开门者的脸颊，向这个吓傻了的男人致意，然后对他说，起义者的作战对象并不是全体穆斯林和克族人，而只是"乌斯塔沙恶贼"（ustaški zlikovci）。[16]在这个案例中，该村在这一插曲之后没有发生过杀人事件。起义者中的这一派主张克制暴力、希望建立跨社群同盟的人占据了上风。

克制暴力的做法之所以能够在拉希诺瓦茨村事件中取得成功，最基本的原因还是在于有信奉这种战略的起义领导者在场，而且人数多、力量大。不过同样重要的是，他们在保护别人的生命财产、制止那些为了乌斯塔沙分子的个体罪行而想要向整个穆斯林社群复仇的人时，究竟采用了哪些具体行动。其中的引人注目之处在于，某些人当时想做非人化的事情，但起义领袖拒绝屈从于这种切实存在的压力。领袖们通过一些不无风险的做法——包括对那些想要为了乌斯塔沙分子的个体行为向整个穆斯林社群发动报复性暴力的袭击参与者发出死亡威胁或出手制止，以及在穆斯林人士的家门口拥抱他，向其他起义者展示这不是某个抽象"民族"的成员，而是一个个体——帮助保全了拉希诺瓦茨村的人们作为人类个体的特质，也就显著地压缩了这种动荡态势的发展空间，使之难以走上非人化的道路。否则，非人化可能使得拉希诺瓦茨的居民被迅速被转化为"乌斯塔沙分子"，报复性暴力发生的几率也会变得极高。[17]

在其他案例中，当起义者要在升级和克制之间做出选择时，这种紧张、混乱的时刻也可能会在起义者之间点燃暴力。6月底到7月初，黑塞哥维那爆发了乌斯塔沙屠杀造成的起义，比波斯尼亚西北部的起义早一个多月。当地有一队冤仇深重的东正教徒农民决定要向邻近的一个穆斯林村庄复仇，但有位姓波帕迪奇的本地东正教徒要求他们放弃这种消灭穆斯林乡邻的计划。因为他的抗议，一位出身卡希科维奇家族（the Kašiković clan）的起义军领袖举起步枪，把他打死了。死者的儿子立刻举起自己的步枪，杀死了这位起义领袖，过程中还打伤了另一位起义者。这种族群内部而且很可能是起义者之间的暴力就发生在袭击穆斯林村庄的前夜，结果原计划的复仇行动也因此流产。[18] 这很有可能是因为暴力的双方最终打成了平手。那位因反对袭击附近穆斯林村庄而被枪杀的男人，如果他的儿子没有立刻决定为父亲报仇，主张复仇的人很可能会执行原计划。因此，是克制还是升级，可能只取决于某一时刻的几声枪响。而且在动荡的情势中，这些暴力行为能够迅速左右人们的情绪。

即时决策能够决定报复性暴力是否会爆发，这一点在博里切瓦茨村陷落后当地共产党员戈伊科·波洛维纳的一次遭遇中体现得最为清晰：

我在村子的中间，面前是乌斯塔沙刽子手格尔科·帕维契奇

和（他老婆）马里察（Marica）的锯木厂和商店。有两个武装战
士（起义者）手里拿着农民房顶上的木瓦，点燃了向我这边走来，
其中一个人是我的远亲。我问他们往哪里去，他们摆出一副完全
无所谓的样子回答道："去烧帕维契奇的锯木厂和商店……这样
一来，以后就没人要吃那条狗的厂子里的玉米粥了。"我掏出手
枪指着他们，用威胁的口气吼道："我不允许烧任何东西……如
果你们这么做，我就杀了你们。"作为回应，他们平静地把步枪
从肩上取下来，放到我面前的地上，然后我的那个亲戚就说："指
挥官同志，您可以用我们的步枪杀掉我们……但如果您不这么做，
我们就要去烧掉厂子和商店。"我把手枪放回了口袋里。他们捡
起自己的步枪，去放火了。[19]

此处，尽管波洛维纳发出了威胁且举起了武器，但他没能走出
枪杀自己人这一步，其中还有他的亲戚。他这一犹豫，制止起义者
发动报复性暴力的机会就消失了。因此，是升级还是克制，也取决
于某个自封的权威人物是否有冒险的能力和意愿，对看似听他指挥
的战士使用暴力。

在这种紧张时刻失去勇气，造成的破坏性后果可能远远超过烧
毁财物。8月25日，黑塞哥维那的贝尔科维契村（Berkovići）遭到
了起义者的袭击，当地的乌斯塔沙分子在夏天早些时候曾杀害过大
量东正教徒村民。起义指挥官萨沃·贝洛维奇（Savo Belović）遇
到了一大群穆斯林妇女和小孩，这些人被自己落在起义者手中可能
遭遇的后果吓坏了，没人敢开口说话。贝洛维奇试图安抚他们，解
释说没人会伤害他们，他们应当加入到自己这边来。与此同时，另
一伙弗拉多·拉丹（Vlado Radan）领导下的战士出现了，他看到
这些女人和孩子后吼道："等一下，你是谁？你要把这些乌斯塔沙
分子带到哪儿去？"他要求贝洛维奇把他们交出来，让他和他的战

士们决定这些人是否有罪。贝洛维奇挡在女人和孩子们前面，回答道："你们可以开枪打我，但不能打无辜的女人和孩子！"拉丹动手把他推到一边，和其他战士一起向女人孩子们开枪，把他们全打死了。[20] 贝洛维奇未能首先向这些战友开枪，给他们留下了主动发难的机会，结果手无寸铁的平民惨遭屠戮。

190　　　　一周后，还是在这个地区，有一群法特尼察村（Fatnica）的老百姓（多数是老人、女人和小孩）为了免遭屠杀穆斯林的战士们的毒手，便向当地的起义者寻求保护。他们跟几个当地起义者达成协议，后者答应武装护送他们逃到一个邻近的镇子去。一小股起义者护送着可能多达 400 名手无寸铁的穆斯林平民出发了，结果在途中被一伙寻求复仇的当地人拦了下来。很明显，只有与这些人交火才能避免屠杀，然而根据回忆录记载，因为"人数少及其他原因，他们没有能力和这群强盗交战……所以他们抛下了那帮毫无防御能力的平民，自己回家去了。"[21] 看起来，"其他原因"指的是在这些保护村民的人之间发生了斗争。一小部分人想拿起武器对抗那些准备袭击村民的家伙，但多数人既没做好准备开枪、又不情愿转过头对付他们正在保护的穆斯林，所以他们干脆抛下了那些人。[22] 随后，"这群强盗"把所有这些穆斯林带到一个坑洞边，逐个用凶器殴打后再把尸体扔进深坑中。其中有个女人在坑里幸存下来，一段时间后被当地百姓救出。[23]

　　这样的事件清楚地说明，只要不能对寻求复仇者使用武力，克制策略一般都是无效的，而且还可能会刺激对方动手杀害主张克制的起义者。在这种关键时刻，向起义战友使用武力的愿望和能力，对于阻止针对不参战平民的暴行至关重要。然而，对很多主张克制的起义者来说，这似乎也是令他们剧烈挣扎的一步。而他们犹豫、摇摆的代价是手无寸铁的平民们的生命。

起义者内部确实很有可能会为了是否向全体非塞族人复仇的问题而爆发暴力冲突，这几乎是起义领袖们每次策划袭击村庄时都要面对的困境。有时候，在行动开始之前，主张克制者会先花很大的力气弄清楚他们的战士将如何行动，然后再制订相应的军事计划，以避免发生报复性的屠杀。在库伦瓦库夫东部的比耶拉伊村发生的事情就体现了这种机制。该村的绝大部分人口是穆斯林，一共只有三个乌斯塔沙分子，还都是别处来的天主教徒，他们动员了大约10—15名本地穆斯林男人保卫村子。因为人数太少，这些乌斯塔沙分子在起义爆发前并未在该村周边参与过集体屠杀，不过他们也殴打过一些当地人，洗劫过人们的财物，有的人（如鲁斯坦·易卜拉欣帕希奇［Rustan Ibrahimpašić］）还在该地区的其他村庄参与过杀害东正教乡邻的活动。比耶拉伊村貌似有大约七名村民支持起义，其中多数人都在 1941 年以前参加过共产党的青年组织。回忆录还显示，比耶拉伊的村民和周边乡邻之间在战前就有强大的跨族群友谊传统。克独国成立后，随着当地乌斯塔沙分子着手迫害东正教群体，这种旧关系还发展得更加牢固了。在 7 月底和 8 月上半月，同情起义的村民还跟当地的起义指挥者们保持着联系，讨论如何合作推翻他们村里的乌斯塔沙分子。[24]

不过到了 8 月中旬，这些指挥官都已经知道该地区正在发生报复性杀戮了。尽管比耶拉伊村的多数乌斯塔沙分子都没参与过集体暴力，但眼下正准备袭击该村的很多战士的家庭和家园都是被邻近地区的乌斯塔沙分子摧毁的。在很多本地起义者中流行的集体归类进程中，该地区的所谓穆斯林和天主教徒已经全都被归类为"乌斯塔沙分子"了。正如一位指挥者后来的回忆："乌斯塔沙分子对东正教徒的屠杀是以天主教徒和穆斯林的名义实施的。"所以，起义指挥官们都明白："必须不惜一切代价，阻止狂热分子屠杀（比耶拉伊）村里的穆斯林群体。"[25]

他们决定，为了实现这一目标，参加袭击的必须是"（共产）党的支持者和直接参与过党的工作的人"。一天晚上天黑后，指挥官们在距比耶拉伊不远处的一个村子里开会，与会者有四五百人。少数人有步枪，更多的人则拿着斧头、草耙之类的农具作为武器。指挥官们解释说，他们正在制定袭击比耶拉伊村的计划，到时该村将有隶属于共产党的穆斯林青年里应外合。他们宣布，谁也不许对穆斯林下手。人群中立刻出现了不同意见、犹豫和疑虑，有些人声称，村子内部不会有内应的，所谓里应外合的穆斯林青年都是陷阱。几个有共产主义倾向的指挥官说，必须要把乌斯塔沙分子跟其他的穆斯林和克族人区分开，他们回忆道，比耶拉伊村的几个穆斯林从1941年开始至今都在为共产主义运动做工作。但是，大部分人都不为这些说法所动，气氛变得越来越紧张。一位指挥官回忆道："这次会议（向我们）表明，要迅速改变人民群众的态度是很困难的。这一点非常危险，因为要控制住这么多人、让他们不做出格的事，是不可能做到的。"因此，指挥官决定从起义者中挑选一小部分据信没有复仇倾向的人，由他们来发动袭击。他们得到了比耶拉伊村一些本地穆斯林百姓的帮助，这些百姓不支持乌斯塔沙，而且也了解起义领导者正努力在战士们中"消除仇恨"。起义者和他们一起解除了本地乌斯塔沙分子的武装。一位指挥官战后回忆说："在解放比耶拉伊的过程中，没有发生任何暴力事件。"[26]

在这个案例中，报复性暴力之所以能够避免，是因为起义指挥者很清楚乌斯塔沙的暴行已经如何改变了自己一方战士们的精神面貌，而且也很清楚自己的弱小。有人回忆道："乌斯塔沙分子是从克族人和穆斯林群体中招募的，他们以克族人和穆斯林的名义对塞族人犯下了暴行。这引起了仇恨……而且，起义中的（塞族人的）大规模参与再加上党员干部的短缺，意味着这场战斗可能会搞成兄弟相残。"[27] 指挥者人数不够，缺乏权威，他们宣扬的克制和选择性暴力又让很多起义者无法接受，所以，指挥者们要预防社群间杀戮，就得采取特殊措施。在发动袭击前，他们要在会议上评估战士们的情绪。他们认定可能会发生报复性暴力，便发展出了一套新策略：在袭击比耶拉伊村时发动人数较少但政治上较为可靠的战士。他们还跟一些村里的穆斯林结成同盟，这又建立在过去共产主义青年组织搞的跨族群活动的基础上。有了这种策略，起义者回忆中提到的"（比耶拉伊的）穆斯林在家里等着起义者"和"起义者表现出了他们的道义，证明了自己不是在寻求复仇"才成为可能。[28] 这不但有助于避免暴行，还为未来的跨社群合作打下了基础。换了那些充满怨恨的起义者，比耶拉伊可能就会变成又一个屠杀场。确保最后的克制的，是以下这些因素：本地起义领导者对集体归类机制的理解、他们对自身局限的了然、他们对战士情绪的评估、本已存在的跨社群活动传统，以及改变袭击策略的决断。

对更偏东北部的波斯尼亚杜比察镇及其周边地区起义的研究，进一步阐明了克制成功的微观机制。就像库伦瓦库夫地区的情况一样，4月政府突然更替后，这个地方有人数相对不算多的穆斯林和天主教徒加入了乌斯塔沙。回忆录显示，其中有些人在战前就有犯罪史，现在则利用新的机遇抢人财物。[29] 按照当地目击者的说法，这些人中虽然有些人似乎是来自其他地区，但其他人都是"我们的乡邻"。[30] 看起来，针对所谓塞族人的迫害从5月就开始了。人们的行动遭到限制，东正教司铎这样的社区核心人物被重新安置，男人被强制劳动，此外还有洗劫财物、殴打和选择性杀人之类的事件。看起来，这类镇压措施的烈度在7月有所升级，到月底时已有大约110个男人被转移后遭到杀害。[31]

在镇子周围东正教徒占绝大多数的村子里，恐怖和恐惧的感受已无处不在，因为几乎所有冒险到镇上去的男人都没有回来。这些村子里还发生了留守的东正教妇女被乌斯塔沙分子强奸的事情。对

193

很多人来说，时而住在村子里、时而住在附近森林里已经是生活常态了，只要听到乌斯塔沙分子巡逻到附近的消息，他们就逃到森林里。[32] 跟波斯尼亚西北部的其他很多社群一样，这种迫害机制引起了快速的对抗性族群划分，因为正如一位目击者所说："人们看到，受迫害的大体上都是塞族人，而穆斯林和克族人仍然还多少有些权利。"[33] 简而言之，乌斯塔沙暴行的性质建立了一种心理模式，预先决定了报复多半会以族群为目标展开。

波斯尼亚杜比察地区最值得注意的地方在于，7 月底的起义爆发后，这里并没有立刻爆发以族群为目标的报复性杀戮。相反，战士们刚一拿起武器向波斯尼亚杜比察镇集结，指挥者们就决心要约束他们的战士，而且取得了成功。问题是，他们是怎么做到的？我们可以从该镇及其周边地区特殊的战前经济政治环境中找到部分答案。与波斯尼亚其他很多地区（如库伦瓦库夫）不同，波斯尼亚杜比察地区当地有活跃的工人运动，其组织核心都在乌纳河畔那些发源于 20 世纪 20 年代的伐木场里。这类组织的存在为共产党的地区性地下组织的发展提供了基础。党的积极分子中不乏学生和教师，他们和工人一样来自各个族群背景。战前那几年里，这些组织参与罢工、组织体育活动、募捐帮助失业工人，深化了组织的黏性。因此，该地区的一部分人已经有了几十年的跨族群社交、政治活动及互助经历。[34]

这些社会政治网络并没有被克独国的成立所毁灭，相反还在波什科·希列戈维奇（Boško Šiljegović）等著名共产党活动家的领导下更加深化了。这是因为成立了较为正规的共产党组织结构，其主要目标就是要产生成功抵抗克独国的办法。[35] 波斯尼亚杜比察镇的本地共产党人（大部分人都是年轻的穆斯林和天主教徒）和周边农村里的东正教徒同志们一道，试图建立地方领导架构，讨论武装抵抗的方案，还组织会议为他们的设想争取支持。[36] 有些 6 月被驱逐

出比哈奇、7 月作为难民来到波斯尼亚杜比察的人的说法，证明了
该镇一些人中存在着跨社群合作氛围。有三位年轻学生说："我们
想说的是，在我们留在那儿的时间里（1941 年 7 月至 1942 年 6 月），
波斯尼亚杜比察的穆斯林群体中的大部分人对塞族人都挺好。有些
本地克族人的表现也不错。"这些人给了难民钱和食物，其中还有
人因此被本地乌斯塔沙分子殴打，甚至被杀。[37]

　　不过，主张各个群体团结一致的人也面临着巨大的困难。本地
共产党人波什科·希列戈维奇在回忆录中称，乌斯塔沙暴力在激起
不少东正教村民仇恨自己的穆斯林和天主教徒乡邻方面"不能说没
有成功"。随着武装起义的计划越来越具体，他和同志们也意识到，
"存在着这样一种重大危险，即起义可能会以杀戮和清算旧账的方
式开始，成为一场塞族人对抗穆斯林和克族人的斗争"。[38]

　　7 月 30 日，在希列戈维奇这样的人的领导下，起义者迅速攻克
了波斯尼亚杜比察附近各村的几个克独国哨所。听到枪声后，有一
批本地农民加入了进来，其数量稳步增长。教堂的钟声也在周边的
东正教村庄敲响了，向大家传递起义爆发的信号。起义者的数量很
快达到了近 1,000 人，他们四处追赶那些向镇上逃跑的袭击幸存者。
一些人很快就产生了"拿下杜比察"的打算，如果他们得手、镇子
落入起义者手中的话，几乎一定会以族群为主体来"清算旧账"，
而本地的共产党人怕的就是这个。但是，他们也没打算袖手旁观，
正如希列戈维奇的回忆所说：

　　　　不管（拿下杜比察）这种想法多么可以理解、多么有"英雄
　　气概"，我们对此都必须排斥和制止，即便付出生命也在所不惜。
　　事实上，袭击杜比察不只会让局势变得一片混乱；情况会比这更
　　糟糕，会给各路沙文主义者和类似的人以"痛痛快快复仇"（napiju
　　osvete do mile volje）和"拿回他们拿走的东西"（povrate ono što

195

im je oteto）的机会。所以，党的领导层已经作出决定，阻止这群人到镇上去。农民中的大部分人都接受了这一决定，或者准确地说是接受了共产党人的命令。虽然还有人嘟嘟囔囔，但整个队伍已经停止了下来，一部分人待在大路边的村子里，其他人回家去了。[39]

在这里，有几种或长期或短期的因素，使得克制成为可能。从20世纪20年代起，该地区先是有多民族的工人组织，后来又有了潜伏地下的共产党，其成员战前就颇为活跃，克独国建立后更是为了建立组织架构而努力工作，到处散布消息说他们要领导一场武装起义，这使共产党们得以在各东正教农村的相当一部分人中间建立初步的权威。即使乌斯塔沙暴力已经以族群为目标展开，共产党员们也并未屈从于族群划分把穆斯林和天主教徒都当成敌人。谈到乌斯塔沙分子时，当地共产党员会说他们"不只是我们塞族人的敌人，而且也是世上所有体面的克族人和穆斯林的敌人"。[40] 在寄给非塞族乡邻的信件中，他们会如此强调："我们挥起拳头，打击的对象是造成我们遭受的恶行的人。我说的并不是你们克族人，而是……（安特·）帕韦利奇和他的走狗——法西斯乌斯塔沙分子。"[41] 他们对手下的农民战士们宣扬的也是这种信息，还致力于动员非塞族人加入他们。[42] 简而言之，当地存在着政治上活跃的多族群共产党团体；他们在1941年大搞组织工作并致力于发动武装起义；他们在各个塞族村庄中都建立了一定程度上的权威；他们坚信人的罪责源于其行为而非族群背景——这些因素能帮助我们理解，为什么向波斯尼亚杜比察开进的武装农民中的大多数会半途而废，仅仅因为共产党人叫他们这样做。看起来，在接到这样的命令时，大部分人都认为它来自某种合法权威。

这并不是说，那些寻求复仇的战士就这样突然从乌斯塔沙暴行触发、推动的对抗性族群划分的进程中解放了出来。毋宁说是共产党员的工作，和他们借此建立的有限权威，以及他们不惜在高度紧张的时刻出手干预的决心——这些因素混合在一起，刚好可以说服大部分人不去实施他们心中渴望的报复性暴力。这是一种高度偶然的时刻，其特定的机制让共产党人得以暂时实现他们小心维系的目标："在发动军事行动的同时，避免针对各村镇的穆斯林和克族群体的血腥复仇。"[43]

该地区的一位有共产主义倾向的起义指挥者，后来在回顾这段波斯尼亚西北部和利卡地区的克制策略得以奏效的时期时曾经说过："新出现的问题是，（共产党）是否有必要对起义刹车，并确保起义的发展和干部们的发展保持一致。我们的判断是无此必要。"[44]他们赌的是，即使自己一方人数少，且主张升级和报复性杀戮的人远没有被边缘化，他们也仍然能够把暴力一直限制在选择性执行的范围里。我们的微观分析阐明，要确保他们能赌赢，以下这些条件都必须得到满足：第一，主张克制者必须在场，和战士们在一起，而且随时准备出手干预，一旦他们消失或死亡，克制就可能演变成杀戮；第二，如果战士们没有突然因为发现家属乡邻的残破尸骸而情绪波动起来，阻止报复性杀戮就会容易得多；第三，起义指挥者必须找到办法，去抵消对抗性集体归类和非人化的进程；第四，他们需要意识到自己权威有限，这一点极为重要，此外他们也要有相应的意愿去调整军事策略；最后，强大的跨社群组织活动的存在——包括克独国独立前和1941年夏天的这种活动，后者尤其重要——也很关键，他们要借此在战士中获得最初的权威和合法性。

在这样一个集体屠杀迅速日常化的地区，那些救人性命而非以暴力取人性命的做法，正是因为这些因素才在某些时刻成为可能。

梳理它们能够帮助我们解释，为什么强烈的复仇渴望已经存在于大部分东正教徒群体遭受过乌斯塔沙迫害的村庄，却并未在一切起义者发动过袭击的地方都自动转化为报复性的杀戮。如果说在布罗特尼亚、夫尔托切、克尔涅乌沙和博里切瓦茨，复仇的渴望是暴力升级的关键因素，那么这些杀戮事件也同样有其偶然性：我们在皮什塔尔斯卡德拉加、拉希诺瓦茨、比耶拉伊和波斯尼亚杜比察见到的那种主张克制的人，在这些地方没有出现。

可能有人会倾向于分析库伦瓦库夫地区长期以来的政治史，以这种不那么重视情境性的方式去研究暴力的升级和克制。方法之一是分析两次世界大战间的投票模式，以此辨别各个地区在社会团结和社会分裂上的差异。近年来，有些政治学者采用这种方法对各种历史背景做研究，得出了很有启发性的结果。[45] 波斯尼亚杜比察的成功干预，就像比耶拉伊发生的事情一样，也确实显示出，战前的共产党组织活动对于起义领导人建立权威的雏形起到了重要作用。不过，对广义的库伦瓦库夫地区战前投票行为的分析，并未发现它们和战时行为有清晰的联系。20 世纪 20 年代，当地百姓经常投票给自称是为某一"民族"或某一宗教组织代言的政党，只有 1929—1934 年的王室独裁时期除外，因为当时这类政党都被有力地查禁了。在镇、村一级上，情况也没什么差别。共产党 1921 年即被禁止参与竞选（此后一直如此），其地下党在波斯尼亚西北部和利卡地区的规模也都很小，尤其是在乡村地区。在库伦瓦库夫地区，有些村庄的选举结果显示出族群之间存在着显著的分裂（比如在东正教徒和穆斯林居民之间），但是还需要定性的微观研究才能判断这些群体之间的投票差异对于研究地方跨社群关系是否重要，以及如果答案是肯定的话，具体又是如何重要。简而言之，战前的投票模式并不能解释各个地区在暴力的展开和克制上的差异，也不能说明某个地区是否会倾向于发生暴力。[46]

相反,对1941年夏天库伦瓦库夫地区的杀戮与克制作出"深描"之后，我们需要去更好地理解：暴力作为一种生成性的力量，能够从根本上塑造人们行为的限度和可能性。[47] 克独国的成立突然为投机分子和一小撮极端分子赋予了权力，让他们以族群为目标实施杀戮和劫掠。这种暴力激起了快速的对抗性族群划分进程，结果很多曾经的乡邻迅速开始相互将对方非人化，视为抽象集体的一员。起义者的残忍报复，以及克独国当局同样残忍的反击措施，造成了一波又一波雪崩般的群体选择性暴力，族群间关系的极化程度也随之进一步加深。然而，这些报复杀人的行为也为克制提供了最重要的动力。倾向共产主义的指挥官和他们的同情者们很快意识到，如果他们试图指挥的这些战士继续对"克族人"斩尽杀绝，这场起义最初的成功就会变得毫无意义。因为起义者的报复性暴力只会起反作用，所以这些指挥者及其追随者越来越把克制放在军事策略的中心地位，而不管他们自己人数多寡、权威如何，以及情势是否有利。

创造出这样的情境、使克制得以可能的是一些长期因素，比如几十年来少数当地共产党人及其同情者的政治活动。一些个人得以借此结成团体，而且在他们共同的意识形态框架里，对以种族为对象的暴力加以克制是至关重要的。某种建立在团结和对等互助基础上的小型跨族群联系网络也由此诞生。在克独国成立并开始其迫害政策后，这种联系网络的重要性便迅速提升。而克制虽然因为这些因素而具有了可能性，但是鉴于雪崩般爆发的社群间暴力已经让本地生活趋向极化，复仇暴行越发有升级的可能，克制肯定没有成为必然结果。

最具决定性也最重要的是情境性的因素，以及人们在新的内战背景下冒险做出决断的能力。军事行动期间指挥官是否在场，又是否会突然缺席；在寻求复仇的战士们面前，是愿意冒险亲吻吓呆了的穆斯林男人脸颊，还是下令杀掉他；是认可俘虏的克独国士兵曾是自己在前南斯拉夫军队中的战友，还是决定"不留活口"；是拒绝那些受到复仇渴望驱使的战士参与袭击，还是把毫无还手之力的平民俘虏交给他们；是对设法参与袭击的寻仇者发出死亡威胁，还是放弃对他们使用武力然后主动离开——所有这些临时作出的决策和行动，可能构成让克制得以实现的机制，也可能为暴力的迅速升级打开大门。当前一种情况更突出时，杀戮就倾向于不发生。至于战前的结构性因素，比如从战前投票模式总结出的政治分裂，就可能不太能如预期般对这类时刻给出解释了。这是因为，暴力等种种事件的临场机制会迅速变得非常重要：主张克制的关键人物可能会突然被杀、被叫走，暴力便会随之爆发。有利于克制的概念框架和组织网络虽然至关重要，但是如果那些信奉克制观念、参与这种组织网络的人不能在紧张、危险的时刻采取断然行动（无论原因如何），那它们也毫无意义。从分析性视角来看，我们需要对冲突的内在机制投入更多关注；对那种主要通过战前的宏观裂痕、意识形态和政治进程来解释暴力涨落和克制的做法，我们应该持谨慎态度。[48]

通过识别和分析导向克制的因素和进程，我们还可以更好地理解那些引发和驱动暴力的核心机制。最重要的或许是，一个人瞬间的杀戮倾向（比如强烈的复仇渴望）并不足以解释，暴力为什么会在某个特定时刻升级。相反，是多个情境性的因素——从煽动杀戮的领导人，到意外发现的尸堆；从非人化的进程，到主张克制者的突然缺席——在特定的时刻结合起来，才将这种个人倾向转化成为暴力行动。1941年夏天库伦瓦库夫地区的起义者暴力显示，人们暴力升级倾向的强烈程度，取决于主张克制者是否缺席。即使在某些时刻，局面已经坏得近乎无可挽回，主张克制者也还是有可能取得成功。

有一点或许会出人意料：在8月初，想要致力于克制该地区螺旋式上升暴力的，并不只是起义者中的某个派别。克独国当局的某些组成部分，特别是克独国军方的一些人似乎也有志于此，虽然原因不大相同。这在军队里的一些人和地方乌斯塔沙分子中的不少人之间造成了分裂，前者想要建立秩序，克制住雪崩般的暴力；后者则想进一步推进他们对东正教群体的杀戮、驱逐和劫掠，起义爆发后尤其如此。在起义开始不到一周后，一位叫斯捷潘·纳伊贝格尔（Stjepan Najberger）的陆军中校对波斯尼亚西北部的形势作了直白的分析，从中能看到他们倾向克制的动力所在：

> 如果有人相信，（东正教徒群体）的驱逐工作可以通过把塞族人送进集中营来完成，那就得投入大量的时间和巨大的军事力量来把这些农民集中起来，而且他们无论如何也不会不做抵抗、任由自己被带走。他们会非常拼命地抵抗，对我们将造成前所未有的损失。因此，有必要为这个难题找到不同的解决方案。
>
> 我的建议如下：首先，要往农村里派些通情达理的人，不要派嗜血成性的杀手；其次，确保（东正教）农民在自己村子里的安全，保护他们免遭其他机构（也就是乌斯塔沙）的非正式成员的干预。这些人从（克独国军方）手中抢走这些农民，而从他们手中接管这些农民的政治领导者则要么将其转送到集中营，要么就挖出眼睛、砍掉手脚、大卸八块，或者扔进水里淹死。留在村子里的塞族人很清楚，这样的事情眼下正在发生，所以他们会不惜一切代价保卫自己的生命，这是完全可以理解的。[49]

纳伊贝格尔中校的结论是，所谓的"清洗土地"——也就是克独国军方对屠杀、驱逐和焚烧房屋的委婉说法——只会给起义火上浇油。对他来说，唯一可行的做法是"把所有嗜血成性的杀手（即乌斯塔沙分子）都撤下来"。[50]

执行这些建议谈何容易，即使非常想这么做也很难实现。我们可以先回到波斯尼亚杜比察镇，去体会一下纳伊贝格尔中校这样的人在克制"自己人"的暴行时遇到的困难。起义爆发后的这些日子里，大批战士开始包围该镇，有一队克独国的士兵被派去协助当地乌斯塔沙分子的防务。当地的克独国领导人和乌斯塔沙分子要求军队允许他们对"弗拉赫人"采取烧杀手段，结果军队的指挥者告诉他们，一间房子都不许碰，一个当地塞族百姓都不许伤害。当起义者出现在镇外时，克独国军队的一位指挥官听到了枪响，但他立刻判定开枪的不是起义者，而更像是当地的乌斯塔沙分子。后者自作主张想袭击附近的几个东正教村庄，见人就杀，包括不少女性，还大规模抢掠他们的房舍。加入乌斯塔沙的都是些本地的穆斯林，他们偷走了所有能带走的东西，连门和窗户都不放过，结果他们自己还因为抢东西而打了起来。乌斯塔沙分子还在一些房舍里找到了几百升自制的白兰地，他们彻夜狂饮，边喝酒边冲天开枪，闹得军队以为是起义者又发动袭击了。8月1日，克独国在波斯尼亚杜比察的最高军事指挥官第二次下令，禁止烧毁塞族人的房屋和杀害塞族的平民。

201 根据克独国军队一位中尉的报告，有一位当地的乌斯塔沙指挥官向他表示："他用不着听我的命令，如果听命意味着他不能为所欲为的话。"其他很多乌斯塔沙分子则明显只惦记烧杀抢掠，现在干脆弃镇而去，根本不协助军方抵抗起义者。[51]

克独国地区级军队指挥官和满脑子要加强"清洗行动"的地方乌斯塔沙分子之间的这场斗争，在8月初的波斯尼亚西北部地区并未降温，有些地方甚至还有恶化。在波斯尼亚诺维和波斯尼亚克鲁帕两镇，纳伊贝格尔中校把几大批东正教村民扣为俘虏，想以此制止起义。他宣布，如果起义者停止进攻，他就在一天内释放所有人。这种策略曾经在波斯尼亚诺维取得过成功，但在波斯尼亚克鲁帕，当地的乌斯塔沙分子毁掉了纳伊贝格尔的计划。抓俘虏的第二天，他一觉醒来，就看到俘虏们的尸体正沿着乌纳河顺流而下——当地的乌斯塔沙分子连夜屠杀了他们。于是，他不但没能制止起义，而且河中浮尸的可怕景象还令人担忧，起义者可能会发动报复性杀戮。克独国军队的指挥官们被激怒了："乌斯塔沙的种族清洗制度不但没能阻止起义，事实上还激起了更多的反抗，特别是在那些本来就最让军队头痛的地区。"[52] 在他们看来，军队必须立刻掌握一切军事行动的控制权。指挥官们坚持道："就目前来说，一切（乌斯塔沙的）清洗行动都必须立刻终止。"[53]

克独国军队和乌斯塔沙分子之间的冲突，并非只是起源于越发恶化的安全形势和雪崩般的暴力，而且还与各部门看待自身角色时的自我感觉有关。一位戈斯皮奇地区的军队指挥官在 8 月中旬说："军队和乌斯塔沙组织的关系之所以会对立，是因为军队觉得，一个民族要体面起来，靠乌斯塔沙分子那种对塞族人的'清洗'是做不到的；然而，乌斯塔沙组织以为自己的做法是正确的，他们认为军队才是在以某种形式搞破坏，其行径反而有利于南斯拉夫主义和塞尔维亚。"[54] 另一个人则总结道："乌斯塔沙分子虽然撤走了，但他们觉得受到了冒犯，如今牢骚满腹。他们认定，任何持东方希腊信仰的人（也就是塞族人），只要还活着，还能走路，就应该杀掉。现在他们还相信，只要他们不发动所谓'清洗'，这个国家就会崩溃。事实上，正是他们的这种立场，以及尤其是他们的盗抢行为，在很大程度上导致了这场切特尼克分子的叛乱。"[55] 克独国军队如今不得不投入全部资源扑灭的这场起义，早在 6 月份在黑塞哥维那爆发时，军中就有人认为乌斯塔沙分子对这场起义的爆发负有罪责，现在这种看法正变得越来越流行。[56]

对克独国军队中的一些人来说，要制止这场起义，对地方上的乌斯塔沙分子施加控制越来越关键。然而，军队指挥官们也担忧，眼前持续发生的暴力并不容易降温，特别是交战各方之间以牙还牙的杀戮正在给这场看来无休止的复仇循环火上浇油。一位驻扎在黑塞哥维那的克独国将军说："我个人认为，要建立秩序是非常困难的。当地无论信仰哪个宗教、属于哪一民族的百姓都同样惊骇不已，他们努力在眼下这些纵火、盗抢、动乱和肆意妄为的活动中保全自己。每个人心中都在燃起复仇的渴望，而且正从一代人传递到下一代人。"[57]

在乌斯塔沙暴力和起义者暴力交互效应的推动下，安全形势迅速恶化。这促使克独国军事和行政最高机关在 8 月的第一周下达命令，要求给乌斯塔沙分子的暴力降温。根据克独国最高领袖安特·帕韦利奇和最高宪兵指挥部（vrhovnooružničko zapovjedništvo）的指示，"地方上的乌斯塔沙组织应立刻停止一切行动""萨格勒布及其他地区过来的队伍也都应当停止一切清洗行动"。这间接地承认了很多乌斯塔沙支队事实上是在为所欲为，不接受其他权威。现在，他们只被允许保卫他们自己的领土，而且"只应服从于地区领导人（kotarski predstojnik）根据其目标提出的要求"。[58] 8 月 12 日又发布了另一命令，要求"一切有武装的乌斯塔沙分子都要撤下来"。该命令再次显示出，此前克独国政府事实上是给这些组织赋予过权力，使他们在地方上拥有很大的权威："乌斯塔沙分子将不能再执掌行政权力"，因为"元首（安特·帕韦利奇）不再允许在战场上使用乌斯塔沙支队，也不允许他们参与决策"。[59] 帕韦利奇本人貌似是从 8 月下半月开始发出这类命令，要求"停止一切抢掠、自行其是和暴行，任何有这类行为者，无论是克独国士兵（Domobrani）、乌斯塔沙分子还是普通人，都会被送上法庭"。他还威胁这些属于他自己的所谓武装支队："我警告所有未经允许就自行武装起来进入他人村庄的克族人，他们将被视为窃贼，遭到最严厉的处置。"[60]

203　　　之所以会如此惊人地从集体暴力中收手，是为了对乌斯塔沙分子施加控制。正是他们的暴行引发了这场起义。不过，这并不是说，克独国高层在解决"克族问题"方面也作出了重大的、意识形态上的让步。相反，这些命令代表他们承认了起义的成功，特别是承认了起义者的暴力正在迅速破坏克独国的稳定。这与最初采取强硬镇压起义的措施予以打压的战略截然不同。克独国领导层想要制造一种让塞族人有安全感的环境，让他们赶紧回到家里去，希望如此一来起义者受到的支持就会缩水，就可以遏制起义的进一步扩散。[61]就像敌对的起义者中那些有共产主义倾向的人一样，克独国当局中的有些人也意识到，克制而非暴力升级对当下而言才是更可取的策略，至少在危机时期是如此。

然而，要贯彻这种给事态降温的命令、建立起法律与秩序，却并非易事。克独国军方的一些人鼓励塞族人返回家园，但这种呼吁在地区一级以及地方上的警察指挥者那里收到的反馈却褒贬不一，他们认为这一政策麻烦重重，就像一位波斯尼亚西北部人士在 8 月 21 日说的那样：

令人不快的是，军方机关正在允许那些从森林回来的东方希腊农民立刻返回村庄，也不用他们把武器带回来。而且，目前并没有充足的（警察）部队——在大部分情况下，是根本没有任何部队——去监控这些弗拉赫人的运动和活动。现在已经发生了这样的事，有些人回来自首时没带武器，结果回家第二天就被枪打死，而且杀死他们的步枪就攥在他们自己手里。有些人把食物和牲畜带去给森林里的自己人，因此也对我们的部队造成了重大的损害。他们监视我们军人的人数和位置，给切特尼克的指挥官通风报信。因此，我们有必要把这些返家者投入集中营，禁止他们活动，直到我们主要的军事行动结束为止。"[62]

起义仍旧如火如荼，最初的降温措施因此很快为克独国的地方官员制造了意料之外的麻烦。对他们来说，返家者和战士往往难以区分甚至根本无法分辨。

在另一些案例中，虽然有命令允许东正教村民返回家中，并担保他们此后的人身安全，但这些命令却没有人听从，因为地方上的乌斯塔沙分子对怎样处理返家者有他们自己的想法。8 月中旬，一位军方指挥官从黑塞哥维那沮丧地报告称："（克独国军队的）军官们叫他们（塞族人）来谈话，告诉他们要返回家园。这些人被告知，没有人会对他们做任何事，他们可以自由地到田地里干活，不用害怕任何人。但每一次他们回家后，袭击都接踵而至，老人、女人和孩子都被带走杀掉扔进坑里。"[63] 在很多地方，就连克独国的政府和军队机关也害怕当地的乌斯塔沙分子，这使得担保返家者的安全变得尤为困难。一位宪兵曾说："我根本无能为力，其他宪兵差不多也都和我一样。（乌斯塔沙分子）做的每一件事我们都不知情，他们对我们也毫无信任。如果我对乌斯塔沙分子说什么的话，即使是无关紧要的内容，也可能会害自己丢掉性命。"[64] 很多天主教徒和穆斯林居民也有同样的情绪，他们也在寻求保护。例如在 8 月下旬，一群魂飞魄散的天主教徒村民给克独国的地区级政府写信："在我们生活的地方，政府已经疯了——所有公民都在被不可靠分子（指乌斯塔沙分子）任意摆布，后者被发给武器，为所欲为……如果你们有力量的话，请救救我们的灵魂，趁着还来得及。"[65]

然而也并不清楚，在地方上，究竟有谁能够出手剥夺乌斯塔沙分子的权力，因为乌斯塔沙的权力就来自地方。克独国军队对此有所察觉，他们在 8 月中旬的政治局势评估中写道："乌斯塔沙组织和民政机关之间的关系并不正常，原因在于乌斯塔沙组织夺走了全部的权力和权威，甚至还侵夺了法院的权力。如今，除了乌斯塔沙组织之外，人们已经感受不到其他任何权威的存在，因为一切其他形式的权威都已不再发挥作用了。"[66]

同样的机制也存在于库伦瓦库夫镇，这里是克独国在这一地区的主要据点。8月下半月，当地驻军的指挥官弗拉基米尔·韦伯（Vladimir Veber）上尉从波斯尼亚罗瓦茨的上级那里接到命令，要求他制止当地的乌斯塔沙分子杀害他们抓来关在学校里的塞族囚徒。然而他发出命令几天后，却收到了一位年轻女囚徒的母亲的来信，声称乌斯塔沙分子仍然每晚打着手电筒到学校里来，挑选下手对象杀掉，把尸体扔进附近的水渠里。有证人表示，此后韦伯上尉仍在继续挑战米罗斯拉夫·马蒂耶维奇领导的当地乌斯塔沙组织的权威，但他也越来越害怕他们会杀掉他。[67]

因此，克独国最高机关虽然下达了命令，要求立刻为针对东正 205 教徒社群的暴行降温，但在库伦瓦库夫地区却几乎没有任何效果。还有保证返家者安全的许诺，也因为没人有实力贯彻执行而根本无法兑现。就连很多天主教徒和穆斯林都能感觉到乌斯塔沙分子的威胁。至于民政部门和军队的领导人，很多时候都只是在名义上掌握权位，在乡村和较小市镇的情况尤其如此，那里的权力很大程度上仍然在乌斯塔沙分子手中。要让这种情况发生改变，就必须以武力从他们手中夺取权力。

克独国的军政领导人在推行降温和克制政策时遇到的这些困难，对我们研究集体暴力很有意义。按照一些学者的说法，要解释集体暴力的发生，最重要的是那些自上而下的宏观因素，比如强人领袖、国家政权有能力制定并颁布暴力政策。[68]然而我们看到的却是，当克独国当局试图克制他们自己几个月前发动的暴行时，领导人和这个国家政权却因为自身的弱小而进退维谷。如果国家机关的力量对于解释集体暴力的起因那么重要的话，为什么这个机关会没有能力制止它亲手发动的暴行？

通过分析目前尚未被充分研究的克制机制——尤其是在地方层面上，我们可以看到，不但发动集体暴力需要有一定程度的权力，而且要实现降温，需要的权力可能还要更大，特别是在这种内战的背景下。在库伦瓦库夫地区，貌似也出现了跟克独国其他很多地区相同的机制，那些突然被赋予权力实施暴行的人（也就是乌斯塔沙分子）很快便通过实施暴力的过程，把大得吓人的权力和权威都集中到了自己手里。这种权力并不是他们从其他克独国政府部门那里篡夺得来的，而是他们自己通过杀戮、酷刑和劫掠行为创造出来的。这说明，暴力并不应仅被定义为纯粹的破坏性力量，它同样是极具生成性的力量，能够迅速建立新的权力来源和权力构成，有时这种力量甚至能够损害一个在意识形态上本就执行迫害政策的国家的权威。

　　我们对克独国一方克制行为的分析显示，乌斯塔沙分子使用暴力的能力已经威胁到了国家的权威，因为乌斯塔沙之外代表国家的人们缺乏足够的人员和权威去剥夺乌斯塔沙分子的权力，尤其是在地方层面上。这个脆弱的国家机器竟意外地需要对自己这一方的某个暴力派别使用武力，才能推行克制。就像与他们为敌的起义者一样，克独国的军队领导人似乎也不愿为了实现这种目标而攻击他们自己这一边最暴力的派别——乌斯塔沙。所以，暴力仍持续在地方上螺旋式上升，每一轮杀戮都进一步破坏了克独国的稳定。因此，通过研究克独国一方推行克制做法时遇到的困难，可以看到一种显著的悖论：地方上的暴力势力事实上正是由国家的中央权力制造出来的，现在却在促使自己的创造者迅速败亡。

　　8 月下旬，起义者已经袭击和屠杀了布罗特尼亚、夫尔托切、克尔涅乌沙和博里切瓦茨等地区的天主教村庄，并在皮什塔尔斯卡德拉加伏击了克独国的军队。库伦瓦库夫的克独国政府意识到自己正处在巨大的危险之中，这些袭击事件中共有约 500 人被杀身亡。前一个月里，起义者逼得他们的对手纷纷丢下下拉帕茨和博里切瓦茨的指挥哨所逃之夭夭，有数千名天主教村民追随他们逃走。他们都跑到库伦瓦库夫寻求庇护，因为那里已是该地区仅存的克独国据点了。[69] 这个镇子遭到了不间断地围城，包围圈每一天都缩得更紧。当地的克独国政府清楚，如果起义者发动大规模的进攻，他们将没有能力守住阵地，也保护不了附近几个村子的穆斯林百姓。

此前几周里，起义者在袭击多个天主教村庄之后，已经收集了数量可观的武器弹药。他们现在有将近 1,000 名装备武器的士兵，数倍于他们在该地区的敌人。他们也包围了乌纳河谷里的这一片区域，这意味着，在库伦瓦库夫地区，无论是乌斯塔沙分子、克独国军队还是天主教和穆斯林平民，都难以得到任何补给和增援。[70] 有证据显示，在 8 月中旬，只有约 200 支步枪被设法送到了库伦瓦库夫镇，共有 100—150 个男人在守卫该镇。尽管武器的到来提振了士气，但也激化了紧张局势。有些当地百姓深受物资短缺之苦，很快就拿起这些武器去袭击附近的东正教村庄，抢那里的小麦和其他食物。有些证人反映说，有穆斯林和天主教徒难民带着马匹去了附近的普尔科西等东正教村庄，再带着从东正教徒家里抢来的小麦、牲畜和家庭用品满载而归。促使他们这么做的原因中，饥饿的因素可能要超过迫害自己的乡邻的因素。但这些袭击事件还是进一步强化了东正教徒村民和森林里的起义者的恨意。

一位设法于 8 月 12 日抵达库伦瓦库夫的克独国官员，在报告中反映了当地残酷的紧张气氛。他写道，大量未被掩埋的尸体都堆在镇子周围的区域里，可能都是惨遭当地乌斯塔沙分子杀害的东正教村民，但其中也可能有冒险去东正教村庄偷东西的天主教徒和穆斯林。[71] 根据克独国地区级政府的说法，整个镇子在月底时已被"完全隔绝"。[72] 附近山头上的不少起义者组织都是以他们各自家族的村庄为单位组织起来的，因此其中的大部分人都是夏天早些时候当地乌斯塔沙恐怖暴力的幸存者和逃脱者。[73] 他们切断了该地区的电报线路，这意味着在库伦瓦库夫，人们已很难再和克独国的地区级政府取得联系，向他们请求支援，也难以获得整个地区里起义者动向的情报。[74] 整个 8 月下旬，起义者越来越逼近该地区的各个穆斯林村庄，一位当时在丘科维村生活的儿童的回忆对此有所表现："在（我们村子周围）那些山头上，连一只鸡都能看清楚。不管什么时候，只要我们动一下，（起义者）就会开枪。他们还从山头上朝我们扔石头，大喊大叫说是给我们的'包裹'。"[75]

到 8 月的最后几天，用一位地区级军队指挥官的话，库伦瓦库夫的本地乌斯塔沙分子和克独国士兵已经"在长期的战斗、糟糕的天气、疾病以及差劲的装备中精疲力竭了"。尤其是起义者不断地围城，至今已经持续超过 30 天了。[76] 克独国的地区级军事指挥部给萨格勒布写信，表示食物短缺的情况正越来越严重。而穆斯林和天主教难民还在持续拥向镇子。痢疾越来越流行，斑疹伤寒症也在暴发。[77] 用一位地区级官员的话来说，情况已经"不可救药"。[78] 其他人的心情估计也同样黯淡、悲观："库伦瓦库夫的情况最为危险。"[79] 还有人说："最糟糕的情况随时都会发生。"[80]

前一个月里，起义者的暴力已经让很多克独国军队的指挥官坚持不下去了，他们的部队和当地的天主教及穆斯林群体一起被重重包围。来自该地区的报告清楚地显示，他们知道起义者拿下他们的地盘后会发生什么样的事情："如果没办法对付共产党—切特尼克匪帮（指起义者），那复仇就将到来，手无寸铁的克族人民就会遭到烧杀。"[81] 这不只是凭空推测，8 月 25 日黑塞哥维那的贝尔科维契镇（Berkovići）落入起义者之手后，立刻就有包括女人和孩子在内的 450 名穆斯林平民与克独国当地政府的几个官员一起遭到杀害。[82]

提供增援既然不可能，不少指挥官便得出结论，就像一位戈斯皮奇地区的人士说的，"还不如把人从所有这些地方都撤出来，以免切特尼克把他们全杀掉。"对于这些士兵和平民可能遭受的厄运，有些人在内部报告中分析其根本原因时说得非常直白："应当指出，该指挥部辖区内今日的形势，都是我们的人的所作所为造成的结果。也就是说，切特尼克分子正和其他持东方希腊信仰的人们一道，为了他们的至亲遭受的不义和杀戮而向克族人发起报复。"[83] 库伦瓦库夫地区的形势与此一模一样。

8 月 23 日，天主教村庄博里切瓦茨的全体居民（大约 2,700 人）被送往比哈奇，有些人步行，有些人坐马拉车。他们是 7 月底刚刚逃到库伦瓦库夫来的。看起来，起义者在当天晚些时候才得知他们的动向，便在途中袭击了其中一部分队伍，最终杀死 4 人，致伤 8 人。难民们带去了身陷重围的克独国军队库伦瓦库夫司令官韦伯上尉的一份报告："库伦瓦库夫仍有（从附近农村来的）数千名穆斯林难民，大家害怕切特尼克分子最终会突破城中，掀起一场灾难性的大屠杀，将所有人杀得一干二净。"[84] 除了恐惧，韦伯还对如此数量的穆斯林平民一次性被屠杀的潜在政治后果表示了担忧。尽管波斯尼亚西北部已经发生过报复性杀戮，就像在黑塞哥维那一样，但在库伦瓦库夫地区，可能被杀的人数（超过 5,000 名平民）将会大大超过迄今为止的任何一次事件。[85] 韦伯还特别表示，他担忧任何集体屠杀"都将在整个波斯尼亚的穆斯林社会造成极为痛苦的反响"。证据表明，克独国在比哈奇的政府机关同意他的这种评估。[86]

如果发生针对穆斯林平民的集体屠杀，就等于是昭告天下，克独国政府和军队没有能力保护穆斯林公民的生命。这将动摇穆斯林对国家的支持，对政府造成沉重的打击，毕竟这个政府是把穆斯林定性成了"持伊斯兰教信仰的克族人"才得以宣称它是代表全国（微弱）多数人口执政的。必须不惜一切代价避免穆斯林平民遭到集体屠杀。此外，大规模的穆斯林人口丧生也可能会动摇政治稳定。基于这些原因，可行的选项就只剩下一个了：放弃克独国在库伦瓦库夫的阵地，把穆斯林群众疏散到安全地区。

起义者让这个选项成了现实。9月4日，有共产主义倾向的指
挥官斯特万·皮利波维奇·马丘卡和战士们一起从丘科维村周围的
山上冲下来，发动了一场猛烈的进攻。第一波枪声刚响没一会，村
里的零星几个乌斯塔沙分子就逃之夭夭了，[87] 但是还有约15名有
武装的居民拒绝投降，他们从房子里向窗外喊道："我们不是乌斯
塔沙！丘科维从未投降，没人征服过这个村子，你们也没戏！"[88]
激烈的战斗打响了，村民们透过窗户向起义者开枪，打了大半个下
午。指挥官戈伊科·波洛维纳后来回忆道："我们的战士要是不纵
火烧房，就根本连一间房子都拿不下。只有在亲眼看到房子着火后，
他们才会跑出来到下一个房子里去，然后除非那个房子也着火，否
则他们也不会再出来。"[89] 经过大约五个小时的战斗，起义者已经
点燃了村子里的几乎每一栋房屋。直到这时候，丘科维的守卫者们
才向南逃去，前往邻近的奥拉沙茨村。[90]

之后发生的事情生动地显示出，在这样的时刻，像指挥官斯特
万·皮利波维奇·马丘卡这样的主张克制者会遇到怎样的困难。战
斗如火如荼时，穆妮拉·德迪奇（Munira Dedić）一直带着她的三
个儿子待在丘科维，直到最后几座房屋被付之一炬，她才终于下定
决心带着孩子们逃往奥拉沙茨，结果没跑多远就被几个起义者追上
了。他们毫不犹豫地当场杀害了这一家四口。还有两个女人刚好在
穆妮拉和她的孩子们之前逃出丘科维，那几个起义者看到她们在前
面跑，便追上去抓住了她们，将其当场杀死。哈婕拉·利波瓦查
（Hadžera Lipovača）逃得更早一些，此时正拼尽全力逃跑，但她带
着五个孩子，速度快不起来，结果起义者就追了上来。这一次，有
共产主义倾向的战士斯特沃·奥武卡（Stevo Ovuka）也在场，他
跳到起义者和哈婕拉及其孩子们之间，向其他战士举起武器，结果

他们没能动手杀人。[91] 在这样的时刻，主张克制者必须亲临现场，而且坚决地、不能有丝毫犹豫地以武力对抗那些主张暴力升级的（和自己同一阵营的）对手。

魂飞魄散的百姓从丘科维村源源不断地拥入奥拉沙茨村，他们向当地乡邻大声喊道："切特尼克来了！""他们在赶尽杀绝！"[92]丘科维村被袭击、女人小孩惨遭杀害的消息，像野火一般传遍了奥拉沙茨，百姓都慌乱了起来。他们迅速收拾起全部财物，和丘科维跑出来的难民一起争先恐后地逃到了乌纳河边。他们向河对岸克利萨村的乡邻高喊，切特尼克分子在追杀他们。当天晚上直到深夜，克利萨村的老百姓们都一直在冰冷的河水中划小船，把这些邻居摆渡到暂时安全的地方。[93]

这场救援行动开始的同时，起义者也赶到了刚刚被遗弃的奥拉沙茨村。他们并未继续向库伦瓦库夫推进、直捣乌斯塔沙在该地区的权力中心，相反，其中一大批人突然停了下来，开始集中精力洗劫这些穆斯林家里剩下的东西。[94] 大肆劫掠后，他们纵火点燃了村子里的所有建筑，并得到了从附近山上赶来的一些当地东正教农民（妇女也在其中）的帮助。[95] 根据克独国军方的报告，丘科维和奥拉沙茨都遭到了"彻底的摧毁"，没逃出来的家庭都"遭到了屠杀"。随着起义者在乌纳河谷一带的绞索越收越紧，克独国军方地区级领导人认定，已经不可能再派兵帮助库伦瓦库夫这些腹背受敌的同侪们了。[96] 一位起义者对克利萨村（9 月 5 日沦为最后一个被摧毁的村庄）景象的描述，也同样适用于丘科维和奥拉沙茨："这里完全是一片废土，周围只有废墟，一个人影都没有，什么生命都没有。乌纳河安静地流过平坦的玉米田，就像是也要停在这个没有生命的地方。在这里，腐烂和燃烧的气味仍然扑鼻。就连穆斯林房屋那些用泥土和柳条修筑的地基都不复存在了。"[97]

丘科维村和奥拉沙茨村烧毁房屋的烟雾直冲云霄，与此同时村

210

子的原居民们则正在从克利萨村出发，前往两公里外的库伦瓦库夫。他们走过的道路左边是连绵不绝的玉米田。爬过一座小山后，这些人向乌纳河方向下山，来到了濒临湍急河水的库伦瓦库夫宪兵站。道路在此处分岔，往右走就会沿着当地人于 20 世纪 30 年代修建的铁路线旁边的道路，来到库伦瓦库夫的小学旁边。几个月来，这里被用来关押东正教徒村民，他们在此饱受酷刑，许多人惨遭杀害。如果在岔路口向左走，则会穿过乌纳河上的桥梁，来到被称为布克的小峡谷，然后经过乌斯塔沙领导人米罗斯拉夫·马蒂耶维奇的房子和客栈，再走上一公里左右就会抵达第二座更大的桥。从那里再向右转，就会走到库伦瓦库夫的中心，正前方就能看到清真寺的白色宣礼塔高耸入云。

　　无论他们选择哪条路，最后都会来到这个镇子里；在这个山谷里，他们已经没有其他地方可去了。大部分人都是在 9 月 5 日下午 4 点左右来到了镇子里，距离丘科维村袭击事件爆发差不多正好 24 小时。镇上现在遍地难民，本来库伦瓦库夫人口只有约 2,000 人，却来了将近 3,700 名难民，镇上的人口在一天之内就增加了将近一倍。这几千名精疲力尽的来客把仅有的财物和牲畜都堆放在了他们能找到的任何地方。[98]

　　刚到晚上，韦伯上尉就把库伦瓦库夫的所有男人召集到清真寺隔壁的主广场，宣布了他保全他们及家人性命的计划：次日，也就是 9 月 6 日，所有人天一亮就要集合起来，他们将一道出发前往约 50 公里外的比哈奇市，免于被"彻底消灭"。所有人都被命令要离开，没有例外。[99] 只有三个人打算违抗韦伯的命令，他们分别是埃萨德·比巴诺维奇、他的兄弟易卜拉欣·比巴诺维奇（Ibrahim Bibanović）和扎费尔·德米罗维奇（Džafer Demirović），这三个人是该镇的共产党地下小组的成员。他们想在这里等待起义者的到来（他们还没跟这些人见过面），然后加入他们，共同投入他们一

地图 11　1941 年 9 月 4—5 日，丘科维和奥拉维奇的起义者袭击事件

直盼望的集体反"法西斯主义"斗争中。[100]

韦伯上尉准备走一条途经夫尔托切村的路线前往比哈奇。夫尔托切村早在 8 月初就已被起义者大肆屠杀毁尸。由于跟地区级政府联系不上，韦伯上尉根本不知道，起义者已经切断了那里驻守的克独国士兵的食品供应，然后在 9 月 1 日再次攻下了这个村子。克独国军队的报告称，起义者的攻势"如此之猛烈，根本不可能加以遏制，有两个连队被迫撤退到波斯尼亚彼得罗瓦茨，其间有 7 名军官、120 名士兵失踪"。[101] 很多人最终逃到波斯尼亚彼得罗瓦茨时，都因为慌乱而没穿外衣且打着赤膊。[102] 对于起义者来说，他们不只是从敌人手中解放了又一个村庄，这场胜利还让他们得到了克独国士兵扔下的机枪、步枪和大量弹药。[103] 韦伯上尉和他手下的士兵，以及剩下的乌斯塔沙分子和该地区的全体非塞族平民，共计将近 5,600 人，都对此毫不知情，他们准备经夫尔托切村逃离乌纳河谷，不知道自己正迎面向敌人走去。

随着 9 月 5 日的夜幕降临，库伦瓦库夫的居民和数千位难民收拾好了他们仅剩的行囊。成年人们彼此小声讨论接下来的一天，孩子们则既恐惧又紧张。有一个叫阿巴斯·穆舍塔（Abas Mušeta）的少年，他的父亲穆罕默德·"梅霍"已经被 7 月某次屠杀的幸存者指认为乌斯塔沙分子，此时正在思考祖母最近给他的建议。她说，如果"弗拉赫人"攻击他们，他最好的自救方法就是跳进乌纳河冰冷的水中，然后游到乌纳河与奥斯特罗维察河汇流处周围的某个小岛上。按照这位老太太的说法，到时候他们的东正教徒乡邻就不能伤害他了，因为他们明显都不会游泳。[104]

当天晚上，在库伦瓦库夫周围环绕的山头上，还有另外一小伙人也意识到自己已经站在了十字路口。在山谷里的人们为次日前往比哈奇的旅程做准备时，当地的共产党指挥官戈伊科·波洛维纳正

在给党内的上级写一封急信。他第一句话就是："本地区的形势已
经非常严峻了。"在他看来，主要的问题在于，过去几周以来，雪
崩般的社群间暴行已经改变了这场起义："残酷的现实是，我们的
斗争正一天天演变为一场塞族人和克族人（及穆斯林）之间邪恶的
兄弟相残。如果我们不能把这场兄弟相残的战争转化为跟共同的敌
人（也就是侵略者和通敌者）的斗争的话，那么我们的所有行动和
斗争都将化为乌有（pašće u prah i pepeo），我们也都将沦为侵略者
的牺牲品。"[105]

　　波洛维纳承认，实现这种转化十分困难。在更大的地域范围
内，其他起义者中的共产党领袖们也有类似的顾虑，比如马尔科·奥
雷什科维奇-克尔恩蒂亚（Marko Orešković-Krntija），[106] 他同样
意识到，与动员人们参加战斗相比，对战士们施以控制，尤其是扑
灭他们对种族复仇的渴望，或许是同等麻烦甚至更加麻烦的核心难
题。他9月初写下的文件《游击队的角色和任务》（Uloga i zadaci
partizanskih odreda）颇值得一提，他毫不掩饰地阐述了各项任务
的紧迫性。眼下，库伦瓦库夫地区起义者和全体非塞族人之间似乎
已经马上就要爆发重大冲突，所以他有力地讨论了进一步加强战士
们（他现在管他们叫"游击战士"[partizani]）的纪律、终止他们
对平民的复仇暴力、将他们转化为一支以解放所有人民为目标的作
战部队的必要性：

　　　　我们面临的任务和困难，要求我们无条件地建立一种模范性
　　的纪律。没有了它，我们的任何活动都不可能实现，更不用提什
　　么取得成功了！我们要举几个例子，说明缺乏纪律会让我们吃很
　　大的苦头。博里切瓦茨的纵火事件，不但给我们造成了巨大的物
　　质损失，而且可以说让我们在道义上遭受了真正的重创。库伦瓦
　　库夫镇能坚守这么长时间，就是因为那里的人害怕遭到和博里切

瓦茨一样的下场……

格拉莫奇镇（位于库伦瓦库夫东南部）被乌斯塔沙分子清洗过，但我们的游击队队员并未追击并歼灭那里的敌人，反而停住脚步，把精力都放到了喝酒上。结果，敌人得以重整他们的部队，把我们的游击队队员赶出了格拉莫奇。我们再举一个乔尔奇（Čorci）的例子，那里的克族农民自愿向游击战士交出武器，像兄弟一样等待他们的到来，期待得到兄弟式的理解。结果，他们遇到的是我们队伍中的不可靠分子，这些人拿着枪在村里走来走去，惊扰当地和平的农民和妇女。人家的生命遭到这样的威胁，就离开农村、逃到森林里去了，转而向乌斯塔沙分子寻求武器以保护自己。在多个案例中，我们部队中的一些人对妇女使用暴力，不时还有人动手杀害妇女、儿童以及他们在房子里找到的任何人。这种行为的后果是不需要多做解释的。在这些事例中，我们和乌斯塔沙那些土匪根本毫无区别，尽管我们拿起武器是为了给所有体面的塞族人、克族人、斯洛文尼亚人、穆斯林和其他人争取自由的、有尊严的生活。所有这一切都是我们缺乏纪律、缺乏必要的责任感的结果。游击队的成员们必须明白，他们是民族解放战士！他们是人民的军队，必须准备好挑战一切不义，挑战一切暴力，为全人类的自由而战。

一言以蔽之，如果我们建立不了纪律（我指的是自觉自愿的纪律），我们的斗争就有转化为最恐怖的暴力和抢劫行为的危险。我们中没有人希望如此，这等于是继承了我们最仇恨的敌人——乌斯塔沙分子的工作。要避免这种后果，我们就得有纪律。我再说一遍：纪律。[107]

并不是只有波斯尼亚西北部和利卡地区的起义指挥者（如波洛维纳、奥雷什科维奇-克尔恩蒂亚等）才会在确立部队纪律、约束战士行为时遇到困难。在此前一个月乃至更长时间里，黑塞哥维那的其他指挥官也都在为同样的问题而挣扎。因为害怕起义者会为了夏初乌斯塔沙的杀戮而发起大规模的复仇暴行，一部分指挥者迈出了激进的一步：他们认为某些村子可能会发生大规模屠杀，但又知道自己并没有足够的人力和影响力去控制那些渴望复仇的本地战士，于是他们便将穆斯林平民疏散出来。在 9 月 8 日左右写成的一份报告中，他们用赤裸裸的语言描述了当时的形势："要避免（起义者对当地人民的）宗教屠杀根本毫无可能，因为乌斯塔沙分子已经犯下了骇人听闻的暴行……而我们的影响力又很微弱。眼下，我们将避免采取任何军事行动，先在部队里整顿纪律，让群众在政治上做好准备，这样黑塞哥维那的战斗才不会沦为一场反穆斯林的斗争。"[108]

在距离库伦瓦库夫地区较近的波斯尼亚西北部其他地区，并没有足够的力量去执行克制政策、取消军事行动，并大搞政治工作。在一些事件中，起义者指挥者也没有能力避免报复性暴力。8 月 12日，桑斯基莫斯特镇附近的指挥者们对自身的局限性作出了直白的书面评估："我们在本地区的影响力非常微弱，而且正因为这个原因，现在已经跟乌斯塔沙分子和（克独国）军队都打过仗了，还发生了一场完全是切特尼克主导的大屠杀。起义者不但杀害穆斯林和克族的农民，甚至还杀死他们的家人，他们的女人和孩子。"[109]

9 月 5 日晚上，太阳已经落到了库伦瓦库夫周边山头后面。当地这些主张克制的人们，如戈伊科·波洛维纳、久科·约万尼奇、斯特万·皮利波维奇·马丘卡和斯托扬·马蒂奇，正面临着挑战与困境。数千手无寸铁的平民明早就要启程上路，他们作为"克族人"（所以也就是"乌斯塔沙分子"）被很多起义者敌视。在很可能打响的战斗中，所有起义者都要抉择，他们想要发动的是一场怎样的斗争。是像波洛维纳害怕的那样继续崩坏下去，变成一场更加"邪恶的兄弟相残的战争",让邻居互相下毒手,让人们的族群归属决定他们的命运,还是打一场跨族群的解放战争,让乡邻们能够携起手来抵抗外国侵略者和他们的本地代理人,就像波洛维纳等共产党人及其他人极力盼望的那样?

有好几个理由都说明第一种选项将占据上风。此前两个月里,社群间杀戮案件的数量已非常巨大,因此大部分本地起义者的复仇渴望都很高涨。主张克制者人数不多,对很多满腔仇怨的森林战士也毫无影响力,而且也没有时间去搞政治工作了——在一些人看来,要让那些想为惨死的亲属乡邻复仇的人转变意识,政治工作是非常必要的。而且,由于该镇是整个地区的乌斯塔沙权力中心,又是集体屠杀发生的现场,所以各个社群之间也没什么联系可言了。波洛维纳等人察觉到了这些机制。他回忆说:"我们在避免(对库伦瓦库夫发起)总攻,因为在如今这种情况下,会有数量巨大的无辜穆斯林百姓死亡。"[110]

就像该地区其他势单力薄的主张克制者一样,波洛维纳也想找出个办法,以避免暴力对抗,因为他知道他很可能无法直接制止暴力事件的发生。他通过德米罗沃博尔多(Demirovo Brdo)村的居民,给库伦瓦库夫的韦伯上尉捎了个信,恳求他交出镇上的武器和乌斯塔沙分子。韦伯回复说,他要求让乌斯塔沙分子、克独国士兵和平民都带着武器离开,把空荡荡的村子交给起义者。波洛维纳回答说,如果不交出乌斯塔沙分子,他将无法保护任何试图前往比哈奇的人。于是,韦伯请波洛维纳提供一份名单,列出起义者想要的乌斯塔沙分子。"我们拟了一份约60名乌斯塔沙杀人犯的名单,希望他们把人交出来,"波洛维纳回忆说,"但我们的这一请求没有得到答复。"[111] 如果韦伯上尉尝试过交出当地乌斯塔沙强人米罗斯拉夫·马蒂耶维奇以及其他7月初以来杀害过大量东正教徒村民的人的话,那他很有可能会丢掉自己的性命。无论是他还是波洛维纳,都找不到办法平息即将到来的对抗。

随着 9 月 6 日清晨破晓，双方最终摊牌的舞台已经搭好，等到这天晚些时候，克独国军队（以及追随他们的平民）和森林里的起义者之间几乎一定会爆发重大冲突。不过，一场同样关键的战斗也将在起义者内部爆发，一方主张暴力升级，另一方主张克制。杀人还是不杀人？这场斗争的结果，将在之后几十个小时里决定数千人的命运。

48 小时

9 月 6 日清晨太阳升起时，深蓝色的天空万里无云。天刚破晓，库伦瓦库夫的居民便和新来不久的难民一起，把他们的大部分牲畜放进了近旁的牧场。很多人把家里的狗也放了出去，它们从此便在镇子周围游荡。早上 6 点 30 分，韦伯上尉下令向比哈奇行进。整支队伍共有约 5,600 人，他们开始走向附近的小山，这条路通往克利萨、奥拉沙茨和丘科维三个村庄，那里的房屋和清真寺两天前才被焚毁，多数房子的残骸还在冒烟。男人们驾驶着至少 90 辆马车，载着衣物、食物和财物。女人们坐在他们身边或车后面，把婴孩都抱在怀里，年龄稍大的孩子则用手牵着。老人和病人躺在车后面。其他更多的人（特别是克利萨、奥拉沙茨和丘科维来的难民）就只能步行了。一路上，空气中飘浮着细小灰尘升起组成的云雾，窄路两侧的树林里一片死寂。根据证言，队伍中的大部分人身上都弥漫着悲伤尤其是恐惧的情绪。[1]

9 月 6 日的这种气氛，与三年前也就是 1938 年同一天的库伦瓦库夫构成了强烈的反差。那一天是一年一度的南斯拉夫国王佩塔尔二世生日庆典，镇上的两位领导人阿德姆·库伦诺维奇和弗拉多·米拉诺维奇分别发表了简短的演讲，讲的是国王陛下和他的王朝有多么重要。大批镇民和周边农村赶来的乡邻们都报之以掌声。阿德姆·库伦诺维奇被认为是一位温和派的政客，跟其他穆斯林的关系剑拔弩张。弗拉多·米拉诺维奇则是武科萨夫·米拉诺维奇长老的儿子，也就是 1918 年土改时期那位果断制止东正教村民袭击库伦瓦库夫穆斯林的本地东正教教士。[2] 如今，三年过去以后，米罗斯拉夫·马蒂耶维奇、侯赛因·泽里奇（一个是客栈老板，另一个是生活在社会边缘的、极其失败的商人）等本地乌斯塔沙领袖已经把阿德姆·库伦诺维奇撵下了台，还跟志同道合的伙伴们一道杀死了弗拉多·米拉诺维奇、他的哥哥沃约（Vojo）和父亲武科萨夫。[3] 这三个人和其他成百上千人一样死于该镇七八月间的夜间虐杀，尸体被埋在学校和东正教徒附近的万人坑里，或者丢进黑暗的博里切瓦茨坑洞之中。那段不长的时间里，这个镇子的很多主张温和的人都像他们一样被噤声、消灭。他们的某些乡邻则抓住了突如其来的意外机遇，通过暴力来攫取和创造权位。

　　大队人马走出库伦瓦库夫、爬上镇外的小山时，走在最前面的就是这些本地乌斯塔沙分子。他们往左看的话，能看到乌纳河翠绿色的汩汩水流，在清晨的阳光中闪着微光。离开镇子没多远，队伍便向右转去，顺着蜿蜒的道路上山。这条路将穿过乔伊卢克村（Ćojluk），通往著名的米洛塔泉（Milota），那里有纯净、冰冷的水流。该泉附近就是乔夫卡村和普尔科西村，从库伦瓦库夫到这里有大约两小时的上坡山路。穿过密林蜿蜒而上抵达这个地点之后，旅程就会变得轻松一些，可以沿着长满青草的高地一直走到夫尔托切村。韦伯上尉保证，大家到了那个村子以后就会有午饭吃。[4] 在那里，他们将在乌斯塔沙分子米罗斯拉夫·马蒂耶维奇出生的地方用餐和休息。8 月初，起义者们杀死了此人的父母，把他们的头颅插在棍子上，还杀死了他们的很多天主教乡邻。

　　这支队伍离开没多久，那三位违抗韦伯上尉命令、拒绝离开库伦瓦库夫的年轻共产党员——埃萨德和易卜拉欣·比巴诺维奇兄弟，以及他们的朋友扎费尔·德米罗维奇走到了镇子的中央。他们设法打开了一间商店的门，想找一块大些的红布当作红旗挥舞，以便让山上的起义者知道，现在库伦瓦库夫剩下的都是共产党同志了。他们激动不已，迫不及待地想要见到自己的同志们，加入他们的反法西斯斗争。他们把布料切割成一大块长方形，然后走过镇上空荡的街道和被遗弃的家园，走进了清真寺，顺着陡峭的螺旋阶梯爬上白色的宣礼塔，最后出现在塔顶的阳光下，在风中展开旗帜。库伦瓦库夫现在已经在共产党手中了，他们心想。几个人注视着照耀在小山上的阳光，等待着起义者的到来。[5]

　　队伍慢慢走出了乌纳河谷，那三个年轻的共产党员则在清真寺顶举旗等待。树林里的起义者马上就将碰到这两伙人，到时候就要作出决定，该怎样处置他们。是克制，还是升级暴力？迄今为止对克制难题的分析都说明，现场情形是否对暴力升级特别有利，事实上取决于有没有主张克制者在场，而且即使在事情看似已经无可挽回时，主张克制者也仍有成功的机会。此外，他们的缺席也不是暴力升级唯一的必要因素。就像一些证据显示的那样，主张升级者与主张克制者的力量可以在某种特定环境下同时发挥作用。不过，迄今为止的这些分析中，都缺少了对一个关键问题的探索：在主张升级者和主张克制者的直接冲突中，一方是怎样战胜另一方的？探索这个问题，能帮助我们更好地解释地方性暴力令人困惑的此起彼伏之势。

　　这样的分析，能够帮助我们在考察地方性暴力成因时，复原其一定程度上必然具有的偶然性。我们已经知道某个特定地点发生过大屠杀时，就会有一种强烈的倾向，要把事情归咎为在某些宏观因素下所不可避免之事，比如：长期极化的政治环境、所谓深刻的"族群"裂痕、乌托邦式的清洗型意识形态、极端主义的政治领袖，甚至是据说在施害者之间非常普遍的复仇渴望。这些因素往往可能都是暴力的必要条件，却不能被认为是充分条件，因为它们并不能告诉我们，为什么杀戮会发生在某些时间地点而不是其他时间地点。如果我们依赖这些因素，可能就无法对主张升级者与主张克制者在现实中的真实消长作出细致的分析。对这种大体属于地方性层面的冲突作细节丰富的考察，正可以帮助我们更好、更具建设性地理解暴力发生或者不发生的路径，并作出理论总结。通过分析这些因素——特别是分析决定各方成败得失、决定谁能占据主动的因素之间的互动，我们就可以更好地辨别出，是什么把有利于暴力发生的背景转化成真实的杀戮，又是什么能阻止这种转化。要承担起这样的挑战，梳理主张升级者和主张克制者之间的相互依赖关系，我们可以继续跟随那支从库伦瓦库夫向夫尔托切蜿蜒而去、还不知道自己即将迎面撞上起义者的队伍。

220

　　队伍中的目击者回忆说，在那条弯曲的土路上，最初让他们感受到周围还有其他人的迹象是，在上路两小时后，周围响起了噼噼啪啪的零星枪响。随着他们距离米洛塔泉——位于道路右侧，附近是通往起义指挥官尼古拉·卡拉诺维奇家所在的乔夫卡村的小径——越来越近，枪声变得越来越频繁。当子弹嗖嗖地飞过头顶、不时打烂他们马车的木料时，情况立刻清楚了，枪就是朝着他们打的。[6] 看起来，乔夫卡那些名义上受卡拉诺维奇指挥的起义者以及其他受斯特万·皮利波维奇·马丘卡领导的起义者已经意外地发现，乌纳河谷这个区域的全部人口都正在逃离这片地区。一批战士拿起了自己的武器，穿梭在道旁的密林中开枪射击。一份基于起义者证言的证词提到，这些枪声是"无差别针对穆斯林群体"的。[7] 另一份证词证实了这种说法："起义者从附近的山头上向一切能动的东西开枪。"[8]

库伦瓦库夫的大部分武装人员——包括乌斯塔沙、韦伯手下的克独国士兵、以及其他一批持有步枪的人——貌似都在纵队的最前面。他们听到枪响后开火还击，结果引发了一场激烈的战斗。看起来，这场枪战吞没了整个队伍前三分之一的人。随着战斗激化，有大量平民在交火中死亡。队伍中有武装的人不屈不挠地作战，用数小时打破了这个匆忙拼凑的临时伏击圈，设法带上剩下的大约 3,100 名难民，继续向夫尔托切开进。[9]

还有约 2,500 人在混乱中被抛在了后面。有些人被困在了米洛塔泉和通往普尔科西村的岔路之间的路段上，其他人则继续前进了大约一公里，那里道路的右侧全是密林，左侧则是大片的开阔牧场，没有可供掩护的地方。男人们奋力驱使马车前进，但他们的马匹在枪声中因为紧张而东倒西歪；女人们尽力保护着饱受惊吓的子女；老年人则已经几乎动弹不得。大屠杀就在这些地方开始了。越来越多的起义者赶来后躲藏在路边的森林里，把武器对准困在道路上的平民开火。人们在四处寻找掩护时被打死，尸体向四面八方倒下。多数人都被迫扔下了死伤的亲属和邻人，孩子们和父母彼此分离。[10] 目击者们回忆说，有些幼儿坐在路边，身旁是已经死去或垂死的母亲，他们尖叫哭喊却动弹不得，子弹就在他们的头上飞来飞去。有些哭号的婴儿被死去的母亲抱在怀里。[11] 在步枪和机枪的枪火中，有些孩子听到了起义者的吼声："操你们的土耳其妈妈！"[12]

这段将近两公里长的土路很快就变成了屠宰场。[13] 来自克利萨村的穆约·德尔维舍维奇（Mujo Dervišević）刚走出库伦瓦库夫时走在队尾，他回忆说，当他走到这片杀戮地带时，眼前的景象是："整整一公里，我在路上都只能看得见尸体……简直找不到一个没有尸体的地方下脚。大部分都是老年人，还有小孩被扔进水渠里。我记得有个死掉的女人，她的孩子躺在她身上，还想从她的乳房吸取奶水。还有个十五六岁的年轻男孩，喉咙被割开了，下面（被起义者）放了个脸盆，里面接满了鲜血，一直流到路面上。"[14] 整个暴行都混乱不堪，所以很难判断起义者在那条道路上杀死了多少人，不过所有信息源都显示死者数量巨大。后来有一份起义者的报告记述了他们与纵队中的克独国士兵作战的经过，其中写道："我们的部队发起进攻，造成了巨大的死伤。我们在这些战斗中死伤不大，一共失去了五位同志，还有四人负伤。敌人的损失则极为巨大，以至于不可能统计出准确的死伤数字。整个战斗既艰难又血腥，远远超过记忆中的任何战斗。"[15] 有几位在场的起义者说大约有 300 名平民被杀。[16] 其他来源则显示，这个数字应在 350—500 之间，伤者人数还要高得多。[17]

　　起义者中主张克制的人（比如戈伊科·波洛维纳等人）很清楚，一旦寻求复仇的人与那支队伍遭遇，就随时可能造成巨大的生命损失。所以我们必须要问：在那条道路上，是什么让主张升级者如此迅速地占据了主动？看起来，起义者中事先没有人意识到，乌纳河谷这片区域里的人会突然全体撤离。这几千人长队的意外到来，让起义者们（无论是支持克制者还是支持升级者）都大吃一惊。那些追求克制、想要避免起义者发动暴力的人，根本没有时间做好准备。和在比耶拉伊那样的成功案例中的主张克制者不同，这些人在发动袭击前没有时间去精心挑选出值得信赖、听他们命令的战士。当时的气氛混乱不堪，消息在森林里传来传去，很快流传到了附近的村子里，说库伦瓦库夫的"乌斯塔沙分子"就要来了。战士们纷纷拿起武器，怀着报仇雪恨的目的奔向那条道路。看起来，没有什么权威人物参与他们的动员。

　　不过，就像波斯尼亚杜比察成功克制的案例显示的那样，即使这种满腔仇恨的复仇队伍已经走在了前去施暴的路上，只要关键性

222

的权威人物能及时出现并采取行动，他们也仍然是可以被阻止的。我们还提到过，如果这样的人以前就在组织活动中建立起了一些初步的权威，那他们成功的希望就会更大。当起义者开始向纵队开枪射击时，周围山头上就有几个这样的人物，其中之一是广受尊敬的本地指挥官斯特万·皮利波维奇·马丘卡，大家都知道他一直在提醒手下的战士们，只能杀死乌斯塔沙分子，不能碰其他天主教徒和穆斯林平民。但是，马丘卡在与纵队最前面的克独国部队交火时被打死了。战事正酣时，他不知怎么就跟战友分开了，在本地乌斯塔沙分子过来抓他时，他拉开了一枚手榴弹贴到胸前。一位当地起义者回忆说，他的突然死亡在战士中间激起了"困惑和犹疑"。[18] 在戈伊科·波洛维纳看来，马丘卡的死亡是一个转折点："他倒下以后，他指挥的那个营就彻底陷入了混乱。"[19] 这是一种所谓"战争内部的"、或者说是内生性的机制，它迅速、激烈地把天平推向了暴力升级的一边。主张克制者本来就不多，还突然失去了一个似乎在部分战士中很有权威的人，这就给那些想要复仇的人提供了意外良机。现在没有人再强烈要求乃至逼迫大家克制了，枪战便更加激烈起来。证据显示，即使在跟克独国部队的战斗结束后，起义者仍然在不断对纵队中手无寸铁的平民开火。[20]

趁着主张克制者突然落入下风，有一群起义者当场从队伍中带走了大约 70 个俘虏。这伙人的指挥官名叫马内·罗克维奇（Mane Rokvić），此人一个月前曾在克尔涅乌沙村参与组织过对天主教徒的大屠杀。有证据显示，还有一位叫尼古拉·卡拉诺维奇的本地指挥官也加入了罗克维奇的行列，他来自附近的乔夫卡村，那里距离枪战爆发的地方只有约一公里远。卡拉诺维奇是该村极少数在战前受过军事训练的人，这种身份使得他在当地战士（很多都来自乔夫卡和其他邻近农村）中颇有权威。[21] 乡邻们往往会服从这种有影响力的人物下的命令。指挥官们没有对他们抓来的这些人是不是乌

斯塔沙分子做任何甄别，就下令把他们押送到附近一个叫杜利巴 223
（Dulidba）的地方去。贝乔·希利代迪奇（Beco Šiljdedić）当时在
俘虏中间：

> 起义者很快把人们分开，让男人和女人小孩各站在一边。他
> 们用绳子捆住我们（男人）的手，带着我们往夫尔托切走去。当
> 时我根本想象不出会发生什么。我开始（出声）祷告，求上帝来
> 解救我们。有个起义者听见了，就用步枪枪托砸我的头，他用的
> 力气很大，我直到现在还会头痛。[22] 他们把我们带到杜戈波列
> （Dugopolje）的一个坑边，让我们把衣服脱掉。直到这时，我才
> 明白等待着我们的是什么。他们开始开枪杀人，把尸体扔进坑里。
> 轮到我时，他们射出的那发子弹打穿了我的肩膀和脑袋上的某个
> 地方，但我当时就知道这不足以把我打死。我掉进了坑里，落到
> 坑底时听到了求救的号叫声，其中一个声音听起来很耳熟，结果
> 是库伦瓦库夫的胡赛·加利亚舍维奇（Huse Galijašević），他恳求
> 我用刀割开他的喉咙，因为实在是痛苦得无法忍受了。除了枪伤
> 之外，他的两条腿也都断了。在我们说话时，更多的死人掉落在
> 了我们周围，其中很多我都认识。我们那些人共有超过 70 人被
> 枪杀后扔进坑里。[23]

局面会转变为这种相对有组织的大屠杀，跟主张克制的重要人
物先前的无能为力和此时的突然消失都有关系。很多起义者都有高
涨的复仇渴望，因此主张克制者——哪怕只是一位像斯特万·皮利
波维奇·马丘卡这样的关键人物一旦表现软弱或消失，天平就会迅
速倒向大屠杀的一侧。但是，值得我们反复重申的是，光靠复仇的
渴望是不足以造成屠杀的；主张克制者要么得被边缘化，要么得不
在场，要么被杀，屠杀才能够发生。一旦渴望复仇的人们不再遇到

抵制，他们就可以顺利展开杀戮了。

终于，有几位有共产主义倾向的指挥者赶来了。此后发生的事情，进一步说明了暴力升级和主张克制者的强弱有何关系。这几个人迅速采取了有力的干预手段，禁止战士们再袭击那些困在路上和路旁的人。[24] 其中最活跃的斯托扬·马蒂奇来自内布柳西村，他的母亲和很多邻居都在夏天早些时候被乌斯塔沙杀害了。在人们的粗略想象中，乌斯塔沙暴力的受害者可能会自动成为最坚决的复仇分子，但马蒂奇并非如此，他要求起义者立刻停止暴力。[25] 一位在场的战士后来回忆说："斯托扬对那些从（队伍中的马）车上抢东西的人极为严厉。他会用手枪开枪，从抢东西的人那里拿走赃物，向他们发号施令。战士们知道斯托扬是个安静、平和、具备军事文化知识的人，但此时此刻，他却准备要枪杀任何抢劫和虐待无辜者（特别是女人和小孩）的人。"[26] 这种与主张升级者的强势武装对抗（到了掏枪且开火的地步）似乎足以制止那条路上的杀戮和抢劫行为，至少在马蒂奇这样的人在场并愿意冒险干预的情况下是如此。很多战士都有复仇欲，但他们并不一定会冲动行事，除非主张克制者先被边缘化到干预起不了效果的程度。马蒂奇的行动说明，即使屠杀已经开始，与主张暴力者的对抗仍然具备成功的可能。

在马蒂奇等人的努力下，那条路上的枪声停了下来。队伍中剩下 2,000—2,200 人，有些人受了伤。很多人都在早上的屠杀中失去了多位亲属和邻人，死者总共有 300—500 人。几位出手制止杀人的指挥官现在爬上了一座小山坡，开始向还没从惊吓中缓过劲来的幸存者（现在他们成了俘虏）发表演讲。来自奥拉沙茨村的斯马约·沃伊奇（Smajo Vojić）当时在幸存者人群中，后来回忆道："他们请我们平静地回到家里去，继续过我们的日常生活。有些（来自丘科维和奥拉沙茨村的）俘虏说，他们已经无家可归了，因为房子都被烧掉了。起义者回答说，会给他们建造新的、更好的房子。他们向我们保证说，他们跟（安特）帕韦利奇手下的乌斯塔沙分子不一样，是一支为全人类的自由而战的人民军队（narodna vojska）。"[27]

在这里，主张克制者努力推动他们愿景中的跨社群合作，甚至想要推动族群之间和谐相处。然而，当时的背景环境实在就是一个活生生的例证，说明了他们需要怎样的斗争才能把这类话语变为现实。此刻，一群倾向共产主义的指挥者正在告诉这些瑟瑟发抖的幸存者，他们应当回到自己的家中；然而，刚刚屠杀他们的战士名义上就是受这些人的指挥，很多人的房子也是刚刚在前几天被这些战士劫掠、烧毁的。就在他们聆听这场演讲的时候，多达 500 名亲属乡邻就横尸在不远处。在这些人中，会相信那些站在山坡上讲话的指挥官真的想要给他们盖房子的可能都没有几个，更别说让他们相信指挥官有能力和意愿保护他们的生命，以及为"全人类的自由"而战了。

就在幸存者们战战兢兢地消化这些言论的同时，又发生了另外一组事件，进一步凸显了主张克制者的弱势处境。回到库伦瓦库夫镇，那三位年轻的共产党员——埃萨德和易卜拉欣·比巴诺维奇以及扎费尔·德米罗维奇——还高坐在镇子清真寺的宣礼塔顶，他们的红旗在微风中飞舞。他们正焦急地等待着起义者的到来，以便成为他们的战友，一起与法西斯作战。这三个人能听到附近山上战士们的声音，他们几次大喊大叫呼唤后者进城。[28] 枪声很快响起了，三人爬下旋转楼梯时，听到子弹打在清真寺的墙上。然后声音就停止了，他们认为起义者已经进城，便从清真寺里走出来迎接他们。[29]

向他们走来的，是三位来自卡拉蒂村的战士。上个月乌斯塔沙分子曾多次屠杀该村。这些战士穿着黑色的衣服，戴着前南斯拉夫军队的帽子，子弹带在胸前交叉成十字。他们问这三个年轻人为什

225

么要留在库伦瓦库夫。年轻的共产党员们手持步枪，高声答道："为了加入你们，一起与法西斯作战！"[30] 之后几分钟里，越来越多的起义者来到了这里。正当比巴诺维奇兄弟和德米罗维奇试图跟那三位卡拉蒂村的战士攀谈时，另外一伙战士扑了过来，一边乱拳殴打他们一边骂道："操你们的土耳其妈妈！"看起来，这些战士会把这三位志愿入伙者杀掉。他们根本没把这几个人当成潜在的战友，而是充满敌意地把他们看作是某个"乌斯塔沙"镇子上的"土耳其人"。

就在比巴诺维奇兄弟和德米罗维奇命悬一线之时，指挥官戈伊科·波洛维纳赶来了，身边还跟着几个看起来效忠于他的起义者。他们立刻出手干预，阻止了打斗。波洛维纳下令，由信得过的人把这三个人武装护送到下拉帕茨的起义者大本营去。据埃萨德·比巴诺维奇回忆，要不是这些指挥官及时出场干预，他们兄弟俩和德米罗维奇肯定会在清真寺前遭到处决，死在他们想要加入的起义者手里。[31] 这一事件说明，主张克制者在库伦瓦库夫得不到多少支持。比耶拉伊的案例与此不同，主张克制者在那里和当地穆斯林通力合作，成功推翻了村里的乌斯塔沙分子；在库伦瓦库夫地区，则是几个想要加入进来并肩作战的穆斯林差点被寻仇者杀害，而主张克制者的干预只是勉强成功了。库伦瓦库夫清真寺前的这次干预，就像马丘卡死在道旁、马蒂奇出手干预的事件一样，说明克制的主张是极端脆弱的。如果其主张者（哪怕只有一个人）未能在场，或者没准备好强力干预，发生杀戮事件的可能性就会高得多。此时，起义者从出逃队伍中抓到的俘虏可能已经达到了 2,000—2,200 人之多。要在接下来的时间里避免更严重的生命损失，显然是一项困难重重的挑战。

山路上的枪声尚未平息，越来越多的起义者就已经拥进了库伦瓦库夫，其中包括有共产主义倾向的指挥官久科·约万尼奇。他看到了新近被遗弃的房屋、客栈和商店，里面堆满了干净整齐的财物，便下令要建立一个约 16 人的临时指挥部。这些人得到的命令是要制止其他战士和附近农村的东正教徒村民，不让他们到库伦瓦库夫来抢东西。约万尼奇和此刻正在镇上转来转去的战士们都不太熟，他的前半生大部分时间都不是在该地区度过的。与比耶拉伊的情况不同，此人看起来既无办法也没时间去评估哪些人值得信赖，可以被选派去执行这样的任务。他任命了佩塔尔·"佩罗"·吉拉斯（Petar "Pero" Đilas）来领导这些卫兵，此人 31 岁，来自克尔什科博尔多村（Krško Brdo），以前是南斯拉夫王国的宪兵。[32] 吉拉斯不但战前并非共产党员，而且也没有证据说明他在起义爆发后的这几周里变成了共产主义运动的支持者。据他在马丁布罗德村的熟人说，此人有暴力倾向，而且被认为是个狂妄自大的人。他似乎与大茨维耶特尼奇村和小茨维耶特尼奇村的起义者战友爆发过数次冲突，因为他想当指挥官，而其他人都反对他。据说，他认为库伦瓦库夫的所有百姓都应该对前几个月的乌斯塔沙屠杀负起集体责任。[33]

　　久科·约万尼奇此前从未见过吉拉斯，完全不了解此人的历史和判断，就选中了他来保卫库伦瓦库夫。在当时的条件下，他既无时间也无能力去快速了解吉拉斯的完整情况。他只是需要找个战士来领导保卫镇子的卫队，而在他做决定时，吉拉斯碰巧在场，又当过宪兵，这很可能就使吉拉斯成了他眼中最合乎情理的领导人选。然而，正如前文所述，在这种紧张的气氛下，某个个人的在场、缺席以及行为方式，能够决定暴力的发生与否。

　　在弃城里四处游荡的约万尼奇，很快又将有另外一次遭遇。这一次的事件有力地说明，此时在库伦瓦库夫闲逛的这些战士的素质，对稍后事件的走向有着决定性的巨大影响。

　　　　我从镇子里穿过，突然看到了贝格卢克村的乔尔杰·皮利波维奇（Đorđe Pilipović）。他刚从村子里来，穿着他以前当宪兵时发的夹克，步枪架在肩膀上。他冲我喊道："那帮卫兵是你派的吗？"我说是的。他就将步枪上膛，对准我的胸口，打开保险，说："你要是还有一丝想活命的意思，就赶紧把他们撤了。"我答道："我不会撤掉卫兵，你的枪口应该对准敌人。"我边说边用手指向绵延向普尔科西村（那里与乌斯塔沙分子的战斗仍在继续）的小山。他愤怒地盯了我一会儿，放低枪口走开了。但他并未走向敌人所在的方向。[34]

有这样的武装人员在镇上，要阻止他们大肆抢劫是很困难的，需要有相当数量的人愿意在任何挑衅面前都采取强有力的干预手段才能成功。约万尼奇根本无从知道，他委以重任的那大约 16 名卫兵，以及他们的头目、前宪兵佩塔尔·吉拉斯到底会不会忠于职守。他的决策基于的是不完整的信息，而且鉴于当时局面混乱、暴力活动持续不断，我们对此也不应感到惊讶。不过，有一点很清楚：起义者内部日益高涨的紧张情绪，除了涉及库伦瓦库夫剩余财产的处理，也尤其关系到该怎样处置这个镇子的老居民——此时此刻，起义者正关押着可能超过 2,000 名这样的居民。

所有这些微观层面上的遭遇事件——斯托扬·马蒂奇在那条路上开枪、三位年轻的共产党员在清真寺前差点遇害、手下士兵用步枪对准久科·约万尼奇的胸口并打开保险——都有力地说明，当时仍然处于权力真空的状态。在所有这些事件中，克制别人的行为都须冒巨大的风险，得豁出性命、决心对起义者战友施暴才能成功。每一次遭遇的后果都说不准，无论主张升级者的复仇劫掠渴望有多强烈，要真正做到杀戮抢掠，他们都必须得先打倒自己的反对者。他们是在不顾危险和困难，通过死亡威胁迫使反对者加以克制。

回到那条路上。斯托扬·马蒂奇等主张克制的人下令,那支队伍中所有被他们抓到的人都要被送回库伦瓦库夫。他们命令战士,要把他们按照早晨过来时的路线原路护送回去。当天下午到傍晚,这2,000—2,200人便被分成小组,在武装押送下缓缓走上回程的路。快到乌纳河大桥、距镇子一公里处被称为布克的地方时,起义者命令他们的囚徒分别前往不同的地点。所有20岁以上的男子(共有400—420人)都被挑出来带到库伦瓦库夫的镇中心,关在清真寺隔壁镇广场上的客栈里。大约400—500名妇女和儿童被要求穿过布克旁边的大桥前往宪兵站,然后被关押在附近的牧场里。剩下的900—1,000名妇女和儿童被押回镇子后又被要求继续前进,向马丁布罗德村方向走了约一公里。起义者随后命令他们离开大路向右走,一直走到一处连通至乌纳河岸的大牧场上。他们得到的命令是要看住这些人,直到第二天。到时候这些人会被护送出山谷,很可能是到比哈奇去避难。[35]

囚徒们分成几组重返库伦瓦库夫后,随之而来的是一种脆弱的稳定状态。在护卫他们的战士中,有些人和斯托扬·马蒂奇立场一致,认为除了乌斯塔沙分子之外不能伤害任何人。但鉴于人群数量太大,这些主张克制者不可能在所有时间顾及所有地点。根据目击者的回忆,在这些人缺席的各个地点发生了一系列杀人事件。有几位战士发觉了斯蒂潘·科瓦切维奇(Stipan Kovačević)和雅科夫·马尔科维诺维奇(Jakov Markovinović),认定他们是乌斯塔沙分子,就立刻把这两人拖出去杀死了。他们还杀掉了科瓦切维奇的妻子儿女。[36]快到库伦瓦库夫时,有好几位目击者在路边的水沟里认出了贝乔·梅哈季奇(Bećo Mehadžić)的尸体,个别走到近前的人发现他的脑袋都被砍下来了。看起来,至少有十个男性囚犯被带往布克大桥,那里的一伙起义者迅速地逐个割断了他们的喉咙,把尸体丢进乌纳河湍急的水流中。动手杀人者似乎包括了布巴尼村的约维察·梅迪奇（Jovica Medić），他的村子在 7 月 3 日被本地乌斯塔沙分子摧毁。如今两个月刚过，这些人便向自己眼中的罪犯发动了复仇。[37] 在山里的米洛塔泉附近也有一批囚犯，那里也发生了类似的处决事件。斯马约·沃伊奇是当时的囚犯之一："米洛塔泉附近乔夫卡村的夜幕刚刚降临，我们在那里被通知睡觉。结果暮色刚至，我便发现我们的武装押送者（即起义者）开始把我们中的男人拖到树林里，然后没一会儿就听到了枪响。我据此认定他们是在杀人，我就是在这时下决心逃跑的。"[38] 在所有这些事件中，只要主张克制者不在场，那些意在复仇的人便会抓住机会杀人。反对他们、想要制止杀戮的人面临着挑战。杀人事件同时在多个地点或多或少地发生。随着时间从下午到了晚上，反对杀人的人们越来越急需找到一种方法来调配军力，以作出干预，制止事态向暴力的方向恶化。

　　但是，就在这段时间里，面临困境的指挥官们又收到消息，克独国当局派来了一个营的士兵和乌斯塔沙分子，以增援当天早些时候库伦瓦库夫那些刚在起义者伏击中幸存下来的人。在德雷诺瓦查（Drenovača）村，这些部队袭击了一队起义者和当地的村民。库伦瓦库夫的指挥官们得知这一消息后，多数人都判定该村附近的形势比较紧迫。有些人认为，万一村庄陷落，克独国部队就会推进到内布柳西村和下拉帕茨镇这样的起义据点。于是，他们决定离开库伦瓦库夫，前去抵挡那支部队的攻势。斯托扬·马蒂奇和久科·约万尼奇这两位克制派的关键人物都在其中，他们把大部分表现最好、最可信的战士也都带走了。[39] 在反对报复战俘的人里，这些人占了相当大的比例。

　　这一点为什么重要？因为，就像当天早些时候斯特万·皮利波维奇·马丘卡突然死在路上时一样，这些人的离去严重削弱了留下来的人们克制暴力的能力。8 月皮什塔尔斯卡德拉加、比耶拉伊和拉希诺瓦茨等地的克制做法之所以能够成功，正是因为这些关键人物出现在现场，他们对于制止杀戮行为或者阻止其全面爆发有着决定性的重要性。眼下，几位克制派的关键人物都离开了，以后是否会有什么事或什么人对暴力的发生与否起到相反的决定性作用，不得而知。这些指挥官不但离开了库伦瓦库夫，而且还在不经意间把保护战俘的责任交给了他们并不了解的本地战士。8月袭击比耶拉伊之前，这些人还有时间召开会议并作出判断，认为手下的大部分战士貌似都是只要有机会就要报仇杀人，不值得信赖，因此他们当时选择了另外一种策略。而在9月6日午后傍晚的库伦瓦库夫，他们就没有时间开会讨论和调整策略了。

这个时候，戈伊科·波洛维纳就在该地区，他指示久科·约万尼奇组织起来的那些卫兵，禁止任何人进入库伦瓦库夫，并保护好那三大批战俘。然而，意料之外的"战争内部"的内生性动力扭转了发生暴力事件的潜在前景。大部分主张克制的人，都想保住逃亡队伍中现在处于他们控制下的这2,000人的生命。他们并没有预料到战斗会在德雷诺瓦查打响，而自己将不得不在此时此刻离开库伦瓦库夫。但是，为了对这一偶然事件（以及他们认为的该事件对这场起义构成的威胁）做出反应，他们将保护战俘这个并不容易成功的任务，交到了一群他们几乎毫不了解的战士手中。他们的行为将在很大程度上决定战俘们的命运。

大部分克制派人物刚走，主张暴力升级的人们便占据了优势。部分起义者明显受到了佩塔尔·吉拉斯（就是被久科·约万尼奇任命为卫队队长的那位前宪兵）的鼓励，开始闯进商店和住户，抢走他们能带走的东西。其他人则盯上了镇里的好几家客栈，他们破门而入，狂饮找到的葡萄酒和白兰地。他们也没有把禁止其他起义者和当地农民进入镇子的命令放在心上。那些人刚过傍晚便陆续到来了。戈伊科·波洛维纳回忆道：

230

> 这些人是塞族人中的幸存者，他们的父母、兄弟姐妹和亲邻好友被乌斯塔沙分子残忍杀害了……他们来到这里，心中满怀为至亲复仇的渴望，还希望找回被抢走的财物，或是从穆斯林的房子里拿走些东西作为"补偿"。除了这些塞族人之外，还有些一同前来的人并没有亲人邻居遇害，自己也没有财物被抢走，但他们也跟着来报仇，为的是他们被迫忍受的恐惧。此外他们也抢东西。[40]

到这里来的人，不少都带着斧头、干草叉和其他农具，他们加入了洗劫镇子的行列。就在他们大肆盗窃时，手握酒瓶到处游荡的武装战士也越来越多了。[41] 起义者和农民还纵火焚烧被洗劫一空的房子和商店，层层烟雾很快便升入了晚间的云霄。火焰在某一时刻烧到了镇上的清真寺，当地的三位共产党员曾在当天早些时候在其宣礼塔上挂起红旗，向起义者发出希望加入反法西斯斗争的信号。他们试图建立跨族群联盟的场所，很快便被浓烟吞没。[42]

在抢掠、烈火和醉酒的气氛中，一切秩序的影子都迅速烟消云散了。而引爆紧张局势的关键转折点，则是有一群起义者找到了关押在镇中心的几个男性俘虏。大家要求去看库伦瓦库夫的乌斯塔沙分子杀害东正教村民的万人坑所在地，俘虏们便带着他们去了通往学校的小山，指给他们看一处较浅的万人坑，当地乌斯塔沙分子曾在米罗斯拉夫·马蒂耶维奇的领导下在此地大肆杀人。[43] 尸体是被草草掩埋的，空气中浓烈的腐烂气味令人不堪忍受。在佩塔尔·吉拉斯的命令下，起义者又回去找来了更多的男性俘虏，命令其中一些人把尸体挖出来。当这些人把肮脏、破碎的尸骸拖出地面时，起义者们便逐个检查，试图找到自己的亲人和邻居。随着起义者攻占库伦瓦库夫的消息传开，其他当地村民也纷纷从各自的村子或森林里的藏身地点赶来，加入他们的行列。[44]

　　对死者的亲戚和邻居们来说，目睹这些支离破碎的尸块，即使是在受控的、非暴力的环境背景下，也足以给他们造成创伤。比如说，1941 年 10 月，意大利军队曾组织挖掘乌斯塔沙分子夏天时在波斯尼亚西部格拉莫茨地区杀害的东正教徒村民的尸体。根据记录，看到这些破碎尸体让目击者产生了一种"（死者的）灵魂未能安息"的印象。克独国当地政府认为这会对社群间关系造成无可避免的负面影响，他们做了这样的心理准备："克族和塞族之间本已存在的深刻鸿沟，（如今）只会进一步加深。"[45]

　　在 9 月 6 日晚间的库伦瓦库夫，环境背景与此完全不同，因此挖掘尸体对社群关系造成的负面影响可能恶劣得多。在这里，掘尸者中几乎肯定有人在当天早些时候刚刚（在路上）杀过人。此外，也没有权威人物在现场监督大家的行动，或者是安抚那些拼命寻找亲属乡邻尸体的人。几乎没有任何在场者会克制他们觉得有必要采取的报复行为，甚至有可能连一个这样的人都没有。而且，正是现场唯一一位获得过任命的权威人物——起义指挥官佩塔尔·吉拉斯下达了挖掘尸体的命令，并鼓动大家在全镇大肆洗劫、纵火。

　　邻近地方关押着大约 2,000—2,200 名囚徒，而那些试图辨认尸体的人们的创伤情绪已经高涨起来。在此前暴行肆虐的几个月里，这些正在尸堆中搜索的人们已经将库伦瓦库夫视作"乌斯塔沙的地盘"，结果他们现在对库伦瓦库夫的囚徒们的看法也转变了。新一轮的族群划分开始萌生并爆发到顶点。对很多将尸体拖出万人坑的人以及其他为了寻觅亲人邻居而检查触摸这些尸体的人来说，这个"乌斯塔沙的地盘"的战俘已经与施暴者混为一谈。他们现在集体成了"乌斯塔沙分子"的具体象征，似乎每个人都对亲人乡邻们的死亡负有某种责任，这些死者的破碎尸骸现在重见天日，暴露在外供人辨认。由此而生的情感力量混合在一起，具有极大的破坏力。

掘尸成了转折点。据一位起义者说,有些尸骸似乎还是"温热"的,这一事实说明乌斯塔沙分子直到撤出库伦瓦库夫之前还刚刚杀害过他们的东正教囚徒。这加深了一些人认为所有穆斯林战俘都应当被处以死刑的想法。[46] 用一位在场战士的话来说,"某种复仇精神病"迅速生根发芽了。[47] 另一个人说,当时的气氛制造出了"狂野的、无法控制的复仇渴望"。[48] 尸体的存在对于制造出这种潮涌般的心理狂热并推动报复性暴力至关重要:"这更进一步激起了人们的怒火,"戈伊科·波洛维纳回忆说,"这种怒火伴随着燃烧的城镇,造成了可怕的混乱。"[49]

同一种升级机制——死者的亲人乡邻在发掘尸体之后,有条件马上向他们眼中的罪人复仇——也存在于1941年欧洲的其他地区。研究乌克兰犹太人大屠杀的学者发现,在多个案例中,随着德国军队的入侵,苏联人撤离前处决了一批俘虏,然后将尸体匆忙掩埋,当地百姓随后发现了这些尸体,他们往往相信犹太人对这些杀戮行为负有某种责任。在很多人眼中,犹太人本来就和遭到普遍敌视的苏联统治联系在一起。就像库伦瓦库夫的战俘们一样,犹太人有时也会被强迫去挖掘那些往往带有酷刑痕迹的尸骸。悲痛的本地百姓和他们认为对自己的至爱之死负有罪责的人们在尸骸旁边彼此遭遇,这种极为危险的情况经常能触发针对本地犹太群体的大屠杀。[50]

在库伦瓦库夫,相似的机制也随着在房屋之间蔓延的大火一起展开。夜幕降临后,一伙起义者和几个当地村民离开了万人坑,步行回到镇子中心,那里关押着俘虏中的男人和男孩。其中一些心神狂乱、怒不可遏的人冲进人群中间走来走去,咒骂那些俘虏,抢走他们的衣服、手表、戒指和钱财。[51] 时不时就有声音高喊道:"这个人是乌斯塔沙!"接着就会有另一个人出面证实:"他杀死了我的兄弟和父亲!"[52] 那个人随即便会被带出人群,拖进夜幕中,用不了多久便会听到一声枪响，或者是喉咙被割开时的咕噜声。被拖出去的人中，包括参与了万人坑掘尸的斯马约·库尔塔吉奇（Smajo Kurtagić,）、舍夫基亚·博伊契奇（Šefkija Bojčić）和巴依罗·德米罗维奇（Bajro Demirović）。没有人活着回来。[53]

深夜的某个时刻，久科·约万尼奇任命的、负责保护俘虏和防止库伦瓦库夫遭劫的指挥官佩塔尔·吉拉斯下令，把全部 400—420 名男人和男孩都带到附近的马丁布罗德村去。根本没有人尝试去区分这些人有无加入乌斯塔沙的嫌疑。所有人都被要求出发。他说，这些人的命运将在那里举行的临时审判上决定。起义者把囚犯们排成一个每列两人的队伍。大约凌晨 4 点，有一群战士押着他们沿路向南走出镇子。在库伦瓦库夫镇外一公里的牧场上，他们短暂停留了一会儿，那里关押着 900—1,000 名女人和儿童。没有人敢出声呼唤他们的妻子、母亲、姐妹和孩子。没过一会儿，起义者又下令让他们急速前进。随着夜空缓缓破晓，男人和男孩们开始了前往约 15 公里外的马丁布罗德的跋涉。[54] 留在库伦瓦库夫的只剩下成群结队的起义者和当地农民，有些人持有步枪和机枪，更多人则只是拿着斧头、干草叉和简单制作的棍棒走来走去。附近是 1,400—1,500 名手无寸铁的妇女、儿童和老年人。在很多武装战士和农民中，这些人也被统称为"乌斯塔沙分子"。

这种汹涌的紧张局势，与研究暴力的社会学家兰德尔·柯林斯（Randall Collins）描述的"进行性恐慌"（forward panic）爆发之前的情况有惊人的相似之处。"进行性恐慌"指的是一种经过某种积累后在特定时刻爆发，且在一段时期内无法阻止的暴力："当人们从紧张进入进行性恐慌的情绪后，他们就进入了一条无法回头的隧道，无力停止……他们不只杀人，还要毁灭眼前的一切。"[55] 垄断暴力手段之人的意识状态发生了改变，其中的道德约束暂时消

234

失了。在很多案例中，或许有某种意识形态是促成暴力背景产生的必要因素，但它并不是实际引发暴力的充分条件；最关键的总是情境性的机制。在库伦瓦库夫，这种机制指的是占领城镇、俘虏大批居民的突发冲击。满怀怨愤的人群在迅速扩大，他们前来寻找亲人乡邻的尸体，抢劫那些抢过自己的人，为了自己失去的一切发起报复——简而言之，他们要"清算"。

然而在这一点上，"清算"可能并不是首要的渴望。心理学家尼科·弗里达曾表示，在报复行为中，逃避"他者"施加的痛苦起到了核心的作用。这可以解释，为什么复仇行动一旦发动，就容易变得毫无节制。主要目的是要解除痛苦，而不是"清算"。对那些让自己感到被支配、无力和耻辱的人施以打击报复，并不能平息痛苦。更有效的是消灭造成这种痛苦的原因。对库伦瓦库夫的起义者和当地村民来说，要挽回乌斯塔沙分子及其所谓追随者造成的破坏，已经是不可能的了。但关于这种处境中的人们，弗里达曾说过："一个人能做的，是消灭对方获得的一切东西，消灭一切有关的回忆，以及任何能让他想起所受侵犯的东西。其次能消除痛苦的，则可能是要确保目标的彻底毁灭，比如将对方从地球表面清除掉，从历史记录中删去。"[56]

库伦瓦库夫的胜利者们显然处在占领城镇、任意摆布俘虏的狂热情绪中，在他们眼中，这些俘虏中的很多人就是之前折磨他们、从他们的巨大痛苦中获得好处的人。这些俘虏突然变得软弱无力，这一意外情况很可能让起义者和当地农民变得更大胆了——他们在挖掘亲人乡邻尸体的过程中情绪爆发，本来情绪就很不稳定了。这种创伤性经验促使他们将库伦瓦库夫居民彻底视为"乌斯塔沙分子"。就像其他骚乱、大屠杀和私刑爆发前的紧张积累期的人们一样，他们已经准备好了要"呼啸着冲入隧道"。[57]

仅剩的几位克制派人物之一的戈伊科·波洛维纳此时似乎已经

非常清楚，女人和孩子正面临着巨大的危险。他向那些貌似还听得进去话的战士们下令，要他们把人带到附近的比耶拉伊村去。[58] 但是，他很难弄到运送这么多人所需的马匹和车辆。这些家庭前一天试图逃离山谷时用的车马都已经被当地村民抢走了，而他向周边农村的农民寻求帮助时，得到的答复却是："斯卢尼（Slunj）、比哈奇和库伦瓦库夫剩下的那些塞族人，是在乌斯塔沙分子的逼迫下逃到我们这片自由土地上的，剩下没能逃出来的人都被立刻杀死了。（现在）你倒要求我们用自己的车子帮忙运送那些杀人凶手的老婆孩子……！？"[59]

在这个高度紧张的时刻，对抗性族群划分已经发展到了极端的程度。乌斯塔沙持续数月的暴力活动之后，就连库伦瓦库夫手无寸铁的妇孺都被视为形同杀害过东正教徒村民者的"杀人凶手"（即乌斯塔沙分子）。在得不到多少支持和资源的情况下，戈伊科·波洛维纳试图将那些妇女儿童带离险境。但他势单力薄，其他克制派的关键人物都在前一晚离开了，他根本没有足够的实力去抵消几个月来，特别是前一天的暴力活动积累而成的紧张状态，更别提得到足够的支持以确保人们能迅速撤离。他别无选择，只能带着这些魂飞魄散的妇女儿童徒步前往比耶拉伊。

要抵达那个村庄，他们必须首先穿过大批起义者和农民，其中有些人持有步枪，更多人则携带斧头、长柄镰刀和简单制作的棍棒。不少人此时已经喝醉了，他们将库伦瓦库夫镇的几乎每一栋建筑物都劫掠一空并付之一炬。有些人刚花了几个小时在镇学校附近的万人坑挖出的破碎尸骸中寻找自己的亲戚乡邻，此时已经狂性大发。不少人在之前 24 小时里刚刚杀过人。在成百上千名启程前往比耶拉伊的妇女儿童中，有哈娜·什特尔克列维奇（Hana Štrkljević）和她的三个孩子，他们别无选择，只能从那群人之间中走过：

刚一出发，我们就得穿过大约200名起义者和农民，他们手中有各式各样的武器：步枪、斧头、长柄镰刀、干草叉、棍子……他们尖声辱骂我们。一片混乱。在枪击、尖叫、辱骂、殴打以及孩子哭闹和女人尖叫的声浪中，根本不可能分辨清楚任何东西。人们在死亡面前吓得向四面八方奔逃，我也跟着一群女人和小孩向乌纳河跑去。

236

有十名起义者和农民在后面追赶我们，辱骂我们的乌斯塔沙母亲，喊叫说要杀光我们所有人。听到这话，我就和三个孩子一起跳进了河里，兹拉塔·科索维奇—德米罗维奇（Zlata Kosović-Demirović）和她的两个孩子也是如此。我不知道她怎么做到的，反正她设法保住了自己，还抓住我的手把我拉到了干燥的地面上，我的一个女儿则抓住了河里的一截树枝。等我们到了河岸上，才发现我们（其他）的孩子都没了，包括我的两个孩子和她的两个孩子。

然后兹拉塔就失去了理智，心碎的她跑着跳回了河里。她（沉下去前）只在河面上停留了几秒钟。我和女儿留在原地，哪里都没去。我也完全失去了理智，不知道要做什么。我本来也可能像兹拉塔一样做，可是起义者和农民又开始追赶我了。[60]

前一夜，就在库伦瓦库夫的居民和附近被摧毁的穆斯林村庄的乡邻们准备出发前往比哈奇时，小男孩阿巴斯·穆舍塔在回想着祖母不久前给他的建议。如果起义者第二天发动袭击，他就跳进乌纳河，在冰冷的水中游到邻近的小岛上，他在那里会安全的，因为祖母相信他们的东正教乡邻都不会游泳。现在，越来越多的人开始主动溺死在水中，使得她的建议看起来都不太正常了。

很快，乌纳河的河岸以及横跨在其碧绿水流上的两座桥梁就变成了一片尸山血海。农民和起义者手持斧头、镰刀和棍棒，在河边的草场上追着妇女和孩子四处乱跑。他们抓到人以后要么割开喉咙，要么用刀刺他们的腹部，要么用斧头砍他们的颈部和后背。阿伊莎·加利亚舍维奇（Ajša Galijašević）等为人母者纷纷倒地，割开的喉咙涌出鲜血。有时候，起义者和农民在混乱中顾不上杀死她们的婴孩和幼儿，这些孩子朝着濒死或者已经死亡的母亲缓缓爬去。[61] 越来越多精神崩溃、无路可走的女人带着孩子奔向了乌纳河。很多人聚集到了布克旁边的大桥上，发现自己被桥两边逼近的农民和起义者困在了中间。她们疯狂地来回奔跑，想要找到一条生路。然而，唯一一条能躲开那群狂热暴徒的下桥之路，就是翻过大桥的护栏，直接跳入湍急的河水。跟哈娜·什特尔克列维奇和兹拉塔·科索维奇—德米罗维奇一样，她们宁可下定决心带着孩子跳河，也不愿落到那些想要杀害她们的人手中。[62] 这些母亲先抓起孩子扔出桥外，然后自己也跳入水中。他们都不会游泳，身体只在河面上漂浮几秒钟，便被冰冷湍急的水流吞没，留不下一丝痕迹。[63]

　　还有一些女人跑到桥边后僵立在那里，无法做到把孩子扔进水里再自己跳下去。本地农民追上来后，把这些僵直的人们推进河里，像其他人一样淹死。[64] 有些农民挥起棍棒或者捡起岸边的石头，野蛮地殴打他们的受害者。[65] 少数还留在镇子里的年轻男人和男孩也开始往河里跳，其中有些是从想要把他们打死的起义者和农民手中挣脱出来的。像妇孺们一样，他们也溺死在了冰冷的河水中。[66] 有些女人和孩子设法藏在了河边的玉米田里，但起义者和农民一丝不苟地搜查田地，还是把他们找出来杀掉了。证据显示，这些猎杀活动还伴随着强奸。[67] 据戈伊科·波洛维纳说，在乌纳河边的这场疯狂的杀戮中，"醉酒、狂怒的人们像野蛮人一样行事"。[68]

　　尽管残暴程度令人震惊，我们还是应该克制自己的冲动，不要认为这些事情不可理解，而应当直面挑战，去辨析其中的内在逻辑。强烈的复仇渴望在情境性因素的特殊组合下如洪流般喷发，转化成

237

238

照片 9　从布克桥上看乌纳河。在这里，女人们为了不被起义者和农民杀死，先把自己的孩子扔下河，再自己跳下去。大部分人立刻就淹死了。照片由作者拍摄。

了极端的暴力行为。克制派的失败非常关键，他们中的太多人都在9月6日晚间离开了库伦瓦库夫，因此没有足够多的人手去制止连锁爆发的事态——大批起义者和农民进入了镇子，他们在镇上大肆烧抢、饮酒、从事令人崩溃的掘尸活动——所有这些都使得复仇的爆发成为可能。就像尼科·弗里达说的那样，复仇一旦发动就会倾向于毫无节制，因为其主要目标并不只是"清算"，或者说，不是要把先前遭受的痛苦加诸施害者；只有将造成痛苦的根源清除掉，才能更有效地抵消这种痛苦，以及消除寻仇者的无力感。[69]

　　对于这些大肆杀人的农民和起义者，如果我们将他们的可怕行为看作是跟这类渴望的实践密切相关，那这些行为就"说得通"了。采取复仇行动，确保造成极大的痛苦和彻底的消灭，事实上是一种重获力量感的有效而可怕的方法。在一些幸存者的证词和其他证据中，我们几乎能直接看到对于实现这一目标的渴望。据穆约·德尔维舍维奇回忆，他曾在乌纳河岸上听到，那些追杀妇孺的农民对于那些跳进冰冷河水中的女人有可能会幸存表示过愤慨之情。他们高喊："不要让穆斯林跳下去！不要让他们自救！"[70] 而她们几乎是一定会淹死的。一位幸免于杀戮的儿童注意到，起义者看到了人们跳进水里来结束自己的苦难，"但切特尼克分子又把他们拖出来，继续追赶他们。按他们的说法,（这些穆斯林）付出的代价还不够。"[71]贝乔·杜拉奇科维奇（Bećo Durračković）是其中之一，他从乌纳河的大桥上跳了下去，但追赶他的人并不打算眼睁睁看着他游开或者溺死，他们开枪打伤了他，然后设法把他从水里拉了上来。之后，他们并未一枪将他了结，而是倒着用步枪的枪托打他，每次出手都足以打断骨头，把他活活打死了。[72]

　　这些证据显示，杀人并不是行凶者的唯一目标，还有另外一种强烈的渴望，那就是要让受害者死得尽可能痛苦。这既是一种算总账或"清算"的办法，同时也有助于实现弗里达认为的那种对于复仇者得到解脱而言非常重要的消灭效果。这种给先前的所谓施害者造成极大痛苦，并从中体验到解脱感的意识——看起来可能令人不安——甚至能够在证据中体现出来。9 月 7 日，久科·约万尼奇回到库伦瓦库夫时，震惊于"我前一天刚走过的和平清洁的街道如今却在我眼前熊熊燃烧"。而更惊人的是，一位此前 24 小时一直在镇上的战士指着燃烧的镇子对他说："昨天夜里我们彻底消灭了他们，可真是爽啊。"[73] 另一个人稍后的讲述也带有相似的满足感："我们把库伦瓦库夫夷为平地。"[74] 我们很容易把这些说法简单理解成起义者灭绝人性的证据，但是考虑到这种消灭或许是最有效的复仇形式，而复仇是为了解脱人们自身的痛苦，那我们或许就应当想到，造成如此破坏的这种解脱感、满足感，乃至"爽"，就可谓既可以

239

理解又令人胆寒了。在其他时空背景下的各种案例中，有大量可供比较的证据，显示出犯下这类极端残忍之暴行的施害者往往都有相似的感受。美国的私刑、印度尼西亚的屠杀、吉尔吉斯斯坦和印度的骚乱都具备的共同点，这些事件中都有证据显示出现了笑声，乃至"爽"的种种外在表现。这与库伦瓦库夫某些起义者的说法有惊人的相似之处。其他案例中的这些感受是否也源于复仇行动中的解脱感和愉悦，尚不容易确认。但如果真是如此的话，我们也需要领会其中的"逻辑"，就像我们在思考库伦瓦库夫地区起义者暴行时应该做的一样。[75]

镇子内外从 9 月 6 日晚间开始直到次日的杀戮，确实很像兰德尔·柯林斯研究暴力的著作中所描述的那种"隧道"。突然爆发的紧张状态，被一场针对受害者的胜利以及受害者本身的全然无助打破了，施害者由此进入"隧道"，直到完成惊人暴行之后才能出来。[76]在库伦瓦库夫的这场复仇驱使的狂热暴行中，起义者和当地农民只有把他们能抓到的人全部杀完，把各个家族整个消灭掉以后，才能从隧道里出来。[77]当 9 月 7 日傍晚的阳光逐渐落到山谷周围的小山背后时（也就是俘虏们开始返回库伦瓦库夫后大约 24 小时），他们复仇的后果已经显而易见了。9 月 6 日米洛塔泉附近道路上的那场屠杀之后，约有 1,400—1,500 名妇女和儿童被送了回来，而据各种信息源显示，其中有大约 900 人在镇子内外遭到了杀害，尸体被扔在乌纳河附近的玉米田和草场里；其他很多人则早已被冰冷的激流冲走。[78]

那四五百个还活着的人怎么样了？当杀戮进行得如火如荼时，一小批留下来的克制派还在努力救人。这些起义者跑进牧场，挺身而出，制止其他起义者屠戮妇孺。[79]之所以会有人采取这样的行动，是因为在这个夏天的早些时候，他们自己的性命就是现在的俘虏及其家人冒着风险从乌斯塔沙分子手里救下来的。他们冲向那些对受害者挥舞斧头棍棒的起义者和农民，要求他们把俘虏视为个体，并介绍那些人过往的行为。有人这样喊道："听着！放他走。这是个好人——他救过我！" [80]

在其他案例中，目击者和他们的孩子则都提到，促使起义者、农民和当地商人去救助乡邻的是战争以前长期的老关系。在混乱和杀戮中，有些人在条件允许时，会把女人和孩子带到安全地点，或者指给他们可以逃跑的方向。伊利亚·马伊斯托罗维奇是布巴尼村的季节工，在库伦瓦库夫有几个很熟的朋友。他的村庄于 7 月 3 日遇袭，当地乌斯塔沙分子杀害了他的母亲、妻子和两个孩子。然而在 9 月 7 日，他却冲进了一座起火的房子，把一个朋友落在家里的孩子救了出来。[81] 多布罗塞洛村的杜尚·波洛维纳（Dušan Polovina）是阿巴斯·穆舍塔的教父，他出手干预救下了后者及其好几位家庭成员。[82]

在这些救人者中，有些人前几个月里刚被人救过命，而当时的救助者或其家人如今正面临生命危险。[83] 跟兹拉塔·科索维奇－德米罗维奇一起带着孩子跳下乌纳河的哈娜·什特尔克列维奇就是这样一个人，她的三个孩子中只有一个跟她一起浮出水面。愤怒的农民们又开始追赶她：

> 我第二次被他们追着跑，不知怎么穿过玉米地后就到了大路上，我就往马丁布罗德的方向去。在绍利奇家（Šolic house）那边我碰到了一个农民，他开始用棍子殴打我的后背。如果奥奇耶沃村的米兰·卡拉诺维奇（Milan Karanović）没有立刻赶到，那个农民肯定会打死我的。卡拉诺维奇保护了我，把我带到了马丁布罗德，让我待在马尔科·弗拉代蒂奇的房子里。尽管乌斯塔沙分子杀害了他的两个儿子，他和他的女儿还是像父亲和姐

妹一样对待我和我的女儿。[84]

241　　　作为整个地区最重要的商人之一，弗拉代蒂奇在库伦瓦库夫有好几位多年好友。他 8 月被关在镇上的监狱里时，显然得到过他们的帮助。看起来，他们还曾经试图帮助他的两个儿子，但最终还是没能保住他们的性命。这些曾经的老关系加上近期的挺身相助，几乎肯定是促成他在关键时刻决定救护哈娜·什特尔克列维奇母女的因素之一。至于米兰·卡拉诺维奇，他之所以愿意冒险干预，似乎是因为有人帮助过他和家人逃出乌斯塔沙之手，令他产生了某种责任感。哈娜·什特尔克列维奇在马尔科·弗拉代蒂奇的房子里短暂停留后，米兰·卡拉诺维奇亲自带她们母女去了比耶拉伊村。他作为受助者的这种报恩渴望，似乎随着每一次救助而变得越来越强了。什特尔克列维奇回忆说："一路上，他都在打听伊布罗·穆拉诺维奇（Ibro Muranović）一家，想要救他们，因为伊布罗曾经救下过卡拉诺维奇家里的六位亲属。"[85]

　　通过这些案例，我们可以看到一种违反直觉的机制：暴力虽然在名义上是以族群为目标的，但事实上却能够通过救助行为缔造出更为强大的跨族群密切联系。在一轮又一轮的屠杀迅速制造出以族群为界线的对抗性族群划分的同时，它们也制造出了相反的东西：一轮又一轮的跨族群救助行为，以及一种认为应当以个体的行为而非其族群类别作为区分敌我的最重要根据的观念。简而言之，在多族群社区里，暴力能制造出一种双重的连锁效应。屠杀可以造成族群之间的报复性杀戮，加剧极化程度；然而暴力前后发生的跨族群救助行为也会导向更多的救助行为，从而增进人们之间的团结。在这样的背景下，人们对于族群边界的意识可以同时得到强化和弱化。

　　克制派的人数远少于那些杀气腾腾的人，但他们在这场大乱中似乎还是互相找到了彼此。有些人聚集在布克大桥外面的宪兵站附近，当时桥上的女人们正把子女和自己投进水中，他们在这里设法集合起了数百个妇女和孩子。宪兵站位于一段通往乌纳河的陡峭山坡上，只能通过一段经过其正前方的道路到达。布巴尼村的伊利亚·马伊斯托罗维奇就在这里，他刚刚冲进库伦瓦库夫一座着火的房子，救出了一个朋友家的孩子。布舍维奇的乌罗什·利利亚克（Uroš Ljiljak）也在这里，他的邻居、克利萨村的穆哈雷姆·德尔维舍维奇曾经赶在 7 月的一次乌斯塔沙袭击之前跑来向他的村子发出警报，救下了不少条人命。这些起义者把女人和孩子带到建筑物里，再把其他不便跟他们一起的人安置到旁边的空地上。[86] 他们能看到四周的浓烟从燃烧的镇子里升起，能听到约 150 米外布克桥上的起义者在辱骂被他们困在那里的女人和孩子，后者要么自己跳下去淹死，要么被扔下去。他们还能听到躲在附近玉米田里女人和孩子的尖叫声，起义者和农民逮到他们就直接杀掉。

　　而在宪兵站的入口处和路边，则有克制派人士们站岗放哨，防备路过的寻仇者。[87] 有好几次，愤怒的起义者和农民要求他们马上离开，以便纵火烧房，把里面的人全都烧死。入口处的起义者表示拒绝，[88] 双方在紧张的对峙中互相叫嚷。一位目击者回忆说：“反对复仇的人被说成是塞族人民的叛徒。”[89] 起义者互相用武器瞄准对方，打开保险，冲突似乎一触即发。不过，双方都没有迈出开枪这一步，也没有人动手攻击对方。

　　由此可见，即使起义者之间没有发生暴力，克制也能实现。不过，克制派手持武器、坚定己见、在威胁和口头攻击面前拒绝让步的态度，还是很有必要的。宪兵站周边方圆 200 米的范围里正在发生疯狂的大屠杀，而在这栋建筑物的墙内外，克制派却能够设法救下几百条生命。只要有这样一小批态度坚决的战士（大约十人左右），便足以制止一场差点吞噬大批妇孺的疯狂杀戮。在屠杀全面爆发时，起义者们前几周用过的其他克制方法——组织活动、抵制非人化和

242

照片 10　库伦瓦库夫宪兵站遗址。有一小撮起义者在这里保护了数百名妇女儿童免遭其他战士毒手。照片由作者拍摄。

族群划分的政治工作、与战士们开会并重新调整战术——都已经来不及了。此时此刻，拯救生命的唯一方法，就是要有足够数量的人主张克制，而且要愿意赌上自己的性命，决心以暴力对抗自己的战友，如此方能制止和中止杀戮。在乌纳河屠杀中幸存下来的 400—500 名女人和孩子中，有大约 250—300 人是被起义者和其他人冒险干预救下的。[90]

　　还有一群人是自己设法跑出来的，人数大约有 80—130，他们是在河流的东岸爬上陡坡逃走的。距城镇一公里的高处，就是奥斯曼帝国昔日要塞哈瓦拉（havala）的遗址，那里能提供最起码安全保障，而且在那里能看到正在发生屠杀的镇子。这些人没有任何武装保护，只能挤在一起，希望能不被人发现。9 月 8 日早晨，在他

们试图逃离库伦瓦库夫差不多整整 48 小时后，有一群起义者发现 243
了他们。这些战士平静地说，会把他们护送到比耶拉伊村去。这些
魂飞魄散的妇孺们同意了。他们再次走上了两天前（9 月 6 日）逃
离库伦瓦库夫时走过的同一条道路。法塔·霍季奇－塞利莫维奇(Fata
Hodžić-Selimović) 在他们中间，他回忆道：

> 我们经过普尔科西时，我看到了不少（9 月 6 日被杀）死去
> 的男人、女人和孩子。农民把他们堆在一起，很可能是准备埋到
> 别处去。走到埃沙诺维奇森林时，我们离开道路右转走进森林里，
> 走了大约两公里。到一处坑边时，起义者让我们站住，然后拿出
> 斧头来，劈开（女人和孩子们）的脑袋，把尸体扔到坑里。孩子
> 们声嘶力竭地求助，女人也在尖叫。太可怕了！我和一个库伦瓦
> 库夫的女孩是最后（被打的），他们用斧头打击了我们眼睛上面
> 的部位，但我们（掉进坑里后）没过多久就恢复了意识。我在坑
> 里待了三天，然后想办法逃了出来。[91]

　　主张克制者都不在场，杀戮便迅速展开了。无须大批主张升级 244
者在场，就可以再造成大规模的生命损失；就像要救人的话，也并
不需要多少人反对升级——宪兵站前的成功干预就说明了这一点。
在这种命悬一线的时刻，最关键的是各方的在场和缺席，其次是各
方是否有能力为了实现自己的目标而坚定不移地抵抗。在距离两公
里外密林中的深坑里，这样的对峙并未发生。当主张克制者在宪兵
站成功保护数百名妇女和儿童时，他们并不知道，另外一群人正在
走向死亡。

　　加上乌纳河边遇害的大约 900 个女人和小孩，到 9 月 8 日早晨，
死难妇孺的数量已经超过了 1,000 人。再加上两天前在道路上被射
杀的 350—500 人——法塔·霍季奇－塞利莫维奇被押往埃沙诺维奇

照片 11　从库伦瓦库夫到马丁布罗德的道路。起义者在这条路上押送了约 400—420 名男人和男孩，他们的命运将很快被决定。照片由作者拍摄。

森林的路上看到了他们的尸体——死者总数此时已经达到 1,500—1,600 人了。此外，该怎样处理被押送到马丁布罗德的那 400 多个男人和男孩，起义者们还没有做出决断。他们现在作为囚徒被关押在那里，等待着某种审判来决定他们的命运。

245　　　　到了 9 月 8 日早上，受复仇渴望驱使的主张升级者已经明确占据了上风。相比于克制派设法救出的人数，他们杀掉的人要多出很多倍。不过，如果我们对 1941 年夏天暴力事件的分析能够教会我们任何事，那就是我们始终应该尽力去解释杀戮出现（或者没有出现）的偶然性。对其中一种结果的强烈渴望可能是该结果成功出现的必要条件，但不应被认为是充分条件。我们看到的证据显示，即使存在对复仇或克制的强烈渴望，也总是还有其他一系列因素能让救人（或是残酷地杀人）成为可能。如果我们想要解释，为什么潜在的暴力和潜在的对暴力的避免会导向杀戮和救助，我们就必须继续正面解决一个问题：主张克制和升级的各方，是怎样在直接对抗中压倒对方的抵抗的。如此一来，我们就能更好地理解，那些渴望是怎样转化为行动的，或是又为何没有转化成功。通过研究被起义者押往马丁布罗德的男人和男孩们的命运，我们将有机会探索这个问题。

　　9 月 6 日离开库伦瓦库夫的那支纵队中的被俘者里，这些男人和男孩已经是最后一批活着的人了。此刻，在马丁布罗德这个起义者重镇，他们被关在了村子的火车站里，几个看守战俘的起义者从他们中挑选了三个人——扎费尔·穆舍塔（Džafer Mušeta）、哈姆迪亚·库伦诺维奇－巴伊布托维奇（Hamdija Kulenović-Bajbutović）和哈姆迪亚·库伦诺维奇－丘夫卡（Hamdija Kulenović-Ćouvka）——来辨别哪些人是乌斯塔沙分子。有 11 人被认定有罪，其中包括扎费尔的父亲，商人穆罕默德·穆舍塔，因为有 7 月乌斯塔沙屠杀的幸存者说在博里切瓦茨的深坑边看到过他。几个起义者宣布这些人应该被判处死刑。大约与此同时，那位前一天在库伦瓦库夫下令掘尸触发了大屠杀的指挥官佩塔尔·吉拉斯骑着马来了。他盯着战俘们看了一会，又转向看守他们的起义者。"他们都应该杀掉！"他叫嚷道，"一个人都不能活！他们都是乌斯塔沙分子！"[92]

　　附近小奥奇耶沃村的一位 24 岁的当地共产党员兰科·希普卡（Ranko Šipka）立刻对吉拉斯的命令表示谴责，呼吁起义者不要搭理他。20 世纪 30 年代的后五年希普卡是在大城市里度过的，先是在巴尼亚卢卡，后来是萨格勒布。和他的同志斯托扬·马蒂奇一样，他是作为学生到那里去的。他在那里参与了共产主义运动，1937 年加入了地下党。他及时有力地驳斥了吉拉斯的屠杀煽动，结果那群战士一下都反应不过来，全呆住了。[93]

246　　　打破沉默的是站在旁边的马尔科·弗拉代蒂奇。他是村子里最有名望的商人，在前几个月里曾多次遭劫。对他施暴的人中既有乌斯塔沙分子，也有趁乱伪装成乌斯塔沙分子想损人自肥的当地东正教徒村民。他的两个儿子斯特沃和杜尚（他们1941年前曾和库伦瓦库夫的穆斯林朋友一起在青年足球队踢过球）最近都在镇上的临时监狱里被米罗斯拉夫·马蒂耶维奇和他的乌斯塔沙匪帮杀死了。他女儿的丈夫也是这样被杀害的。弗拉代蒂奇和老婆、儿媳一起把哈娜·什特尔克列维奇母女藏在房子里，她们前一天先是差点淹死在乌纳河里，后来又几乎被当地农民活活打死，最后才勉强脱身。他站到一个箱子上，以便大家都能看到他，听清他的声音：

> 我的兄弟们！我的房子已经升起了黑旗，不只是因为我两个儿子和女婿的惨死，也是为了纪念一位我们都爱戴的人：我们的［斯特万·皮利波维奇·］马丘卡（9月6日早晨道路上那位用手榴弹自杀以免被俘的起义指挥官）。
>
> 在这个悲伤的时刻，请允许我告诉你们我唯一的愿望。看看那些被绑着双手从库伦瓦库夫带到这里的人们吧，其中有三个是我的朋友。为了我，放过他们的生命吧。我对马丘卡的亏欠，以及我被杀害的儿子们的鲜血，促使我必须请求你们，仁慈地对待他们。[94]

但是，还没等到他把话说完，人群中就爆发出了喊叫声。有一批战士抵制他保全那些人性命的请求。众所周知，弗拉代蒂奇在1941年以前跟库伦瓦库夫的一些商人和其他人士都是好朋友，[95]其中一些人现在成了马丁布罗德的囚徒。他指出来的那三个人，可能最近在他和儿子们一样被关在库伦瓦库夫的监牢里时帮助过他。弗拉代蒂奇跟那些谴责他的人互相嚷嚷时证实了这一点："听我说！

那个人，易卜拉欣·希列维奇（Ibrahim Šiljević），放过他吧……他是个体面的人。是他救了我。"[96]

然而，人群中响起了更多的怒吼声，很快就淹没了他的声音。数量越来越多的战士开始谴责弗拉代蒂奇和呼吁有选择地处置囚犯的希普卡。目击者回忆说，他们听到了弗拉代蒂奇的女儿的声音，她的丈夫以及两个兄弟斯特沃和杜尚在库伦瓦库夫被乌斯塔沙分子杀害了。"爸爸，不要替他们求情！"她喊道，"你的（儿子）斯特沃和杜尚哪去了？"[97] 她提及自己两个兄弟近期刚被乌斯塔沙分子杀害的事情，意思是现在的所有男人和男孩都不应该被放走，这和吉拉斯刚才骑在马上宣布的是一回事。需要杀掉的并不只是"乌斯塔沙分子"，而是所有的囚徒，因为他们实际上都是"乌斯塔沙分子"。

不过，也有少数几个人表示，同意放过至少部分战俘的性命。弗拉代蒂奇可能是在这种微弱的支持下大胆了起来，他和妻子、儿媳一起，试图把一些战俘带到他们的房子里去避难。[98] 然而，他们的对手并未袖手旁观。与库伦瓦库夫宪兵站前的对峙不同，这一次主张升级者要迈出那一步，动手攻击克制派了。一时间拳头枪托飞舞，起义者内部互相打了起来。目击者回忆说，遇袭后的弗拉代蒂奇一家和他们的一小伙支持者很快逃到了他的家里，躲避其他的大部分起义者。后者不只想要杀掉战俘，也想杀死他们。[99]

在这里，主张克制的人和主张升级的人之间爆发了直接冲突。为什么弗拉代蒂奇、希普卡以及其他也想要救出哪怕一部分战俘的人的干预没能成功？我们很容易得出结论，认为是马丁布罗德这些人的复仇动机特别强烈，所以报复性杀戮根本就是不可避免的。然而，该地区的其他事例却说明，即使在这种为时已晚的情况下，大屠杀仍然是可以避免的。毕竟在 8 月，向波斯尼亚杜比察开进的大批人群以及进入拉希诺瓦茨村后想要大肆烧杀的人们，都被指挥官们设法制止了。而且，就在前一天那种到处杀人放火的紧张环境中，战士们也仍然能够在宪兵站前阻拦住一群复仇者。所以，为什么起义指挥官佩罗·吉拉斯的话——"他们都是乌斯塔沙分子，应该全杀掉！"在人群中引起的回响，会远远强过弗拉代蒂奇和希普卡区分敌友和有罪无罪者的呼吁？

斯坦利·米尔格拉姆等社会心理学家的研究显示，人们从多个权威人物处收到彼此冲突的指令可能会僵住，因为权威已经不再明确了，人们难以决断自己接下来该做什么。[100] 然而，这在马丁布罗德并未发生。从证据来看，大部分起义者收到南辕北辙的命令时，远远没有因此而动弹不得。他们高声呵斥了希普卡，殴打了那些支持弗拉代蒂奇提议的人，而且似乎也要执行吉拉斯的命令，对所有囚徒大开杀戒。因此，他们有能力执行命令，只要觉得正当。

在这里，正当合法的权威从何而来的问题就变得至关重要了。同样重要的是，我们不能只从心理学上寻找解释，而且特别是寻找其中的历史因素。[101] 在实验环境下，彼此冲突的命令确实有可能经常会让进一步行动变得困难。但是必须记住，我们的主体是在具体的历史背景环境中解析这些彼此冲突的命令的。对马丁布罗德的不少起义者来说，要把俘虏们看作个人，逐个去判断他们是否有罪，并不是容易做到的事。那些人看起来就是一伙"乌斯塔沙分子"，跟杀死起义者家庭和社群成员、毁灭和抢劫他们财物的凶手没什么差别。造成这种思维方式的，是几个月来的暴力以及通过杀戮造成的对抗性族群分裂的心理模式。尽管我们难免会觉得奇怪，但这可以被视为对之前几周的一种完全合乎逻辑的回应——在那些日子里，以族群为目标的暴力和雪崩般的报复性杀戮已经成了人们生活的中心。这种心理模式并非是永久性的，而更多是集体暴力行动激发出来的，具有历史偶然性。

弗拉代蒂奇提出战俘里有几个是他的朋友，试图以此来抵消这种情境性的心理模式。对他来说，那些人并不是敌人，而是具体的个人，其中不乏无辜者。然而，当他试图制止这种非人化的进程时，却几乎被置若罔闻，为什么？在这里，我们必须记住，在马丁布罗德事件发生前的 48 小时里，大屠杀一直在持续发生。对很多起义者来说，现在再要实施大规模暴力时，已经不再有什么需要跨越的心理障碍了。这些杀戮行为通常都是近距离的、面对面的：受害者被近距离枪击头部再扔进深坑中；他们的喉咙被割断，头被砍掉；哭闹尖叫的女人和孩子被抓住后扔进乌纳河淹死；人们被用棍棒、石块和枪托野蛮地殴打受害者。在施害者和受害者之间，无论在心理上还是身体上（这一点尤其重要）都已经没有什么距离了。这些起义者前两天已经亲身犯下了暴行，说服他们实施更多暴力就不会在心理上造成那么严重的紧张。反过来说，与该地区其他那些克制派干预成功的情况相比，此时此刻已经有了前两天疯狂的杀戮实践，要让人们突然转而采取克制的、有选择的暴力方式，显然是一项困难得多，或许是几乎不可能的任务。[102]

先前克制成功的案例（波斯尼亚杜比察和拉希诺瓦茨）很能说明问题。如果说，要制止对抗性族群划分和非人化的二重进程、成功地实施克制，就有必要采取强力行动的话，那么看起来同样关键的就是要在大规模的近距离杀戮、施害者"进入隧道"**之前**采取行动。这在马丁布罗德已经是不可能的了，所以主张克制者处在弱势的境地。和前一天在宪兵站前成功制止寻仇者的战士一样，他们只剩下一种风险最大的选择：向对手发出死亡威胁，而且要具备实施这种威胁的能力。然而在马丁布罗德，他们无论人数还是实力都不足以选择这一路径。升级派的人数多得多，还动手打了呼吁克制的人，结果后者就逃走了。

在起义之前的五个星期里，起义者和他们的领导人之间定期爆发没完没了的争论，这被克独国军方的分析人员记录在了他们的情报报告里。[103] 结果，很多战士已经习惯在这样的环境下——权威既不明确又经常受到质疑，在特定情境下还会被推翻——采取行动。我们只需回想一下，在很多时候，战士们名义上是听戈伊科·波洛维纳和久科·约万尼奇的指挥，但他们还是能成功挑战这二人的指令。在一个月前的博里切瓦茨袭击事件中，戈伊科·波洛维纳要求战士们不要烧毁房屋，结果他们在他面前把武器扔到地上，让他捡起来射杀他们，他没有这样做，于是他们就接着纵火去了。还有两天前的 9 月 6 日，有个战士举起步枪，打开保险，把枪口对准约万尼奇的胸膛，无视他下达的离开库伦瓦库夫的命令。因此，权威在谁手中既不明确，那就是说它也可以落在那些想要固执己见、以暴力威胁其他战士的人手里。正是这一因素，确保了大量起义者在接到矛盾指令时不但没有僵持不动，而且还能对符合他们自己感情的立场——特别是复仇——表示支持。

因此，是过去几周、几天以来发生的事件，共同决定了此时此刻会有很多起义者认为吉拉斯的命令——"他们都应该杀掉"——是正当的。这是因为，主张克制者的权威本就摇摇欲坠，现在则因为他们未能阻止这两天以来的杀戮而破产了。之所以如此，很大程度上是因为，在关键时刻，库伦瓦库夫及其周边地区都没有足够多这样的指挥官。他们没能在场，所以既不能出手制止非人化，也不能以武力约束寻仇者。他们的权威遭到了严重的破坏。最明确的证据是，在马丁布罗德，兰科·希普卡等数人因为提出要克制、有选择地使用暴力，而险些被自己一方的战士杀掉。

该地区 1941 年夏天的证据显示，关键性的人物——像希普卡和弗拉代蒂奇——即使在这种极度紧张的处境下，仍能将局面引导到克制的方向上。然而，这些起义者并不是米尔格拉姆实验的参与者，后者并不清楚谁是明显的权威，而且更重要的是，在他们和他们可以伤害的对象之间，没有任何对抗性的历史关系。对很多起义者来说，他们 1941 年夏天的创伤经历预先决定了他们会容易接受杀人的命令。如果吉拉斯没有下令集体处决战俘，而且希普卡和弗拉代蒂奇得到了更多支持——特别是武力上的支持，那么结果可能会大不相同，虽然还是有可能会发生某种形式的冲突。但是，有了前两天的极端暴力，再加上主张克制者之前就已经失败，马丁布罗德发生干预和救助的几率就很不乐观了。简而言之，我们在此处对克制尝试失败的分析能够帮助我们理解推动暴行升级至最后阶段的核心机制：一旦狂热的杀戮得以发动，主张克制者又失去了使用武力的正当性和能力，暴行便会倾向于升级，直到受害者全部死亡。

对马丁布罗德冲突事件的微观分析，说明了我们在分析通向暴力以及避免暴力的尝试的路径时，需要更多地意识到其中的偶然性。我们已经反复看到，对杀戮的巨大渴望确实能创造出极易导向杀戮的环境。但是，如果把这种渴望当作首要的解释要素，我们就走不了多远——我们遇到的情况是，主张暴力者有时会得手，有时会失败，而且在地点时间都近似的环境下均是如此。这说明，通向杀戮的路径并不像想象的那么清晰，即使是在研究库伦瓦库夫这种主张升级者人数众多、暴力倾向压倒一切的环境时也是如此。在尝试解释这种暴力的发生时，我们不能被尸体的数量和暴力手法的残暴所蒙蔽，进而得出结论说，对杀戮的强烈渴望本身就足以造成集体暴力。事实上，我们的难题是要把暴力分解成多个组成部分，尽最大可能调整我们的分析焦距，以便搞清楚主张杀戮和克制的人们在关键时刻收获成功或失败的原因和过程。

用这种方式研究这 48 小时的事情时，我们可以看到其中的偶然性高到了惊人的地步。通向杀戮的并不止是一条线性的路径。一系列的事件严重削弱了克制派的力量，加强了升级派的力量，从而将天平推向了暴力一侧。然而，让暴力大幅削弱的可能性从始至终

251

都是存在的，在某些时候甚至成了现实，比如宪兵站前的事件，以及其他小规模的个人干预。有些当地战士也清楚，另外一种后果同样有可能出现，比如那位 9 月 6 日早晨在道路上的枪战中拉响手雷抱在胸前以免被乌斯塔沙分子俘获的斯特万·皮利波维奇·马丘卡，有人曾就他的死亡想道：“对起义来说，这是无可挽回的损失，这一点在他死后更是一目了然。如果他还活着，占领库伦瓦库夫后处置穆斯林群体的那些错误可能就不会发生。”[104]

　　如果这位关键性的指挥官没有在早晨遇害，其他像他这样的人以及他们可以信任的战士又没有在当天晚些时候离开库伦瓦库夫；如果久科·约万尼奇对佩塔尔·吉拉斯更知根知底，没有选中他去领导库伦瓦库夫的卫兵；如果起义者和农民没能进入镇子；如果他们没有在那么多客栈里找到酒喝；如果那场令人崩溃的掘尸没有发生——很有可能，库伦瓦库夫的故事就会跟波斯尼亚杜比察的情况一样了，克制派会在面临升级派的重大挑战时占据上风。在 9 月 6—8 日的库伦瓦库夫及其周边地区，骤然升级的暴力并不仅是复仇渴望造成的结果。事实上，主张克制者的失败有其偶然性。只有对他们自身的失误、意料之外的麻烦、信息的缺乏和结构性的脆弱做细致的分析，才能解释为什么杀戮会在这两天里持续爆发。我们对这48 小时里发生的事情作出细致的重构后，所得的分析结果生动地展示出，暴力的升级和暴力的克制怎样被锁定在高度依赖的关系中。我们要更好地理解其中一方的成功，就要研究其支持者是怎样对抗并击退对手的，又是什么造成了另一方的失败。

252　　　　在马丁布罗德，反对杀囚的人已经闭嘴了。一队起义者用电线反绑住了 400—420 名男人和男孩的手，把他们分成小组带到西边的山坡上，前往那个只有当地村民知道的地方：格鲁比亚查洞穴，又名“鸽子洞”。[105] 途中，起义者们要求囚徒演唱塞尔维亚歌曲，让他们反复高喊"佩塔尔国王万岁！"佩塔尔国王是刚刚解体的南斯拉夫王国的君主，自从他的父亲亚历山大国王1934年遇刺后，这个地区的老百姓每年9月6日都要庆祝他的生日。他们顺着蜿蜒的土路爬上山坡，经过李子树成荫的果园，喊叫声和歌声回响在山谷中。[106] 距离马丁布罗德约三公里处，就在道路即将猛然向左转向米柳希村（Miljuši）的方向之前，在高原旁边一处开放的草场里，起义者下令战俘们右转离开道路。他们穿过了李子树，顺着长草的斜坡下行大约35米，来到了一片洼地，前面是一片树林的边缘。过了前几棵树，便是一个深深的坑的开口。向里面扔一块石头，它会在洞壁上来回碰撞，几秒钟后才落到洞底，这说明其深不可测。

当地村民相信，这个山洞是女巫、吸血鬼和妖魔的家园。他们说，洞口处经常能看到的鸽子（这是它那个俗称的来源）其实是上帝派来的天使，为的是阻止洞里的恶灵跑出来袭击村民。戈伊科·波洛维纳是在附近的多布罗塞洛村长大的，他回忆说："作为小孩子，我们干了坏事时最怕的就是听到'你要是不乖，我们就把你扔进格鲁比亚查洞'。"[107] 他曾问过一次他的祖父，那些魔怪的故事是不是真的。他得到的答案能帮助我们理解当地起义者为什么选中这个地方处置战俘："是什么样的妖魔，又是什么样的女巫？"他的祖父回答道："格鲁比亚查洞里面都是些叛贼的尸骨，他们没有经过法律审判就被杀掉了。他们被扔进那个坑洞里，为的是不让人知道他们的坟墓在哪里。"[108] 带领战犯前往这个洞穴的战士几乎全是本地人，分别来自马丁布罗德、大茨维耶特尼奇和小茨维耶特尼奇、大奥奇耶沃和小奥奇耶沃、贝格卢克、多利亚尼和布罗特尼亚。[109] 很有可能，他们都和戈伊科·波洛维纳一样，在成长过程中听到过这种关于格鲁比亚查洞真实用途的故事。这个充斥着天使、女巫和鸽子的神秘地点，现在要为当地人的实际目标服务了，他们已经战胜了主张克制的一方，现在正要报仇雪恨。这个洞穴向他们提供了一个消灭敌人（包括他们的生命、尸体以及一切关于他们的记忆）的理想场所。

253　　前往洞穴的囚徒中，有一位是来自克利萨村的穆约·德尔维舍维奇，他是六个孩子的父亲：

> 他们把我们分成 16—20 人的小组。有七八组人排在我前面，谁都不知道我们要去向哪里。轮到我这组时，我们一直走到格鲁比亚查大坑前，才明白是要干什么。他们用斧头、屠宰刀、短镰刀杀人，不等人死透就扔进坑里。负责杀人的有五六个人，还有十个人在旁边放哨。[110]
>
> 我来到坑边时，其中一个人问我身上还有没有东西。"操你的土耳其妈妈！"他（在发现我什么都没有）之后对我说，"他们已经把你的东西都拿走了！"[111]
>
> 轮到杀我的时候，我设法挣脱了捆住我双手的电线，全力跑掉了。[112]其中一个听起来很熟悉的人喊道："穆约跑了！操他妈！"然后他们冲我开了枪，在陡坡上追赶我，但那时候我已经逃到密林里了。我听到他们说："他受伤了，我们回去吧，他活不了多久。"[113]
>
> 我就在距离格鲁比亚查洞大约 100 米的地方，看着他们继续把人带过去杀掉扔进坑里。我能清楚地听到人们大声尖叫。在我逃走以后，事情还持续了一个半小时。杀完最后一组人之后，我听到凶手中有人大声说："我们走吧，活干完了！"然后他们就回马丁布罗德去了，边走边唱着歌。[114]

在起义者从库伦瓦库夫带到马丁布罗德的 400—420 名男人和男孩中，穆约·德尔维舍维奇是唯一逃出来的人。如果米柳希村的房屋和田地里还有人的话，他们应该听到了被杀者的尖叫声，那里

照片 12　库伦瓦库夫 1941 年 9 月 6—8 日被起义者和当地农民焚毁后的焦黑遗址。照片由克独国军队拍摄于 1941 年 10 月。照片下方左侧的碎木块是乌纳河大桥的残骸。提供照片的是军事档案馆，贝尔格莱德。

距坑洞只有几百米远。穆约·德尔维舍维奇在森林中穿行了数公里后，一队起义者抓住了他，把他交给了指挥官久洛·拉舍塔，后者派了几个卫兵把他送到德瓦尔的大本营去。在那里，他遇到了几个有共产主义倾向的战士，他们恳求他入伙参战。但他刚刚目睹了数百名乡邻被屠杀的场面，现在最大的担忧是他自己的妻子和六个孩子是否还活着，所以他对那些战士说，他得先去找家人。告别时，其中一个人招呼他过去说："不要到（库伦）瓦库夫去，那里的一切都烧成平地了，连只猫都活不下来。"[115]

最后，1941 年 9 月 6 日早晨离开库伦瓦库夫的约 5,600 人中，有 3,124 人抵达了比哈奇。这个数据来自克独国的地方政府，他们对这些难民的村庄、性别和年龄做了详尽的统计。看起来，他们中很多甚至绝大多数都是当地的乌斯塔沙分子，正是他们的暴力和劫掠行为引发了这个地区接二连三的屠杀潮。[116] 其他约 2,500 人中，似乎有 400—500 人在主张克制者的保护下活了下来。[117] 来自起义者和克独国的信息都表示，余下的约 2,000 人（大部分是女人和孩子）都在 1941 年 9 月 6 日早晨到 1941 年 9 月 8 日早晨之间的 48 小时里被消灭了。他们的尸体要么弹痕累累地倒在路边；要么喉管被割开，散落在草场上；要么溺亡在翠绿冰冷的乌纳河水中顺流而下；要么在黑暗的深坑中堆积成山。[118] 9 月 6 日试图逃离库伦瓦库夫的人中，有 35% 在这些屠杀中被杀死了。连续爆发的集体族群划分和以此为基础的当地仇杀，到此突然被画上了句号。这场屠杀加上大规模流离失所的终极狂潮，让一系列暴力性敌对分类进程达到了巅峰。这一地区冲突双方中的一方突然消失了。

退回一步，我们可以看到，从 1941 年 4 月克独国成立到 9 月 6—8 日的屠杀期间，库伦瓦库夫地区总死亡人数粗略估算是在 3,300人，其中包括死于乌斯塔沙分子和起义者双方之手的受害者，以及其他的死者。这个数字占 1941 年该地区估计人口（约 16,000 人）的 20% 以上。短短五个月间，每 10 人中就有 2 人失去了生命。如此高的死亡率应该引起我们的注意，因为在二战期间，除了欧洲犹太人和罗姆人遭到的毁灭外，这是地方性社区遭受的最严重的惨祸之一，特别是外来者对杀戮并无责任。

不过，这个不为人知的欧洲地区的高死亡率之所以值得我们注意，还有另外一个原因。这涉及我们在研究集体暴力和讲述该地区历史时的方法论取舍。在这些杀戮事件中，没有证据说明有任何一起是外国军人干的；相反，它们是地方性的事件，很多施害者和他们的受害者早就认识。参与、经历了这场地方性集体暴力的人们，用扬·格罗斯研究波兰耶德瓦布内（Jedwabne）犹太社区毁灭的著作的标题来概括的话，就是"邻人"。[119] 在如蒂莫西·斯奈德的《血色大地》等研究二战时期集体暴力的宏观著作广受学界和公众关注

比哈奇方向

克尔涅乌沙

▲柳托奇山

丘科维

内布柳西

欧拉什科博尔多

杜戈波列附近的深坑，
9月6日有70名受害者

凯斯泰诺瓦茨

奥拉沙茨

夫尔托切

普尔科西

埃沙诺维奇森林附
近的深坑，9月8日
有80—130名受害者

布舍维奇

克利萨

起义者在9月6日的
伏击区域，9月6日有
乔夫卡 300—500名受害者

拉因诺夫齐

比耶拉伊

卡拉蒂

难民、克独国士兵
以及部分乌斯塔
沙成员逃亡的路线

大斯蒂耶尼亚尼

奥斯特罗维察

库伦瓦库夫

小斯蒂耶尼亚尼

下拉帕茨

9月6日到
7日共有900—
1,000名受害者

乌纳河

博里切瓦茨

布巴尼

多利尼亚

小奥奇耶沃

德瓦尔方向

多布罗塞洛

米柳希

马丁布
罗德

大奥奇耶沃

格鲁比亚查深坑，
9月8日共有400—
420名受害者

乌纳克河

布罗特尼亚

大茨维耶特尼奇

小茨维耶特尼奇

苏瓦亚

乌纳河源头

N

屠杀地点

| 0 | 1 | 2 | 3 | 4 | 5 英里 |

| 0 | 1 | 2 | 3 | 4 | 5 | 6 | 7 | 8 公里 |

斯尔布

奥斯雷德奇

地图 12 1941 年 9 月 6—8 日发生屠杀事件的主要地点

的时候，这样的发现应当促使我们反思。[120] 在尝试解释如此严重
的暴力时，相关的意识形态、政策和关键人物（如希特勒、斯大林
以及我们这个案例中的帕韦利奇）的谋划毫无疑问（或者说明显）
应该得到特别的关注和分析，但在库伦瓦库夫地区这样的社区里，
大屠杀的参与者和相关者几乎全都是当地人，如果我们不对本地（也
就是在这种社区里生活、杀人和被杀的人们的行为）投入较大的注
意力，就无法重构和分析这段历史。对于世界上这些被人们称为"血
色大地"的角落，最复杂难解的并不是千里之外的领袖们搞的阴谋，
而是当地人民施加给彼此和自身的巨大破坏。[121] 核心领导人的意
识形态、谋划和政策能够且通常确实决定性地塑造人们施暴的动机。
但是，如果我们要想解释人们看似难以言喻的行为，就必须直面挑
战，细致地讲述他们自己造成的历史。

257　　　9 月 6—8 日的屠杀事件后，该地区有共产主义倾向的指挥官给
当地指挥官们发出了一批信件，要求他们作出解释，提供"都有哪
些部队参与了战斗、抢劫和纵火的详细报告"。[122] 看起来，戈伊科·波
洛维纳是其中至少一份报告的主要作者，他写道，起义者进入库伦
瓦库夫后制造了"恐怖的混乱和大量的无辜受难者"。[123] 还有一些
人在谈到集体劫掠时，公开把起义者的暴行和乌斯塔沙分子的做法
相提并论，并且作出警告，如果不采取行动来做出改变，未来还会
发生更加严重的破坏：

> 占领、解放库伦瓦库夫、奥拉沙茨和丘科维之后，发生了惨
> 无人道的掠夺和抢劫。很不幸，做这些事的是我们游击队里缺乏
>（政治）觉悟的分子。他们的行为甚至比乌斯塔沙匪帮还要过分。
> 对我们自己财产（包括家畜和其他东西）的抢劫，超出了任何可
> 以理喻的范畴。因此，我们要求指挥部全力制止我们自己游击队
> 的罪行。如果不这样做，那就等着这样的行为对我们造成比乌斯

塔沙分子更严重的破坏吧。[124]

就连那位酿成杀戮事件的关键人物佩塔尔·吉拉斯都提交了一份简短的报告。毫不意外的是，他对暴力的严重程度轻描淡写。他在开头说"事实上就是发生了劫掠行为"，但是"并未杀害妇女儿童"，尽管他也承认"在战役结束时发生了对男人的屠杀"。从头到尾他都没提及谁应对暴力负责，也没有批评杀戮行为。[125]

对于库伦瓦库夫及周边地区发生的事情，德瓦尔那些有共产主义倾向的领导人感到震怒。他们对这些报告发出了简短的回信，要求采取一切手段，避免这样的行径再度出现：

> 我们收到了你们对库伦瓦库夫和杜利巴周围战役及其后果的详尽报告。博里切瓦茨的历史重演了。我们的队伍带着意志和热情投入战斗，为的是他们土地、市镇和村庄的自由，现在却反而烧毁了市镇和村庄。同样是这些部队，曾经抗击过帕韦利奇匪帮（乌斯塔沙）的血腥恐怖……如今在制止不可靠分子对库伦瓦库夫的劫掠和纵火时却表现软弱。
>
> 我们相信，每一个可敬的游击队队员都会谴责库伦瓦库夫的纵火和劫掠事件，以及对男人、女人和儿童的杀戮。我们同样相信，在未来的战斗中，我们可敬的游击队队员将不惜一切代价避免这样的罪行。[126]

震惊归震惊，反感归反感，没有任何证据说明，这些有共产主义倾向的指挥官们曾试图找出屠杀的责任人，更别提惩办佩塔尔·吉拉斯这样的施暴者了。就像屠杀事件明确表现的那样，主张克制的指挥官在很多参与杀戮的战士面前没有多少权威可言。所以，除了发出愤怒的信件并要求改弦更张，他们并未对这些人采取任何更多

258

的行动。事实上，有证据显示，他们也愿意让一些在 9 月 6—8 日的杀戮中扮演了重要角色的人继续留在领导岗位上。屠杀之后的几周里，在起义者的文件中，那两个责任最为重大的人——马内·罗克维奇和佩塔尔·吉拉斯的名字赫然出现在起义领袖之列。[127]

有几个被起义者扣留关押的克独国士兵证明，这两个人后来仍持续居于领导岗位。有些人提到，在杜戈波列坑洞指挥屠杀了 70人的罗克维奇，后来仍在指挥一个营的起义者。[128] 至于在库伦瓦库夫下令掘尸，后来又煽动在格鲁比亚查坑洞杀死全体男人和男孩的吉拉斯，在杀戮刚过一周时便感到风声已过，多次写信向他的上级指挥官提要求。其中一封信中，他请求对四位"我们倒下的弟兄"（他们在前几周被害）的家人予以抚恤。[129] 另一封信中，他要求新的弹药供应，因为"我们的人占领库伦瓦库夫及周边村庄时已经用光了弹药"。[130] 据他说，那几位"倒下"的弟兄中，有些人是在袭击库伦瓦库夫期间遇害的，具体来说就是死在 9 月 6 日早晨道路边的枪战中，当时有数百名手无寸铁的平民遇害。除了普尔科西和夫尔托切之间道路上的战斗外，"占领库伦瓦库夫"期间发生的大部分枪击都是以处决的方式杀死手无寸铁的平民。如今一周过去后，吉拉斯就开始心安理得地向起义指挥部提要求，为他的战士们补充在屠杀中消耗的弹药了。

吉拉斯之所以仍能位居领导岗位，而且还提出这些大胆、冷血的要求，其原因在于他确实受到手下很多战士的支持。9 月 10 日，也就是吉拉斯下达格鲁比亚查坑洞屠杀的命令两天后，他的营向德瓦尔的起义总指挥部寄出了一份重要的手写文件，表示"他是被我们中的大部分人选为营指挥官的"。[131] 这些战士视吉拉斯为领袖，这说明没有几个人把他在库伦瓦库夫及周边地区的杀戮、劫掠和纵火行为中扮演的关键角色当回事。其中可能有很多人和他一起犯下了这些暴行。

在 9 月 6—8 日屠杀中表现突出的人里，并非只有吉拉斯和罗克维奇继续在起义中扮演角色，还有一位本地指挥官尼古拉·卡拉诺维奇也照旧受到他手下战士的爱戴。此人参与了 9 月 6 日清晨对那支逃亡队伍的袭击，而且有证据显示，他和罗克维奇一样，稍后又在杜戈波列坑洞杀害约 70 人的事件中扮演了角色。共产党员科斯塔·纳吉回忆说："库伦瓦库夫被烧，既有一部分责任在卡拉诺维奇的队伍，也有一部分在他本人。"其他人则写道："他不知道怎么向战士解释……绝对不能把乌斯塔沙主义（ustaštvo）跟全体克族人和穆斯林等同起来。"他本来留有胡须，结果别人告诫他说，这样会让他显得像个"切特尼克分子"，也就是说像个塞族民族主义的游击队队员。攻陷库伦瓦库夫后，他的部队接下来的军事目标是袭击比哈奇附近的里帕奇村（Ripač）。有位高级指挥官发表了演讲，警告说，无论在什么情况下，库伦瓦库夫发生的事情都不得重演。这种警告毫无用处，尼古拉·卡拉诺维奇和他的人在袭击里帕奇时又一次扮演了重要角色，把几乎整个村子都夷为平地。[132]

简而言之，在库伦瓦库夫及其周边地区发生集体屠杀之后，主张升级者和主张克制者之间的斗争在起义者内部持续了几周到几个月。9 月 10 日，克独国报纸《新报》（*Novi list*）发表了一篇文章，讨论了黑塞哥维那起义者屠杀穆斯林的后果，文中准确地把握了事件的这些机制：

> 一方面，他们（起义者）不放过任何一个穆斯林。他们杀死手无寸铁、无还手之力的人，包括老人、女人、女孩、襁褓中的婴儿都被活活扔进火中。他们摧毁穆斯林的村庄，把房舍破坏到只剩地基，毁掉所有落在他们手里的东西。另一方面，他们又在散布传单，宣扬他们对穆斯林克族人的友谊，宣扬他们对合作的渴望，宣扬正义，宣扬人们加入他们匪帮后的幸福前景。[133]

这种描述一点都不像在说好话，但是这篇文章把握到了库伦瓦库夫陷落后起义者内部的紧张。主张克制的人们确实渴望文中描述的这种"幸福前景"，但在那些偏好族群屠杀的人面前，他们的权威总是摇摇欲坠。在波斯尼亚西北部农村流传的传单中，有一些起义的领导人为了与这种论调抗衡，首先承认了起义前几个月里显而易见的暴行，然后宣称这种行为已经过去了："不要相信乌斯塔沙分子和克罗地亚报纸散布的谎言，说我们虐待他人，把人插在棍子上，杀害女人和小孩，等等。起义初期，我们的人确实采取过令人不快的做法，但这些都过去了。现在我们的部队有命令和纪律，我们的士兵不敢再做那种事了。"[134]

但是，起义者内部的紧张并不会像变魔术一样消散，反而在1941年秋天迅速爆发成了起义者之间的公开内战。倾向共产主义的指挥官和主张克制者的力量最终凝聚成了"游击队运动"，而部分主张升级者则加入了民族主义的"切特尼克运动"，他们的领袖坐镇和库伦瓦库夫地区有些距离的地方，位置在利卡地区的其他地方和达尔马提亚。[135] 到1941年底和1942年，两派人之间的战斗愈演愈烈，有些地方甚至打得比这两支起义军各自跟克独国部队的冲突还要激烈。[136]

1941年秋天，对库伦瓦库夫及其周边的屠杀负有最大责任的两位起义指挥官（罗克维奇和吉拉斯）抛弃了那些有共产主义倾向、如今越来越多地被称作"游击队"的队伍，加入了其他人的行列，成了"切特尼克分子"。[137] 他们后来的行为表明，在内战造成的环境背景下，暴力已经成了人们用来解决问题的主要工具。而且，虽然在解释1941年地方屠杀的性质时，"族群"看似是至关重要的因素，但它一碰到具体的情境可能很快就变得无足轻重了。1944年1月21日，在库伦瓦库夫及其周边地区的穆斯林大屠杀中扮演过重

260

要角色的吉拉斯，跟一群切特尼克战士一起来到了地区内的一处叫
贝格卢克的塞尔维亚村庄，集合了大约 20 个男人和 20 个女人，把
机枪摆在他们面前。据目击者说："然后吉拉斯就对他们演讲，说
如果他们不拿起武器加入切特尼克，就要枪毙他们。"没有人自愿
站出来。于是，他和战士们把魂飞魄散的村民们带到附近冬风凛冽
的山头上。在冰冷的空气中，那些人被命令脱掉衣服躺下，然后吉
拉斯和战士就殴打了他们，直到他们失去知觉。有几个人被虐待至
死。之后几个月里，这些武装人员定期回到该村，"大肆劫掠，大
搞恐怖行动"，杀死了至少七名居民，对几乎所有人大打出手，还
毁掉了九间房屋，大量掠走人们有限的食物供应和家畜。[138]

　　贝格卢克离苏瓦亚村并不远，1941 年 7 月 1 日，本地乌斯塔沙
分子就是在这个村子里第一次屠杀大批东正教徒村民，当时遇害村
民多达 300 人。一般认为，吉拉斯和他的战士们就是在这种暴力面
前拿起了武器，保卫自己和整个社区，为惨遭杀害的东正教徒兄弟
报仇雪恨。如今过了没几年，他们就转而去折磨那些自己先前作战
保卫的人了。这个案例说明，这个地区的暴力与族群类别之间的联
系并不久远。贝格卢克的受害者和施害者都属于所谓同一个族群；
随着当地冲突性质的变化，族群类别在冲突中的显著性也改变了。
在 1941 年 9 月初这样的时刻，杀害穆斯林是合情合理的；才过去
三年多，杀害东正教徒村民就变得同样合乎逻辑了，尽管先前杀害
穆斯林时正是以他们的名义——而且，在这两起暴力中，施害者都
是同一批人。在谁会被归类为受害者的问题上，"族群性"和"族
群类别"在任何意义上都不具有持久的显著性。相反，正是地方性
冲突内生机制的变化，造成了被选中的受害者群体（从其他族群的
人变成了相同族群的人）随着暴力垄断者的需要而改变。

　　无论我们考察的是哪一个武装集团，更能增进我们对该地区
持续发生的暴力的理解都是这种地方性机制，而不只是所谓族群

261

归属、民族主义等意识形态之类的宏观因素。我们在贝格卢克看到的是，持塞族民族主义立场的切特尼克分子根本不会为折磨、杀害那些不愿意加入自己队伍的"塞族"村民而感到不安。但是，罗克维奇和吉拉斯等直接参与 1941 年 9 月 6—8 日大屠杀的一小伙起义者转而投奔了切特尼克，并不意味着该地区共产党领导下的，也就是所谓反民族主义的游击队组织已经清洗掉了所有的族群迫害分子。参与大屠杀的起义者估计有数百人，其中有很多人，甚至绝大部分人，在杀戮事件一年多后都留在了游击队中。他们中有米莱·皮利波维奇，也就是格鲁比亚查坑洞边要割开穆约·德尔维舍维奇的喉咙、结果被后者挣开双手逃走的那个人。在遇到德尔维舍维奇以前，米莱·皮利波维奇已经杀害了一大批男人和男孩，如今是游击队的队长。[139]

262　　在 9 月 6—8 日的屠杀以前，地方上的共产党活动家就已经加强了战士的政治思想工作，屠杀之后就更是如此了。他们花了不少工夫，想要改变那种用族群眼光区分敌我的思维方式。他们不断强调各个民族（比如"塞族人、克族人和穆斯林"）之间所谓"兄弟团结和统一"（bratstvo i jedinstvo）的新型意识形态的重要性。这种既承认族群之间的差异又推行族群平等的意识形态，将成为战后共产党建立南斯拉夫新国家的基石之一。[140] 不过，9 月 6—8 日的屠杀过去一年后，这种多族群的思维方式在该地区的很多战士中仍然根基不深。

　　1942 年 11 月，游击队队员们打败比哈奇市的克独国军队时，拥护族群杀戮的人们仍有其存在感。这座城市被解放以后，来自库伦瓦库夫地区的游击队队员碰到了一位年轻的共产党同情者，名叫乌索·沙比奇（Huso Šabić）。游击队员问这个男孩的第一个问题是他从哪里来。沙比奇回答说，他是库伦瓦库夫镇出来的难民，是 1941 年 9 月 6 日逃出来的。听到"库伦瓦库夫"，游击队队员立刻拔出武器处死了他。另一起案例中，几位游击队员抓到了哈利勒·奥曼诺维奇（Halil Omanović），他是从库伦瓦库夫地区的穆斯林村庄奥拉沙茨来的。第一个跟他说话的游击队员来自欧拉什科博尔多，是奥拉沙茨旁边山头上的东正教村庄，其居民 1941 年夏天在当地乌斯塔沙分子手中饱受折磨。奥曼诺维奇问他的这位老乡邻为什么自己的手被绑着，结果这位欧拉什科博尔多来的游击队员盯着他看了一会儿，说道："我（在 1941 年 9 月的屠杀中）亲手杀掉过奥曼诺维奇家族的七个人，现在我也要杀了你！"他举起武器，但旁边几个游击队员听到对话后过来干预，救下了奥曼诺维奇的性命。[141]

　　不过，这样的干预并非一直都能成功。随着地方性的清算愈演愈烈，比哈奇的好几个临时监房里也出现了针对疑似"乌斯塔沙分子"的酷刑和处决。1943 年，克独国军队把游击队赶出该市后，挖掘出了这些屠杀留下的尸体，发现受害者往往身中数刀，喉管也被割开。很多受害者被认出来是库伦瓦库夫或附近奥拉沙茨、丘科维村逃过来的难民。[142] 或许，杀死他们的人就是根据他们的族群、出生地以及 1941 年以来加诸他们身上的战时关联，选中他们作为受害者的。在很多本地游击队员之间，仍然存在着一种强烈的意识，认为库伦瓦库夫地区是一个"乌斯塔沙基地"，从那里来的人都是"乌斯塔沙分子"。这种感受的根源就是 1941 年夏天的暴力，其后果一直延续下来，只要机会合适就能激发出以族群为目标的报复性杀戮。结果，虽然当地游击队领袖大体都致力于发动一场以建立在"兄弟团结和统一"基础上的未来多民族社会为名义的战争，但组织里还是充斥着这样的战士，只要乌斯塔沙暴力的旧日记忆被激活，他们就准备以族群为目标大开杀戒，并一直这样做下去。[143]

　　1942 年游击队员在比哈奇的暴力，以及 1944 年切特尼克分子在贝格卢克的暴力，其轨迹对我们而言意义颇大，因为这两起事件

263

中由暴力事件塑造的地方性内生机制都非常重要。持所谓塞族民族主义立场的切特尼克战士在 1941 年杀死了大量穆斯林；到了 1944 年，他们对杀害贝格卢克的东正教徒村民却无丝毫不安；一些游击队员本应该追求建立多民族的社会主义国家，但他们杀起库伦瓦库夫地区的穆斯林来也毫不留情。在这两起案例中，过往暴力的记忆和眼下的军事考量战胜了民族主义等意识形态，决定了当地战士们使用暴力的方式。在各种瞬间，族群归类既可能会突然变得重要起来，也可能突然变得不再重要。这种建立在族群之上的精神模式既不稳定又充满偶然性，可以为了当下的新需求而迅速改变。而且，当下的经验也能让先前的战时经验塑造出的那种以族群划分看待问题的方式浮现出来。这种重要性和非重要性从来都不是稳固的，它们被暴力塑造，且随着时间的推移不断被重新塑造。

　　阐明这些机制，能够帮助我们更好地理解游击队领袖们面临的难题。他们面临的挑战，是要打造一个多族群的抵抗运动，期望使之成为族群平等基础上的南斯拉夫新国家的基础。个人化的而且是高度族群化的地方性暴力记忆，在比哈奇事件这样的报复性杀戮中浮出水面，对他们这些宏大的目标构成持久的威胁。1945 年晚春，随着游击队员即将取得胜利，共产党人在库伦瓦库夫地区这样的地方性社区面临的主要挑战，就是要找到一种方法来处理地方性集体暴力造成的大规模社会转型。

　　其中最关键的，就是数量如此之多的屠杀事件已经急剧压缩了"民族中立"的空间。当地的很多暴力（特别是 1941 年的那些）的性质都意味着，一个人能否活命，往往取决于所谓的族群归属。暴力将认同和自我认同的族群形式深刻、长久地铭刻在了人们身上，经常无须经过他们的同意。这并不是说，这些族群归属的形式在 1941 年以前并不存在；而是说，杀戮为它们赋予了一种前所未有的显著性。即使是多族群游击队的成员，也无法免于战争暴力的转化性力量。共产党"兄弟团结和统一"的意识形态明显是反民族主义的，但其中又稳固地嵌入了一种明确的认识：每个人都属于各自的族群归属。这也反映出了社会关系和社群间感受的高度族群化，它们在很大程度上受到了战时族群杀戮的推动。战后的新社会确实是一个属于"兄弟们"的社会——也就是说，不同的民族团体要团结在一个平等的家庭里，其表现形式就是一个新的南斯拉夫国家和受到它承认的各个"民族"。但是，很多"兄弟"已经通过极端的战争暴力，把其他的"兄弟"转化成了极端敌对的"他者"。要实现那种目标，就必须要打压这类普遍认知，最终使其噤声。

在一个由国家强制推行"兄弟团结和统一"的新世界里，这种对私人暴力遗产的处理既不能根除民族主义，也不能消灭很多领导人在战争结束时说的所谓"沙文主义"。相反，社群之间彼此杀戮的经验以及相关的创伤性记忆，包括这些事情的刻意沉默，都确保了其机制会以不同的方式发生作用。杀戮已经在人们的记忆中留下了伤疤，当人们开始试图重新在一起生活时，日常生活中的事件会激发集体族群归类的回忆。在这样的时刻，对抗性的民族主义随时会在紧张时刻突然高涨、爆发，然后又在反民族主义的新政府的压制下迅速消散——至少是在公开场合里消失。这种新的民族主义机制是在 1945 年游击队取得胜利后出现的。造成这种后果的原因，既有战争期间那两场大规模的地方性暴力事件，也有杀戮最终停止后，"兄弟团结和统一"的倡导者力图强加于其上的沉默。

第三部分

社群间暴力之后

第七章

突发的民族性

1941 年 9 月 6—8 日，库伦瓦库夫变成了集体死亡之地。此后几年的战争岁月里，乌纳河碧绿的河水依旧平静地流过这个地方。大部分幸免于屠杀的难民都流散到了克独国各地，有些人最后加入了游击队。[1] 除了打仗时行军经过的士兵外，很少有人目睹库伦瓦库夫遭烈火焚烧后的残骸。由于无人修剪，附近山头和山脉上的森林变得越发浓密。也没有人捕鱼了，河里的鲑鱼便在冷水中繁殖壮大。旧堡垒不发一言地矗立着，高耸在镇子上方的山脊。仅剩的人类活动是在 1941 年 9 月 4—5 日被起义者火烧的奥拉沙茨村，有一小批年轻的共产党活跃分子在被遗弃的土地上种植玉米。[2]

那段时间逃离乌纳河谷这片地方的难民，在 1945 年夏秋时节游击队取得胜利后开始返乡，其中有很多女人和小孩。除了这些一小批一小批逐渐回流的人，还有人四处寻觅自己的家庭成员，尤其是要找自己的孩子，其中很多在战争期间都离散到了克独国各地。有些案例中，人们经过很多年都未能重新团聚。有的孩子在 1941 年屠杀期间太过幼小，根本不记得自己是从哪里来的。返乡者一无

268　所有，经常只能在烧毁房屋的残骸上建起临时性的居所。[3] 新生的政权把这种脆弱的住房称为"废墟"，里面往往挤住着好几个家庭。[4] 这种情况持续了很多年。直到 1957 年，还有当地报纸表示："在本地区，没有任何其他地方像库伦瓦库夫这样，有如此多被烧毁的房屋。"[5]

不过，有口述证言说明，虽然物质条件十分困难，但很多返乡者却挺有幸福感。克利萨村的穆斯塔法·德尔维舍维奇（Mustafa Derviševié）当时还年轻，他曾回忆说："食物只有一点点，但人们心情都很好。我们都因为能回到家里、回到自己的土地上而感到非常开心。"[6] 德尔维什·德尔维舍维奇（Derviš Derviševié）在 1941年 9 月时只是个四岁的小孩，母亲被起义者杀害时他就坐在旁边。他后来回忆说："战争结束后（立刻）就有了幸福感……人们彼此相爱，互相拥抱。"[7] 晚上有很多人聚在一起唱歌跳舞，男人们拉手风琴。战后前几年新政权的一份报告中反映了这种情绪："人们看起来很有活力，很忙碌。"[8] 政府推动重建这一地区铁路线的做法为积极的气氛锦上添花，也为很多当地人提供了工作。[9] 等到 40年代后期，林业也同样需要工人了，特别是在附近德瓦尔镇的锯木厂里。[10]

当地政府完全是由战争期间的游击队成员组成的，他们中的绝大部分人在档案文献中都被归类为"塞族"。举例来说，在 20 世纪40 年代的后五年里，几乎所有在库伦瓦库夫和奥拉沙茨担任过重要领导职务的人——比如当地的党委书记（osnovni komiteti）——都被党内文件记录为"塞族"，而这两个镇村 95% 以上的人口都被记录为"穆斯林"。[11] 在战后前几十年里，该地区（1952 年改名为"共产主义者联盟"）党委的人员构成都没什么大变化。[12]

多数党员都出身农民家庭，要么教育程度不高，要么就没接受过正规教育。[13] 据说，相比于在党的会议上参加政治讨论，很多人都更喜欢跑到客栈去喝酒。[14] 在地区级领导人的描述中，党员里有相当一批人是意识形态上的"薄弱分子"，他们直到战争后期才加入游击队，而且在战后前几年里仍跟"切特尼克分子"保持联系。[15] 至于 1941 年那一小群主张克制、支持多族群合作抵抗的共产党活动家，等到 1945 年时大多都已经告别了这一地区。戈伊科·波洛维纳因为批评党的战时策略而被驱逐出党，余生多数时光都隐姓埋名在贝尔格莱德度过；斯托扬·马蒂奇和斯特万·皮利波维奇·马丘卡在战争中遇害；久科·约万尼奇现在则成了南斯拉夫人民军的高官。[16]

在当地的可靠党员的协助下，新政权开始和战争时期残留下来的敌人清算旧账。某些案例中，他们对个别躲藏在大山里的残余切特尼克分子和乌斯塔沙分子穷追不舍，直到将他们抓捕后处死。[17] 而在其他不少案例中，往往战争还在进行，政府就已经组建了战争罪行委员会，由地方上的成员向幸存者和其他目击者采集证词。按照官方说法，他们的任务是"判定每一个对反人民的战争罪行负有责任的人的具体罪责，无论是侵略者还是通敌者"。[18] 在实际操作中，这通常就意味着起诉那些在战争期间对游击队构成最大威胁的人；在库伦瓦库夫地区，当年的乌斯塔沙分子就成了显而易见的打击对象。战后初期，库伦瓦库夫镇及其周边农村被抓获并判处长期徒刑乃至死刑的可能有多达十人。[19] 对博里切瓦茨等农村的乌斯塔沙分子还另外组织了调查和审判。[20] 然而，有不少 1941 年暴力事件的重要组织者和刽子手，比如客栈老板米罗斯拉夫·马蒂耶维奇，却已经逃离了这一地区，再没被抓到过。

至于该怎样处理那些以种种形式参与了 1941 年 9 月 6—8 日大屠杀的起义者和当地农民，对当地政府而言就成了极其敏感的问题。有些后来加入切特尼克的参与者已经在战争中被杀掉了，比如佩塔尔·吉拉斯。其他一些被认为在屠杀中扮演了角色的人，则成了游

击队的指挥官和战后南斯拉夫人民军中的显赫人物，像尼古拉·卡
拉诺维奇就被升为将军。1941 年夏天该地区拿起武器的起义者中，
大部分人都在战争岁月中的某个时刻加入了游击队，不少人后来都
占据了地区级或地方上的领导岗位。要让战争罪行委员会追究这些
人在 9 月 6—8 日的杀戮中犯下的罪责，在政治上是不可能的。

　　因此在战后前几年，当地政府便形成了一种对 1941 年历史的
特定讲述方式，力图抹去后来加入游击队的那些人与屠杀之间的任
何负面联系。最早为这种版本的历史编纂原始材料的，就有当地
的战争罪行委员会。1946 年 8 月的一份内部报告在讲述 1941 年 9
月 6—8 日事件时这样写道："在乔夫卡山上（距库伦瓦库夫约六公
里），起义者和克独国武装部队（Domobrani）之间爆发了残酷暴
力的战斗，大约 2,000 人被杀，其中大部分是穆斯林。起义者俘虏
的人数很多，杀掉了其中不少人。这些起义者有'切特尼克倾向'
[četnički nastrojeni]。"[21] 关键就在于这个"切特尼克倾向"的说法。
当地委员会几乎没有留下过任何切特尼克分子在库伦瓦库夫地区犯
下战争罪行的文档，对 9 月 6—8 日的杀戮更是毫无记录，因此这
种说法简直是把时间都搞颠倒了。[22] 不过，这是一种有效的手段，
可以对 1941 年的起义者做出明确的区分：在库伦瓦库夫大肆杀人
的是其中一部分人（现在可以被认为基本上都是"切特尼克分子"），
而其他人则没有这样做——虽然事实上，这两种战士中都有一些后
来加入了游击队。

　　等到官方开始写作更加正式的 1941 年地方史时，这种区分就
更要着力强调了。根据 1951 年某个替一部此类历史著作编纂材料
的小组的说法：在库伦瓦库夫及其周边地区，"切特尼克分子有过
大量的盗窃、纵火和屠杀无辜者的活动……还发生了强奸。这是复
仇欲望造成的，因为乌斯塔沙分子先前曾在塞尔维亚农村里大肆纵
火，犯下暴行。不过，那些盗抢分子后来脱离了我们（游击队）的

队伍，变成了切特尼克分子，所以后来我们不但和乌斯塔沙分子斗争，而且也以同样方式和那些人斗争"。[23] 这里面不乏真相，因为确实有一些像佩塔尔·吉拉斯、马内·罗克维奇这样的人正式变成了切特尼克分子。但其他很多人都并非如此。恰恰相反，他们变成了"游击队员"，有些人现在还在库伦瓦库夫地区走上了领导岗位。战争罪行委员会和御用历史学家扭曲了这种令人不安的真相，最后又通过对 1941 年历史的选择性讲述埋葬了它。

　　然而，该地区经历过那一年的暴力事件的人，普遍都是了解这段历史的。在战后的政治环境下，当地人很快都学会了对真相闭口不谈，至少不公开谈。结果是，在地方层面上——在库伦瓦库夫及其周边地区——1945 年以后日常生活的一大特征，就是对 1941 年很多最为惨烈的社群间暴力保持诡异的沉默。这种沉默最惊人的地方在于，当初的施害者和幸存者如今又成了亲近的邻人，不时还会遇到彼此，比如在每周的集市上，在尘土飞扬的乡村道路上，以及在工作场所。

　　所以，当地的施害者和幸存者——正如我们所知，经常是同一个人、同一批人兼具这两种身份——在社群间杀戮之后还要在一起生活。这对他们意味着什么？这些犯下过暴力也经历过暴力的乡邻，怎样才能重建他们的社群，比邻而居？在族群间杀戮的阴影中，人们是怎样使用（或者不使用）民族主义话语的？他们毕竟是在一个致力于消除族群敌对的新政府下。要寻找这些复杂问题的答案，最好的办法就是延续我们在地方层面上的分析，详细地阐明，这种紧绷的环境背景下的社会关系可能是怎样的。

　　有一个跟库伦瓦库夫地区距离较远的社区曾发生过一件事，可以帮助我们更准确地识别出，要分析社群间杀戮后凝结而成的社会关系的新机制，我们需要处理的是什么难题。这个地方就是维舍格勒（Višegrad），这是波斯尼亚东部的一个城镇，因为诺贝尔文学奖得主伊沃·安德里奇（Ivo Andrić）的小说《德里纳河上的桥》（*The Bridge over the Drina*）而闻名。1962 年的一天，当地发生了一起斗殴事件，一名男子杀死了另一名男子，死者被记录为"穆斯林"，另一方被记录为"塞族人"。当地政府以谋杀罪将后者送上法庭，但这起事件是否建立在"族群冲突"之上并不清楚。在这一地区，当地人之间动辄致死的冲突并不罕见，但这类纷争通常都起源于当下的个人争执，尤其是酒后冲突。这种事并不一定跟参与者的族群认同有关。此外，这起杀人事件发生时，正值政府大力发扬"兄弟团结和统一"意识形态的高峰期，当时强调族群之间的团结，打击民族主义的表达，因而二战以来对族群归类的日常使用都已经急剧减少。不过，前来围观庭审的近 50 名穆斯林却冲着被告高喊："操你的塞族－切特尼克妈妈！"他们说的不只是那个人的族群归属，而且还有塞族人占绝对多数的、二战期间在维舍格勒杀害成千上万穆斯林的切特尼克游击队。他们要求法院判那个人死刑，否则他们就要自己动手执行。情势失控到如此地步，至少有十位警官出来干预并维持秩序。这起事件后，据说当地穆斯林之间议论纷纷，说被告"不会得到他应得的惩罚，因为政府里有塞族朋友护着他。如果是穆斯林的话，他就会被判死刑了"。[24]

这种区分"我们"和"他们"的敌对意识能如此迅速地成形，而且还是在法庭尚未查明死者和被告的族群性是否与杀人事件有关的情况下，这该如何解释？如此强烈的民族性是怎样在这种时刻突然产生的？厄内斯特·盖尔纳（Ernest Gellner）、埃里克·霍布斯鲍姆（Eric Hobsbawm）、本尼迪克特·安德森（Benedict Anderson）和米洛斯拉夫·罗奇等研究民族主义的重要学者们曾经提出过各种对于民族性的发展性解释，认为强烈的民族性是在漫长的岁月中逐渐演进而成的，而且多数时候是对重大的经济、政治和文化转型的回应。[25] 还有人，比如历史学家彼得·贾德森（Pieter Judson）、杰里米·金（Jeremy King）、詹姆斯·比约克（James Bjork）和塔拉·扎赫拉则表示，普通人对上层精英发扬民族性的努力往往漠不关心，他们对那种发展性的范式提出了质疑。[26] 有些政治学者和人类学者同样关注群众对民族的漠不关心，但他们强调的是，在族群之间明显不敌对的时候，政治精英们在煽动族群冲突中扮演的角色。[27]

　　这些研究方法当然各有益处，但都没能为维舍格勒斗殴事件引发的问题提供答案。这起事件中，如火车切换轨道般迅猛而来的突发转折，使得某种"突发的民族性"浮出了水面，表现为强烈的集体团结和自发将他者集体划分为敌人的对抗方式。我们该怎样做出解释？尽管对族群性和民族性以及相关冲突的兴趣正在升温，但令人讶异的是，这种现象依旧没有受到充分的研究，特别是在微观层面上。正如社会学家罗杰斯·布鲁贝克所说："我没见过有人将民族性作为事件进行持续的分析性讨论。没有人将它当作突然成形而非逐渐发展的事物，没有人将其视为一种偶然的、在关键节点上波动的、不确定的愿景框架，也没有人把它作为个人及集体行动的基础。"[28] 有些学者对大规模偶然事件在民族主义运动的成败中扮演的角色做了宏观研究，以此回应了他的说法。[29] 不过，很少有人直面挑战，对微观层面上，尤其是小社区和邻里之间民族性的突然产生予以调查和解释。如果我们想要更好地理解普通人实践民族主义的方式，他们的行动又是怎样影响了地方性的社群间关系，那这个话题就应当引起我们的注意。[30]

　　新近可见的信息来源，包括二战后波黑地区地方性社群间关系的相关报告，使得这样的微观考察成为可能。这些文件是波黑共产主义者联盟（Savez komunista Bosne i Hercegovine）的镇级党委（opštinski komiteti）在 20 世纪 50—60 年代间编纂的，原本仅供

内部使用，直到最近才在萨拉热窝的波黑国家档案馆和比哈奇的乌
纳·萨纳州档案馆公开。当时制作这些文件，是为了帮助共产主义
者联盟中央委员会掌握地方上的社群间关系。最重要的，则是要在
这些共同生活在内战和社群间暴力阴影中的地方性社区居民里，根
除一切"民族沙文主义"的表达。通过考察库伦瓦库夫和周边地区
的报告，再补充以记录当地居民观点的文献，我们就能对地方上的
冲突做出事件性分析，从而对民族性的微观机制以及偶然性意外事
件突然造成社会关系急剧转型的力量做出微观分析。[31] 分析过地方
性事件是怎样触发了这种以社群间暴力的创伤记忆和经验为基础的
族群划分新的心理模式之后，我们也就能更好地理解，民族性究
竟是怎样突然成为普通人阐释世界的强大工具。[32] 往更大里说的
话，我们将能够开创新的方法，供历史学家和其他人解释民族主
义的运作。

　　战后时期，库伦瓦库夫地区人民对社群间关系的看法主要由三
种心理模式构成。第一种心理模式是和谐。战争期间发生了那么多
暴力，战后一些居民之间的关系却格外良好，这可能有点令人吃惊。
一个关键因素是在暴力的巅峰时期（1941 年 7—9 月），乡邻们彼
此之间也曾经有过相当程度上的救助。不少人都冒险救助过自己的
邻人，有些还付出了自己的生命。[33] 有些人在上一次屠杀期间是获
救者，等到下次屠杀就会去救助那些之前救过他们的人。这种机制
确保了 1945 年以后人们互相之间深刻的钦佩和感激之情。举例来
说，格鲁比亚查坑洞超过 400 名男人和男孩被起义者杀害的事件中
险些遇害的那位穆约·德尔维舍维奇，他的妻子就一直夸赞那位拯
救过她一家的起义者，请他来家里喝咖啡，称他为"我的兄弟"。[34]
其他穆斯林则充满温情地回忆那些战争期间救过他们性命的东正教
徒乡邻，以此提醒其他没有这种经历的人："塞族人并不都是那样

的。"[35] 那些战争期间被乡邻救助过的人显然倾向于认为，一个人最重要的是他的品质和行为，而非族群归属。[36]

20 世纪 50 年代中后期，当库伦瓦库夫地区认同塞族的人和认同穆斯林的人开始分别重建礼拜场所时，也能够看出他们中间一些人之间的良好关系。塞族人重建东正教堂时，曾经得到过一些穆斯林乡邻的支持，后者还捐赠过物料和金钱。[37] 1962 年，当地政府惊讶地发现，对教堂的钟塔建设贡献最大的竟然是一位穆斯林。[38] 这种慷慨是双向的：穆斯林开始重建清真寺时，有些塞族乡邻也提供了资助。[39] 已经不可能准确得知这些人的动机了，但 1941 年的暴行看起来可能反过来起到了巩固社群间关系的作用，特别是在集体屠杀期间被乡邻救助过的幸存者身上。对一些人来说，这使得战后的社会和谐成为可能。

第二种心理模式则是国家推行的"兄弟团结和统一"，它至少带来了和谐的表象。一位本地游击队员回忆道："（民族）关系是挺好，但也是不得不好。'兄弟团结和统一'就是法律。"[40] 穆约·德尔维舍维奇的女儿则说："'兄弟团结和统一'然后说声'拜拜'，就得了。人人平等，人人都是一样的，战争时期发生的事情就是发生了，到此为止。"[41] 为了这一目标，当地政府举办了不少庆祝活动，以纪念各种各样的事件，从 5 月 25 日，约瑟普·布罗兹·铁托（Josip Broz Tito）的生日到政府认定的共产党起义爆发的日子，1941 年 7 月 27 日。[42] 之所以要搞这些，部分是为了让所谓不同族群的公民们能够共度相同的节日。[43] 另一个用来团结各族人民的方法，是以非族群的方式选择性地纪念战争中的死者，比如在 7 月 4 日"战士日"（Dan borca）和其他与战争有关的纪念日里举行公共仪式，向"倒下的战士"（pali borci）和"法西斯恐怖的受害者"（žrtve fašističkog terora）敬献花圈。[44] 当局还组织了"工作活动"（radne akcije），比如修建道路和铁路线。[45] 这些活动的目的不只是要重建和扩建原有的基础设施，而且也是为了推动各族群的人们在那场内战后重新生活在一起，让他们为了共同的目标而一起奋斗。

这并不是说，南斯拉夫共产党人想要把各个族群都转化成一个单一的新"南斯拉夫民族"。就像他们的苏联同侪一样，共产党人总体上支持民族原则，也经常鼓励以民族来定义土地、语言和文化。但是，所有这些表达都必须建立在"兄弟团结和统一"的框架下。这一点可以跟苏联的"各族人民的友谊"概念作粗略的对比。在这两种说法里，"民族"都只能是形式上的民族，其内容必须都是社会主义的，而且彼此之间要团结如"兄弟"。对抗性的民族主义是不会被容忍的。[46]

275

地方政府对社群间关系的管理，是培养和施行"兄弟团结和统一"的一个核心要素。他们的监控活动并不只是为了收集信息，而且也要找到方法来塑造人们的行为，使之符合对真正的"兄弟团结和统一"的追求。[47]战后，中央政府指示各地方组织收集本地跟"民族关系"和"社群关系"有关的信息。他们的首要兴趣，是要搞清楚"兄弟团结和统一"是否存在，或是正在出现，以及如果答案是否定的话，又是哪些人、哪些群体、哪些"分子"在充当绊脚石。[48]之后几十年里，这方面信息的收集工作都是重中之重。[49]

1958 年 12 月，库伦瓦库夫镇当局作出了一份社群间关系报告，从中可以看到政府关注哪些类型的行为。一位叫奥默·库伦诺维奇（Omer Kulenović）的穆斯林说，库伦瓦库夫直到 1918 年都是"土耳其人的"，之后才落到塞族手中；他批评两次世界大战之间的塞尔维亚王室，还抨击了塞族人在战争期间的游击运动及其在 1945 年后的共产党中占据的强势地位。据说，在小茨维耶特尼奇村塞族教堂组织的一次聚会上，一位叫米洛斯·涅泽维奇（Miloš Knežević）的塞族人向人们吼道："在座的都是茨维耶特尼奇的塞族人！（库伦）瓦库夫的土耳其人都到哪里去了？操他们的土耳其妈妈！"报告中还记录了其他一些被认为对不同族群者构成威胁的行为，当局将之定性为"沙文主义"，认定这些行为破坏了"兄弟团结和统一"。[50]

收集信息之后，当局就要处理肇事者了。他们指示劳动人民社会主义联盟（Socijalistički savez radnog naroda，一个大部分公民都加入了的大型社会政治组织）举行群众大会，让所有当地百姓都来参加。大会的主题是"我们区里的沙文主义言论和社会主义联盟组织在这一问题上的工作"。[51]会前，当地领导人逐个找肇事者单独谈话，劝告他们参加大会并在整个社区面前道歉。后来，大部分人都在大会上起来发了言，对自己说过的话表示悔恨。[52]

类似的公共事件为政府提供了一个讲坛，以此让当地人民知道，用族群论调侮辱乡邻是不会被容忍的。[53]面对这种操作，当地居民无论真实感受如何，都有强烈的动机予以配合，至少在表面上配合。大家都知道自己被监督，如果做出了破坏"兄弟团结和统一"的行为就会遭到斥责。这种反民族主义的做法造成了两种附带的后果，一个是有意的，另一个则属无心。首先，监督管理让人们学会了使用"兄弟团结和统一"的语言，包括学着用非族群的方式去批评别人。[54]其次，官方对违规者的惩罚，让人们意识到，只要把自己的地方性敌人说成"民族沙文主义者"，就有机会利用国家来打击对方。这种机制很像扬·格罗斯研究1939—1941年间东欧各地苏维埃化的著作中说的"政治的私有化"。[55]这或许在不经意间鼓励了人们把日常事件和个人恩怨都说成是"沙文主义"的表现，企图借此引起政府的注意，以此解决自己的地方性纠纷。[56]在这种意义上，国家推行的这种"兄弟团结和统一"的反民族主义意识形态，也许反而导致了人们在阐释日常经验时更多地想到使用民族和族群上的分类。

"兄弟团结和统一"的推行，可能还以另外一种方式起到了反作用，提升了族群归类的显著性，那就是在围绕战时暴力的讨论出现问题的时候，"沙文主义"的指控派上的用场。1959 年对"沙文主义斗殴和事件"的报告中记录道，库伦瓦库夫的居民讨论说，各种纪念乌斯塔沙分子的"塞族受害者"的纪念碑被顺利地修建起来；他们抱怨说，死在起义者手中的穆斯林受害者却什么都没有。"联盟"的地区党委认定，批评这种表面不平等情况的人是"有沙文主义倾向的穆斯林"。[57] 这里可以看到，虽然"兄弟团结和统一"确实是一种族群平等的意识形态，但它也有严格的限度，其源头在于战争时期暴力事件的某些特定的地方性机制。多年以前，"联盟"某些成员就预见到了这种不平等的道理所在，他们当时在闭门会议上说："既然大家不是平等地参与战争，对那些事情也就不能都平等地看待。"[58] 因此，本案例中的"沙文主义"指控说明，"兄弟团结和统一"的推行事实上能够强化对抗性族群划分的意识。在地方层面上，某些按照族群分类定义的群体，确实是因为社群间杀戮的特定机制，以及他们对战后政府需求的适应程度而享受到了优待。在库伦瓦库夫地区，乌斯塔沙分子的受害者可以拥有纪念碑，因为他们被定性成了"法西斯恐怖的受害者"；被起义者杀死的人就不行，因为杀害他们的人——也就是起义者，其中很多人到战争末期都已经成了游击队员——没法被定性成法西斯分子。因此，战时的暴力就决定性地造就了战后族群平等建设的限度和可能性。

因此，推行"兄弟团结和统一"并不只是管理监督那些有民族思想的人并对他们加以规训；也不只是个人利用"沙文主义"的指控拉来政府对付自己在本地冲突中的对手；它也是当地政府的一种手段，用来确保当地社群间杀戮事件中那些政治上难以消化的组成成分不再被人们谈起。既然当年那场暴力的性质是如此，1945 年以后推动族群平等时也就不得不对各族群人口采取自相矛盾的不平等待遇。

回到"兄弟团结和统一"的日常执法。如果人们用族群语言辱骂他人后拒绝在公开大会上道歉，或者其冒犯行为被认为过于严重，光是公开道歉还不足以了事，那么政府就要采取其他手段了。当地政府毫不介意让警察和法院去逮捕、起诉并惩办肇事者。具体的惩罚方式包括逐出社会政治组织、罚款，在某些案例中还有人入狱。比如说，根据记录，有一位库伦瓦库夫镇的塞族党员米尔卡·格鲁比萨（Milka Grubiša）在 1957 年 1 月和一位穆斯林学校教师进行了"沙文主义斗殴"，而且事态严重到了在场者报警的地步，结果赶来的警官似乎也都是穆斯林。格鲁比萨辱骂了他们。她隶属的比哈奇地区常委建议将她开除出组织，理由除了这起事件外，还有她的其他几次被认为是对于"联盟"成员而言不可接受的做法。[59]

另一起事件是在 1958 年，一位被记录为塞族人的布兰科·阿尔塔吉奇（Branko Altagić）试图劝说普尔科西村的一群塞族人脱离自己的镇子，加入未来的夫尔托切镇，承诺说到时候会给他们的村子一家商店。那些人回答说，他们已经有一家商店了。不巧的是，他们说的那家店是"奥斯特罗维察"贸易公司经营的，这家位于库伦瓦库夫的公司，运营者是穆斯林，雇员也大部分都是穆斯林。安托利奇盛怒之下向那些塞族人吼道："普尔科西的商店是乌斯塔沙的！我们夫尔托切的塞族人解放了你们普尔科西和欧拉什科博尔多的塞族人，而且就是从你们现在乐意待的那个镇子的乌斯塔沙分子手里。总有一天他们会再杀你们的，那就让他们杀吧！……我们不会再保护你们了。"内政部的建议是，此人应当为了他的沙文主义口头攻击而遭到起诉和惩办。[60]

从 20 世纪 50 年代后期到 60 年代初期，在这一地区乃至波黑各个地方，这种以强力执法推行"兄弟团结和统一"的做法让地方政府消耗了大量注意力。在比哈奇地区（库伦瓦库夫镇归属于该地区），内政部门的书记们（Sekretarijat unutrašnjih poslova）仅 1961

年就起诉了 110 起所谓"沙文主义"活动和破坏"兄弟团结和统一"的案件，起诉对象都是个人。[61] 被逮捕、警告但未受起诉的人数大概要多得多。在整个波黑地区，这段时期有几千人因为"沙文主义"而遭到过当局的规训。从 1958 年 1 月到 1961 年 9 月，当地警察共统计了 329 起沙文主义言论引发的严重肢体冲突，牵涉人数达 2,500 以上。[62] 从 1959 年底或 1960 年初到 1962 年中期，共和国各地共报告了 7,433 起"沙文主义"的个人行为，平均每天 8 起。尚不清楚这些犯事者是否都遭到了正式指控和起诉，但如此精确的统计数字的存在，意味着警察很有可能参与其中，因此这些人受到某种惩处的可能性很高。[63] 巨大的报案数量和警察、法院的广泛参与，说明政府非常重视"兄弟团结和统一"的强力执法工作。如果有任何人被认为对这种意识形态不够坚定，政府会随时准备将良性的族群关系加诸他们身上，这有力地激励了他们在日常事务中保持顺从。

　　第三种心理模式则只在少数人中对社群间关系产生影响：不和谐。证据显示，这些人的态度起源于 1941 年的集体屠杀，以及战争时期的其他暴力事件。积极传播这类观点的人中，有一些是宗教界的领袖，比如库伦瓦库夫地区的一位东正教的布拉尼斯拉夫·布拉尼奇（Branislav Branić）神父，以把穆斯林说成"狗"而闻名。他隐晦地讲到了战争时期某些穆斯林杀害塞族人的事实，警告塞族人要保护自己免遭穆斯林乡邻毒手，因为"去年咬了你的狗今年还会再咬你"。[64] 在更大范围的地区里，还有些穆斯林神职人员据说曾警告当地穆斯林，那些以前加入过游击队的塞族人非常危险。有时候，他们会管这种人叫"切特尼克共产党"，意思是游击队在战争期间吸收了很多杀害过穆斯林的塞族战士。[65] 这些事例说明，战时事件对于塑造针对穆斯林和塞族人的负面态度十分重要，而且战后某些东正教和伊斯兰教教士赞同这样的负面态度。

即使是推广"兄弟团结和统一"的先锋队（政府官员和军队的 279
人）对他们不同族群的乡邻也有负面看法。[66] 根据1958年的记录，
有些被记录为塞族的人（包括共产主义者联盟的一小部分成员）将
该地区的穆斯林贬称为"土耳其人"，还辱骂过他们的"土耳其妈妈"，
特别是在酒后。[67] 根据记录，该地区的某些塞族党员还在会议上抱
怨，很难把他们的组织扩大到塞族人以外，因为"穆斯林都是些乌
斯塔沙分子"。[68]

这样说话有可能导致斗殴事件，比如在1958年，一个塞族的
南斯拉夫人民军现役少校在旅馆桌旁跟其他几个塞族人喝大酒，喝
着喝着就转向了旁边坐着的一个穆斯林，喊叫着说他是个乌斯塔沙
分子。那个穆斯林和他同桌的其他人一起回骂说，少校和他那伙人
都是切特尼克分子。两伙人站起来互相叫板，结果少校拔出了手枪。
少校周围聚过来大约20个塞族人，对方则聚了有六七十个穆斯林，
有些人掏出刀来，另一些人则抄起了椅子。最后一刻，有个穆斯林
老游击队员设法安抚住了塞族人，从而避免了一场恶战。[69] 这个
事例说明，战时的经历和分类方式常常会混同于族群上的分类方式
（比如说乌斯塔沙相当于穆斯林，切特尼克相当于塞族人），这一点
直到战后仍对某些人有着强烈的影响，甚至在政府和军队中也是如
此，即使他们肩负着发扬"兄弟团结和统一"的使命。[70]

从20世纪50年代后期到60年代前期，在更大范围地区里的
一些其他地方也发生过类似的情况。1962年的一天夜里，一群塞族
年轻人摸进了一个克罗地亚村庄，高唱塞尔维亚歌曲并向克族人大
喊"操你们的乌斯塔沙妈妈"，结果有些克族年轻人从屋里跑出来
找他们理论，双方打了起来，参与者有三四十人。共产主义者联盟
的报告认为，战争遗留问题是引发冲突的直接原因，因为很多克族
人的父母都在1941年加入过乌斯塔沙，杀害过塞族人的父母。[71]
其他未发生肢体冲突的事例中，战争遗留问题对观念的塑造也清

晰可见。有些塞族人批评在穆斯林村庄和市镇里安装电力、自来水和下水道系统，说这种"乌斯塔沙的地盘"根本不配拥有这些基础设施。[72]

1963 年，地区级的共产主义者联盟发布指示，称有些在战时大屠杀中失去亲属的人表达复仇愿望是一个特殊的"沙文主义"问题。[73] 1962 年，有个人被听到在客栈里说："只要我活着，我就要为父母报仇。我撸起袖子不是无缘无故的。我向上帝祈祷，土耳其人谁都别跟我说什么，因为我要让这些杀我父母的家伙看看——我要操他们的土耳其妈妈。"[74] 同一年，当一群人出席战争纪念碑的揭幕活动时，还有人冲他们喊："你们都是些乌斯塔沙分子，你们会记住自己在 1941 年杀死了谁的妈妈。我要操你们的土耳其妈妈！"[75] 波黑其他地区的情况也差不多，比如在泽尼察地区的一些东正教和穆斯林村庄，很多居民在战争期间不是切特尼克分子就是乌斯塔沙分子。根据"联盟"的记录，有些人在战时大屠杀期间结下的仇怨一直延续到了 20 世纪 60 年代。[76] 在卢卡瓦茨（Lukavac）公社，有两个人（分别被记录为穆斯林和塞族人）在客栈里大打出手，期间穆斯林喊道："你爸爸碰到的事（1941 年）也会发生在你身上……你会像你爸爸一样被弄死……你的日子会来的！"[77] 这些事例支持了共产主义者联盟 1962 年的一份报告中的论断："除了经济和文化问题外，对当下民族关系冲击最为严重的就是那场战争。"[78] 对一些人来说，战争期间留下的创伤看来已经使得他们对所谓不同民族的邻人产生了坚定不移的负面看法。有时候，这种态度不但渗透在人们对过去的认知中，而且也影响了对未来的看法。根据报告，1961 年卡卡尼（Kakanj）地区的一位前切特尼克分子曾对他的塞族邻人说："握住你的武器，总有一天用得着。"[79] 在战争时期到处发生屠杀穆斯林平民事件的波斯尼亚东部，直到 60 年代末还有当地穆斯林预言说战争很快就会再来："我们穆斯林的日子

280

要难过了，塞族人又要杀我们了。"[80]

通过和谐、国家推行的"兄弟团结和统一"与不和谐这三种心理模式，我们能看到在战后的库伦瓦库夫地区这种小规模社区里，地方性的社群间关系性质是颇为复杂的。但是，要说这几种模式之间泾渭分明，虽然是对分析有些用处，但如此呈现出来的社会关系画像就未免有些静态了，反而模糊了某种更多变、更不稳定的机制。先前未见的档案显示，在遇到起源于所谓"族群冲突"的事件时，高度对抗性的"群体性"能够迅速凝聚成形。在这种时刻，有些人会经历某种迅猛的转变，立刻把事件的起因归结到参与者的族群归属，尤其是他们在战争时期所归属的集体，并把这类集体和其整个族群联系起来。这种解释不只把事件描述成是"基于族群"，而且还能用族群的话语建构它们。[81]其结果是，个人之间本来常常很平淡的事件会迅速转化成"我们"和"他们"之间的集体冲突。在这种进程中，有些人就会经历一种强烈而突发的对抗性民族性。

此外，这种"突发的民族性"机制的概念还涉及其他两点。首先，虽然在某些人身上，族群归类的影响直到战后都很显著，但我们不应就此得出结论，认为族群归类和战时组织归属在大部分人的日常生活中都居于支配地位。证据说明当时的情况并非如此，尤其是政府还在强力推行"兄弟团结和统一"。它们更多随着某些情绪波动的时刻浮现出来，而且往往是对冲突事件的反应。第二点是，正是针对那些事件的反应，制造出了这种突发的民族性。其背后的驱动力并不必然是精心盘算过的、要为了特定目的（比如在个人冲突中利用国家来对付他人）而将族群划分工具化的渴望。更多的情况是，在暴力威胁或暴力行动的刺激下，人们会采用某种不自觉、无意识的族群视角——源于战争时期的经历和记忆——去看待事物，因而会在转瞬之间开始对事件采取高度族群化的解释。[82] 因此，突发的民族性是人们看待世界的方式的一种高速的转变，从去族群化的方式转变成了高度族群化的方式。它更多是一种自动的情绪反应，而非理性的工具性决策。

口头攻击、肢体冲突乃至谋杀之类的事件，都能引发这种突发的民族性，其中很多事件看起来都牵扯到战时发生的事情。地区级共产主义者联盟 1963 年的一份报告表明，"联盟"很清楚这类事件能迅速地造成社群间关系的转变："沙文主义仍是持续存在的麻烦……潜在的危险仍然存在。任何不当举动和行为都可能会激发和启动政治上的问题。"[83] 从 20 世纪五六十年代的一些案例中可以看到，地方上的事件是怎样凝结成为突发的民族意识。50 年代后期，共产主义者联盟并未将更大地区范围里的社群间关系都概括成负面的。但是在布日姆（Bužim）镇的一个夜晚，一些被记录为"塞族"的人杀害了一位途经他们村子的"穆斯林"，结果当地的一些穆斯林立刻就失去了他们对政府支持的"兄弟团结和统一"的所有幻想。当时尚不清楚这起杀人案到底是不是源于"族群冲突"。但是，一位穆斯林后来还是这样总结当时的普遍情绪："如果被杀的是个塞族人，政府就会杀掉 50 个穆斯林；但如果有 50 个穆斯林被害，他们就连一个塞族人都不会杀的。"[84] 这起杀人案不只点燃了当地塞族人和穆斯林的紧张关系，还显示出在一些穆斯林的深层意识中，政府对他们是非常不公道的。这起杀人事件显示出，类似事件——包括政府可能做出的、令人失望的反应——可以迅速被以纯粹的族群冲突视角去阐释和建构。它不再只是一起牵涉数人（其中一些碰巧是所谓的塞族人，另外一个碰巧是所谓穆斯林）的凶杀案；它成了更广泛意义上"塞族人"和"穆斯林"之间的事件。

其他案例则表明，冲突事件暴露的是人们隐秘的信念，即认为自己的邻人都是些制造麻烦的罪人，而且原因不在于他们个人的行为，而在于他们归属的所谓不同族群。1958 年，库伦瓦库夫一个农村里一位叫萨利赫·哈季奇（Salih Hadžić）的穆斯林有一次喝多了跑到塞族邻居布兰科·罗克维奇（Branko Rokvić）门口，不请自入后毫无理由地动手打了罗克维奇。警方的调查并未认定哈季奇是因为讨厌塞族人才袭击罗克维奇；事件的主因似乎是醉酒和双方原本就有的私人纠纷。但是，罗克维奇的家人还是坚持说，此案应该被当作"民族沙文主义"案件来处理；他们还散布流言，称"穆斯林"要对一切沙文主义行为负责。[85] 在这一案例中，家属们立刻就认定斗殴是因族群仇恨而起，这一点在他们对事件的解释中比警方调查发现的任何信息都更重要。所谓"族群冲突"中的"族群"特质在这起案件中并不是不证自明、天经地义的，尽管事件发生在两个分别被记录为"塞族"和"穆斯林"的人之间。反而是受害者的亲属，试图通过事后解释性的索赔将事件建构成一起"族群冲突"。[86] 如此一来，在制造这种突发的民族性的过程中，他们就成了核心角色。

有些时候，人们会在这类事件之后要求惩罚某个所谓族群的全体成员，即使事件本身跟"族群冲突"根本毫无关系，犯事者只是单一的个人。比如说，从 20 世纪 50 年代末到 60 年代初，库伦瓦库夫附近布舍维奇村有个穆斯林男孩强奸了一位年长的塞族女人，尽管警方认定男孩犯罪的原因并非"民族沙文主义"，村里的塞族人还是开始议论纷纷，说是有必要为了此事向"穆斯林"复仇。在当地另一起类似事件中，两个分别被记录为"塞族"和"穆斯林"的男孩打了起来，结果塞族孩子被穆斯林孩子打死了。打斗的原因似乎和族群冲突毫无关系，看起来就是一起失控的个人纠纷。然而，当地的塞族人却说，为了给死去的男孩子报仇，不能仅仅处治那个杀了人的穆斯林男孩，而且有必要报复所有地区里的所有"穆斯林"。他们认为这些人负有集体罪责。[87] 在相似的案例中，有些塞族人拒

283

绝把他们中有人被杀的案子作为个人行为来讨论。比如某一起案件中，一个叫哈索的穆斯林杀死了一个塞族男孩。当地塞族人的说法立刻从"哈索杀死了那个男孩"跳转到了"土耳其人杀死了那个男孩"。"土耳其人"是对穆斯林的贬损说法，也可以代指"乌斯塔沙分子"。[88] 这些事例显示出，对于发生在所谓不同族群人士间的冲突，某些人是以纯粹的"族群冲突"视角去阐释的，而且这种视角催生了他们的族群复仇号召。但是，他们的解释说法和之后的复仇号召都是些建构性的行为，通过将事件"族群化"来制造突发的民族性。

　　波黑共产主义者联盟中央委员会曾在 1959 年提到，"族群冲突"经常是由寻常的小事像滚雪球一样演变出来的；或者更准确地说，是人们察觉出了冲突中的族群性色彩。穆斯林养的家畜游荡到了塞族人的地产上，塞族人路过穆斯林村庄时唱了塞尔维亚歌曲——这些事件要么刺激了穆斯林去咒骂"塞族人""弗拉赫人"和塞族人的"切特尼克妈妈"，要么就是刺激了塞族人去咒骂"土耳其人""乌斯塔沙"和穆斯林的"巴里耶斯卡妈妈"。[89] 对于听的一方来说，这些话都是非常难听的，基本上都是用族群语言或战时语言来将辱骂对象归类，再宣布要性侵犯他们的母亲。这说明，战时的暴力记忆、性别和突发的民族性之间有着紧密的交叉。使用这些骂人的话，或许是男人们（似乎绝大部分吼出这些骂人话的都是男人）用来重获权力感和男性气概的方法，这些东西在战争时期都被集体暴力（常常包括对他们的女人的集体性侵）深刻地摧毁了。[90] 南亚学者记录过，当地的民族主义形态中也有与此类似的机制：克服在"他者族群"手中的缺乏男性气概的感受，成了当地冲突中的一种核心驱动力，尤其是在年轻男子之间。[91]

　　因此，并不令人惊讶的是，这种口头攻击很容易被认为是说到
了战时社群内女性遭受暴力的创伤性私密往事，因此也很容易引发

小规模斗殴，并迅速升级为多人参与的恶斗。在某些事件里，本来和平相处的农村内部会突然为了相对而言算不上严重的事件而全面对抗起来，结果分属所谓不同族群的人们大打出手，起因也不是什么明确的"族群冲突"。[92] 这类事件爆发之后，人们突然就只跟所谓的同族者站在一起了。这一点清楚地体现在政府着手起诉犯罪各方的时刻：多数情况下，只有穆斯林证人会站出来帮助参加斗殴的穆斯林被告，也只有塞族人会出来帮助塞族人。[93]

　　有些时候，甚至都用不着真有事发生，就能产生出某种足以让社群间暴力立刻爆发、迅速蔓延的阐释。正如一些研究欧洲、南亚等地区的历史学家和人类学家在这类环境背景下发现的那样，要造成大规模的骚乱，很多时候只须有谣言就够了。[94] 中央委员会曾沮丧地报告过 20 世纪 50 年代后期萨拉热窝地区某农村塞族居民和穆斯林居民之间的一场恶战，这些人打架的起因是一份在当地塞族人之间迅速流传的报告，说他们的穆斯林乡邻破坏了东正教的教堂和墓地，大战便随之爆发。结果，那份报告是假的，事情根本就是谣言，穆斯林什么都没做。[95]

　　1964 年大克拉杜沙地区的一起类似事件中，有个穆斯林男孩在东正教徒墓地附近放牧家畜时，扔石头打坏了一块墓碑上的照片。震怒的死者家属立刻要求当地警方以民族主义袭击的罪名逮捕那个当地男孩。后者的家人马上道歉了，但那个塞族家庭却一直要求共产主义者联盟把事件当作沙文主义活动来处理。该地区各个塞族农村里立刻流传起了夸张的谣言，说穆斯林在移走墓地里的尸体，准备在东正教堂旁边建一座新的清真寺。[96] 这样一起小孩扔石头的事件，竟然迅速升级成了一场"族群冲突"。

　　这些案例并不意味着，居民们分别属于或者自认为属于所谓多个族群的社群，比单一文化的社群更容易发生冲突和暴力。这也并不是说，是当地居民身上某种固有的对抗性文化差异意识造成了他们对这些事件的这种反应。而是当地社群间关系的特定历史性机制，决定了某些特定的人会以特别具有对抗性的方式去解释冲突。很多案例中都有证据显示，背景中的战时暴力阴影会塑造并放大某些人阐释谣言和真实冲突事件的方式。因此，他们本来就注定了会立刻相信那种往往在有事发生时迅速产生的、把某些个人和群体说得充满敌意的故事。正如唐纳德·霍洛维茨在研究其他环境背景下的暴乱时写的那样："谣言要是没有市场就生不了根。"[97] 在库伦瓦库夫地区，战时社群间暴力的经验和记忆，在很大程度上创造了这种市场。

举例来说，在 1961 年，库伦瓦库夫附近的波斯尼亚彼得罗瓦茨地区有一位塞族工人意外死在了工地上，是被一堆很重的材料掉下来砸死的。那天装卸过这些材料的工人都是穆斯林，结果有些塞族工人（后来被共产主义者联盟认定是"塞族民族主义分子"，因为他们曾因战时参加切特尼克而坐过牢）开始传说一个谣言，说那个塞族人是被穆斯林工人蓄意害死的。听到这个说法后，其他塞族工人就跟穆斯林工友大打出手，最后因为警察在场才避免了一场严重的斗殴。塞族传谣者的战时记忆似乎影响着他们，让他们不假思索地以族群冲突的视角来解释这起事件。[98]

在其他地区，战争时期的事件也部分塑造了人们对族群间冲突事件的反应。在波斯尼亚东部的福查（Foča）地区，1963 年有两个地区热电厂的工人同事打了起来，其中一个被记录为穆斯林，另一个则被记录为塞族人。从共产主义者联盟的报告中，看不出来这两个人在二战时期亲身经历过什么族群间冲突事件。事实上，他们两人在战争时期貌似都还是孩子。然而，他们之间的冲突却导致了其中叫哈伊鲁丁·哈桑贝戈维奇（Hajrudin Hasanbegović）的穆斯林（此人是"联盟"的党员）向他的塞族工友安杰尔科·帕夫洛维奇（Anđelko Pavlović）大吼大叫，说就是"像他这样的人"（指塞族人）在战争时期割断了他兄弟的喉咙，偷走了他家里的所有东西，如今还用他们偷来的财富给自己盖起新房。帕夫洛维奇则回敬说，哈桑贝戈维奇家的穆斯林男人在战争时期全都是乌斯塔沙分子，包括哈伊鲁丁本人当时如果岁数够的话，也一样会加入其中。[99]此处的关键因素是，这起打架事件激发了一种与战时的经历或记忆——可能都是从亲戚那里传下来的——有关的心理模式，构成了人们对他人发起归类和诽谤的方式。这两位打架的工友碰巧属于两个所谓的不同族群，结果事情就转化成了一起和战争时期息息相关的"族群冲突"。

将社群间暴力的创伤性战时记忆传递给孩子们的，可能主要是同村的族内亲属。而等到多年以后，这些孩子又会参与这种斗殴。这一点在"联盟"地方委员会提供的证据中就能看到。1961年，有一个委员会访问过库伦瓦库夫地区的几个东正教村庄，发现很多小孩根本不区分"穆斯林"和"土耳其人"这两个词，尽管政府和学校完全不使用"土耳其人"这种带有贬损含义的词。多数时候，孩子们会做实事求是状地说："土耳其人生活在我们这个地区的不同的地方。"[100]委员会要孩子们举出自己民族和"土耳其人"之间的暴力事例，本来以为他们会说到奥斯曼统治时期，结果大约有60%的人以1941年的事件作答。[101]在另一起案例中，"联盟"1959年在波斯尼亚西北部的几个委员会发现，东正教村庄里的学童在回答"战争时期我们人民的敌人是谁"时，给出答案并不是"法西斯分子"和"乌斯塔沙分子"，而说是"我们的克族乡邻"。[102]这些证据说明，这种通过战时归类法解释斗殴等冲突事件，以及它们和当地社群间暴力的关联的心理模式的形成根源存在于微观层面，也就是人们的家庭里和村庄里。孩子们主要就是在这些场所学会了用族群划分的语言表达"谁是什么"，以及"他们"在战争期间"对我们做过什么"。这种用族群化方式看待问题的做法，可以作为一

286

种解析系统被突然激活，用来对地方上的冲突（特别是打架和其他纠纷的起因）做出解释。

有一份 1961 年编纂的政府报告，记录了库伦瓦库夫镇所在地区内的"带有沙文主义色彩的斗殴等事件"。报告证实，有些人倾向于迅速为斗殴、杀人、强奸等其他暴力事件赋予"沙文主义色彩"。看起来，只要特定事件中的受害者和施害者属于所谓的不同族群，他们的下意识反应就是要将事情解释成"沙文主义袭击"或者族群冲突的表现。[103] 共产主义者联盟注意到，在一些人对这类事件的解释中，战时的经历扮演了关键性的角色。[104]

至于具体是谁在给这种突发的民族性煽风点火，往往不太能见到档案证据。令人沮丧的是，今天的民族志研究也未能提供多少洞见，因为在最近的波黑战争（1992—1995）中，大规模的屠杀、驱逐和移民已经摧毁了当地的社群。对于 20 世纪五六十年代档案文件中记录的当地冲突事件，常常也找不到什么幸存者能帮助我们做进一步的了解。不过，我们还是可以为那些发起、煽动这类突发的民族性的人勾勒出社会性轮廓。

他们中的大部分人看来都来自农村地区或小城镇，那里的战时社群间暴力往往最为惨烈、切身。很多人据说都是在战争时期加入过"切特尼克"或"乌斯塔沙"的中年人，还有一些人是这种人的子女。根据共产党的描述，后者是从父母那里被灌输了这些观念。[105] 在特定事件中，当事受害者的家属往往最热衷于想出一些族群化的理由来解释冲突，并大肆宣扬。[106] 有一个群体似乎很重要，那就是因为参与集体屠杀或其他战争罪而在监狱服刑、五六十年代提前出狱的男人。在一些案例中，这些人返回自己村庄时受到了英雄般的欢迎，庆祝活动持续数日，还有人冲天开枪。经受他们战争时期暴行的幸存者就生活在邻近的村庄里，对这种欢迎场面深感不安。[107] 这些人经常会成为以族群语言解释事件的关键性"强人"，这个颇能引人遐思的说法来自苏迪尔·卡卡尔（Sudhir Kakar）研究印度社群间暴力事件领导者的著作。[108] 根据政府的记录，这类人物在动员他人接受自己的阐释时，往往会诉诸痛苦的战争记忆来提高成功率。"联盟"曾在 1962 年表示："沙文主义活动有一种特殊的形式，与唤起战争时期的往事有关，它能够对年轻人发挥影响，鼓励他们仇恨其他民族，并参与沙文主义活动。在战争时期发生过集体屠杀的地区，这一点表现得尤其突出。在这种人物的影响下，不乏有人扬言要为战时被杀的至爱亲人复仇。"[109]

　　有些时候，往往是政府自己启动了这种会引发突发的民族性的事件，而不是那些受到执政党打击的、因为战争时期的族群间杀戮而坐牢的人。[110] 我们可能会对执政党参与这种事感到惊讶，但他们的乡邻并不会。从波斯尼亚东部的官方文件中即可看出："很多在战争时期犯过罪的人现在都伪装起来了……（但是）大家都知道谁在战争中做过什么，包括那些现在成了执政党成员的人。"[111] 档案证据显示，很多时候是当时本地的警察和一些进步组织的成员在带头闹事，这与官方的说法南辕北辙，后者认为"民族沙文主义"事件的发动者和升级者通常都是些战争时期的"人民公敌"。[112] 因此，煽动者是在政府的内部还是外部，并不是主要的决定性因素。更多的情况是，社群间暴力的直接经验或者亲戚邻居传下来的相关记忆，在剑拔弩张的冲突时刻制造出了一种心理模式，使得战争时期的施害者很容易跟整个"族群集体"相混同。[113]

　　不过，以上证据并不能说明人们的日常生活都受到了这种心理模式的主导。它通常需要被事件（往往是平淡的事件）激发出来，才能推动民族性的突然爆发和升级。这种机制在整个波黑都普遍存在。1962 年，在库伦瓦库夫东南部的亚伊采地区，共产主义者联盟注意到，战争期间"对民族人口搞大规模清洗"的做法，在战后能制造出一种使得"个人纠纷"迅速具有某种"沙文主义特质"的模板。邻里间争夺土地和水源的纠纷，以及山区牧羊人之间的争吵，如果涉事各方碰巧分属所谓的不同族群，就都可以立刻被塑造成为"族群冲突"。这种集体性族群术语的塑造往往会激活战争时期社群间暴力的地方性记忆，有时会把两个村庄都卷入大规模的斗殴。在这样的时刻，本地共产党员就会哀叹，仅仅是因为两个牧羊人在地里打了一架，源于战时暴力的思维模式就会在转瞬之间变得极为致命："每个克族人和穆斯林都被说成是乌斯塔沙分子，每个塞族人也都被说成是切特尼克分子。"[114] 这种战时族群划分的爆发，在库伦瓦库夫地区也会以相同的方式发生，是日常冲突的一部分。1958年，本地客栈老板尼古拉·菲利波维奇（Nikola Filipović）酒后发飙，就曾向他的顾客叫嚷道："你们这些（库伦）瓦库夫的穆斯林全是些乌斯塔沙分子！我从 1941 年就知道你们了。"[115]

战时经历的重要性，在于它在战后仍能使得一些人将所谓不同族群者之间发生的事件都解释成"族群冲突"。通过研究人们对同族群谋杀——"塞族人"之间互杀或者"穆斯林"之间互杀——的反应，可以进一步看到这种重要性。在发生这类事件时，人们不太会投入那么多注意力，多数时候也不会出现围绕着杀人案起因的夸张流言。人们不会援引战争时期的事件来解释杀人案的发生；也不会利用自己战争时期的经历，去论证说他们对有罪的一方采取任何形式的惩罚和复仇都是正当的。[116]

当一起事件的受害者和施害者来自所谓相同的族群时，人们会视之为一场悲剧，但不会把它跟战争扯到一起，也不会要求把惩罚范围扩大到跟施害者属于所谓的相同族群的所有人。[117] 这说明，跨族群的冲突事件（或者是涉及这类事件的谣言）具有一种特别的力量，能迅速唤起战争时期极端暴力的记忆，尤其是在族群杀戮曾经肆虐且制造出族群划分的心理模式的地区。这种情绪化的反应起源于创伤性的经历和记忆，似乎是导致一些人转瞬之间就会以纯粹的族群冲突视角来解析这些事件的关键因素。

在很多社区里，战时暴力的记忆当然都消逝得很缓慢。施害者和幸存者仍然比邻而居，所以那些记忆总难免被定期激活。在库伦瓦库夫地区，有些在铁路上班的人每天都要跟杀害他们父母的人一起工作。[118] 在每周四的集市上，女人们跟那些 1941 年在乌纳河边差一点儿就把她们活活打死的人擦肩而过，一言不发。[119] 在格鲁比亚查坑洞边遭到屠杀的男人和男孩中，穆约·德尔维舍维奇是唯一的幸存者，他不时还会碰到当年那位要割开他喉咙结果被他跑了的米莱·皮利波维奇。他回忆过一次这样的相遇："战争结束了……所以我就去做建筑活了。有一天我搅和泥浆时低头看路上，结果看到一个（南斯拉夫人民军）上尉走过来冲我微笑。他喊道：'穆约你好！'然后伸出了手。我一直盯着他（然后想起了他是谁）……'你为什么要向我伸出手？你忘了你曾经要用那只手杀掉我再推进坑里了吗？'"[120]

受害者的亲属也饱受类似经历之苦。据说，有一位曾经的起义者名叫约沃·梅迪奇（Jovo Medić），在战争结束数年后走进了库伦瓦库夫的一家裁缝店，结果店老板的儿子是在 1941 年 9 月的大屠杀中遇害的。老板和梅迪奇对话时，发现他儿子的手表就戴在此人的手腕上。他什么都没说，当场哭了起来。梅迪奇很快离开了，再也没有到那里去过。[121] 有时候，格鲁比亚查坑洞被杀的那些男孩的父亲会想去造访那个地方，但当地的农民——其中有些人可能在战时参与过屠杀——经常会骚扰他们，把他们赶走。[122] 有一位父亲真的找到了格鲁比亚查，他在洞口处祷告时，一位前起义者向他扔石头，打断了他。"如果你是个男人，就接着走你的路，"那位父亲喊道，"安拉会保佑我儿子的坟墓免受魔鬼侵扰。"[123] 战后岁月逐渐流逝，但这些日常遭遇仍在激活人们战争时期的创伤记忆。有一位后来加入了游击队的前起义者，据说战后曾作为户口调查员敲开过一户人家的门，问家里住了多少人，结果得到了冷冰冰的回答："你都知道的。有不少都是打仗的时候被你杀掉的。"[124]

290　　　这样的遭遇致使人们那些切身的地方性战争创伤不会轻易消散。这意味着，在村子和镇子一级上，施害者们并不只是被人们归入"起义者""切特尼克分子"和"乌斯塔沙分子"这种多数历史学家都会使用的抽象分类；他们还会以各自的姓名为大家所知，比如"库尔塔季奇一家、卡蒂奇一家还有马西诺维奇一家"。马丁布罗德有两位居民，在战争过去几十年后仍能立刻说出这些名字，以及他们在战争时期的所作所为。[125]

　　　在这方面，该地区相比于欧洲多数类似地区都可算是个例外。从战争时期到战后，其他地方的各种人群，包括施害者和受害者，都出现了大规模的、以族群为界限的"分离"。所以，在那些地方，这种日常相遇造成的战时社群间暴力记忆的重现就没那么容易发生。[126] 南斯拉夫的这个角落则与之相反，游击队的胜利在战后急剧单一族群化的欧洲大地上保留了这样一个多族群的社区。但是，多族群原则的胜利也有其代价：幸存者和施害者（以及他们的后代）仍要比邻而居。他们的日常遭遇，尤其是冲突性的遭遇，会定期点燃突发的民族主义。因此，战后的社群间关系往往异常动荡，并且高度取决于当时的冲突事件在多大程度上能够激活根植于战时经历和记忆的族群划分形式。在剑拔弩张的时刻，事件转瞬之间就会被做出族群化的解读，迅速在一些人中激起区分"我们"和"他们"的强烈敌对意识。然后他们又会试图传播这种意识。

　　　我们在本章开头讲过一个故事。维舍格勒镇的一个被控谋杀的男人，在法庭上突然就不再是一个个体，而变成了一个"塞族人"和"切特尼克分子"。怎样解释这种迅速把人贬低为对抗性集体类别成员的转化手段？为什么民族性会突然在这些时刻出现？暴力在这种进程中是否扮演了角色，又扮演了什么角色？以及，对民族性微观机制的事件性分析，能够为一般意义上的民族主义研究做出哪些贡献？我们能看到，战后出现了三种与跨社群关系有关的心理模式：和谐、国家推行的"兄弟团结和统一"，以及失序。对一些人来说，分属所谓不同族群的乡邻们在战争时期互相救助的事实，使他们看清了跨族群友谊的重要性。在战后的跨社群关系中，这也帮助制造出了一种货真价实的和谐感。当局为了推行"兄弟团结和统一"所做的大量工作，对于制造和执行这种社会和谐来说非常重要。对很多人来说，这种和谐是真实的，但另外一些人则将其看作是某种形式的"虚情假意"。[127] 对后者来说，他们在战争时期蒙受的损失，在战后将他们锁定到了这样一种思维方式上：在区分敌友时，主要参照的就是所谓的族群差异，以及这种差异与战时残暴行为的关联。

这些心理模式捕捉到了某种重要的现实，但地方层面上的新证据也说明，突发的民族性的机制是很不稳定的。在战争中的社群间极端暴力发生之后，每当本地分属所谓不同族群之间的个体发生冲突时，有人就可能会迅速套用"族群冲突"的语言，即使在后来的警方调查和当地很多居民的解释中都未发现事件参与者本人有这方面的动机。那些人是想借此在社区里制造和散播一种"族群冲突"的意识，以及一种对抗性群体边界的刚性意识，即使在事件发生前很多人的日常生活中，这种边界都是既脆弱又无所谓的。简而言之，令事件被更广泛地解释为"族群冲突"的，往往是事件发生后才出现的"族群冲突"解释方式，它很大程度上来源于战争时期形成的心理模式，而不是什么早已普遍存在的对抗性民族性。

这一机制的发现非常重要，因为它提升了我们对民族主义在普通人中间的微观机制的理解。对这个常常难以捉摸的群体，学者常常会推测他们的行为，但却较少有近距离的研究。比如说，有些分析人士认为，民族主义和"族群冲突"是上层精英制造的现象，在某些案例中，它要么压倒了普通人对民族的冷漠态度，要么让他们无法再去寻找非民族主义的替代选项。[128] 这种说法捕捉到了一种对于很多案例来说非常重要的民族主义机制，但也有它回答不了的问题，即某些小社区里的个人为什么会在转瞬之间就把冲突事件解释成"族群"问题，即使有证据指向相反的方向。关键是要找到地方性的中介，因为上层精英散布对抗性群体意识的尝试要取得成功，决定性的因素常常取决于微观层面上的行为。突发的民族概念，通过强调那种集体暴力的经验和记忆制造出的心理模式所扮演的角色，提供了一种分析这类中介者的方法。它让我们得以看到并把握住普通人将地方性冲突转化为"族群冲突"的流程，以及他们的行为是怎样在微观层面上使族群划分的特征猛然显著起来的。

反过来，通过识别和分析这种突发的民族性，我们还得以知道，像那种集体性的团结意识和针对他者的族群划分能够被强烈感受到的时刻，在当地生活中绝非持续存在的常态。不幸的是，由于信息来源的局限，我们难以把焦点扩展到这种"特定个人试图制造强烈的对抗性群体意识"的事例以外。政府部门对于监管"兄弟团结和统一"极为上心，把大量时间都用来写内部报告，记录了那些滚雪球般转化为"民族沙文主义"的地方冲突事件，但却较少记录那些没有升级的族群间冲突的情况。

然而，很有可能存在着并未突然酿成对抗性群体意识的族群间事件。1962 年共产主义者联盟的一个地方委员会对"民族沙文主义"表现的报告中得出了这样的结论，即此类事件"在当地群众中经常得不到支持和认可"。[129] 迄今为止，可供使用的证据不足以支持我们对这种机制做太多分析。如果能进一步研究那些未造成突发性民族性的社群间冲突事件，我们就能更好地解释它在某些事例中出现时的情况。比如说，我们可以通过这方面的研究来判断，某些人这种以区分"我们"和"他们"的方式来解释事件的倾向，到底是不是二战时期社群间暴力的遗产。也许，在战争时期发生过跨族群暴力的地区再发生族群间的冲突事件时，也并不是一定就会制造出突发的民族性。这该如何解释？

有一种可能成立的假设，得到了波斯尼亚西部地区档案证据的支持，是关于当地政治领导者的行为的。在战时经历过残暴的社群间暴力的地区，战后都有很多共产党人坚信，面对族群之间的冲突，只要能迅速、决断地做出反应，就能确保事件不至于升级。[130] 他们的这种立场经常是源于自己在战争时期目击极端暴力的经验，他们希望那种事再也不要重演。这些位高权重者的存在，很可能对于避免突发性民族性的出现至关重要。毕竟在波斯尼亚的很多社区里也存在着同样的结构性因素，包括构成混杂的族群、战时社群间暴力的历史，以及战后频发的冲突事件。不过，决定这些事件是否升级的一个关键因素是战后当地领导人的行为：有些人积极出手干预，以避免或制止事件；其他人则满不在乎，或者予以默许；还有一小撮人积极地发动或参与了这类事件，结果迅速点燃了突发的民族性。[131]

另一种假设是，战争时期跨族群救助的经历，以及那些年锻造出的其他形式的族群团结，可能制造出了某种能够对突发的民族性发挥强大约束的心理模式，正如族群间迫害的经验也能制造出某种心理模式，被激活之后能够升级迫害。[132] 拉伊科·斯尔迪奇的案例就很能说明问题。1941 年夏天他还是个九岁的塞族小孩，多亏一户穆斯林家庭藏匿了他一个多月，才得以在库伦瓦库夫地区的一次大规模屠杀中逃脱并幸存下来。9 月 6 日，他们和库伦瓦库夫地区的其他难民一起逃亡，结果很快就被塞族起义者抓住了。"对大部分（起义者）来说，"斯尔迪奇回忆说，"你是个穆斯林或者克族人，就已经活该掉脑袋了。"[133] 因为能完美地背诵几段东正教祈祷文，他说服了那些起义者自己也是个"塞族人"，从而保住了自己和救助他的那户穆斯林家庭。这样的经历可以制造出刻骨铭心的跨族群团结意识。正如斯尔迪奇在战后 40 多年后强调的那样："要不是穆斯林，我就不会活下来。"[134]

当地战后的一起事件或许可以阐明，即使是在社群间暴力最为残暴的库伦瓦库夫地区，战争时期的跨族群团结经历也能够克制住突发的民族性。1958 年春天，两位候选人在一次地方性选举中争夺该地区在波黑议会的议席，其中一位叫瓦索·特里基奇（Vaso Trikić），另一位叫米兰·佐里奇（Milan Zorić）。[135] 1958 年 3 月 6 日，特里基奇来到了库伦瓦库夫。据一位目击者说，他扬言该地区的穆斯林"都是些乌斯塔沙分子，库伦瓦库夫也是乌斯塔沙的地盘"。[136]他的说法引发了众怒，有一位当地居民冲出去找刀要杀掉特里基奇，结果被当地民兵出手制止了。其他人则赶紧去动员乡邻，确保大家在即将到来的选举中都不给他投票。看起来，这起事件激起了战争时期的记忆，引爆了一种"塞族人"要对付"穆斯林"的普遍意识。这本来能够引发对抗性的族群划分、成为能够引发突发的民族性的那种标准事件，但是事态并未如此发展。一位积极劝说乡邻不要投票给特里基奇的居民，同一时期还被人偷听到在客栈里热烈宣告："我们要投票给佐里奇！"[137] 这两位候选人都是所谓的"塞族人"。而特里基奇的贬损评论并没有能够让哪怕是一部分居民把紧张局面归罪到"塞族人"身上。为什么会这样？

在这些人的思维过程中，最关键的似乎是对战时行为，特别是1941 年的行为的回溯。佐里奇将军那时候是个本地的起义者，据说在本地穆斯林中广受尊重。在 1958 年春天，随着紧张局面愈演愈烈，有些比耶拉伊村的穆斯林来到奥拉沙茨村，讲述了一个与他有关的故事：1941 年，佐里奇来到了他们村的一间房子里，穿着破破烂烂的衬衫。一位本地人和他说话后，立刻拿了两件新衬衫给他，而佐里奇对那人说，如果他没有首先征得村中长者的同意的话，自己就

294

不能收下他的衬衫。那位本地人立刻就出去找长者们商量了，等到后者表示同意给佐里奇衬衫后，他才答应收下。比耶拉伊的村民告诉奥拉沙茨的乡邻们，佐里奇将军的这种行为说明，他是"世界上最公正、最正派的人"。[138] 在这一案例中，迅速爆发的紧张局势同样迅速地消散了，很大程度上是因为比耶拉伊村民提醒了这些乡邻，一个人的行为（而非族群）才是最重要的。他们之所以能这样，是因为战争时期产生的心理模式可以在紧张的时刻激活，对突发的民族性有强大的克制作用。

1941 年的这些族群间团结和救助的记忆，看起来在很大程度上减弱了战后本地族群间事件中人们对于对抗性族群划分的参与和正面响应。不过，如果我们要更好地回答这个重要的问题，即战争时期迫害和救助的后果与战后的突发性民族性的升级和克制之间的关系，那还需要对其他几个地区做出更多的系统性微观比较研究。尤为重要的是要调查族群间冲突未能唤起"我们相对于他们"的敌对意识的那些案例。因此，对这些案例的研究将会成为很有潜力的题目，它们能够更好地解释，为什么在某些社区中，有些人会比其他人更容易发起和响应突发的民族性。

不过，无论学者们研究的是什么案例，这种微观分析得出的发现都应该给他们敲响警钟：在给所谓不同族群的个人之间的冲突定性时，不要太轻易地动用"族群冲突"的标签。[139] 共产主义者联盟的地方委员会记录的很多事件事实上都发生在不同族群者之间，但是证据显示，当事人之间的族群差异往往跟冲突的真实原因没什么关系。重点在于，其他人往往会忽视这些事件的起因（比如醉酒和个人纠纷）而决心要以民族性（以及其与战争时期的联系）的语言将其转化为某种"族群冲突"，把民族性当成事情的主要起因。那些不加批判地使用这种标签的学者所犯的错误，就是把当时的历史行动者提供的事件描述和事件的真正起因混为一谈。如此一来，他们就等于是照搬了那些想要把不同族群者的冲突转化为"族群冲突"的人们的说法。若是不加批判地接受这种描述,我们就等于是没有去作判断,为什么某些事件会被某些人以那种方式去理解,他们具体又是怎样做的。历史学家等人面临的挑战,是要揭示出微观层面上的证据,以帮助我们深入理解其中的流程:某些人在回应不同族群者之间发生的事件时,是怎样利用"族群"去修正"冲突"的。通过分析这种制造突发的民族性的特定机制,可以帮助学者去考察历史行动者是怎样把这两个词联系在一起的;而且,这还能推动我们去提出问题,即这种标签是否真的能够反映出本地冲突中的机制;我们或许还能从中知道,人们为什么想要形成这样的观念,具体又是怎样形成的。

尽管学界越来越认识到,民族性是一种可以"发生"的事物,但还很少有人试图解释过,为什么在地方上,民族性会在某些时刻突然变成重要的而且是对抗性的族群划分工具。正如罗杰斯·布鲁贝克写的那样:"从各类可怕的证词中,我们清楚地知道它发生过;但我们对它是怎样发生的却所知甚少。"[140] 突发的民族性的概念提供了一种坚实的方法,可以揭示这种重大的民族性的微观机制,特别是在战争时期和后内战时期的地方社区里。它特别突出强调了,当我们聚焦于冲突事件激发出以社群间暴力的经历和记忆为基础的集体族群划分的流程时,我们就得到了一种分析杠杆。通过思考其各个连接点,可以看到我们有必要对普通人实践民族性的方式做出更广泛的思考。有时候,人们是在时间流逝中逐步接受民族性的,这是他们对结构性的经济、社会和文化转型的回应。有时人们则无论如何都对它漠不关心,或只是予以工具性的利用。[141] 但是,它也能成为普通人看世界的方式,在发生某些事件——它们能够激发出以真实的创伤经历和暴力记忆为根据的族群化集体归类——时会迅速地被人们接受。这种对民族性的理解,有助于我们去理解二战时期和战后库伦瓦库夫地区社群间关系的复杂机制，而且它也可能会帮助我们研究其他对抗性族群划分快速爆发的事件，比如 1941 年东欧的大屠杀、1994 年卢旺达的种族清洗，以及南亚各个时期的骚乱。[142] 有了突发的民族性的概念，再加上对暴力、记忆和本地冲突事件之间关系的强调，我们就有了一种很有潜力的研究方法，可望给一个很多学者都感兴趣的关键但是棘手的问题提出新的答案：为什么普通人会开始说出民族主义的语言？

最后，要想更好地解释民族主义和暴力之间的关系，考虑和解释这种突发的民族性是很重要的。不同族群者之间的冲突本身并不一定就能激起全面爆发的暴力。对这类事件的构建，特别是对这类阐释的传播，似乎可以迅速毒化社群之间的关系。在战后的波黑，相对来说只有一小群人在发动、升级这种突发的民族性。政府中的大部分人都坚决地对这些人加以监管，花费大量的时间和资源去控制他们的行为，大力推行"兄弟团结和统一"。

而最适合突发性民族性迅速扩散的沃土，则是这种民族性的少数实践者不再面临当局强力抵制的时刻，而且那些能够促使一部分人立刻接受突发性民族性的特定历史因素，比如社群间暴力的遗留问题，而且是当地的政治和大众媒体中的前沿与核心问题。这正是前南斯拉夫 20 世纪 80 年代末至 90 年代初发生的事情，共产主义者联盟在这一时期突然消失了，民族主义政党纷纷崛起，其中一些致力于动员他们的选民，把当下不同族群者之间的事件（或者相关谣言）跟二战期间社群间暴力的记忆联系起来。[143]

研究突发性民族性这一现象，除了能帮助我们理解二战之后几十年里的社群间关系之外，或许还能够发挥更为重要的作用，对于解释 20 世纪 90 年代南斯拉夫解体期间的战争——其战前和战时尚不清晰的过程——可能会有重大意义。那个时期，在很多人眼中，他们的邻人突然失去了其个体性，变成了各个对抗性族群类别的成员。最后，成千上万人失去生命。对这些民族性突然发生的关键时刻作微观研究，能够让我们在最近距离的层面上，对该地区近年发生的暴力潮得出新颖而重要的洞见。

直面这一挑战以及世界其他冲突地区的同类难题，要求我们重新思考，我们对民族主义和暴力的关系可能怀有哪些有意无意的成见。库伦瓦库夫地区的证据告诉我们，并不能简单地说是民族主义造成了暴力；更多的情况是，就像我们反复看到的那样，暴力也能制造出极为强大的民族主义潮流，相关经历将使人更容易接受或者反对突发的民族性。这既能制造出未来暴力的基础，也能奠定未来团结的基石。但在这种难以辨别（它几乎只在本地层面上可见）的过程中，暴力不仅是后果，而且是一种生成性的力量。

作为生成性力量的暴力

要理解库伦瓦库夫这段历史所意味着的挑战，并更好地把握住这个故事更普遍意义上的重要性，库伦瓦库夫地区的三个新近的历史画面颇值得我们思考。它们说明，从 20 世纪 80 年代到现在的事件在多大程度上创造了一种历史意识，它模糊和遮蔽而非解释了 1941 年暴力的因果关系。在我们对这段故事的主线得出结论前，我们需要考虑到，新近的历史是怎样塑造了（而且还在持续塑造）我们讲述那段暴力史的基本前提和看法。我们还需要意识到，它们怎样破坏了我们理解历史的能力。

第一幅画面把我们带回到 1981 年秋季的一天，地方政府为库伦瓦库夫的第一座战争纪念碑举行了揭幕；第二幅画面则将我们带到 1992 年 6 月，该地区的最新一次暴力潮（1992—1995 年的波黑战争）就是在这一时期蔓延到了乌纳河谷这个地方；第三幅画面则聚焦于今天的战争记忆景观。

1981 年 11 月 3 日：库伦瓦库夫看起来已经迥异于 1941 年秋

天了。当年，这个镇子几乎只剩下一堆大火烧剩的建筑骨架，过去
横跨乌纳河的木桥也仅留下烧焦的残骸。如今，一切都变得干净整
齐了。很多建筑和房屋的外墙都接近完整无损，街道也扫得干干净
净，阳台上的花箱里满是鲜艳的花朵，钢架新桥的沥青路面上排列
着路灯，桥下流淌着乌纳河翠绿的河水，在阳光下波光粼粼。此外，
清真寺的宣礼塔如今又高耸天际了。1981 年 11 月 3 日，当地政府
为镇上第一座战争纪念碑揭幕。[1] 之前几十年里，库伦瓦库夫在这
个地区乃至整个南斯拉夫都是个例外。为了纪念 1941—1945 年间
的遇害者，各地经常以疯狂的速度修建了成千上万座纪念碑，但在
这里，就像在其他有类似战争历史的地方社区一样，公开纪念战争
死难者会造成很大的压力。唤起任何一方的记忆都会立刻引起其他
各方的质疑，直接导向 1941 年的社群间杀戮和战争结束后这些事
件在政治上很难得到消化。对于那场暴力，占统治地位的并不是公
开的记忆，而是长达几十年的沉默。[2]

    下午 1 点，数千人聚集到小学隔壁新近修建的纪念碑周围。一
队身着西装的游击队老兵手持花圈站在讲台对面，身后的人群有
老有少。孩子们穿着民族服装，手拉手绕着纪念碑跳一种叫"科洛"
（kolo）的圆圈舞。青少年男子都爬到附近建筑物的房顶上，好看
得更清楚些。[3] 纪念碑址是圆形的，中间是一朵巨大的、未开放
的石花，象征着南斯拉夫；周围是八朵小一些的花，分别象征南
斯拉夫联邦的六个共和国和两个自治省。[4] 地上还有四块牌匾，
刻着该地区 147 位"倒下的战士"（指战争期间被杀的游击队员）
的名字。[5]

    第一个讲话的是哈伊罗·库伦诺维奇（Hajro Kulenović），他
是该地区出身的一位退休将军，跟几个世纪前赋予了库伦瓦库夫镇
镇名的那个人同姓。他宣称："我们的儿女和国家其他地区的战士
们一道，用鲜血写下了我们历史上最著名的一页，铸就了我们革命

最伟大的遗产：我们各民族的兄弟团结和统一。"[6] 接着走上讲台的是另一位退休将军，来自附近乔夫卡村的尼古拉·卡拉诺维奇。他是一位"人民英雄"（narodni heroj），这是授予老游击队战士的最高头衔。[7] 1941 年 9 月 6 日，当库伦瓦库夫的难民们列队逃离时，他和其他起义者一起袭击了他们。他甚至可能参与过同日的一次屠杀，当时有大约 70 个男人被枪决后扔进杜戈波列坑洞。

　　典礼上拍摄的一张照片中可以看到讲台上的卡拉诺维奇将军。那个阳光灿烂的秋日下午聚集起来的人群中，有数百名是 1941 年 9 月 6—8 日大屠杀的幸存者和他们的孩子。这些人安静地站在那位身材矮小、头发和胡子都已灰白的将军面前，当年他们的约 2,000 名亲戚乡邻被起义者杀死，参与指挥的就是这位将军。无论卡拉诺维奇还是那些人中的任何人，都没有说一句与那场暴行有关的话，也都没有提起暴行的诱因——1941 年初夏时候东正教徒农民遭到的集体屠杀。他只是盛赞了那些名列牌匾之上的"倒下的战士"的勇武。人们听完后鼓了掌，[8] 有些人还走上前去看地上的名字，对年纪大些的居民来说，其中不少名字都耳熟能详。据说，其中有一些起义者参加过 9 月 6—8 日的屠杀。9

　　1992 年 6 月 12 日：在乌纳河距离奥拉沙茨和丘科维村不远的地方，有一处叫什特尔巴奇基布克（Štrbački buk）的地点。在这里，河水顺着一连串壮观的瀑布而下，流下几个梯级后涌进了一处峡谷。水流至瀑布前的地方曾经有过一座木板铺成的人行桥。6 月的这一天，河的东岸站满了近 6,000 名难民，他们分别来自库伦瓦库夫、克利萨、奥拉沙茨和丘科维。他们从 6 月 10 日开始遭到袭击，现在正一路逃亡躲避波斯尼亚的塞族武装，其中有三位逃亡者已经出发到下拉帕茨去了，那里驻扎着联合国保护部队（UNPROFOR）中的一批法国士兵，他们是因为 1991 年克罗地亚成为新独立国家

299

300

照片 13　1981 年 11 月 3 日，退休将军尼古拉·库伦诺维奇在库伦瓦库夫第一座战争纪念碑的揭幕活动上讲话。纪念碑是献给倒下的本地游击队战士的。他当年指挥的起义者在 1941 年 9 月 6—8 日参与的屠杀事件中的受害者也在观众中。他在演讲中未提及这些杀人事件。照片提供者为萨德塔·易卜拉辛帕希奇。

后爆发的战争而来的。[10] 跨过乌纳河冰冷的河水后，这三个人一路步行前往下拉帕茨，请求维和部队去找大桥西边的难民，把他们保护起来。

　　法国士兵来到了桥边，但同时到场的还有新近组建的波斯尼亚塞族军，他们又与早已抵达这里的克罗地亚塞族军会师。各方分别表达了他们的意愿：联合国保护部队的士兵表示，他们想把难民带回自己的军营。但塞族武装的指挥官表示反对，说是难民中有他们通缉名单上的人，他们要先把这些人挑出来抓回去审问。联合国保护部队的士兵讨论了这个问题，而波斯尼亚塞族军的指挥官们则用本地语言辱骂他们。至于那些逃离家园的难民，他们前一天刚在冷雨中过夜，此时已精疲力尽，焦虑地观望着。联合国保护部队的士兵们作出了决定：先站到一边，让塞族武装在男性难民里仔细挑选他们要的人。[11]

男性难民们一个个地走到士兵们面前，后者拿着名单，脸上戴着黑色的面罩。名单上的人中，有些人被塞族军队认定是新成立的民主行动党（Stranka demokratske akcije）中的活跃分子。还有一些人被认为是名为"绿色贝雷帽"的准军事组织的成员，塞族武装相信该地区有这个组织存在；此外还有些是当地警察及其预备队的成员。有超过 200 个男人和年轻男孩被带走。[12] 参与挑选的人中，有些曾经是当地的公共汽车司机和警官，他们跟这些难民（都是他们的乡邻）已相识多年。[13] 因犯们被装上卡车带走了，此时奥拉沙茨村的希尔莫·科兹利卡（Hilmo Kozlica）听到一个声音喊道："巴里耶（对'穆斯林'的蔑称），把头都低下！操你们的土耳其妈妈，我们要杀光你们！"[14] 克利萨的预备警察久拉加·德尔维舍维奇（Đulaga Dervišević）回忆了他之后受到的审讯："操你的乌斯塔沙妈妈！你从哪儿弄来这双塞尔维亚军靴的？"吼叫这些话的是一位叫伊利亚·马伊斯托罗维奇（Ilija Majstorović）的前任地区警察部队成员，他坚持说德尔维舍维奇的父亲曾经是乌斯塔沙分子。[15] 后来，在 1993 年波斯尼亚塞族军内部的安全文件中，也包含为这种攻击自圆其说的说法："因为（1991 年的）克罗地亚战争，本镇的塞尔维亚人本能地感受到了乌斯塔沙主义的危险，他们开始自己组织起来。对塞族人民来说，最重要的结论就是要组织起来保卫自己，并做好取得武器的准备。"[16]

6 月 12 日没被选中的那些人则获准穿过乌纳河上的木制人行桥。他们被联合国的卡车带到下拉帕茨，在那里被暂时安置在露天货仓中，等候被转送到比哈奇。他们将作为难民在那里生活三年，期间整个城市几乎一直在包围之下。[17] 到那边之后，立刻就有一帮人（主要是妇女）跑来打听那批囚犯的下落。他们不屈不挠地呼吁放人，但随着岁月流逝，他们的恐惧也与日俱增。"（库伦瓦库夫）曾经充满了青春和音乐，"一位名叫娜塔莎·卡迪奇（Nataša Kadić）的该镇难民写道，她是两个孩子的母亲，"如今，有那么多人都不在我们身边了。有 210 个人失踪了……他们会不会被人杀害了？"[18] 1992 年晚些时候，有 72 位囚犯被交换过来，但其他人的命运仍然未知。之后几年持续不断的战争中，那群女人还在打听他们的下落。她们不可能知道，包括娜塔莎的丈夫艾哈迈德在内的很多人都已经在 1992 年夏末被处决了，其中大部分人的尸体都被扔进了两个深坑中。直到今天，寻找、辨认他们遗体的工作仍在继续。[19]

2014 年夏天：2004 年，在库伦瓦库夫横跨布克的那座桥边的一块大石头上，安装了一块石头牌匾。1941 年 9 月，这座桥上的女人们为了避免葬身在起义者和当地农民手中，纷纷把儿女扔进河里，自己再跳下去一起淹死。石头上的铭文写道："1941 年 9 月，起义者在这座桥上对波斯尼亚克人（即穆斯林）发动了种族屠杀。1992 年，切特尼克分子毁掉了它。"今天没有人能知道，当年的本地乌斯塔沙强人米罗斯拉夫·马蒂耶维奇开的客栈就坐落在这座桥附近人声可辨的地方。1941 年时，他就在那里参与组织了对数百名本地东正教徒农民的集体屠杀。同样不会有人知道的是，从那块牌匾沿着新铺的道路向上走 100 多米的地方，曾经有过一个宪兵站，当年的起义者在那里举起了步枪打开保险，阻止他们的战友杀害躲在里面的几百名穆斯林妇女和儿童。战后几十年来，这座建筑物已经长满了树木。2013 年，一位本地男人（1949 年 9 月还是孩童的他被人发现坐在一位被杀害的母亲身边）下令将它夷为平地。宪兵站的位置如今空空荡荡，只散落着几块被推土机推倒后压进地面的砖块。

1983 年 11 月 3 日库伦瓦库夫揭幕的那座纪念碑，本来是献给

照片 14　库伦瓦库夫宪兵站以前所在的位置。1941 年 9 月，有一小股起义者在这里保护了妇孺。房屋于 2013 年被推平。照片由作者拍摄。

147 位"倒下的兄弟"，以及他们据说曾为之而战的"兄弟团结和统一"的。等到 1992—1995 年的战争结束几年后，这座纪念碑也被重型机械推倒移除了。这应该是镇上的一位前任小学主管下达的命令，据说他和其他几位本地人士都认为，这座纪念碑保存了某些1941 年 9 月屠杀他们亲戚乡邻的人的记忆。如今，纪念碑的一切痕迹都已荡然无存，原来的位置上现在是一间孤儿院。2008 年 12 月，镇公共汽车站旁边的小公园里揭幕了一座新的纪念碑，其中心是一块黑色的大牌匾，切割成波黑地区统一后的形状，上面刻着 1992—1995 年战争中被杀害的 78 名本地男子的脸孔。纪念碑周围环绕着伊斯兰主题的图案，牌匾的右边还矗立着用石头雕成的、翻开一页的《古兰经》。部分相关死者的遗体经过发掘和识别后，已被埋葬在了丘科维村北边的神圣烈士公墓（Šehidsko mezarje），该墓葬区

303 是专为他们修建的。在经受暴力而死之后，这些人却在记忆中被族群化了，而且被利用来宣传统一国家的愿景。

2011 年 7 月 27 日，博里切瓦茨（位于今天的克罗地亚）修复后的天主教堂里揭幕了一块墙上的牌匾。1941 年 8 月初，这个村子曾被起义者烧成平地，后来在 1945 年后的几十年里基本空置。铭文写道："在这座圣母诞生教区教堂周围，曾经生活着博里切瓦茨村的村民，直到 1941 年 8 月 2 日星期六起义者把他们赶走，将村子劫掠一空，把人们的房屋付之一炬（有些房子里还有居民）。他们的后人为了纪念博里切瓦茨村被驱逐、杀害的村民，留下了这块牌匾。"没有人能从中知道，当地的乌斯塔沙强人格尔加·帕维契奇曾经在这里生活，而且博里切瓦茨村里还不乏他的追随者，比如马尔科维诺维奇家族的好几个人。也没有人会知道，在 1941 年夏天，他们曾到苏瓦亚、奥斯雷德奇、布巴尼等村杀害当地的东正教徒乡邻，洗劫他们的财物。是这些行为发生在先，才引发了起义者对博里切瓦茨的袭击。今天，博里切瓦茨曾经的居民们是作为纯粹的无辜受难者被记住的，仿佛对他们的袭击是凭空发生的。这座带牌匾的教堂成了纯粹纪念族群受难的地方，抹平了该村对该地区暴力历史负有的一切责任。

一路向北走到内布柳西村，有一座属于近 270 名乌斯塔沙暴力受害者（被政府归类为"法西斯恐怖受害者"）的纪念碑耸立至今。7 块牌匾上列出了所有受害者的名字，其中很多人都出身于相同大家族：有 20 人来自雷帕茨家族（Repac），11 人来自什科里奇家族（Škorić），6 人来自斯姆尔兹利奇家族（Smrzlić），以及其他很多男女老少。最左边的牌匾旁边耸立着本地起义者斯托扬·马蒂奇的纪念碑，他被战后的新政权认定为"人民英雄"。1941 年 9 月 6 日，26 岁的他用手枪连开数枪，想要阻止起义战友们杀害、洗劫那些逃离库伦瓦库夫的难民。从远处看，他的半身像似乎完好无损，但凑

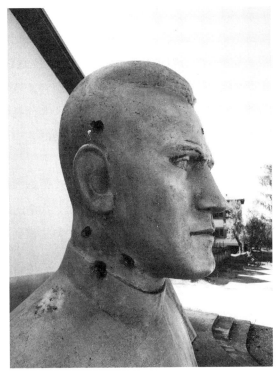

照片 15　内布柳西的斯托扬·马蒂奇雕像上的弹孔。照片由作者拍摄。

近了就会看到，雕像的右半边被人打了五枪，其中一发子弹打在太阳穴上，一发打在下巴上，还有两发打在脖子上，每一发都是从头部左侧穿出去的。有一发子弹还留在了马蒂奇脸上的中弹处，在下巴和耳朵之间。

　　小奥奇耶沃村位于马丁布罗德村上方的山脊处，乌纳河和乌纳茨河的水流在那里汇合。在这个今天人口稀少的村子里，坐落着当地共产党员兰科·希普卡的纪念碑。1941 年 9 月 8 日，当佩塔尔·吉拉斯下令要处死前一天夜里从库伦瓦库夫带来的所有穆斯林囚犯、并宣称他们全都是乌斯塔沙分子时，希普卡第一个站了出来，要求

304

305

马丁布罗德的起义者不要听从这种命令。他的纪念碑有六尺高，配有他的半身像，牌匾上刻有姓名和生卒日期。如今，纪念碑已被人强行拖出地表，希普卡半身像的头部也不翼而飞。牌匾也遭到破坏；希普卡的出生年份不见了。希普卡纪念碑横遭破坏的残骸，就像内布柳西村被人枪击头部的斯托扬·马蒂奇一样，充分说明某些人非常希望能从物理上抹去这段历史，让跨社群团结的往事记忆统统都被遗忘。

在山谷里的马丁布罗德村，马尔科·弗拉代蒂奇的房屋的石质残骸仍然被包围在锈迹斑斑的铁丝网栅栏和乱七八糟的灌木树丛中间。1941年9月7日，数百名妇女儿童在乌纳河边遭到屠杀时，哈娜·什特尔克列维奇母女俩逃脱出来，弗拉代蒂奇就在这里掩护了她们。现在，这里没有任何东西能让路人知道，他是9月8日马丁布罗德第二个出手救助囚徒生命的人，虽然他自己也曾经被乌斯塔沙分子（以及假装成他们的起义者）抢劫过，而且米罗斯拉夫·马蒂耶维奇及其乌斯塔沙帮派最近才刚杀害了他的儿子斯特沃和杜尚。

从马丁布罗德出发三公里，穿过边境，沿着蜿蜒曲折的泥土路往上走，就是格鲁比亚查坑洞的所在地。直到2014年7月以前，外界都不知道它的具体位置，直到一位当地警察找到了它。他使用的是本书作者提供的文件，以及一张前南斯拉夫人民军的旧的军用加密地图，他立刻就在上面认出了一处废弃的李子果园，就在那条通向附近米柳希村的道路急转弯处旁边。戈伊科·波洛维纳的回忆录中提到过这个地点，他是在1941年9月8日屠杀的第二天找过来的。坑洞周围没有护栏，也没有被杀害后扔进洞里的死难者的纪念碑，更没有人提到他们是被谁杀死的。向黑漆漆的洞中扔一块石头，几秒钟后就会听到石头撞击坑壁的声音，一直落入坑底。那里有400多位男人和男孩的遗体。如果真的像传说中那样，曾经有鸽

照片 16　马尔科·弗拉代蒂奇在马丁布罗德的房屋遗址，2014 年。照片由作者拍摄。

子在坑洞入口处扎堆，保护当地村民免遭恶灵的毒手，它们现在也早已离去了。如今这个地方安静得吓人。仅有的声响来自附近草场上呼啸的山风，吹得废弃已久的李子果园的树叶沙沙作响。

　　有了这三幅画面——1981 年库伦瓦库夫一座纪念碑的揭幕，1992 年乌纳河人行桥边挑选男人和男孩，以及当下战争记忆的景观——我们就可以把这一地区的历史一直带到当下。通过思考这些画面，可以看到那些或远或近的暴力往事在很大程度上塑造了（而且还在持续塑造）这个地方的身份认同。直到今天，无论是自身的身份认同还是针对其他人的身份识别，都在暴力发生期间和之后以种种汇总式的归类方法遭到过重塑。其中包括了各种或显或隐的"族群群体"，作为界限清晰、彼此敌对的行动者，这些群体要么是烈士要么是恶人，要么是施害者要么是受害者；在震耳欲聋的沉默中，公共记忆的选择性非常严重。人类景观遭到了彻底的概念化，这一点对当地历史往事被讲述的方式持续产生深远影响——它们常常是以黑白二元对立、高度族群化，同时又非常有选择性的方式来讲述的。设身处地想象一下人们是怎样在历史的创伤中一路生活过来的，他们会以这样的方式看待过去（和当下）也就不难理解了。不过，如果我们的目标是要解释暴力的起因、机制和后果，却还是采用这些看待方式的话，最后就只会把事情弄得更扑朔迷离，而非水落石出。

307 　　因此，我们面临的挑战十分重大：我们要揭示和解释的这段往事，由于涉及极端暴力，遭到了各种政治与生活背景的人群（从共产主义者到民族主义者，从出租车司机到历史学家）深刻的族群化和选择性噤声。这段历史的微妙和复杂之处持续遭到涂抹、掩盖、隐藏和物理毁灭。这些灰色地带（这是也应该是历史学家熟悉的领域）在很大程度上被简化为黑白对立的归类和解释，在今天的这个地区尤其如此。结果，我们在讲述这段历史时就面临着巨大的挑战，因为暴力事件和它的种种回响，使我们在试图分析、解释这些人时，不容易看到他们当时实际面对的偶然性和多种可能性。我们今天会倾向于把"族群"视为集体行动者，从中识别出过分简单化的施害者／受害者两极分类，假定他们有漫长的集体屠杀史，或者接受其中某一种版本的历史，只强调另一个族群对自己一方反复而持续的大屠杀。

　　尤其是在20世纪90年代该地区新近暴力的阴影下，我们似乎很难抗拒做出这样的评论：历史总会重演（istorija/povijest se ponavlja）。这句话今天在该地区经常能听到。人们想以此来解释，为什么某个所谓的"族群群体"会在"另一个族群群体"手中遭受苦难。我们在开始写作这段历史时，似乎也就有理由简单地问："为什么甲族群群体会动手杀害乙族群群体？"但是，现在应该已经很清楚了，这种看似直截了当的发问确实有其危险。它事实上会推动人们去选择性地整理信息，最终只能是推进了某种身份政治的议题，而非增进对暴力的起因、机制和后果的理解。因此，那种问题应该只留给那些想要以族群化的苦难为基础、建立并维持某种族群认同的人。我们提出的问题，使我们能够立即对"族群性"和"暴力"之间的联系提出反思，这样我们才能专注于做出诚实的解释，而把身份政治留给借民族问题有所图谋之人（ethnic entrepreneurs）。

有两个简单但却具有全球重要性的问题，能帮助我们直面挑战，将我们历史分析中的归类法与大众（以及某些学者）实践的那种归类法区分开来。这两个问题事实上也为我们研究库伦瓦库夫地区历史的这场细节丰富的旅程铺平了道路：是什么造成了多族群社区里邻人之间的集体暴力？暴力又怎样影响了他们的身份和关系？现在，我们可以回过头来凝视前面走过的曲折航程，识别出一路上凸出来的海岬。在思考这些问题，以及暴力、民族主义和历史记忆的广泛机制时，它们应当得到我们的注意。

我们的这个故事是从1941年这个关键年份之前很多年开始的。这部历史的写作并不依靠那些关注巴尔干这部分地区的二手文献，它们很多都以宏观政治为主要侧重点。通过发掘未被使用过的档案文献，我们才得以进入不大为人所知的地方性世界。我们以乡村腹地的某个单一社区为主要的分析视角，主要是想重建社会认同、凝聚力和冲突之间不大为人所知的地方性机制。资料展现出了这样一个世界：对抗性族群划分的语言在其中成了一部可供使用的词汇，也是一套供人们解释事件、人际关系、麻烦和冲突时使用的心理模式和语言。不过，还有其他可供使用的词汇也同时存在，它们在非族群和跨族群的目标上发挥作用。很多学者倾向于认为，是上层精

308

英层面上的族群分裂延伸到了地方。我们的证据却指向了完全相反的方向：早在 1941 年之前的那些年里，地方社区里虽然已经存在对抗性的种族语言，但并不占据支配地位。[20]

这些发现使我们在研究地方性社群间关系时，可以重建起一种急需的偶然性意识。通过使用地方性的分析视角，我们得以避免做出那种假设，认为人们看待彼此之间的关系时，都是以"族群冲突"为主要视角，因此他们天然就会以族群为核心目标来解决动荡期间的冲突问题。与此相反，我们在认清当地社会关系中的偶然性之后，不得不提出这样的问题：需要发生什么样的事情，才能让"族群性"在政治上变得如此显著？我们不应假设其显著性本来就有这么强。如此一来，研究这种地方性的历史就不会再仅仅是提供一种"自下而上"的观点，以此补充"自上而下"的历史，来提供一种更全面但本质上和历史学家一直所宣称的没什么差别的历史图景；相反，这种地方性视角使我们拥有了一种非常重要的方法，可以质疑很多针对这一地区的研究背后的核心假设：族群是根深蒂固的核心问题，因此也是冲突事件的主因。所以，当我们要解释貌似骤然升级的"族群冲突"，比如 1941 年发生的事情的时候，我们必须要提出的核心问题就是：是否存在某种坚实的动机，能够促使当地人把他们的问题代入到以族群为目标，并以这种目标去发动或践行其他早已存在的冲突？

在考察克独国诞生后至关重要的第一个月的地方性变化机制时，我们曾注意到，在所谓界限清晰、互相敌视的"群体"之间，事实上并没有"爆发"过什么"族群冲突"；必须有意识地在社会和政治生活的宏观、中观和微观层面上都付出巨大的努力，才能够引发这样的冲突。在引爆变革的过程中，民族主义意识形态（对人类的种族化看法，致力于通过包容和排斥某个所谓族群群体来重塑人类景观）在宏观和中观层面上的行动者身上扮演了关键性的角色，但对于微观层面上的行动者而言就不大重要了。在后者身上，我们发现的是日常的、实实在在的动机，特别是获取物质收益和解决存在已久的人际冲突的机会，为人们以族群为目标发动地方性迫害提供了重要得多的激励。在地方层面上，被新政权的族群归类表中列入包容对象的人们都拥有清晰、切实的参与动机，比如获取经济上的收益，以及借机解决各自社区里长期积累的矛盾冲突。

　　驱动地方性动员的因素并不神秘；事实上，其中的合理性一目了然。族群归类法经过重新定义之后，具备了新的政治显著性，而人们只要参与迫害所谓的排斥对象，就可以获取空前巨大的收益。有些本地居民迅速察觉并把握住了这种机遇。这种机制驱动了地方上的动员，造成了微观层面上的族群迫害。而且就像我们提到过的那样，类似的机制在世界各地的很多历史背景下都广泛存在，包括非洲、亚洲、东欧和拉丁美洲的各类社区。因此，我们的故事就显示出，在这种高强度的迫害和暴力中，即使宏观、中观和微观层面的行动者动机之间存在着很大的分裂，事情也仍能够持续推进。事实上，上层民族主义精英广泛的意识形态灌输，并非在社会各个层次上都是必要的前提条件。在地方性层面上，普遍、根深蒂固的"族群"裂痕同样不是什么必要条件。不同的议题和互利的动机汇聚在一起，就已经足以推动一定数量的人去迫害自己的乡邻，对他们使用暴力。

　　因此，在1941年春夏，"族群冲突"之所以会迅速成为本地冲突的主导因素，正是因为新生的克独国政权提供了清楚明确的动机，使人们得以用族群的钥匙去开启本已存在的社会冲突之门，并发动新的冲突。这对那些先前处于经济、社会和政治生活边缘的本地人来说尤其具有吸引力。这一发现为什么重要？我们的地方性故事广泛地说明，冲突之所以会凝结成"族群"事件，是为了回应高度情景化的刺激。我们不应该把这种偶然性的政治情境中的强大动机，

310

混为一谈、混淆或误认为是所谓彼此敌对的"族群"关系——后者被某些人认为是长期普遍存在且根深蒂固的。有地方性层面上的证据显示，冲突前的族群政治倾向对行为的驱动远不如某些人想象得那么重要。因此，"族群冲突"必须通过大量微观层面上的实地工作才能**制造出来**；它们不只反映了宏观层面上的分裂，也不仅是从早已存在的文化差异中自然而合乎逻辑地浮现出来的，更不只是源自从中产生的敌对关系。简而言之，起作用的是一些高度偶然性的因素，即使在大量人群属于所谓彼此不同的族群的社会里也是如此。

一旦我们直面本地层面上的证据，看到那些对参与族群间迫害的动机做出响应的人经常同时也参与同族群者之间的劫掠和暴力，这种偶然性就变得非常清晰鲜明。证据说明，我们这个故事的几乎所有主要角色身上都存在着这种机制，无论具体的行动者是属于哪个所谓的族群。如此一来，那种认为"族群冲突"多变且脆弱、并不坚定持久的看法，就进一步得到了支持。因此，在调查任何一个被认为是"多族群"地区的冲突时，都不应该假定族群划分是天然的社会断层线，即使有证据显示迫害和暴力是以族群为目标发生的。相反，即使人们的行动看上去都是"族群"性质的，我们也必须仔细解释，一场冲突是怎样被"族群化"的，而不能想当然。通过地方性层面上的分析工作，我们就能阐明和认清，一个有潜力走向"族群冲突"的环境是通过什么样的进程、依据什么样的逻辑，并怎样在现实中凝结出这种冲突的。

这种地方性视角还让我们得以聚焦于另一个难题，继续深入思考"族群冲突"的偶然性问题。如果，就像很多人乍看之下可能认为的那样，该地区的第一波暴力是受到了所谓普遍而根深蒂固的族群裂痕的驱动，那该怎样解释暴力在时间和地点上的高度差异性？过去十年来，学者们对地方性暴力差异性的难题给予了关注，做出了有启发性的研究，特别是在次国家比较分析的方面。[21] 我们则未去分析多个不同的地区，而是专注于在单一地区做深入的挖掘，一直延伸到村一级，以解释暴力为什么会发生在某些特定的村子里，而在其他村子不会发生。从中显现出来的是一个具有广泛重要性的核心问题，能够对暴行差异性问题的讨论提供助益。在中观和微观层面上彼此强化的恐惧，由于各地方条件的差异在不同的时间和地点中凝结成形，从而促使各个层面的国家当局采取"防御性"的集体暴力。理解了恐惧——真实的以及尤其是想象出来的——扮演的角色，我们就能更好地理解，为什么武装团体会选择在某些特定的时刻和地点发动集体暴力，即使那里的平民并未构成真实的威胁。[22]

对被迫害者可能发动反击的恐惧，能够在施害者身上激发出剧烈的"防御性"暴力升级。这种对受害者抵抗的恐惧，通常是在某种事变或者仅仅是相关谣言的刺激下，一旦达到临界点，暴力就尤其可能会升级。通过解释暴力在时间和地理上的差异性，我们注意到，这种防御性暴力的爆发，往往是在国家武装力量感知到的安全威胁最为尖锐的时刻。因此，要为这种骤然的暴力升级制造舞台，宏观和中观层面上的国家政权经常是至关重要的。这些层面上的特定行动者，可能会成为集体暴力的核心决策者。不过，我们的故事也有力地说明，地方性的层面总归是很重要的。集体杀戮的最初爆发，经常的理由都是某个特定地区广泛地感受到了安全威胁，结果引发了该地区的内生性机制，从而进一步激发了微观层面上的暴力升级，而这可能是宏观和中观层面都不想看到的。对这两个层面的分析或许并不能说明，究竟是什么因素真正地驱动或抑制了当地暴力的持续升级。因此，暴力之所以能够在时间和地点上表现出很大的差异，是因为微观层面上的行动者之间经常有很大的行为差异。

在这种内生性的暴力机制中，地方性层面上的行动者会主动地以违背上级意愿的方式采取行动。我们因此得以进一步弄清，为什么地方性的暴力可以在时间和地点上有如此巨大的差异。证据生动

311

地显示出，暴力组织可以在很大程度上享有地方性自治，特别是在克独国这种弱小的国家机器下。乌斯塔沙的小组并不只是末端链条上一味执行中央政府命令的驯服行动者。他们一旦组织起来，很快就会变成一支以自身为权力来源的力量，因为克独国太过弱小，这些人的头上根本没有武装的领导部门（即军队和宪兵）。他们针对自己认定的安全威胁发动袭击和杀戮。不过，这些人虽然大肆劫掠、抓人和虐待，却通常不动手杀人，这是因为在榨取资源和财富的时候，采取暴力程度稍轻微些的手段会更容易得手。当洗劫必须诉诸严重的暴力才能实现时，他们通常就会转向杀人。证据显示，他们在库伦瓦库夫这样的乡村地区的自治程度极高，几乎能够彻底地垄断暴力活动。这种机制有助于我们更好地解释地方性暴力在时间和地理上令人难以理解的高度差异性。虽然乌斯塔沙小组都是自上而下组织起来的，而且肯定会从上级那里收到执行政策的命令，但他们的行动通常都是在当地回应自己关心的问题，实施暴力时也是如此。在更大的范围内，我们的证据也表明，在这种中央政权衰弱的背景下，暴力升级的命令既可以来自上面，也可以来自下面。

所以"是什么造成了多族群社区中乡邻之间的集体暴力"这个问题的答案是，在某个地方性社区中出现了强大的情境性动机，使人们能够通过族群的钥匙，一举解决经济上的、个人之间的问题；在这种时候，有些乡邻会参与以族群为目标的暴力，这种暴力更多发生在受迫害的乡邻被认为构成了极大安全威胁的时间和地点。暴力既可以被"自上而下"地发动，也可以被"自下而上"地驱动，特别是在国家控制力微弱、地方性暴力高度自治的环境里。这些发现让我们得以解释，为什么地方性社群中长期和平相处、虽然也不是毫无冲突的乡邻，会在某些时间某些地点去攻击自己的邻人。如此一来，我们就无须再将所谓"族群群体"看作是集体的历史行动者，也不用假设这些行动者之间有长期冲突的意识，或者接受那种认为某个群体的创伤性苦难史会莫名其妙地自我重复的观念。这些发现最惊人的地方可能是，某些乡邻以族群为目标互相攻击的背后有着清晰的逻辑和合理性。

　　我们的故事也不只是要为"族群暴力"的起因和差异性寻求更好的解释。现在我们还需要思考第二个主要问题：在暴力冲突期间，认同和社会关系是怎样改变的？这个问题过去得到的回答要少得多。由于它少有人关注，特别是缺少细致的经验性调查，所以在族群暴力和民族主义的相关文献中一直是一道惊人的缺口。惊人之处在于，新近影响很大的内战研究著作显示，暴力事实上能够以意想不到的方式塑造和重塑认同，从而经常造成社会关系、（族群）归类形式和权力配置的深刻转型，特别是在微观层面上。[23] 重要的是内生性的暴力机制（人们对此还不太了解）以及这种机制以显著不同于战前冲突的方式迅速转变社会和政治认同的能力。不过，研究族群暴力和民族主义的文献，在获得这些政治暴力学者的洞见方面却表现迟钝。结果是，尽管我们对造成"族群暴力"的因素有了比以往更多的了解，也更多地理解了其时间和地理差异的原因，但是，对于这种暴力是如何在暴力冲突开始后影响族群认同、民族主义和社会关系，我们仍然所知甚少。[24]

　　我们的地方性研究提供了一套丰富的经验，使我们能够直面这个很少有理论阐释过的重大话题，对这一重要问题进行理论上的解释。首先，暴力是怎样改变族群归类的含义的？我们的故事生动地表明，暴力能够迅速、剧烈地改变人们在族群视角下对邻人的感受。族群迫害和暴力能够有力地加强"族群性"的显著性，从而为"族群冲突"制造某种基础。在这种背景下，暴力并不意味着普遍的、根深蒂固的族群敌对达到了高潮；相反，它经常是作为一个触发点，

313

刺激了社会认同和关系的高速族群化。

以受害者的所谓族群性为依据的杀戮一旦开始，族群划分就会变得重要起来，因为个人的生死都已取决于此。施害者通过杀戮行为来确立族群化的认同和边界，从而迅速制造出了极端极化的对抗性群体认同感受，结果似乎是制造出了某种所谓的"对他者的族群划分"。[25] 触发这种群体制造进程的具体个人，之后经常会迅速消失在边缘。暴力中的施害者以及其他所有和他们有族群联系的人，现在都已迅速被受害者看作是纯粹的敌对性"族群他者"。

然而，通过地方性层面上的细致研究，我们的故事也说明，暴力驱动的集体归类其实是一种同时在多个方向产生反响的进程。它所点燃的并不只是这种认为当地的多族群社区现在已经在"族群他者"之间划出了对抗性边界的观念。相似的流程经常发生在这些新近强化起来的群体边界内部，发生在所谓的"同族兄弟"之间，其中有些人可能尚未顺服于这种新近转化出来的社会秩序。举例来说，屠杀的幸存者可能会努力族群化所谓的"兄弟"们，以回应他们遭受的集体族群迫害。我们的故事因此展现出了一套彼此相关的族群化进程组合，它们都开始于这个多族群社区里以族群为目标的暴力的爆发：施害者将族群性铭刻在了受害者身上，而受害者反过来也可以内化这种外部强加的族群归类，并通过报复行为，再将族群性强加在最初的施害者身上。然而，族群化也能在施害者／受害者群体的内部迅速传播开来，因为暴力行为和暴力威胁既可以用来针对族群"他者"，也可以针对"兄弟"。

在多族群社区内战的背景下，后续的每一波报复性杀戮潮的爆发，都推动了这些认同和边界制造的进程向更加迅速、深入的方向发展。作为对螺旋式暴力的回应，对于对抗性族群边界的感受越发强化，而施害者和受害者的清晰边界也经常开始消失。一批批报复性杀戮的风潮，使得这两种身份合并为一。那些无意卷入暴力及其相关的族群化进程的人，经常完全没有抵抗这种进程的能力。他们如今被越来越多地看作是族群上的敌人，原因仅仅是他们和施害者之间的关联。这种情况一旦开头，他们便可能会在以族群为目标的报复性暴力中沦为打击对象，即使他们事实上对暴行没有责任，而且可能对自己人和他者都没有多少族群性的感情。在这种背景下，"族群冷漠"的空间就迅速而急剧地缩小了。那些仍然渴望在日常生活中淡化族群重要性的人，很快也被迫认清了它的高度重要性，因为对族群的认知如今已经关乎生死。

　　我们对于激发和点燃这些机制的暴力时刻所做的分解和考察，以及对它们的强化、展开和后果的分析中，凸显的是身份的显著性首先已经到处激增起来。其关键之处在于：杀戮行为释放了洪水般的情绪；发现亲属乡邻残碎尸体；与被洗劫焚毁的家园乃至整个村庄的遭遇。这些创伤性的经历能够对自我认同和对他人的识别都造成迅速、激烈的重新定位。族群认同爆发的这种"激增"，有助于我们把握基于族群核心——无论是对"他者"还是"兄弟"——的自我认同在现实中实地发生的微观机制。正如我们在讨论制造"族群冲突"的所需事项时看到的那样，对抗性族群化的激增并不是某种根深蒂固的历史力量将人们驱赶进各个"群体"的结果。相反，它们必须是有意识地通过实实在在的人类行为来制造的，且需要本地层面上强有力的社群建构工作，后者经常是发生在同族群者之间。使之发生的方法之一，是通过讲述暴行故事来在族群内部促进同质化的意识。族群成员之间的威胁，甚至是对所谓"兄弟"的暴力行为，也是行动者经常采用的方法，用来把人们区分成统一的自己人和他人群体。综上所述，这些行为加在一起，便可以制造一种更广泛的区分"我们"和"他们"的对抗性意识。

　　然而，我们的地方性故事中还出现了一些反直觉的东西：族群之间的迫害和杀戮，以及与之相伴的对抗性族群化风潮，也能制

315

造出跨越族群的团结。在跨族群暴力的压力下，多族群社区中的很多成员之间确实能够锻造出更加强大的跨社群密切联系。前暴力时期的联系在某种程度上对于暴力期间社群间团结行为的产生是重要的。但是，最终还是偶然性的机遇决定了人们会不会在这些联系的基础上发起干预行动、保护乡邻。其中的一大关键因素是，社区成员是否认为施害者具有合法的权威，以及他们之前和施害者是否认识。如果其权威被认为不合法，而且跟大家都认识且不大被人看得起，则干预行为就倾向于多发。这种干预发生的地方会萌生出一种意识，认为一个人过去尤其是现在的行为，相比于他所谓的族群类别和跟某个"族群群体"的关系，对于判断他是"兄弟"还是"他者"来说更为重要。报信通知他人逃跑，干预释放囚犯，庇护杀戮幸存者，以及在杀戮活动中直接救人——在族群间暴力的战场上，所有这些行为都有助于跨族群团结成为现实。

这些团结行为以及其造成的族群边界模糊化，经常是跟敌对意识及其相伴的边界强化一样出现在"激增"期间。暴力这把烈火常常能将上述二者都锻造出来，在族群划分的实践和感受中造成快速的改变。我们能看到这些问题，是因为我们不再预先假定人们本来就有着明确的族群身份认同，也不再认为他们会在特定时刻作为一致的"群体"彼此暴力相向，而是转而提出了我们自己的问题：人们是怎么以"族群"性质——或者不以"族群"性质——来看待自己的。

如此一来，我们对于暴力影响认同和社会关系的方式就有了第二个重大发现：暴力时期锻造出了深刻的敌对和团结，这一点又创造出了新的社区形式。以族群为目标的杀戮，对多族群环境中和平的跨社群关系及其社区而言当然是毁灭性的。但是，暴力也并不仅是在长期共存且彼此敌对的族群社群之间发动的毁灭性肉体冲突。暴力还创造出了一套新的本地社群结构。就像我们在这个故事中看到的那样，其中包括：一、实施暴力者；二、沦为暴力对象而幸存下来并寻求报复的人；三、目击暴力但没有参与的人；四、试图干预和制止暴力并成功救出邻人之人。其结果是，冲突之前的地方性社区迅速充满了自我／群体认同的各种强有力的新形态。有些人同时有好几种认同，比如那些先是受害者，后来成为施害者（或者反过来）的人，以及那些被人救过后来又选择救别人（或者反过来）的人。这些新的社群既与族群身份联系在一起（例如乌斯塔沙之于"克族人"和"穆斯林"，起义者之于"塞族人"），同时又反而能超越族群归类（例如所有各族群的乡邻之于"救人者"）。

316

集体暴力的经验提供了背景，让这些新的心理模板得以产生，为这些社群的形成奠定了基础，其中既可能包括对抗性集体归类的意识，也可能出现团结的意识。关键性的行动者能够发挥力量，尤其是通过他们的暴力行为或救助／干预行为，驱动这些心理模板最终形成，让新的社群从中浮现出来。不过，这些新型身份认同形态的成形，也能让我们意识到其他很多人的无能为力。他们可能完全不愿意成为这些社群的一员，然而这种打着某个群体的旗号大肆杀戮产生的社群制造能力很快就有了横扫千军的能量，能够将人们驱赶进他们新近才感受到的"群体"中去。

这些暴力制造出来的社群，是以高度偶然的情境性方式产生的。但是，构成它们的创伤性记忆在日后仍然一直可以是强大有力且可供利用的社群制造工具。如果受害者是以族群为目标造成的，且又是以极具羞辱性的方式被虐待和杀死的，这种行为就会有助于造成明确的的对抗性族群类社群的感受，其记忆将不会轻易消散。反过来，如果人们因同样的原因而沦为杀害对象，却被所谓不同族群的乡邻救了下来，这样的行为就会为人们对所谓的族群"他者"产生出强烈的感恩、温暖和友好的感受提供基础，且同样不会轻易消散。

这些在极端暴力的经历中锻造出来的心理模板，可以被反复利用以便对随后展开的现实进行解释，特别是确定朋友和敌人。当然，地方性社群间暴力产生出的社群意识可能不会长期持续；后冲突时期的政府或许会致力于突出其中一些人而抑制另外一些人，就像库伦瓦库夫地区的政府机构做的那样，他们特别致力于抑制在当年的对抗中创造出来的社群的公开表达。然而，其他的本地行动者，如父母、宗教领袖和本地暴力参与者，可能同样也会致力于保存非官方的对抗性群体认同形式。这些议题之间的冲突会成为一场持续的斗争，而且可能会对今后的本地政治及日常生活的机制产生非常重要的影响。要通过宏观分析来识别这些冲突是很不容易的，甚至是完全不可能的；而当我们把分析焦点转向中观特别是微观层面时，它们就会栩栩如生地显现出来。正是在这种分析层面上，我们能够领会到，社群间暴力的经历和记忆在社群建构中成了一种极为强大的力量。

理解了暴力在制造新的社会身份认同形态时所拥有的这种力量，我们就得出了第三个发现。不但族群间杀戮能够生成出"反民族主义"的社群，而且持续的暴力还能推动其成员发展出克制、回避、制止族群间杀戮的有力策略。就像我们注意到的那样，那些采用了对抗性集体归类的新型精神模板的人，并不是在真空中促发社群间杀戮风潮的。他们的暴力可能会造成这样一种结果，即另外一些被我们称为"克制派"的人会做出努力，要以人们的行为而非族群归属对他们做出区分。因此，社群间暴力深刻的极化效果，也可能有助于在反对暴力的人之间生成某些具体的克制手段。

要解释这些克制派的出现，前冲突时代的因素（即人口地理、经济发展、先前的政治冲突和活动等）可能非常重要，因为它们或许为这样一个群体的形成创造了某种环境，使其拥有了或大或小的潜能。[26] 然而，我们的故事说明，对于克制派在特定时间地点的出现，至关重要的仍然是暴力的内生性机制。这是因为，在内战的背景下，这些力量经常具有高度的机动性（也就是各类游击武装），在很大程度上减弱了前冲突因素的重要性，因为这些因素多根植于某个特定地区的一系列因素。是地方性的视角让我们辨别出了这些力量的形成和行动。

特别是，通过研究克制的机制，以及其主张者与主张升级者之间的互动，我们得以更多地了解，是什么在地方层面上驱动了杀戮。克制在以下情况下倾向于失败：一、其主张者没有时间筹备自己的军事行动，也就无法精心挑选倾向克制的战士；二、主张者以前缺少或者毫无组织该部队活动的经验，因此在本地战士之间没有建立权威的基础；三、关键的克制派人士不在场或者被杀了。在这些背景下，暴力之所以会升级，并不仅是源于主张升级者的渴望（比如对复仇、实现军事目标等的渴望等），也因为他们成功地战胜了克制派人士，或者后者以某种方式自行边缘化了。

接下来，对于有兴趣解释群体性暴力机制的人来说，在特定的背景下，光是分析施害者的意识形态、计划和行动还是不够的。我们还必须考虑到，为什么他们的敌对者——名义上和他们"站在同一边"的克制派——事实上没能成功地发动抵制，无论是因为策略错误、情境性的缺席、缺乏实力还是其他因素。在我们对克制派和升级派经常是同时做出的努力进行分析时，我们对于暴力就有了一种更好的总体性理解。在更广泛的意义上，我们能够达至这种新的方法论视野，是因为看到了社群间暴力能制造出克制的力量，这种力量在何时出现和冲突，其结果最终决定了杀戮是否会升级。

我们在研究克制时，一旦把注意力从非国家的行动者（比如散兵游勇的队伍）转移到国家政府克制和制止暴力的尝试上，就有了第四个重大发现：暴力能创造出权力的新形式和新配置，尤其是在地方层面上。我们的故事为我们带来了一个难题：既然倾向于迫害的国家级强大行动者在多数群体性暴力发生的解释中都位居中心，

318

为什么在某些背景（比如克独国）中，中央政府却似乎没有能力克制和制止他们自己发动的暴力？一个国家机器，特别是克独国这种弱小国家机器的结构中，巨大的自治权（因而还有权力）可以被交给地方上的领导人及其追随者。如果不对这种国家将权力分配给地方性社区中的政权支持者的特殊方式予以特别关注，就很难增进我们对后续的迫害机制与暴力的理解。

对于暴力和权力之间的关系，我们的故事又揭示了什么更普遍的东西？暴力可以被总结为一种行为模式，手握重权的人用它来达成特定的意识形态、军事和政治上的目标；在另一种情况下，暴力也可能来自反叛者和非国家行动者，他们通过发动武装冲突，把本已存在的权力从国家政权那里夺取到自己手中。然而，我们的当地研究还显示了一种与此不同的机制：通过行使暴力，可以迅速将某种新形式的地方性权力集中到手中。杀戮和劫掠制造了新的权力来源，因此也制造了新的权力配置。国家上层精英能为中观和微观层面上的行动者和群体赋予权力，让他们实施暴力。如此一来，这些行动者可能就会迅速创造出新型的地方性权力，在国家政权弱小时更是如此。此外，他们还可能以违背上层精英利益的方式将暴力升级。就这样，弱小的国家政权在宏观层面上的暴力转向，可能会迅速地变成一种代价巨大、严重破坏稳定的政策选择。

这不仅是因为群体性暴力会激发受害者群体的反抗。这样的一
319　个国家机器还可能会迅速对自己在地方上的暴力工具失去其强大的控制力，因为后者一旦被赋予权力，就可能会通过自身的暴力行为，迅速汇聚起出人意料的巨大权力。这种机制有助于我们解释地方性暴力的差异性。在弱小的国家机器下，地方层面上的暴力一旦发动起来，中央和地区级的政权要迅速制止就不总是那么容易了。这种暴力能带来意料之外的后果，比如在一些中央政府并未下令屠杀的时间和地点却会发生这样的事情；而且，这又会令本已脆弱不堪的

国家政权进一步遭到动摇。不过有一点值得记住：国家权威的这些形形色色的裂痕纯属自食其果。受害者群体或许能成功地还击，从而让他们认清自己的脆弱。但是，地方上的国家行动者持续地发动杀戮和劫掠只会适得其反，从而在自己的社区里集聚更大的权力并更加大胆起来，也更敢于无视上级要求他们克制的命令。

最后，我们的故事还生动地展示出，社群间的暴力是怎样在地方层面上让一种新型的后冲突民族主义——也就是所谓的"突发的民族性"——浮现出来的。这种对抗性的族群意识以及其在特定时刻突然提高的显著性，其根源可能就在于既有的地方性冲突留下的经历和记忆。我们在这里采用了一种叫"事件性分析"的方法，并在以此研究本地冲突时分辨出，偶然的、意料之外的事件是怎样激烈而突然地改变了社会关系。我们看到了本地事件怎样激发了以创伤性的暴力记忆和经历为基础的集体族群划分的心理模式和类型，也就能更好地理解，民族性怎样迅速成为人们用来理解正在发生的现实的主要视角。那些企图点燃突发的民族性的人是否会取得成功，要取决于一系列的因素，比如亲戚乡邻们的接受程度，以及来自当局的制裁威胁。但是，无论结果如何，在当地社群间暴力发生后的几十年里，其记忆一旦在冲突时刻被点燃，往往还是具备引发突发的民族性的能力，这一点本身就很惊人。人们在本地社区的民族主义实践中的这些具体的、以高度流动性为特征的微观机制，至今在浩如烟海的民族主义相关文献中较少得到研究，因而也未得到人们的充分认识。

最近，学者投入了很多注意力去解释人们比如在波兰和前奥匈帝国的部分地区对民族主义冷漠无感的原因。[27] 但是，很少有人努力去解释，生活在大规模社群间暴力阴影下的本地社区，为什么也会产生对民族主义的冷漠尤其是抵抗，具体又是怎样产生的。为什么在乡邻之间犯下或经历过族群暴行的环境下，我们也会看到这种无视、反对民族主义的力量？我们这个细节丰富的故事已经反复给出了一个违反直觉的答案：事实上，社群间的极端暴力能够锻造出跨族群的团结，进而为反抗突发的民族性创造基础。因此，这种暴力所生成的就不只是突发的民族性所需的精神模板，而且也有克制它——无论是通过无视还是直接的反抗——的精神模板。人们在本地杀戮中的经历，以及在这种经历期间和他人的互动，常常会成为他们将来是变成升级派还是克制派的终极决定因素。直到杀戮结束后，人们在面对地方性冲突事件产生的突发性民族性时是会选择火上浇油还是予以抵制，往往仍然取决于此。简而言之，暴力的经历为这两种立场都制造了支持者。

我们走进库伦瓦库夫地区这段历史的漫长征途后面对的第二个也是最后的问题，现在可以回答了：在多族群社区里，暴力是怎样影响身份和社会关系的？暴力促成了多种同时发生的转型，使得族群归类和族群边界的含义深度激增，并以此创造了新型的地方性社群。这有助于制造出克制杀戮的力量，同时也制造了促使杀戮升级的新型力量。此外，暴力还创造了新的民族主义微观机制，直到杀戮停止后仍将长期存在。在这种机制中，事件触发的创伤记忆会导向"突发的民族性"的瞬间爆发。这些发现放在一起，就指向了一个最为重要的总体性观点：本地的社群间暴力不只是以一系列方式具备破坏力；而且，它还具有巨大的生成力，能够创造出社会认同和权力配置。

无论是在该地区还是世界其他地方，这个观点都给了我们一些讲述惨遭暴力破坏的多族群社区历史的新方法。我们在本书尾声部分的开头处看到的三幅画面——1981年库伦瓦库夫的纪念碑揭幕时的沉默和选择性公共记忆；1992年乌纳河大桥上的挑选；以及当下深远的族群化记忆图景——乍看之下提供了三种思考过去的方式：

"族群群体"应该是我们首要的历史行动者；人们要么是施害者，要么是受害者／烈士；为了制造受害者或迫害的历史，暴力事件会被刻意安排，有时还被抹去。在这场旅程的尽头，我们已经找到了超越这些假设的方法。与其将"族群群体"视为暴力行为的首要行动者，我们不如这样发问："这些行为是怎样制造、消除然后又重造了这些'群体'的族群化认知？"与其把人们区分成施害者和受害者／烈士，我们不如这样发问："在特定的时间地点，是什么吸引了某些人去对邻人发动族群迫害？"与其用二元对立的语言去看待和整理历史，认定甲族群群体"始终"把乙族群群体作为打击对象（或者反过来），我们不如这样发问："那些使用暴力来达成种种目标的人，最终是怎样制造出了'族群暴力'这一普遍认知？"

　　最后，这段被发掘的历史告诉我们，多族群社区的冲突和暴力经常**不同于**其表面样貌。这种**暴力作为一种生成力**（这是这段故事反复生动地向我们展示出的）的观念，不只是要对库伦瓦库夫这样一个横跨波黑和克罗地亚、很大程度上不为人知的地区的冲突机制提出一种历史学观点。它事实上也是我们超越当下僵局的方法，在眼下世界很多地方，这种僵局都在深刻地塑造着学术、政治和日常生活：族群分类在日常实践中仍然无处不在，而且人们普遍没有能力为历史分析构想出新的分类方式。在我们的故事中，身份认同、民族主义和记忆常常不是毁灭如此多人生活的暴力的起因；相反，选择使用暴力的人少之又少，是他们通过暴力创造和重造出了高度对抗性的身份认同、民族主义和记忆的形态。今天，在这一地区和世界其他类似地区，它们在许多人的生活中依旧占据着重要位置，使得某种族群分裂的现实和未来看似无可避免。对历史意识的断裂感之形成缺乏理解，就使得当下和未来发生改变的可能性大受局限。

　　要更进一步，我们或许需要先回头看一看，重新考虑我们讲述这段暴力往事的方式。地方性的社群间暴力是各个生活层面上人类选择的结果，从极端主义的上层精英，到与我们吵嘴并分食面包的邻人。库伦瓦库夫的故事要求我们不只把这种暴力看作是"民族主义""族群群体"和"族群冲突"的后果，尽管很多人都想将这种因果关系加诸其上。这个故事要求我们直面这样一种观念：很大程度上，其实是暴力生成了这些概念，加强了它们的显著性，使它们在特定的时刻变得重要起来。最后，面对这个巴尔干社区的这段历史，以及世界上其他有过暴力往事的地区的历史，我们必须去尽力解决一个更大、更令人不安的问题：这种熟人之间的暴力，以及我们讲述的关于它的历史，能否最终成为一个我们都掌握在自己手中的选择？

致谢

本书的起点，是我意外地获准进入一家档案馆的地下仓库15分钟，结果碰巧遇到了一捆装订破损不堪的重要文件。我在手电筒的灯光下发现它们并在之后认真阅读时，感觉自己仿佛正攀上沙丘，眺望宽广的海洋。我几乎能感到一股暖风在我身后加速。我想要驾驶自己想象中的航船，以尽可能快的速度扬帆远航，去追寻这个故事。在那堆故纸里，我已经能够窥见这个故事引人入胜的轮廓。本书能够诞生，有赖于那些让这类时刻成为可能的人和机构。正是他们帮助我做好准备，在稍纵即逝的机会之窗关闭前抓住机遇，去发现新的东西。在发掘和写作这段历史的漫长荆棘之路上，是他们在支持着我，激励我坚持到底，直到完成这个项目。

在财务支持方面，我要感谢哈利·弗兰克·古根海姆基金会、国际研究与交流委员会、美国学术协会理事会、美国历史协会、富布赖特项目和美国国务院、美国国际教育委员会、安大略省政府、魁北克省社会及文化研究基金、多伦多大学和康科迪亚大学。我还要特别感谢詹姆斯·M. 斯坦福（James M. Stanford）

先生，他对我研究种族清洗与人权的慷慨支持使得本书成为可能。至于我的研究阐述，我负有全部责任，与上述所有机构和个人无关。

本书能够写成，也得到了很多大学者的指导。在匹兹堡，是奥里西亚·卡拉平卡（Orysia Karapinka）、尼尔·加尔珀恩（Neal Galpern）、比尔·蔡斯（Bill Chase）、亚历山大·奥巴赫（Alexander Orbach）、丹尼森·拉西诺（Dennison Rusinow）和亚历杭德罗·德·拉·富恩特（Alejandro de la Fuente）帮忙为本书打下了基础，还有迈克尔·F. 希门尼斯（Michael F. Jiménez），他提供了很多其他帮助。在多伦多，林恩·维奥拉（Lynne Viola）提供了极佳的学术模型，而且一直给我以启发。德雷克·潘思拉（Derek Penslar）、杰夫·柯普斯坦恩（Jeff Kopstein）、多里斯·伯尔根（Doris Bergen）帮助我拓宽了视野。自从任教于蒙特利尔的康科迪亚大学以来，我有幸遇到了一些在暴力和民族主义领域从事前沿研究的出色学者。斯科特·施特劳斯（Scott Straus）慷慨地阅读了我的作品，分享了他深厚的知识，并给了我持续的启发。爱丁·哈依达尔帕希奇（Edin Hajdarpašić）给这部书稿提供了丰富而极具助益的反馈，展现了他对巴尔干、南斯拉夫和波斯尼亚历史的广博知识。叶甫根尼·芬克尔（Evgeny Finkel）作为一位出色的政治学评论家阅读了书中的每一个字，既评鉴了我作为历史学家的工作，也推动我做出更为深入的社会科学分析。阿纳斯塔西娅·谢斯特里尼纳（Anastasia Shesterinina）对整部手稿的反馈深具洞察力，强化了其分析力度。尼基察·巴里奇（Nikica Barić）对我发给他的一切内容都有慷慨回应，他对各档案馆的了解无人能比，因而为我提供了极为专业的评论，而且还不厌其烦地给我寄送书籍、文章和出现在本书地图中的精彩资料。我也感激玛利亚·托多罗娃（Maria Todorova）、查尔斯·金（Charles King）、狄奥多拉·德拉格斯迪诺瓦（Theodora Dragostinova）、阿列克斯·托什科夫（Alex Toshkov）和戴夫·格拉赫（Dave Gerlach）这些年来的建议和帮助。

本书部分章节曾经有幸提交至多个会议和工作坊，从中受益良多。受众的提问磨炼了我的观点和论点。我特别感激那些邀请我去耶鲁大学的"秩序、冲突与暴力项目"、威斯康星大学麦迪逊分校的"俄国、东欧与中亚中心"，以及俄亥俄州立大学举办的"超越清真寺、教堂和国家：对巴尔干的宗教与民族身份认同的协商"会议上演讲的人们。

康奈尔大学出版社的罗杰·海顿（Roger Haydon）对本项目的信任，以及他的学术素养和支持，使得完成本书出版的环节激动人心、令人振奋。我很感激他选取的两位匿名读者，他们思想深刻，与书稿密切互动，使我得以在一系列关键地方做出改进。我要特别感谢凯伦·劳恩（Karen Laun）和苏珊·巴奈特（Susan Barnett），她们为这本书的出版做了绝佳的准备工作。比尔·尼尔森（Bill Nelson）凭借专业技术把我的扫描件、潦草的手记和手绘转制成了我长期以来想象中的地图。我也很感谢牛津大学出版社，他们允许我将自己的论文《突发的民族性：二战后波黑跨社群关系的微观机制》（"Sudden Nationhood: The Microdynamics of Intercommunal Relations in Bosnia-Herzegovina after World War II"）的部分章节收入本书，该论文曾发表于《美国历史评论》第118卷第3期（2013年6月），第679—707页。

本书的面世还有赖于一批卓越的档案管理员和图书馆员。我感激每一位在我做研究的机构协助过我的人。在萨格勒布，布拉妮斯拉娃·"佐娅"·沃伊诺维奇（Branislava "Zoja" Vojnović）教给我的东西不亚于任何一位学者，也许还要更多；她对历史和资料来源的了解令我深受震撼和启发。日常事务全仰仗安格莉卡·米利奇（Angelika Milić），当别人束手无策的时候，她总能把事情搞定。在巴尼亚卢卡，我有幸遇到了与我志趣相投的韦里卡·斯托希奇（Verica Stošić），其在理解过去方面的专业能力和深厚热情推动了我前进的脚步。她的徒弟弗拉丹·武克利什（Vladan Vukliš）给了我对未来的希望。在比哈奇，菲克雷特·米季奇（Fikret Midžić）竭尽全力想阻止本书的故事重见天日，而阿西娅·菲兰（Asija Filan）则挺身而出伸出援手，使我得以进一步研究，这都是出于她的善意和慷慨。尼亚齐亚·马斯拉克（Nijazija Maslak）在当地博物馆为我提供了一间有柴火炉的房间，让我能安静地继续我的工作。婕尼塔·哈利拉吉奇（Dženita Halilagić）帮忙找信息源、打电话，令我的工作数次绝处逢生，而且很能逗人开心，令我宾至如归。在萨拉热窝，米娜·库约维奇（Mina Kujović）和法赫鲁丁·库伦诺维奇（Fahrudin Kulenović）掌握了丰富的资料来源，帮助我迈出了最初的几步。沙班·扎希罗维奇（Šaban Zahirović）慷慨地开放材料，打开了激动人心的新鲜视野。桑德拉·比莱蒂奇（Sandra Biletić）在档案馆提供了无尽的帮助，带来了希望和很多欢笑。在贝尔格莱德，因为马丽娜（Marina）、德拉加娜（Dragana）、米加（Mića）、苏珊娜（Suzana）、娜达（Nada）、博罗（Boro）、戈兰（Goran）、玛丽安娜（Marijana）和莉莉亚娜（Ljiljana），档案馆不仅是探索往事的乐土，还是家园。

　　本研究的很多部分是在官方机构以外的地方展开的。在库伦瓦库夫和它周围的村子里，我遇到了很多出色的人物，他们对我的工作给予了热情支持。其中包括娜塔莎·"迪娜"·卡迪奇（Nataša "dina" Kadic），我淘气的老朋友）！她启发了我，教会我怎样从各个复杂层面认识人。穆罕默德·阿纳多拉茨（Mehmed Anadolac）的地方性知识以及他的温和慷慨为我打开了通往过去的窗户，那是我自己不可能发现的。德尔维什·德尔维舍维奇分享了他的故事，并坚持教授我怎样用一把大刀吃罐头肉。穆罕默德·"茨尔尼"·汉季奇（Muhamed "Crni" Handžić）是我第一次造访库伦瓦库夫时结识的，当时我正走过乌纳河上的大桥，他为我指示了正确的方向。这些人，还有其他很多我做田野时遇到的人，改变了我的生活，使得这本书成为可能。

我深深地感谢佐兰·比巴诺维奇（Zoran Bibanović），他把已故父亲未发表的研究库伦瓦库夫历史的手稿和材料分享给我。他的信任和热情鼓舞了我。萨德塔·易卜拉欣帕希奇（Sadeta Ibrahimpašić）和约瑟普·帕维契奇友善地提供了令人大开眼界的照片，并准许我将之公开。阿巴斯·穆舍塔亲历了这本书讲述的历史，他曾经多次和我谈论它，并分享了他的研究材料。我在比哈奇期间，阿梅拉·穆拉吉奇（Amela Mujagić）一直给我以支持和友谊，也给了我忠告（比如不要光顾察津的迪厅）。亚斯娜·卡劳拉（Jasna Karaula）对我的研究路数心领神会，在我前进的道路上提供了温暖和专业知识。这本书的写作如果离开了贝尔格莱德的三位朋友是不可能的：萨莎·伊里奇（Saša Ilić）向我展示了信仰的重要性，也让我知道历史所需要的解释必须像故事一样讲出来。约万·佩沙利（Jovan Pešalj）介绍了贝尔格莱德的知识分子地图，这和他对过去的本能热情一样令人难忘。萨莎·格拉莫查克（Saša Glamočak）是我永远的老师，她教我语言，也让我了解到人性，还让我知道了在深夜灯光昏暗的走廊里写作是可能的，只要确有必要。

苏·范·德伦（Sue Van Doeren）和安迪·希恩（Andy Sheehan）在关键时刻带来了光亮。埃莉诺·马莱特（Eleanor Mallet）是本书的第一个和最后一个读者。她的编辑魔法总能让我本已做到最好的作品再有改进。我的父母从未想过会对巴尔干的一个小角落有如此多的了解，但他们对我的无尽支持和对世界的动人好奇心，使得他们自己也吸收了我强烈的兴趣。在前路渺茫的时刻，是他们在提醒我坚持前行。

艾拉（Ayla）意外地出现在研究和写作本书过程中的一个夏夜，从此一直带来欢乐和笑声。我希望她永远都能教给我什么才是最重要的东西。

注释

引言

1 Arhiv Bosne I Hercegovine（以下简称 ABiH），Fond Saveza Udruženja boraca Narodnooslobodilačkog rata Bosne I Hercegovine（以下简称 SUBNOR BiH），Republički odbor, Pov. Br. 05–7/83, June 20, 1983, 1–2; Pregled stratišta i žrtava terora u Bosni I Hercegovini, September 1985,1.

2 Ibid., Osvrt na pregled stratišta i žrtava fašističkog terora i njihove obilježenosti u Bosni i Hercegovini, November 1986, 4; Pregled stratišta I žrtava terora u Bosni i Hercegovini, September 1985, 2, 4–5; Obrazloženje tebele（文件未注日期，很可能是 1985 年 6 月），5.

3 Esad Bibanović, "Kulenvakufski komunisti u radničkom pokretu i ustanku," *in Bihać u novijoj istoriji (1918–1945): Zbornik radova sa Naučnog skupa održanog u Bihaću 9. i 10. oktobra 1986. godine,* ed. Galib, Šljivo, 2 vols. (Banjaluka: Institut za istoriju u Banjaluci, 1987), 1: 419–466; Dušan Lukač, Ustanak u Bosanskoj Krajini (Belgrade: Vojnoizdavački zavod, 1967), 191–192.

4 有一本书算是例外，是一部回忆录性质的新闻类著作，并非基于丰富的档案研究写成：Slavko Goldstein, *1941., godina koja se vraća* (Zagreb: Novi Liber, 2007)；英译本 *1941: The Year That Keeps Returning*，译者是 Michael Gable 和 Nikola Djuretic (New York: New York Review of Books, 2013)。

5 关于更广泛的克独国暴力，可参见 Savo Skoko, *Pokolji hecegovačkih Srba '41.* (Belgrade: Stručna knjiga, 1991); Nikola Živković & Petar Kačavenda, *Srbi u Nezavisnoj Državi Hrvatskoj: izabrana dokumenta* (Belgrade: Institut za savremenu istoriju, 1998); Vladimir Dedijer & Antun Miletić, eds., *Genocid nad Muslimanima, 1941–1945: zbornik dokumenata i svjedočenja* (Sarajevo: Svjetlost, 1990); idem, *Proterivanje Srba sa ognjišta, 1941–1944:*

svjedočanstva (Belgrade: Prosveta, 1989); Smail Čekić, *Genocid nad Bošnjacima u Drugom svjetskom ratu: dokumenti* (Sarajevo: Udruženje Muslimana za antigenocidne aktivnosti, 1996); Šemso Tucaković, *Srpski zločini nad Bošnjacima-Muslimanima 1941–1945* (Sarajevo: El-Kalem, 1995); Zdravko Dizdar i Mihael Sobolevski, *Prešućivani četnički zločini u Hrvatskoj i Bosni i Hercegovini 1941.–1945.* (Zagreb: Hrvatski institut za povijest, 1999); Slavko Vukčević, ed., *Zločini na jugoslovenskim prostorima u Prvom i Drugom svetskom ratu. Zbornik dokumenata*（以下简称 Zločini）(Belgrade: Vojno-istorijski institut, 1993); 关于本书研究的克独国地区的暴力, 可参见 Milan Vukmanović, *Ustaški zločini na području Bihaća u ljeto 1941. godine* (Banja Luka: Institut za istoriju u Banjaluci, 1987); Josip Jurjević, *Pogrom u Krnjeuši 9. i 10. kolovoza 1941. godine* (Zagreb: Vikarijat Banjalučke biskupije, 1999); Milan Obradović, "Zločini na kotaru Donji Lapac od 1941. do 1945.," in *Kotar Donji Lapac u Narodnooslobodilačkom ratu 1941–1945*, ed. Gojko Vezmar & Đuro Zatezalo (Karlovac: Historijski arhiv u Karlovcu, 1985); Josip Pavičić, ed., *Dossier Boričevac* (Zagreb: Naklada Pavičić, 2012); Milan Štikavac, "Krvavo lapačko ljeto," in *Ratna sjećanja iz NOB, knjiga I*, ed. Esad Tihić & Momčilo Kalem (Belgrade: Vojno-izdavački zavod, 1981), 599–616; Ilija Rašeta, *Kazivanje pobjednika smrti* (Zagreb: Grafički zavod Hrvatske, 1988)。

324

6   Timothy Snyder, *Bloodlands: Europe between Hitler and Stalin* (New York: Basic Books, 2010)

7   可参见 Mark Mazower, "Timothy Snyder's Bloodlands," *Contemporary European History*, 21, no. 2 (2012): 117–123; Omer Bartov, "Bloodlands: Europe between Hitler and Stalin (Book Review)," *Slavic Review* 70, no. 2 (2011): 424–428; Christian Gerlach, "Bloodlands: Europe between Hitler and Stalin (Book Review)," *American Historical Review* 116, no. 5 (2011): 1594–1595。

8   可参见 Živković & Kačavenda, *Srbi u Nezavisnoj Državi Hrvatskoj*。

9   关于库伦瓦库夫大地区, 可参见 Ana Došen, *Krnjeuša u srcu i sjećanju* (Rijeka: Matica hrvatska, 1994); idem, *To je bilo onda* (Zagreb: Došen, self-published, 2006); Jurjević, *Pogrom u Krnjeuši*; Pavičić, ed., *Dossier Boričevac*; Mujo Begić, *Zločini ustanika u Ljutočkoj dolini 1941. godine* (Sarajevo: Institut za istraživanje zločina protiv čovječnosti i međunarodnog prava Univerziteta u Sarajevu, 2013)。

10   可参见 Dizdar & Sobolevski, *Prešućivani četnički zločini u Hrvatskoj i Bosni i Hercegovini*; Skoko, *Pokolji hecegovačkih Srba '41.*; Živković & Kačavenda, *Srbi u Nezavisnoj Državi Hrvatskoj*; Čekić, *Genocid nad Bošnjacima u Drugom svjetskom ratu*; Tucaković, *Srpski zločini nad Bošnjacima-Muslimanima*; Došen, *Krnjeuša u srcu i sjećanju*; idem, *To je bilo onda*; Jurjević, *Pogrom u Krnjeuši*; Pavičić, ed., *Dossier Boričevac*。

11   Dizdar & Sobolevski, *Prešućivani četnički zločini u Hrvatskoj i Bosni i Hercegovini*, 104.

12   在南斯拉夫各语种的克独国研究中, 有些重大研究并不是这样的; 不过, 它们更关注这个国家的建立、其领导人的历史以及他们的意识形态和政策, 而不太关心暴力问题。可参见 Fikreta Jelić-Butić, *Ustaše i Nezavisna Država Hrvatska, 1941–1945.* (Zagreb: Sveučilišna naklada Liber i Školska knjiga, 1977); Bogdan Krizman, *Ante Pavelić i Ustaše* (Zagreb: Globus, 1978)。

13   Donald Horowitz, *The Deadly Ethnic Riot* (Berkeley: University of California Press, 2001), 2–3.

14 参见 Tara Zahra, "Going West," *East European Politics and Societies* 25, no. 4 (2011): 785–791。

15 关于萨拉热窝在战争时期的生活，参见 Emily Greble, *Sarajevo, 1941–1945: Muslims, Christians, and Jews in Hitler's Europe* (Ithaca, NY: Cornell University Press, 2011) ; 关于乌斯塔沙和切特尼克的政策和实践，参见 Tomislav Dulić, *Utopias of Nation. Local Mass Killing in Bosnia-Herzegovina, 1941–1942* (Uppsala: Uppsala University, 2005); Alexander Korb, "Understanding Ustaša Violence," *Journal of Genocide Research* 12, nos. 1–2 (2010): 1–18; 对于寇伯在克独国暴力问题上的看法，可参见更详尽的分析 : idem, *Im Schatten des Weltkriegs. Massengewalt der Ustaša gegen Serben, Juden und Roma in Kroatien 1941–1945* (Hamburg: Hamburger Edition, 2013); 关于游击队员和切特尼克，可参见 Marko Atilla Hoare, *Genocide and Resistance in Hitler's Bosnia: The Partisans and the Chetniks* (Oxford: Oxford University Press, 2006); 关于克独国政权的文化政治，可参见 Rory Yeomans, *Visions of Annihilation: The Ustasha Regime and the Cultural Politics of Fascism, 1941–1945* (Pittsburgh: University of Pittsburgh Press, 2013)。

16 Stathis Kalyvas, "The Urban Bias in Research on Civil Wars," *Security Studies* 13, no. 3 (2004), 160–190, here 166.

17 可参见 Yang Su, *Collective Killings in Rural China during the Cultural Revolution* (Cambridge: Cambridge University Press, 2011); Lee Ann Fujii, *Killing Neighbors: Webs of Violence in Rwanda* (Ithaca, NY: Cornell University Press, 2009); Séverine Autesserre, *The Trouble with the Congo: Local Violence and the Failure of International Peace Building* (Cambridge: Cambridge University Press, 2010); Omar Shahabudin McDoom, "Who Killed in Rwanda's Genocide? Micro-Space, Social Influence and Individual Participation in Intergroup Violence," *Journal of Peace Research* 50, no. 4 (2013): 453–467; idem, "Antisocial Capital: A Profile of Rwandan Genocide Perpetrators' Social Networks," *Journal of Conflict Resolution* 58, no. 5 (2014): 866–894。

18 参见 Jan T. Gross, *Neighbors: The Destruction of the Jewish Community in Jedwabne, Poland* (Princeton, NJ: Princeton University Press, 2001); 关于东加利西亚，参见 Shimon Redlich, *Together and Apart in Brzezany: Poles, Jews, and Ukrainians, 1919–1945* (Bloomington and Indianapolis: Indiana University Press, 2002); Omer Bartov, "Communal Genocide: Personal Accounts of the Destruction of Buczacz, Eastern Galicia, 1941–1944," in Omer Bartov and Eric D. Weitz, *Shatterzone of Empires: Coexistence and Violence in the German, Habsburg, Russian, and Ottoman Borderlands* (Bloomington and Indianapolis: Indiana University Press, 2013), 399–420。

19 另可参见 Goldstein, 1941, 这是克独国领域唯一一与之相当的著作，但也不是基于丰富的档案研究写成的。

20 可参见 Dulić, *Utopias of Nation*; Korb, "Understanding Ustaša Violence。"

21 马克·比翁迪奇（Mark Biondich）的著作是一个重要的例外，他虽然没有探讨杀戮的话题（他分析的是克独国的宗教转化政策及实践），但却阐明了农村地区的地方领导人有很大的自主权，可以根据自身需要制定政策。参见 Mark Biondich, "Religion and Nation in Wartime Croatia: Reflections on the Ustaša Policy of Forced Religious Conversions, 1941–1942," *Slavonic and East European Review* 83, no. 1 (2005), 71–116。

22 Vojni arhiv（以下简称 VA ），Fond Nezavisne Države Hrvatske（以下简称 NDH ），kut. 85, f. 11, dok. 45, Zapovjedništvo vojne krajine Zapovjedništvu bosanskog divijskog područja, Situacija u Jajcu, September 30, 1941, 1.

23 Hrvatski državni arhiv（以下简称 HAD ），Fond 306, Zemaljska komisija za utvrđivanje zločina okupatora i njihovih pomagača（以下简称 ZKUZ ）(Hrvatska), kut. 245, Zh. br. 11,639–11,651, Okružna komisija za utvrđivanje zločina okupatora i njihovih pomagača（以下简称 OKUZ ）za Liku, Zapovjedništvo posade Bihać Zapovjedniku Gospićkog oružničkog krila, Izvještaj o događajima na teritoriji kotara Donji Lapac, July 5, 1941, 1.

24 Omer Bartov, "Eastern Europe as the Site of Genocide," *Journal of Modern History* 80, no. 3 (2008): 557–593; idem, "Seeking the Roots of Modern Genocide: On the Macro- and Microhistory of Mass Murder," in *The Specter of Genocide: Mass Murder in Historical Perspective, ed. Robert Gellately and Ben Kiernan* (Cambridge: Cambridge University Press, 2003), 75–96.

25 参见 Dulić, *Utopias of Nation*; Marko Atilla Hoare, "Genocide in the Former Yugoslavia before and after Communism," *Europe-Asia Studies* 62, no. 7 (2010): 1,193–1,214; idem, *The Bosnian Muslims in the Second World War: A History* (London: Hurst, 2013); idem, *Genocide and Resistance in Hitler's Bosnia*; Greble, *Sarajevo*。

26 这方面文献的新近综述参见 Benjamin Valentino, "Why We Kill: The Political Science of Political Violence against Civilians," *Annual Review of Political Science* 17 (2014): 89–103; Charles King, "Can There Be a Political Science of the Holocaust?" *Perspectives on Politics* 10, no. 2 (2012): 323–341; 关于种族屠杀研究的专门综述，参见 Peter B. Owens, Yang Su, David A. Snow, "Social Scientific Inquiry Into Genocide and Mass Killing: From Unitary Outcome to Complex Processes," *Annual Review of Sociology* 39, no. 4 (2013): 4.1–4.16。

27 这方面最重大的著作是 Stathis Kalyvas, *The Logic of Violence in Civil War* (Cambridge: Cambridge University Press, 2006)。

28 可参见 Diana Dumitru and Carter Johnson, "Constructing Interethnic Conflict and Cooperation: Why Some People Harmed Jews and Others Helped Them during the Holocaust in Romania," *World Politics* 63, no. 1 (2011), 1–42; Jeffrey Kopstein and Jason Wittenberg, "Deadly Communities: Local Political Milieus and the Persecution of Jews in Occupied Poland," *Comparative Political Studies* 44, no. 3 (2011), 259–283; Su, *Collective Killings in Rural China*。

29 Scott Straus, "Retreating from the Brink: Theorizing Mass Violence and the Dynamics of Restraint," *Perspectives on Politics* 10, no. 2 (2012), 343–362; idem, *Making and Unmaking Nations. War, Leadership, and Genocide in Modern Africa* (Ithaca, NY: Cornell University Press, 2015), 尤其是第二章。

30 Laia Balcells, "Rivalry and Revenge: Violence against Civilians in Conventional Civil Wars," *International Studies Quarterly* 54, no. 2 (2010), 291–313; Horowitz, *The Deadly Ethnic Riot*, 15.

31 可参见 Veena Das, "Collective Violence and the Shifting Categories of Communal Riots, Ethnic Cleansing, and Genocide," in *The Historiography of Genocide*, ed. Dan Stone (New

326

York: Palgrave Macmillan, 2008), 93–127; Glenn Bowman, "The Violence in Identity," in Bettina E. Schmidt and Ingo W. Schröder, *Anthropology of Violence and Conflict* (London: Routledge, 2001): 25–46; Stephen C. Lubkemann, *Culture in Chaos. An Anthropology of the Social Conditions in War* (Chicago: University of Chicago Press, 2008); Elisabeth Jean Wood, "The Social Processes of Civil War: The Wartime Transformation of Social Networks," *Annual Review of Political Science* 11 (2008): 539–561; Kalyvas, *The Logic of Violence in Civil War*; idem, "Ethnic Defection in Civil War," *Comparative Political Studies* 41, no. 8 (2008): 1,043–1,068; Nicholas Sambanis & Moses Shayo, "Social Identification and Ethnic Conflict," *American Political Science Review* 107, no. 2 (May 2013): 294–325。

32　可参见 Scott Straus, "The Historiography of the Rwandan Genocide," in *The Historiography of Genocide*, ed. Stone, 527–528。

33　Rogers Brubaker, *Nationalism Reframed: Nationhood and the National Question in the New Europe* (Cambridge: Cambridge University Press, 1996), 13–22.

34　Marshall Sahlins, "The Return of the Event, Again," in Marshall Sahlins, *Culture in Practice. Selected Essays* (New York: Zone Books, 2000), 293–352; William H. Sewell Jr., "Three Temporalities: Towards an Eventful Sociology," in *The Historic Turn in the Human Sciences*, ed. Terrence J. McDonald (Ann Arbor: University of Michigan Press, 1996), 245–280.

第一章　社区用词 327

1　Sir Arthur J. Evans, *Illyrian Letters. A Revised Selection of Correspondence From the Illyrian Provinces of Bosnia, Herzegovina, Montenegro, Albania, Dalmatia, Croatia, and Slavonia, Addressed to the "Manchester Guardian" during the Year 1877* (New York: Cosimo Classics, [1878] 2007), 114.

2　Lični arhiv Esada Bibanovića（以下简称 LAEB）, Esad Bibanović, "Kulen Vakuf. Svjedočanstvo jednog vremena" (unpub. ms., private collection, Sarajevo), 3–6, 19–20; *Krajina: list Saveza socijalističkog radnog naroda bihaćkog sreza*, "Kulen Vakuf," June 18, 1964, 4; Nijazija Maslak, et al., *Turističke informacije. Stari gradovi općine Bihać* (Bihać: Općina Bihać, 2008), 26. 关于这种宗教捐款在波斯尼亚和黑塞哥维那地区伊斯兰教生活中有着怎样的重要性，可参见 Muhamed Hadžijahić et al., *Islam i Muslimani u Bosni i Hercegovini* (Sarajevo: Svjetlost, 1977), 66–68。

3　关于官长辖区的历史，参见 Hamdija Kreševljaković, *Kapetanije u Bosni i Hercegovini* (Sarajevo: Svjetlost, [1953] 1980)。

4　Kreševljaković, *Kapetanije u Bosni i Hercegovini*, 180–182; 关于库伦瓦库夫家族作为波斯尼亚地区最古老、庞大、富有的家族之一的声望，参见 Slavoljub Bošnjak [Ivan Franjo Jukić], *Zemljopis i poviestnica Bosne* (Zagreb: Bèrzotiskom narodne tiskarnice dra. Ljudevit Gaja, 1851), 93; Ivan Kukuljević Sakcinski, *Putovanje po Bosni* (Zagreb: Narodna tiskarnica dr.Ljudevit Gaja, 1858), 32; Husnija Kamberović, *Begovski zemljišni posjedi u Bosni i Hercegovini od 1878. do 1918. godine* (Zagreb: Hrvatski institut za povijest-Zagreb; Institut za istoriju-Sarajevo, 2003), 398–409; LAEB, Bibanović, "Kulen Vakuf," 8–13。

5 关于奥斯曼帝国边缘地区掌权者在推行地方政策中扮演的角色，可参见 Suraiya Faroqhi, "Coping with the Central State, Coping with Local Power: The Ottoman Regions and Notables from the Sixteenth to the Early Nineteenth Century," in *The Ottomans and the Balkans: A Discussion of Historiography*, ed. Fikret Adanir and Suraiya Faroqhi (Leiden: Brill, 2002), 351–382; Frederick Anscombe, ed., *The Ottoman Balkans, 1750–1830* (Princeton, NJ: Markus Wiener, 2006); Metin Heper, "Center and Periphery in the Ottoman Empire: With Special Reference to the Nineteenth Century," *International Political Science Review* 1, no. 1 (1980): 81–105。

6 关于西部边疆的种种事件是怎样激发这种实践的，参见 Edin Hajdarpašić, "Whose Bosnia? National Movements, Imperial Reforms, and the Political Re-Ordering of the Late Ottoman Balkans, 1840–1875" (PhD diss., University of Michigan, 2008), 97。

7 Ibid., 99–100.

8 Evans, *Illyrian Letters*, 104–105.

9 这个词本来并不专指某一个宗教性社群，参见 Ćiro Truhelka, *Historička podloga agrarnog pitanja u Bosni* (Sarajevo: Zemaljska štamparija, 1915), 30–31; 关于波斯尼亚农业问题的历史，特别是 19 世纪中期的转型，参见 Vasilj Popović, *Agrarno pitanje u Bosni i turski neredi za vreme reformnog režima Abdul-Medžida (1839–1861)* (Belgrade: Srpska akademija nauka, 1949)。

10 Hajdarpašić, "Whose Bosnia?," 108, 122.

11 Matija Mažuranić, *A Glance into Ottoman Bosnia or a Short Journey into That Land by a Native in 1839–1840* (London: Saqi, [1842] 2007), 63.

12 关于波斯尼亚这些战事，参见 Galib Šljivo, *Omer-paša Latas u Bosni i Hercegovini, 1850–1852* (Sarajevo: Svjetlost, 1977), 48–71。

13 LAEB, Bibanović, "Kulen Vakuf," 3–6, 19–20; *Krajina*, "Kulen Vakuf," June 18, 1964, 4.

14 Husejn Altić, "Lički muslimani," *Kalendar Narodna uzdanica za godinu 1941.*, godina IX (Sarajevo: Narodna uzdanica, 1941), 97–100; 关于奥斯曼征服前该地区的历史，参见 Branimir Gušić, "Naseljenje Like do Turaka," in *Lika u prošlosti i sadašnosti, zbornik 5*, ed. Branimir Gušić (Karlovac: Historijski arhiv u Karlovcu, 1973), 13–61。

15 Evans, *Illyrian Letters*, 65; LAEB, Esad Bibanović, "Stanovništvo Kulen-Vakufa i okoline kroz istoriju" (unpub. ms., private collection, Sarajevo, 1980), 9, 15–16; 关于奥斯曼时期当地实践中的"基督徒"和"穆斯林"界限的模糊化，参见 F.W. Hasluck, *Christianity and Islam under the Sultans*, 2 vols. (New York: Octagon Books, [1929] 1973)。

16 克利萨和奥拉沙茨就像库伦瓦库夫一样，基本上是对应着国际边界另一边山脊上建起的奥斯曼军事要塞而发展起来的，关于它们的历史可参见 Hamdija Kreševljaković, *Kulen Vakuf* (Sarajevo: Islamska dionička štamparija, 1935), 9–10。

17 Evans, *Illyrian Letters*, 53

18 可参见 Kreševljaković, *Kapetanije u Bosni i Hercegovini*, 186. 也可参见 LAEB, Bibanović, "Kulen Vakuf," 34。

19 Evans, *Illyrian Letters*, 104.

328

20 Ibid., 30.

21 Alessandro Portelli, "The Peculiarities of Oral History," *History Workshop* 12, no. 1 (Autumn 1981): 96–107, here 100.

22 有一位本地学者声称 1873 年当地发生了社群间暴力，但没有给出可供证实的证据，参见 Mujo Demirović, *Bosna i Bošnjaci u srpskoj politici* (Bihać: Ekonomski fakultet, 1999), 270–271。

23 关于 1875 年波斯尼亚叛乱的起源，参见 Milorad Ekmečić, *Ustanak u Bosni, 1875–1878., treće, izmenjeno izdanje* (Belgrade: Službeni list SRJ, [1960] 1996), 23, 25–26, 28, 44–45; Vasa Čubrilović, *Bosanski ustanak, 1875–1878., Drugo izdanje* (Belgrade: Novinsko-izdavačka ustanova Službeni list SRJ, [1930] 1996), 22。

24 Čubrilović, *Bosanski ustanak*, 72–73.

25 可参见 Evans, *Illyrian Letters*, 21, 98–99; 比巴诺维奇曾引用起义者佩罗 · 克雷佐的 "简历"，其中记述了砍下 "土耳其人" 的脑袋送去给戈卢布 · 巴比奇的事。参见 LAEB, Bibanović, "Kulen Vakuf," 26。

26 Evans, *Illyrian Letters*, 3–4, 16.

27 Ibid., 39; 数十年后历史学家利用档案材料写成的记录，与埃文斯的目击报告没什么差别，可参见 Ekmečić, *Ustanak u Bosni*, 101, 121; Čubrilović, *Bosanski ustanak*, 82。

28 Evans, *Illyrian Letters*, 53.

29 Ibid., 77–78.

30 Ibid., 77.

31 Ibid., 104.

32 Ibid., 106.

33 Ibid., 118–119.

34 Ekmečić, *Ustanak u Bosni*, 120.

35 Ibid., 93, 98–99.

36 Ibid., 111

37 Edin Hajdarpašić, *Whose Bosnia? Nationalism and Political Imagination in the Balkans, 1840–1914* (Ithaca, NY: Cornell University Press, 2015).

38 关于穆斯林上层人士对奥匈帝国占领的普遍愤恨，参见 Ekmečić, *Ustanak u Bosni*, 102; 占领库伦瓦库夫地区时貌似有两名穆斯林死亡，而总体上并未普遍发生暴力，参见 Kreševljaković, *Kulen Vakuf*, 24。

39 LAEB, Bibanović, "Kulen Vakuf," 30–31; *Krajina*, "Kulen Vakuf," June 18, 1964, 4. 关于奥匈帝国政府维持奥斯曼帝国时代建立起来的土地所有权模式，参见 Mustafa Imamović, *Pravni položaj i unutrašnjo-politički razvitak Bosne i Hercegovine od 1878–1914* (Sarajevo: Bosanski kulturni centar, [1976] 1997), 49–59。

40 可参见 ABiH, Fond Zemaljske Vlade Sarajevo, kut. 522, fas. 171–193 (1912–1914)。

41 1903 年的火灾烧毁了 96 栋房屋，同时毁掉了整片集市区域（被称为 čaršija）。参见

329

一份 1903 年火灾的报告：ABiH, Fond Zajedničkog ministarstva finansija za Bosnu i Hercegovinu, dok. br. 9784, August 10, 1903, 1–8。

42 Kreševljaković, *Kulen Vakuf*, 3–4.

43 关于 6 月屠杀后哈布斯堡对波斯尼亚塞族社群的感受，以及采取的镇压他们的手段，参见 Jonathan Gumz, *The Resurrection and Collapse of Empire in Habsburg Serbia, 1914–1918* (Cambridge: Cambridge University Press, 2009), 34–43. 关于萨拉热窝暗杀事件后波斯尼亚地区对所谓塞族群体的迫害，特别是针对知识分子和上层政治人士的迫害，可参见一份简述：Vladimir Ćorović, *Bosna i Hercegovina* (Banja Luka: Glas srpski, [1940] 1999), 235–236。

44 关于一战最初几年波斯尼亚和黑塞哥维那地区的社群间暴力，参见 Atif Purivatra, *Jugoslavenska muslimanska organizacija u političkom žœivotu Kraljevine Srba, Hrvata i Slovenaca* (Sarajevo: Bosanski kulturni centar, [1974] 1999), 16–17, 47, note 124. 关于"防卫兵团"族群结构的相关辩论，参见 Ivo Banac, *The National Question in Yugoslavia. Origins, History, Politics* (Ithaca: Cornell University Press, 1984), 367, note 18。

45 政府之所以决定发动土地改革，一大原因似乎是对于 1917 年以后的苏联革命思想可能与高涨的农民情绪合流，从而引发大规模社会政治革命的恐惧。参见 Purivatra, *Jugoslavenska muslimanska organizacija*, 32。

46 关于政府的土地改革法令，参见 Jozo Tomasevich, *Peasants, Politics, and Economic Change in Yugoslavia* (Stanford: Stanford University Press, 1955), 345–347; 关于广义上的南斯拉夫土地改革问题，参见 Milivoje Erić, *Agrarna reforma u Jugoslaviji 1918–1941* (Trebinje: Kultura, 1958); 另参见 Đorđo Krstić, *Agrarna politika u Bosni i Hercegovini* (Sarajevo: Štamparija "Bosanka pošta," 1938)。

47 ABiH, Fond Agrarne direkcije u Sarajevu, kut. 18, Mile i Lazo Tintor Njegovom kraljevskom Visočanstvu Regentu Aleksandru Karađorđeviću u Beogradu, October 12, 1919, 1.

330 48 Ibid., 14,846/20, Agrarna direkcija, Ministarstvu za agrarnu reformu u Beogradu（手写信件未注日期，很可能是 1919 年 10 月），1。

49 Ibid., Alajbeg Kulenović Kotarskom uredu u Bosanskom Petrovcu, October 14, 1919, 1.

50 关于土地改革宣布后针对穆斯林（无论地主还是其他人）的动乱和暴力，参见 Atif Purivatra, "Političke partije prema agrarnoj reformi u Bosni i Hercegovini neposredno poslije 1918. godine," in Atif Purivatra, *Nacionalni i politički razvitak Muslimana. Rasprave i članci* (Sarajevo: Svjetlost, 1969), 220–224, 226。

51 对于针对穆斯林社群暴力的这些解释，参见 Šaćir Filandra, *Bošnjačka politika u XX. stoljeću* (Sarajevo: Sejtarija, 1998), 57; Safet Bandžović, *Iseljavanje Bošnjaka u Tursku* (Sarajevo: Institut za istraživanje zločina protiv čovječnosti i međunarodnog prava, 2006), 325; Kemal Hrelja, "Proizvodni odnosi u poljoprivredi Bosne i Hercegovini, 1918–1941," in Kemal Hrelja and Atif Purivatra, *Ekonomski genocid nad bosanskim muslimanima* (Sarajevo: MAG—Udruženje Muslimana za antigenocidne aktivnosti, 1992), 46。

52 Banac, *The National Question in Yugoslavia*, 367–368.

53 Purivatra, *Jugoslavenska muslimanska organizacija*, 33.

54 Ibid., 33–34, 39–40.

55　LAEB, Bibanović, "Kulen Vakuf," 32. 武科萨夫·米拉诺维奇神父生于 1966 年（地点貌似是苏瓦亚），有五个孩子。参见 Arhiv Srpske pravoslavne crkve, Ministarstvo vere, Pravoslavno odeljenje, Personalna knjiga pravoslavnog sveštenstva I。

56　LAEB, Bibanović, "Stanovništvo Kulen-Vakufa," 115.

57　LAEB, Bibanović, "Kulen Vakuf," 34.

58　Arhiv Jugoslavije（以下简称 AJ），Fond 14, Ministarstvo unutrašnjih poslova（以下简称 MUP）Kraljevine Jugoslavije, f. 4, Pitanje gospodinu ministru unutrašnjih dela, September 15, 1920, 1（原文用小写字母拼写 "穆斯林"）.

59　可参见 ibid., f. 179, Okružno načelstvo Bihać Ministarstvu unutrašnjih dela, Odeljenje za javnu bezbednost, Odeljenje za Bosnu i Hercegovinu, Politička situacija u okrugu, izvještaj za mjesec oktobar 1921., November 9, 1921, 2.

60　Ibid., Okružno načelstvo Bihać Ministarstvu unutrašnjih dela, Odeljenje za javnu bezbednost, Politička situacija u okrugu, izvještaj za mjesec avgust 1921., September 8, 1921, 1.

61　Ibid., Okružno načelstvo Bihać Ministarstvu unutrašnjih dela, Odeljenje za javnu bezbednost, Politička situacija u okrugu bihaćom, izvještaj za mjesec septembar 1921., October 7, 1921, 4.

62　关于其中一起这样的杀戮，参见 Arhiv Unsko-sanskog kantona（以下简称 AUSK），Fond Okružnog inspektorata Vrbaske Banovine（以下简称 OIVB）Bihać, kut. 11, Okružni inspektor Vrbaske Banovine Bihać Kraljevskoj banskoj upravi, Upravnom odeljenju Banja Luka, April 15, 1930, 1; 另参见 LAEB, Bibanović, "Stanovništvo Kulen-Vakufa," 114。

63　可参见 AUSK, Fond Okružne oblasti Bihać, kut. 4, Zapisnik poveden u Kestenovcu sa Đurom Tišom netijakom Jandrije Majstorovića sa Kestenovca, July 7, 1920, 1–4; Tužba Jandrije Majstorović iz Kestenovca, Kotar Bos. Petrovca, June 1, 1920, 1; ibid., Fond Velikog župana Bihaćke oblasti, kut. 7, Zapisnik o glavnoj raspravi, June 13, 1922, 1–7。

64　斯特万·奥布拉多维奇的 "兰加" 及其追随者团伙此时貌似都已被捕，参见 AJ, Fond 14, MUP Kraljevine Jugoslavije, f. 179, Ispostava Sreza bosanskog-petrovačkog u Kulen Vakufu Velikom županu bihaćke oblasti u Bihaću, Izvještaj o političkoj situaciji za mesec decembar 1925. godine, December 31, 1925, 1。

65　AJ, Fond 14, MUP Kraljevine Jugoslavije, f. 179, Okružno načelstvo Bihać Ministarstvu unutrašnjih dela, Odeljenje za javnu bezbednost, Politička situacija u okrugu bihaćom, izvještaj za mjesec septembar 1921, October 7, 1921, 7.

66　可参见 AJ, Fond 14, MUP Kraljevine Jugoslavije, f. 179, Poglavar Sreza cazinskog Velikom županu bihaćke oblasti u Bihaću, Politički izvještaj za mjesec mart 1924, April 6, 1924, 3。

67　AJ, Fond 14, MUP Kraljevine Jugoslavije, f. 179, Veliki župan bihaćke oblasti u Bihaću Ministarstvu unutrašnjih dela, Odeljenju za javnu bezbednost, Izvještaj o situaciji za mjesec novembar 1923., December 29, 1923, 2.

68　可参见 Arhiv Republike Srpske Banja Luka（以下简称 ARSBL），Fond 9, Kraljevska banska uprava Vrbaske Banovine（以下简称 KBUVB），Poljoprivredno odeljenje, arhivska jedinica（以下简称 aj.）30, Kulenović-Vođenica Omerbeg i drug iz Bos. Petrovca, agr. spor-žalba, 1936。

331

69 关于土地改革法律的频繁更改，以及王室专政造成的国家内部重组是怎样影响了改革和
    地方性土地争议的解决，参见 Samija Sarić, "Prilog pregledu provoĐenja agrarne reforme u
    Bosni i Hercegovine 1918–1941. godine," *Glasnik arhiva i društva arhivskih radnika Bosne i
    Hercegovine*, godina XVIII–XIX, knjiga XVIII–XIX (Sarajevo, 1978–1979), 213–223。

70 LAEB, Bibanović, "Kulen Vakuf," 34; Derviš Kurtagić, *Zapisi o Kulen-Vakufu* (Bihać:
    Kurtagić, 2005), 10–11.

71 可参见 ARSBL, Fond 9, KBUVB, Poljoprivredno odeljenje III, aj. 31, Prijava Ajiše Kulenović
    umrl. Jasimbega Mehmeda Kulenovića umrl. Sulejmanbega iz Kulen Vakufa za isplatu šuma
    šikara u bivšim kmetskim selištima, October 19, 1936, 1–3。

72 可参见 Hrelja and Purivatra, *Ekonomski genocid nad bosanskim muslimanima*; Marko Atilla
    Hoare, *The History of Bosnia: From the Middle Ages to the Present Day* (London and
    Beirut: Saqi, 2007), 108; Dulić, *Utopias of Nation*, 66–67。

73 Tomasevich, *Peasants, Politics, and Economic Change in Yugoslavia*, 345–355. 有一份 1933
    年南斯拉夫王国 1933 年在波斯尼亚西北部的政府当局对波斯尼亚和黑塞哥维那土地
    问题看法的简短概要，参见 ARSBL, Fond KBUVB, Poljoprivredno odeljenje III, aj. 33,
    Historijat agrarnog pitanja u B. i H. za vreme od okupacije u B. i H. po austro-ugarskoj do
    osloboĐenja i poslije osloboĐenja (1933), 1–3。

74 AJ, Fond 14, MUP Kraljevine Jugoslavije, f. 63, Pravila trgovačkog udruženja u Kulen Vakufu,
    February 26, 1930, 1–7.

75 关于此时镇上由于缺乏交通枢纽而产生的经济困难，参见 ARSBL, Fond KBUVB, Opšte
    odeljenje I, aj. 13, Ispostava Sreza bosanskog-petrovačkog u Kulen Vakufu Kraljevskoj
    banskoj upravi Vrbaske Banovine, Otsek za trgovinu, obrt i industriju Banja Luka, Predmet:
    izveštaj o stanju obrta i trgovine za mesec novembar 1930. na teritoriji sreske ispostave Kulen
    Vakuf, November 30, 1930, 1。

76 LAEB, Bibanović, "Kulen Vakuf," 36. 比巴诺维奇等当地历史学家声称集市是每周四开市
    的，但档案证据显示开市是在每周二。参见 ARSBL, Fond 9, KBUVB, Opšte odeljenje I,
    aj. 18, Spisak o godišnjim sajmovima (panaćurima) i nedeljnim pazarnim danima, 1。

77 乳脂（Kajmak）是一种家制奶制品，制作方法是将奶慢煮后炖上数小时，待冷却后撇掉
    奶油，冷藏食用。

78 Jovica Keča, "Ustanički dani u okolini Kulen Vakufa," in *Bosanski Petrovac u NOB. Zbornik
    sjećanja. Knjiga IV*, ed. Vladimir Čerkez (Bosanski Petrovac: Opštinski odbor SUBNOR-a
    Bosanski Petrovac, 1974), 199–200.

79 Mara Kecman-Hodak, "Sjećanja na Bušević, Kestenovac, Bosanske Štrpce i Kalate," in
    Bosanski Petrovac u NOB. Zbornik sjećanja. Knjiga III, ed. Vladimir Čerkez (Bosanski
    Petrovac: Opštinski odbor SUBNOR-a Bosanski Petrovac, 1974), 150.

80 关于库伦瓦库夫被选定为该地区铁路建设的大本营，参见 HDA, f. 1352, Grupa V, inv.
    br. 316, Predmet: Štrajk radnika na unskoj pruzi, proveravanje navoda izveštaja g. Pomoćnika
    Ministra saobraćaja, June 26, 1937, 1; 关于铁路建设带来的经济刺激，参见 LAEB,
    Bibanović, "Kulen Vakuf," 36。

81 Ibid., f. 1363, Grupa XXI, inv. br. 2645, Sresko načelstvo u Donjem Lapcu, Predmet:

Tromjesečni izvještaj o radu opće uprave, March 28, 1932, 1.

82 AUSK, Fond OIVB Bihać, kut. 9, Načelnik Sreza bosanskog-petrovačkog Okružnom inspektoratu Bihać, Predmet: ekonomska i socijalna situacija u Srezu Bosanski Petrovac, November 22, 1929, 1. 直到 20 世纪 30 年代，才在普尔科西、奥拉沙茨、凯斯泰诺瓦茨等村庄建起一批新小学，其建设可参见 ARSBL, Fond 9, KBUVB, Prosvjetno odeljenje IV, aj. 10, Sresko načelstvo u Bosanskom Petrovcu Kraljevskoj banskoj upravi, Prosvetnom odeljenju u Banjoj Luci, Predmet: podaci o novootvorenim i novosagraĐenim školama, March 13, 1933, 1。

83 可参见 ARSBL, Fond 9, KBUVB, Poljoprivredno odeljenje III, aj. 6, Sresko načelstvo Sreske ispostave u Kulen Vakufu Kraljevskoj banskoj upravi III, Poljoprivredno odeljenje, Banja Luka, Izveštaji o stanju poljoprivrede, September 30, 1933; September 30, 1935, May 20, 1937。

84 AUSK, Fond OIVB Bihać, kut. 14, Sreska ispostava u Drvaru Kraljevskoj banskoj upravi, Odeljenje za socijalnu politiku i narodno zdravlje Banja Luka, Predmet: ishrana naroda, January 15, 1932, 1.

85 Milan Obradović, "Selo Bubanj u plamenu," in *1941–1942. u svedočenjima učesnika narodnooslobodilačke borbe, knjiga* 7, ed. Radomir Petković (Belgrade: Vojnoiz-davački zavod, 1975), 434.

86 AJ, Fond 14, MUP Kraljevine Jugoslavije, f. 179, Ispostava Sreza bosanskog-petrovačkog u Drvaru Velikom županu bihaćke oblasti, Izveštaj o političkoj situaciji za mesec novembar 1923., December 2, 1923, 3.

87 1924 年 4 月，当地官员表示只有德瓦尔存在工人运动，参见 AJ, Fond 14, MUP Kraljevine Jugoslavije, f. 179, Veliki župan bihaćke oblasti u Bihaću Ministarstvu unutrašnjih dela, Odeljenje javne bezbednost, Izveštaj o situaciji za mesec mart 1924., April 30, 1924, 2。

88 HDA, f. 1352, Grupa V, inv. br. 316, Kraljevina Jugoslavije, Ministarstvo unutrašnjih poslova, Odeljenje za državnu zaštitu, Predmet: Štrajk radnika zaposlenih na izgradnji unske pruge, June 12, 1937, 1; 关于较小规模的罢工，参见 ibid., Kraljevska banska uprava Vrbaske banovine, June 23, 1937, 1; Sresko načelstvo u Donjem Lapcu, Predmet: Štrajk radnika na izgradnji Unske pruge, June 23, 1937, 1; ibid., Sresko načelstvo u Donjem Lapcu, Predmet: Unska pruga—stanje štrajka, June 28, 1937, 1。

89 关于当地政府对工人诉求的描述，参见 ibid; 关于工人的诉求，参见 ibid., Savez graĐevinskih radnika Jugoslavije-podružnica Kulen Vakuf, June 27, 1937, 1。

90 关于约瑟普·霍达克在组织罢工中的角色，参见 ibid., Kraljevina Jugoslavije, Ministarstvo unutrašnjih poslova, Odeljenje za državnu zaštitu, Predmet: Štrajk radnika zaposlenih na izgradnji Unske pruge, June 12, 1937, 1; ibid., Predmet: Izazivanje nereda i nemira meĐu radnicima zaposlenim na Unskoj pruzi od strane raznih agitatora, June 21, 1938, 1; ibid., Predmet: Spremanje štrajka na Unskoj pruzi, June 27, 1938, 1。

91 Ibid., Sresko načelstvo u Donjem Lapcu, Predmet: Unska pruga pripremanje štrajka, June 27, 1938, 1.

92 Ibid., Kraljevina Jugoslavije, Ministarstvo unutrašnjih poslova, Odeljenje za državnu

zaštitu, Predmet: Hodak, Josip, Sekretar graĐevinskih radnika u Kulen Vakufu—nadzor, July 2, 1938, 1.

93   可参见 HDA Državni arhiv Karlovac（以下简称 DAKA）, Fond Radnog materijala Zbornik Donji Lapac（以下简称 RMZDL）, Likovi (kut. bez broja), Mićo Medić, "Hvatao je za cijevi četničkih pušaka," 1; ibid., Milan Obradović, "Politički komsar Dušan Obradović," 1; ibid., kut. 3, Milan Majstorović i Mićo Medić, "Formiranje i borbena dejstva doljanske partizanske čete," 3; ibid., Radovi za hronike sela (neobjavljeno), Rade Grbić, "Osredci u prošlosti i sadašnjosti. Put osredačkog odreda od 27.07.1941–28.03.1942. god.," 8; ibid., Radica Popović, "Donjolapački kotar: omladina Nebljusa i okolnih sela u Narodno-oslobodilačkoj borbi," 5; "Bušević u Narodnooslobodilačkoj borbi," 6–8。

94   可参见一位当地历史学家的观点：LAEB, Bibanović, "Kulen Vakuf," 39. 对 1918—1921 年南斯拉夫全国层面上的复杂政治图景的更全面的宏观研究，参见 Banac, *The National Question in Yugoslavia*; 关于 20 世纪 30 年代该国的政治局势，参见 Dejan Djokić, *Elusive Compromise: A History of Interwar Yugoslavia* (New York: Columbia University Press, 2007); 关于克罗地亚农民党，参见 Mark Biondich, *Stjepan Radić, the Croat Peasant Party, and the Politics of Mass Mobilization, 1904–1928* (Toronto: University of Toronto Press, 2000); 关于南斯拉夫的穆斯林组织，参见 Purivatra, *Jugoslavenska muslimanska organizacija*; Zlatko Hasanbegović, *Jugoslavenska muslimanska organizacija 1929–1941. U ratu i revoluciji 1941.–1945.* (Zagreb: Bošnjačka nacionalna zajednica za grad Zagreb i Zagrebačku županiju, 2012)。

95   ARSBL, Fond 9, KBUVB, Opšte odeljenje I, aj. 24–25, Izborni okrug broj 11 (izborni srezovi: petrovački, sanski, cazinski).

96   AJ, Fond 14, MUP Kraljevine Jugoslavije, f. 179, Ispostava Sreza bosanskog-petrovačkog u Kulen Vakufu Velikom županu bihaće oblasti, Izveštaj o političkoj situaciji za mesec mart 1924. godine, April 1, 1924, 1.

97   可参见 HDA, f. 1353, Grupa VI, inv. br. 277, Sresko načelstvo Donji Lapac Velikom županu primorsko-krajiške oblasti, Karlovac, September 11, 1929, 1。其中，据说是支持克罗地亚农民党的博里切瓦茨村民已经 "忘记了政治，只关心自己的生计和经济问题"。

334   98   VA, Fond Narodnooslobodilačke vojske（以下简称 NOV）, kut. 1997, f. 8, dok. 4, Drago Đukić, "Pripreme ustanka, ustanak i borbe 1941 godine u bosansko-petrovačkom srezu,"（文件未注日期，很可能是在 20 世纪 50 年代初写成的）, 2; HDA DAKA, Fond RMZDL, kut. 3, Originali, Milan Majstorović i Milan Medić, "Formiranje i borbna dejstva doljanske partizanske čete" (undated), 4。

99   HDA, f. 1361, Grupa XVII, inv. br. 1411, Sresko načelstvo Donji Lapac Kraljevskoj Banskoj upravi Savske Banovine, Otsek za državnu zaštitu, Širenje letaka, October 25, 1935, 1; ibid., inv. br. 1753, Sresko načelstvo u Donjem Lapcu Kraljevskoj Banskoj upravi Savske Banovine, Odeljku za državnu zaštitu, Ubacivanje komunističke literature iz inostranstva u našu državu, September 25, 1937, 1.

100   Ibid., f. 1363, Grupa XXI, inv. br. 5499, Sresko načelstvo u Donjem Lapcu, Predmet: Izvještaj o političkim prilikama i dogaĐajima u mjesecu maju 1939. godine, June 3, 1939, 1.

101 关于米莱·布达克，参见 Darko Stuparić, ed., *Tko je tko u NDH. Hrvatska 1941.–1945.* (Zagreb: Minerva, 1997), 53–55。

102 HDA, f. 1355, Grupa VIII, inv. br. 236, Načelstvo sreza Donjolapačkog Kraljevskoj banskoj upravi Savske banovine, Odeljak za državnu zaštitu, Predmet: Pavičić, Juko, veze sa hrvatskim emigrantima, November 3, 1933, 1; 关于当地政府对这些人士的持续监控，而他们并没什么政治活动，参见 ibid., f. 1363, Grupa XXI, inv. br. 3470, Načelstvo sreza Donjolapačkog, Predmet: Političke prilike i događaji u mjesecu aprilu 1934. god.—izvještaj, May 1, 1934, 1; ibid., inv. br. 5006, Sresko načelstvo u Donjem Lapcu, Predmet: Političke prilike, podaci, June 23, 1937, 1。

103 可参见 VA, Fond Sekretarijata unutrašnjih poslova Bosne i Hercegovine（以下简称 SUP BiH），Film 3, Predmet: Elaborat o izvršenoj rekonstrukciji ustaške nadzorne službe na terenu srezu Bihaća, 1959, 1–2; ibid., Elaborat ustaškog pokreta Bihać（无日期）, 1; ibid., Ustaški elaborat Banja Luka（无日期）, 1–2; ARSBL, Fond 9, KBUVB, Upravno odeljenje II, aj. 5, Ispostava Sreza bosanskog-petrovačkog, October 5, 1932, 1; ibid., Sreska ispostava u Drvaru, "Ustaška organizacija"：sprečavanje širenja antidržavnih lektira," October 4, 1932, 1; 关于 20 世纪 30 年代流亡意大利的乌斯塔沙分子中没有出身该地区的，参见 AJ, Fond 14, MUP Kraljevine Jugoslavije, f. 27 Odeljenje za državnu zaštitu, Delatnost ekstremnih političkih organizacija, Spisak ustaša u Italiji, 1–13。

104 关于波斯尼亚和黑塞哥维那地区的切特尼克组织，参见 Nusret Šehić, *Četništvo u Bosni i Hercegovini, 1918–1941. Politička uloga i oblici djelatnosti četničkih udruženja* (Sarajevo: Akademija nauke i umjetnosti Bosne i Hercegovine, 1971)。

105 ARSBL, Fond 9, KBUVB, Upravno odeljenje II, aj. 5, Predmet: Rad četničkih udruženja, August 9, 1937, 1; 关于 1938 年波斯尼亚彼得罗瓦茨地区没有切特尼克社团的情况，参见 ibid., Opšte odeljenje I, aj. 45, Društva i udruženja na teritoriji Vrbaske Banovine, 1938., November 1939, 1。

106 可参见 ARSBL, Fond 9, KBUVB, Upravno odeljenje II, aj. 11, Sresko načelstvo u Bosanskom Petrovcu Kraljevskoj banskoj upravi, Upravno odeljenje, Predmet: izvještaj o političkoj situaciji za mjesec April 1936. god., April 30, 1936, 1; ibid., Predmet: izvještaj o političkoj situaciji za mjesec juli 1938. god., August 2, 1938, 1。

107 ARSBL, Fond KBUVB, Upravno odeljenje II, aj. 11, Ispostava Sreza bosanskog-petrovačkog u Kulen Vakufu Kraljevskoj banskoj upravi, Upravno odeljenje, Predmet: izveštaj o političkoj situaciji za mesec juli 1938. god., 1; ibid., Predmet: izveštaj o političkoj situaciji za mesec juli 1939. god., 1; ibid., Predmet: izveštaj o političkoj situaciji za mesec avgust 1939. god., 1

108 AUSK, Fond OIVB Bihać, kut. 16, Okružni inspektor Vrbaske Banovine Bihać Kraljevskoj banskoj upravi Vrbaske Banovine, Upravno odeljenje, October 1, 1932, 1; 关于这些 "仇恨" 对伊万·托帕洛维奇的性质可能是怎样的，参见 ibid., kut. 15, Opština kulen vakufska Okružnom inspektoratu bihaćke oblasti u Bihaću, Žalba: protiv zapljene opštinskog namještaja po g. Ivanu Topaloviću star. sreske ispostave u Kulen Vakufu, June 27, 1932, 1。

109 AUSK, Fond OIVB Bihać, kut. 16, Žandarmerijska stanica Drvar Sreskom sudu u

Bosanskom Petrovcu, Predmet: Đurđević Jovan pok. Đurđa iz Drvara radi izvršenja krivičnog dela, September 14, 1932, 1.

110 ARSBL, Fond 9, KBUVB, Opšte odeljenje I, aj. 42, Statistički pregled kriminaliteta, 1935–1936.

111 AJ, Fond 14, MUP Kraljevine Jugoslavije, f. 179, Okružno načelstvo Bihać Ministarstvu unutrašnjih dela, Odeljenje za javnu bezbednost, Odeljenje za Bosnu i Hercegovinu, Politička situacija u okrugu, izvještaj za mjesec oktobar, November 9, 1921, 1.

112 Ibid., Ispostava Sreza bosanskog-petrovačkog u Kulen Vakufu Velikom županu bihaćke oblasti u Bihaću, Izveštaj o političkoj situaciji za mesec novembar 1925., 1; 关于东正教徒群体里的同族群谋杀，参见 HDA, f. 1364, Grupa XXI, inv. 2191, Sresko načelstvo u Donjem Lapcu, Predmet: Javne uprave stanje za mesec januar i februar 1931, I. Javna bezbednost, February 28, 1931, 1。

113 Ibid., f. 1363, Grupa XXI, inv. br. 5500, Sresko načelstvo u Donjem Lapcu, Predmet: Izvještaj o radu opšte uprave za tromjesečje januar, februar i mart 1939, I. Javna bezbednost, April 3, 1939, 1.

114 关于苏瓦亚凯查家族的事件，参见 HDA, f. 1363, Grupa XXI, inv. br. 2191, Sresko načelstvo Donji Lapac, Predmet: Izvještaj o stanju javne uprave za mjesec maj i juni 1931, I. Javna bezbednost, July 1, 1931, 1; 关于下拉帕茨镇的奥布拉多维奇家族事件，参见 ibid., inv. br. 2645, Sresko načelstvo Donji Lapac, Predmet: Tromjesečni izvještaj o stanju opće uprave/april-juni 1932. god., July 1, 1932, 1; 关于奥斯雷德尔村相同家庭成员之间的案件，参见 ibid., inv. br. 5162, Sresko načelstvo u Donjem Lapcu, Predmet: Izvještaj o radu opšte uprave za tromjesečje juli, avgust i septembar 1938. god., October 3, 1938, 1.

115 可参见 Marvin Wolfgang, *Patterns in Criminal Homicide* (Philadelphia: University of Pennsylvania Press, 1958)。

116 HDA, f. 1363, Grupa XXI, inv. br. 1819, Sresko načelstvo Donji Lapac, Predmet: Izvještaj o stanju javne uprave za mjesec maj i juni 1930, I. Javna bezbednost, July 2, 1930, 1.

117 Ibid., Sresko načelstvo Donji Lapac, Predmet: Javne uprave stanje izveštaj za mesec septembar i oktobar 1930, IX. Elementarne nepogode, October 31, 1930, 1.

118 可参见 AUSK, Fond OIVB Bihać, kut. 12, Opštinsko poglavarstvo u Kulen Vakufu, Izvadak iz sjedničkog zaključka opštinskog vijeća u Kulen Vakufu, March 10, 1930, 1–3; ibid., May 18, 1930, 1–5; 关于该地区医生和兽医组织的讲座，可参见 ARSBL, Fond 9, KBUVB, Upravno odeljenje II, aj. 30, Ispostava Sreza bosanskog-petrovačkog u Kulen Vakufu, Narodni univerzitet u Kulen Vakufu, Izveštaj za avgust 1930. godine, August 30, 1930; 关于当地政府对经济发展、公共卫生、以及失业相关问题的担忧，参见 ARSBL, Fond 9, KBUVB, Upravno odeljenje II, aj. 27, Ispostava Sreza bosanskog-petrovačkog u Kulen Vakufu Kraljevskoj banskoj upravi Vrbaske Banovine, Upravnom odeljenju Banja Luka, Održavanje konferencija sa opštinskim načelnicima kod sreskih načelnika, April 30, 1930, 1–2。

119 ARSBL, Fond 9, KBUVB, Upravno odeljenje II, aj. 11, Ispostava Sreza bosanskog-petrovačkog u Kulen Vakufu Kraljevskoj banskoj upravi, II odeljenja Banja Luka, Predmet: proslava rođendana nj. v. Kralja, September 7, 1938, 1。

120 对这些会议及其参加者各项决议的概述，参见 HDA, f. 1363, Grupa XXI, inv. broj. 6129, Banska vlast Banovine Hrvatske, Odjeljak za državnu zaštitu, Predmet: Ocjepljenje i odvajanje pojednih srezova od banovine Hrvatske u vezi sa pokretom "Srbi na okup," April 26, 1940, 1–10; 关于克罗地亚大省更普遍的运动，参见 Djokić, *Elusive Compromise,* 特别是 chaps. 5–6。

121 关于斯特沃·拉杰诺维奇，参见 ibid., 3; 关于库伦瓦库夫地区并无这类运动的情况，参见 ibid., Sresko načelstvo u Donjem Lapcu, Predmet: Pokret "Srbi na okup," ocjepljenje i odvajanje pojedinih srezova sa područja banovine Hrvatske, March 15, 1940, 1。

122 关于这类说法的例子和冲突事件，参见 ibid., Rezolucija prestavnika srpskih nacionalnih i kulturnih ustanova i Srba građana Tuzle, November 14, 1939, 1; Ispostava banske vlasti u Splitu, Predmet: Pokret "Srbi na okup," otcijepljenje i odvajanje pojedinih srezova iz područja banovine Hrvatske, April 16, 1940, 1; Gospodinu Dr. Ivi Subašiću, Banu Banovine Hrvatske u Zagrebu, U ime Srba daruvarskog sreza, July 10, 1940, 1–2; Akcioni odbor savjetovanja u Vrhovinama, Srbi Like i Korduna, November 20, 1939, 1。

123 LAEB, Bibanović, "Kulen Vakuf," 38–39.

124 Interviews with Murat Mušeta, September 27, 2008, Kulen Vakuf; Abas Mušeta, July 7, 2012, Crikvenica; Smajo Hodžić, June 23, 2013, Ćukovi.

125 Jurjević, *Pogrom u Krnjeuši*, 64. 1

126 AUSK, Fond OIVB Bihać, kut. 11, Okružni inspektor Vrbaske Banovine Bihać Kraljevskoj banskoj upravi Upravnom odeljenju Banja Luka, br. 657/30, April 15, 1930, 2–3.

127 Ibid., Okružni inspektor Vrbaske Banovine Bihać Kraljevskoj banskoj upravi Upravnom odeljenju Banja Luka, br. 466/30, April 15, 1930, 2.

128 Ibid., Okružni inspektor Vrbaske Banovine Bihać Kraljevskoj banskoj upravi Upravnom odeljenju Banja Luka, br. 657/30, April 15, 1930, 1.

129 Ibid., Okružni inspektor Vrbaske Banovine Bihać Kraljevskoj banskoj upravi Upravnom odeljenju Banja Luka, br. 466/30, April15, 1930, 2.

130 Evans, *Illyrian Letters*, 130.

131 可参见 Banac, *The National Question in Yugoslavia*; 至于另一种更关注机制而非冲突本身的视角，可参见 Djokić, *Elusive Compromise*。

第二章　天翻地覆的世界

337

1 1941 年没有人口普查，最后一次普查是在 1931 年，因而我们只能估算人口的数量和结构。根据哈姆迪亚·克雷舍夫利亚科维奇（Hamdija Kreševljaković）的估计，20 世纪 30 年代中期库伦瓦库夫地区的人口结构大致是 5,600 名"穆斯林"、8,600 名"塞族东正教徒"以及 1,600 名"克族天主教徒"。这些数字可参见 Kreševljaković, *Kulen Vakuf*, 17–23; 另可见 LAEB, Bibanović, "Stanovništvo Kulen-Vakufa," 36–59。

2 参见 Jozo Tomasevich, *War and Revolution in Yugoslavia, 1941–1945: Occupation and*

Collaboration (Stanford: Stanford University Press, 2001), chap. 2。

3　关于 4 月德国在波斯尼亚西北部的推进，参见 Slavko Odić, "Okupacija Bosne u aprilskom ratu 1941. godine," in *Srednja Bosna u NOB-u: srednja Bosna do ustanka i u ustanku 1941., članci i sjećanja, knjiga prva*, ed. Slavko Odić (Belgrade: Vojnoizdavački zavod, 1976), 163–170。

4　关于这次叛乱尝试，参见 Todor Stojkov, "O takozvanom Ličkom ustanku 1932.," *Časopis za suvremenu povijest*, godina II, broj 2 (1970): 167–180。

5　关于 1941 年以前乌斯塔沙分子的构成和活动，参见 Fikreta Jelić-Butić, "Prilog proučavanju djelatnosti ustaša do 1941.," *Časopis za suvremenu povijest*, godina I, broj 1–2 (1969): 55–91; idem, *Ustaše i Nezavisna Država Hrvatska*, 54–55。

6　Ivo Andrić, *The Bridge on the Drina*, trans. Lovett F. Edwards (Chicago: University of Chicago Press,［1945］1977), 227.

7　关于克独国领导层规划这种 "族群归属" 目录的法令，参见 HDA, Fond 223, Ministarstvo unutarnjih poslova (MUP) NDH, kut. 99, 1126, IIA, 11648/41, Zakonska odredba o rasnoj pripadnosti, 1–2; ARSBL, Fond 631, Ustaški stožer i povjereništvo za bivšu Vrbasku banovinu Banja Luka(以下简称 USPBVBBL), kut. 3, Uputa za sastav izjave o rasnoj pripadnosti, 1–2。菲克瑞塔・耶利奇—布蒂奇引用了帕韦利奇 1941 年 4 月 15 日和一家意大利报纸做的访谈，其中使用了区分 "塞族人" 和 "克族人" 的种族概念。不过，他的这些评论很大程度并没有——或者说完全没有——成为官方目录和相关法律的基础,对于国家厘清这些 "群体" 之间界限的实践尤其如此。参见 Jelić-Butić, *Ustaše i Nezavisna Država Hrvatska*, 139–140。

8　*Hrvatski narod: Gasilo hrvatskog ustaškog pokreta*, "Bošnjački muslimani jesu krv naše krvi, oni su cvijet naše hrvatske narodnosti," April 24, 1941, 5 (原文用小写字母拼写 "穆斯林")。

9　*Hrvatski Narod*, "Poglavnik je uvijek imao pravo, on će urediti ovu državu," June 16, 1941, 1. 克独国建国后，布达克立刻被任命为宗教和教育部部长 (ministar bogoštovlja i nastave)。关于布达克的传记性信息，参见 Stuparić, ed., Tko je tko u NDH, 53–55 (原文用小写字母拼写 "穆斯林")。

10　关于克独国知识分子对波黑地区穆斯林的 "克罗地亚性" 的表达，参见 VA, Fond NDH, kut. 284, f. 1, dok. 19, Nezavisna Država Hrvatska, Hrvatska izvještajna služba, "Hrvatstvo bosansko-hercegovačkih muslimana," 无日期文件，1–4; ibid., kut. 284, f. 1, dok. 20, Muhamed Hadžijahić, "Narodnosna pripadnost i opredjeljenje bosansko-hercegovačkih muslimana," 无日期文件，1–9, here 8; ibid., kut. 284, f. 2, dok. 7, Dr. Mehmed Alajbegović, "Islam i njegovi sljedbenici u Nezavisnoj Državi Hrvatskoj," 无日期文件，1–8, here 1; 另可参见 Ahmed Muradbegović in *Hrvatski Narod*, "Hrvati i muslimanske vjere," April 28, 1941, 5 (原文用小写字母拼写 "穆斯林")。

338　11　VA, Fond NDH, kut. 284, f. 2, dok. 7, Dr. Mehmed Alajbegović, "Islam i njegovi sljedbenici u Nezavisnoj Državi Hrvatskoj," 无日期文件，1–8, 1. 关于阿拉伊贝戈维奇的传记性信息，参见 Stuparić, ed., *Tko je tko u NDH*, 4–5 (原文用小写字母拼写 "穆斯林")。

12　VA, Fond NDH, kut. 284, f. 1, dok. 20, Muhamed Hadžijahić, "Narodnosna pripadnost i opredjeljenje bosansko-hercegovačkih muslimana," 无日期文件，1–9, here 8 (原文用小写字母拼写 "穆斯林"); 关于 "穆斯林"、克独国和克罗地亚民族主义的问题，参见 Nada Kisić Kolanović, *Muslimani i hrvatski nacionalizam, 1941.–1945.* (Zagreb: Hrvatski institut za povijest; Školska knjiga, 2009)。

13 关于一战期间迫害的面貌，参见 *Hrvatski Narod*, "Srbi su htjeli uništiti muslimanske Hrvate," May 30, 1941, 12。

14 可参见 HDA, f. 246, Zavod za kolonizaciju NDH, kut. 111, Problem agrarne reforme u Bosni i Hercegovini, Korektura nepravde učinjene muslimanima（文件未注日期，很可能是 1941 年 5 月或 6 月），1–4（原文用小写字母拼写"穆斯林"）; ibid., Referat o stanju kmetskog, beglučkog i erarskog zemljišta u Bosni i Hercegovini, May 24, 1941, 1–12; Vukčević, ed., *Zločini*, br. 150, Predlog poglavnikovog povjerenika u Sarajevu od 23. jula 1941. Ministarstvu unutrašnjih poslova za naseljavanje istočne granice NDH muslimanskim i katoličkim življem, July 23, 1941, 369–372。

15 可参见 *Hrvatski Narod*, "Kako su nas ubijali 'braća' Srbi—Djelomičan popis poubijanih Hrvata u Velikosrpskoj Jugoslaviji," June 20, 1941, 4。

16 *Hrvatska Krajina*, "Proglas Hrvatskim Muslimanima," April 20, 1941, 2.

17 有意思的是，所谓的"黑山人"在克独国治下却享有完整的权利和保护，尽管他们和所谓塞族社群的成员之间有着密切的文化联系（同为东正教徒）。参见 ARSBL, Fond 631, USPBVBBL, kut. 1, 1661/41, Ravnateljstvo za javni red i sigurnost za Nezavisnu Državu Hrvatsku, Predmet: Postupak s Crnogorcima, July 16, 1941; 被归类为"罗马尼亚人"和"乌克兰人"者也是如此; ibid., Fond 74, Velika Župa Sana i Luka, 54/41, Nezavisna Država Hrvatska, Ministarstvo vanjskih poslova Zagreb, Predmet: Postupak s Rumunjima, July 24, 1941; ibid., 57/41, Nezavisna Država Hrvatska, Ministarstvo vanjskih poslova Zagreb, Predmet: Postupak s Ukrajincima, June 30, 1941。

18 关于克独国领导人是怎样看待波黑地区各个群体的空间分布的，可参见的数据和地图：VA, Fond NDH, kut. 284, f. 1, dok. 24, Propagandne etnografske karte Bosne i Hercegovine（无日期地图）。

19 *Hrvatski Narod*, "Doglavnik Mile Budak o dužnostima svakog Hrvata," July 7, 1941, 3. 战后共产党人的战争罪行委员会从克独国报纸上收集过类似的言论，参见 AJ, Fond 110, Državna komisija za utvrÐivanje zločina okupatora i njihovih pomagača（以下简称 DKUZ），f. 131, F. br. 6017, Kvaternik Ljubomir（无日期文件，很可能是 1946 年获 1947 年写成的），1–2. 关于普克的传记性信息，参见 Stuparić, ed., *Tko je tko u NDH*, 333–334。

20 关于维克托·古蒂奇的战前活动，参见 VA, Fond SUP BiH, Film 3, Ustaški elaborat Banja Luka (undated), 1–2; *Glas Socijalističkog saveza radnog naroda banjalučkog sreza*, "Ko je bio Viktor Gutić. Gutić postaje i ustaša," July 26, 1965, 4; ARSBL, Fond Zbirka varia, 330, Optuž nica Viktora Gutića, Javno tužioštvo okruga Banja Luka Okružnom sudu Banja Luka, December 25, 1946, 21–22, 49; 另可见 Stuparić, ed., *Tko je tko u NDH*, 145。

21 AJ, Fond 110, DKUZ, f. 121, F. br. 4536, Gutić Dr. Viktor, October 9, 1945, 4.

22 他在巴尼亚卢卡、波斯尼亚诺维、波斯尼亚克鲁帕、科塔尔瓦罗什（Kotar Varoš）、桑斯基莫斯特、波斯尼亚格拉迪什卡（Bosanska Gradiška）、姆尔科尼奇格拉德（Mrkonjić Grad）、波斯尼亚彼得罗瓦茨、波斯尼亚格拉霍沃（Bosansko Grahovo）、代尔文塔等地区的乌斯塔沙力量的建设中扮演了关键角色。关于古蒂奇对波斯尼亚西北部乌斯塔沙分子的详尽了解，以及他在扶植这些人掌权中扮演的关键角色，参见 VA, Fond SUP BiH,

339

Film 3, Ustaški elaborat Banja Luka（无日期），15, 19; ARSBL, Fond Zbirka varia, 330, Optužnica Viktora Gutića, Javno tužioštvo okruga Banja Luka Okružnom sudu Banja Luka, December 25, 1946, 4–5, 25, 49; ARSBL, Lični fond Milan Vukmanović (1928–1993), 559, Ispis o Viktoru Gutiću, 5, 13. 后一份文件是一套抄录的材料集（原件很多至今未解密），来自巴尼亚卢卡的多个国家安全部门，内容是古蒂奇在战后的 1946 年被捕受审的情况。另参见 AJ, Fond 110, Inv. br. 56127, Zapisnik sastavljen u Bihaću po Zemaljskoj komisiji za utvrĐivanje zločina okupatora i njihovih pomagača（以下简称 ZKUZ），August 7, 1946, 1。

23 关于古蒂奇利用来在波斯尼亚西北部创建乌斯塔沙运动和克独国国家机构的种种经济动机，参见 VA, Fond SUP BiH, Film 3, Ustaški elaborat Banja Luka（无日期），17–18; *Glas Socijalističkog saveza radnog naroda banjaluč kog sreza*, "Ko je bio Viktor Gutić. Prvi dani 'mira, reda i rada,'" August 16, 1965, 4–5; AJ, Fond 110, DKUZ, f. 121, F. br. 4536, Gutić Dr. Viktor, October 9, 1945, 1; ARSBL, Fond Zbirka varia, 330, Optužnica Viktora Gutića, Javno tužioštvo okruga Banja Luka Okružnom sudu Banja Luka, December 25, 1946, 27。

24 *Hrvatska Krajina*, "G. Suljo Hadžidedić imenovan za komesara," April 29, 1941, 2; 另参见 ibid., "Poziv stanarima u zgradama grčko-istočnjaka," August 10, 1941, 4。

25 *Hrvatska Krajina*, "Proglas," July 11, 1941, 4. 看起来，这些法律都经常被违反，以至于政府被迫呼吁人们报告他们从"塞族和犹太人"那里收取或购买的财务，并威胁要惩罚那些违逆者。参见 *Hrvatska Krajina*, "GraĐani su pozvani da prijave sve što su kupili ili dobili od Srba i Židova," September 26, 1941, 3。

26 关于克独国军方的历史，参见 Nikica Barić, *Ustroj kopnene vojske domobranstva Nezavisne Države Hrvatske 1941.–1945.* (Zagreb: Hrvatski institut za povijest, 2003)。

27 关于乌斯塔沙的指挥架构，参见 *Hrvatski Narod*, "Ustav ustaše hrvatskoga oslobodilačkoga pokreta," May 31, 1941, 17。

28 关于波斯尼亚西北部乌斯塔沙的地区一级和地方一级的架构和权威，参见 VA, SUP BiH, Film 3, Ustaški elaborat Banja Luka（无日期文件），22–27。

29 *Hrvatska Krajina*, "Dr Viktor Gutić imenovan je Stožernikom Bosanske Hrvatske," April 20, 1941, 29. 另参见 VA, Fond SUP BiH, Film 3, Ustaški elaborate Banja Luka（无日期），15. 1941 年 6 月 28 日，帕韦利奇任命古蒂奇为前弗尔巴斯河地区的"清算人"（likvidator），该区在"大县"被设立为克独国内最大的行政单位后就被了结了。参见 Hrvatska Krajina, "Odredbom Poglavnika Dr. Ante Pavelića Stožernik Dr. Gutić postavljen je likvidatorom bivše Vrbaske banovine," June 22, 1941, 1; ibid., "Ustaški Stožer za Bosansku Hrvatsku i Likvidator Vrbaske Banovine," July 2, 1941, 6。

340 30 这种称呼最初使用于 *Hrvatska Krajina*, "Oglas za predaju radio i fotografskih aparata te dalekozora (durbina)," April 26, 1941, 4。

31 *Hrvatska Krajina*, "Put Stožernika i Povjerenika Dra Viktora Gutića u Zagreb i posjet kod Poglavnika Dra Pavelića i Hrvatskih ministara," April 24, 1941, 1.

32 *Hrvatska Krajina*, "Čišćenje Hrvatske Krajine od nepoželjnih," May 28, 1941, 1.

33 *Hrvatska Krajina*, "Brišu se srpski i balkanski natpisi," April 23, 1941, 2. 古蒂奇似乎下令查禁过所有用西里尔字母写成的文字，比萨格勒布的中央政府还要早好几天，比萨拉热窝的克独国官员更要早一个多月，至少比他们下令执行命令更早。参见 VA, Fond NDH, kut. 171a, f. 1, dok. 16, Povjereništvo Sarajevo, Predmet: Zabrana ćirilice, May 29, 1941, 1。

34 *Hrvatska Krajina*, "Raspis svima ustanovama," April 23, 1941, 4.

35 *Hrvatska Krajina*, "Novi nazivi ulica," June 4, 1941, 3.

36 *Hrvatska Krajina*, "Naredba," April 24, 1941, 4. 这一命令后来多次被修订，比如要求塞尔维亚 1900 年 1 月 1 日后迁居克独国的所谓"塞族人"和他们的"后代"到他们居住的地方政府注册。看起来，这一命令是克独国重新安置所谓"塞族人"计划的一部分。参见 ibid., "Naredba o dužnosti prijave Srbijanaca," June 15, 1941, 3。

37 *Hrvatska Krajina*, "Muslimani i katolici ne trebaju seliti," April 26, 1941, 1; ibid., "Dodatak," April 26, 1941, 4. 3.

38 *Hrvatska Krajina*, "Odredba," May 14, 1941, 3; ibid., "O ograničenju kretanja Srba i Židova na području grada Banje Luke, May 18, 1941, 4.

39 *Hrvatska Krajina*, "Službeni dio, Odpušteni su iz banovinske službe slijedeći ćinovnici i službenici," May 30, 1941, 3; ibid., "Otpušteno je 26 Srba namještenika Gradske općine," June 29, 1941, 3.

40 *Hrvatska Krajina*, "Odredba," May 28, 1941, 4.

41 *Hrvatska Krajina*, "Neka se zna···," May 25, 1941, 3.

42 不过也有例外。在公共部门工作的犹太人，如果还没被撤换的话，就不需要佩戴布条。参见 *Hrvatski Narod*, "Koji Židovi ne moraju iznimno nositi znaka," May 28, 1941, 11. 关于全国性的法律，参见 *Hrvatska Narod*, "Židovi moraju nositi židovski znak," May 23, 1941, 5. 关于古蒂奇在波斯尼亚西北部的执行，参见 *Hrvatska Krajina*, "Židovi u Banjoj Luci dobili su znakovi," June 18, 1941, 3; ibid., "Ustaško Redarstvo," July 9, 1941, 6; VA, Fond SUP BiH, Film 3, Ustaški elaborat Banja Luka（无日期），17. 关于巴尼亚卢卡的犹太人无视这一法律的情况，参见 *Hrvatska Krajina*, "Židovi moraju nositi znakove 'Ž,'" October 5, 1941, 3.

43 ARSBL, Fond Zbirka varia, 330, Optužnica Viktora Gutića, Javno tužioštvo okruga Banja Luka Okružnom sudu Banja Luka, December 25, 1946, 5. 关于古蒂奇发起这种变化的 5 月 17 日命令，参见 ARSBL, Fond 631, USPBVBBL, dok. br. 499, Ustaški stožer za Bosansku Hrvatsku i povjereništvo za bivšu vrbasku banovinu, Naredba, May 17, 1941, 1; 另参见 Slavko Odić, "Ustaški pokret i katolička crkva u Hrvatskoj, Bosni i Hercegovini," in *Srednja Bosna u NOB-u: srednja Bosna do ustanka i u ustanku 1941., članci i sjećanja, knjiga prva*, ed. Slavko Odić (Belgrade: Vojnoizdavački zavod, 1976), 259–260. 看起来，克独国中央政府在 1941 年 7 月 18 日官方认可了这种从"塞族东正教信仰"到"东方希腊信仰"的称谓转变，参见 Živković & Kačavenda, *Srbi u Nezavisnoj Državi Hrvatskoj*, 103, Ministarska naredba o nazivu "grčko-istočne vjere," July 18, 1941。

44 可参见 Odić, "Ustaški pokret i katolička crkva u Hrvatskoj i Bosni i Hercegovini," 256–257。 341

45 新近研究可参见 Greble, *Sarajevo*; Dulić, *Utopias of Nation*; Korb, "Understanding Ustaša Violence"；Hoare, *Genocide and Resistance in Hitler's Bosnia*; Yeomans, *Visions of Annihilation*。

46 HDA, f. 1355, Grupa VIII, Emigracija, Načelstvo sreza Donjolapačkog Kraljevskoj banskoj

upravi savske banovine, Odeljak za državnu zaštitu, Predmet: Pavičić, Juko, veze sa hrvatskim emigrantima, November 3, 1933, 1.

47 AJ, Fond 110, DKUZ, dos. br. 5361, Zapisnik br. 22, Mjesni odbor: Kulen Vakuf, August 9, 1946, 1; ibid., f. 230, F. broj 24047, Matijević, Miro, April 29, 1947, 2.

48 AJ, Fond 110, DKUZ, f. 230, F. broj 24047, Matijević, Miro, April 29, 1947, 1; 关于马蒂耶维奇的基本特定和形象, 参见 Nikica Pilipović, *Romori vrtočke prošlosti* (Bihać: Mjesna zajednica Vrtoče, 1989), 136–138。

49 Došen, *To je bilo onda*, 10–15, photograph on 10.

50 关于马蒂耶维奇及其父亲在德国入侵前跟乌斯塔沙可能的关系, 参见 Nikica Pilipović, "Vrtočani u danima ustanka, požara i otpora," in *Bosanski Petrovac u NOB, Knjiga I*, ed. Vladimir Čerkez (Bosanski Petrovac: Opštinski odbor SUBNOR-a Bosanski Petrovac, 1974), 541–542; Došen, *To je bilo onda*, 190。

51 LAEB, Bibanović, "Kulen Vakuf," 43.

52 Ibid., 43–44.

53 可参见 AJ, Fond 110, DKUZ, kut. 817, Okružni sud Bihać, Pojedinačne optužnice i presude, 1946, dos. br. 817–320, Javno tužtvo za Okrug Bihać, Krivični predmet protiv Burzić, Avde, May 27, 1946; ibid., dos. br. 817–376, Javno tužioštvo za Okrug Bihać, Krivični predmet protiv Kadić Bege, September 23, 1946; ibid., dos. br. 817–403, Javno tužioštvo za Okrug Bihać, Krivični predmet protiv Kozlice Agana, October 12, 1946; ibid., dos. br. 817–421, Javno tužioštvo za Okrug Bihać, Krivični predmet protiv Kulenović Mahmuta, August 26, 1946; ibid., dos. br. 817–469, Javno tužioštvo za Okrug Bihać, Krivični predmet protiv Pehlivanović Ibrahim, May 30, 1946; ibid., dos. br. 817–534, Javno tužioštvo za Okrug Bihać, Krivični predmet protiv Sušnjar-Vukalić Mujaga, October 15, 1946; AJ, Fond 110, DKUZ, kut. 531, dos. broj. 5361, Zapisnik br. 14, Mjesni odbor: Vrtoče, July 31, 1946; ibid., Zapisnik br. 10, Mjesni odbor: Kalati, August 5, 1946; Zapisnik br. 20, Mjesni odbor: Rajinovci, August 7,1946; Zapisnik br. 21, Mjesni odbor: Veliki Stjenjani, August 8, 1946; Zapisnik br. 22, Mjesni odbor: Kulen Vakuf, August 9, 1946; ABiH, Fond Zemaljske komisije za utvrDivanje zločina okupatora i njegovih pomagača Bosne i Hercegovine（以下简称 ZKUZ BiH）, kut. 91, Zapisnik br. 22, Mjesni odbor: Malo Očijevo, August 9, 1946; ibid., kut. 68, Srez Bosanski Petrovac, Zapisnik br. 18, Mjesni odbor: Prkosi, August 4, 1946; kut. 14, Srez Bihać, Zapisnik br. 21, Mjesni odbor: Veliki Stjenjani, August 8, 1946。

342 54 1941 年, 库伦瓦库夫镇的人口大约是 2,100 人, 其中 1975 人被认为是所谓穆斯林。在乌纳河谷这一地区的其他穆斯林村庄（即克利萨、奥拉沙茨和丘科维）, 居民总数大约是 3,700 人。除了这 5,675 名穆斯林外, 还应加上约 2,500 名被认为是"克族人"的天主教徒居民, 他们多数居住在附近的博里切瓦茨、卡拉蒂和夫尔托切。

55 关于被派到下拉帕茨工作的外地人, 以及他们在动员本地人加入乌斯塔沙时的困难, 参加 HDA DAKA, Fond RMZDL, Nikola Vidaković, "Partijska organizacija u Donjem Lapcu od osnivanja do početka ustanka 1941. godine," 18; 大部分乌斯塔沙分子在本地并没有家庭根基, 参见 ibid., Đoko Jovanić, "Kotar donjolapački u ustanku 1941. godine," 11–12。

56 HDA, f. 1355, Grupa VIII, inv. br. 236, Načelstvo sreza Donjolapačkog Kraljevskoj banskoj

upravi Savske banovine, Odeljak za državnu zaštitu, Predmet: Pavičić, Juko, veze sa hrvatskim emigrantima, November 3, 1933, 1.

57 关于穆罕默德·穆舍塔与乌斯塔沙的纠葛，参见他妻子在 1944 年向克独国政府要求国家援助的申请 ARSBL, Fond 76, Rizičko upraviteljstvo Banja Luka (NDH), dok. br. 7248, Mehmed Mušeta (1944), Predmet: Đula Mušeta, molba za obiteljsku državnu pomoć, January 23, 1944, 1–3; 另可见 AJ, Fond 110, dos. br. 5361, Zapisnik broj 20, Mjesni odbor: Rajinovci, August 7, 1946, 1; 关于他 1941 年前参与库伦瓦库夫市政委员会的情况：AUSK, Fond Okružnog inspektorata Vrbaske Banovine Bihać, kut. 14, Članovi opštinkog vijeća Kulen Vakuf, October 25, 1931。

58 Interview with Abas Mušeta, July 8, 2012, Crikvenica; Abas Mušeta, "Kulen Vakuf: Tragedija od 10.04 do 06–18.09 1941. godine" (unpub. ms., private collection), 21。

59 关于侯赛因·"胡查"·泽里奇与乌斯塔沙的纠葛，参见 HDA DAKA, Fond RMZDL, Radovi za hronike sela (neobjavljeno), Bušević u Narodnooslobodilačkoj borbi, 1941–1945 (1980), 24; Bibanović, "Kulenvakufski komunisti u radničkom pokretu i ustanku," 430; AJ, Fond 110, DK dos. br. 5361, Zapisnik broj 20, Mjesni odbor: Rajinovci, August 7, 1946, 1; ibid., dos. br. 5361, Zapisnik br. 22, Mjesni odbor: Kulen Vakuf, August 9, 1946, 1。

60 Obradović, "Zločini na kotaru Donji Lapac od 1941. do 1945.," 827.

61 这位叫"穆罕默德"的不明人物可能就是穆罕默德·阿尔蒂奇。关于这些例子，可见 Đuro Karanović, "Napad na žandarmerijsku stanicu u Martin Brodu," in *Drvar 1941—1945. Sjećanja učesnika, knjiga 2*, ed. Pero Morača (Drvar: Skupština opštine, 1972), 425。

62 M.J. Akbar, *Riot after Riot: Reports on Caste and Communal Violence in India* (New Delhi: Penguin Books, 1988), 23.

63 关于奥斯特罗维察的佩赫利万诺维奇家族，参见 Obradović, "Zločini na kotaru Donji Lapac od 1941. do 1945.," 824; 关于 1941 年以前几十年里当地村民中泛滥的非法砍树倾向，另可参见 HDA, f. 1363, Grupa XXI, inv. br. 1819, Sresko načelstvo Donji Lapac, Predmet: Izvještaj o stanju javne uprave za mjesec mart i April 1930, I. Javna bezbednost, May 1, 1930, 1–2; ibid., inv. br. 2191, Sresko načelstvo Donji Lapac, Predmet: Izvještaj o stanju javne uprave za mjesec januar i februar 1931, IV. Poljoprivreda, February 28, 1931, 1; inv. br. 2645, Sresko načelstvo u Donjem Lapcu, Predmet: Tromjesečni izvještaj po struci šumarskoj, July 1, 1932, 1–2。

64 可参见 Stevo Trikić, "Upostavljanje vlasti NDH i ustaški terror u Drvaru," in *Drvar, 1941—1945. Sjećanja učesnika, knjiga 1*, ed. Pero Morača (Drvar: Skupština opštine Drvar, 1972), 219。 343

65 关于与波斯尼亚东部的相似之处，参见 Vukčević, ed., *Zločini*, br. 128, Izvještaj Krilnog oružničkog zapovjedništva Tuzla od 14. jula Zapovjedniku 4. Hrvatske oružničke pukovnije o vojno-političkoj situaciji na svojoj teritoriji i zlostavljanju pravoslavaca od ustaša, naročito u kotaru vlaseničkom, July 14, 1941, 328。

66 参见 McDoom, "Who Killed in Rwanda's Genocide?"; idem., "Antisocial Capital"。

67 有克独国官员指出，土地改革对穆斯林前地主的负面影响与穆斯林支持克独国有关系，参见 Vukčević, ed., *Zločini*, br. 327, Izvještaj Ministarstva unutrašnjih poslova od 4. novembra

Ministarstvu domobranstva o prilikama u Bosni sa podacima o odnosu Hrvata, Muslimana i Srba, November 14, 1941, 814; ibid., br. 150, Predlog Poglavnikovog povjerenika u Sarajevu od 23. jula 1941. Ministarstvu unutrašnjih poslova za naseljavanje istočne granice NDH muslimanskim i katoličkim življem, July 23, 1941, 369–370。

68　Obradović, "Zločini na kotaru Donji Lapac od 1941. do 1945.," 824.

69　关于库伦瓦库夫地区和黑塞哥维那地区各自的乌斯塔沙分子之间的相似之处，参见 Vukčević, ed., Zločini, br. 101, Izvještaj posebnog opunomoćenika podmaršala Lakse od 5. jula 1941. Zapovjedniku kopnene vojske o divljačkim i neljudskim postupcima ustaša u Hercegovini, July 5, 1941, 208。

70　VA, Fond SUP BiH, Film 3, Ustaški elaborat Banja Luka, 2; 关于利卡地区各地乌斯塔沙分子的战前社会形象，参见 Stojkov, "O takozvanom Ličkom ustanku 1932.," 171。

71　Pilipović, "Vrtočani u danima ustanka, požara i otpora," 545.

72　关于米罗斯拉夫·马蒂耶维奇，参见 Pilipović, "Vrtočani u danima ustanka, požara i otpora," 545; LAEB, Bibanović, "Stanovništvo Kulen-Vakufa," 129; AJ, Fond 110, DKUZ, f. 230, F. broj 24047, Matijević, Miro, April 29, 1947, 2; 关于穆罕默德·穆舍塔和侯赛因·"胡查"·泽里奇，参见 AJ, Fond 110, dos. br. 5361, Zapisnik broj 20, Mjesni odbor: Rajinovci, August 7, 1946, 1; ARSBL, Fond 76, Rizičko upraviteljstvo Banja Luka (NDH), dok. br. 7248, Mehmed Mušeta (1944), Predmet: Đula Mušeta, molba za obiteljsku državnu pomoć, January 23, 1944, 1–3; 关于泽里奇另可见 HDA, f. 1355, Grupa VIII, Emigracija, Načelstvo sreza Donjolapačkog Kraljevskoj banskoj upravi savske banovine, Odeljak za državnu zaštitu, Predmet: Pavičić, Juko, veze sa hrvatskim emigrantima, November 3, 1933, 1; 关于温科·马林科维奇和格尔加·帕维契奇，参见 Milan Šijan, "Nastanak i djelovanje KPJ na teritoriji kotara do oslobođenja Donjeg Lapca februara 1942. godine," in Kotar Donji Lapac u Narodnooslobodilačkom ratu, ed. Vezmar & Zatezalo, 41; Obradović, "Zločini na kotaru Donji Lapac od 1941. do 1945.," 827; Rašeta, Kazivanje pobjednika smrti, 14, 22。

73　波斯尼亚察津地区的穆斯林试图通过暴力让塞族东正教徒改宗伊斯兰教，结果导致他们逃到斯卢尼并表示希望成为天主教徒。参见 Arhiv Muzeja Unsko-sanskog kantona（以下简称 AMUSK），Prijepisi originalnih dokumenata iz Arhiva za historiju radničkog pokreta（以下简称 AHRP），1941–1945., Nezavisna Država Hrvatska, Ured Poglavnika, Predmet: Izvještaj Ravnateljstva za javni red i sigurnosti, September 6, 1941。

74　VA, Fond NDH, kut. 170, f. 12, dok. 18, Državno ravnateljstvo za ponovu Svim kotarskim oblastima, Svim ispostavama, Svim redarstvnim ravnateljstvima, Svim Velikim Županima, Svim gradskim poglavarstvima, Svim izseljeničkim logorima, Predmet: Uhićenje popova, postupak sa Rumunjima, Makedoncima i Rusima, August 9, 1941, 1.

75　Hrvatska Krajina, "Objašnjenje: kako se imade postupati sa onim grkoistočnjacima koji su prešli na katoličku vjeru," June 22, 1941, 4.

76　关于乌斯塔沙强制改宗政策的演化，特别是这些政策的亚国家差异性，可参见一篇重要的文章：Biondich, "Religion and Nation in Wartime Croatia," 71–116。

77　Vukčević, ed., Zločini, br. 169, Oružnica Ministarstva pravosuĐa i bogoštovlja od 30. jula 1941. sa uputstvima za prevoĐenje pravoslavaca u katoličku veru, July 30, 1941, 412–413; see also ibid., br. 282, Okružnica Predsjedništva vlade NDH od 15. septembra 1941. Ministarstvu unutrašnjih poslova o nadležnostima i poslovima u vezi sa prelaskom iz jedne vere u drugu, September 15, 1941, 702–703.

78　古蒂奇似乎特别关注塞族学校教师的命运，他在 6 月 9 日试图编纂前弗尔巴斯河地区这类人士的准确清单，参见 ARSBL, Fond 631, USPBVBBL, 1656/41, Ustaški stožer za Bosansku Hrvatsku, Spiskovi učitelja i učiteljica grko-istočne vjere na teritoriji bivše Vrbaske banovine, June 9, 1941, 1。

79　有的研究强调了种族观点在克独国的重要性（特别是在 1941 年以前的克族地区），但却不对真实的政策和政府实践加以关注，参见 Nevenko Bartulin, *The Racial Idea in the Independent State of Croatia: Origins and Theory* (Leiden: Brill, 2014)。

80　然而，即使是对于看似概念清晰、没有转化余地的"犹太人"和"吉卜赛人"这样的归类，克独国政府也还是宣布了例外情况定性要求，比如对所谓"吉卜赛白人"就另有规定，因为"他们信仰伊斯兰教，他们的女人和其他克族穆斯林结婚，他们有自己的房子，基本上都是些手艺人"。就像克独国的"塞族人"概念一样，一个人是否危险的决定性因素似乎是他的行为，而非抽象的、不可转化的"种族"或"民族"归类。参见 VA, Fond NDH, kut. 200B, f. 1, dok. 23, Ministarstvo unutarnjih poslova, Predmet: Cigana bijelih— rasna pripadnost, August 30, 1941, 1（原文用小写字母拼写"穆斯林"）。克独国那些使用了"种族"语言的宣示中，对"犹太人"和"吉卜赛人"作出了定义，而对"塞族人"却没有，参见 *Hrvatska Krajina*, "Zakonska odredba o rasnoj pripadnosti" and "Zakonska odredba o zaštiti arijske krvi i časti hrvatskog naroda," May 4, 1941, 4; *Hrvatski Narod*, "Krv i cast hrvatskog naroda zaštićeni posebnim odredima," May 1, 1941, 1。

81　Vukčević, ed., *Zločini*, br. 169, Oružnica Ministarstva pravosuĐa i bogoštovlja od 30. jula 1941. sa uputstvima za prevoĐenje pravoslavaca u katoličku veru, July 30, 1941, 413.

82　HDA DAKA, Fond 143, Memoarsko gradivo o NOR-u, 31/2010, Sjećanja Lika (LI-3), Podaci za dvadeset sela s područja kotara Donji Lapac, Popis učesnika aprilskog rata sela D. Lapca, 6.

83　Vukčević, ed., *Zločini*, br. 169, Oružnica Ministarstva pravosuĐa i bogoštovlja od 30. jula 1941. sa uputstvima za prevoĐenje pravoslavaca u katoličku veru, July 30, 1941, 413.

84　Jelić-Butić, Ustaše i Nezavisna Država Hrvatska, 174.　　　　　　　　　　　　　　345

85　关于罗马尼亚的案例，参见 Vladimir Solonari, *Purifying the Nation. Population Exchange and Ethnic Cleansing in Nazi-Allied Romania* (Washington, DC: Woodrow Wilson Center Press; Baltimore: Johns Hopkins University Press, 2010); 关于纳粹德国，参见 Mark Mazower, *Hitler's Empire: How the Nazis Ruled Europe* (New York: Penguin Books, 2008); 关于广义上的东欧，参见 Alexander V. Prusin, *The Lands Between: Conflict in the East Europen Borderlands, 1870–1992* (Oxford: Oxford University Press, 2010), espec. chaps. 6–7。

86　一开始曾经制订过计划，要和德国军队一起将几十万塞族人重新安置到塞尔维亚，然而用同等数量的斯洛文尼亚天主教徒来替代他们。六七月时曾经试图执行过这种计划，但后来放弃了。可参见 HDA, Fond 306, ZKUZ (Hrvatska) za Liku, kut. 70, inv. br. 4790, Ministarstvo prometa i javnih radova—Odio za željeznički promet, Predmet: Transporti

Slovenaca u Slavonsku Požegu i Srba iz Hrvatske u Srbiju, July 10, 1941, 1–2. 有一项对这些政策的研究 : Tone Ferenc, *Nacistička politika denacionalizacije u Sloveniji u godinama od 1941 do 1945* (Ljubljana: Partizanska knjiga, 1979)。

87 关于国家复兴办公室的创建，参见 *Hrvatski Narod*, "Osniva se Državno Ravnateljstvo za Ponovu," June 25, 1941, 19; *Hrvatska Krajina*, "Osnovano Državno ravnateljstvo za ponovu," June 27, 1941, 2。

88 VA, Fond NDH, kut. 170, f. 12, dok. 18, Državno ravnateljstvo za ponovu Svima kotarskim oblastima, Svima redarstvenim ravnateljstvima, Predmet: Upute za iseljavanje obitelji dviju vjera, July 24, 1941, 1.

89 HDA DAKA, Fond 141, Razni spisi iz razdoblja NDH, kut. 3, Ministarstvo Hrvatskog Domobranstva, II. Odjel, I. Odsjek Domobranskom popunitbenom zapovjedništvu, Tko se smatra Srbin, November 4, 1941, 1.

90 可参见 VA, Fond NDH, kut. 143a, f. 10, dok. 14, Zapovjedništvo 3. Hrvatske oružničke pukovnije Zapovjedništvu 4. Hrvatske oružničke pukovnije, Izvještaj o obavještajnoj službi dostavlja, July 16, 1941, 2–3. 战后审讯维克托·古蒂奇的抄写记录显示，萨格勒布曾召开过一个特别会议，讨论该地区塞族人的重新安置问题。很多克独国的上层重要政治人物出席了会议，其中包括斯拉夫科·克瓦泰尔尼克、欧金·克瓦泰尔尼克（Eugen Kvaternik）和国家复兴办公室主任罗让科维奇（Rožanković）博士，参见 ARSBL, Lični fond Milan Vukmanović (1928–1993), 559, Ispis o Viktoru Gutiću, Saslušanje, June 7, 1946, 9; 关于全国性的命令，参见 Vukčević, ed., *Zločini*, br. 93, "Okružnica Državnog ravnateljstva za ponovu od 2. srpnja 1941. svim Kotarskim predstojništvima o osnivanju ureda za iseljavanje, njegovoj organizaciji i zadacima," July 2, 1941, 183–188。

91 关于这些指示，参见 VA, Fond NDH, kut. 170, f. 12, dok. 2, Državno ravnateljstvo za ponovu Svima kotarskim predstojništvnima, July 2, 1941, 1–6。

92 VA, Fond NDH, kut. 170, f. 13, dok. 3, Raspis Velikim županima (无日期文件，很可能来自 1941 年 7 月中旬), 1.

93 非克族群体的突然离去，通常会推动当地的穆斯林和天主教徒居民大批申请得到他们的房屋、财物和生意。很多人用自己是 "克族人" 或者 "持穆斯林信仰的克族人" 来合理化他们的这种申请，声称在克独国建国之前他们在非克族乡邻和南斯拉夫国家政权下吃过苦，现在又穷，因此应该得到塞族人和犹太人的财产。可参见大量关于获得塞族人和犹太人财产的申请 : ARSBL, Fond 631, USPBVBBL, Ustaški stožer i povjereništva za bivšu Vrbasku banovinu, Ravnateljstvo za ponovu (未编号)。

94 ARSBL, Fond Zbirka varia, 330, Optužnica Viktora Gutića, Javno tužioštvo okruga Banja Luka Okružnom sudu Banja Luka, December 25, 1946, 7–8.

95 VA, Fond NDH, kut. 170, f. 12, dok. 17, Državno ravnateljstvo za ponovu Svima općinskim poglavarstvima, Predmet: Čuvanje pokretne i nepokretne imovine ispražnjenih posjeda trgovina, industrija, obrta, te kuće izseljenih i nestalih Srba, July 24, 1941, 1.

96 *Hrvatski Narod*, "Židovi su dužni prijaviti svoju imovinu," June 6, 1941, 14.

97 Izvještaj Gradskog poglavarstva u Banjoj Luci Povjerenstvu za upostavu javnoga reda i poretka, November 22, 1941, 被引用于 ARSBL, Fond Zbirka varia, 330, Optužnica Viktora

Gutića, Javno tužioštvo okruga Banja Luka Okružnom sudu Banja Luka, December 25, 1946, 29。

98　这种广泛的差异性引起引起了巴尼亚卢卡的意大利副领事的注意，此人在 1941 年 7 月的一份报告中写道："前弗尔巴斯河地区驱逐东正教徒群体的做法，很多时候都建立在个人标准之上，也就是最高领袖（维克托·古蒂奇）和地方最高领导人（柳博米尔·克瓦泰尔尼克）的理解之上。事实上，在比哈奇没有一个东正教徒（塞族人）能留下来，而且所有人都是在数小时内被强制赶走的；然而在巴尼亚卢卡，现在却还留有大约 2,000 个这样的家庭。不得不离开的人中，有一些被准许花时间打包行李和照顾自己的财物，其他人则被强制立刻离开。"参见 Vukčević, ed., Zločini, br. 162, Izvještaj Italijanskog vicekonzula u Banjaluci od 26. jula 1941. Italijanskom poslanstvu u Zagrebu o proterivanju Srba i Jevreja sa teritorije bivše Vrbaske banovine, July 26, 1941, 397. 关于巴尼亚卢卡 "塞族人" 的第一次重新安置，参见 Hrvatska Krajina, "Prvi transport iseljenih srba napustio je Banju Luku," July 23, 1941, 3。

99　克独国军队是知道这种机制的，参看 VA, Fond NDH, kut. 143a, f. 10, dok. 14, Zapovjedništvo 3. Hrvatske oružničke pukovnije Zapovjedništvu 4. Hrvatske oružničke pukovnije, Izvještaj o obavještajnoj službi dostavlja, July 16, 1941, 2–3。

100　可参见 VA, Fond NDH, kut. 169, f. 6, dok. 3, Ravnateljstvo ustaškog redarstva (Banja Luka) Ustaškom redarstvenom ravnateljstvu u Banja Luci, Izvještaj izaslanika Josipa Knopa, July 16, 1941, 1。

101　Vukčević, ed., Zločini, br. 209, Dopis Državnog ravnateljstva za ponovu od 13. avgusta 1941. Ministarstvu vanjskih poslova o intervenciji nemačkog vojnog zapovednika Srbije povodom masovnog hapšenja i smeštaja Srba u sabirne logore i preseljivanja u Srbiju, August 13, 1941, 497–498. 关于这项协议，参见 Jelić-Butić, Ustaše i Nezavisna Država Hrvatska, 169; Ferenc, Nacistička politika denacionalizacije。

102　克瓦泰尔尼克下令塞族人离开比哈奇，而且不许回到该镇周围 15 公里内，除非得到当局的特别许可。参看 VA, Fond NDH, kut. 195, f. 20, dok. 14, Veliki Župan Velike Župe Krbava i Psat, Proglas, June 20, 1941; 另参见 Zbornik dokumenata i podataka o Narodnooslobodilačkom ratu jugoslovenskih naroda（以下简称 Zbornik NOR-a）, tom IV, knjiga 1, Borbe u Bosni i Hercegovini 1941. god. (Belgrade: Vojno-istoriski institut Jugoslovenske Armije, 1951), br. 235, "Izvještaj Zapovjedništva bosanskog divizijskog područja od 10. srpnja o pripremama naroda za ustanak i raseljivanju srpskog stanovništva u Bosanskog Krajini," 523–524。

103　VA, Fond NDH, kut. 85, f. 8, dok. 14, Zapovjedništvo 4. Hrvatske oružničke pukovnije Zapovjedništvu hrvatskog oružništva, Prebacivanje pravoslavnog življa, July 12, 1941, 1. 关于比哈奇市民对驱逐的回忆，参见 AJ, Fond 110, DKUZ, f. 735, Okrug Bihać, Inv. br. 56127, Zapisnik sastavljen 7. avgusta 1946. god. u Bihaću, srez Bihać, po ZKUZ, August 7, 1946, 2–3。

104　关于这些驱逐行动和被驱逐者苦难的生动证词，参见 ARSBL, Fond 209, Memoarske građe, sig. 209–017–008, Anka Toman (rođena Radaković), "Interniranje moje porodice iz Bihaća 1941 godine," October 7, 1988, 1–9; AJ, Fond 110, DKUZ, Dos. br. 3136, Zapisnik sastavljen u Ministarstvu unutrašnjih poslova (Beograd), Izjava od Božidarke Vojvodića,

July 2, 1941, 1–2; ibid., f. 588, Inv. br. 14398, Zapisnik od 2. jula 1941. godine sastavljen u Ministarstvu unutrašnjih poslova (Izjava od Božidarke Vojvodića iz Bihaća), July 2, 1941, 2; ibid., Inv. br. 14399, Zapisnik od 20. aprila 1941. godine sastavljen u Komesarijatu za izbeglice i preseljenike u Beogradu, April 20, 1942, 1–6。

105　关于所谓禁止"塞族人"波斯尼亚彼得罗瓦茨周围五公里内的禁令，参见 VA, Fond NOV, kut. 1997, f. 8, dok. 2, Podgrupa Bosanski Petrovac, Stenografske beleške, June 8, 1951, 2。

106　VA, Fond NDH, kut. 153a, f. 5, dok. 13, Talijanski vicekonzulat, Banja Luka, Predmet: Mjere za protjerivanje Srba, July 16, 1941, 1.

107　Ibid., Zapovjedništvo Hrvatskog oružništva Zapovjedništvu vojske i Ministarstvu domobranstva, July 14, 1941, 1. 关于重新安置中的随意行动，参见 AJ, Fond 110, Inv. br. 56127, Zapisnik sastavljen u Bihaću po ZKUZ, August 7, 1946, 7–8。

108　VA, Fond NDH, kut. 85, f. 6, dok. 12, Izvještaj o vanjskoj i unutarnjoj situaciji za prvu deseticu (1.–10.) srpnja（无日期文件，很可能来自 1941 年 7 月中旬），8–9。关于比哈奇被驱逐者面临的困难处境，参见 ibid., kut. 312, f. 1, dok. 55, Kratak pregled masovnih zločina ustaša u 1941. godini, bihaćki okrug, 1。

109　VA, Fond NDH, kut. 84, f. 4, dok. 24, Zapovjedništvo kopnene vojske, Izvještaj o vanjskoj i unutarnjoj situaciji za drugu deseticu (10.–20.) sprnja 1941, July 21, 1941, 9, 12.

110　VA, Fond NDH, kut. 84, f. 4, dok. 24, Stožer Vrbaskog divijskog područja Zapovjedništvu kopnene vojske, Izvještaj o vanjskoj i unutarnjoj situaciji za drugu deseticu (10.–20.) sprnja 1941, July 18, 1941, 2.

111　AJ, Fond 110, DKUZ, f. 230, F. broj 24047, Matijević, Miro, April 29, 1947, 1–2.

112　HDA, Fond 223, MUP NDH, kut. 32, Ustaša—Hrvatski oslobodilački pokret—Ustaški stožer u Bihaću Ravnateljstvu za ponovu u Zagrebu, September 6, 1941, 1. 根据战后共产党战争罪行委员会制作的调查报告，有克罗地亚西北部农村的证人回忆称，克瓦泰尔尼克等人据称曾作出承诺，说他们如果参与到针对塞族人的清洗活动，就可以得到他们的财产。参见 AJ, Fond 110, DKUZ, Inv. br. 56136, Mjesni narodni odbor Zavalje, Zapisnik sastavljen u Sreskom narodnom odboru po ZKUZ, July 21, 1946, 10。

348

113　Vukčević, ed., Zločini, br. 305, Izveštaj Zapovjedništva Vojne krajine od 1. oktobra 1941. Doglavniku—VojskovoÐi o izvršenom pokolju pravoslavnog življa u Jajcu i okolini, October 1, 1941, 768.

114　关于达尔富尔的金戈威德（Janjaweed，活跃于达尔富尔的部落民兵组织），可参看：Gérard Prunier, Darfur: A 21st Century Genocide, 3rd ed. (Ithaca, NY: Cornell University Press, 2008), 122。

115　Vukčević, ed., Zločini, br. 98, Izvještaj predstojnika kotarske oblasti Bileća Ravnateljstva za javni red i sigurnosti o situaciji na području kotara i čitave Hercegovine za period 11. juni-4. juli 1941. god. sa podacima o pravoslavnom stanovništvu, meÐusobnim odnosima naroda, zločinima ustaša i uzrocima takvog stanja, 202; 可参见 VA, Fond NDH, kut 135f, f. 8, dok. 4, Zapovjednik trusinskog odreda, Izvještaj o dogoÐajima u selu Berkovićima, August 29, 1941, 1, 其中显示，黑塞哥维那当地的穆斯林加入乌斯塔沙后，"利用新近创作的时机

大占便宜,劫掠自肥"——这是一位驻扎在黑塞哥维那农村的克独国军事指挥官的原话。

116　这一点可参见 Philip Zimbardo, *The Lucifer Effect: Understanding How Good People Turn Evil* (New York: Random House, 2007), 449–451。

117　VA, Fond NDH, kut. 150a, f. 2, dok. 40, Krilno oružničko zapovjedništvo Gospić Zapovjedništvu I. Hrvatske oružničke pukovnije, Rezultat izviđaja po ucjeni oružnika postaje Doljane, July 12, 1941, 1–2. 1

118　Ilija Rašeta, "Pripremanje i početak ustanka u Donjem Lapcu," in *1941–1942. u svedočenjima učesnika narodnooslobodilačke borbe, knjiga 4*, ed. Radomir Petković (Belgrade: Vojnoizdavački zavod, 1975), 218.

119　VA, Fond NDH, kut. 179, f. 1, dok. 15, Kotarska oblast u Vlasenici Velikoj Župi Vrhbosna, Izvještaj o nezakonitom radu pojedinih ustaških organa, July 19, 1941, 1–2; ibid., kut. 180, f. 1, dok. 24, Kotarska oblast u Rogatici Velikoj Župi Vrhbosna, July 17, 1941, 1–2.

120　VA, Fond NDH, kut. 84, f. 6, dok. 15, Zapovjedništvo kopnene vojske, Vojni ured, Izvještaj o vanjskoj i unutarnoj situaciji za treću desetice, May 31, 1941, 6.

121　Ibid., kut. 84, f. 5, dok. 25, Zapovjedništvo kopnene vojske, Izvještaj o vanjskoj i unutarnjoj situaciji za treću (20–31.) srpnja 1941, August 1, 1941, 10.

122　Ibid., kut. 179, f. 1, dok. 15, Kotarska oblast u Vlasenici Velikoj Župi Vrhbosna, Izvještaj o nezakonitom radu pojedinih ustaških organa, July 19, 1941, 1–2; ibid., kut. 180, f. 1, dok. 24, Kotarska oblast u Rogatici Velikoj Župi Vrhbosna, July 17, 1941, 1–2.

123　Ibid., kut. 85, f. 7, dok. 14, Zapovjedništvo III. hrvatske oružničke pukovnije Zapovjedništvu hrvatskog oružničtva, Ćubrilo Ilija i dr. pljačke za račun ustaša vršili, July 16, 1941, 1.

124　关于卢旺达联攻派和达尔富尔的金戈威德，可参见 Prunier, *Darfur: A 21st Century Genocide*, 97; idem., *The Rwanda Crisis: A History of a Genocide* (London: Hurst & Company,［1995］2010), 135–144, 231。

125　法庭文件显示，古蒂奇是在 5 月中旬访问一间修道院时作出这一声明的，请参见 ARSBL, Fond Zbirka varia, 330, Optužnica Viktora Gutića, Javno tužioštvo okruga Banja Luka Okružnom sudu Banja Luka, December 25, 1946, 31。

126　包括在 Velika Župa Krbava i Psat 中的有如下市镇：比哈奇、波斯尼亚克鲁帕、波斯尼亚彼得罗瓦茨，波斯尼亚格拉霍沃、察津、比哈奇市、下拉帕茨，以及科雷尼察（Korenica），参见 AJ, Fond 110, DKUZ, f. 131, F. br. 6017, Kvaternik Ljubomir（无日期文件，很可能写于 1946 年或 1947 年），1。

127　VA, Fond NOV, kut. 2000, f. 2, dok. 2, Podgrupa za Bihać, Period od 27. marta do okupacije, Stenografske beleške, May 22, 1951, 4.

128　关于帕韦利奇的决策，参见 AJ, Fond 110, DKUZ, f. 131, F. br. 6017, Kvaternik Ljubomir （无日期文件，很可能来自 1946 年或 1947 年），1. 克瓦泰尔尼克的简短传记可参见 *Hrvatski narod*, "Ljubomir Kvaternik, Veliki Župan Velike Župe Krbava i Psat," June 9, 1941, 4。

129　HDA, Fond 223, MUP NDH, Personalni podaci službenika NDH, br. 2539, Ljubomir Kvaternik, Velika župa Krbava i Psat Ministarstvu unutarnjih poslova, June 19, 1941, 1.

349

130 VA, Fond NOV, kut. 2000, f. 2, dok. 2, Podgrupa za Bihać, Period od 27. marta do okupacije, Stenografske beleške, May 22, 1951, 4; AJ, Fond 110, DKUZ, f. 735, Okrug Bihać, Inv. br. 56127, Zapisnik sastavljen 7. avgusta 1946. god. u Bihaću, srez Bihać, po ZKUZ, August 7, 1946, 1.

131 VA, Fond NDH, kut. 195, f. 10, dok. 61, Veliki Župan Velike Župe Krbave i Psat, Proglas, June 23, 1941, 1.

132 Arhiv Srbije（以下简称 AS）, Fond G-2, Komesarijat za izbeglice（以下简称 KI）, f. 5, Okrug bihaćki srez, br. 3, Teror Hrvata (ustaša) u Bihaću i okolini (1941– 1944), 无日期文件, 1, 3. 尽管政治上被边缘化, 易卜拉欣帕希奇和他的支持者们在 1941—1942 年持续口头批评克独国当局, 貌似经常是在客栈里用两次世界大战间的南斯拉夫王国货币买酒, 或者公开指控某些人士迫害塞族人。关于这些行为, 可参见 VA, Fond NDH, kut. 195, f. 10, dok. 33, Velika župa Krbava i Psat, Predmet: Doglasni izvještaj, March 1, 1942, 1–2。

133 Slavko Odić, "Radnički pokret Bihaća i okoline do ustanka 1941. godine," in Podgrmeč u NOB: Podgrmeč do ustanka i u ustanku 1941. Zbornik sjećanja, knjiga prva, ed. Dušan Pejanović (Belgrade: Vojnoizdavački zavod, 1972), 81.

134 VA, Fond NDH, kut. 201, f. 21, dok. 12, Veliki župan Velike Župe Krbava i Psat Kotarskim oblastima—svima, Kotarskim ispostavama—svima, Gradskom poglavarstvu—Bišće, July 12, 1941, 1.

135 Ibid., kut. 195, f. 5, dok. 3, Velika župa Bribir i Sidraga, Predmet: izvještaj o dogaĐajima u župi za vrijeme od 7. kolovoza do 16. kolovoza, August 16, 1941, 7–8.

136 VA, Fond NOV, kut. 1997, f. 8, dok. 6, Jovo Kecman, "Podaci o organizacionom stanju Partijske organizacije prije rata na srezu Bosanskom Petrovačkom," May 24, 1951 6.

137 AJ, Fond 110, DKUZ, f. 588, Inv. br. 14437, Zapisnik od 25. januara 1944. sastavljen u Komesarijatu za izbeglice i preseljenike u Beogradu (Nikolić Natalija iz Drvara), January 25, 1944, 3; VA, Fond NDH, kut. 169, f. 6, dok. 3, Ravnateljstvo ustaškog redarstva (Banja Luka) Ustaškom redarstvenom ravnateljstvu u Banja Luci, Izvještaj izaslanika Josipa Knopa, July 16, 1941, 1–2; ibid., SUP BiH, Film 3, Ustaški elaborat Drvar, March 10, 1953, 2.

138 可参见 AJ, Fond 110, DKUZ, f. 588, Inv. br. 14437, Zapisnik od 25. januara 1944. sastavljen u Komesarijatu za izbeglice i preseljenike u Beogradu (Nikolić Natalija iz Drvara), January 25, 1944, 3。

139 比哈奇的克独国政府剔除温和派并代之以激进派, 以此为针对该地区非克族群体的更加激进的迫害政策铺平道路。关于这一行动的重要性, 可参见 Vukčević, ed., Zločini, br. 373, Pregled masovnih zločina ustaša u 1941. godini na teritoriji bihaćkog i travničkog okruga（无日期文件）, 981。1941 年晚些时候剔除的几个人都是暴力降级的关键原因, 这一点可参见 ibid., 985。

140 可参见 Scott Straus, The Order of Genocide: Race, Power, and War in Rwanda (Ithaca, NY: Cornell University Press, 2006), especially chap. 3。

141 AJ, Fond 110, DKUZ, dos. br. 5361, Zapisnik br. 22, Mjesni odbor: Kulen Vakuf, August 9, 1946, 1; ibid., f. 230, F. broj 24047, Matijević, Miro, April 29, 1947, 2.

142 关于泽里奇，可参见 HDA DAKA, Fond RMZDL, Radovi za hronike sela (neobjavljeno), Bušević u Narodnooslobodilačkoj borbi, 1941–1945 (1980), 24。

143 他对纳粹意识形态的理解深度至今仍然是个问号，参见 Bibanović, "Kulenvakufski komunisti u radničkom pokretu i ustanku," 430。

第三章　杀戮与救助

1 加伊纳村（Gajina，库伦瓦库夫西北部）6 月 5 日发生的杀戮似乎是该地区的第一批杀人事件，其证据可参见 HDA, Fond 306, ZKUZ (Hrvatska), kut. 244, OKUZ za Liku, Zh. br. 11479–11500, Odluke i izjave, May 1945, 1–24; 关于 6 月下半月的其他事件，可参见 ibid., kut. 244, OKUZ za Liku, Zh. br. 11,754–11,759, Zapisnik sastavljen pred komisijom u Bubnju, May 13, 1945, 1–2; ibid., inv. br. 42206–42211, Zapisnik sastavljen pred komisijom u Doljanima, July 15, 1945, 1–2。

2 关于这些杀戮，可参见 Skoko, Pokolji hecegovačkih Srba '41.; Živković & Kačavenda, Srbi u Nezavisnoj Državi Hrvatskoj; Jelić-Butić, Ustaše i Nezavisna Država Hrvatska, 165。

3 关于这类意识形态给群体性暴力提供背景的重要性，参见 Eric Weitz, A Century of Genocide. Utopias of Race and Nation (Princeton, NJ: Princeton University Press, 2003)。

4 Barbara Herff, "Genocide as State Terrorism," in Government Violence and Repression: An Agenda for Research, ed. Michael Stohl and George A. Lopez (Westport, CT: Greenwood Press, 1986), 165–187, here 182.

5 可参见 Su, Collective Killings in Rural China; Fujii, Killing Neighbors; Autesserre, The Trouble with the Congo; McDoom, "Who Killed in Rwanda's Genocide?"; idem, "Antisocial Capital"; Gross, Neighbors; Redlich, Together and Apart in Brzezany; and Bartov, "Communal Genocide"。

6 VA, Fond NDH, kut. 84, f. 6, dok. 19, Zapovjedništvo cjelokupne hrvatske kopnene vojske, V.T. Naredba br. 21, April 30, 1941, 1–3.

7 Hrvatska Krajina, "Proglas," April 24, 1941, 1.

8 VA, Fond NDH, kut. 84, f. 7, dok. 58, Stožer Vrbaskog divizijskog područja, Izvještaj po naredbi V.T-br. 2, toč. XIII. Zapovjedništvu hrvatske kopnene vojske, May 9, 1941, 1–2.

9 关于这些数字，可参见 ABiH, Fond ZKUZ BiH, kut. 7, Referati, inv. br. 80, Referat o geopolitičkim i etnografskim razmatranjima u Bosni i Herzegovini（无日期文件，尽管其人口数字似乎是根据 1940 年收集的数据做出来），5–7。

10 这一点可参见 Rašeta, "Pripremanje i početak ustanka u Donjem Lapcu," 200; Obradović, "Selo Bubanj u plamenu," 435。

11 关于乌斯塔沙在该地区能收集的武器数量之少，可参见 Rašeta, "Pripremanje i početak ustanka u Donjem Lapcu," 205。

12 VA, Fond NDH, kut. 85, f. 3, dok. 9, Zapovjedništvo kopnene vojske (Vojni ured), Izvještaj, June 21, 1941, 2.

13 VA, Fond NOV, kut. 2000, f. 2, dok. 4, Srez Bihać, Period od okupacije do kraja 1941. godine, Stenografske beleške, June 9, 1951, 1; HDA DAKA, Fond 143, Memoarsko gradivo o NOR-u, 31/2010, Sjećanja Lika (LI-3), Učešće naroda i razvoj NOR-a na teritoriji Dobrosela, 5–7; ibid., Podaci za dvadeset sela s područja kotara Donji Lapac, Popis učesnika u aprilskom ratu 1941. godine koji su se zatekli kao vojnici na odsluženju kadrovskog roka ili bili pozvani kao rezervisti iz sela Osredaka, 1–2.

14 HDA DAKA, Fond 143, Memoarsko gradivo o NOR-u, 31/2010, Sjećanja Lika (LI-3), Podaci za dvadeset sela s područja kotara Donji Lapac, Popis učesnika u aprilskom ratu 1941. koji su se zatekli kao vojnici na odsluženju kadrovskog roka ili bili pozvani kao rezervisti iz sela Osredaka, 1–2; ibid., Fond RMZDL, Radovi za hronike sela (neobjavljeno), Rade Grbić, "Osredci u prošlosti i sadašnjosti-Put osredačkog odreda od 27.07.1941.–28.03.1942. godine," (1980), 9; ibid., kut. 3 (originali), Milan Majstorović i Mićo Medić, "Formiranje i borbena dejstva doljanske partizanske čete" (无日期，很可能来自 20 世纪 70 年代后期或 20 世纪 80 年代初期), 1–2。

15 VA, Fond NDH, kut. 84, f. 6, dok. 15, Zapovjedništvo kopnene vojske, Vojni ured, Izvještaj o vanjskoj i unutarnjoj situaciji za treću deseticu, May 31, 1941, 3; ibid., kut. 84, f. 1, dok. 58, Stož er Vrbaskog divizijskog područja, Zapovjedniku kopnene vojske (Vojni ured), Doglasni izvještaj, June 9, 1941, 1–2.

16 Đoko Jovanić, Ratna sjećanja (Belgrade: Vojnoizdavački i novinski centar, 1988), 37.

17 HDA DAKA, Fond 143, Memoarsko gradivo o NOR-u, LI-1, Izjave s područja Like, Sastanak ličke grupe, March 23, 1951, 16–17.

18 克独国军方担心，更多地方的塞族人都已逃到森林里，准备发动某种叛乱行动，参见 VA, Fond NDH, kut. 85, f. 8, dok. 14, Zapovjedništvo 4. Hrvatske oružničke pukovnije Zapovjedništvu hrvatskog oružništva, Prebacivanje pravoslavnog življa, July 12, 1941, 1; ibid., kut. 84, f. 1, dok. 58, Stožer Vrbaskog divizijskog područja, Zapovjedniku kopnene vojske (Vojni ured), Doglasni izvještaj, June 9, 1941, 1。

19 HDA DAKA, Fond 143, Memoarsko gradivo o NOR-u, LI-1, Izjave s područja Like, Sastanak ličke grupe, March 23, 1951, 16–17.

20 有一份对乌斯塔沙监控比哈奇地区的分析，参见 VA, Fond SUP BiH, Film 3, Predmet: Elaborat o izvršenoj rekonstrukciji ustaške nadzorne službe na terenu srezu Bihaća, 1959, 5–8; 关于村一级的这类行动，参见 HDA DAKA, Fond 143, Memoarsko gradivo o NOR-u, 31/2010, Sjećanja Lika (LI-3), Učešće naroda i razvoj NOR-a na teritoriji Dobrosela, 11; 另可参见来自卡拉蒂的米兰·菲利波维奇（Milan Filipović）和斯特沃·因吉奇（Stevo Inđić）的证词：Gojko Polovina, Svedočenje: prva godina ustanka u Lici (Belgrade: Izdavačka radna organizacija "Rad," 1988), 58。

21 关于那种认为国家上层精英看上去是暴力升级的主要推手的看法，可参见 Benjamin Valentino, Final Solutions: Mass Killing and Genocide in the Twentieth Century (Ithaca, NY: Cornell University Press, 2004); Geoffrey Robinson, The Dark Side of Paradise: Political Violence in Bali (Ithaca, NY: Cornell University Press, 1995)。

22 VA, Fond NDH, kut. 84, f. 1, dok. 37, Stožer Vrbaskog divizijskog područja Zapovjedništvu

Hrvatske kopnene vojske (Vojni odsjek), Prilike i političko stanje na području, May 31, 1941, 1.

23　关于黑塞哥维那的叛乱，参见 Savo Skoko and Milan Grahovac, "Junski ustanak," in *Hercegovina u NOB, April 1941.–juni 1942, tom 2*, ed. Sveta Kovačević and Slavko Stijačić-Slavo (Belgrade i Mostar: Vojnoidavački i novinski centar i Istorijski arhiv Hercegovina, 1986), 409–439; Uglješa Danilović, "Ustanak u Hercegovini, jun 1941—jun 1942," in *Hercegovina u NOB. Pišu učesnici*, ed. Milisav Perović (Belgrade: Vojnoizdavački zavod JNA "Vojno delo," 1961), 25–39; Davor Marijan, "Lipanjski ustanak u istočnoj Hercegovini 1941. godine," *Časopis za suvremenu povijest* 35, no 2 (2003): 545–576。

24　VA, Fond NDH, kut. 84, f. 3, dok. 21, Zapovjedništvo kopnene vojske Zapovjedništvu vojske i Ministarstvu Domobranstva, Izvještaj o vanjskoj i unutarnjoj situaciji za treću deseticu (20.–30. lipnja 1941), July 1, 1941, 2, 4–5.

25　引文参见 VA, Fond NDH, kut. 84, f. 2, dok. 28, Stožer vrbaskog divizijskog područja Zapovjedništvu kopnene vojske, Izvješće, June 19, 1941, 1; 关于这些军事行动的威胁和计划，参见 ibid., VA, f. 3, dok. 24, Zapovjedništvo kopnene vojske u Zagrebu (Tajništvo) Vojnom uredu zapovjedništvu, July 1, 1941, 1; ibid., kut. 85, f. 8, dok. 11, Zapovjedništvo I. Hrvatske oružničke pukovnije Zapovjedništvu Hrvatskog oružništva, Pojava četnika u Srbu, July 6, 1941, 1; ibid., Fond NOV, kut. 2006, f. 5, dok. 1, Historijat Kotar Donji Lapac, Razvoj Narodno-oslobodilačke borbe u donjolapačkom kotaru, July 7, 1952, 4。

26　*Hrvatski Narod*, "Poglavnikova izvanredna zakonska odredba i zapovijed," June 27, 1941, 1; ibid., "Izvanredna zakonska odredba i zapovijed Poglavnika Nezavisne Države Hrvatske," June 28, 1941, 1; 也可参见 VA, Fond NDH, kut. 86, f. 1 dok. 1–20, Izvanredna zakonska odredba i zapovijed, June 28, 1941, 1。

27　HDA DAKA, Fond RMZDL, kut. 4, Originali, Milan Obradović, "Zločini na kotaru Donji Lapac od 1941. do 1945. godine," 30; VA, Fond NDH, kut. 85, f. 8, dok. 11, Zapovjedništvo I. Hrvatske oružničke pukovnije Zapovjedništvu Hrvatskog oružništva, Pojava četnika u Srbu, July 6, 1941, 1.

28　*Hrvatska Krajina*, "Najstrožije mjere biti će primijenjene za napadaje protiv Hrvata," June 18, 1941, 5.

29　Ibid., "Prema ubojicama ne smije biti obzira," July 9, 1941, 1.

30　Mile Labus, "Sjećanja i zapisi," in *Bosanski Petrovac u NOB, Knjiga II*, ed. Vladimir Čerkez (Bosanski Petrovac: Opštinski odbor SUBNOR-a Bosanski Petrovac, 1974), 518.

31　Horowitz, *The Deadly Ethnic Riot*, 87.

32　Jonathan Spencer, "Popular Perceptions of the Violence: A Provincial View," in *Sri Lanka in Change and Crisis*, ed. James Manor (London & Sydney: Croom Helm, 1984), 187–195, here 192–193; 关于谣言给暴力制造背景的重要性，参见 Valery Tishkov, "'Don't Kill Me, I'm a Kyrgyz!': An Anthropological Analysis of Violence in the Osh Ethnic Conflict," *Journal of Peace Research* 32, no. 2 (1995): 133–149。

33　*Zbornik dokumenata i podataka o Narodnooslobodilačkom ratu jugoslovenskih naroda* （以下简称 *Zbornik NOR-a*），tom V, knjiga 1, Borbe u Hrvatskoj 1941. god. (Belgrade: Vojno-istoriski institut Jugoslovenske Armije, 1952), Br. 229, "Izvještaj Grupe kraljevskih karabinjera iz Zadra iz 15. srpnja 1941. o zločinima ustaša u Lici," July 15, 1941, 511–512.

34　一位幸存者看到了柳比查·拉夫尔涅破碎的尸块和她腹中的胎儿，此人的证词可参见 HDA DAKA, Fond RMZDL, kut. 4, Originali, Milan Obradović, "Zločini na kotaru Donji Lapac od 1941. do 1945. godine," 27; 关于这些杀人毁尸行为，参见 HDA, Fond 306, ZKUZ (Hrvatska), kut. 245, Zh. br. 11639–11640, OKUZ za Liku, Zapisnik sastavljen pred komisijom u Donjoj Suvaji, May 11, 1945, 1–2。

35　关于美国的私刑，可参见 Orlando Patterson, *Rituals of Blood: Consequences of Slavery in Two American Centuries* (New York: Basic Books, 1998), 179–180; 关于卢旺达，可参见 Prunier, *The Rwandan Crisis*, 256–257。

36　*Zbornik NOR-a, tom V, knjiga 1, Borbe u Hrvatskoj 1941. god.*, br. 229, "Izvještaj Grupe kraljevskih karabinjera iz Zadra iz 15. srpnja 1941. o zločinima ustaša u Lici," July 15, 1941, 511–512.

37　Rade Dubajić Čkaljac, "Tragično djetinjstvo," in *Kotar Donji Lapac u Narodnooslobodilačkom ratu*, ed. Vezmar and Zatezalo, 862–863.

38　*Zbornik NOR-a, tom V, knjiga 1, Borbe u Hrvatskoj 1941. god.*, br. 229, "Izvještaj Grupe kraljevskih karabinjera iz Zadra iz 15. srpnja 1941. o zločinima ustaša u Lici," July 15, 1941, 511–512; 所谓 "切特尼克分子" 在该地区的存在成了攻击的理由，可参见 AS, Fond G-2, KI, f. 16, Srez Donji Lapac, Medić Milica, student medicine, daje sledeće podatke o stradanju Srba u njenom kraju, July 3, 1941, 1。

39　VA, Fond NDH, kut. 84, f. 3, dok. 48, Stožer Vrbaskog divizijskog područja Zapovjedništvu kopnene vojske (Glavaru Vojnog ureda-za III Odsjek), 10-dnevno izvješće o stanju na području, July 12, 1941, 2.

40　VA, Fond NDH, kut. 85, f. 8, dok. 11, Zapovjedništvo I. Hrvatske oružničke pukovnije Zapovjedništvu Hrvatskog oružništva, Pojava četnika u Srbu, July 6, 1941, 1.

41　HDA, Fond 1450, Ministarstvo oružanih snaga Nezavisne Države Hrvatske（以下简称 MINORS NDH），D-2230, Izvještaj o vanjskoj i unutarnjoj situaciji za prvu deseticu (1.–10) srpnja 1941., 4–5.

42　引文参见 VA, Fond NDH, kut. 84, f. 3, dok. 54, Zapovjedništvo kopnene vojske, Izvještaj o vanjskoj i unutarnjoj situaciji za prvu deseticu (1.–10.) srpnja 1941., July 11, 1941, 5; 另参见 ibid., kut. 84, fas. 3, dok. 48, Stožer vrbaskog divizijskog područja 10-dnevno izvješće o stanju na području Zapovjedništvu kopene vojske (Glavaru Vojnog ureda-za III odsjek), July 12, 1941, 2; ibid., kut. 85, f. 6, dok. 12, Izvještaj o vanjskoj i unutarnjij situaciji za prvu deseticu (1.–10) srpnja 1941（无日期文件，很可能来自 1941 年 7 月中旬），4–5。

43　VA, Fond NDH, kut. 84, f. 3, dok. 48, Stožer Vrbaskog divizijskog područja Zapovjedništvu kopnene vojske (Glavaru Vojnog ureda-za III Odsjek), 10-dnevno izvješće o stanju na području, July 12, 1941, 1; 另参见 VA, Fond NDH, kut. 84, f. 3, dok. 51, Stožer Vrbaskog divizijskog područja Zapovjedništvu kopnene vojske (Vojni ured V. odsjek), Obavještajni izvještaj, July 9, 1941, 1。

44　*Zbornik NOR-a, tom V, knjiga 1*, br. 132, Izvještaj Zapovjedništva Prve hrvatske oružničke pukovnije od 16. kolovoza 1941. god. o zločinima ustaša i akcijama partizana u Kordunu,

August 16, 1941, 340.

45 关于起义者数量的夸大，参见 HDA, Fond 1450, MINORS NDH, D-2189, Zapovjedništvo kopnene vojske (veomo žurno tajno), August 2, 1941, 1。

46 VA, Fond NDH, kut. 84, f. 3, dok. 54, Zapovjedništvo kopnene vojske, Izvještaj o vanjskoj i unutarnjoj situaciji za prvu deseticu (1.–10.) srpnja 1941., July 11, 1941, 5

47 HDA DAKA, Fond RMZDL, kut. 4, Originali, Milan Obradović, "Zločini na kotaru Donji Lapac od 1941. do 1945. godine," 30–31.

48 Vukčević, ed., Zločini, br. 133, Izvještaj Territorijalne legije karabinjera u ankoni grupa Zadra od 15. jula 1941. kr. Guvernatoratu Dalmacije kabineta u Zadru o represalijama ustaša nad pravoslavcima na teritoriji Srba, July 15, 1941, 341.

49 HDA DAKA, Fond RMZDL, kut. 4, Originali, Milan Obradović, "Zločini na kotaru Donji Lapac od 1941. do 1945. godine," 31–32.

50 VA, Fond NDH, kut. 84, f. 3, dok. 48, Stožer Vrbaskog divizijskog područja Zapovjedništvu kopnene vojske (Glavaru Vojnog ureda-za III Odsjek), 10-dnevno izvješće o stanju na području, July 12, 1941, 2.

51 Milica Dubajić-Damjanović, "Omladina sela Zalužja 1941. godine," in Lika u NOB. Zbornik. Pišu učesnici, ed. Đoko Jovanić (Novi Sad: Budućnost, 1963), 590; 关于其他更多地方（如克尔涅乌沙村）的类似机制，参见 Arhiv Srbije, Fond G-2, KI, f. 5, Bosanski Petrovac, br. 98, Srez Bosanski Petrovac, Dalmatinska eparhija Arhijerejskom namjesniku sreza moravskog, August 4, 1941, 1; ibid., br. 103, Srez Bosanski Petrovac, Dalmatinska eparhija V. preč. srpsko prav. arh. nam. Ljubićkom u Preljini, March 30, 1942, 1–2。

52 Zbornik NOR-a, tom IV, knjiga 1, br. 249, Izvještaj Kotarske oblasti u Vlasenici od 7. avgusta 1941. god. o širenju narodnog ustanka u Vlaseničkom srezu, August, 1941, 555.

53 Zbornik NOR-a, tom V, knjiga 1, br. 132, Izvještaj Zapovjedništva Prve hrvatske oružničke pukovnije od 16. kolovoza 1941. god. o zločinima ustaša i akcijama partizana u Kordunu, August 16, 1941, 343.

54 Vukčević, ed., Zločini, br. 123, Izvještaj Krilnog oružničkog zapovjedništva Gospić od 12. jula 1941. Zapovjedniku 1. Hrvatske oružničke pukovnije o klanju, ubijanju, paljenju i plački srpskog življa u selu Bubanj, July 12, 1941, 319.

55 VA, Fond NDH, kut. 143, f. 1, dok. 19, Zapovjedništvo 3. Hrvatske oružničke pukovnije Zapovjedništvu 4. Oružničke pukovnije, Izvješće doglasne službe, June 26, 1941, 1.

56 关于卢旺达 1994 年的"对他者的集体归类"，参见 Straus, The Order of Genocide. 更理论性的处理可参见 James Waller, Becoming Evil: How Ordinary People Commit Genocide and Mass Killing (New York: Oxford University Press, 2002). 对于人们对群体之间"软""英"边界的感知，以及这些边界的流动性和历史偶然性，参见 Prasenjit Duara, "Historicizing National Identity, or Who Imagines What and When," in Becoming National: A Reader, ed. Geoff Eley and Ronald Grigor Suny (New York: Oxford University Press, 1996), 168–169。

57 1941 夏天，库伦瓦库夫大地区对大屠杀后果的这种敏感性迅速浮现出来，例证可参见 LAEB, Bibanović, "Kulen Vakuf," 54–55; Vukmanović, Ustaški zločini na području Bihaća u

ljeto 1941. godine, 130; Kecman-Hodak, "Sjećanje na Bušević, Kestenovac, Bosanske Strpče i Kalate," 199–200; Nikola Karanović, "Sadjejstvo sa ličkim ustanicima," in Drvar, 1941–1945. *Sjećanja učesnika, knjiga 2*, ed. Pero Morača (Drvar: Skupština opštine Drvar, 1972), 410。

58 关于希腊可参见 Kalyvas, *The Logic of Violence in Civil War*; 关于南亚可参见 Das, "Collective Violence and the Shifting Categories of Communal Riots, Ethnic Cleansing and Genocide," 93–127; 关于广义上的机制可参见 Bowman, "The Violence in Identity," 25–46。

59 对这种在理论上推进、却缺乏能阐述理论的经验证据的研究，这里有一个例子：İpek Yosmaoğlou, *Blood Ties: Religion, Violence and the Politics of Nationhood in Ottoman Macedonia, 1878–1908* (Ithaca, NY: Cornell University Press, 2013)。

60 VA, Fond NDH, kut. 150a, f. 2, dok. 39, Krilno oružničko zapovjedništvo Gospić Zapovjedniku I. Hrvatske oružničke pukovnije, Rezultat izviđaja o događajima u selu Bubnju, July 12, 1941, 2.

61 HDA, Fond 306, ZKUZ (Hrvatska), kut. 245, Zh. br. 11647, Odluka, Marinković dr. Vinko (ustaški politički povjerenik iz Donjeg Lapca), May 1945, 2; ibid., OKUZ za Liku, Zapisnik sastavljen pred komisijom u Bubnju, May 12, 1945, 1. 根据战后共产党的战争罪行委员会产生的档案文件，博里切瓦茨的村民中有安蒂奇·马尔科维诺维奇（Antić Markovinović）、米莱·马尔科维诺维奇、尼古拉·马尔科维诺维奇（Nikola Markovinović）、约索·马尔科维诺维奇（Joso Markovinović）、马尔科·马尔科维诺维奇（Marko Markovinović）、尤雷·马尔科维诺维奇（Jure Markovinović）、伊万·马尔科维诺维奇（Ivan Markovinović）、尤科·古日维纳（Juko Gužvina）、达内·布尔基奇（Dane Brkić）、格尔加·"格尔措"·帕维契奇等人。

62 Vukčević, ed., *Zločini*, br. 123, Izvještaj Krilnog oružničkog zapovjedništva Gospić od 12. jula 1941. Zapovjedniku 1. Hrvatske oružničke pukovnije o klanju, ubijanju, paljenju i plački srpskog življa u selu Bubanj, July 12, 1941, 319–322.

63 HDA, Fond 306, ZKUZ (Hrvatska), kut. 235, Zh. br. 10278–10287, OKUZ za Liku, Zapisnik sastavljen pred komisijom u Malom Bubnju, May 13, 1945, 1–2.

64 HDA DAKA, Fond RMZDL, kut. 1, Đoko Jovanić, "Kotar donjolapački u ustanku 1941. godine," 13.

65 Vukčević, ed., *Zločini*, br. 116, Izvještaj Zapovjedništva kopnene vojske zapovjedništva vojske i Ministarstvu domobranstva o vojno-političkoj situaciji NDH od 1. do 10. jula 1941. sa podacima o raspoloženju naroda i posebno o odnosu prema pravoslavnom življu, iseljavanju, paljevinama čitavih sela i ubistvima, 304.

66 参见 ARSBL, Fond 330, Zbirka dokumenata VII JNA, 817/10, MUP, Ravnateljstvo za javni red i sigurnost（以下简称 RAVSIGUR）NDH, Izvještaj o stanju do 19.VII. u 8 sati, July 19, 1941, 1。

67 VA, Fond NDH, kut. 85, f. 8, dok. 49, Uredovni zapisnik, June 21, 1941, 1.

68 Ibid., Krilno oružničko zapovjedništvo Zapovjedniku 3. oružničke pukovnije, June 22, 1941, 1.

69 大规模暴力的指令经常通过电话传达，如本案例中柳博米尔·克瓦泰尔尼克被认为在1941 年 7 月 31 日向察津政府下达的杀害塞族人的命令，更多相关证据参见 Vukčević,

ed., *Zločini*, br. 373, Pregled masovnih zločina ustaša u 1941. godini na teritoriji bihaćkog i travničkog okruga（无日期文件）, 986; VA, Fond NDH, kut. 312, f. 1, dok. 55, Kratak pregled masovnih zločina ustaša u 1941. godini, bihaćki okrug, 4; AJ, Fond 110, DKUZ, f. 131, F. br. 6017, Kvaternik Ljubomir（无日期文件，很可能来自 1946 年或 1947 年）, 4; ibid., Inv. br. 55967, Zapisnik sastavljen u Cazinu po ZKUZ, July 12, 1946, 2。战后对波斯尼亚西北部的乌斯塔沙核心领导人维克托·古蒂奇的调查也显示，他经常通过电话给小城镇里的下属下发动大规模暴力的命令。参见 ARSBL, Fond Zbirka varia, 330, Optužnica Viktora Gutića, Javno tužioštvo okruga Banja Luka Okružnom sudu Banja Luka, December 25, 1946, 44–45。

70　AJ, Fond 110, DKUZ, f. 131, F. br. 6017, Kvaternik Ljubomir（无日期文件，很可能来自 1946 年或 1947 年）, 1.

71　VA, Fond NDH, kut. 85, f. 2, dok. 7, Zapovjedništvo I. hrvatske oružničke pukovnije Zapovjedništvu hrvatskog oružništva, Iskaz o prilikama na području oružničkog krila u Gospiću, May 10, 1941, 1.

72　HDA, Fond 306, ZKUZ (Hrvatska), kut. 245, Zh. br. 11639–11651, OKUZ za Liku, Zapovjedništvo posade Bihać Zapovjedniku Gospićkog oružničkog krila, Izvještaj o dogoĐajima na teritoriji kotara Donji Lapac, July 5, 1941, 1.

73　Robert W. Hefner, *The Political Economy of Mountain Java. An Interpretative History* (Berkeley: University of California Press, 1990), 211.

74　关于克独国政府得出的死者数量，参见 Vukčević, ed., *Zločini*, br. 142, Izveštaj Ravnateljstva za javni red i sigurnosti od 19. jula 1941. o stanju na teritoriji NDH, zločinima ustaša u selu Bubnju i iseljavanju Srba, July 19, 1941, 357。

75　可参见 AS, Fond G-2, KI, f. 16, Srez Donji Lapac, Medić Milica, student medicine, daje sledeće podatke o stradanju Srba u njenom kraju 3. jula 1941. god.（无日期文件，很可能来自 1941 年夏末）, 1。

76　有些个人曾参加过 1941 年 6 月 19 日对布巴尼村的一次较小规模袭击，当时他们捉走了大约六个男人，在博里切瓦茨村的牢房里折磨了他们几天，再带到一个坑边枪杀掉。弗拉多·Drča 是唯一的幸存者。参见 AJ, Fond 110, DKUZ, dos. br. 2758, OKUZ za Liku (Medić Smilja iz Bubnja; Vlado Drča iz Dobrosela), May 13, 1945, 1–2。

77　AS, Fond G-2, KI, f. 16, Srez Donji Lapac, Medić Milica, student medicine, daje sledeće podatke o stradanju Srba u njenom kraju 3. jula 1941. god, 2; 关于库伦瓦库夫及其周边地区参与布巴尼村袭击事件的穆斯林，可参见 Obradović, "Selo Bubanj u plamenu," 437, 439; VA, Fond NDH, kut. 67, f. 2, dok. 8, Zapisnik sastavljen po izjavi pričuvnog nadporučnika Sabati Dragutina prilikom borbe kod sela Ostrovice（无日期文件，很可能来自 1941 年 8 月）, 2。

78　Vukčević, ed., *Zločini*, br. 123, Izvještaj Krilnog oružničkog zapovjedništva Gospić od 12. jula 1941. Zapovjedniku 1. Hrvatske oružničke pukovnije o klanju, ubijanju, paljenju i plački srpskog življa u selu Bubanj, July 12, 1941, 319–322. 幸存者的证词证实了这些观察，说库伦瓦库夫大地区的当地穆斯林（比如奥斯特罗维察村的苏尔乔·佩赫利万诺维奇）来偷窃他们的财物。可参见 AS, Fond G-2, KI, f. 16, Srez Donji Lapac, Medić Milica, student medicine, daje sledeće podatke o stradanju Srba u njenom kraju, July 3, 1941, 1; 关于佩赫利万诺维奇在布巴尼村的出现，参见 Obradović, "Selo Bubanj u plamenu," 437, 内容建立在1969 年与袭击事件中幸存的目击者的访谈基础上。另一位貌似参与其中的本地穆斯林是梅霍·Kumalić，可参见 LAEB, Esad Bibanović, Radni materijal za knjigu "Kulen Vakuf i okolina kroz istoriju," Civili ubice, saradnici ustaša i UDB-e（页码未编号）；还有一个参与者是易卜拉欣·佩赫利万诺维奇，他在袭击事件中的参与可参见如下讨论 AJ, Fond 110, kut. 817, Okružni sud Bihać, Pojedinačne optužnice i presude, 1946, dos. br. 817–469, Javno tužioštvo za Okrug Bihać, Javno tužioštvo za Okrug Bihać, Optužnica Pehlivanović Ibrahima (iz Ostrovice), May 30, 1946, 1。

357

79 HDA DAKA, Fond RMZDL, kut. 1, Đoko Jovanić, "Kotar donjolapački u ustanku 1941. godine," 15.

80 Ibid., kut. 4, Originali, Milan Obradović, "Zločini na kotaru Donji Lapac od 1941. do 1945. godine," 7.

81 HDA, Fond 306, ZKUZ (Hrvatska), kut. 245, OKUZ za Liku, Zapisnik sastavljen pred komisijom u Bubnju, Ma 12, 1945, 1. 根据委员会的文件，马尔科维诺维奇家族的男人有安蒂奇·马尔科维诺维奇、米莱·马尔科维诺维奇、尼古拉·马尔科维诺维奇、约索·马尔科维诺维奇、马尔科·马尔科维诺维奇、尤雷·马尔科维诺维奇以及伊万·马尔科维诺维奇。

82 VA, Fond NDH, kut. 143a, f. 9, dok. 36, Krilno Zapovjedništvo Blieće Zapovjedništvu 4. Hrvatske oružničke pukovnije, June 25, 1941, 2.

83 Testimony of Nikola Vučković in Rašeta, *Kazivanje pobjednika smrti*, 190.

84 可参见 HDA, Fond 306, ZKUZ (Hrvatska), kut. 235, Zh. br. 1027, Odluka, Markovinović Antić (komandant ustaša iz Boričevca), May 1945, 2。

85 可参见 Beth Roy, *Some Trouble with Cows: Making Sense of Social Conflict* (New Delhi: Vistaar Publications, 1994)。

86 Vukčević, ed., *Zločini*, br. 137, Izvještaj 3. Hrvatske oružničke pukovnije od 16. jula 1941. Zapovjedništvu 4. hrvatske oružničke pukovnije o situaciji na svojoj teritoriji, iseljavanju i hapšenju Srba i Jevreja, July 16, 1941, 347.

87 ABiH, Fond ZKUZ, Presude, Okruž ni sud Bihać, 1946, kut. 3 (Vojić Avdo, Vojić Sulejman, Vojić Ahmet—svi iz Orašca), June 27, 1946, 2–3.

88 可参见 Jack Katz, *Seductions of Crime: A Chilling Exploration of the Criminal Mind—from Juvenile Delinquency to Cold-Blooded Murder* (New York: Basic Books, 1988); Wolfgang, *Patterns in Criminal Homicide*; 另可参见 Lewis A. Coser, *The Functions of Social Conflict* (New York: Free Press, 1956)。

89 可参见 Sudhir Kakar, *The Colours of Violence: Cultural Identities, Religion, and Conflict* (Chicago: University of Chicago Press, 1996); Fujii, *Killing Neighbors*; 另参见 Stanley Milgram, *Obedience to Authority: An Experimental View* (New York: HarperPerennial, ［1974］2009)，作者提出，施害者和受害者之间的距离越近，降低基于服从的暴力的可能性就越大。

90 Testimony of Jovo Radaković from Bubanj in Rašeta, *Kazivanje pobjednika smrti*, 163.

91 Testimony of Rade Radaković from Bubanj in ibid., 156.

92 HDA, Fond 306, ZKUZ (Hrvatska), kut. 245, Zh. br. 11639–11651, OKUZ za Liku, Zapovjedništvo posade Bihać Zapovjedniku Gospićskog oružničkog krila, Izvještaj o događajima na teritoriji kotara Donji Lapac, July 5, 1941, 1.

358

93 "克族人"袭击东正教徒村庄后为了争夺"塞族财物"而彼此大打出手的另一个例子，可参见 *Zbornik NOR-a, tom V, knjiga 1*, br. 132, Izvještaj Zapovjedništva prve hrvatske oružničke pukovnije od 16. kolovoza 1941. god. o zločinima ustaša i akcijama partizana u Kordunu, 340。

94 可参见 Jan Grabowski, *Hunt for the Jews: Betrayal and Murder in German-Occupied Poland* (Bloomington: Indiana University Press, 2013), 53; Timothy Longman, *Christianity and Genocide in Rwanda* (Cambridge: Cambridge University Press, 2010), 295。

95 卢旺达背景下的同一点可参见 Aliza Luft, "Toward a Dynamic Theory of Action at the Micro Level of Genocide: Killing, Desistance, and Saving in 1994 Rwanda," *Sociological Theory* 33, no. 2 (2015): 148–172。

96 HDA DAKA, Fond RMZDL, kut. 1, Đoko Jovanić, "Kotar donjolapački u ustanku 1941. godine," 15.

97 可参见 Nico Frijda, "The Lex Talionis: On Vengeance," in *Emotions: Essays on Emotion Theory*, ed. Stephanie van Goozen, Nanne van de Poll, 以及 Joseph Sergeant (Hillsdale, New Jersey: Lawrence Erlbaum, 1994), 263–289, here 267; 还可参见 Wolfgang, *Patterns in Criminal Homicide*。

98 Veena Das, *Life and Words: Violence and the Descent into the Ordinary* (Berkeley: University of California Press, 2007), 157; 关于"过往的冒犯"在南亚的地方性层面上对社群间冲突的推进作用，可参见 Roy, *Some Trouble with Cows*。

99 Longman, *Christianity and Genocide in Rwanda*, 295.

100 Victor Montejo, *Testimony: Death of a Guatemalan Village*, trans. Victor Perera (Willimantic, CT: Curbstone Press, 1987), 35–36.

101 Michael Fellman, *Inside War. The Guerrilla Conflict in Missouri during the American Civil War* (New York: Oxford University Press, 1989), 62.

102 Leslie Dwyer and Degung Santikarma, "'When the World Turned to Chaos': 1965 and Its Aftermath in Bali, Indonesia," in *The Spectre of Genocide*, ed. Gellately and Kiernan, 293–294.

103 参见 Jan T. Gross, *Revolution from Abroad: The Soviet Conquest of Poland's Western Ukraine and Western Belorussia* (Princeton, NJ: Princeton University Press, [1988] 2002)。

104 关于战前的地方性冲突在驱动 1941 年的施暴者和决定暴力的选择性中怎样扮演起角色，更多的证据可参见 Arhiv Srpske pravoslavne crkve（以下简称 ASPC），Prepisi iz Komisije za prikupljanje podataka o zločinima nad Srbima u NDH, 1941–42., Zapisnik sastavljen u Komesarijatu za izbeglice i preseljenike u Beogradu, Čajkanović Rajko (Bosanski Petrovac), April 21, 1943, 2, 5; 关于乌斯塔沙袭击苏瓦亚和 Bubanj 期间盗窃的大量牲畜

和家用品，可参见 AS, Fond G-2, KI, f. 16, Srez Donji Lapac, Zapisnik od 2. juna 1942。 godine sastavljen u Komesarijatu za izbeglice i preseljenika u Beogradu, Obradović Jovo, Krtinić Božo, 2; Obradović, "Selo Bubanj u plamenu," 441。

105 Srđan Brujić and Đuro Stanisavljević, "Razvoj organizacija KP u Lici i njihova uloga u ustanku 1941.," in *Lika u NOB, 1941. Zbornik, knjiga prva*, ed. Đoko Jovanić (Belgrade: Vojno izdavački zavod JNA "Vojno delo," 1963), 30.

106 关于美国西南部的这种机制，参见 Philip Deloria, *Indians in Unexpected Places* (Lawrence: University Press of Kansas, 2004), 15–21; 关于卢旺达，可参见 Straus, *The Order of Genocide*, 172; 关于斯里兰卡，可参见 Jonathan Spencer, "Violence and Everyday Practice in Sri Lanka," *Modern Asian Studies* 24, no. 3 (July 1999): 603–623, here 618–619; 普遍意义上的理论反思可参见 Scott Straus, "'Destroy Them to Save Us': Theories of Genocide and Logics of Political Violence," *Terrorism and Political Violence* 24, no. 4 (2012): 544–560。

107 可参见 Mika Haritos-Fatouros, *The Psychological Origins of Institutionalized Torture* (London: Routledge, 2003), 88–89; 关于"暴力工作者"，可参见 Martha Huggins, Mika Haritos-Fatouros, and Philip Zimbardo, *Violence Workers: Police Torturers and Murderers Reconstruct Brazilian Atrocities* (Berkeley: University of California Press, 2002)。

108 HDA DAKA, Fond RMZDL, kut. 4, Razna pisma, Rade Radaković, "U raljama smrti," 1–2; 关于幸存者给森林里的人讲的故事，可参见 Obradović, "Selo Bubanj u plamenu," 439–440; idem, "Zločini na kotaru Donji Lapac od 1941. do 1945.," 836。

109 HDA DAKA, Fond RMZDL, kut. 1, Đoko Jovanić, "Kotar donjolapački u ustanku 1941. godine," 18.

110 Keča, "Ustanički dani u okolini Kulen Vakufa," 200.

111 关于大屠杀消息的迅速传播，可参见 HDA DAKA, Fond RMZDL, Radovi za hronike sela (neobjavljeno), "Bušević u Narodnooslobodilačkoj borbi," 1941–1945 (1980), 27。

112 Obradović, "Selo Bubanj u plamenu," 445.

113 HDA DAKA, Fond 143, Memoarsko gradivo o NOR-u, 31/2010, Sjećanja Lika (LI-3), Učešće naroda i razvoj NOR-a na teritoriji Dobrosela, 17.

114 HDA, Fond 306, ZKUZ (Hrvatska), kut. 43, OKUZ za Liku, Popis žrtava lišenih života, Mjesto: Donja Suvaja, Kotar: Donji Lapac, Okrug: Lika, 1–12.

115 Jovanić, *Ratna sjećanja*, 41–42.

116 关于苏瓦亚的凯查家族遭受的杀戮，可参见 HDA DAKA, Fond RMZDL, kut. 4, Originali, Milan Obradović, "Zločini na kotaru Donji Lapac od 1941. do 1945. godine," 28–29。

117 Obradović, "Selo Bubanj u plamenu," 446.

118 AS, Fond G-2, KI, f. 16, Srez Donji Lapac, Medić Milica, student medicine, daje sledeće podatke o stradanju Srba u njenom kraju, July 3, 1941, 2.

119 HDA DAKA, Fond RMZDL, Radovi za hronike sela (neobjavljeno), Bušević u Narodnooslobodilačkoj borbi, 1941–1945 (1980), 27; 关于该地区杀戮事件切断群体间

359

联系的其他事例，可参见 Kecman-Hodak, "Sjećanja na Bušević, Kestenovac, Bosanske Štrpce i Kalate," 150; Keča, "Ustanički dani u okolini Kulen Vakufa," 199–200。

120 Vukčević, ed., *Zločini*, br. 123, Izvještaj Krilnog oružničkog zapovjedništva Gospić od 12. jula 1941. Zapovjedniku 1. Hrvatske oružničke pukovnije o klanju, ubijanju, paljenju i plački srpskog življa u selu Bubanj, July 12, 1941, 321.

121 Barry Posen, "The Security Dilemma and Ethnic Conflict," *Survival* 35, no. 1 (Spring 1993): 27–47, here 28.

122 关于这种暴力怎样废除了侵犯的概念，参见 Stathis Kalyvas, "The Paradox of Terrorism in Civil War," *Journal of Ethics* 1, no. 1 (2004): 97–138, here 104。

123 包括以下村庄：斯蒂耶尼亚尼、拉因诺夫齐奇、卡拉蒂、帕鲁契奇（Palučci）、尔马尼马纳斯蒂尔（Rmanj Manastir，即马丁布罗德）、大奥奇耶沃和小奥奇耶沃、凯斯泰特诺瓦茨、布舍维奇、普尔科西、欧拉什科博尔多、夫尔托切。

124 AJ, Fond 110, DKUZ, dos. br. 4670, Inv. br. 56146, M.N.O. Kestenovac, Zapisnik sastavljen 1. avgusta 1946. u Bihaću, August 1, 1946, 1; ibid., Inv. br. 56808, Zapisnik Br. 14, Mjesni odbor: Vrtoče, July 31, 1946, 1; ibid., Inv. br. 55905, Zapisnik br. 21, Mjesni odbor: Veliki Stjenjani, August 8, 1946, 1; HDA DAKA, Fond 143, Memoarsko gradivo o NOR-u, Zbirka o zločinima, Presuda Vojnog suda II Korpusa s područja Lika, 55/2010, Presuda Okružnog suda za Liku u Gospiću optuženom Vidaković Ivanu iz Donjeg Lapca, February 21, 1946, 1–3.

125 AJ, Fond 110, DKUZ, Inv. br. 56901, Zapisnik br. 19, Mjesni odbor: Kalati, August 5, 1946, 1–2.

126 Đoko Jovanić, "Ustanak u južnoj lici 1941. godine (Neki podaci i sjećanje)," in Lika u NOB, 1941. *Zbornik, Knjiga prva*, ed. Jovanić, 105.

127 AJ, Fond 110, DKUZ, Inv. br. 56902, Zapisnik broj 20, Mjesni odbor: Rajinovci, August 7, 1946, 1–2; ibid., Inv. br. 56904, Zapisnik Br. 22, Mjesni odbor: Kulen Vakuf, August 9, 1946, 2–3.

128 Vukčević, ed., *Zločini*, br. 123, Izvještaj Krilnog oružničkog zapovjedništva Gospić od 12. jula 1941. Zapovjedniku 1. Hrvatske oružničke pukovnije o klanju, ubijanju, paljenju i plački srpskog življa u selu Bubanj, July 12, 1941, 320; 另可参见 VA, Fond NDH, kut. 150a, f. 2, dok. 39, Krilno oružničko zapovjedništvo Gospić Zapovjedniku I. Hrvatske oružničke pukovnije, Rezultat izviđaja o događajima u selu Bubnju, July 12, 1941, 2。

129 VA, Fond NDH, kut. 150a, f. 2, dok. 39, Krilno oružničko zapovjedništvo Gospić Zapovjedniku I. Hrvatske oružničke pukovnije, Rezultat izviđaja o događajima u selu Bubnju, July 12, 1941 2.

130 Testimony of Nikica Medić in Obradović, "Zločini na kotaru Donji Lapac od 1941. do 1945.," 843–844; 另可参见 HDA DAKA, Fond RMZDL, kut. 4, Originali, Milan Obradović, "Zločini na kotaru Donji Lapac od 1941. do 1945. godine," 49–50。

131 Obradović, "Zločini na kotaru Donji Lapac od 1941. do 1945.," 844.

132 Vukčević, ed., *Zločini*, br. 123, Izvještaj Krilnog oružničkog zapovjedništva Gospić od 12.

360

jula 1941. Zapovjedniku 1. Hrvatske oružničke pukovnije o klanju, ubijanju, paljenju i plački srpskog življa u selu Bubanj, July 12, 1941, 320–321.

133 AJ, Fond 110, DKUZ, Inv. br. 56140, M.N.O. Kestenovac, Zapisnik sastavljen 1. avgusta 1946. u Bihaću, August 1, 1946, 2; Inv. br. 56901, Zapisnik br. 19, Mjesni odbor: Kalati, August 5, 1946, 3; HDA, Fond 306, ZKUZ (Hrvatska), kut. 247, Zh. br. 11865–11868, OKUZ za Liku, Zapisnik sastavljen pred komisijom u Dobroselu, May 13, 1945, 1–2; testimony of Milan Filipović and Stevo InĐić (both from Kalati) in Polovina, Svedočenje, 58–59.

134 AJ, Fond 110, DKUZ, Inv. br. 56902, Zapisnik broj 20, Mjesni odbor: Rajinovci, August 7, 1946, 2–4.

135 根据一些记载，博里切瓦茨坑边的大屠杀是从 7 月初开始的，可能是在 1941 年 7 月 2—3 日，参见 Bogdan Čučak, *Nebljusi u Narodnooslobodilačkom ratu i revoluciji, 1941.–1945.* (Belgrade: Savez boraca NOR-a Nebljusi i Skupština opštine Donji Lapac, 1981), 35–39。

136 HDA DAKA, Fond RMZDL, kut. 4, Originali, Milan Obradović, "Zločini na kotaru Donji Lapac od 1941. do 1945. godine," 22; 另可参见 Čučak, *Nebljusi u Narodnooslobodilačkom ratu i revoluciji*, 35–39。

137 ABiH, Fond ZKUZ BiH, kut. 88, Srez Drvar, Selo Boričevac, Zapisnik sastavljen kod Sreskog suda u Drvaru, December 12, 1945, 1–3; ibid., Zapisnik sastavljen u kancelariji okružnog organa ZFM-KOM-e za okrug Drvar, Saslušanje Vladimira Tankosića po masovnom ubistvu u selu Boričevac dana 24.VII.1941, March 28, 1945, 1–2; 关于乌斯塔沙分子希尔米亚·阿尔蒂奇战后受审的情况，以及他对塞族群体犯下罪行的所谓供词，可参见 *Glas: organ Oblasnog odbora Narodno-oslobodilačkog fronta za Bosansku Krajinu*, "Veliko javno suĐenje u Sanskom Mostu: izdajnici i ratni zločinci pred sudom," October 28, 1944, 3–4。

138 可参见 Milan Majstorović and Mićo Medić, *Prve iskre: Doljani u NOB* (Zagreb: Lykos, 1961), 11–12.

139 Obradović, "Zločini na kotaru Donji Lapac od 1941. do 1945.," 831. 内布柳西的年轻女人德拉吉尼亚·马蒂奇（Draginja Matić）是个例外。根据幸存者达拉·什科里奇·波波维奇的证词，她在博里切瓦茨的坑洞边上跟踪要杀害她的乌斯塔沙分子动手打了起来，后者最终用刺刀捅了她，不等她断气就把她扔进坑底。参见 Rašeta, *Kazivanje pobjednika smrti*, 133; Čučak, *Nebljusi u Narodnooslobodilačkom ratu i revoluciji*, 35–39。

140 LAEB, Bibanović, "Kulen Vakuf," 50.

141 ABiH, Fond ZKUZ BiH, kut. 88, Zapisnik sastavljen u kancelariji okružnog organa ZFM-KOM-e za okrug Drvar, Saslušanje Vladimira Tankosića po masovnom ubistvu u selu Boričevac dana 24.VII.1941, March 28, 1945, 1–2.

142 ABiH, Fond ZKUZ BiH, kut. 88, Zapisnik sastavljen u kancelariji okružnog organa ZEM-KOM-e za okrug Drvar, Saslušanje Vladimira Tankosića po masovnom ubistvu u selu Boričevac dana 24.VII.1941, March 28, 1945, 2; AJ, Fond 110, DKUZ, dos. br. 4670, Inv. br. 40740, Zapisnik sastavljen u kancelariji okružnog organa ZEM-KOM za okrug Drvar 23. marta 1945. god., March 23, 1945, 1–2; 米莱·皮利波维奇落入坑底的故事还有另一个版

本，参见 AJ, Fond 110, DKUZ, dos. br. 5361, Mesni odbor: Rajinovci, August 7, 1946, 3。

143 博里切瓦茨坑洞发生大屠杀的其他例证可参见 AJ, Fond 110, DKUZ, kut. 531, dos. br. 5361, Zapisnik br. 20, Mjesni odbor: Rajinovci, August 7, 1946, 1–3; ibid., Zapisnik br. 21, Mjesni odbor: Veliki Stjenjani, 1; ABiH, Fond ZKUZ BiH, kut. 91, Zapisnik br. 22, Mjesni odbor: Malo Očijevo, August 9, 1946, 1. 另一位博里切瓦茨大屠杀幸存者的一手讲述 可 参 见 the testimony of Dara Škorić in Čučak, *Nebljusi u Narodnooslobodilačkom ratu i revoluciji*, 36–39; 关于这些杀戮行为，参见 Rade Repac, "Nebljuški kraj u NOB-u," in *Kotar Donji Lapac u Narodnooslobodilačkom ratu*, ed. Vezmar and Zatezalo, 209。

144 Franjo Odić, "Julski dani 1941. na unskoj pruzi," in *Podgrmeč u NOB. Podgrmeč do ustanka i u ustanku 1941. Zbornik sjećanja, knjiga prva*, ed. Dušan Pejanović (Belgrade: Vojnoizdavački zavod, 1972), 212–213; 另可参见 AJ, Fond 110, DKUZ, dos. br. 4670, Inv. br. 55919, Zapisnik sastavljen dana 9. avgusta 1946. god. u Drvaru, August 9, 1946, 1–2; ibid., Inv. br. 56904, Zapisnik br. 22, Kulen Vakuf, August 9, 1946, 2。

145 Nikola Vidaković, "Sjećanje na osnivanje i rad partijske organizacije do početka ustanka 1941.," in *Kotar Donji Lapac u Narodnooslobodilačkom ratu*, ed. Vezmar and Zatezalo, 31.   362

146 参见 Gross, Neighbors. 另可参见 Jan T. Gross, with Irena Grudzinska Gross, *Golden Harvest. Events at the Periphery of the Holocaust* (Oxford: Oxford University Press, 2012)。

147 关于这些杀戮和抢劫尸体的机制，参见 Savo Novaković, "Tuk Dževar—Dobro selo u zla vremena," in *Bosanski Petrovac u NOB, Knjiga II*, ed. Čerkez, 483。

148 HDA, Fond 1450, MINORS NDH, D-2175, Izvještaj o vanjskoj i unutarnjoj situaciji za treću deseticu (19–29) kolovoza 1941, 1.

149 VA, Fond NDH, kut. 84, f. 4, dok. 24, Stožer Vrbaskog divizijskog područja Zapovjedništvu kopnene vojske, Izvještaj o vanjskoj i unutarnjoj situaciji za drugu deseticu (10.–20.) srpnja 1941, July 18, 1941, 1.

150 AJ, Fond 110, DKUZ, f. 588, Inv. br. 14400, Zapisnik na 15. januara 1944. godine sastavljen u Komesarijatu za izbeglice i preseljenike u Beogradu (izjave od Turudije Sminje, Turudije Vere, Turudije Branka), January 15, 1944, 4（原文用小写字母拼写 "穆斯林"）。

151 *Zbornik NOR-a, tom V, knjiga 1*, br. 132, Izvještaj Zapovjedništva prve hrvatske oružničke pukovnije od 16. kolovoza 1941. god. o zločinima ustaša i akcijama partizana u Kordunu, August 16, 1941, 343.

152 HDA DAKA, Fond RMZDL, kut. 4, Originali, Milan Obradović, "Zločini na kotaru Donji Lapac od 1941. do 1945. godine," 24–25.

153 Ibid., Radovi za hronike sela (neobjavljeno), "Bušević u Narodnooslobodilačkoj borbi 1941– 1945 (1980)," 46; Mićo Medić, "Obavještajna služba na području donjolapačkog kotara," in *Kotar Donji Lapac u Narodnooslobodilačkom ratu*, ed. Vezmar and Zatezalo, 889.

154 Polovina, *Svedočenje*, 62.

155 LAEB, Bibanović, "Stanovništvo Kulen-Vakufa," 236–241.

156 ABiH, Fond ZKUZ BiH, Presude, Okružni sud Bihać, 1945, kut. 2, Presuda Dervišević Muharema, February 7, 1946, 4.

157 LAEB, Bibanović, "Stanovništvo Kulen-Vakufa," 208.

158 有一个例子是黑塞哥维那地区一位被动员加入乌斯塔沙小队的穆斯林，因为拒绝杀害他的塞族乡邻，而被一个乌斯塔沙分子杀害，理由是他违抗命令。参见 Mahmud Konjhodžić, *Kronika o ljubuškom kraju* (Sarajevo: OsloboĐenje; Opštinski odbora SUBNOR-a ljubuški, 1974), 291–292; 另可参见 Skoko, *Pokolji hercegovačkih Srba '41.*, 164。

159 关于卢旺达的这种机制，参见 Straus, *The Order of Genocide*, chap. 5。

160 Rašeta, "Pripremanje i početak ustanka u Donjem Lapcu," 211.

161 HDA DAKA, Fond RMZDL, Nikola Vidaković, "Partijska organizacija u Donjem Lapcu od osnivanja do početka ustanka 1941. godine," 21.

162 Ibid., 27. 另 可 参 见 ibid., kut. 1, Đoko Jovanić, "Kotar donjolapački u ustanku 1941. godine," 16。

163 Testimony of Nikola Vučković in Rašeta, *Kazivanje pobjednika smrti*, 190.

164 Vidaković, "Sjećanje na osnivanje i rad partijske organizacije do početka ustanka 1941.," 30.

165 Testimony of Rajko Srdić in Rašeta, *Kazivanje pobjednika smrti*, 179.

166 Testimony of Milica Pilipović in ibid., 141.

167 可 参 见 Đoko Jovanić, "Ustanak u donjolapačkom kotaru 1941. godine," in *Kotar Donji Lapac u Narodnooslobodilačkom ratu*, ed. Vezmar and Zatezalo, 105; Šijan, "Nastanak i djelovanje KPJ na teritoriji kotara do osloboĐenja Donjeg Lapca februara 1942. godine," 41, 43; Obradović, "Zločini na kotaru Donji Lapac od 1941. do 1945.," in ibid., 824, 831–832; Medić, "Obavještajna služba na području donjolapačkog kotara," in ibid., 889; HDA DAKA, Fond RMZDL, kut. 4, Originali, Milan Obradović, "Zločini na kotaru Donji Lapac od 1941. do 1945. godine," 6–7, 14, 24–25。

168 LAEB, Bibanović, "Kulen Vakuf," 48–50; ibid., "Stanovništvo Kulen-Vakufa," 120–124; idem, "Kulenvakufski komunisti u radničkom pokretu i ustanku," 432–434; 关于那 35 位貌似是受害者（包括 9 名儿童和 13 名女性）的身份证件，参见 AMUSK, Doprinos u NOB, 1941–1945 (informacije o poginulim borcima i žrtvama fašističkog terora—Kulen Vakuf, Klisa, Kalati), Kulen Vakuf—žrtve fašističkog terora（这些平民受害者的数据似乎是在 1967 年整理出来的）。

169 可参见 Rogers Brubaker and David Laitin, "Ethnic and Nationalist Violence," *Annual Review of Sociology* 24, no. 4 (1998): 423–452; Das, "Collective Violence and the Shifting Categories of Communal Riots, Ethnic Cleansing, and Genocide," 93–127; Chaim Kaufmann, "Possible and Impossible Solutions to Ethnic Civil Wars," *International Security* 20, no. 4 (1996): 136–175。

170 Rašeta, "Pripremanje i početak ustanka u Donjem Lapcu," 215–216.

171 可参见 Straus, *The Order of Genocide*, 127–128。

172 可参见 Milgram, *Obedience to Authority*。

173 可参见 VA, Fond NDH, kut. 150a, f. 2, dok. 40, Krilno oružničko zapovjedništvo Gospić Zapovjedništvu I. Hrvatske oružničke pukovnije, Rezultat izviĐaja po ucjeni oružnika

postaje Doljane, July 12, 1941, 2。

174 Rašeta, *Kazivanje pobjenika smrti*, 20; 关于 1941 年 5 月 29 日托莫·伊万尼斯被任命为库伦瓦库夫地区乌斯塔沙 logornik 的情况，可参见 *Narodne novine*, br. 44/1941, June 5, 1941, 7。

175 可参见 the testimonies of Milan Filipović and Stevo InĐić (both from Kalati) in Polovina, *Svedočenje*, 58–60。

176 HDA DAKA, Fond RMZDL, kut. 4, Originali, Milan Obradović, "Zločini na kotaru Donji Lapac od 1941. do 1945. godine," 24–25; VA, Fond NDH, kut. 84, f. 1, dok. 58, Stožer Vrbaskog divizijskog područja, Zapovjedniku kopnene vojske (Vojni ured), Doglasni izvještaj, June 9, 1941, 1; Vukčević, ed., *Zločini*, br. 305, Izveštaj Zapovjedništva vojne krajine od 1. oktobra 1941. Doglavniku—VojskovoĐi o izvršenom pokolju pravoslavnog življa u Jajcu i okolini, October 1, 1941, 768; ibid., br. 101, Izvještaj posebnog opunomoćenika podmaršala Lakse od 5. jula 1941. Zapovjedniku kopnene vojske o divljačkim i neljudskim postupcima ustaša u Hercegovini, July 5, 1941, 208.

177 VA, Fond NDH, kut. 152, f. 4, dok. 55, Priepis pisma, "Braći hrvatski seljacima," August 29, 1941, 1.

178 Milgram, *Obedience to Authority*, 97.

179 LAEB, Bibanović, "Kulen Vakuf," 63.

180 Vukčević, ed., *Zločini*, br. 289, Izveštaj Zapovjedništva vojne krajine od 20. septembra 1941. Zapovjedništvu bosanskog divizijskog područja o zlodelima hercegovačkih ustaša u Jajcu i okolini i pokolju u pravoslavnoj crkvi u Jajcu, September 20, 1941, 718–719; 另可参见 the account in Zorić, *Drvar u ustanku* 1941., 242–243, 其内容基于克独国的文件。.

181 Vukčević, ed., *Zločini*, br. 305, Izveštaj Zapovjedništva vojne krajine od 1. oktobra 1941. Doglavniku—VojskovoĐi o izvršenom pokolju pravoslavnog življa u Jajcu i okolini, October 1, 1941, 770.

182 HDA, Fond 1450, MINORS NDH, D-2177, Zapovjedništvo vojne krajine, Pokolj u Jajcu, October 1, 1941, 2; 另可参见 1941 年该地区居民的证词合集，Pero Morača, ed., *Jajačko područje u oslobodilačkom ratu i revoluciji 1941–1945. Zbornik sjećanja, Knjiga I* (Novi Sad: "Budućnost"；Skupština opštine Donji Vakuf, Jajce i Šipovo, 1981)。

183 VA, Fond NDH, kut. 150a, f. 2, dok. 41, Zapovjedništvo 3. Hrvatske oružničke pukovnije Zapovjedništvu 1. Hrvatske oružničke pukovnije, Izvješće o stanju na području krila u vezi sa izvještajnom službom, August 16, 1941, 1.

184 Vukčević, ed., *Zločini*, br. 101, Izvještaj posebnog opunomoćenika podmaršala Lakse od 5. jula 1941. Zapovjedniku kopnene vojske o divljačkim i neljudskim postupcima ustaša u Hercegovini, July 5, 1941, 208.

185 VA, Fond NDH, kut. 85, f. 11, dok. 45, Zapovjedništvo vojne krajine Zapovjedništvu Bosanskog divizijskog područja, Situacija u Jajcu, September 30, 1941, 1.

186 参见 Grabowski, *Hunt for the Jews*, 70–71。我们当然也不应该忘记，当地农民的参与也是因为他们想偷犹太人的东西，也就是说害怕被德国人报复并不是唯一的动机。

364

187 关于卢旺达的救助机制，参见 Scott Straus, "From 'Rescue' to Violence: Overcoming Local Opposition to Genocide in Rwanda," in *Resisting Genocide: The Multiple Forms of Rescue*, ed. Jacques Semelin, Claire Andrieu, and Sarah Gensburger, trans. Emma Bently and Cynthia Schoch (New York: Columbia University Press, 2011), 331–343。

188 可参见 Kristen Renwich Monroe, *Ethics in an Age of Terrorism and Genocide: Identity and Moral Choice* (Princeton, NJ: Princeton University Press, 2011); Nechama Tec, *When Light Pierced the Darkness: Christian Rescuers of Jews in Nazi-Occupied Poland* (Oxford: Oxford University Press, 1986); Samuel P. and Pearl M. Oliner, *The Altruistic Personality: Rescuers of Jews in Nazi-Europe* (New York: Free Press, 1988); 关于道德在解释救助行为中的作用，有一个比较微妙的、但也更有限的分析，参见 Perry London, "The Rescuers: Motivational Hypotheses about Christians Who Saved Jews From the Nazis," in *Altruism and Helping Behavior: Social Psychological Studies of Some Antecedents and Consequences*, ed. Jacqueline Macaulay and Leonard Berkowitz (New York: Academic Press, 1970), 241–250; 关于道德在解释干预行为中的作用，有一个批评，参见 Milgram, *Obedience to Authority*, 153。

189 Polovina, *Svedočenje*, 42.

190 Rašeta, "Pripremanje i početak ustanka u Donjem Lapcu," 219.

191 VA, Fond NDH, kut. 84, f. 5, dok. 28, Stožer vrbaskog divizijskog područja, Izvještaj o vanjskoj i unutarnjoj situaciji za treću deseticu (20–31.) srpnja, July 31, 1941, 1; VA, Fond NDH, kut. 84, f. 5, dok. 25, Zapovjedništvo kopnene vojske, Izvještaj o vanjskoj i unutarnjoj situaciji za treću deseticu (20–31.) srpnja, August 1, 1941, 10.

192 Rašeta, "Pripremanje i početak ustanka u Donjem Lapcu," 220.

193 VA, Fond NOV, kut. 2000, f. 2, dok. 9, Savo Popović, "O borbi i radu partijske organizacije na bihaćkom srezu 1941. i 1942. godine" (无日期文件，很可能来自 20 世纪 50 年代初)，3 (原文用小写字母拼写"穆斯林")。

194 VA, Fond NDH, kut 135i, f. 8, dok. 4, Zapovjednik trusinskog odreda, Izvještaj o dogoĐajima u selu Berkovićima, August 29, 1941, 2.

195 HDA, Fond 1450, MINORS NDH, D-2175, Izvještaj o vanjskoj i unutarnjoj situaciji za treću deseticu (19–29) kolovoza 1941, 1.

196 VA, Fond NDH, kut. 85, f. 9, dok. 6, Vrhovno oružničko zapovjedništvo Zapovjedništvu kopnene vojske i Ministarstvu Domobranstva, July 22, 1941, 1.

197 *Zbornik NOR-a, tom V, knjiga 1*, br. 132, "Izvještaj Zapovjedništva prve hrvatske okružičke pukovnije od 16. kolovoza 1941. o zločinima ustaša i akcijama partizana u Kordunu," August 16, 1941, 343.

198 Dubajić Čkaljac, "Tragično djetinjstvo," 862–863.

199 HDA, Fond 1450, MINORS NDH, D-2229, Izvještaj o vanjskoj i unutarnjoj situaciji za treću desetice (19.–29. srpnja 1941.), 1.

200 VA, Fond NDH, kut. 84, f. 3, dok. 55, Posebni opunomoćenik poglavnika Zapovjedniku kopnene vojske na ruke pukovniku gospodinu Luliću, July 5, 1941, 1.

201　VA, Fond NDH, kut. 85, f. 6, dok. 12, Izvještaj o vanjskoj i unutarnjij situaciji za prvu deseticе (1.–10) srpnja 1941（无日期文件，很可能来自 1941 年 7 月中旬），5。

第四章　叛乱与复仇

1　克独国军方报告显示，7 月 24 日，"切特尼克分子"（政府用这个词表示东正教徒武装叛乱者）和本地农民一起袭击了内布柳西村的指挥哨所，之后几天里还袭击了大库伦瓦库夫地区的其他目标，参见 VA, Fond NDH, kut. 85, f. 9, dok 52, Vrhovno oružničko zapovjedništvo 2. Zapovjedništvu vojske i Ministarstvu Domobranstva, July 30, 1941, 1。

2　HDA DAKA, Fond RMZDL, Radovi za hronike sela (neobjavljeno), Štikovac, "Krvavo lapačko ljeto"（无日期），2.

3　关于该地区起义策动的历史，可参考 20 世纪 50 年代记录的参与者口述证词，见 VA, Fond NOV, kut. 2006, f. 5, dok. 1–8, Historijat kotar Donji Lapac, Razvoj Narodno-oslobodilačke borbe u donjolapačkom kotaru, July 7, 1952, 5–6; VA, Fond NOV, kut. 1997, f. 8, dok. 4, Pripreme ustanka, ustanak i borbe 1941. godine u bosansko-petrovačkom srezu（无日期文件，很可能写于 20 世纪 50 年代初），6–8。

4　HDA DAKA, Fond RMZDL, kut. 1, Đoko Jovanić, "Kotar donjolapački u ustanku 1941. godine," 22.

5　Kosta Nađ, *Ustanak: ratne uspomene Koste Nađa* (Zagreb: Spektar, 1981), 123.

6　HDA DAKA, Fond RMZDL, kut. 1, Đoko Jovanić, "Kotar donjolapački u ustanku 1941. Godine," 22–23; idem, *Ratna sjećanja*, 29.

7　Karanović, "Sadjejstvo sa ličkim ustanicima," 410; 关于卡拉诺维奇的其他信息，见 Krajina, "Likovi boraca iz revolucije. Nikola Karanović," June 1, 1961, 5; Olga Đurđević-Đukić, ed., *Narodni heroji Jugoslavije, Knjiga prva A-M* (Belgrade: Mladost, 1975), 346–347。

8　AS, Fond G-2, KI, f. 16, Srez Donji Lapac, Zapisnik od 2. juna 1942. godine sastavljen u Komesarijatu za izbeglice i preseljenika u Beogradu, Obradović Jovo, Krtinić Božo, 2; see also Jovanić, "Ustanak u južnoj lici 1941. godine," 116–119.

9　这些村镇包括：Oštrelj, Drvar, Rmanj Manastir (Martin Brod), Srb, and Grkovac. 克独国关于这些袭击事件的报告，参见 HDA, Fond 1450, MINORS NDH, D-2229, Vrhovno oružničko zapovjedništvo Zapovjedništvu kopnene vojske, July 28, 1941; 另参见 ibid., Izvještaj o vanskoj i unutarnjoj situaciji za treću deseticu (20.–31.) srpnja 1941., 6–7; ibid., D-2121, Telefonska bavjest primijena 27.VII.1941, 1; 关于这些袭击中杀害乌斯塔沙分子的情况，参见 VA, Fond NDH, kut. 85, f. 10, dok. 31, Zapovjedništvo I. Hrvatske oružničke pukovnije Vrhovnom oružničkom zapovjedništvu, Napad na oružničku postaju Doljani, razoružanje i ubistvo oružnika i ustaša, July 31, 1941, 1。

366

10　VA, Fond NDH, kut. 169, f. 6, dok. 3, Ravnateljstvo ustaškog redarstva (Banja Luka) Ustaškom redarstvenom ravnateljstvu u Banja Luci, Izvještaj izaslanika Josipa Knopa, July 16, 1941, 1.

11　这些村庄包括：Doljani, Nebljusi, Palanka, and Drenovo Tijesno. 关于这些袭击的克独国信

息源，参见 HDA, Fond 1450, MINORS NDH, D-2121, Situacija, 30. srpnja 1941. godine prije podne, Bihać u 12.05 časova, 1; see also VA, Fond NDH, kut. 85, f. 9, dok. 53, Vrhovno oružničko zapovjedništvo Zapovjedništvu vojske i ministarstvu domobranstvu, Izvješće o borbama sa četnicima, July 30, 1941, 1–2; ibid., kut. 143, f. 2, dok. 1, Zapovjedništvo 3. Hrvatske oružničke pukovnije Zapovjedniku 4. oružničke pukovnije, Doglasno izvješće dostavlja, August 8, 1941, 1–2。

12　VA, Fond NDH, kut. 1i, f. 1, dok. 27–1, Sarajevo u 23 sata 30 časaka, July 27, 1941, 1; Knin u 23.50 sati, July 27, 1941, 1; Bihać u 2.40 sati, July 28, 1941, 2; ibid., k. 1i, f. 1, dok. 31–1, Rezime situacije, July 30 and July 30–31, 1941, 1–2.

13　VA, Fond NDH, kut. 152a, f. 11, dok. 58, Kotarska oblast u Udbini Velikoj župi Gacka i Like, Predmet: Izvješće o izvanrednoj situaciji, August 2, 1941, 1.

14　关于起义者从服装到旗帜到乱七八糟的外观，参见德瓦尔镇一位被起义者俘虏数周的前克独国官员 Hamid Agfan 的证词：ARSBL, Fond 330, Zbirka dokumenata VII JNA, Izjava g. Agfana Hamida, zakupnika činovničkog doma u Drvaru, sada nastanjenog u Banjoj Luci, October 20, 1941, 1–2. 关于那些手中挥舞红旗、嘴上却喊着塞尔维亚崛起、克罗地亚灭亡的起义者，参见 VA, Fond NDH, kut. 85, f. 14, dok. 3, Izvješće, August 20, 1941, 3; 关于红旗的存在，可参见 ibid., f. 9, 45, Zapovjedništvo I. Hrvatske oružničke pukovnije Vrhovnom oružničkom zapovjedništvu, Rezanje brzojavno-brzoglasnih žica u Gračacu i pojava četnika sa crvenim zastavama, July 28, 1941, 1。

15　Zbornik NOR-a, tom V, knjiga 1, br. 116, "Izvještaj Zapovjedništva Ihrvatske oružničke pukovnije o akcijama partizana u južnoj lici u vremenu od 27. srpnja do 4. kolovoza 1941. godine, August 9, 1941, 315.

16　Dušan Vojvodić, "Sjećanje na događaje u kotaru Donji Lapac od 1940. do 1942. godine," in Kotar Donji Lapac u Narodnooslobodilačkom ratu, ed. Vezmar and Zatezalo, 170.

17　关于约万尼奇的传记性信息，参见 Đurđević-Đukić, ed., Narodni heroji Jugoslavije, Knjiga prva A-M, 316–317。

18　关于该地区起义的起源，参见 Jovo Reljić, "Martin Brod 1941. godine," in Drvar, 1941– 1945., knjiga 2, ed. Morača, 393–394; Karanović, "Sadjejstvo sa ličkim ustanicima," 410; Jovanić, Ratna sjećanja, 119; idem, "Ustanak u južnoj lici 1941. godine," 105–116; Nikola Majstorović, "Kulen Vakuf opština u NOR-u," in Bosanski Petrovac u NOB. Knjiga III, ed. Čerkez, 379; Keča, "Ustanički dani u okolini Kulen Vakufa," 201; Majstorović and Medić, Prve iskre, 59; 关于共产党在黑塞哥维那以及波黑其他广大地区争取控制起义队伍时的弱小状态，参见 Rasim Hurem, Kriza Narodnooslobodilačkog pokreta u Bosni i Hercegovini krajem 1941. i početkom 1942. godine (Sarajevo: Svjetlost, 1972), 33–71; see also Danilović, "Ustanak u Hercegovini," 29。

19　HDA DAKA, Fond RMZDL, Nikola Vidaković, "Partijska organizacija u Donjem Lapcu od osnivanja do početka ustanka 1941. godine," 7, 47; HDA DAKA, Fond 143, Memoarsko gradivo o NOR-u, LI-1, Izjave s područja Like, Sastanak ličke grupe, March 23, 1951, 3.

20　Jovanić, "Ustanak u južnoj lici 1941. godine," 124.

21　VA, Fond CK HRV, 11/320–321, Okružni komitet Komunističke partije Hrvatske, Politička situacija i stanje partiskih organizacija, September 11, 1941, 2.

22　VA, Fond NOV, kut. 2000, f. 2, dok. 9, Savo Popović, "O borbi i radu partijske organizacije na bihaćkom srezu 1941. i 1942. godine" (无日期，很可能写于 20 世纪 50 年代初), 3.

23　Gojko Polovina, "Sjećanja na početni period narodnog ustanka u Lici godine 1941," in *Zbornik 3: Prva godina Narodnooslobodilačkog rata na području Karlovca, Korduna, Gline, Like, Gorskog kotara, Pokuplja i Žumberka*, ed. Đuro Zatezalo (Karlovac: Historijski arhiv u Karlovcu, 1971), 779.

24　关于 7 月的黑塞哥维那起义是怎样成为"塞族群众反抗乌斯塔沙杀人放火的自发反抗"的，当地共产党人又怎样奋力去控制它，参见 Danilović, "Ustanak u Hercegovini," 25。

25　Reljić, "Martin Brod 1941. godine," 398; idem, "Martin Brod—Partizanska baza," in *Ustanak naroda Jugoslavije 1941. Pišu učesnici, Zbornik, knjiga šesta*, ed. Svetislav Savković (Belgrade: Vojnoizdavački zavod JNA "Vojno delo," 1964), 396; 关于 Štikovac 在 1941 年 前担任多布罗塞洛司库的情况，参见 HDA, f. 1353, Grupa VI, inv. br. 1412, Sresko načelstvo u Donjem Lapcu Banskoj vlasti Banovine Hrvatske, Predmet: Mesnih odbora SDS osnivanje u Doljanima i Dobroselu, March 6, 1940, 1。

26　Sava Mileusnić, "Donji Lapac u ustanku," in Jovanić, ed., *Lika u NOB. Zbornik. Pišu učesnici*, 392; HDA DAKA, Fond 143, Memoarsko gradivo o NOR-u, Lika 2 (LI-2), 30/2010, Sava Mileusnić, "Organizacija i djelatnost KPJ u uslovima Drugog svjetskog rata na kotaru Donji Lapac," 1963, 14.

27　可参见 Lutvo Džubur, "Poslednje školsko zvono," in *Hercegovina u NOB*, ed. Kovačević & Stijačić-Slavo, 396, 400; 这种同族群者之间的劫掠持续到了九月，参见 *Zbornik NOR-a, tom IV, knjiga 1*, br. 204, Izvještaj Uglješe Danilović od 17. septembra 1941. god. Svetozaru Vukmanoviću-Tempu o vojno-političkoj situaciji u istočnoj Hercegovini, September 17, 1941, 446。

28　Mao Tse-tung, *On Guerrilla Warfare*, trans. Samuel B. Griffith (Mineola, NY: Dover Publications,［1937］2005), 44–45.

29　VA, Fond NDH, kut. 85, f. 7, dok. 14, Zapovjedništvo III. hrvatske oružničke pukovnije Zapovjedništvu hrvatskog oružništva, Ćubrilo Ilija i dr. pljačke za račun ustaša vršili, July 16, 1941, 1.

30　HDA DAKA, Fond RMZDL, kut. 1, Đoko Jovanić, "Kotar donjolapački u ustanku 1941. godine," 50.

31　VA, Fond NDH, kut. 152a, f. 11a, dok. 28, Zapisnik nad Himzom Aganovićem i Alija Vučkovićem o njihovom zarobljivanju u Drvaru od strane Četnika, September 2, 1941, 2.

32　VA, Fond NDH, kut. 213, f. 2, dok. 48, Iz saslušanja domobrana koji su bili zarobljeni u Drvaru i koji su se vratili 22. rujna, October 7, 1941, 1.

33　关于这种精神面貌，参见 Jovanić, "Ustanak u donjolapačkom kotaru 1941. godine," 122, 128; HDA DAKA, Fond RMZDL, kut. 4, Originali, Simo Lukić, "Četnici u kotaru Donji Lapac," 9。

34　HDA DAKA, Fond RMZDL, kut. 1, Duško Vojvodić, "Sjećanje na političke i ostale događaje u kotaru Donji Lapac od 1940. do 1942. godine," 29.

35 Rašeta, "Pripremanje i početak ustanka u Donjem Lapcu," 222.

36 Ibid., 223.

37 VA, Fond NDH, kut. 67, f. 1, dok. 26, Saslušanje pokusnog oružnika Mate Bijondića, sa službom na oružničkoj postaji Doljani, August 8, 1941, 1.

38 Polovina, "Sjećanja na početni period narodnog ustanka u Lici," 798.

39 Jovanić, *Ratna sjećanja*, 107–108.

40 HDA DAKA, Fond RMZDL, Milan Šijan, "Nastanak i djelovanje KPJ na teritoriji donjolapačkog kotara" (无日期文件，很可能写于 1979 年或 1980 年), 36.

41 "balija" 这个词最初指单个的穆斯林农民，后来却变成了对穆斯林的侮辱性称谓，参见 Abdulah Škaljić, *Turcizmi u srpskohrvatskom jeziku* (Sarajevo: Svjetlost, 1966), 118。

42 Branko Popadić, "Na prostoru Stoca i Bileće," in *Hercegovina u NOB*, ed. Kovačević and Stijačić-Slavo, 638; 关于起义最初阶段很多战士的反穆斯林倾向，还可参见 Danilović, "Ustanak u Hercegovini," 27–29。

43 Asim Pervan, "Ljudi i događaji fatničkog kraja," in *Hercegovina u NOB*, ed. Kovačević and Stijačić-Slavo, 766.

44 关于波斯尼亚西北部有多少当地战士将起义视为 "反土耳其人战争"，可参见 NaĐ, Ustanak, 179; Svetozar Vukmanović Tempo, *Revolucija koja teče. Memoari* (Belgrade: Komunist, 1971), 217, 223。

45 *Zbornik NOR-a, tom IV, knjiga 1*, br. 222, Izvještaj Štaba NOP odreda za Bosansku krajinu od septembra 1941. god. Štabu NOP odreda Bosne i Hercegovine o vojno-političkoj situaciji i borbama protiv okupatora i domaćih izdajnika na području Bos. krajine, 489.

46 VA, Fond NDH, kut. 67, f. 1, dok. 45, Saslušanje oružničkog vodnika, na službi kod krilnog oružničkog zapovjedništva u Gospiću Frkovića Jakova, August 11, 1941, 1.

47 HDA, Fond 1450, MINORS NDH, D-2174, Sadržaj: Rašeta Boško major Jugoslavenske vojske sa majkom Milkom i služavkom Maricom i Rašeta Jandre sa ženom Anđom i bratom Milom svi iz Donjega Lapca-vrijedni priznanja, October 24, 1941, 2.

48 Ivica Bodnaruk, "Sjećanje na dane ustanka u Drvaru i Petrovcu," in *Bosanski Petrovac u NOB, Knjiga II*, ed. Čerkez, 45.

49 库伦瓦库夫的克独国武装力量（也称为 "地方军" [domobrani]）军事指挥官弗拉基米尔·韦伯据说曾发现过一份 "切特尼克" 文件，呼吁所有 "塞族战士" 都加入起义军，参见 ARSBL, Fond 328, Zbirka dokumenata VII JNA (Bosanska Krajina), MUP NDH, RAVSIGUR, Izvješće o stanju do 30.VIII.1941. godine u 8 sati, August 30, 1941, 2。

50 HDA, Fond 1450, MINORS NDH, D-2251, Prijepis pisma u Svračkovom selu, August 28, 1941.

51 关于暴行故事在起义者中造成的效果，参见 Milkan Pilipović, "Dramatična borba na vrtočkoj gradini," in *Bosanski Petrovac u NOB. Knjiga II*, ed. Čerkez, 305。

52 Rašeta, "Pripremanje i početak ustanka u Donjem Lapcu," 226–227; idem, *Kazivanje*

pobjednika smrti, 22–23.

53 VA, Fond NDH, kut. 67, f. 1, dok. 26, Saslušanje pokusnog oružnika Tome Crnković, sa službom na oružničkoj postaji Srb, August 8, 1941, 1. 有些起义者丝毫不会为了逮捕不愿意支持反克独国战争的东正教徒村民而感到不安。可参见 VA, Fond NDH, kut. 213, f. 2, dok. 48, Iz saslušanja domobrana koji su bili zarobljeni u Drvaru i koji su se vratili 22. rujna, October 7, 1941, 1。

54 关于危地马拉的这类机制，参见 David Stoll, *Rigoberta Menchú and the Story of All Poor Guatemalans* (Boulder, CO: Westview Press, 1999), 58–61; 关于整体上拉丁美洲的情况，参见 Timothy Wickman-Crowley, "Terror and Guerrilla Warfare in Latin America, 1956–1970," *Comparative Studies in Society and History* 32, no. 2 (1990): 201–237; 关于阿尔及利亚，参见 Alistair Horne, *A Savage War of Peace. Algeria 1954–1962* (New York: New York Review of Books, [1977] 2006), 134; 关于其他地区的情况：Kalyvas, *The Logic of Violence in Civil War*。

55 Polovina, *Svedočenje*, 67.

56 HDA, Fond 1450, MINORS NDH, D-2229, Zapovjedništvo kopnene vojske, Vojni ured, July 30, 1941, 1.

57 Živković & Kačavenda, *Srbi u Nezavisnoj Državi Hrvatskoj*, br. 111, Izvještaj oficira za transport pri nemačkom generalu u Zagrebu od 27. avgusta 1941. Ispostavi Abvera u Zagrebu o vojno-političkoj situaciji i zločinima ustaša nad srpskim stanovništvom u NDH, August 27, 1941, 200.

58 Dušan Balaban, "Vrtoče u prvim danima ustanka," in *Bosanski Petrovac u NOB, Knjiga II*, ed. Čerkez, 49–73, here 64.

59 HDA DAKA, Fond 143, Memoarsko gradivo o NOR-u, Lika 2 (LI-2), 30/2010, Sava Mileusnić, "Organizacija i djelatnost KPJ u uslovima Drugog svjetskog rata na kotaru Donji Lapac," 1963, 21; ibid., Fond RMZDL, Radovi za hronike sela (neobjavljeno), "Buševć u Narodnooslobodilačkoj borbi 1941–1945," 1980, 44; Đuro Stanisavljević, "Narodni heroj, Matić Ilije Stojan," in *Kotar Donji Lapac u Narodnooslobodilačkom ratu*, ed. Vezmar and Zatezalo, 974; 另可见 Đurđević-Đukić, ed., *Narodni heroji Jugoslavije, Knjiga prva A-M*, 497–498。

60 Dušan Grbić, "Cvjetnića četa," in Drvar, 1941–1945., *knjiga 2*, ed. Morača, 358.

61 *Zbornik NOR-a, tom IV, knjiga 1*, br. 66, Izvještaj o savjetovanju i rezolucija delegata narodnooslobodilačkih gerilskih odreda za zapadnu Bosnu i Liku od 31. avgusta 1941. godine, August 31, 1941 147.

62 关于战前波洛维纳在该地区的政治活跃情况，参见 HDA, f. 1353, Grupa VI, inv. br. 1267, Sresko načelstvo u Donjem Lapcu Ministarstvu unutrašnjih poslova, Odeljenje javne bezbednost, Predmet: Politikih konferencija UO na području sreza D. Lapac—održavanje, November 25, 1938, 1–2。

63 *Zbornik NOR-a, tom V, knjiga 1*, br. 7, "Poziv Privremenog glavnog štaba gerilskih odreda za Liku početkom kolovozom 1941. godine srpskom i hrvatskom narodu protiv okupatora i ustaša," 29–31.

64 Vukčević, ed., *Zločini*, br. 248, Pismo seljaka iz Donjih Ploča od 31. avgusta 1941. Hrvatima i komšijama iz Vraničana sa pozivom da ne ubijaju više Srbe podsećajući na raniju slogu i ljubav, August 31, 1941, 592–593.

65 ARSBL, Fond 74, Velika Župa Sana i Luka, 3005/41, Pozdrav Narodnooslobodilačke vojske iz Grmeča (undated document but most likely written in mid to late September 1941).

66 Rašeta, "Pripremanje i početak ustanka u Donjem Lapcu," 211. 还有其他下拉帕茨地区的天主教徒，或者采取过行动救助他们的东正教徒乡邻，或者至少从未参加过乌斯塔沙行动，但还是因为是"克族人"而被起义者杀害，案例参见 ibid., 226–227。

67 Balaban, "Vrtoče u prvim danima ustanka," 67.

68 Lazo Radošević, "Vrtoče u ustanku," in *Bosanski Petrovac u NOB, Knjiga II*, ed. Čerkez, 470.

69 Dane Ivezić, "Brotnja: ustanici istrijebili Ivezíće," in *Dossier Boričevac*, ed. Pavičić, 343–352; HDA DAKA, Fond RMZDL, kut. 4, Originali, Simo Lukić, "Četnici u kotaru Donji Lapac," 9; 有一份似乎并不完整的受害者名单，据说是"亲切特尼克分子"为了回应该村乌斯塔沙分子于 1941 年 7 月早些时候的杀戮行动而杀害了他们。参见 *Kotar Donji Lapac u Narodnooslobodilačkom ratu*, ed. Vezmar and Zatezalo, 1126–1127; 有一份受害者名单（以及相关事件记述，其中没有提到该地区乌斯塔沙暴力跟 Brotnja 杀戮事件之间的关联），参见 Luka Pavičić, *Kronika stradanja Hrvata južne Like* (Zagreb: D-GRAF, 1996), 245–252。

70 HDA, Fond 306, ZKUZ (Hrvatska), kut. 2243, Zh. br. 11379–11380, OKUZ za Liku, Zapisnici sastavljeni pred komisijom u Brotnji, May 11, 1945, 1–9; ibid., kut. 535, Zh. br. 42195, OKUZ za Liku, Zapisnici sastavljeni pred komisijom u Brotnji, July 18, 1945, 1–2.

71 Polovina, *Svedočenje*, 44; idem, "Sjećanja na početni period narodnog ustanka u Lici," 785; 关于 Jocina · 凯查在这些杀戮事件中的参与情况，参见 Simo Lukić, "Četnici u kotaru Donji Lapac od 1941. do 1945.," in *Kotar Donji Lapac u Narodnooslobodilačkom ratu*, ed. Vezmar and Zatezalo, 867。

72 HDA DAKA, Fond RMZDL, kut. 1, Đoko Jovanić, "Kotar donjolapački u ustanku 1941. godine," 42.

73 Pavičić, *Kronika stradanja Hrvata južne Like*, 249–252.

74 *Zbornik NOR-a, tom IV, knjiga 1*, br. 204, Izvještaj Uglješe Danilović od 17. septembra 1941. god. Svetozaru Vukmanović-Tempu o vojno-političkoj situaciji u istočnoj Hercegovini, 445; Džubur, "Poslednje školsko zvono," 395–397.

75 Frijda, "The Lex Talionis," 277.

76 Dane Ivezić, "Srbi su pobili cijeli rod Ivezića u selu Brotnja," *Vila Velebita*, br. 31, March 17, 1995, 10.

371

77 还有另一个成功从起义者手中逃脱的案例，其中该地区的两位穆斯林设法假扮为了塞族东正教徒，参见 VA, Fond NDH, kut. 61a, f. 15, dok. 42, Dnevno izvješće o važnijim dogоđajima, prema podatcima oružništva za dan 10. rujna 1941. godine, September 10, 1941, 2。

78 Jovanić, *Ratna sjećanja*, 86.

79 Jurjević, *Pogrom u Krnjeuši*, 64.

80 这种说法没有得到克独国档案材料的证实，参见 Milan Zorić, *Drvar u ustanku 1941.* (Belgrade: Sloboda, 1984), 120。

81 关于克雷西米尔·巴里西奇神父，参见 Anto Orlovac, *Palme im rukama. Život i mučeništvo župnika Krešimir Barišić i uništenje župe Krnjeuša 1941. godine* (Banja Luka and Zagreb: Biskupski ordinarijat Banja Luka; Ekološki glasnik d.o.o., 2008), 83–106。

82 *Novi list*, "Užasna zvjerstva četničko-komunistićkih banda nad hrvatskim življem u Bosni i Lici," September 21, 1941, 5; *Hrvatski narod*, "Zločinstva četničko-komunistićkih družbi u Pounju," August 27, 1941, 6

83 VA, Fond NDH, kut. 67, f. 2, dok. 8, Zapisnik sastavljen po izjavi pričuvnog nadporučnika Sabati Dragutina prilikom borbe kod sela Ostrovice（无日期文件，很可能来自 1941 年 8 月下旬），1.

84 克独国对克尔涅乌沙天主教徒屠杀的报告：VA, Fond NDH, kut. 1j, f. 2, dok. 14, Situacija, August 14–15, 1941, 1, 6; ibid., kut. 85, f. 14, dok. 13, Izvješće, August 20, 1941, 1–11; HDA, Fond 1450, MINORS NDH, D-2121, Izvještaj o selu Krnjeuša, 14.VIII.1941 u 20.50 sati, August 14, 1941; Novi list, "Strašna zlodjela i pustošenja najgorih bandita u povijesti čovječanstva," August 20, 1941, 5; ibid., "Nevine žrtve četničko-komunistićkih banda u Pounju," August 28, 1941, 5. 塞尔维亚难民委员会获取了 1943 年逃离该地区的难民的口供，他们在报告中提到了起义者试图消灭该村的天主教徒群体，参见 AS, Fond G-2, KI, f. 5, Srez Bosanski Petrovac, 1943, 5. 对克尔涅乌沙暴力事件的重建：Jurjević, *Pogrom u Krnjeuši*。

85 Novi list, "Nedužne žrtve strahovitih četničkih zločina pričaju o svojim užasnim doživljajima," September 14, 1941, 11.

86 Pilipović, *Romori vrtoćke prošlosti*, 169.

87 HDA, Fond 1450, MINORS NDH, D-2232, Izvješće Aleksandra Seitza Poglavniku, August 20, 1941. 另可参见 Ministarstvo vanjskih poslova Nezavisne Države Hrvatske, *Odmetnićka zvjerstva pustošenja u Nezavisnoj državi Hrvatskoj u prvim mjesecima života Hrvatske Narodne Države* (Zagreb: Ministarstvo vanjskih poslova, 1942), 38–42; *Hrvatski narod*, "Četnička krvološtva i brojni teški zločini u Hrvatskoj," August 20, 1941, 6; *Novi list*, "Strašna zlodjela i pustošenja najgorih bandita u povijesti čovječanstva," August 20, 1941, 5; ibid., "Nevine žrtve četničko-komunistićkih banda u Pounju," August 28, 1941, 5。

88 VA, Fond NDH, kut. 1j, f. 2, dok. 13, Dogođaji i stanje, August 13–14, 1941, 2. 1941 年 8 月 2–3 日乌斯塔沙分子在夫尔托切的杀戮和盗窃行为，很可能是该村遭到起义者袭击的直接导火索，参见 AJ, Fond 110, DKUZ, dos. br. 4670, Zapisnik br. 14, Mjesni odbor: Vrtoče, July 31, 1946, 2. 一位前起义者的回忆录中，对克独国军方报告提到的夫尔托切杀人毁尸事件的程度和烈度轻描淡写，参见 Pilipović, *Romori vrtoćke prošlosti*, 151。

89 参见 Simon Schama, *Citizens: A Chronicle of the French Revolution* (New York: Albert Knopf, 1989), chap. 17; Karl Jacoby, *Shadows at Dawn: An Apache Massacre and the Violence of History* (New York: Penguin Books, 2008), 113–114, 156–157; Dwyer and Santikarma, "'When the World Turned to Chaos,'" 300。

90 更多关于这一点的内容可参见 Nathan Leites and Charles Wolf Jr., *Rebellion and Authority:*

372

An Analytic Essay on Insurgent Conflicts (Chicago: Markham, 1970), 106–107。

91 可参见 Kalyvas, *The Logic of Violence in Civil War*, 26, 其中声称："暴力的目的是要通过调整特定态度的预期价值来塑造目标受众的行为。换句话说，暴力发挥了一种遏制性层面清晰的沟通功能。"

92 LAEB, Hamdija Kreševljaković, *Kulen Vakuf* (Sarajevo: Islamska dionička štamparija, 1935), 15.

93 在这种意义上，这些暴力实践是否能够被贴上"超致命暴力"的标签，就需要商榷了。这一新近的社会学概念的定义是："面对面发动的肉体行为，侵犯了公认的对待死人和活人的方式的规范和信念。"在这里，斩首行为事实上反映的是一种公认的该如何处死人的过往规范与信念。参见 Lee Ann Fujii, "The Puzzle of Extra-Lethal Violence," *Perspectives on Politics* 11, no. 2 (June 2013): 410–426, here 411。

94 Nikola Plećaš-Nitonja, *Požar u Krajini* (Chicago: Plećaš-Nitonja, 1975), 36. 其他证据显示，捅刺还活着的受害者——也是从奥斯曼时代就开始的操作——也是一种波斯尼亚西北部的某些起义者使用的暴力技术。可参见 *Novi list*, "Strašna zlodjela srbskih četnika nad hrvatskim muslimanima," September 6, 1941, 7。

95 *Novi list*, "Zvjerska krvoločnost četničko-komunistićkih banda," September 19, 1941, 6.

96 可参见 Dulić, *Utopias of Nation*, 356–357。

97 这种认为相比于枪杀，割喉更能够将受害者归入牲畜一类的观念，可参见 John Allcock, *Explaining Yugoslavia* (New York: Columbia University Press, 2000), 398。

98 可参见 VA, Fond NDH, kut. 61a, f. 11, dok. 12, Zapovjedništvo jadranskog divizijskog područja Ministarstvu hrvatskog domobranstva (Glavni stožer, Očevidni odjel), October 30, 1941, 1, 其中描述了 1941 年 6 月起义者将阿夫托瓦茨（Avtovac）村民杀害并毁尸的方法。

99 参见 *Novi list*, "Strašna zlodjela srbskih četnika nad hrvatskim muslimanima," September 6, 1941, 7; 另参见 ibid., "Grozna nedjela razbješnjelih četničko-komunistićkih banda nad mirnim i golorukim Hrvatima muslimanima u stolačkom kotaru," September 10, 1941 5; ibid., "Nedužne žrtve strahovitih četničkih zločina pričaju o svojim užasnim doživljajima," September 14, 1941, 11。

100 关于阿尔及利亚，可参见 Horne, *A Savage War of Peace*, 112; 关于危地马拉，可参见 Montejo, *Testimony*, 83–85。

101 起义者后来想杀掉这个囚犯，把他扔到了坑洞里，但他几天后设法爬了出来。参见 VA, Fond NDH, kut. 135i, f. 8, dok. 4, Saslušanje svjedoka Ćastović Mahmuta, iz Milanića kotar Bileća, po napadu četnika na selu Berkoviće (rađeno u ambulanti), August 27, 1941, 1。

373 102 *Hrvatska Krajina*, "Jedno grozno zvjerstvo," June 20, 1941, 1.

103 关于亚美尼亚基督徒遭受的酷刑手法，参见 Peter Balakian, *Black Dog of Fate. A Memoir* (New York: Basic Books, 1997), 213–214; 关于 20 世纪其他大规模暴力事件中的虐尸行为，参见 Weitz, *A Century of Genocide*, 180。

104 参见 Alon Confino, "Why Did the Nazis Burn the Hebrew Bible? Nazi Germany, Representations of the Past, and the Holocaust," *Journal of Modern History* 84, no. 2 (2012): 369–400; idem, *A World without Jews: The Nazi Imagination from Persecution to Genocide*

(New Haven: Yale University Press, 2014), 161–162.

105　Fellman, *Inside War*, 188–189.

106　我这里对起义者暴行的解释借助了：Frijda, "The Lex Talionis," 280–281。

107　参见 Milgram, *Obedience to Authority*, 188。

108　关于选择性暴力和无差别暴力的观念，参见 Kalyvas, *The Logic of Violence in Civil War*, esp. 141–145。

109　VA, Fond NDH, kut. 85, f. 14, dok. 13, Izvješće, August 20, 1941, 10.

110　HDA, Fond 1450, MINORS, D-2121, Izvještaj o selu Krnjeuša, 14.VIII.1941 u 20.50 sati, August 14, 1941; 关于对克尔涅乌沙杀戮事件的反应，参见 ibid., Glavni stožer, Stanje 14, August 14–15, 1941, 1; 关于识别这些尸体的困难，参见 *Hrvatski narod*, "Zločinstva četničko-komunističkih družbi u Pounju," August 27, 1941, 6。

111　VA, Fond NDH, kut. 1j, f. 2, dok. 14, Situacija, August 14–15, 1941, 7.

112　LAEB, Bibanović, "Kulen Vakuf," 65; ibid., "Stanovništvo Kulen-Vakufa," 210.

113　AJ, Fond 110, DKUZ, dos. br. 5361, Zapisnik br. 18, Mjesni odbor: Prkosi, August 4, 1946, 1–2; Zapisnik br. 19, Mjesni odbor: Kalati, August 5, 1946, 1–2; Zapisnik br. 20, Mjesni odbor: Rajinovci, August 7, 1946, 2.

114　关于 8 月这群东正教徒村民从库伦瓦库夫步行到 Pritoka 村后大部分被杀害的情况，参见 Jovanka Rudić, "Na prekopanoj cesti," in *Bosanski Petrovac u NOB, Knjiga I*, ed. Čerkez, 349–355。

115　VA, Fond NDH, kut. 84, fas. 5, dok. 20, Stožer vrbaskog divizijskog područja Zapovjedništvu kopnene vojske (Vojni ured), Akcija protiv pobunjenika, July 29, 1941, 1.

116　VA, Fond NDH, kut. 84, f. 6, dok. 9, Zapovjedništvo kopnene vojske, Zapovijed za akciju oko savlađivanja pobune u Bosni, July 31, 1941, 2; see also ARSBL, Dokumenti iz AVII, F-NDH, fas. 14, Vrhovno oružničko zapovjedništvo Zapovjedništvu 4. Hrvatske oružničke pukovnije, Zapovijed za akciju oko savlađivanja pobune u Bosni u svhu daljeg rada oko savlađivanja pobune u Bosni, August 1, 1941, 1–2.

117　HDA Fond 1450, MINORS NDH, D-2178, Zapovjedništvo kopnene vojske, Zapovijed za akciju oko savlađivanja pobune u Bosni (veoma žurno tajno), July 31, 1941, 2.

118　关于危地马拉的反起义军事行动，参见 Jennifer Schirmer, *The Guatemalan Military Project: A Violence Called Democracy* (Philadelphia: University of Pennsylvania Press, 1998); Stoll, *Rigoberta Menchú and the Story of All Poor Guatemalans; idem, Between Two Armies in the Ixil Towns of Guatemala* (New York: Columbia University Press, 1993)。

119　关于各种背景下这类机制的分析，参见 Benjamin Valentino, Paul Huth, and Dylan Balch-Lindsay, "Draining the Sea: Mass Killing and Guerrilla Warfare," *International Organization* 58 (Spring 2004): 375–407。 374

120　关于阿尔及利亚，参见 Horne, *A Savage War of Peace*; 关于车臣，见 Sebastian Smith, *Allah's Mountains: The Battle for Chechnya* (New York: I.B. Tauris, 2006); Anna Politkovskaya, *A Small Corner of Hell: Dispatches from Chechnya* (Chicago: University of Chicago Press, 2003); 关于阿富汗，参见 Lester Grau, *The Soviet-Afghan War: How a Superpower Fought and Lost* (Lawrence: University Press of Kansas, 2002); 关于斯里兰卡，参见 Manor, ed., *Sri Lanka in Change and Crisis*。

121   这一点可参见 Jeff Goodwin, *No Other Way Out: States and Revolutionary Movements, 1945–1991* (Cambridge: Cambridge University Press, 2001), 123; 另可参见 Kalyvas, *The Logic of Violence in Civil War*, 151–153。

122   关于这一机制，参见 Vukčević, ed., *Zločini*, br. 288, Telegram Predsjednika prijekog suda Mostara od 19. septembra 1941. Ministarstvu pravosuđa i bogoštovlja da se molba za pomilovanje dva ustaška zločinca osuđena na smrt ne prihvati, zbog teških zločina u selu Poplata, September 19, 1941, 717。

123   Petar Radošević, "Teror ustaša u Vrtoču," in *Bosanski Petrovac u NOB, Knjiga I*, ed. Čerkez, 648.

124   AMUSK, Fond Sjećanja boraca iz Narodnooslobodilačkog rata, 1941–1945, Razgovor sa drugovima Sajom Grbićem, Savom Popovićem i Slobodanom Pilipovićem o ustanku na području Bihaća 1941. godine, December 24, 1961, 10–11.

125   ABiH, Fond ZKUZ BiH, kut. 68, Zapisnici, Srez Bosanski Petrovac, Zapisnik br. 18, Inv. br. 56900, Mjesni odbor: Prkosi, August 4, 1946, 2.

126   VA, Fond NDH, kut. 67, f. 1, dok. 26, Saslušanje pokusnog oružnika Mate Bijondića, sa službom na oružničkoj postaji Doljani, August 8, 1941, 1.

127   克独国文件可参见 AMUSK, Prijepisi originalnih dokumenata iz AHRP, Izvještaj o situaciji na područjima pobune, Izvještaj iz Bihaća u 23 sata, August 4, 1941, 10; VA, Fond NDH, kut. 67, f. 1, dok. 26, Saslušanje pokusnog oružnika Mate Bijondića, sa službom na oružničkoj postaji Doljani, August 8, 1941, 2; ibid., dok. 45, Saslušanje oružničkog vodnika, na službi kod krilnog oružničkog zapovjedništva u Gospiću Frković Jakov, 2; 关于某些乌斯塔沙分子及其家人的离去，可参见当地起义者的回忆：HDA DAKA, Fond RMZDL, Radovi za hronike sela (neobjavljeno), "Bušević u Narodnooslobodilačkoj borbi 1941–1945 (1980)," 43–44; Pilipović, *Romori vrtočke prošlosti*, 138–139。

128   ARSBL, Fond 330, Zbirka "Varia," dok. br. 330–004–036, "Zločinstva i nasilja tako zvanih 'divljih ustaša' i njihovih pomoćnika u Derventi i okolici" (无日期文件), 2. 关于"野生乌斯塔沙"这个词在克独国文件中的出现，参见 Vukčević, ed., *Zločini*, br. 315, Izveštaj Zapovjedništva oružničkog voda Metković od 9. oktobra 1941. Zapovjedništvu jadranskog divizijskog područja o bekstvu pravoslavaca sa područja Čapljine od ustaških zločina sa podatkom o 800 ubijenih Srba u selu Prebilovci, 793–794; VA, Fond NDH, kut. 150a, f. 2, kut. 41, Zapovjedništvo 3. Hrvatske oružničke pukovnije Zaovjedništvu 1. Hrvatske oružničke pukovnije, Izvješće o stanju na području krila u vezi sa izvještajnom službom, August 16, 1941, 1; ibid., kut. 152, f. 4, dok. 22, Zapovjedništvo 3. Hrvatske oružničke pukovnije Ravnateljstvu za javni red i sigurnost, Izvešće o stanju komunističko-četničke akcije na području krila, Gospić, August 19, 1941, 1。

129   ARSBL, Fond 330, Zbirka "Varia," dok. br. 330–004–036, "Zločinstva i nasilja tako zvanih 'divljih ustaša' i njihovih pomoćnika u Derventi i okolici," 6.

130 Vukčević, ed., *Zločini*, br. 219, Izveštaj Krilnog oružničkog zapovjedništva Gospić od 16. avgusta 1941. Zapovjedništvu 1. Hrvatske oružničke pukovnije o prilikama na području krila sa podacima o ubijanju, paljenju i pljački srpskog življa od strane ustaša, August 16, 1941, 524. 对于克独国其他地区乌斯塔沙暴力的类似批评，可参见 ibid., br. 243, Izveštaj Zapovjedništva 2. hrvatske oružničke pukovnije od 28. avgusta 1941. Vrhovnom oružničkom zapovjedništvu o situaciji sa podacima o pljački imovine Srba od strane ustaše na području kotara Stolac, August 28, 1941, 578。

131 有一份关于博里切瓦茨起义者袭击事件和该村全体居民流散的克独国简报：VA, Fond NDH, kut. 143, f. 1, dok. 1–2, Zapovjedništvo 3. Hrvatske oružničke pukovnije Zapovjedniku 4. oružničke pukovnije, Doglasno izvješće dostavlja, August 8, 1941, 3。

132 Plećaš-Nitonja, *Požar u Krajini*, 78–79; HDA, Fond 306, ZKUZ (Hrvatska), kut. 244, Zh. br. 11479–11500, OKUZ za Liku, Niko Vlatković i Nikola Rašeta (izjave), May 14, 1945, 2.

133 Pero Pilipović, "Borba Cvjetnićana na petrovačkom području, in *Bosanski Petrovac u NOB, Knjiga I*, ed. Čerkez, 589.

134 Ibid.; 坦科西奇在 20 世纪 70 年代写下的亲历者证词：Vlado Tankosić, "Kako sam strijeljan i bačen u jamu," in *Drvar, 1941–1945., knjiga 1*, ed. Morača, 250–252; 他在战争结束前提供的证词：ABiH, Fond ZKUZ BiH, kut. 88, Zapisnik sastavljen u kancelariji okružnog organa ZEM-KOM-e za okrug Drvar, Saslušanje Vladimira Tankosića po masovnom ubistvu u selu Boričevac dana 24.VII.1941, March 28, 1945, 2; AJ, Fond 110, DKUZ, dos. br. 4670, Inv. br. 40740, Zapisnik sastavljen u kancelariji okružnog organa ZEM-KOM za okrug Drvar 23. marta 1945. god., March 23, 1945, 1–2。

135 Štikavac, "Krvavo lapačko ljeto," 616; 另可参见 Karanović, "Sadjejstvo sa ličkim ustanicima," 410。

136 Nikola Knežević, "Cvjetnićani u akciji," in *Drvar, 1941–1945., knjiga 2*, ed. Morača, 457.

137 Nikola Knežević Niko, "Maćuka," in *Drvar, 1941–1945. Sjećanja učesnika, knjiga 3*, ed. Pero Morača (Drvar: Skupština opštine Drvar, 1978), 88. 1

138 Polovina, "Sjećanja na početni period narodnog ustanka u Lici," 785–786.

139 Polovina, *Svedočenje*, 42.

140 Karanović, "Napad na žandarmerijsku stanicu u Martin Brodu," 429.

141 Rašeta, "Pripremanje i početak ustanka u Donjem Lapcu," 226.

142 Majstorović and Medić, *Prve iskre*, 41; 关于总体上乌斯塔沙对卡拉蒂的袭击，参见 AJ, Fond 110, DKUZ, dos. br. 5361, Zapisnik br. 19, Mjesni odbor: Kalati, August 5, 1946, 1–5; 这次袭击事件的精确受害者数量很难总结，不过 20 世纪 60 年代中期整理的数据显示至少有 158 人被杀。数据参见 AMUSK, Doprinos u NOB, 1941–1945 (informacije o poginulim borcima i žrtvama fašističkog terror—Kulen Vakuf, Klisa, Kalati), Kalati—žrtve fašističkog terora (数据貌似是 1967 年整理的)。

143 Danilo Damjanović Danić, *Ustanak naroda Hrvatske 1941 u Srbu i okolini* (Zagreb: IP "Progres," 1972), 121–122; Mileusnić, "Donji Lapac u ustanku," 390; 另可参见 Milan Filipović 和 Stevo InĐić (两人都来自卡拉蒂) 的证词：Polovina, *Svedočenje*, 60–61。

376　144　Majstorović and Medić, Prve iskre, 41.

145　"犹太—布尔什维克恐怖"是民族主义人物用来把"犹太人"和"共产党"合并起来的说法，
参见 Wendy Lower, "Pogroms, mob violence and genocide in western Ukraine, summer
1941: varied histories, explanations, and comparisons," Journal of Genocide Research 13,
no. 3 (2011): 226。

146　Polovina, Svedočenje, 340.

147　Knežević, "Cvjetnićani u akciji," 457; 克独国报纸对博里切瓦茨被焚事件的报道：Novi
list, "Kuće su palili, crkve opljačkali ... Zvjerstva četnika u selima kotara Gračac i Donji
Lapac," August 31, 1941, 5; ibid., "Jedan čas s postradalima iz Bihaća," September 22, 1941,
5; 另参见 HDA, Fond 1450, MINORS NDH, D-2188, Saslušanje oružničkog narednika
Antona Leševića, sa službom na oružničkoj postaji Donji Lapac, krilnog oružničkog
zapovjedništva Gospić, povodom četničke akcije u području kotara Donji Lapac, August 28,
1941, 1–2。

148　Knežević Niko, "Maćuka," 88.

149　HDA DAKA, Fond RMZDL, kut. 1, Đoko Jovanić, "Kotar donjolapački u ustanku 1941.
godine," 44.

150　VA, Fond CK HRV, 1/50–52, Štab brigade gerilskih odreda za osloboĐenje krajeva Bosne
i Like Svim dosadašnjim rukovodiocima gerilskih odreda i komandirima pojedinih odreda,
Opšta naredba, August 16, 1941, 1.

151　Bodnaruk, "Sjećanje na dane ustanka u Drvaru i Petrovcu," 48. 关于起义者中有一小
撮人认为自己属于克族人，参见 VA, Fond NDH, kut. 213, f. 2, dok. 48, Iz saslušanja
domobrana koji su bili zarobljeni u Drvaru i koji su se vratili 22. rujna, October 7, 1941, 1。

152　Zbornik NOR-a, tom IV, knjiga 1, br. 77, Izvještaj komandanta drvarske brigade od 2.
septembra 1941. god. Oblasnom komitetu KPJ za Bosansku krajinu o razvoju ustanka na
području brigade, September 2, 1941, 170–173.

153　Ibid., br. 18, Članak iz "Gerilca" br. 5 o narodnom zboru održanom u selu Bastasima 10.
avgusta 1941. god., August 10, 1941, 51.

154　HDA, Fond 1450, MINORS NDH, D-2188, Štab gerilskih odreda za Liku (letak), 无日期文
件，很可能来自 1941 年 8 月，1。

155　Ibid., Prepis proglasa Štaba gerilskih odreda za Liku, August 29, 1941, 1.

156　Ibid., Štab gerilskih odreda za Liku (letak), 无日期文件，很可能来自 1941 年 8 月，1。

157　Zbornik NOR-a, tom IV, knjiga 1, br. 25, Uputstvo Štaba Prvog bataljona "Sloboda" od 20.
avgusta 1941 god. političkim komesarima odreda za politički rad u jedinicama, August 20,
1941, 65.

158　可参见 Skoko, Pokolji hercegovačkih Srba '41., 290–291.

159　这一点可参见 Jeremy Weinstein, Inside Rebellion: The Politics of Insurgent Violence
(Cambridge: Cambridge University Press, 2007), chap. 4。

第五章 克制的挑战

1 关于这类早期研究，参见 Helen Fein, *Accounting for Genocide: National Responses and Jewish Victimization during the Holocaust* (New York: Free Press, 1979); Leo Kuper, *Genocide: Its Political Use in the Twentieth Century* (New Haven: Yale University Press, 1981); 对较新文献的批评，参见 Scott Straus, "Second-Generation Comparative Research on Genocide," *World Politics* 59, no. 3 (2007): 476–501. 有一个例外的研究中涉及了大规模暴力一触即发、但却没有发生的事例：Manus Midlarsky, *The Killing Trap: Genocide in the Twentieth Century* (Cambridge: Cambridge University Press, 2005)。

2 可参见 Kalyvas, *The Logic of Violence in Civil War; Alexander Downes, Targeting Civilians in War* (Ithaca, NY: Cornell University Press, 2008); James Ron, *Frontiers and Ghettos: State Violence in Serbia and Israel* (Berkeley: University of California Press, 2004); Weinstein, *Inside Rebellion*; Su, *Collective Killings in Rural China*; Dumitru and Johnson, "Constructing Interethnic Conflict and Cooperation"; Kopstein and Wittenberg, "Deadly Communities"。 377

3 有一个对这类研究的批评，在暴力克制的研究日程的形成中可能是一个重要的尝试：Straus, "Retreating from the Brink." 早前有过一个研究预期，对相似情况下大规模暴力发生或未发生的研究的重要性有所认识：Herff, "Genocide as State Terrorism," especially 184。

4 这一点可参见 Straus, *Making and Unmaking Nations*; 以及：Daniel Chirot and Clark McCauley, *Why Not Kill Them All? The Logic and Prevention of Mass Political Murder* (Princeton, NJ: Princeton University Press, 2006), 8; David Laitin, *Nations, States, and Violence* (Oxford: Oxford University Press, 2007), 11; James Fearon and David Laitin, "Explaining Interethnic Cooperation," *American Political Science Review* 90, no. 4 (1996): 715–735。

5 关于这些事件的起义者信息源：Majstorović and Medić, Prve iskre, 47; Jovanić, "Ustanak u južnoj lici 1941. Godine," 130; Mileusnić, "Donji Lapac u ustanku," 394; Milan Majstorović and Mićo Medić, "Doljani u narodnom ustanku," in *Ustanak naroda Jugoslavije 1941. Pišu učesnici, Zbornik, knjiga peta*, ed. Koča Popović (Belgrade: Vojnoizdavački zavod JNA "Vojno delo," 1964), 459–460; 克独国的信息源：VA, Fond NDH, kut. 67, f. 2, dok. 8, Zapisnik sastavljen po izjavi pričuvnog nadporučnika Sabati Dragutina prilikom borbe kod sela Ostrovice（无日期文件，很可能来自 1941 年 8 月），2–4。

6 Majstorović and Medić, *Prve iskre*, 48; 死者、失踪者和伤者数量的克独国信息源：VA, Fond NDH, kut. 67, f. 2, dok. 8, Izkaz poginulih, ranjenih i nestalih časnika, dočasnika i momaka u borbama 18–20. VIII o.g.（无日期文件，很可能来自 1941 年 8 月下旬），1。

7 Majstorović and Medić, *Prve iskre*, 50–51。

8 Vojvodić, "Sjećanje na dogoĐaje u kotaru Donji Lapac od 1940. do 1942. godine," 171。

9 HDA DAKA, Fond RMZDL, kut. 1, Dušan Vojvodić, "Sjećanje na političke i ostale dogaĐaje u kotaru Donji Lapac od 1940. Do 1942. Godine," 29。

10 Damjanović Danić, *Ustanak naroda Hrvatske 1941 u Srbu i okolini*, 202–203。

11 HDA DAKA, Fond RMZDL, kut. 1, Dušan Vojvodić, "Sjećanje na političke i ostale događaje u kotaru Donji Lapac od 1940. do 1942. godine," 29。

12 Damjanović Danić, *Ustanak naroda Hrvatske 1941 u Srbu i okolini*, 202–203.

13 两世界次大战之间的文件显示这个村子有过两个官方名称：塞尔维亚语的塞尔维亚拉希诺瓦茨［Rašinovac srpski］和土耳其拉希诺瓦茨［Rašinovac turski］．可参见 AUSK, Fond Okružnog inspektorata Vrbaske Banovine Bihać, kut. 11, Poglavarstvo Sreza petrovačkog, Spisak svih sela na području ovoga sreza, March 15, 1930, 1. 一项貌似在 20 世纪 30 年代末收集的人口数据说明，塞尔维亚拉希诺瓦茨村有 611 名居民，而土耳其拉希诺瓦茨村有 252 名居民。参见 ARSBL, Fond 9, KBUVB, Opšte odeljenje, aj. 24–25, podaci o selima, 32。

378 14 AJ, Fond 110, DKUZ, f. 588, Inv. br. 14440, Zapisnik sastavljen u Komesarijatu za izbeglice i preseljenike u Beogradu, Latinović Luka iz Rašinovca, June 11, 1943, 1–2（原文用小写字母拼写"穆斯林"）. 起以开始前拉希诺瓦茨的乌斯塔沙暴力，可参见 VA, Fond NDH, kut. 312, f. 1, dok. 55, Kratak pregled masovnih zločina ustaša u 1941. godini, bihaćki okrug, 8; 关于起义爆发后该村的杀戮和盗抢：ABiH, ZKUZ BiH, Srez Bosanski Petrovac, kut. 68, Inv. broj 37012–37017, Prijave, February 10, 1945; ibid., Inv. br. 5712, Zapisnik sastavljen kod NOO Rašinovac, srez Petrovac, okrug Drvar, January 17, 1946, 1; AJ, Fond 110, DKUZ, dos. br. 5105, Srez Bosanski Petrovac, Selo Rašinovac, Inv. br. 56884, Zapisnik sastavljen dana 19. jula 1941. godine u mjestu B. Petrovac, July 19, 1946, 1–2; ibid., Zapisnik br. 2, Mjesni odbor: Tuk Dževar, July 19, 1946, 1–5; 有一份战后共产党的战争罪行委员会认定为乌斯塔沙分子的该村男人名字，共有 17 人：AJ, Fond 110, DKUZ, f. 131, F. br. 6017, Odluka za Ljubomira Kvaternika, Prilog 3, Saučesnici（无日期文件，很可能写于 1946 年或 1947 年），5。

15 Milanko Pećanac, "Suvaja i njeni ljudi u ustaničkim danima," in *Bosanski Petrovac u NOB, Knjiga II*, ed. Čerkez, 86.

16 Ibid.

17 关于非人化在促发暴力中的角色，参见 Zimbardo, *The Lucifer Effect*, 14–16, 298–313。

18 Vukčević, ed., *Zločini*, br. 98, Izvještaj predstojnika kotarske oblasti Bileća Ravnateljstva za javni red i sigurnosti o situaciji na području kotara i čitave Hercegovine za period 11. juni-4. juli 1941. god. sa podacima o pravoslavnom stanovništvu, međusobnim odnosima naroda, zločinima ustaša i uzrocima takvog stanja, 201. 关于貌似是同一起事件的一份记述，参见 Popadić, "Na prostoru Stoca i Bileće," 635。

19 Polovina, "Sjećanja na početni period narodnog ustanka u Lici," 788.

20 Popadić, "Na prostoru Stoca i Bileće," 639–640.

21 Ibid., 644.

22 Pervan, "Ljudi i događaji fatničkog kraja," 776.

23 关于这些杀人事件，参见 Danilović, "Ustanak u Hercegovini," 28。

24 关于比耶拉伊战前的社群间关系和当地穆斯林青年与该地区起义指挥官建立联系的行动，参见 Ahmet Hromadić, "Selo Bjelaj," in *Bosanski Petrovac u NOB, Knjiga II*, ed. Čerkez, 494–497; Filip Đukić-Pilja, "Bjelajčani u ustanku," in ibid., 502–504; Rade Kovačević, "Na zajedničkom djelu," in ibid., 573–578; Mićo Rakić, "Rad SKOJ-a u Bosanskom Petrovcu," in *Ustanak naroda Jugoslavije 1941. Pišu učesnici, knjiga treća*, ed. Koča Popović (Belgrade: Vojnoizdavački zavod JNA "Vojno delo," 1963), 368; 关于当地乌斯塔沙分子：

ABiH, Fond ZKUZ BiH, Srez Bosanski Petrovac, kut. 65, Zapisnik br. 15, Mjesni odbor: Bjelaj, 1。

25 VA, Fond NOV, kut. 1997, f. 8, dok. 4, Drago Đukić, "Pripreme ustanka, ustanak i borbe 1941. godine u bosansko-petrovačkom srezu"（无日期文件，很可能写于 20 世纪 50 年代初），12（原文用小写字母拼写"穆斯林"）。

26 引言参见 ibid., 13; 关于这次会议：Rakić, "Rad SKOJ-a u Bosanskom Petrovcu," 374; 关于   379
战前比耶拉伊当地穆斯林百姓和共产党的关系，参见 VA, Fond NOV, kut. 1997, f. 8, dok. 6, Jovo Kecman, "Podaci o organizacionom stanju Partijske organizacije prije rata na srezu Bosansko Petrovačkom," May 24, 1951, 3。有一位青年活动分子马哈茂德·易卜拉欣帕希奇最终被克独国当局逮捕并以"传播共产主义、无政府主义、恐怖主义"、以及加入图谋推翻国家的组织（即共产党）的罪名审判，参见 HDA, Fond 493, Sudovi oružanih snaga Nezavisne Države Hrvatske, Optužnica Ibrahimpašić Mahmuta, October 16, 1941, 1–4。

27 VA, Fond NOV, kut. 1997, f. 8, dok. 4, Drago Đukić, "Pripreme ustanka, ustanak i borbe 1941. Godine u bosansko-petrovačkom srezu"（无日期文件，很可能写于 20 世纪 50 年代初），36.

28 Pilipović, *Romori vrtočke prošlosti*, 168; 关于比耶拉伊村民和起义者之间的结盟，参见 Zorić, Drvar u ustanku 1941., 120–121。

29 战后国家安全部门的调查发现，波斯尼亚杜比察地区的乌斯塔沙分子不到七十人，参见 VA, Fond SUP BiH, Film 3, Predmet: istorijat ustaškog pokreta na terenu sreza Bosanska Dubica, 2. 关于该地区的乌斯塔沙暴力，参见 VA, Fond NOV, kut. 1997, f. 1, dok. 3, Bosanska Dubica, Stenografske beleške, July 4, 1951, 3–4; kut. 1997, f. 1, dok. 7, Bosanska Dubica, Podaci o radu i razvitku partiskih organizacija i narodne vlasti na terenu sreza Bosanska Dubica u periodu od 1941. do 1944. godine, 2. 该地区一群东正教徒村民给克独国当局写信，表示一些"背景非常可疑且众所周知"的家伙正在"滥用乌斯塔沙的权威"去盗窃、杀人和强奸。参见 VA, Fond NDH, kut. 1j, f. 2, dok. 15, Pismo Kotarskom predstojništvu u Bosanskoj Dubici, August 8, 1941, 1。

30 ABiH, Fond ZKUZ BiH, Srez Bosanska Dubica, kut. 26, Inv. br. 55899, Zapisnik sastavljen 25. jula 1946. godine u MNO Johova po ZKUZ, July 25, 1946, 1.

31 AJ, Fond 110, DKUZ, f. 487, dos. br. 4673, Bosanska Dubica, Zapisnik 19. jula 1946. godine u Bosanskoj Dubici po ZKUZ, July 19, 1946, 1–2; ABiH, Fond ZKUZ BiH, Srez Bosanska Dubica, kut. 24, Inv. br. 55889, Zapisnik sastavljen 22. jula 1946. godine u Bosanskoj Dubici po ZKUZ, July 22, 1946, 1; ibid., inv. br. 55886, Zapisnik sastavljen 18. jula 1946. godine u Bosanskoj Dubici po ZKUZ, July 22, 1946, 1.

32 ABiH, Fond ZKUZ BiH, Srez Bosanska Dubica, kut. 31, inv. br. 55901, Zapisnik sastavljen 24. jula 1946. godine u kancelariji mjesnog narodnog odbora u Sključanima po ZKUZ, July 24, 1946, 1; ibid., inv. br. 55898, Zapisnik sastavljen 23. jula 1946. godine, u selu Slabinji po ZKUZ, July 23, 1946, 1.

33 Ibid., inv. br. 55898, Zapisnik sastavljen 23. jula 1946. godine, u selu Slabinji po ZKUZ, July 23, 1946, 1（原文用小写字母拼写"穆斯林"）。

34 关于波斯尼亚杜比察地区 1941 年以前的工人运动和共产主义运动的历史，参见 Ahmet Ćelam, "Sindikalna organizacija kožarskih radnika u Bosanskoj Dubici," in *Kozara u Narodnooslobodilačkom ratu. Zapisi i sjećanja, knjiga prva*, ed. Radomir Petković (Belgrade: Vojnoizdavački zavod, 1971), 100–104; Dušan D. Samardžija, *Bosanskodubičko područje u NOR-u i socijalističkoj revoluciji 1941–1945* (Bosanska Dubica: Društveno-političke organizacije i Skupština opštine Bosanska Dubica, 1984), 27–49; VA, Fond NOV, kut. 1997, f. 1, dok. 3, Bosanska Dubica, Stenografske beleške, July 4, 1951, 1。

380   35 Ahmet Ćelam, "U Dubici poslije okupacije," in *Kozara u Narodnooslobodilačkom ratu*, ed. Petković, 193–197.

36 关于从克独国建国到起义爆发之间的当地共产党组织活动，参见 VA, Fond NOV, kut. 1997, f. 1, dok. 1, Grupa za Bosansku Dubicu, O pripremama za ustanak, prikupljanju oružja i o prvim frontovima prema neprijatelju, Stenografske beleške, May 10, 1951, 1–3; ibid., kut. 1997, f. 1, dok. 3, Bosanska Dubica, Stenografske beleške, July 4, 1951, 4–7. 关于克独国就这些群体的报告，见 VA, Fond NDH, kut. 1j, f. 2, dok. 15, 4. Satnija lakog odjela Hrvatske Legije Zapovjedništvu cijele kupne Kopnene vojske, August 14, 1941, 1。

37 AJ, Fond 110, DKUZ, f. 588, Inv. br. 14400, Zapisnik na 15. januara 1944. godine sastavljen u Komesarijatu za izbeglice i preseljenike u Beogradu (izjave od Turudije Sminje, Turudije Vere, Turudije Branka), January 15, 1944, 7–8（原文用小写字母拼写 "穆斯林"）。

38 Boško Šiljegović, "Pripremanje ustanka u dubičkim selima," in *Ratna sećanja aktivista jugoslovenskog revolucionarnog radničkog pokreta, knjiga prva: 1941–1945*, ed. Pero Morača (Belgrade: Kultura, 1961), 350–351. 关于希列戈维奇的信息，参见 ARSBL, Kartoteka ličnosti iz NOR-a; Olga Đurđević-Đukić, ed., Narodni heroji Jugoslavije, Knjiga druga N-Ž (Belgrade: Mladost, 1975), 234–235。

39 Boško Šiljegović, "Kako se pripremio ustanak u dubičkim selima," in *Krajiške brigade* (Ljubljana: Ljudske pravice, 1954), 69–74, here 73–74. 关于这种队伍的迅速成形，参见 VA, Fond NOV, kut. 1997, f. 1, dok. 4, Bosanska Dubica, Stenografske beleške, July 7, 1951, 2。

40 VA, Fond NDH, kut. 1j, f. 2, dok. 15, Ustašama sela Baćina（无日期文件，很可能来自 1941 年 7 月下旬或 8 月上旬），1.

41 Ibid., Pismo Srba seljaka i radnika radnom narodu Hrvatske（无日期文件，很可能来自 1941 年 7 月底或 8 月初），1.

42 关于共产党人努力动员该地区的非塞族人士起来并肩作战，参见 ibid., Zapisnik sastavljen u kancelariji Kotarske Oblasti u Bosanskoj Dubici, sa Bićanićem Petrom iz sela Maglajaca, August 11, 1941, 1。

43 VA, Fond NOV, kut. 1997, f. 1, dok. 6, Bosanska Dubica, Organizaciono stanje komunističke Partije na terenu sreza Bosanske Dubice—pre propasti stare Jugoslavije, posle propasti i u samom narodnom ustanku na ovom srezu（无日期文件，很可能来自 20 世纪 50 年代初），5.

44 VA, Fond NOV, kut. 1997, f. 8, dok, 4, Drago Đukić, "Pripreme ustanka, ustanak i borbe 1941. godine u bosansko-petrovačkom srezu," 37.

45 可参见 Kopstein and Wittenberg, "Deadly Communities."

46 两次世界大战之间波斯尼亚西北部的选举结果分析：Đorđe Mikić, *Političke stranke i*

izbori u Bosanskoj Krajini, 1918–1941 (Banja Luka: Institut za istoriju, 1997). 关于选举结果：*Statistički pregled izbora narodnih poslanika za ustavotvornu skupštinu Kraljevine Srba, Hrvata i Slovenaca, izvršenih na dan 28. novembra 1920. god.* (Belgrade: Deliška tiskarna, 1921); *Statistika izbora narodnih poslanika Kraljevine Srba, Hrvata i Slovenaca 1923* (Belgrade: Državna štamparija Kraljevine Srba, Hrvata i Slovenaca, 1924); *Statistika izbora narodnih poslanika Kraljevine Srba, Hrvata i Slovenaca 1925* (Belgrade: Državna štamparija Kraljevine Srba, Hrvata i Slovenaca, 1926); *Statistika izbora narodnih poslanika Kraljevine Srba, Hrvata i Slovenaca 1927* (Belgrade: Štamparija Vladete Janićijevića, 1928); *Statistika izbora narodnih poslanika za Prvu Jugoslovensku Narodnu Skupštinu održanih 8. novembra 1931. god.* (Belgrade, 1935); *Statistika izbora narodnih poslanika za Narodnu Skupštinu Kraljevine Jugoslavije izvršenih 5. maja 1935. godine* (Belgrade: Štampa državne štamparije Kraljevine Jugoslavije, 1938)。

47　关于暴力在迅速重塑人类行为和身份认同中的角色，可参见 Das, "Collective Violence and the Shifting Categories of Communal Riots, Ethnic Cleansing, and Genocide," 108–109。　381

48　关于"战争内部机制"的重要性，参见 Bacells, "Rivalry and Revenge," 308; Wood, "The Social Processes of Civil War"。

49　HDA, Fond 1450, MINORS, D-2121, Stožer Hrvatske Legije Zapovjedniku Hrvatske kopnene vojske, Izvještaj o stanju, August 5, 1941, 1.

50　Ibid.

51　Ibid., 3 Satnije 3 Pješačke Pukovnije, Podnosi detaljan izviještaj o radu 3 Satnije u Bosanskoj Dubici, August 2, 1941, 1–4 (quote is from 3); 可参见 VA, kut. 169, f. 6, dok. 19, Ravnateljstvo Ustaškog Redarstva Banja Luka Ravnateljstvu Ustaškog Redarstva, Detaljni izvještaj o radu III Satnije u Bosanskoj Dubici, August 10, 1941, 1–2.

52　AMUSK, Prijepisi originalnih dokumenata iz AHRP, Glavni Stožer VojskovoĐe VojskovoĐi i Ministru Domobranstva, Predmet: ugušenje pobune u Bosni i Lici, Veoma žurno-tajno, August 6, 1941, 1–3.

53　Ibid., 3.

54　Vukčević, ed., *Zločini*, br. 219, Izveštaj Krilnog oružničkog zapovjedništva Gospić od 16. avgusta 1941. Zapovjedništvu 1. Hrvatske oružničke pukovnije o prilikama na području krila sa podacima o ubijanju, paljenju i pljački srpskog življa od strane ustaša, August 16, 1941, 526.

55　VA, Fond NDH, kut. 152, f. 4, dok. 22, Zapovjedništvo 3. Hrvatske oružničke pukovnije Ravnateljstvu za javni red i sigurnost, Izvješće o stanju komunističko-četničke akcije na području krila, Gospić, August 19, 1941, 2.

56　Ibid., kut. 84, f. 3, dok. 21, Zapovjedništvo kopnene vojske Zapovjedništvu vojske i Ministarstvu Domobranstva, Izvještaj o vanjskoj i unutarnjoj situaciji za treću deseticu (21.–30. lipnja 1941.), June 30, 1941, 9.

57　HDA, Fond 1450, MINORS NDH, D-2174, Ministarstvo hrvatskog domobranstva, Glavni stožer, September 18, 1941, 2.

58　该命令下达于 1941 年 8 月 7 日，来自 the Ministarstvo Hrvatskog domobranstva (Glavni stožer)。可参见 VA, Fond NDH, kut. 143a, f. 2, dok. 44, Vrhovno oružničko zapovjedništvo Zapovjedništvu 1., 2., 3. i 4. Hrvatske oružničke pukovnije, August 8, 1941。

59 Ibid., kut. 143a, f. 2, dok. 47, Zapovjedništvo Vojne krajine (Vojni odjel) Zapovjedništvu 4. oružničke pukovnije, August 12, 1941, 1.

60 Ibid., kut. 67, f. 2, dok. 20, Lićki zdrug, Zapovied Poglavnika, August 23, 1941, 1.

61 Ibid., Fond NOV, kut. 2000, f. 2, dok. 4, Savo Popović, "O borbi i radu partijske organizacije na bihaćkom srezu 1941. i 1942. godine," (无日期文件，很可能写于 20 世纪 50 年代初), 8.

62 Ibid., Fond NDH, kut. 195, f. 10, dok. 28, Velika župa Krbava i Psat, Redarstveno ravnateljstvo (Bihać) Ravnateljstvu za javni mir i sigurnost (Zagreb), August 21, 1941, 2.

63 Vukčević, ed., Zločini, br. 220, Izveštaj Zapovjednika letećeg odreda u Humu od 16. avgusta 1941. Zapovjedniku jadranskog divizijskog područja o pokolju i bacanju u jame pravoslavaca u selima Čavaš, Poljice i Š urmanci, August 16, 1941, 530.

64 Zbornik NOR-a, tom V, knjiga 1, br. 132, Izvještaj Zapovjedništva Prve hrvatske oružničke pukovnije od 16. kolovoza 1941. god. o zločinima ustaša i akcijama partizana u Kordunu, August 16, 1941, 343.

65 Vukčević, ed., Zločini, br. 246, Pritužba Hrvata iz Bosanskog Broda od 28. avgusta 1941. Velikom županu Župe Posave o zločinima ustaša nad nevinim ljudima u okolini Bosanskog Broda i molba da se tome stane na put, August 28, 1941, 587–588.

66 VA, Fond NDH, kut. 150a, f. 2, dok. 41, Zapovjedništvo 3. Hrvatske oružničke pukovnije Zapovjedništvu 1. Hrvatske oružničke pukovnije, Izvješće o stanju na području krila u vezi sa izvještajnom službom, August 16, 1941, 2.

67 Odić, "Julski dani 1941. na unskoj pruzi," 213–215.

68 可参见 Valentino, Final Solutions; Weitz, a Century of Genocide; Jacques Sémelin, Purify and Destroy: The Political Uses of Massacre and Genocide (New York: Columbia University Press, 2007).

69 一位在 1941 年 7—8 月从下拉帕茨先后逃到博里切瓦茨和比哈奇的克独国官员的证词 : VA, Fond NDH, kut. 86, f. 4, dok. 3, Saslušanje Oružničkog narednika Antona Leševića, sa službom na oružničkoj postaji Donji Lapac, krilnog oružničkog zapovjedništva Gospić, povodom četničke akcije u području kotara Donji Lapac, August 28, 1941, 1–2。

70 1941 年 7–8 月间，当地起义者每一次袭击事件后的武装都越来越好，人数也越来越多，可参见 Pilipović, "Borba Cvjetnićana na petrovačkom području," 593; 克独国对包围库伦瓦库夫的起义者数量的估算 : VA, Fond NDH, kut. 67, f. 2, dok. 8, Lićki zdrug Ministarstvu domobranstvu—Glavni stožer, August 21, 1941, 2。

71 VA, Fond NDH, kut. 157, f. 16, dok. 6, Izvještaj Jura Pavičića na zahtjev Gosp. Velikog Župana Kvaternik, August 13, 1941, 1. 关于塞族农村的食物和其他物品被劫掠的情况 : Odić, "Julski dani 1941. na unskoj pruzi," 213。

72 HDA, Fond 1450, MINORS NDH, D-2122, Situacija na dan 4. rujna i u noći 4./5. rujna 1941. godine, September 5, 1941, 2.

73 Pero Pilipović, "Organizacija ustanka u Cvjetniću i okolnim selima," in Drvar, 1941–1945.,

knjiga 2, ed. Morača, 288.

74 ARSBL, Fond 328, Zbirka dokumenata VII JNA (Bosanska Krajina), MUP RAVSIGUR NDH, Izvješće o stanju do 1.IX.1941. godine u 8 sati, September 1, 1941, 1.

75 *Novi list*, "Jedan čas s postradalima iz Bihaća," September 22, 1941, 5.

76 VA, Fond NDH, kut. 2, f. 1, dok. 1, Brzojavka, Zapovjedništvo Vrbaskog divizijskog područja Bosanski Petrovac Ministarstvu domobranstva, Glavni Stožer, Zagreb, 1; 关于库伦瓦库夫军队的糟糕状况，参见 HDA, Fond 1450, MINORS NDH, D-2121, Situacija u toku 28. i u noći 28./29. kolovoza 1941. godine, August 29, 1941, 2。

77 HDA, Fond 1450, MINORS NDH, D-2121, Situacija na dan 22. kolovoza i u toku noći 22./23. kolovoza, August 23, 1941, 1.

78 HDA, Fond 248, MINORS NDH, kut. 7, Situacija na dan 20. kolovoza i u toku noći 20/21. kolovoza, August 21, 1941, 1.

79 HDA, Fond 1450, MINORS NDH, D-2122, Situacija na dan 5. rujna i u toku noći 5./6. rujna 1941. godine, September 7, 1941, 2.

80 VA.Fond NDH, kut. 157, f. 16, dok. 6, Izvještaj Jura Pavičića na zahtjev Gosp. Velikog Župana Kvaternika, August 13, 1941, 1. 383

81 Ibid., kut. 152, f. 4, dok. 55, Zapovjedništvo 3. Hrvatske oružničke pukovnije Ravnateljstvu za javni red i sigurnost, Izvješće o komunističko-četničkoj akciji na području krila Gospić, September 4, 1941, 2.

82 Ibid., kut. 152, f. 18, dok. 3, Velika Župa Dubrava Ministarstvu unutarnjih poslova (Upravni odjel); Obćem upravnom povjereništvu kod II armate talijanske vojske, Predmet: Podatci o četničkim stražama i o ponovnu odlasku graĐana u odmetništvo, October 9, 1941, 1.

83 Ibid., kut. 86, f. 4, dok. 13, Zapovjedništvo I. Hrvatske oružničke pukovnije Vrhovnom oružničkom zapovjedništvu, Izvješće o komunističko-četničkoj akciji na području krila Gospić, September 5, 1941, 2.

84 Ibid., kut. 152a, f. 4, dok. 53, Velika župa Krbava i Psat, Redarstveno ravnateljstvo Bihać Ravnateljstvu za javni red i sigurnost, August 29, 1941,4.

85 波斯尼亚西北部的克独国政府尝试过募捐，以支援黑塞哥维那起义者袭击事件中的穆斯林幸存者，可参见 *Hrvatska Krajina*, "Banjalučki muslimani poveli su sabirnu akciju za hercegovačke muslimane koji su stradali od srpskih četnika," July 23, 1941, 4。

86 VA, Fond NDH, kut. 152a, f. 4, dok. 53, Velika župa Krbava i Psat, Redarstveno ravnateljstvo Bihać Ravnateljstvu za javni red i sigurnost, August 29, 1941, 4. 可参见一位克独国宪兵队队长的报告，他和天主教难民一起从博里切瓦茨逃到库伦瓦库夫、最后又逃到比哈奇：HDA, Fond 1450, MINORS NDH, D-2188, Saslušanje oružničkog narednika Antona Leševića, sa službom na oružničkoj postaji Donji Lapac, krilnog oružničkog zapovjedništva Gospić, povodom četničke akcije u području kotara Donji Lapac, August 28, 1941, 1–2。

87 Polovina, *Svedočenje*, 84.

88 Ibid., 85; 关于这些保卫自家村子免遭起义者打击而不属于乌斯塔沙的穆斯林，参见 Rasim Hurem, "Samo su branili svoja sela," *Ogledalo* 1, no. 2 (December 1990): 32。

89 Polovina, *Svedočenje*, 85.

90 Jovanić, *Ratna sjećanja*, 124. 关于丘科维战役残酷性质的总体信息，参见 Abdulah Sarajlić and Dragutin Strunjaš, "Prvi dani ustanka u Drvaru i okolini," in *Godišnjak istorijskog društva Bosne i Hercegovine*, Godina II, Sarajevo, 1950, 15; *Zbornik NOR-a, tom V, knjiga I*, br. 42, "Izvještaj štaba gerilskih odreda za Liku koncem rujna 1941. god. Štabu drvarske brigade o vojno-političkoj situaciji, 无日期, 很可能写于 1941 年 9 月 15 日, 132。

91 LAEB, Bibanović, "Kulen Vakuf," 85; 关于起义者在 Ćukovi 和 Orašac 杀人全家的克独国报告，参见 HDA, MINORS, D-2177, Dnevno izvješće o važnijim događajima, prema podatcima oružništva za dan 10. rujna 1941. godine, September 10, 1941, 2。

92 LAEB, Bibanović, "Kulen Vakuf," 86.

93 Ibid., 86–87.

94 Lukač, *Ustanak u Bosanskoj Krajini*, 181.

95 *Zbornik NOR-a, tom V, knjiga 1*, br. 39, Zapisnik sa sastanka delegata Like od 21. rujna 1941. godine, September 21, 1941, 125.

96 VA, Fond NDH, kut. 2, f. 1, dok. 5, Situacija na dan 5. rujna i u toku noći 5./6. rujna 1941. godine, September 6, 1941, 4; 另可参见 ibid., kut. 61a, f. 15, dok. 42, Dnevno izvješće o važnijim događajima, prema podatcima oružništva za dan 10. rujna 1941. godine, September 10, 1941, 2。

97 HDA DAKA, Fond RMZDL, Radovi za hronike sela (neobjavljeno), Milan Štikovac, "Neki detalji iz NOB-e, Dobroselo," 2.

98 LAEB, Bibanović, "Kulen Vakuf," 87.

99 VA, Fond NDH, kut. 156, f. 1, dok. 11, Velika župa Sana i Luka Ravnateljstvu za javni red i sigurnost, September 25, 1941, 2.

100 LAEB, Bibanović, "Kulen Vakuf," 89.

101 VA, Fond NDH, kut. 143, f. 2, dok. 39, Zapovjedništvo 3. Oružničke pukovnije Zapovjedništvu 4. oružničke pukovnije, September 8, 1941, 3.

102 Ibid., kut. 152a, f. 11a, dok. 27, Zapovjedništvo 3. Hrvatske oružničke pukovnije Ravnateljstvu za javni red i sigurnost, Izvješće o četničkoj akciji, September 3, 1941, 1.

103 Fond 248, MINORS NDH, kut. 7, Izvješće o stanju do 3.IX.1941. godine u 8 sati, September 3, 1941, 1; 另参见 Fond 1450, MINORS NDH, D-2251, Izvješće o četničkoj akciji Vrhovnom oružničkom zapovijedništvu, September 3, 1941; *Zbornik NOR-a, tom IV, knjiga 1*, br. 73, Izvještaj Štaba Prvog bataljona "Sloboda" od 1. septembra 1941. god. Štabu drvarske brigade o rezultatima borbi na sektoru Krnjeuša—Bos. Petrovac—Bravski Vaganac, September 1, 1941, 162; ibid., br. 79, Naredba Štaba Prvog bataljona "Sloboda" od 2. septembra 1941. god. komandama jelašinovačkog i trećeg gerilskog odreda o načinu raspodjele zaplijenjenog ratnog materijala i obavještenje o rezultatima borbi četvrtog i petog odreda, September 2, 1941, 182; ibid., br. 87, Članak iz "Gerilca" br. 6 od 6. septembra 1941. god. o uspješnom napadu na neprijateljski logor kod Vrtoča, September 6, 1941, 198; ibid., br. 301, Izvještaj Oružničkog krila Bosanski Petrovac od 2. septembra 1941. god. o

384

napadu na domobranske garizone u Krnjeuši i Vrtoču, September 2, 1941, 664–667。

104 Mušeta, "Kulen Vakuf," 19; 与阿巴斯的·穆舍塔的访谈，July 8, 2012, Crikvenica; 有一位幸存者做证说他在一处屠杀现场看到了穆罕默德·穆舍塔，参见 DAKA, Fond RMZDL, kut. 4, Originali, Milan Obradović, "Zločini na kotaru Donji Lapac od 1941. do 1945. godine," 22; 另可参见 Čučak, Nebljusi u Narodnooslobodilačkom ratu i revoluciji, 35–39。

105 HDA, Fond 1220, Centralni komitet (CK) Komunističke Partije Hrvatske (KPH), KP-3/8, 1.

106 他的传记信息参见 Đurđević-Đukić, ed., Narodni heroji Jugoslavije, Knjiga druga N-Ž, 38–39。

107 Zbornik NOR-a, tom V, knjiga 1, br. 22, Uputstvo delegata Centralnog komiteta KPH početkom rujna 1941. god. o organizaciji i zadacima partizanskih odreda, 74–75. 奥雷什科维奇-克尔恩蒂亚后来于 1941 年 10 月被起义者杀害，具体情况至今不明。关于他的死亡可参见 ibid., br. 77, Proglas Okružnog komiteta KPH za Liku koncem listopada 1941. god. Povodom mučkog ubistva narodnog heroja Marka Oreškovic-Krntije, 233–235。

108 Zbornik NOR-a, tom IV, knjiga 1, br. 98, Izvještaj Oblasnog Štaba za Hercegovinu i Lepe Perović od septembra 1941. god. Štabu NOP odreda za Bosnu I Hercegovinu o vojno-političkoj situaciji u Hercegovini, September 1941, 222.

109 Ibid., 7, Izvještaj Sekretara Oblasnog komiteta KPJ za Bosansku krajinu od 12. avgusta 1941. god. Pokrajinskom komitetu KPJ za Bosnu i Hercegovinu o borbama u Bosanskoj krajini i o stanju partiske organizacije u Banjoj Luci i drugim gradovima, August 12, 1941, 27.

110 Polovina, Svedočenje, 86.

111 Ibid; 关于投降的尝试，另可参见 Zbornik NOR-a, tom V, knjiga 1, br.42, Izvještaj Štaba gerilskih odreda za Liku koncem rujna 1941. god. Štabu drvarske brigade o vojno-političkoj situaciji, 133。

385

第六章 48小时

1 Bibanović, "Kulenvakufski komunis0ti u radničkom pokretu i ustanku," 446; LAEB, Bibanović, "Kulen Vakuf," 90; 与 Abas Mušeta 的访谈，July 8, 2012, Crikvenica; 另可参见 VA, Fond NDH, kut. 61a, f. 15, dok. 44, Dnevno izvješće o važnijim dogoĐajima, prema podatcima oružništva za dan 16. rujna 1941. godine, September 16, 1941, 1。

2 ARSBL, Fond 9, KBUVB, Upravno odeljenje II, aj. 11, Ispostava Srezabosanskog-petrovačkog u Kulen Vakufu Kraljevskoj banskoj upravi, II odeljenja Banja Luka, Predmet: proslava rođendana nj. v. Kralja, September 7, 1938, 1.

3 AJ, Fond 110, DKUZ, f. 230, F. broj 24047, Matijević, Miro, April 29, 1947, 1.

4 LAEB, Esad Bibanović, "Kulen Vakuf i okolina kroz istoriju" (unpub. Ms., 私人收藏，萨拉热窝), 264.

5 Ibid., Bibanović, "Kulen Vakuf," 91.

6 与 Abas Mušeta 的访谈，July 8, 2012, Crikvenica。

7   VA, Fond NOV, kut. 2000, f. 2, dok. 4, Srez Bihać, Period od okupacije do kraja 1941. godine, Stenografske beleške, June 9, 1951, 13（原文用小写字母拼写"穆斯林"）.

8   Pilipović, *Romori vrtočke prošlosti*, 188.

9   HDA, Fond 1450, MINORS NDH, D-2122, Situacija na dan 5. Rujna i u toku noći 5./6. Rujna 1941. Godine, September 7, 1941, 4–5; LAEB, Bibanović, "Kulen Vakuf," 比哈奇的克独国政府最初在报告中表示，离开库伦瓦库夫的人里有"约 3,500 人失踪"，且"其命运不得而知"，参见 VA, Fond NDH, kut. 61a, f. 15, dok. 44, Dnevno izvješće o važnijim dogoĐajima, prema podatcima oružništva za dan 16. Rujna 1941. godine, September 16, 1941, 1。

10 在道路上失去父母的孩子们的证词，可参见 *Novi list*, "Plač i pjesma, krikovi i smijeh, izvijaju se iz grudi nejake dječice, koja su vidjela najveće zlo što ih je mogla stići," September 30, 1941, 8; *Hrvatski narod*, "Još dvije stotine djece žrtava komunističko-četničkih bandi," September 30, 1941, 9。

11 *Hrvatski narod*, "Djeca iz Bosne i Like o zločinima četnika i komunista," September 15, 1941, 5; LAEB, Bibanović, "Kulen Vakuf," 97; 与德尔维什·德尔维舍维奇的访谈，October 1 and 5, 2008, Klisa。

12 Mušeta, "Kulen Vakuf," 46–47.

13 关于道路上的这些枪击事件，参见 *Zbornik NOR-a, tom IV, knjiga 1*, br. 114, Izvještaj Štaba partizanskih odreda u Brdu Oraškom drvarske brigade od 9. Septembra 1941. God. O borbama za osloboĐenje Kulen Vakufa, September 9, 1941, 253–254；Dedijer and Miletić, *Genocid nad Muslimanima*, Komanda 3. Žandarmerijske pukovnije Banja Luka Vrhovnoj komandi Žandarmerije NDH Zagreb, September 12, 1941, 66；Nikica Pilipović, "Vrtoče u ustanku 1941.," in *Ustanak naroda Jugoslavije 1941. Pišu učesnici, Zbornik, knjiga četvrta*, ed. Koča Popović (Belgrade : Vojnoizdavački zavod JNA "Vojno delo," 1964), 869。

14 穆约·德尔维舍维奇的证词见 Ibrahim Kajan, "Pakao Vakuf Golubnjača," *Ogledalo*, godina 1, no.2 (prosinac/decembar 1990): 26. 其他幸存者报告说，曾看到活着的婴儿想要从死去母亲的胸部喝奶。与穆拉特·穆舍塔的访谈，September 27, 2008, Kulen Vakuf. 另可参见 Mušeta, "Kulen Vakuf," 46–47。

15 *Zbornik NOR-a, tom IV, knjiga 1*, br. 114, Izvještaj Štaba partizanskih odreda u Brdu Oraškom drvarske brigade od 9. septembra 1941. god. o borbama za osloboĐenje Kulen Vakufa, September 9, 1941, 253–254.

16 Pilipović, "Borba Cvjetnićana na petrovačkom području," 601.

17 例子可参见 LAEB, Bibanović, "Kulen Vakuf," 97; 克独国方面的来源可参见 Komanda 3. Žandarmerijske pukovnije Banja Luka o pokolju Muslimanima Kulen Vakufa, 12. rujna 1941., in Tucakovic, *Srpski zločini nad Bošnjacima-Muslimanima*, 194–196; 克利萨村和奥斯特罗维察村的 25 位多半是在普尔科西和乔夫卡附近的道路上遇害的男人、女人和小孩的名字，可参见 AJ, Fond 110, DKUZ, kut. 531, dos. br. 5361, Zapisnik br. 10, Mjesni odbor: Kalati, August 5, 1946, 7。

18 Sava Mileusnić, "Donji Lapac u ustanku," 396.

19 *Zbornik NOR-a, tom V, knjiga 1*, br. 42, Izvještaj Štaba gerilskih odreda za Liku koncem rujna 1941. god. Štabu drvarske brigade o vojno-političkoj situaciji, 133.

386

20 战斗结束后，手无寸铁的平民仍然持续遭到枪击，参见 Komanda 3. Žandarmerijske pukovnije Banja Luka Vrhovnoj komandi Žandarmerije NDH Zagreb, September 12, 1941, in Dedijer and Miletić, *Genocid nad Muslimanima*, 66。

21 关于尼古拉·卡拉诺维奇参与了下达处决令，参见 LAEB, Bibanović, Radni materijal za knjigu "Kulen Vakuf i okolina," 187；关于他的手下、以及布兰科·拉杰诺维奇的手下在道路枪击事件中扮演的角色，参见 *Zbornik NOR-a, tom V, knjiga 1*, br. 42, Izvještaj Štaba gerilskih odreda za Liku koncem rujna 1941. god. Štabu drvarske brigade o vojno-političkoj situaciji, 133；关于马内·罗克维奇在普尔科西村附近出现，以及他在一队稍后被处决的穆斯林男子被带走的事件中扮演的角色，可参见 ABiH, Fond ZKUZ BiH, kut. 88, Srez Drvar, Selo Boričevac, Svjedokinja Kadić Zejna, Mjesni narodni odbor Kulen Vakuf（手写无日期文件，很可能写于 1946 年），1。

22 施伊蒂奇的证词似乎是在 20 世纪 70 年代后期至 80 年代前期由当地历史学家埃萨德·比巴诺维奇记录下来的。

23 希利代迪奇讲了大约 30 个在杜戈波列坑洞处被杀的穆斯林的名字，其中包括父子一起被起义者处死的例子。他最终设法把自己弄了出来："我在那里度过了两天两夜，天上下着雨，我身上只穿着短裤和汗衫。我使尽全力才把自己拽了出来。出发前往比哈奇。离开坑洞没多远，我就碰到了一个（东正教徒）农民，他带着用来烤肉的金属长杆。为了自卫，我捡了两块石头，他就走过去了，什么话都没说。"参见 LAEB, Bibanović, "Kulen Vakuf," 97–98。

24 VA, Fond NOV, kut. 1997, f. 8, dok, 4, Drago Đukić, "Pripreme ustanka, ustanak i borbe 1941. godine u bosansko-petrovačkom srezu," 25.

25 关于斯托扬·马蒂奇的作用，参见 HDA DAKA, Fond 143, Memoarsko gradivo o NOR-u, Lika 2 (LI-2), 30/2010, Sava Mileusnić, "Organizacija i djelatnost KPJ u uslovima Drugog svjetskog rata na kotaru Donji Lapac," 1963, 21。

26 HDA DAKA, Fond RMZDL, Radovi za hronike sela (neobjavljeno), "Bušević u Narodnooslobodilačkoj borbi 1941–1945," 1980, 44.

27 LAEB, Bibanović, "Kulen Vakuf," 98–99; ibid., "Stanovništvo Kulen-Vakufa," 189.

28 Bibanović, "Kulenvakufski komunisti u radničkom pokretu i ustanku," 447.

29 LAEB, Bibanović, "Kulen Vakuf," 91–92.

30 Ibid.

31 Bibanović, "Kulenvakufski komunisti u radničkom pokretu i ustanku," 447；关于这起事件，另可参见 Kosta Nađ, "Iz ratnih dana," in *Četrdeset godina. Zbornik sećanja aktivista jugoslovenskog revolucionarnog radničkog pokreta, 1941–1945, knjiga 5*, ed. Pero Morača (Belgrade: Kultura, 1961), 318。

32 Jovanić, *Ratna sjećanja*, 125.

33 Grbić, "Cvjetnićka četa," 358; Reljić, "Martin Brod 1941. godine," 403；佩塔尔·吉拉斯的传记信息参见 VA, Sekretarijat unutarnjih poslova Socijalističke Republike Hrvatske［hereafter SUP SRH］, Otsjek zaštite naroda za Liku I., br. 2, Četnička-vojno politička organizacija u Lici, January 9, 1945, 5。

387

34 Jovanić, *Ratna sjećanja*, 125.

35 LAEB, Bibanović, "Kulen Vakuf," 100.

36 关于斯蒂潘·科瓦切维奇跟当地乌斯塔沙小组的所谓纠葛，可参见 AJ, Fond DKUZ, kut. 817, Okružni sud Bihać, Pojedinačne optužnice i presude, 1946, dos. br. 817–320, Javno tužœioštvo za Okrug Bihać, Krivični predmet protiv Burzić Avde, May 27, 1946, 1; 关于他和雅科夫·马尔科维诺维奇被杀的情况，参见 LAEB, Bibanović, "Kulen Vakuf," 100–101。

37 关于贝乔·迈哈季奇被斩首的情况, 参见 LAEB, Bibanović, "Kulen Vakuf," 100–101; 关于桥上的十个左右男人被杀的情况，参见 ABiH, Fond ZKUZ BiH, kut. 88, Svjedočenje Altića Aijše i Kadića Zejne（手写无日期文件，很可能写于 1946 年）。

38 LAEB, Bibanović, "Kulen Vakuf," 99.

39 HDA DAKA, Fond RMZDL, kut. 3 (originali), Marko Šašić, "Lapački bataljon Stojan Matić"（无日期文件，很可能写于 20 世纪 70 年代后期或 80 年代早期）, 5; 关于斯托杨·马蒂奇离开的情况，参见 ibid., Fond 143, Memoarsko gradivo o NOR-u, Lika 2 (LI-2), 30/2010, Sava Mileusnić, "Organizacija i djelatnost KPJ u uslovima Drugog svjetskog rata na kotaru Donji Lapac," 1963, 21; 关于戈伊科·波洛维纳组织一队起义者离开库伦瓦库夫去打击邻村内布柳西的克独国军队的情况，参见 Polovina, *Svedočenje*, 352–353。

40 Polovina, *Svedočenje*, 86–87.

41 关于1941年9月6日起义者强行进入客栈和抢劫商店的情况,参见 *Zbornik NOR-a, tom V, knjiga 1*, br. 42, Izvještaj Štaba gerilskih odreda za Liku koncem rujna 1941. god. Štabu drvarske brigade o vojno-političkoj situaciji, 无日期，很可能写于 1941 年 9 月 15 日或相邻日期, 134; 另可参见 Danilo Damjanović-Danić, "Pad Kulen Vakufa," in *Bosanski Petrovac u NOB, Knjiga I*, ed. Čerkez, 666。

42 关于镇子被烧的情况，参见 *Zbornik NOR-a, tom IV, knjiga 1*, br. 106, Naređenje Štaba prvog bataljona "Sloboda" od 8. septembra 1941. god. Komandama četvrtog odreda, odreda u Boboljuskama, Velikom i Malom Cvjetniću i Osredcima za raspored snaga, September 8, 1941, 237; ibid., br. 114, Izvještaj Štaba partizanskih odreda u Brdu Oraškom drvarske brigade od 9. septembra 1941. god. o borbama za osloboĐenje Kulen Vakufa, September 9, 1941, A€254。

43 关于 7 月的这些杀人事件，参见 Odić, "Julski dani 1941. na unskoj pruzi," 213–214。

44 Karanović, "Sadjejstvo sa ličkim ustanicima," 413. 关于这些尸体被掘出的情况，以及人们对此的反应，参见 Lukač, *Ustanak u Bosanskoj Krajini*, 191–192; *Zbornik NOR-a, tom V, knjiga 1*, br. 42, Izvještaj Štaba gerilskih odreda za Liku koncem rujna 1941. god. Štabu drvarske brigade o vojno-političkoj situaciji, 无日期，很可能写于 1941 年 9 月 15 日或相邻日期, 134; 另可参见 ibid., br. 39, Zapisnik sa sastanka vojnih delegata Like od 21. rujna 1941. godine, September 21, 1941, 125。

45 Vukčević, ed., *Zločini*, br. 332, Izveštaj Kotarske oblasti u Glamoču od 18. oktobra 1941. o pomoći italijanskih vojnih vlasti srpskom življu u prenošenju leševa ubijenih pravoslavaca bačenih u jame, October 16, 1941, 828–829.

46 Plećaš-Nitonja, *Požar u Krajini*, 87.

388

47 Radošević, "Vrtoče u ustanku," 472.

48 Karanović, "Sadjejstvo sa ličkim ustanicima," 413.

49 *Zbornik NOR-a, tom V, knjiga 1*, br. 42, Izvještaj Štaba gerilskih odreda za Liku koncem rujna 1941. god. Štabu drvarske brigade o vojno-političkoj situaciji, 无日期，很可能写于 1941 年 9 月 15 日或相邻日期，134。

50 关于 1941 年乌克兰的这种机制，参见 Redlich, *Together and Apart in Brzezany*, 105–107; Omer Bartov, "White Spaces and Black Holes," in *The Shoah in Ukraine: history, testimony, memorialization*, ed. Ray Brandon and Wendy Lower (Bloomington: Indiana University Press, 2008), 318–353; Timothy Snyder, "The Life and Death West Volhyinian Jewry, 1921–1945, in *The Shoah in Ukraine*, ed. Brandon and Lower, 91; Lower, "Pogroms, Mob Violence and Genocide in Western Ukraine, Summer 1941," 221。

51 LAEB, Bibanović, "Kulen Vakuf," 103.

52 Jovanić, *Ratna sjećanja*, 128.

53 关于杀戮的这一阶段，参见 LAEB, Bibanović, "Kulen Vakuf," 100–101; 另可参见 ABiH, Fond ZKUZ BiH, kut. 88, Svjedočenje Altića Aijše i Kadića Zejne（无日期文件，很可能写于 1946 年夏天）。

54 LAEB, Bibanović, "Kulen Vakuf," 103; ibid., "Stanovništvo Kulen-Vakufa," 195.

55 Randall Collins, *Violence: A Micro-sociological Theory* (Princeton, N.J.: Princeton University Press, 2008), 94.

56 Frijda, "The Lex Talionis," 279.

57 Collins, *Violence*, 121; 关于"进攻性恐慌"机制的概述，参见 chapter 3 in ibid.

58 Polovina, *Svedočenje*, 91.

59 Ibid.

60 哈娜·什特尔克列维奇的证词，参见 LAEB, Bibanović, "Kulen Vakuf," 101。

61 Halil Puškar, *Krajiški pečat* (Istanbul, s.n., 1996), 97.

62 乌纳河发生的这种先杀死自己孩子再自杀的情况，在克独国其他遭受起义者袭击的地点（如黑塞哥维那）也有记录，例子可参见 *Novi list*, "Grozna nedjela razbješnjelih četničko-komunističkih bandi nad mirnim i golorukim Hrvatima muslimanima u stolačkom kotaru," September 10, 1941, 5。

63 与穆约·德米罗维奇的访谈, September 30, 2008, Bihać; 与穆拉特·穆鲁塔的访谈, September 27, 2008, Kulen Vakuf; Mehmed Štrkljević, September 28, 2008, Kulen Vakuf; 另可参见 Demirović, *Bosna i Bošnjaci u srpskoj politici*, 274; 关于这些事件里死去的 13 个女人和小孩（年龄在 4—49 岁之间）的不完整名单，参见 AJ, Fond 110, DKUZ, kut. 531, dos. br. 5361, Zapisnik br. 10, Mjesni odbor: Kalati, August 5, 1946, 7。

64 与阿迪尔·库伦诺维奇（Adil Kulenović）的访谈, November 7, 2006, Sarajevo; 与不具名信息提供者的访谈, September 24, 2008。

65 与贝乔·佩赫利万诺维奇的访谈, October 3, 2008, Bihać。

66 *Hrvatski narod*, "Hrvatska se pobrinula za djecu čiji su roditelji postradali u borbi s

389

četnicima," September 22, 1941, 4.

67　Kurtagić, *Zapisi o Kulen Vakufu*, 32; Mušeta, "Kulen Vakuf," 48. 有些回忆录证据显示，起义者曾抓走并轮奸过女孩，其中前穆斯林地主家庭出身的女孩首当其冲。参见 LAEB, Bibanović, "Stanovništvo Kulen-Vakufa," 290。

68　*Zbornik NOR-a, tom V, knjiga 1*, br. 42, Izvještaj Štaba gerilskih odreda za Liku koncem rujna 1941. god. Štabu drvarske brigade o vojno-političkoj situaciji, 134.

69　Frijda, "The Lex Talionis," 279.

70　Kajan, "Pakao Vakuf Golubnjača," 26.

71　*Novi list*, "Jedan čas s postradalima iz Bihaća," September 22, 1941, 5.

72　LAEB, Bibanović, "Stanovništvo Kulen-Vakufa," 195.

73　Jovanić, *Ratna sjećanja*, 127.

74　Plećaš-Nitonja, *Požar u Krajini*, 87.

75　关于这些案例，参见 Horowitz, *The Deadly Ethnic Riot*, 114–115; 关于美国内战中的游击战士复仇后感到愉悦和欢乐的案例，参见 Fellman, *Inside War*, 186; 关于暴力和欢腾，参见 Oskar Verkaaik, "Fun and Violence. Ethnocide and the effervescence of collective aggression," *Social Anthropology* 11, no. 1 (2003): 3–22。

76　参见 Collins, *Violence*, chap. 3。

77　关于这些家庭的不完整名单，参见 Husejn Altić, "Bivši Kulen Vakuf," *Narodna uzdanica Književni zbornik za godinu 1943*, god. XI (Sarajevo: Narodna uzdanica, 1942), 15–19; 幸存儿童目击全家被屠灭后的证词，参见 *Novi list*, "Sinoć je u Zagreb stiglo daljnjih 200 siročadi—žrtava četničkih krvavih zlodjela," September 15, 1941, 9; 另可参见 *Hrvatski narod*, "Hrvatska se pobrinula za djecu čiji su roditelji postradali u borbi s četnicima," September 22, 1941, 4。

78　LAEB, Bibanović, "Stanovništvo Kulen-Vakufa," 195.

79　与久拉·塞费罗维奇（Đula Seferović）的访谈, October 13, 2008, Ostrovica。

80　Kajan, "Pakao Vakuf Golubnjača," 26.

81　Polovina, "Sjećanja na početni period narodnog ustanka u Lici," 798.

82　与阿巴斯·穆舍塔的访谈, July 8, 2012, Crikvenica。

83　与塞亚德·卡迪奇（Sead Kadić）的访谈, November 3, 2008, Bihać; 与穆罕默德·什特尔克列维奇（Mehmed Štrkljević）的访谈, September 28, 2008, Kulen Vakuf; 与卡迈勒·什特尔克列维奇（Kemal Štrkljević）的访谈, September 27, 2008, Kulen Vakuf; 与斯韦托扎尔·坦科西奇（Svetozar Tankosić）的访谈, October 16, 2008, Martin Brod. 另可参见 Damjanović-Danić, "Pad Kulen Vakufa," 666。

84　哈娜·什特尔克列维奇的证词可参见 LAEB, Bibanović, "Kulen Vakuf," 101; 关于哈娜·什特尔克列维奇以及她的救命恩人的故事，参见 Puškar, *Krajiški pečat*, 97。

85　哈娜·什特尔克列维奇的证词参见 LAEB, Bibanović, "Stanovništvo Kulen-Vakufa," 193.

86　关于他们在场的情况，参见 Mušeta, "Kulen Vakuf," 53–56; Begić, *Zločini ustanika*, 165, note 313。

87 与阿莱·加利亚舍维奇（Ale Galijašević）的访谈, October 12, 2008, Kulen Vakuf。

88 与穆拉特·穆舍塔的访谈, September 27, 2008, Kulen Vakuf。

89 Karanović, "Sadjejstvo sa ličkim ustanicima," 413.

90 貌似大部分冒险干预的都是倾向共产主义的战士，参见 VA, Fond NOV, kut. 1997, f. 8, dok, 4, Drago Đukić, "Pripreme ustanka, ustanak i borbe 1941. godine u bosansko-petrovačkom srezu," 25。

91 法塔·霍季奇—塞利莫维奇的证词参见 LAEB, Bibanović, "Kulen Vakuf," 102。

92 Bibanović, "Kulenvakufski komunisti u radničkom pokretu i ustanku," 452; 另可参见穆约·德尔维舍维奇的证词，命令下达时他就在囚犯中间，见 LAEB, Bibanović, "Stanovništvo Kulen-Vakufa," 287。

93 LAEB, Bibanović, "Kulen Vakuf," 105; ibid., "Stanovništvo Kulen-Vakufa," 35, note 91; 关于希普卡的传记信息, 参见 ĐurĐević-Đukić, ed., *Narodni heroji Jugoslavije, Knjiga druga N-Ž*, 235–236。

94 Milka Pilipović Mandžuka, "Očeva smrt," in *Drvar, 1941–1945., knjiga 2*, ed. Morača, 517; 关于弗拉代蒂奇跟马丁布罗德的多位囚犯在 1941 年以前的交情，还可参见 Polovina, *Svedočenje*, 92。

95 与 Dimitar Reljić 的访谈, June22, 2013, Martin Brod.

96 穆约·德尔维舍维奇的证词参见 Kajan, "Pakao Vakuf Golubnjača," 27。

97 Ibid.

98 Polovina, *Svedočenje*, 92.

99 Pilipović Mandžuka, "Očeva smrti," 517–519; Polovina, *Svedočenje*, 92; 几天后，在与共产党指挥官戈伊科·波洛维纳的谈话中，弗拉代蒂奇回忆道，争论也关系到起义者中那些从库伦瓦库夫的囚犯手里劫取财物的起义者；大部分东西都用马车运到了 Martin Brod. 参见 Polovina, *Svedočenje*, 92。

100 Milgram, *Obedience to Authority*, 111.

101 关于这种主要依靠心理学解释（特别是与"群体动力学"有关的）的群体性暴力研究，可以参见一个颇具启发性的例子：Fujii, *Killing Neighbors*。

102 关于杀人者和受害者对距离的概念，以及相关心理压力的层级差异，参见 Lt. Col. Dave Grossman, *On Killing: The Psychological Cost of Learning to Kill in War and Society* (New York: Black Bay Books, 1995), 特别是 section III。

103 一份报告说："一些地方流传着未经证实的故事，说叛军陷于内部斗争和内部反抗。"参见 VA, Fond NDH, kut. 143, f. 2, dok. 50, Zapovjedništvo 3. oružničke pukovnije Zapovjedništvu 4. oružničke pukovnije, Doglasno izvješće dostavlja, September 18, 1941, 2。

104 Knežević, "Cvjetnićani u akciji," 462.

105 Polovina, *Svedočenje*, 91–92.

106 Kajan, "Pakao Vakuf Golubnjača," 27.

107 Polovina, *Svedočenje*, 91.

391

108 Ibid., 91–92.

109 Jovanić, "Ustanak u donjolapačkom kotaru 1941. godine," 154; Polovina, *Svedočenje*, 92.

110 穆约·德尔维舍维奇的证词，参见 LAEB, Bibanović, "Kulen Vakuf," 103。

111 Kajan, "Pakao Vakuf Golubnjača," 27.

112 穆约·德尔维舍维奇的证词，参见 LAEB, Bibanović, "Kulen Vakuf," 103。

113 Kajan, "Pakao Vakuf Golubnjača," 27.

114 穆约·德尔维舍维奇的证词，参见 LAEB, Bibanović, "Kulen Vakuf," 103–104。

115 Kajan, "Pakao Vakuf Golubnjača," 27.

116 HDA, Fond 223, MUP NDH, kut. 32, Kotarsko poglavarstvo Bihać Ministarstvu unutarnjih poslova u Zagrebu, Predmet: izvješće o izbjeglicama, September 18, 1941, 1–2.

117 LAEB, Bibanović, "Stanovništvo Kulen-Vakufa," 195; 关于这一估计，另可参见 Zorić, *Drvar u ustanku 1941.*, 212。

118 克独国对库伦瓦库夫及其周边地区屠杀事件有一份记录，写作时间在事件发生后一周之内，参见 HDA, Fond 1450, MINORS NDH, D-2251, Zapovjedništvo 3. oružničke pukovnije Vrhovnom oružničkom zapovjedništvu, Izvješće o napadu četnika na Kulen Vakuf, September 12, 1941, 1–2; 被克独国军官认为遇害或被俘的"失踪者"数量超过 2,000 人，参见 VA, Fond NDH, kut. 143, f. 2, dok. 50, Zapovjedništvo 3. oružničke pukovnije Zapovjedništvu 4. oružničke pukovnije, Doglasno izvješće dostavlja, September 18, 1941, 2. 全体受害者的精确名单多半是永远不可能编纂出来了，因为在杀戮发生时没有人整理详细的信息。克独国对抵达比哈奇的难民数量所作的统计，似乎是我们研究死者数量时可供使用的最佳工具。20 世纪 60 年代中期，南斯拉夫共产党政府编纂过一份非常不完整的受害者名单，它是当时一次全国性调查的一部分，其目的是要精确统计出所有战争期间的死者。参见 *Žrtve rata 1941.–1945. Popis iz 1964. godine, SR Bosna i Hercegovina (Banovići—Bosanski Novi)* (Belgrade: Savezni zavod za statistiku, 1992), 95–99, 119–127, 135–139. 这些数据中包含了出身于库伦瓦库夫、克利萨、奥拉沙茨、丘科维和奥斯特罗维察的受害者。

119 参见 Gross, *Neighbors*。

120 参见 Snyder, *Bloodlands*。

121 对斯奈德《血色大地》一书的一种尖锐批评是在这些方向上作出的，参见 Jan T. Gross, "A Colonial History of the Bloodlands," *Kritika: Explorations in Russian and Eurasian History* 15, no. 3 (2014): 591–596。

122 *Zbornik NOR-a, tom IV, knjiga 1*, br. 138, Naređenje Štaba drvarske brigade od 14. septembra 1941. god. Štabu bataljona ličkih NOP odreda za podnošenje izvještaja o stanju na području bataljona i za stezanje obruča oko Bihaća, i obavještenje o situaciji poslije četničke izdaje, September 14, 1941, 302.

123 *Zbornik NOR-a, tom V, knjiga 1*, br. 42, Izvještaj Štaba gerilskih odreda za Liku koncem rujna 1941. god. Štabu drvarske brigade o vojno-političkoj situaciji, 无日期，貌似写于 1941 年 9 月 15 日或相邻日期, 134; 另可参见 *Zbornik NOR-a, tom IV, knjiga 1*, br. 114, Izvještaj Štaba partizanskih odreda u Brdu Oraškom drvarske brigade od 9. septembra 1941.

god. o borbama za osloboĐenje Kulen Vakufa, September 9, 1941, 253–254。

124 VA, Fond NOV, kut. 1701, f. 2/I, dok. 11, Štab risovačkog bataljona oslobodilačke vojske u   392
     Brdu Oraškom Štabu brigade nacionalno oslobodilačkih odreda Drvar, September 13, 1941,
     1.

125 Ibid., f. 2/I, dok. 4, Štab II bataljona Štabu N.O.G.O Drvar, September 10, 1941, 1.

126 Zbornik NOR-a, tom IV, knjiga 1, br. 106, NareĐenje Štaba prvog bataljona "Sloboda" od
     8. septembra 1941. god. Komandama četvrtog odreda u Boboljuskama, Velikom i Malom
     Cvjetniću i Osredcima za raspored snaga, September 8, 1941, 237.

127 另可参见 VA, Fond NOV, kut. 1701, f. 23, dok. 3, Štab II Bataljona Gerilskih odreda za
     Veliki Cvjetnić i okolinu Komandantu brigade Drvar, September 16, 1941, 1; ibid., kut. 1701,
     f. 23, dok. 2, Štab II Bataljona Gerilskih odreda za Veliki Cvjetnić i okolinu Komandiru čete
     Bjelajske, September 10, 1941, 1; Zbornik NOR-a, tom IV, knjiga 1, br. 146, NareĐenje
     Štaba Drvarske brigade od 15. Septembra 1941. god. Štabu Drugog bataljona za raspored
     bataljona i način njegovog voĐenja borbe, 326–327; ibid., br. 149, Izvještaj Operativnog
     oficira Štaba Prvog bataljona "Sloboda" od 15. septembra 1941. god. Štabu bataljona o
     izvršenom obilasku drugog, četvrtog i petog odreda, September 15, 1941, 335。

128 VA, Fond NDH, kut. 213, f. 2, dok. 48, Iz saslušanja domobrana koji su bili zarobljeni u
     Drvaru i koji su se vratili 22. rujna, October 7, 1941, 1.

129 VA, Fond NOV, kut. 1701, f. 2/I, dok. 18, Štab II Bataljona Gerilskog odreda za Veliki
     Cvjetnić i okolinu Komandantu brigade Drvar, Ubiranje dobrovoljnog priloga, September
     15, 1941, 1.

130 Ibid., dok. 17, Štab II Bataljona Gerilskog odreda za Veliki Cvjetnić i okolinu Komadantu
     brigade Drvar, Moli da se dostavi izvesna količina municije, September 15, 1941, 1. 吉拉斯
     9 月 13 日寄给 "斯洛博达" 部队总指挥部的一封信中提到了他的队伍缺少弹药，但并
     未专门指出 "占领库伦瓦库夫" 是这种状况的原因。参见 VA, Fond NOV, kut. 1700, f. 4,
     dok. 1, Štab II Bataljona Gerilskog odreda za Veliki Cvjetnić i okolinu Komadantu brigade
     "Sloboda," September 13, 1941, 1。

131 VA, Fond NOV, kut. 1701, f. 2/I, dok. 4, Štab II bataljona Štabu N.O.G.O Drvar, September
     10, 1941, 1.

132 NaĐ, Ustanak, 208.

133 Novi list, "Grozna nedjela razbješnjelih četničko-komunističkih bandi and mirnim i
     golorukim Hrvatima muslimanima u stolačkom kotaru," September 10, 1941, 5（原文用小
     写字母拼写 "穆斯林"）.

134 ARSBL, Fond 74, Velika Župa Sana i Luka, 3005/41, 无标题无如期文件，由巴尼亚卢卡
     地区的起义者写成，写作时间很可能在 1941 年夏秋之交。

135 可参见 Fikreta Jelić-Butić, Četnici u Hrvatskoj 1941.–1945. (Zagreb: Globus, 1986); Đuro
     Stanisavljević, "Pojava i razvitak četničkog pokreta u Hrvatskoj," Istorija XX veka—Zbornik
     radova (Belgrade, 1962): 5–140。

136 可参见 Hurem, Kriza Narodnooslobodilačkog pokreta。

137 关于罗克维奇，参见 VA, Fond NDH, kut. 202, f. 2, dok. 33, Kotarska oblast Bosanski Petrovac Velikoj Župi Krbava i Psat Bihać, Četnički vojvoda: o Mani Rokviću, August 2, 1943, 1; ibid., Velika Župa Krbava i Psat, Predmet: Mane Rokvić— 'Četnički vojvoda' u Bosanskom Petrovcu—podaci, August 2, 1943, 1; ABiH, Fond ZKUZ BiH, kut. 91, Zapisnik br. 22, Mjesni odbor: Malo Očijevo, August 9, 1946, 2; ibid., kut. 68, Srez Bosanski Petrovac, Zapisnik br. 18, Mjesni odbor: Prkosi, August 4, 1946, 3; ARSBL, Kartoteka ratnih zločinaca, Mane Rokvić; 关于吉拉斯，参见 Reljić, "Martin Brod 1941. godine," 404–405; Polovina, Svedočenje, 92–93; Pero Pilipović, "Istina o jednom zločinu," in Bosanski Petrovac u NOB, Knjiga II, ed. Čerkez, 605; Zbornik NOR-a, tom V, knjiga 1, br. 42, Izvještaj Štaba gerilskih odreda za Liku koncem rujna 1941. god. Štabu drvarske brigade o vojno-političkoj situaciji, 无日期，很可能写于 1941 年 9 月 15 日，134。

138 AJ, Fond 110, DKUZ, dos. br. 3793, 5394, OKUZ za Liku, Zapisnik sastavljen pred komisijom u Beglucima, May 25, 1945, 1–2.

139 穆约·德尔维舍维奇的证词见 Kajan, "Pakao Vakuf Golubnjača," 27。

140 这项政治工作的例子，参见 Zbornik dokumenata i podataka o Narodnooslobodilačkom ratu jugoslovenskih naroda [hereafter Zbornik NOR-a]，tom IV, knjiga 2, Borbe u Bosni i Hercegovini (Belgrade: Vojno-istoriski institut Jugoslovenske Armije, 1951), br. 57, "Otvoreno pismo Glavnog štaba NOP Odreda za Bosnu I Hercegovinu od novembra 1941. god. Zavedenim četnicima o izdajničkom radu Majora Dangića," November 20, 1941, 143–144; AMUSK, Prijepisi originalnih dokumenata iz AHRP, 3 četa bataljona "Miloš Čavića" partizanskog odreda Banije Oružničkoj postaji Otoka, March 31, 1942, 1。

141 LAEB, Bibanović, "Stanovništvo Kulen-Vakufa," 331–332.

142 死者中包括库伦瓦库夫的哈姆迪亚·希姆代迪奇（Hamdija Šimdedić）和奥拉沙茨的穆哈雷姆·斯图帕茨（Muharem Stupac），其尸体有被反复刺伤的痕迹，喉咙也被割断。其他尸体的情况也类似，但因为变形过度而无法辨认身份。关于掘尸的情况，参见 VA, Fond NDH, k. 281, f. 4, dok. 1–46, Zapisnik o izkopavanju lješeva poubijenih graĐana grada Bihaća za vrieme boravka partizana u Bihaću, March 2, 1943, 1; 关于这些死者中有很多是来自库伦瓦库夫地区这一事实，参见 ibid., kut. 281, f. 4, dok. 1–60, Zapisnik sastavljen u prostorijama ustaškog logora u Bihaću, February 16, 1943, 1。

143 1942 年游击队攻占比哈奇市还有另一个请算旧账的例子，当时从库伦瓦库夫地区来的起义者到处搜寻被他们认定是乌斯塔沙分子的前穆斯林乡邻。参见 Kurtagić, Zapisi o Kulen Vakufu, 37; 另可参见 ABiH, Fond ZKUZ BiH, Zapisnici Srez Drvar, kut. 91, Zapisnik sastavljen kod NOO-a Malo Očijevo, Opština Martin Brod, Srez drvarski, January 28, 1945, 1, 其中显示，游击队在比哈奇取得胜利后，还有两名来自库伦瓦库夫地区的男子被杀害，他们分别是奥默·卡迪奇（Omer Kadić）和希尔米亚·阿尔蒂奇（Hilmija Altić）。

第七章 突发的民族性

1 关于难民们的经历，可参见 HDA, Fond 226, Ministarstvo zdravstva i udružbe NDH, kut.

7, Kotarska oblast u Kutini, Predmet: Molba izbeglica iz Orašca da ih se preseli, December 16, 1941, 1; Kotarska oblast Cazin, Predmet: Izbeglica iz Orašca preselenje iz Moslovačkog selišta, January 22, 1942, 1; 加入游击队的当地男子的名单见 AMUSK, Zbirka informacija o spomenicima NOB, fas. 47, Kulen Vakuf, Odbor za izgradnju spomenika palim borcima NOR-a Kulen Vakuf, Predmet: UtvrĐeni spisak palih boraca NOR-a od 1941. do 15. Maja 1945. godine, April 3, 1981, 1–6。

2 Dušan Knežević, "Omladinska radna akcija u selu Orašcu," in *Bosanski Petrovac u NOB. Zbornik sjećanja. Knjiga IV*, ed. Vladimir Čerkez (Bosanski Petrovac: Opštinski odbor SUBNOR-a Bosanski Petrovac, 1974), 253.

394

3 与德尔维什 · 德尔维舍维奇的访谈, October 1 and 5, 2008, Klisa; Smajo Hodžić, June 23, 2013, Ćukovi; Mujo Hasanagić, November 4, 2008, Kulen Vakuf; Ale Galijašević, October 12, 2008, Kulen Vakuf; Maho Vazović, September 24, 2008, Kulen Vakuf; anonymous informant, October 11, 2008; 1941 年失散的儿童可参见 Nurija Rošić, "Arena traž i vaše najmilije. Sjetili se pljeska," *Arena*, 1978（无日期和月份）, 20, 讨论了两个来自克利萨的孩子, 一个叫 Derviš Dervišević, 另一个是他的姐妹 Šefika, 他们直到 20 世纪 70 年代才得以重聚。

4 AUSK, Fond Sreskog komiteta Saveza komunista Bosne i Hercegovine Bihać［hereafter SK SK BiH Bihać］, kut. 145, Neki problemi u Kulen Vakufu koji se moraju odmah riješiti, August 21, 1953, 3; 另可参见 ABiH, Fond Centralnog komiteta Saveza komunista Bosne i Hercegovine［hereafter CK SK BiH］, kut. 175, Izvještaj za mjesec decembar 1947. godine o radu i stanju na terenu sreza Bosanski Petrovac, December 29, 1947, 1。

5 *Krajina*, "Kulenvakufske ruševine," November 3, 1957, 4.

6 与穆斯塔法 · 德尔维舍维奇的访谈, October 11, 2008, Klisa。

7 与德尔维什 · 德尔维舍维奇的访谈, October 1, 2008, Klisa。

8 ABiH, Fond CK SK BiH, kut., 220, Mjesečni izvještaj o radu SK KPJ Bosanski Petrovac, March 30, 1948, 1.

9 Ibid., kut. 297, Izvještaj sa terena Srez Bosanski Petrovac, Bihać, Unska Pruga, Cazin, 1948, 29; ibid., kut. 318, Dnevne informacije Sreskih komiteta, 1949, Sreski komitet Bihać, May 11, 1949, 1.

10 Ibid., kut. 318, Dnevne informacije Sreskih komiteta, 1949, Sreski komitet Bihać, May 1, 1949, 1; May 28, 1949, 1; June 22, 1949, 1; June 28, 1949, 1; July 12, 1949, 1.

11 Đuro Kresoje 是奥拉沙茨当地共产党委员会的书记, Mićo Radak 则是库伦瓦库夫的书记。参见 ibid., kut. 327, Zapisnik sa sastanka Sreskog komiteta Komunističke Partije, Bosanski Petrovac, May 3, 1949, 1; 战后最初几十年里, 官方并未将"穆斯林"这个类别认定为"民族"或"国族", 但这一时期仍会根据党员是否被认为属于该类别来统计他们的数量。另可参见 ibid., kut. bez broja, Ukupan broj Muslimana članova SK prema popisu 31.III.1958. I njihovo nacionalno opredeljenje, 1958.（尚不清楚, 原文中的 "Muslimana" 的 "M" 是大写还是小写, 因为整个标题都是用大写字母写的。）

12 1955 年, 在库伦瓦库夫市的共产主义者联盟委员会共有 13 位成员, 其中 11 人被记录为"塞族人", 另两人则是"穆斯林"。像党的书记这样的领导职位, 几乎永远都由"塞族人"担任, 这种情况在整个 20 世纪 50 年代都没有改变。参见 AUSK, Fond SK SK BiH Bihać, kut.

147, Spisak rukovodećeg kadra u Savezu komunista i predsjednika NO opština na terenu sreza Bihać, September 27, 1955; ibid., kut, 152, Analiza o kadru u opštinskom komitetu i osnovnim organizacijama Saveza komunista na području opštine Kulen Vakuf, January 10, 1956, 1; ibid., Spisak predsjednika NO opština i sekretara komiteta sreza bihaćkog, 1956, 1。直到 1959 年，这种不平衡状态仍然很严重，根据共产主义者联盟编纂的报告，库伦瓦库夫市的人口族群结构中，包括 5,300 名塞族人（57%），270 名克族人（2.9%）和 3,720 名穆斯林（40.1%）；然而，共产主义者联盟的构成却是 196 名塞族人（76%），7 名克族人（2.7%）和 59 名穆斯林（23%）。参见 ABiH, Fond CK SK BiH, kut. 7, Izvještaj o radu na brojnom jačanju organizacija Saveza komunista na opštinama Bihać, Bosanska Krupa, i Kulen Vakuf, June 15, 1959, 11。

395 13 战后十多年里，在库伦瓦库夫的共产主义者联盟市委的 230 名成员中，有 32 人从未受过教育，162 人只接受过初等教育，19 人有过职业训练，只有 13 人上完了高中。没有一个人念完过大学。参见 AUSK, Fond SK SK BiH Bihać, kut. 151, OK SK BiH Kulen Vakuf, Mjesečni izvještaj o godinama starosti članova Saveza komunista na terenu, April 5, 1956。

14 ABiH, Fond CK SK BiH, kut. 192, Analiza informacije iz mjesečnih izvještaja partijskih rukovodstava, December 16, 1947, 3.

15 Ibid., kut. 205, Mjesečni izvještaj o radu SK KPJ Bihać, January 31, 1948, 2.

16 关于波洛维纳，参见其回忆录：Svedočenje；关于 Matić，参见 Stanisavljević, "Narodni heroj, Matić Ilije Stojan," in Kotar Donji Lapac u Narodnooslobodilačkom ratu, ed. Vezmar and Zatezalo, 974; 另可参见 ĐurÐević-Đukić, ed., Narodni heroji Jugoslavije, Knjiga prva A-M, 497–498; 关于 Pilipović Maćuka，参见 Knežević Niko, "Maćuka," in Drvar, 1941–1945., ed. Morača, 86–88; 关于 Jovanić，参见 Đurđević-Đukić, ed., Narodni heroji Jugoslavije, Knjiga prva A-M, 316–317。

17 ABiH, Fond CK SK BiH, kut. N-4, Pitanje ustaško-četničkih bandi, January 3, 1947, 1–4; ibid., kut. 192, Analiza izvještaja od Sreskih komiteta o političkoj situaciji na terenu, Org.–instruktorsko odjeljenje, November 19, 1947, 1; 关于整个库伦瓦库夫地区的做法，参见 ibid., kut. 175, Stanje partijske organizacije Srez Bihać, December 1947; ibid., kut. 211, Podaci iz UDBE o čišćenju neprijateljskih bandova sa terena, 1948, Sreski komitet Bihać, February 14, 1948, 1; Sreski komitet Drvar, February 16, 1948,1; Sreski komitet Bosanski Petrovac, February 16, 1948, 1.

18 关于南斯拉夫占领者及通敌者罪行裁定国家委员会（Državna komisija za utvrÐivanje zločina okupatora i njihovih pomagača），尤其是其波黑地区委员会的简史，参见 Krunoslava Lovrenović, "Zemaljska komisija za utvrÐivanje zločina okupatora i njegovih pomagača," Glasnik arhiva I društva arhivskih radnika Bosne i Hercegovine, godina 1968–1969., knjiga VIII–IX, Sarajevo, 1968–1968, 51–61, here 52。

19 关于这些案例，参见 AJ, Fond 110, DKUZ, kut. 817, Okružni sud Bihać, Pojedinačne optužnice i presude, 1946, dos. br. 817–320, Javno tužioštvo za Okrug Bihać, Krivični predmet protiv Burzić Avde, May 27, 1946; dos. br. 817–376, Javno tužioštvo za Okrug Bihać, Krivični predmet protiv Kadić Bege, September 23, 1946; dos. br. 817–403, Javno tužioštvo za Okrug Bihać, Krivični predmet protiv Kozlice Agana, October 12, 1946; dos. br. 817–421, Javno tužioštvo za Okrug Bihać, Krivični predmet protiv Kulenović Mahmut, August 26,

1946; dos. br. 817–469, Javno tužioštvo za Okrug Bihać, Krivični predmet protiv Pehlivanović Ibrahim, May 30, 1946; dos. br. Javno tužioštvo za Okrug Bihać, Krivični predmet protiv Sušnjar-Vukalić Mujaga, October 15, 1946。

20 可参见 HDA, Fond 306, ZKUZ (Hrvatska), kut. 245, Zh. br. 11647, Odluka, Marinković dr. Vinko (ustaški politički povjerenik iz Donjeg Lapca), May 1945, 2; ibid., OKUZ za Liku, Zapisnik sastavljen pred komisijom u Bubnju, May 12, 1945, 1; ibid., kut. 235, Zh. br. 1027, Odluka, Markovinović Antić (komandant ustaša iz Boričevca), May 1945, 2。 396

21 AJ, Fond 110, DKUZ, dos. br. 5361, Zapisnik br. 22, Mjesni odbor: Kulen Vakuf, August 9, 1946, 5.

22 关于战争罪行委员会记录的切特尼克分子在库伦瓦库夫周边大区犯下罪行的文档，参见 ibid., kut. 817, Okružni sud Bihać, Grupne optužnice i presude, 1946, dos. br. 817–622, Javno tužioštvo za Okrug Bihać, Krivični predmet protiv Mirković Koste i Mirković Rajka, September 30, 1946, 1; ABiH, Fond ZKUZ, kut. 91, Srez Bosanski Petrovac, Zapisnik br. 22, Mjesni odbor: Malo Očijevo, August 9, 1946, 2。

23 AUSK, Fond SK SK BiH Bihać, kut. 166, SK SK Bihać, Srez Bihać, stenografske bilješke, prisutni: Enver Redžić, Stevan Blanuša, Mirko Stanarević, Gojko Beslać, Pero Grbić, May 9, 1951, 11.

24 ABiH, Fond CK SK BiH, kut. 37, Aktuelni problemi u oblasti meĐunacionalnih odnosa, November 1962, 22–23.

25 Ernest Gellner, *Nations and Nationalism* (Ithaca, NY: Cornell University Press, 1983); E. J. Hobsbawm, *Nations and Nationalism since 1780: Programme, Myth, Reality* (Cambridge: Cambridge University Press, 1990); Benedict Anderson, *Imagined Communities: Reflections on the Origin and Spread of Nationalism* (London: Verso, 1983); Miroslav Hroch, *Social Preconditions of National Revival in Europe: A Comparative Analysis of the Social Composition of Patriotic Groups among the Smaller European Nations*, trans. Ben Fowkes (Cambridge: Cambridge University Press, 1985).

26 Pieter M. Judson, *Guardians of the Nation: Activists on the 0Language Frontiers of Imperial Austria* (Cambridge, MA: Harvard University Press, 2006); Jeremy King, *Budweisers into Czechs and Germans: A Local History of Bohemian Politics, 1848–1948* (Princeton, NJ: Princeton University Press, 2002); James E. Bjork, *Neither German nor Pole: Catholicism and National Indifference in a Central European Borderland* (Ann Arbor: University of Michigan Press, 2008); Tara Zahra, *Kidnapped Souls: National Indifference and the Battle for Children in the Bohemian Lands, 1900–1948* (Ithaca, NY: Cornell University Press, 2008). 另可参看这本书中的贡献：*Austria History Yearbook* 43 (April 2012), edited by Pieter M. Judson and Tara Zahra, 该书主要聚焦的主题是东部和中部欧洲的"民族冷感"。

27 另可参见 Stanley Tambiah, *Levelling Crowds: Ethnonationalist Conflicts and Collective Violence in South Asia* (Berkeley: University of California Press, 1996); Paul Brass, *Theft of an Idol: Text and Context in the Representation of Collective Violence* (Princeton, NJ: Princeton University Press, 1997); V.P. Gagnon Jr., *The Myth of Ethnic War: Serbia and Croatia in the 1990s* (Ithaca, NY: Cornell University Press, 2004)。

28   Brubaker, *Nationalism Reframed*, 19.

29   另可参见 Mark R. Beissinger, *Nationalist Mobilization and the Collapse of the Soviet State* (Cambridge: Cambridge University Press, 2002); Eric Lohr, *Nationalizing the Russian Empire: The Campaign against Enemy Aliens during World War I* (Cambridge, MA: Harvard University Press, 2003)。

30   关于普通人在日常生活中怎样使用（以及尤其是怎样不使用）涉及民族的习语，有一项重要研究对此投入了很大关注，但并未特别注重于解释这种突然爆发的对抗性民族性。参见 Rogers Brubaker, Margit Feischmidt, Jon Fox, and Liana Grancea, *Nationalist Politics and Everyday Ethnicity in a Transylvanian Town* (Princeton, NJ: Princeton University Press, 2006)。

31   关于这种事件性分析的定义和优点，参见 Sewell, "Three Temporalities," 245–280。

32   关于事件是怎样激活本已存在的文化裂痕的，参见 Sahlins, "The Return of the Event, Again," 293–352。

33   这种 1941 年这种跨群体救助的例证，参见 LAEB, Bibanović, "Kulen Vakuf," 48–50; ibid., "Stanovništvo Kulen-Vakufa," 120–124; Bibanović, "Kulenvakufski komunisti u radničkom pokretu i ustanku," 432–434; Mušeta, "Kulen Vakuf," 36; Šijan, "Nastanak i djelovanje KPJ na teritoriji kotare do oslobоĐenja Donjeg Lapca februara 1942. godine," 41, 43; Jovanić, "Ustanak u donjolapačkom kotaru 1941. godine," 105; Obradović, "Zločini na kotaru Donji Lapac od 1941. do 1945," 824, 831–832; Medić, "Obavještajna služba na području donjolapačkog kotara," 889。

34   与 Đula Seferović 的访谈 , October 13, 2008, Ostrovica。

35   与 Sead Kadić 的访谈 , November 3, 2008, Bihać; Adil Kulenović, November 7, 2006, Sarajevo; and Svetozar Tankosić, October 16, 2008, Martin Brod。

36   与 Branko Dobrac 的访谈 , October 1, 2008, Kulen Vakuf。

37   与 Mujo Hasanagić 的访谈 , November 4, 2008, Kulen Vakuf; 与 Ale Galijašević 的访谈 , October 12, 2008, Kulen Vakuf; 与 Sead Kadić 的访谈 , November 3, 2008, Bihać。

38   AUSK, Fond SK SK BiH Bihać, kut. 195, Informacija o nekim pitanjima ideološkog i političkog djelovanja osnovnih organizacija Saveza komunista na opštini Bihać, February 2, 1962, 5–6. 关于当地政府对库伦瓦库夫地区修建东正教堂反应，参见 ibid., kut. 196 I, Narodni odbor sreza Bihać, Komisija za vjerska pitanja, Informacija o stanju i nekim problemima u razvitku odnosa država-crkva (na srezu), 1962, 3。

39   与 Mujo Hasanagić 的访谈 , November 4, 2008, Kulen Vakuf。

40   与 Dimitar Reljić 的访谈 , October 10, 2008, Martin Brod。

41   与 Đula Sefervović 的访谈 , October 13, 2008, Ostrovica。

42   AUSK, Fond SK SK BiH Bihać, kut. 318, Dnevne informacije sreskih komiteta, 1949, Sreski komitet Bihać, May 3, 1949, 1; May 26, 1949, 1; ibid., kut. 139, Oblasni komitet KP BiH, Odjeljenje za propagandu i agitaciju, U vezi proslave dana ustanka 27. jula, July 8, 1950, 1.

43   1961 年是起义 20 周年，比哈奇地区庆祝了至少 15 个节日，完整列表参见 ibid., kut. 199, Program proslave 20–to godišnjice Ustanka naroda Jugoslavije na području opštine Bihać,

February 9, 1961, 2–4。

44 可参见 AUSK, Fond SK SK BiH Bihać, kut. 196, Opštinski odbor Saveza boraca Bihać, Pripreme proslave 4. jula, "Dana borca," pripremanje i polaganje vijenaca na grobove palih boraca i žrtve fašističkog terora, June 17, 1956。另可参见 Krajina, "Svečano je proslavljen '4. juli' Dan borca," July 27, 1956, 1。

45 AUSK, Fond SK SK BiH Bihać, kut. 318, Dnevne informacije sreskih komiteta, 1949, Sreski komitet Bihać, May 3, 1949, 1; May 11, 1949, 1; May 14, 1949, 1; ibid., Sreski komitet Bosanski Petrovac, May 20, 1949, 1.

398

46 关于南斯拉夫和苏联民族政策的异同，参见 Veljko Vujačić and Victor Zaslavsky, "The Causes of Disintegration in the USSR and Yugoslavia," Telos 1991, no. 88 (1991): 120–140; 关于南斯拉夫"兄弟团结和统一"文化政策的讨论，参见 Andrew Baruch Wachtel, Making a Nation, Breaking a Nation: Literature and Cultural Politics in Yugoslavia (Stanford: Stanford University Press, 1998), chap. 3; 关于苏联民族政策的历史，参见 Terry Martin, The Affirmative Action Empire: Nations and Nationalism in the Soviet Union, 1923–1939 (Ithaca, NY: Cornell University Press, 2001); Ronald Grigor Suny and Terry Martin, ed., A State of Nations: Empire and Nation-Making in the Age of Lenin and Stalin (Oxford: Oxford University Press, 2001); Francine Hirsch, Empire of Nations: Ethnographic Knowledge and the Making of the Soviet Union (Ithaca, NY: Cornell University Press, 2005)。

47 对政府监控的这种理解，是在分析了大量涉及 1945 年至 20 世纪 60 年代后期波黑地区民族关系状态的文件之后得出的，它们来自共产主义者联盟的各个机关。关于监控是社会工程学的一种方法，可参见一个重要讨论：Peter Holquist, "'Information Is the Alpha and Omega of Our Work': Bolshevik Surveillance in Its Pan-European Context," Journal of Modern History 69, no. 3 (1997): 415–450。

48 ABiH, Fond CK SK BiH, kut. 175, Izvještaj za mjesec decembar 1947. godine o radu i stanju na terenu sreza Bosanski Petrovac, December 29, 1947, 2; ibid., kut. 294, Razni izvještaji, Stanje po okruzima: Okrug Bihać, Političko stanje, 1948, 1.

49 关于 20 世纪 50 年代对监控该大地区跨群体关系的看重，可参见 AUSK, Fond SK SK BiH Bihać, kut. 140, Analiza o djelovanju klera na srezu bihaćkom, April 20, 1952, 1; ibid., Političko stanje i rad masovnih organizacija na terenu sreza Bihać, 1952, 7–8; ABiH, Fond CK SK BiH, kut. 56, O nekim negativnim pojavama u partiskim organizacijama, 1952, 11; ibid., kut. 6N-103, Iz informacije Sreskog komiteta Bihać o radu osnovnih organizacija i nekim negativnim pojavama, June 13, 1953, 2; ibid., Iz izvještaja Sreskog komiteta SK Bihać, December 25, 1953, 3; AUSK, Fond SK SK BiH Bihać, kut. 144, Materijali sa opštinske konferencije, August 4, 1955, 5; ibid., kut. 148, Zapisnik sa sastanka Sekretarijata Sreskog komiteta Saveza komunista BiH Bihać, June 6, 1956, 11; ibid., Sastanak Sreskog komiteta Saveza komunista u Bihaću, 1956, 5; ibid., kut. 159, Referat koji je podnesen na III Plenumu CK SK BiH, June 20, 1957, 19–23。

50 Ibid., kut. 161, Opštinski komitet Saveza komunista Bosne i Hercegovine [hereafter OK SK BiH] Kulen Vakuf, Informacija o oblicima ispoljavanja šovinizma na opštini Kulen Vakuf, December 28, 1958, 1–3.

51 AUSK, Fond SK SK BiH Bihać, kut. 168, Sastanci Opštinskog odbora Socijalističkog saveza

radnog naroda Jugoslavije za opštinu Kulen Vakuf, Dnevni redovi i datumi održanih sastanka, 1958, "Neke šovinističke pojave na našoj opštini i rad organizacije Socijalističkog saveza po ovom pitanju," November 10, 1958. 更多关于沙文主义问题会议的组织信息，参见 ibid., kut. 167, Referat o radu Opštinskog komiteta i organizacije Saveza komunista na opštini Kulen Vakuf u vremenu od III do IV opštinske konferencije Saveza komunista, January 5, 1958–February 8, 1959, 11。

399　52　Ibid., kut. 161, OK SK BiH Kulen Vakuf, Informacija o oblicima ispoljavanja šovinizma na opštini Kulen Vakuf, December 28, 1958, 1–3.

53　关于库伦瓦库夫市所在大区的案例，参见 ibid., kut. 164, Informacija o nekim pojavama šovinizma na području opštine Velike Kladuše, December 26, 1958, 1–2; ibid., Informacija onekim pojavama šovinizma na području opštine Bužim, December 26, 1958, 1–2; ibid., Informacije Opštinskog komiteta Saveza komunista Bosanska Krupa, Predmet: Pojave šovinizma, December 28, 1958, 1–2; ibid., Informacija o nekim pojavama šovinizma na terenu bihaćke opštine u 1958 godini, December 30, 1958, 1–2; ibid., Informacije o šovinističkim pojavama na terenu Bosanski Petrovac, 1958, 1; ibid., kut. 165, Informacija o nekim pojavama šovinizma na području sreza Bihać, December 31, 1958, 1–2。

54　我对"兄弟团结与统一"语言使用的概念的想法，受到了 Stephen Kotkin 关于苏联背景下"说布尔什维克语言"的著作的影响，参见 Kotkin, *Magnetic Mountain: Stalinism as a Civilization* (Berkeley: University of California Press, 1995)。

55　关于"政治的私有化"，参见 Gross, *Revolution from Abroad*。

56　可参见 ABiH, Fond CK SK BiH, kut. 37, Analiza o međ nacionalnim odnosima na goraždanskom srezu, July 1962, 8–10。

57　AUSK, Fond SK SK BiH Bihać, kut. 184, Informacija o šovinističkim pojavama na terenu sreza Bihać, October 19, 1962, 5; see also ibid., kut. 187, Šovinistički istupi i tuče u 1961 godini, 1961, 9.

58　ABiH, Fond CK SK BiH, kut. 56, O nekim negativnim pojavama u partiskim organizacijama, 1952, 11. 一个人在战争期间的所作所为，直到整个 20 世纪 50 年代都会一直是决定他/她及其子女战后生活的关键标尺，比如说，一个预期候选人最终是否能加入共产主义者联盟，经常取决于他的父母在战争时期是否加入过乌斯塔沙或切特尼克，以及他们是否被认为跟乌斯塔沙或切特尼克有某种关系。这一点参见 AUSK, Fond SK SK BiH Bihać, kut. 169, Zapisnik sa savjetovanja članova sekretarijata Sreskih komiteta, nekih članova Sreskog komiteta, sekretara opštinskih komiteta Saveza komunista i predsjednika NOO-e sa terena srezova Banja Luke, Prijedora i Bihaća, September 14, 1959, 4。

59　AUSK, SK SK BiH Bihać, kut. 196, Odluka Sreskog komiteta sa kojom se potvrđuje kazna "Isključenje iz SKJ" Grubiše Milke, January 12, 1957, 1.

60　Ibid., kut. 161, Sekretarijat za unutrašnje poslove Bihać, Predmet: Altagić, Branko—prijedlog za krivično gonjenje, December 13, 1958.

61　Ibid., kut. 187, Šovinistički istupi i tuče u 1961. godini, 1961. 该文件未包含任何涉及其制作者的信息，但从其风格来看，作者应是内务部书记和国安部书记中的一个。

62　关于波黑其他地区的个人被指控犯下沙文主义行为的案件，参见 ABiH, Fond CK SK

BiH, kut. 9, Neke pojave i problem u međunacionalnim i vjerskim odnosima u Bosni i Hercegovini, 1959, 57; ibid., kut. 37, Organizaciono-politička komisija CK SK BiH, Analiza o raznim vidovima neprijateljske aktivnosti i djelovanja stihije i konzervatizma u današnjim uslovima, November 1961, 66。

63　Ibid., kut. 37, Aktuelni problemi u oblasti međunacionalnih odnosa, November 1962, 22. 关于 20 世纪 60 年代这些违法事件、逮捕和起诉的数据是不完整的，不过，现有的文献还是说明，警察在那十年里都忙于监督"兄弟团结与统一"。举例来说，在 1969 年前八个月里，有 220 起涉及沙文主义、民族主义和反共产党领导行为的控罪，和大约 1,600 起相关的轻度违规。数据参见 ibid., kut. bez broja, Razni napisi koji se odnose na neke aktuelne probleme nacionalnih odnosa u Jugoslaviji, 1969, Podaci, Sekretarijat unutrašnjih poslova, 1968。 **400**

64　AUSK, Fond SK SK BiH Bihać, kut. 140, Analiza o djelovanju klera na srezu bihaćkom, April 20, 1952, 1. 来自波斯尼亚彼得罗瓦茨的东正教司铎德拉戈柳布·约万尼奇明显是在这一时期发表了反穆斯林的评论，他的行为参见 ABiH, Fond CK SK BiH, kut. 6N-103, Iz izvještaja Sreskog komiteta SK Bihać, December 25, 1953, 3。

65　AUSK, Fond SK SK BiH Bihać, kut. 140, Političko stanje i rad masovnih organizacija na terenu sreza Bihać, 1952, 7–8.

66　关于大比哈奇地区里一些进步组织成员卷入沙文主义事件的例子，参见 ibid., kut. 169, Razni materijali vezani za rad Sreskog komiteta SKJ Bihać, March 20, 1959, 8; 在波黑地区共产主义者联盟的一些高级成员看来，共和国的某些特定地区和村庄基本就是"乌斯塔沙"的或者"切特尼克"的，参见 ABiH, Fond CK SK BiH, kut. 9, Neke pojave i problemi u međunacionalnim i vjerskim odnosima u Bosni i Hercegovini, 1959, 17; ibid., kut. 37, Organizaciono-politička komisija CK SK BiH, Analiza o raznim vidovima neprijateljske aktivnosti i djelovanja stihije i konzervatizma u današnjim uslovima, November 1961, 29。

67　AUSK, Fond SK SK BiH Bihać, kut. 161, OK SK BiH Kulen Vakuf, Informacija o oblicima ispoljavanja šovinizma na opštini Kulen Vakuf, December 28, 1958, 1–3.

68　ABiH, Fond CK SK BiH, kut. 7, Izvještaj o radu na brojnom jačanju organizacija Saveza komunista na opštinama Bihać, Bosanska Krupa, i Kulen Vakuf, June 15, 1959, 41.

69　AUSK, Fond SK SK BiH Bihać, kut. 164, Informacija o nekim pojavama šovinizma na području opštine Velike Kladuše, December 26, 1958, 1–2.

70　1959 年，波黑共产主义者联盟的中央委员会在一份关于共和国各地民族关系的报告中提到，组织的有些成员对其他国族的成员怀有极其负面的观点，且经常是因为战时事件而如此，参见 ABiH, Fond CK SK BiH, kut. 9, Neke pojave i problemi u međunacionalnim i vjerskim odnosima u Bosni i Hercegovini, 1959, 31。

71　AUSK, Fond SK SK BiH Bihać, kut. 184, Informacija o šovinističkim pojavama na terenu Bihać, October 19, 1962, 6. 波黑其他地区也发生了类似事件，比如说，1962 年，在杜夫诺市，有些学童打架时迅速按照各自的民族分成了各派，互掷石块并叫喊说他们有一天会为自己这一边的战争受害者报仇。政府认定这起事件与这些孩子们的父母前一年的一次斗殴有关。这起打架事件在某种程度上也根源于战争时期的事件。参见 ABiH, Fond CK SK BiH, kut. 37, Aktuelni problemi u oblasti meĐunacionalnih odnosa, November 1962,

28。

401　72　AUSK, Fond SK SK BiH Bihać, kut. 165, Informacija o nekim pojavama šovinizma na području sreza Bihać, December 31, 1958, 2. 塞族人对穆斯林市镇及乡村里的基础设施建设表示批评，因为他们视这些地方为"乌斯塔沙的地盘"，参见 ibid., kut. 164, Informacije Opštinskog komiteta Saveza komunista Bosanska Krupa, Predmet: Pojave šovinizma, December 28, 1958, 1。在波黑的其他地区，穆斯林有时也会这样做，甚至对他们自己的塞族邻居都是如此。举例来说，Turija（位于 Tuzla 地区）村的穆斯林切断了输电线路，以确保电力不会从他们的村子再流到隔壁的塞族村子去，而且根据报告，共产主义者联盟的当地委员会的穆斯林成员也参与了这起事件。尚不清楚是什么驱动着穆斯林做出这种行为，但战争时期的冲突可能是个辅助因素。关于这一事件，参见 ABiH, Fond CK SK BiH, kut. 37, Aktuelni problemi u oblasti meĐunacionalnih odnosa, November 1962, 6。

73　ABiH, Fond CK SK BiH, kut. 11, Neki idejno-politički organi i organizacije Saveza komunista na selu bihaćkog sreza, September 1963, 11–12.

74　AUSK, Fond SK SK BiH Bihać, kut. 184, Informacija o šovinističkim pojavama na terenu sreza Bihać, October 19, 1962, 6.

75　Ibid.

76　ABiH, Fond CK SK BiH, kut. 37, Neki vidovi negativnih pojava na planu međunacionalnih odnosa na području zeničkog sreza, August 29, 1962, 3.

77　Ibid., Analiza o aktuelnim problemima međunacionalnim odnosa na području komune Lukavac, 1962, 3.

78　Ibid., Aktuelni problemi u oblasti meĐunacionalih odnosa u Bosni i Hercegovini, November 1962, 1. 波黑各个地区的更多相关案例说明，战时经验使得一些人在战后坚守对不同族群乡邻的负面感受，参见 ibid., Analiza o problemima međunacionalnih odnosa na području živiničke komune, June 26, 1962, 2; ibid., Analiza o aktuelnim problemima međunacionalnih odnosa na području opštine Srebrenica, June 1962, 3; ibid., Informacija o aktuelnim idejnim problemima međunacionalnih odnosa i uticaja iz inostranstva na opštinama: Livno, Duvno, Kupres i Bugojno, July 7, 1962, 1, 5; ibid., Analiza o aktuelnim problemima međunacionalnih odnosa na području sreza Prijedora, July 15, 1962, 2; ibid., Analiza o međunacionalnim odnosima na području dobojskog sreza, July 21, 1962, 12–13, 23; ibid., Analiza o međunacionalnim odnosima na goraždanskom srezu, July 1962, 9–10; ibid., Analiza o nekim problemima međunacionalnih odnosa u srezu Brčko, July 1962, 3–6; ibid., Analiza o aktuelnim problemima međunacionalnih odnosa na srezu Banjaluka, July 28, 1962, 10, 14; ibid., Analiza o nekim problemima međunacionalnih odnosa na srezu Tuzla, August 3, 1962, 3, 5。

79　Ibid., kut. 37, Organizaciono-politička komisija CK SK BiH, Politička dokumentacija o metodama i formama neprijateljske aktivnosti ustaških, četničkih i mladomuslimanskih elemenata, djelovanje stihije i konzervatizma u današnjim uslovima, November 1961, 157.

402

80　Arhiv Republike Srpske［hereafter ARS］, Područna jedinica Foča［hereafter PJF］, Fond Sreskog komiteta Saveza komunista Bosne i Hercegovine Foča［hereafter SK SK BiH

Foča], Zapisnik sa proširene sjednice Opštinskog komiteta Saveza komunista Foča, April 4, 1969, 12.

81 关于这一机制，参见 Rogers Brubaker, *Ethnicity without Groups* (Cambridge, MA: Harvard University Press, 2004), 16。

82 这种族群化的看待问题的方式与其说是工具性的，不如说它能够被不自觉地激活，参见 Rogers Brubaker, Mara Loveman, and Peter Stamatov, "Ethnicity as Cognition," *Theory and Society* 33, no. 1 (2004): 31–64; 更工具主义的解释可参见这一讨论：Jonathan Y. Okamura, "Situational Ethnicity," *Ethnic and Racial Studies* 4, no. 4 (October 1981): 452–465。

83 ABiH, Fond CK SK BiH, kut. 11, Neki idejno-politički organi i organizacije Saveza komunista na selu bihaćkog sreza, September 1963, 12.

84 AUSK, Fond SK SK BiH Bihać, kut. 164, Informacija o nekim pojavama šovinizma na području opštine Bužim, December 26, 1958, 2.

85 Ibid., Informacije o šovinističkim pojavama na terenu Bosanski Petrovac, 1958, 1. 这起事件另可参见 ibid., kut. 186, Analiza metoda i formi neprijateljske djelatnosti na području opštine Bosanski Petrovac, May 30, 1961, 7–8。

86 参见 Brubaker, "Ethnicity without Groups," 11。

87 AUSK, Fond SK SK BiH Bihać, kut. 184, Informacija o šovinističkim pojavama na terenu sreza Bihać, October 19, 1962, 3.

88 Ibid., kut. 234, Zapisnik sa zajedničke proširene sjednice Opštinskog komiteta Saveza komunista i Izvršnog odbora Opštinskog odbora Socijalističkog saveza radnog naroda Bosanska Krupa, February 3, 1965, 5.

89 波斯尼亚语单词 balija 最初指单个穆斯林农民，最后却成了针对穆斯林的贬称。参见 Škaljić, *Turcizmi u srpskohrvatskom jeziku*, 118。

90 尽管看上去主要是男人在这样大声骂人，但波斯尼亚东部的证据却显示，女人有时候也会加入。例子可参见 ARS, PJF, Fond SK SK BiH Foča, Preduzetni komitet Saveza komunista rudnika mrkog uglja Miljevina, Predmet: Informacija o nekim pojavama, May 21, 1961, 2。

91 对印度教徒和穆斯林青年中这一机制的分析，参见 Thomas Blom Hansen, "Recuperating Masculinity: Hindu Nationalism, Violence, and the Exorcism of the Muslim 'Other,'" *Critique of Anthropology* 16, no. 2 (1996): 137–172; 关于印度教徒和锡克教徒，参见 Das, *Life and Words*, 110。

92 ABiH, Fond CK SK BiH, kut. 9, Neke pojave i problemi u međunacionalnim i vjerskim odnosima u Bosni i Hercegovini, 1959, 7–9.

93 AUSK, Fond SK SK BiH Bihać, kut. 186, Metod i forme neprijateljske aktivnosti ustaških, četničkih i mladomuslimanskih elemenata, djelovanje stihije i konzervatizma u današnjim uslovima, June 1961, 7.

94 关于南亚，参见 Tambiah, *Leveling Crowds*; Akbar, *Riot after Riot*; Ranajit Guha, *Elementary Aspects of Peasant Insurgency in Colonial India* (Delhi: Oxford University Press, 1983); 一个对法国的经典研究，参见 Georges Lefebvre, *The Great Fear of 1789: Rural*

Panic in Revolutionary France, trans. Joan White (New York: Pantheon Books, 1973); 另可参见 George F. E. Rude, *The Crowd in the French Revolution* (Oxford: Oxford University Press, 1959); 关于法国和英国，可参见 Rude, *The Crowd in History: A Study of Popular Disturbances in France and England, 1730–1848* (New York: Wiley, 1964); for Russia, see Jerome Blum, *Lord and Peasant in Russia: From the Ninth to the Nineteenth Century* (Princeton, NJ: Princeton University Press, 1961); 关于普遍意义上的谣言现象，参见 Peter Lienhardt, "The Interpretation of Rumour," in *Studies in Social Anthropology: Essays in Memory of E. E. Evans-Pritchard by His Former Oxford Colleagues*, ed. J. H. M. Beattie and R.G.Lienhardt (Oxford: Clarendon Press, 1975), 105–131; Gordon W. Allport and Leo Postman, *The Psychology of Rumor* (New York: H. Holt, 1947)。

403

95   AUSK, Fond SK SK BiH Bihać, kut. 186, Metod i forme neprijateljske aktivnosti ustaških, četničkih i mladomuslimanskih elemenata, djelovanje stihije I konzervatizma u današnjim uslovima, June 1961, 46.

96   Ibid., kut. 219, Neke pojave nacionalne netrpeljivost i šovinističkih ispada na području velikokladuške opštine, 1964, 4.

97   Horowitz, *The Deadly Ethnic Riot*, 75.

98   AUSK, Fond SK SK BiH Bihać, kut. 186, Analiza metoda i formi neprijateljske djelatnosti na području opštine Bosanski Petrovac, May 30, 1961, 8.

99   ARS, PJF, Fond SK SK BiH Foča, Informacija o sprovoĐenju zaključaka I stavova Opštinskog komiteta Saveza komunista usvojenim na ranijim sastancima（无日期文件，很可能写于 1963 年底或 1964 年初），11–12.

100   AUSK, Fond SK SK BiH Bihać, kut. 186, Metod i forme neprijateljske aktivnosti ustaških, četničkih i mladomuslimanskih elemenata, djelovanje stihije I konzervatizma u današnjim uslovima na području opštine Drvar, June 1961, 5.

101   Ibid., 4.

102   Ibid., kut. 169, Zapisnik sa savjetovanja članova sekretarijata Sreskih komiteta, nekih članova Sreskog komiteta, sekretara opštinskih komiteta Saveza komunista i predsjednika NOO-e sa terena srezova Banja Luke, Prijedora i Bihaća, September 14, 1959, 8.

103   Ibid., kut. 187, Šovinistički istupi i tuče u 1961. godini, 1961, 10.

104   Ibid., kut. 184, Informacija o šovinističkim pojavama na terenu sreza Bihać, October 19, 1962, 1–2.

105   ARS, PJF, Fond SK SK BiH Foča, Druga sreska konferencija Saveza komunista goraž danskog Sreza, April 1958, 16; ibid., Materijal sa Treće sreske konferencije Saveza komunista goraždanskog sreza, April 11–12, 1960, 18; ABiH, Fond CK SK BiH, kut. 9. Neke pojave i problemi u meĐunacionalnim i vjerskim odnosima u Bosni i Hercegovini, May 7, 1959, 23–24, 46.

106   AUSK, Fond SK SK BiH Bihać, kut. 164, Informacije o šovinističkim pojavama na terenu Bosanski Petrovac, 1958, 1.

107   ARS, PJF, Fond SK SK BiH Foča, Informacija o sprovoĐenju zaključaka i stavova

Opštinskog komiteta Saveza komunista usvojenim na ranijim sastancima（无日期文件，很可能写于 1963 年底或 1964 年初），12.

108　关于"强人"的概念，参见 Kakar, *The Colours of Violence*, 71。关于因战争罪服刑后获释的人们在塑造族群归类和战时归类的事件中扮演的角色，参见 ABiH, Fond CK SK BiH, kut. 37, Informacija o aktuelnim problemima meĐunacionalnih odnosa na području sreza Prijedora, July 15, 1962, 3; ibid., Aktuelni problemi meĐunacionalnih odnosa na srezu Banjaluka, August 2, 1962, 14; ibid., Analiza o problemima meĐunacionalnih odnosa na području živiničke komune, June 26, 1962, 2; AUSK, Fond SK SK BiH Bihać, kut. 186, Analiza metoda i formi neprijateljske djelatnosti na području opštine Bosanski Petrovac, May 30, 1961, 8; 关于战争时期与共产党称为"敌对分子"（乌斯塔沙、切特尼克……）的派别作战的人的作用，参见 ABiH, Fond CK SK BiH, kut. 36, O nekim problemima meĐunacionalnih odnosa i pojavama šovinizma na srezu Sarajeva, November 24, 1962, 13, 24。

404

109　AUSK, Fond SK SK BiH Bihać, kut. 184, Informacija o šovinističkim pojavama na terenu srezu Bihać, October 19, 1962, 5.

110　可参见 ibid., kut. 164, Informacija o nekim pojavama šovinizma na području opštine Velike Kladuše, December 26, 1958, 1–2。

111　ABiH, Fond CK SK BiH, kut. 294, Izvještaj instruktora sa terena, Srez Goražde, 1948, 1.

112　参见 ibid., kut. 37, Analiza o meĐunacionalnim odnosima na goraždanskom srezu, July 1962, 9–10; ibid., kut. 9, Neke pojave i problemi u meĐunacionalnim i vjerskim odnosima u Bosni i Hercegovini, May 7, 1959, 51; ARS, PJF, Fond SK SK BiH Foča, Zapisnik sa sastanka Opštinskog komiteta Saveza komunista Foča, February 29, 1960, 3; ibid., Zapisnik sa Druge sjednice Opštinskog komiteta Saveza komunista Foča, March 7, 1963, 1–3。

113　20 世纪 50 年代后期联盟对民族问题的报告中表示，当地战争期间塞族人、穆斯林和克族人的群体性杀戮"在人们的意识中留下了深深的伤疤，特别是在年纪大的人里，以及尤其是在那些直接被跨群体暴力冲击到的家庭中"。而且，这也是"不健康民族关系"的主要原因，参见 ABiH, Fond CK SK BiH, kut. 9, Neke pojave i problemi u meĐunacionalnim I vjerskim odnosima u Bosni i Hercegovini, May 7, 1959, 2。

114　Ibid., kut. 37, Informacija o meĐunacionalnim odnosima na terenu Narodnog odbora sreza Jajce, August 6, 1962, 1.

115　AUSK, Fond SK SK BiH BiH, kut. 161, OK SK BiH Kulen Vakuf, Informacija o oblicima ispoljavanja šovinizma na opštini Kulen Vakuf, December 28, 1958, 1–2.

116　Ibid., kut. 234, Zapisnik sa zajedničke proširene sjednice Opštinskog komiteta Saveza komunista i Izvršnog odbora Opštinskog odbora Socijalističkog saveza radnog naroda Bosanska Krupa, February 3, 1965, 2, 6.

117　Ibid.

118　与 Sead Kadić 的访谈，November 3, 2008, Bihać。

119　与不具名信息提供者的访谈，September 24, 2008。

120　穆约·德尔维舍维奇的证词见 Kajan, "Pakao Vakuf Golubnjača," 27。

121 Kurtagić, *Zapisi o Kulen Vakufu*, 47.

122 与 Đula Seferović 的访谈, October 3, 2008, Ostrovica.

123 HDA DAKA, Fond RMZDL, Radovi za hronike sela (neobjavljeno), Štikovac, "Krvavo lapačko ljeto" (undated), 83.

124 与贝乔·佩赫利万诺维奇的访谈, October 3, 2008, Bihać。

125 与不具名信息提供者的访谈, June 22, 2013, Martin Brod。

126 关于欧洲战争时期和战后时期的"去融合化", 在这个过程中, 强制性的族群分离倾向于将战时群体性暴力的加害者和受害者分隔开来, 在东欧不少地方和巴尔干各地都是如此。参见 Philipp Ther and Ana Siljak, ed., *Redrawing Nations: Ethnic Cleansing in East-Central Europe, 1944–1948* (Lanham, MD: Rowman & Littlefield, 2001); Timothy Snyder, "'To Resolve the Ukrainian Problem Once and For All': The Ethnic Cleansing of Ukrainians in Poland, 1943–1947," *Journal of Cold War Studies* 1, no. 2 (1999): 86–120; Snyder, "The Causes of Ukrainian-Polish Ethnic Cleansing, 1943," *Past and Present* 179, no. 1 (2003): 197–234; Steven Bela Vardy and T. Hunt Tooley, eds., *Ethnic Cleansing in Twentieth-Century Europe* (Boulder, CO: Social Science Monographs and Columbia University Press, 2003), especially pt. 2; Redlich, *Together and Apart in Brzezany*; Benjamin Lieberman, *Terrible Fate: Ethnic Cleansing in the Making of Modern Europe* (Chicago: Ivan R. Dee, 2006), especially chaps. 5 and 6; Norman M. Naimark, *Fires of Hatred: Ethnic Cleansing in Twentieth-Century Europe* (Cambridge, MA: Harvard University Press, 2001), chap. 4; Pertti Ahonen, Gustavo Corni, Jerzy Kochanowski, Rainer Schulze, Tamas Stark, and Barbara Stelzl-Marx, *People on the Move: Forced Population Movements in Europe in the Second World War and Its Aftermath* (Oxford: Berg, 2008)。

127 我之所以说"虚情假意", 是因为共产党当局对"兄弟团结和统一"的监督——从庆祝活动、工作活动到口头警告和监禁——除了给大部分人提供友好相处的强大动机之外, 还掩盖了一些人之间更具对抗性的关系。这个说法来自 Ivo Andrić 的短篇《来自 1920 年的一封信》: Andrić, *The Damned Yard and Other Stories*, ed. and trans. Celia Hawkesworth (London: Forest, 1992), 107–119, here 117。

128 参见 Gagnon, *The Myth of Ethnic War*; Brass, *Theft of an Idol*; Tambiah, *Levelling Crowds*。

129 ABiH, Fond CK SK BiH, kut. 37, Neki vidovi negativnih pojava na planu međunacionalnih odnosa na području zeničkog sreza, August 30, 1962, 14.

130 Ibid., Informacija o aktuelnim idejnim problemima međunacionalnih odnosa i uticaja iz inostranstva na opštinama: Livno, Duvno, Kupres i Bugojno, July 7, 1962, 7–8.

131 Ibid., 9–10. 关于当地政治领导人应对族群间事件时彼此差异巨大的表现, 参见 ibid., Informacija o aktuelnim problemima međunacionalnih odnosa na području sreza Mostara, October 1962, 7–8; ibid., Analiza o nekim problemima međunacionalnih odnosa u srezu Brčko, July 25, 1962, 6–7, 21; ibid., Analiza o aktuelnim problemima međunacionalnih odnosa na srezu Banjaluka, August 2, 1962, 15; ibid., Neki problemi međunacionalnih odnosa u srezu Tuzla, August 3, 1962, 5; ibid., Analiza o aktuelnim problemima međunacionalnih odnosa na području komune Lukavac, 1962, 5–6; ibid., Aktuelni problemi međunacionalnih odnosa na području opštine Srebrenica, June 1962, 7; ibid., Informacija o

405

aktuelnim problemima meÐunacionalnih odnosa na području sreza Prijedor, July 15, 1962, 2; ibid., Analiza o aktuelnim problemima meÐunacionalnih odnosa na području opštine Livno, August 9, 1962, 3–4; ibid., Neki vidovi negativnih pojava na planu meÐunacionalnih odnosa na području zeničkog sreza, August 30, 1962, 13–14; ibid., Informacija o meÐunacionalnim odnosima na terenu Narodnog odbora sreza Jajce, August 6, 1962, 7; ibid., Neki aktuelni problemi meÐunacionalnih odnosa u Bosni i Hercegovini, April 10, 1962, 10, 40–42; ibid., kut. NN, Izvještaj grupe Centralnog komiteta SK BiH o nekim političkim iprivrednim problemima Hercegovine, 1966, 35; ibid., kut. 36, O nekim problemima meÐunacionalnih odnosa i pojavama šovinizma na srezu Sarajeva, November 24, 1962, 61–72; ARS, PJF, Fond SK SK BiH Foča, Grupa Opštinkog komiteta Saveza komunista koja je ispitala primjedbe na rad SUP-a Foča, Izvještaj o radu, November 1966, 3–4; Informacija o nekim negativnim pojavama na terenu Foča, October 20, 1960, 2。

132 关于克制和升级的概念，参见 Straus, "Retreating from the Brink"。

133 Rašeta, *Kazivanje pobjednika smrti*, 180.

134 Ibid., 20–21.

135 更多瓦索·特里基奇的传记信息，参见 AUSK, Fond SK SK BiH Bihać., kut. bez broja, Prijedlog drugova za sastav novog SK SK BiH Bihać, 1956; 关于 Milan Zorić, 参见 ĐurÐević-Đukić, ed., *Narodni heroji Jugoslavije, Knjiga druga N-Ž* , 351–352。关于两位候选人的差异点，参见 AUSK, Fond SK SK BiH Bihać, kut. 163, Zapisnik sa sjednice Opštinskog komiteta Saveza komunista Kulen Vakuf, March 17, 1958, 4。

136 Ibid., kut. 164, OK SK BiH Kulen Vakuf, Analiza nekih pojava u vezi sa sprovedenim izborima za Narodne poslanike, March 31, 1958, 6.

137 Ibid., 5.

138 Ibid., 6.

139 这种对冲突性质被理解为"族群"的过程持非批判性观点的研究，可参见 Roger D. Peterson, *Understanding Ethnic Violence: Fear, Hatred, and Resentment in Twentieth Century Eastern Europe* (Cambridge: Cambridge University Press, 2002)。

140 Brubaker, *Nationalism Reframed*, 21.

141 关于普通人怎样将民族语言当作工具来使用，可参见 Theodora Dragostinova, *Between Two Motherlands: Nationality and Emigration among the Greeks of Bulgaria, 1900–1949* (Ithaca, NY: Cornell University Press, 2011)。

142 关于 1941 年东欧的种种屠杀，参见 Gross, *Neighbors*, and Andrezj Żbikowski, "Local Anti-Jewish Pogroms in the Occupied Territories of Eastern Poland, June-July 1941," in *The Holocaust in the Soviet Union: Studies and Sources on the Destruction of Jews in the Nazi-Occupied Territories of the USSR, 1941–1945*, ed. Lucjan Dobroszycki and Jeffrey Gurock (Armonk, NY: M.E. Sharpe, 1993), 173–179; on the genocide in Rwanda, see Straus, *The Order of Genocide*; on communal violence in South Asia, see Das, *Life and Words*, and Tambiah, *Leveling Crowds*。

143 前南斯拉夫国际刑事法庭发布的裁决提供了颇能说明问题的例证，能说明 20 世纪 90 年

406

代波斯尼亚的塞族政客是怎样利用二战暴力的记忆，在地方性社群里创造出恐惧和猜疑的气氛的。另外一些例证则说明，当地的某些施害者在犯下暴行时，是怎样利用二战时期的归类的。未来研究中的一个重要主题，是这些记忆在群体间关系极化中的作用，以及记忆在微观层面上扮演的为施暴者提供动机的角色。例子可参见 International Tribunal for the Prosecution of Persons Responsible for Serious Violations of International Humanitarian Law Committed in the Territory of Former Yugoslavia since 1991, Case no. IT-94-1-T, May 7, 1997, Prosecutor versus Duško Tadić, paragraphs 83, 87, 88, 91, 94, 130, 154; Case no. IT-00-39-T, September 27, 2006, Prosecutor versus Momčilo Krajišnik, paragraphs 43, 45, 47, 638, 802, 896, 923, 1031。

尾声　作为生成性力量的暴力

1　*Krajina*, "Svečano u Kulen Vakufu," November 4, 1981, 3; ibid., "U Kulen Vakufu 3. novembra. Otkrivanje spomenika palim rodoljubima," October 30, 1981, 1.

2　关于 20 世纪 50 年代至 20 世纪 60 年代南斯拉夫狂热修建战争纪念碑的情况，参见 Max Bergholz "Među rodoljubima, kupusom, svinjama I varvarima: spomenici i grobovi NOR-a, 1947–1965 godine," *Godišnjak za društvenu istoriju* XIV, nos. 1–3 (2007), 61–82; 关于二战后闭口不谈该地区 1941 年的群体间屠杀，参见 idem, "The Strange Silence: Explaining the Absence of Monuments for Muslim Civilians Killed in Bosnia during the Second World War," *East European Politics & Societies* 24, no.3 (2010): 408–434。

3　*Kulen Vakuf*（一本记录镇上纪念碑的修建和揭幕过程的摄影集，保存在纪念碑设计师萨德塔·易卜拉辛帕希奇手中），页码未标记；*Krajina*, "Uz novembarske praznike u Kulen Vakufu. Spomen obilježje—simbol revolucije," November 13, 1981, 2. 与不具名信息提供者的访谈，September 24, 2008, Kulen Vakuf。

4　六个共和国包括斯洛文尼亚、克罗地亚、波斯尼亚和黑塞哥维那、马其顿、黑山、塞尔维亚；两个自治省分别是伏伊伏丁那和科索沃。

5　与纪念碑设计师萨德塔·易卜拉辛帕希奇的访谈，September 29, 2008, Bihać；*Kulen Vakuf*（一本记录镇上纪念碑的修建和揭幕过程的摄影集，保存在萨德塔·易卜拉辛帕希奇手中），页码未标记；*Krajina*, "U Kulen Vakufu grade spomen obilježje palim borcima. Simbol neraskidivog zajedništva," September 4, 1981, 1；名单参见 AMUSK, Zbirka informacije o spomenicima NOB, fas. 47, Kulen Vakuf, Odbor za izgradnju spomenika palim borcima NOR-a Kulen Vakuf, Predmet: Utvrđeni spisak palih boraca NOR-a od 1941. do 15. maja 1945. godine, April 3, 1981, 1–6。

6　*Krajina*, "Uz novembarske praznike u Kulen Vakufu. Spomen obilježje—symbol revolucije," November 13, 1981, 2.

7　Đurđević-Đukić, ed., *Narodni heroji Jugoslavije, Knjiga prva A-M*, 346–347.

8　卡拉诺维奇的演讲文本并未发布在当地报纸《边疆》上，当地档案馆也未保存。关于他参与并发表评论的详情，参见 *Kulen Vakuf*, 页码未标记。

9　与德尔维什·库尔塔季奇的访谈，November 9, 2006 and October 26, 2008, Kulen Vakuf；

Sead Kadić, November 3, 2008, Bihać; Derviš Dervišević, October 1, 2008, Klisa; Adem Dervišević, October 1, 2008, Klisa; Ibrahim Lepirica, November 8, 2008, Kulen Vakuf; Ale Galijašević, October 12, 2008, Kulen Vakuf.

10　关于波斯尼亚的塞族民族主义者计划让所谓塞族群体都离开波黑共和国并加入一个新的南斯拉夫联邦——或者说是一个"塞族土地"的联盟——的情况，参见 MUSK, Arhiv 5. Korpusa, "Bosanka Krajina. Konstitutivni činilac nove jugoslovenske federacije," December 31, 1991, 7。

11　*Informacija o zločinima počinjenim nad civilnim stanovništvom sa područja Ripač-Ćukovi -Orašac-Klisa-Kulen-Vakuf* (无日期小册子 [很可能出版于 1994 年春天]) by Udruženje žena i roditelja zarobljenih civila s područja Ripča, Ćukova, Orašca, Klise i Kulen-Vakufa), 1–2; Mujo Begić, *Ljutočko dolino, nikad ne zaboravi. Sjećanja* (Bihać: Grafičar, 2004), 106, 94–95.

12　Hilmo Kozlica, *Put kroz pakao* (Sarajevo: Savez logoraša Bosne i Hercegovine; CID—Centar za istraživanje i dokumentaciju, 2009), 33–36; Begić, *Ljutočko dolino*, 104, 80–81.

13　Begić, *Ljutočko dolino*, 77–78, 81.

14　Kozlica, *Put kroz pakao*, 40.

15　Viši sud u Bihaću, Zapisnik sastavljen dana 04.08.1992. povodom postupka za utvrĐivanje ratnih zločina počinjenih u Republici Bosne i Hercegovine, Iskaz Derviševića Đulage, August 4, 1992, 2–3.

16　Ministarstvo za unutrašnje poslove, Centar službe bezbjednosti Bihać, Podaci koji se odnose na učešće radnika Službe javne bezbjednosti Bihać na pripremama i organizaciji Srpskog naroda prije izbijanje ratnih sukoba, October 13, 1993, 1 (原始文件的影印版被收录在 Begić, *Ljutočka* 的附录中, *dolino*, 201–209).

17　Begić, *Ljutočko dolino*, 77–78, 81.

18　Nataša Kadić, "Ja nisam borac u uniformi, ali sam borac u srcu," (未发表手稿，收藏于 Nataša Kadić 的个人档案馆), 1.

19　Viši sud u Bihaću, Zapisnik sastavljen dana 4.8.1992. povodom postupka za utvrĐivanje ratnih zločina počinjenih u Republici Bosne i Hercegovine, Iskaz Derviševića Đulage, August 4, 1992, 5.

20　可参见 Banac, *The National Question in Yugoslavia*; see also Christian Nielsen, *Making Yugoslavs: Identity in King Aleksandar's Yugoslavia* (Toronto: University of Toronto Press, 2014)。

21　可参见 Kalyvas, *The Logic of Violence in Civil* War; see also Ashutosh Varshney, *Ethnic Conflict and Civil Life. Hindus and Muslims in India* (New Haven: Yale University Press, 2002)。

22　参见一个在更宏观的层面上对该主题的讨论 : Straus, "'Destroy Them to Save Us'" ; idem, *Making and Unmaking Nations*。

23　可参见 Wood, "The Social Processes of Civil War" ; Kalyvas, *The Logic of Violence in Civil* War; idem, "Ethnic Defection in Civil War" ; Balcells, "Rivalry and Revenge" ; Sambanis and Shayo, "Social Identification and Ethnic Conflict" ; 关于研究冲突进程的重要性，另

408

可参见 Fotini Christia, *Alliance Formation in Civil War* (New York: Cambridge University Press, 2012)。

24   关于这种研究族群冲突却提出静态族群归类概念的著作，可参见这些颇有影响的例子：Peterson, *Understanding Ethnic Violence*; Naimark, *Fires of Hatred*; Andreas Wimmer, *Waves of War. Nationalism, State Formation, and Ethnic Exclusion in the Modern World* (Cambridge: Cambridge University Press, 2013)。

25   参见 Straus, *The Order of Genocide*; 亦见 Waller, *Becoming Evil*。

26   关于这些因素在制造出对国家压迫的反抗中起到的作用，参见 Evgeny Finkel, "The Phoenix Effect of State Repression: Jewish Resistance during the Holocaust," *American Political Science Review* 109, no. 2 (2015): 339–353。

27   可参见 Judson, *Guardians of the Nation*; King, *Budweisers into Czechs and Germans*; Bjork, *Neither German nor Pole*; Zahra, *Kidnapped Souls*。

参考文献

档案馆

波黑地区

Arhiv Bosne i Hercegovine (ABiH) | Sarajevo
- Fond Agrarne direkcije u Sarajevu
- Fond Centralnog komiteta Saveza komunista Bosne i Hercegovine (CK SK BiH)
- Fond Saveza udruženja boraca Narodnooslobodilačkog rata Bosne i Hercegovine (SUBNOR BiH)
- Fond Zemaljske komisije za utvrĐivanje zločina okupatora i njihovih pomagača Bosne i Hercegovine (ZKUZ BiH)
- Fond Zajedničkog ministarstva finansija za Bosnu i Hercegovinu
- Fond Zemaljske Vlade Sarajevo

Arhiv Republike Srpske Banja Luka (ARSBL) | Banja Luka
- Fond 9, Kraljevska banska uprava Vrbaske Banovine (KBUVB)
- Fond 74, Velika Župa Sana i Luka Nezavisne Države Hrvatske (NDH)
- Fond 76, Rizičko upraviteljstvo Banja Luka Nezavisne Države Hrvatske (NDH)
- Fond 209, Memoarska graĐa

- Fond 328, Zbirka dokumenata Vojno-istorijskog instituta Jugoslovenske narodne armije (VII JNA), Bosanska Krajina
- Fond 330, Zbirka varia
- Fond 631, Ustaški stožer i povjereništvo za bivšu Vrbasku banovinu Banja Luka (USPBVBBL)
- Fond 559, Lični fond Milana Vukmanovića (1928-1993)
- Kartoteka ličnosti iz NOR-a
- Kartoteka ratnih zločinaca

Arhiv Unsko-sanskog kantona (AUSK) | Bihać
- Fond Sreskog komiteta Saveza komunista Bosne i Hercegovine (SK SK BiH) Bihać
- Fond Okružnog inspektorata Vrbaske Banovine (OIVB) Bihać
- Fond Okružne oblasti Bihać

Arhiv Muzeja Unsko-sanskog kantona (AMUSK) | Bihać
- Arhiv 5. Korpusa (razni materijali iz 1991. godine)
- Fond Prijepisi originalnih dokumenata iz Arhiva za historiju radničkog pokreta (AHRP), 1941-1945., Nezavisna Država Hrvatska
- Fond Sjećanja boraca iz Narodnooslobodilačkog rata, 1941-1945
- Doprinos u NOB, 1941-1945
- Fond Zbirke informacija o spomenicima Narodnooslobodilačkog ratu na području opštine Bihać
- Fond Zbirke fotografija bivšeg sreza i opštine Bihać

Arhiv Republike Srpske, Područna jedinica Foča (ARS PJ F) | Foča
- Fond Opštinskog komiteta Saveza komunista Bosne i Hercegovine (OK SK BiH) Foča

Lični arhiv Esada Biba novića (LAEB) | Sarajevo
- Neobjavljeni rukopisi o istoriji Kulen-Vakufa:
- "Kulen Vakuf. Svjedočanstvo jednog vremena." (Undated)
- "Kulen Vakuf i okolina kroz istoriju." (Undated)

- Radni materijal za knjigu "Kulen-Vakuf i okolina kroz istoriju." (Undated)
- "Stanovništvo Kulen-Vakufa i okoline kroz istoriju." (1980)

克罗地亚

Hrvatski državni arhiv (HD A) | Zagreb

- Fond 306, Zemaljska komisija za utvrÐivanje zločina okupatora i njihovih pomagača (ZKUZ) Hrvatska
- Fond 223, Ministarstvo unutarnjih poslova (MUP) Nezavisne Države Hrvatske (NDH)
- Fond 226, Ministarstvo zdravstva i udružbe Nezavisne Države Hrvatske (NDH)
- Fond 246, Zavod za kolonizaciju Nezavisne Države Hrvatske (NDH)
- Fond 248, Ministarstvo oružanih snaga Nezavisne Države Hrvatske (MINORS NDH)
- Fond 493, Sudovi oružanih snaga Nezavisne Države Hrvatske (NDH)
- Fond 1220, Centralni komitet (CK) Komunističke Partije Hrvatske (KPH)
- Fond 1352, Grupa V
- Fond 1353, Grupa VI
- Fond 1355, Grupa VIII
- Fond 1361, Grupa XVII
- Fond 1363, Grupa XXI
- Fond 1364, GrupaA€XXI
- Fond 1450, Ministarstvo oružanih snaga Nezavisne Države Hrvatske (MINORS NDH)

Hrvatski državni arhiv Karlovac (HDA DAKA) | Karlovac

- Fond 143, Memoarsko gradivo o NOR-u
- Fond 141, Razni spisi iz razdoblja NDH
- Fond Radnog materijala za Zbornik Donji Lapac (RMZDL)

塞尔维亚

Arhiv Jugoslavi je (AJ) | Belgrade

- Fond 14, Ministarstvo unutrašnjih poslova (MUP) Kraljevine Jugoslavije
- Fond 110, Državna komisija za utvrÐivanje zločina okupatora i njihovih pomagača

(DKUZ)

Arhiv Srbije (AS) | Belgrade
• Fond G-2, Komesarijat za izbeglice (KI)

Vojni arhiv (VA) | Belgrade
• Fond Centralnog komiteta Komunističke Partije Hrvatske (CK HRV)
• Fond Narodnooslobodilačke vojske Jugoslavije (NOV)
• Fond Nezavisne Države Hrvatske (NDH)
• Fond Sekretarijata unutarnjih poslova Socijalističke Republike Hrvatske (SUP SRH)
• Fond Sekretarijata unutrašnjih poslova Bosne i Hercegovine (SUP BiH)

Arhiv Srpske pravoslavne crkve (ASPC) | Belgrade
• Ministarstvo vere, Pravoslavno odeljenje
• Prepisi iz Komisije za prikupljanje podataka o zločinima nad Srbima u NDH, 1941-42

出版文件

Čekić, Smail. *Genocid nad Bošnjacima u Drugom svjetskom ratu: dokumenti.* Sarajevo: Udruženje Muslimana za antigenocidne aktivnosti, 1996.

Dedijer, Vladimir, and Antun Miletić, eds. *Proterivanje Srba sa ognjišta, 1941-1944: svjedočanstva.* Belgrade: Prosveta, 1989.

Dedijer, Vladimir, and Antun Miletić, eds. *Genocid nad Muslimanima, 1941-1945: zbornik dokumenata i svjedočenja.* Sarajevo: Svjetlost, 1990.

Dizdar, Zdravko, and Mihael Sobolevski. *Prešućivani četnički zločini u Hrvatskoj i Bosni i Hercegovini 1941.-1945.* Zagreb: Hrvatski institut za povijest, 1999.

Informacija o zločinima počinjenim nad civilnim stanovništvom sa područja Ripač-Ćukovi-Orašac-Klisa-Kulen-Vakuf. Udruženje žena i roditelja zarobljenih civila s područja Ripča, Ćukova, Orašca, Klise i Kulen-Vakufa [似乎是 1994 年出版的].

International Tribunal for the Prosecution of Persons Responsible for Serious

Violations of International Humanitarian Law Committed in the Territory of Former Yugoslavia since 1991. Case no. IT-94-1-T, May 7, 1997; Prosecutor versus Duško Tadić. Case no. IT-00-39-T, September 27, 2006; Prosecutor versus Momčilo Krajišnik.

Ministarstvo vanjskih poslova Nezavisne Države Hrvatske. *Odmetnička zvjerstva pustošenja u Nezavisnoj držœavi Hrvatskoj u prvim mjesecima žvota Hrvatske Narodne Države*. Zagreb: Ministarstvo vanjskih poslova, 1942.

Pavičić, Josip, ed. *Dossier Boričevac*. Zagreb: Naklada Pavičić, 2012.

Statistički pregled izbora narodnih poslanika za ustavotvornu skupštinu Kraljevine Srba, Hrvata I Slovenaca, izvršenih na dan 28. novembra 1920. god. Belgrade: Deliška tiskarna, 1921.

Statistika izbora narodnih poslanika Kraljevine Srba, Hrvata i Slovenaca 1923. Belgrade: Državna štamparija Kraljevine Srba, Hrvata i Slovenaca, 1924.

Statistika izbora narodnih poslanika Kraljevine Srba, Hrvata i Slovenaca 1925. Belgrade: Državna štamparija Kraljevine Srba, Hrvata i Slovenaca, 1926.

Statistika izbora narodnih poslanika Kraljevine Srba, Hrvata i Slovenaca 1927. Belgrade: Štamparija Vladete Janićijevića, 1928.

Statistika izbora narodnih poslanika za Prvu Jugoslovensku Narodnu Skupštinu održanih 8. novembra 1931. god. Belgrade, 1935.

Statistika izbora narodnih poslanika za Narodnu Skupštinu Kraljevine Jugoslavije izvršenih 5. maja 1935. godine. Belgrade: Štampa državne štamparije Kraljevine Jugoslavije, 1938.

Tucaković, Šemso. *Srpski zločini nad Bošnjacima-Muslimanima 1941–1945*. Sarajevo: El-Kalem, 1995.

Vukčević, Slavko, ed. *Zločini na jugoslovenskim prostorima u Prvom i Drugom svetskom ratu. Zbornik dokumenata*. Belgrade: Vojno-istorijski institut, 1993.

Zbornik dokumenata i podataka o Narodnooslobodilačkom ratu jugoslovenskih naroda, tom IV, knjiga 1, Borbe u Bosni i Hercegovini 1941. god. Belgrade: Vojno-istoriski institut Jugoslovenske Armije, 1951.

Zbornik dokumenata i podataka o Narodnooslobodilačkom ratu jugoslovenskih naroda, tom IV, knjiga 2, Borbe u Bosni i Hercegovini. Belgrade: Vojno-istoriski institut Jugoslovenske Armije, 1951.

Zbornik dokumenata i podataka o Narodnooslobodilačkom ratu jugoslovenskih naroda, tom V, knjiga 1, Borbe u Hrvatskoj 1941. godine. Belgrade: Vojno-istoriski institute Jugoslovenske Armije, 1952.

Živković, Nikola, and Petar Kačavenda. *Srbi u Nezavisnoj Državi Hrvatskoj: izabrana dokumenta.* Belgrade: Institut za savremenu istoriju, 1998.

Žrtve rata 1941.–1945. Popis iz 1964. godine, SR Bosna i Hercegovina (Banovići—Bosanski Novi). Belgrade: Savezni zavod za statistiku, 1992.

未发表的手稿和博士论文

Hajdarpašić, Edin. "Whose Bosnia? National Movements, Imperial Reforms, and the Political Re-Ordering of the Late Ottoman Balkans, 1840–1875." PhD diss., University of Michigan, 2008.

Kulen Vakuf. Bihać, 1981; private collection.

Mušeta, Abas. "Kulen Vakuf: Tragedija od 10.04 do 06–18.09 1941. godine."

报纸

Glas: organ Oblasnog odbora Narodno-oslobodilačkog fronta za Bosansku Krajinu (1944)

Glas Socijalističkog saveza radnog naroda banjalučkog sreza (1965)

Hrvatska Krajina (1941)

Hrvatski narod: Gasilo hrvatskog ustaškog pokreta (1941)

Krajina: list Saveza socijalističkog radnog naroda bihaćkog sreza (1956–1957, 1961, 1964, 1981)

Novi list (1941)

引用访谈

Anonymous informant, September 24, 2008

Anonymous informant, October 11, 2008

Anonymous informants, June 22, 2013, Martin Brod

Mujo Demirović, September 30, 2008, Bihać

Adem Dervišević, October 1, 2008, Klisa

Derviš Derviševié, October 1 and 5, 2008, Klisa

Mustafa Derviševié, October 11, 2008, Klisa

Branko Dobrac, October 1, 2008, Kulen Vakuf

Ale Galijaševié, October 12, 2008, Kulen Vakuf

Mujo Hasanagié, November 4, 2008, Kulen Vakuf

Smajo Hodžié, June 23, 2013, Ćukovi

Sadeta Ibrahimpašié, September 29, 2008, Bihać

Sead Kadié, November 3, 2008, Bihać

Adil Kulenović, November 7, 2006, Sarajevo

Ibrahim Lepirica, November 8, 2008, Kulen Vakuf

Abas Mušeta, July 7 and 8, 2012, Crikvenica

Murat Mušeta, September 27, 2008, Kulen Vakuf

Bećo Pehlivanović, October 3, 2008, Bihać

Dimitar Reljić, October 10, 2008 and June 22, 2013, Martin Brod

Đula Seferović, October 13, 2008, Ostrovica

Kemal Šatrkljević, September 27, 2008, Kulen Vakuf

Mehmed Štrkljević, September 28, 2008, Kulen Vakuf

Svetozar Tankosić, October 16, 2008, Martin Brod

Maho Vazović, September 24, 2008, Kulen Vakuf

回忆录和小说

Andrić, Ivo. *The Bridge on the Drina*. Translated by Lovett F. Edwards. Chicago: University of Chicago Press, [1945] 1977.

Andrić, Ivo. "A Letter from 1920." In *The Damned Yard and Other Stories*, edited and translated by Celia Hawkesworth, 107–119. London: Forest, 1992.

Balakian, Peter. *Black Dog of Fate: A Memoir*. New York: Basic Books, 1997.

Balaban, Dušan. "Vrtoče u prvim danima ustanka." In *Bosanski Petrovac u NOB, Knjiga II*, edited by Vladimir Čerkez, 49–73. Bosanski Petrovac: Opštinski odbor SUBNOR-a Bosanski Petrovac, 1974.

Bibanović, Esad. "Kulenvakufski komunisti u radničkom pokretu i ustanku." In *Bihać u novijoj istoriji (1918–1945): Zbornik radova sa Naučnog skupa održanog u Bihaću 9. i 10. oktobra 1986. godine*, 2 vols, edited by Galib Šljivo, 1: 419–466.

Banjaluka: Institut za istoriju u Banjaluci, 1987.

Bodnaruk, Ivica. "Sjećanje na dane ustanka u Drvaru i Petrovcu." In *Bosanski Petrovac u NOB, Knjiga II*, edited by Vladimir Čerkez, 41–48. Bosanski Petrovac: Opštinski odbor SUBNOR-a Bosanski Petrovac, 1974.

Ćelam, Ahmet. "Sindikalna organizacija kožarskih radnika u Bosanskoj Dubici." In *Kozara u Narodnooslobodilačkom ratu. Zapisi i sjećanja, knjiga prva*, edited by Radomir Petković, 100–104. Belgrade: Vojnoizdavački zavod, 1971.

Ćelam, Ahmet. "U Dubici poslije okupacije." In *Kozara u Narodnooslobodilačkom ratu. Zapisi i sjećanja, knjiga prva*, edited by Radomir Petković, 193–197. Belgrade: Vojnoizdavački zavod, 1971.

Čučak, Bogdan. *Nebljusi u Narodnooslobodilačkom ratu i revoluciji, 1941.–1945.* Belgrade: Savez boraca NOR-a Nebljusi i Skupština opštine Donji Lapac, 1981.

Damjanović Danić, Danilo. *Ustanak naroda Hrvatske 1941 u Srbu i okolini.* Zagreb: IP "Progres," 1972.

Damjanović-Danić, Danilo. "Pad Kulen Vakufa." In *Bosanski Petrovac u NOB. Zbornik sjećanja. Knjiga I*, edited by Vladimir Čerkez, 664–670. Bosanski Petrovac: Opštinski odbor SUBNOR-a Bosanski Petrovac, 1974.

Danilović, Uglješa. "Ustanak u Hercegovini, jun 1941–jun 1942." In *Hercegovina u NOB. Pišu učesnici*, edited by Milisav Perović, 25–39. Belgrade: Vojnoizdavački zavod JNA "Vojno delo," 1961.

Došen, Ana. *Krnjeuša u srcu i sjećanju.* Rijeka: Matica hrvatska, 1994.

Došen, Ana. *To je bilo onda.* Zagreb: Došen, self-published, 2006.

Dubajić Čkaljac, Rade. "Tragično djetinjstvo." In *Kotar Donji Lapac u Narodnoo oslobodilačkom ratu, 1941.–1945.*, edited by Gojko Vezmar and Đuro Zatezalo, 862–863. Karlovac: Historijski arhiv u Karlovcu, 1985.

Dubajić-Damjanović, Milica. "Omladina sela Zalužja 1941. godine." In *Lika u NOB. Zbornik. Pišu učesnici*, edited by Đoko Jovanić, 589–597. Novi Sad: Budućnost, 1963.

Đukić-Pilja, Filip. "Bjelajčani u ustanku." In *Bosanski Petrovac u NOB, Knjiga II*, edited by Vladimir Čerkez, 502–504. Bosanski Petrovac: Opštinski odbor SUBNOR-a Bosanski Petrovac, 1974.

Džubur, Lutvo. "Poslednje školsko zvono." In *Hercegovina u NOB, April 1941.–juni 1942, tom 2*, edited by Sveta Kovačević and Slavko Stijačić-Slavo,

344–402. Belgrade and Mostar: Vojnoizdavački i novinski centar i Istorijski arhiv Hercegovina, 1986.

Evans, Sir Arthur J. *Illyrian Letters. A Revised Selection of Correspondence From the Illyrian Provinces of Bosnia, Herzegovina, Montenegro, Albania, Dalmatia, Croatia, and Slavonia, Addressed to the "Manchester Guardian" during the Year 1877.* New York: Cosimo Classics, [1878] 2007.

Goldstein, Slavko. *1941., godina koja se vraća.* Zagreb: Novi Liber, 2007.

Goldstein, Slavko. *1941: The Year That Keeps Returning.* Translated by Michael Gable and Nikola Djuretic. New York: New York Review of Books, 2013.

Grbić, Dušan. "Cvjetnićka četa." In *Drvar, 1941–1945. Sjećanja učesnika, knjiga 2,* edited by Pero Morača, 356–363. Drvar: Skupština opštine Drvar, 1972.

HromaĐić, Ahmet. "Selo Bjelaj." In *Bosanski Petrovac u NOB, Knjiga II,* edited by Vladimir Čerkez, 494–497. Bosanski Petrovac: Opštinski odbor SUBNOR-a Bosanski Petrovac, 1974.

Ivezić, Dane. "Srbi su pobili cijeli rod Ivezića u selu Brotnja." *Vila Velebita,* no. 31, March 17, 1995, 10.

Ivezić, Dane. "Brotnja: ustanici istrijebili Iveziće." In *Dossier Boričevac,* edited by Josip Pavičić, 343–352. Zagreb: Naklada Pavičić, 2012.

Jovanić, Đoko. "Ustanak u južnoj lici 1941. godine (Neki podaci i sjećanje)." In *Lika u NOB, 1941. Zbornik, Knjiga prva,* edited by Đoko Jovanić, 99–141. Belgrade: Vojno izdavački zavod JNA "Vojno delo," 1963.

Jovanić, Đoko. "Ustanak u donjolapačkom kotaru 1941. godine." In *Kotar Donji Lapac u Narodnooslobodilačkom ratu, 1941.–1945.,* edited by Gojko Vezmar and Đuro Zatezalo, 96–156. Karlovac: Historijski arhiv u Karlovcu, 1985.

Jovanić, Đoko. *Ratna sjećanja.* Belgrade: Vojnoizdavački i novinski centar, 1988.

Kajan, Ibrahim. "Pakao Vakuf Golubnjača." *Ogledalo* 1, no. 2 (prosinac/decembar 1990): 26–27.

Karanović, Đuro. "Napad na žandarmerijsku stanicu u Martin Brodu." In *Drvar 1941–1945., sjećanja učesnika, knjiga 2,* edited by Pero Morača, 424–432. Drvar: Skupština opštine Drvar, 1972.

Karanović, Nikola. "Sadjejstvo sa ličkim ustanicima." In *Drvar, 1941–1945. Sjećanja učesnika, knjiga 2,* edited by Pero Morača, 407–414. Drvar: Skupština opštine Drvar, 1972.

Kecman-Hodak, Mara. "Sjećanja na Bušević, Kestenovac, Bosanske Štrpce i Kalate." In *Bosanski Petrovac u NOB. Zbornik sjećanja. Knjiga III*, edited by Vladimir Čerkez, 150–159. Bosanski Petrovac: Opštinski odbor SUBNOR-a Bosanski Petrovac, 1974.

Keča, Jovica. "Ustanički dani u okolini Kulen Vakufa." In *Bosanski Petrovac u NOB. Zbornik sjećanja. Knjiga IV*, edited by Vladimir Čerkez, 199–203. Bosanski Petrovac: Opštinski odbor SUBNOR-a Bosanski Petrovac, 1974.

Knežević, Dušan. "Omladinska radna akcija u selu Orašcu." In *Bosanski Petrovac u NOB. Zbornik sjećanja. Knjiga IV*, edited by Vladimir Čerkez, 253–255. Bosanski Petrovac: Opštinski odbor SUBNOR-a Bosanski Petrovac, 1974.

Knežević, Nikola. "Cvjetnićani u akciji." In *Drvar, 1941–1945. Sjećanja učesnika, knjiga 2.*, edited by Pero Morača, 454–462. Drvar: Skupština opštine Drvar, 1972.

Knežević, Nikola. "Maćuka." In *Drvar, 1941–1945. Sjećanja učesnika, knjiga 3.*, edited by Pero Morača, 86–89. Drvar: Skupština opštine Drvar, 1978.

Konjhodžić, Mahmud. *Kronika o ljubuškom kraju.* Sarajevo: Oslobođenje; Opštinski odbor SUBNOR-a ljubuški, 1974.

Kovačević, Rade. "Na zajedničkom djelu." In *Bosanski Petrovac u NOB, Knjiga II*, edited by Vladimir Čerkez, 573–578. Bosanski Petrovac: Opštinski odbor SUBNOR-a Bosanski Petrovac, 1974.

Kozlica, Hilmo. *Put kroz pakao.* Sarajevo: Savez logoraša Bosne i Hercegovine; CID—Centar za istraživanje i dokumentaciju, 2009.

Kurtagić, Derviš. *Zapisi o Kulen-Vakufu.* Bihać: Kurtagić, 2005.

Labus, Mile. "Sjećanja i zapisi." In *Bosanski Petrovac u NOB, Knjiga druga*, edited by Vladimir Čerkez, 514–529. Bosanski Petrovac: Opštinski odbor SUBNOR-a Bosanski Petrovac, 1974.

Lukić, Simo. "Četnici u kotaru Donji Lapac od 1941. do 1945." In *Kotar Donji Lapac u Narodnooslobodilačkom ratu, 1941.–1945.*, edited by Gojko Vezmar and Đuro Zatezalo, 865–888. Karlovac: Historijski arhiv u Karlovcu, 1985.

Majstorović, Milan, and Mićo Medić. *Prve iskre: Doljani u NOB.* Zagreb: Lykos, 1961.

Majstorović, Milan, and Mićo Medić. "Doljani u narodnom ustanku." In *Ustanak naroda Jugoslavije 1941. Pišu učesnici, Zbornik, knjiga peta*, edited by Koča Popović, 456–470. Belgrade: Vojnoizdavački zavod JNA "Vojno delo," 1964.

Majstorović, Nikola. "Kulen Vakuf opština u NOR-u." In *Bosanski Petrovac u NOB. Knjiga III*, edited by Vladimir Čerkez, 374–380. Bosanski Petrovac: Opštinski odbor SUBNOR-a Bosanski Petrovac, 1974.

Mažuranić, Matija. *A Glance into Ottoman Bosnia or a Short Journey into that Land by a Native in 1839–1840*. London: Saqi, [1842] 2007.

Medić, Mićo. "Obavještajna služ ba na području donjolapačkog kotara." In *Kotar Donji Lapac u Narodnooslobodilačkom ratu, 1941.–1945.*, edited by Gojko Vezmar and Đuro Zatezalo, 888–926. Karlovac: Historijski arhiv u Karlovcu, 1985.

Mileusnić, Sava. "Donji Lapac u ustanku." In *Lika u NOB. Zbornik. Pišu učesnici*, edited by Đoko Jovanić, 385–412. Novi Sad: Budućnost, 1963.

Montejo, Victor. *Testimony: Death of a Guatemalan Village*. Translated by Victor Perera. Willimantic, CT: Curbstone Press, 1987.

Morača, Pero, ed. *Jajačko područje u oslobodilačkom ratu i revoluciji 1941–1945. Zbornik sjećanja, Knjiga I*. Novi Sad: "Budućnost" ; Skupština opština Donji Vakuf, Jajce i Šipovo,1981.

NaĐ, Kosta. "Iz ratnih dana." In *Četrdeset godina. Zbornik sećanja aktivista jugoslovenskog revolucionarnog radničkog pokreta, 1941–1945, knjiga 5*, edited by Pero Morača, 314–339. Belgrade: Kultura, 1961.

NaĐ, Kosta. *Ustanak: ratne uspomene Koste NaĐa*. Zagreb: Spektar, 1981.

Novaković, Savo. "Tuk Dževar—Dobro selo u zla vremena." In *Bosanski Petrovac u NOB, zbornik sjećanja, knjiga II*, edited by Vladimir Čerkez, 471–486. Bosanski Petrovac: Opštinski odbor SUBNOR-a Bosanski Petrovac, 1974.

Obradović, Milan. "Selo Bubanj u plamenu." In *1941–1942. u svedočenjima učesnika narodnooslobodilačke borbe, knjiga 7*, edited by Radomir Petković, 433–463. Belgrade: Vojnoizdavački zavod, 1975.

Obradović, Milan. "Zločini na kotaru Donji Lapac od 1941. do 1945." In *Kotar Donji Lapac u Narodnooslobodilačkom ratu, 1941.–1945.*, edited by Gojko Vezmar and Đuro Zatezalo, 821–847. Karlovac: Historijski arhiv u Karlovcu, 1985.

Odić, Franjo. "Julski dani 1941. na unskoj pruzi." In *Podgrmeč u NOB. Podgrmeč do ustanka i u ustanku 1941. Zbornik sjećanja, knjiga prva*, edited by Dušan Pejanović, 211–215. Belgrade: Vojnoizdavački zavod, 1972.

Odić, Slavko. "Radnički pokret Bihaća i okoline do ustanka 1941. godine." In *Podgrmeč u NOB: Podgrmeč do ustanka i u ustanku 1941. Zbornik sjećanja, knjiga prva*, edited by Dušan Pejanović, 15–109. Belgrade: Vojnoizdavački zavod, 1972.

Odić, Slavko. "Okupacija Bosne u aprilskom ratu 1941. godine." In *Srednja Bosna u NOB-u: srednja Bosna do ustanka i u ustanku 1941., članci i sjećanja, knjiga prva*, edited by Slavko Odić, 163–170. Belgrade: Vojnoizdavački zavod, 1976.

Odić, Slavko. "Ustaški pokret i katolička crkva u Hrvatskoj i Bosni i Hercegovini." In *Srednja Bosna u NOB-u: srednja Bosna do ustanka i u ustanku 1941., članci I sjećanja, knjiga prva*, edited by Slavko Odić, 247–273. Belgrade: Vojnoizdavački zavod, 1976.

Pećanac, Milanko. "Suvaja i njeni ljudi u ustaničkim danima." In *Bosanski Petrovac u NOB. Zbornik sjećanja. Knjiga II*, edited by Vladimir Čerkez, 74–100. Bosanski Petrovac: Opštinski odbor SUBNOR-a Bosanski Petrovac, 1974.

Pervan, Asim. "Ljudi i dogoĐaji fatničkog kraja." In *Hercegovina u NOB, April 1941.–juni 1942., tom 2*, edited by Sveta Kovačević and Slavko Stijačić-Slavo, 749–790. Belgrade and Mostar: Vojnoidavački i novinski centar i Istorijski arhiv Hercegovina, 1986.

Pervan, Tahir. *Čavkarica. Vrata pakla*. Sarajevo: Behar, 2007.

Pilipović, Milkan. "Dramatična borba na vrtočkoj gradini." In *Bosanski Petrovac u NOB. Knjiga druga*, edited by Vladimir Čerkez, 300–313. Bosanski Petrovac: Opštinski odbor SUBNOR-a Bosanski Petrovac, 1974.

Pilipović, Nikica. "Vrtoče u ustanku 1941." In *Ustanak naroda Jugoslavije 1941. Pišu učesnici, Zbornik, knjiga četvrta*, edited by Koča Popović, 858–874. Belgrade: Vojnoizdavački zavod JNA "Vojno delo," 1964.

Pilipović, Nikica. "Vrtočani u danima ustanka, požara i otpora." In *Bosanski Petrovac u NOB, Knjiga I*, edited by Vladimir Čerkez, 540–584. Bosanski Petrovac: Opštinski odbor SUBNOR-a Bosanski Petrovac, 1974.

Pilipović, Nikica. *Romori vrtočke prošlosti*. Bihać: Mjesna zajednica Vrtoče, 1989.

Pilipović, Pero. "Organizacija ustanka u Cvjetniću i okolnim selima." In *Drvar, 1941–1945. Sjećanja učesnika, knjiga 2*, edited by Pero Morača, 280–289. Drvar: Skupština opštine Drvar, 1972.

Pilipović, Pero. "Borba Cvjetnićana na petrovačkom području." In *Bosanski*

Petrovac u NOB. Zbornik sjećanja. Knjiga I, edited by Vladimir Čerkez, 585–602. Bosanski Petrovac: Opštinski odbor SUBNOR-a Bosanski Petrovac, 1974.

Pilipović, Pero. "Istina o jednom zločinu." In *Bosanski Petrovac u NOB. Zbornik sjećanja. Knjiga II,* edited by Vladimir Čerkez, 603–605. Bosanski Petrovac: Opštinski odbor SUBNOR-a Bosanski Petrovac, 1974.

Pilipović Mandžuka, Milka. "Očeva smrt." In *Drvar, 1941–1945. Sjećanja učesnika, knjiga 2,* edited by Pero Morača, 516–519. Drvar: Skupština opštine Drvar, 1972.

Plećaš-Nitonja, Nikola. *Požar u Krajini.* Chicago: Plećaš-Nitonja, 1975.

Polovina, Gojko. "Sjećanja na početni period narodnog ustanka u Lici godine 1941." In *Zbornik 3: Prva godina Narodnooslobodilačkog rata na području Karlovca, Korduna, Gline, Like, Gorskog kotara, Pokuplja i Žumberka,* edited by Đuro Zatezalo, 771–813. Karlovac: Historijski arhiv u Karlovcu, 1971.

Polovina, Gojko. *Svedočenje: prva godina ustanka u Lici.* Belgrade: Izdavačka radna organizacija "Rad," 1988.

Popadić, Branko. "Na prostoru Stoca i Bileće." In *Hercegovina u NOB, April 1941.–juni 1942., tom 2,* edited by Sveta Kovačević and Slavko Stijačić-Slavo, 631–651. Belgrade and Mostar: Vojnoidavački i novinski centar i Istorijski arhiv Hercegovina, 1986.

Puškar, Halil. *Krajiški pečat.* Istanbul: n.p., 1996.

Radošević, Lazo. "Vrtoče u ustanku." In *Bosanski Petrovac u NOB, Knjiga II,* edited by Vladimir Čerkez, 462–479. Bosanski Petrovac: Opštinski odbor SUBNOR-a Bosanski Petrovac, 1974.

Radošević, Petar. "Teror ustaša u Vrtoču." In *Bosanski Petrovac u NOB, Knjiga I,* edited by Vladimir Čerkez, 647–649. Bosanski Petrovac: Opštinski odbor SUBNOR-a Bosanski Petrovac, 1974.

Rakić, Mićo. "Rad SKOJ-a u Bosanskom Petrovcu." In *Ustanak naroda Jugoslavije 1941. Pišu učesnici, knjiga treća,* edited by Koča Popović, 369–385. Belgrade: Vojnoizdavački zavod JNA "Vojno delo," 1963.

Rašeta, Ilija. "Pripremanje i početak ustanka u Donjem Lapcu." In *1941–1942. u svedočenjima učesnika narodnooslobodilačke borbe, knjiga 4,* edited by Radomir Petković, 199–235. Belgrade: Vojnoizdavački zavod, 1975.

Rašeta, Ilija. *Kazivanje pobjednika smrti.* Zagreb: Grafički zavod Hrvatske, 1988.

Reljić, Jovo. "Martin Brod—Partizanska baza." In *Ustanak naroda Jugoslavije*

1941. Pišu učesnici, Zbornik, knjiga šesta, edited by Svetislav Savković, 391–407. Belgrade: Vojnoizdavački zavod JNA "Vojno delo," 1964.

Reljić, Jovo. "Martin Brod 1941. godine." In *Drvar, 1941–1945. Sjećanja učesnika, knjiga 2.*, edited by Pero Morača, 389–406. Drvar: Skupština opštine Drvar, 1972.

Repac, Rade. "Nebljuški kraj u NOB-u." In *Kotar Donji Lapac u Narodnooslobodilačkom ratu, 1941.–1945.*, edited by Gojko Vezmar and Đuro Zatezalo, 206–238. Karlovac: Historijski arhiv u Karlovcu, 1985.

Rudić, Jovanka. "Na prekopanoj cesti." In *Bosanski Petrovac u NOB. Zbornik sjećanja, knjiga I*, edited by Vladimir Čerkez, 349–355. Bosanski Petrovac: Opštinski odbor SUBNOR-a Bosanski Petrovac, 1974.

Šijan, Milan. "Nastanak i djelovanje KPJ na teritoriji kotara do oslobođenja Donjeg Lapca februara 1942. godine." In *Kotar Donji Lapac u Narodnooslobodilačkom ratu, 1941.–1945.*, edited by Gojko Vezmar and Đuro Zatezalo, 34–52. Karlovac: Historijski arhiv u Karlovcu, 1985.

Šiljegović, Boško. "Kako se pripremio ustanak u dubičkim selima." In *Krajiške brigade*, edited by Ljubo Babić, 69–74. Ljubljana: Ljudske pravice, 1954.

Šiljegović, Boško. "Pripremanje ustanka u dubičkim selima." In *Ratna sećanja aktivista jugoslovenskog revolucionarnog radničkog pokreta, knjiga prva: 1941–1945*, edited by Pero Morača, 348–353. Belgrade: Kultura, 1961.

Štikavac, Milan. "Krvavo lapačko ljeto." In *Ratna sjećanja iz NOB, knjiga I*, edited by Esad Tihić and Momčilo Kalem, 599–616. Belgrade: Vojno-izdavački zavod, 1981.

Tankosić, Vlado. "Kako sam strijeljan i bačen u jamu." In *Drvar, 1941–1945. Sjećanja učesnika, knjiga 1*, edited by Pero Morača, 250–252. Drvar: Skupština opštine Drvar, 1972.

Trikić, Stevo. "Upostavljanje vlasti NDH i ustaški teror u Drvaru." In *Drvar, 1941–1945. Sjećanja učesnika, knjiga 1*, edited by Pero Morača, 199–225. Drvar: Skupština opštine Drvar, 1972).

Vidaković, Nikola. "Sjećanje na osnivanje i rad partijske organizacije do početka ustanka 1941." In *Kotar Donji Lapac u Narodnooslobodilačkom ratu, 1941.–1945.*, edited by Gojko Vezmar and Đuro Zatezalo, 17–34. Karlovac: Historijski arhiv u Karlovcu, 1985.

Vojvodić, Dušan. "Sjećanje na događaje u kotaru Donji Lapac od 1940. do 1942.

godine." In *Kotar Donji Lapac u Narodnooslobodilačkom ratu, 1941.–1945.*, edited by Gojko Vezmar and Đuro Zatezalo, 157–182. Karlovac: Historijski arhiv u Karlovcu,A€1985.

Vukmanović Tempo, Svetozar. *Revolucija koja teče. Memoari.* Belgrade: Komunist, 1971.

二级文献

Ahonen, Pertti, Gustavo Corni, Jerzy Kochanowski, Rainer Schulze, Tamas Stark, and Barbara Stelzl-Marx. *People on the Move: Forced Population Movements in Europe in the Second World War and Its Aftermath.* Oxford: Berg, 2008.

Akbar, M.J. *Riot after Riot. Reports on Caste and Communal Violence in India.* New Delhi: Penguin Books, 1988.

Allcock, John. *Explaining Yugoslavia.* New York: Columbia University Press, 2000.

Allport, Gordon W., and Leo Postman. *The Psychology of Rumor.* New York: H. Holt & Company, 1947.

Altić, Husejn. "Lički muslimani." *Kalendar Narodna uzdanica za godinu 1941.* Godina IX. Sarajevo: Narodna uzdanica, 1941: 97–100.

Altić, Husejn. "Bivši Kulen Vakuf." *Narodna uzdanica Književni zbornik za godinu 1943*, god. XI. Sarajevo: Narodna uzdanica, 1942: 15–19.

Anderson, Benedict. *Imagined Communities: Reflections on the Origin and Spread of Nationalism.* London: Verso, 1983.

Anscombe, Frederick, ed. *The Ottoman Balkans, 1750–1830.* Princeton, NJ: Markus Wiener, 2006.

Autesserre, Severine. *The Trouble with the Congo: Local Violence and the Failure of International Peace Building.* Cambridge: Cambridge University Press, 2010.

Balcells, Laia. "Rivalry and Revenge: Violence against Civilians in Conventional Civil Wars." *International Studies Quarterly* 54, no. 2 (2010): 291–313.

Banac, Ivo. *The National Question in Yugoslavia. Origins, History, Politics.* Ithaca, NY: Cornell University Press, 1984.

Bandžović, Safet. *Iseljavanje Bošnjaka u Tursku.* Sarajevo: Institut za istraživanje zločina protiv čovječnosti i meĐunarnodnog prava, 2006.

Barić, Nikica. *Ustroj kopnene vojske domobranstva Nezavisne Države Hrvatske*

1941.– 1945. Zagreb: Hrvatski institut za povijest, 2003.

Bartov, Omer. "Seeking the Roots of Modern Genocide: On the Macro-and Microhistory of Mass Murder." In *The Specter of Genocide: Mass Murder in Historical Perspective*, edited by Robert Gellately and Ben Kiernan, 75–96. Cambridge: Cambridge University Press, 2003.

Bartov, Omer. "Eastern Europe as the Site of Genocide." *Journal of Modern History* 80, no. 3 (2008): 557–593.

Bartov, Omer. "White Spaces and Black Holes." In *The Shoah in Ukraine: history, testimony, memorialization*, edited by Ray Brandon and Wendy Lower, 318–353. Bloomington: Indiana University Press, 2008.

Bartov, Omer. "Bloodlands: Europe between Hitler and Stalin (Book Review)." *Slavic Review* 70, no. 2 (2011): 424–428.

Bartov, Omer. "Communal Genocide: Personal Accounts of the Destruction of Buczacz, Eastern Galicia, 1941–1944." In *Shatterzone of Empires: Coexistence and Violence in the German, Habsburg, Russian, and Ottoman Borderlands*, edited by Omer Bartov and Eric D. Weitz, 399–420. Bloomington and Indianapolis: Indiana University Press, 2013.

Bartulin, Nevenko. *The Racial Idea in the Independent State of Croatia: Origins and Theory*. Leiden: Brill, 2014.

Begić, Mujo. *Ljutočko dolino, nikad ne zaboravi. Sjećanja*. Bihać: Grafičar, 2004.

Begić, Mujo. *Zločini ustanika u Ljutočkoj dolini 1941. godine*. Sarajevo: Institut za istraživanje zločina protiv čovječnosti i meĐunarodnog prava Univerziteta u Sarajevu, 2013.

Beissinger, Mark R. *Nationalist Mobilization and the Collapse of the Soviet State*. Cambridge: Cambridge University Press, 2002.

Bela Vardy, Steven, and T. Hunt Tooley, eds. *Ethnic Cleansing in Twentieth-Century Europe*. Boulder, CO: Social Science Monographs and Columbia University Press, 2003.

Bergholz, Max. "MeĐu rodoljubima, kupusom, svinjama i varvarima: spomenici i grobovi NOR-a, 1947–1965 godine." *Godišnjak za društvenu istoriju* XIV, nos. 1–3 (2007): 61–82.

Bergholz, Max. "The Strange Silence: Explaining the Absence of Monuments for Muslim Civilians Killed in Bosnia during the Second World War." *East European*

Politics€?& Societies 24, no. 3 (2010): 408–434.

Biondich, Mark. *Stjepan Radić, the Croat Peasant Party, and the Politics of Mass Mobilization, 1904–1928.* Toronto: University of Toronto Press, 2000.

Biondich, Mark. "Religion and Nation in Wartime Croatia: Reflections on the Ustaša Policy of Forced Religious Conversions, 1941–1942." *Slavonic and East European Review* 83, no. 1 (2005): 71–116.

Bjork, James E. *Neither German nor Pole: Catholicism and National Indifference in a Central European Borderland.* Ann Arbor: University of Michigan Press, 2008.

Blum, Jerome. *Lord and Peasant in Russia: From the Ninth to the Nineteenth Century.* Princeton, NJ: Princeton University Press, 1961.

Bošnjak, Slavoljub [Ivan Franjo Jukić] . *Zemljopis i poviestnica Bosne.* Zagreb: Berzotiskom narodne tiskarnice dra. Ljudevit Gaja, 1851.

Bowman, Glenn. "The Violence in Identity." In Bettina E. Schmidt and Ingo W. Schroder, *Anthropology of Violence and Conflict*, 25–46. London: Routledge, 2001.

Brass, Paul. *Theft of an Idol: Text and Context in the Representation of Collective Violence.* Princeton, NJ: Princeton University Press, 1997.

Brubaker, Rogers. *Nationalism Reframed: Nationhood and the National Question in the New Europe.* Cambridge: Cambridge University Press, 1996.

Brubaker, Rogers. *Ethnicity without Groups.* Cambridge, MA: Harvard University Press, 2004.

Brubaker, Rogers, Margit Feischmidt, Jon Fox, and Liana Grancea. *Nationalist Politics and Everyday Ethnicity in a Transylvanian Town.* Princeton, NJ: Princeton University Press, 2006.

Brubaker, Rogers, and David Laitin. "Ethnic and Nationalist Violence." *Annual Review of Sociology* 24, no. 4 (1998): 423–452.

Brubaker, Rogers, Mara Loveman, and Peter Stamatov. "Ethnicity as Cognition." *Theory and Society* 33, no. 1 (2004): 31–64.

Brujić, SrĐan, and Đuro Stanisavljević. "Razvoj organizacija KP u Lici i njihova uloga u ustanku 1941." In *Lika u NOB, 1941. Zbornik, knjiga prva*, edited by Đoko Jovanić, 7–38. Belgrade: Vojno izdavački zavod JNA "Vojno delo," 1963.

Chirot, Daniel, and Clark McCauley. *Why Not Kill Them All? The Logic and Prevention of Mass Political Murder.* Princeton, NJ: Princeton University Press,

2006.

Christia, Fotini. *Alliance Formation in Civil War*. New York: Cambridge University Press, 2012.

Collins, Randall. *Violence: A Micro-Sociological Theory*. Princeton, NJ: Princeton University Press, 2008.

Confino, Alon. "Why Did the Nazis Burn the Hebrew Bible? Nazi Germany, Representations of the past, and the Holocaust." *Journal of Modern History* 84, no. 2 (2012): 369–400.

Confino, Alon. *A World without Jews: The Nazi Imagination from Persecution to Genocide*. New Haven: Yale University Press, 2014.

Coser, Lewis A. *The Functions of Social Conflict*. New York: Free Press, 1956.

Ćorović, Vladimir. *Bosna i Hercegovina*. Banja Luka: Glas srpski, 1999 [1940] .

Čubrilović, Vasa. *Bosanski ustanak, 1875–1878., Drugo izdanje*. Belgrade: Službeni list SRJ, [1930] 1996.

Das, Veena. *Life and Words: Violence and the Descent into the Ordinary*. Berkeley: University of California Press, 2007.

Das, Veena. "Collective Violence and the Shifting Categories of Communal Riots, Ethnic Cleansing, and Genocide." In *The Historiography of Genocide*, edited by Dan Stone, 93–127. New York: Palgrave Macmillan, 2008.

Deloria, Philip. *Indians in Unexpected Places*. Lawrence: University Press of Kansas, 2004.

Demirović, Mujo. *Bosna i Bošnjaci u srpskoj politici*. Bihać: Ekonomski fakultet, 1999.

Djokić, Dejan. *Elusive Compromise: A History of Interwar Yugoslavia*. New York: Columbia University Press, 2007.

Downes, Alexander. *Targeting Civilians in War*. Ithaca, NY: Cornell University Press, 2008.

Dragostinova, Theodora. *Between Two Motherlands: Nationality and Emigration among the Greeks of Bulgaria, 1900–1949*. Ithaca, NY: Cornell University Press, 2011.

Duara, Prasenjit. "Historicizing National Identity, or Who Imagines What and When." In *Becoming National. A Reader*, edited by Geoff Eley and Ronald Grigor Suny, 151–177. New York: Oxford University Press, 1996.

Dulić, Tomislav. *Utopias of Nation. Local Mass Killing in Bosnia-Herzegovina, 1941–1942.* Uppsala: Uppsala University, 2005.

Dumitru, Diana, and Carter Johnson. "Constructing Interethnic Conflict and Cooperation: Why Some People Harmed Jews and Others Helped Them during the Holocaust in Romania." *World Politics* 63, no. 1 (2011): 1–42.

ÐurÐević-Ðukić, Olga, ed. *Narodni heroji Jugoslavije, Knjiga prva A-M.* Belgrade: Mladost, 1975.

ÐurÐević-Ðukić, Olga, ed. *Narodni heroji Jugoslavije, Knjiga druga N-Ž* . Belgrade: Mladost, 1975.

Dwyer, Leslie, and Degung Santikarma. "'When the World Turned to Chaos' : 1965 and Its Aftermath in Bali, Indonesia." In *The Spectre of Genocide*, edited by Robert Gellately and Ben Kiernan, 289–305. Cambridge: Cambridge University Press, 2003.

Ekmečić, Milorad. *Ustanak u Bosni, 1875–1878., treće, izmenjeno izdanje.* Belgrade: Služ beni list SRJ, [1960] 1996.

Erić, Milivoje. *Agrarna reforma u Jugoslaviji 1918–1941.* Trebinje: Kultura, 1958.

Faroqhi, Suraiya. "Coping with the Central State, Coping with Local Power: The Ottoman Regions and Notables from the Sixteenth to the Early Nineteenth Century." In *The Ottomans and the Balkans: A Discussion of Historiography*, edited by Fikret Adanir and Suraiya Faroqhi, 351–382. Leiden: Brill, 2002.

Fearon, James, and David Laitin. "Explaining Interethnic Cooperation." *American Political Science Review* 90, no. 4 (1996): 715–735.

Ferenc, Tone. *Nacistička politika denacionalizacije u Sloveniji u godinama od 1941 do 1945.* Ljubljana: Partizanska knjiga, 1979.

Fein, Helen. *Accounting for Genocide: National Responses and Jewish Victimization during the Holocaust.* New York: Free Press, 1979.

Fellman, Michael. *Inside War. The Guerrilla Conflict in Missouri during the American Civil War.* New York: Oxford University Press, 1989.

Filandra, Šaćir. *Bošnjačka politika u XX. stoljeću.* Sarajevo: Sejtarija, 1998.

Finkel, Caroline. *Osman's Dream: The Story of the Ottoman Empire, 1300–1923.* London: John Murray, 2005.

Finkel, Evgeny. "The Phoenix Effect of State Repression: Jewish Resistance during the Holocaust." *American Political Science Review* 109, no. 2 (2015): 339–353.

Frijda, Nico. "The Lex Talionis: On Vengeance." In Stephanie van Goozen, Nanne van de Poll, and Joseph Sergeant, eds. *Emotions: Essays on Emotion Theory*, 263–289. Hillsdale, NJ: Lawrence Erlbaum, 1994.

Fujii, Lee Ann. *Killing Neighbors: Webs of Violence in Rwanda*. Ithaca, NY: Cornell University Press, 2009.

Fujii, Lee Ann. "The Puzzle of Extra-Lethal Violence." *Perspectives on Politics* 11, no. 2 (June 2013): 410–426.

Gagnon, V.P., Jr. *The Myth of Ethnic War: Serbia and Croatia in the 1990s*. Ithaca, NY: Cornell University Press, 2004.

Gellner, Ernest. *Nations and Nationalism*. Ithaca, NY: Cornell University Press, 1983.

Gerlach, Christian. "Bloodlands: Europe between Hitler and Stalin (Book Review)." *American Historical Review* 116, no. 5 (2011): 1594–1595.

Goodwin, Jeff. *No Other Way Out: States and Revolutionary Movements, 1945–1991*. Cambridge: Cambridge University Press, 2001.

Grabowski, Jan. *Hunt for the Jews: Betrayal and Murder in German-Occupied Poland*. Bloomington: Indiana University Press, 2013.

Grau, Lester. *The Soviet-Afghan War: How a Superpower Fought and Lost*. Lawrence: University Press of Kansas, 2002.

Greble, Emily. *Sarajevo, 1941–1945: Muslims, Christians, and Jews in Hitler's Europe*. Ithaca, NY: Cornell University Press, 2011.

Gross, Jan T. *Revolution from Abroad: The Soviet Conquest of Poland's Western Ukraine and Western Belorussia*. Princeton, NJ: Princeton University Press, [1988] 2002.

Gross, Jan T. *Neighbors: The Destruction of the Jewish Community in Jedwabne, Poland*. Princeton, NJ: Princeton University Press, 2001.

Gross, Jan T. "A Colonial History of the Bloodlands." *Kritika: Explorations in Russian and Eurasian History* 15, no. 3 (2014): 591–596.

Gross, Jan T., with Irena Grudzinska Gross. *Golden Harvest. Events at the Periphery of the Holocaust*. Oxford: Oxford University Press, 2012.

Grossman, Lt. Col. Dave. *On Killing: The Psychological Cost of Learning to Kill in War and Society*. New York: Black Bay Books, 1995.

Guha, Ranajit. *Elementary Aspects of Peasant Insurgency in Colonial India*. Delhi:

Oxford University Press, 1983.

Gumz, Jonathan. *The Resurrection and Collapse of Empire in Habsburg Serbia, 1914–1918.* Cambridge: Cambridge University Press, 2009.

Gušić, Branimir. "Naseljenje Like do Turaka." In *Lika u prošlosti i sadašnosti, zbornik 5,* edited by Branimir Gušić, 13–61. Karlovac: Historijski arhiv u Karlovcu, 1973.

Hadžijahić, Muhamed, et al. *Islam i Muslimani u Bosni i Hercegovini.* Sarajevo: Svjetlost, 1977.

Hajdarpašić, Edin. *Whose Bosnia? Nationalism and Political Imagination in the Balkans, 1840–1914.* Ithaca, NY: Cornell University Press, 2015.

Hansen, Thomas Blom. "Recuperating Masculinity: Hindu Nationalism, Violence, and the Exorcism of the Muslim 'Other.'" *Critique of Anthropology* 16, no. 2 (1996): 137–172.

Haritos-Fatouros, Mika. *The Psychological Origins of Institutionalized Torture.* London: Routledge, 2003.

Hasanbegović, Zlatko. *Jugoslavenska muslimanska organizacija 1929–1941. U ratu i revoluciji 1941.–1945.* Zagreb: Bošnjačka nacionalna zajednica za grad Zagreb I Zagrebačku županiju, 2012.

Hasluck, F.W. *Christianity and Islam under the Sultans,* 2 vols. New York: Octagon Books, [1929] 1973.

Hefner, Robert W. *The Political Economy of Mountain Java: An Interpretative History.* Berkeley: University of California Press, 1990.

Heper, Metin. "Center and Periphery in the Ottoman Empire: With Special Reference to the Nineteenth Century." *International Political Science Review* 1, no. 1 (1980): 81–105.

Herff, Barbara. "Genocide as State Terrorism." In *Government Violence and Repression: An Agenda for Research,* edited by Michael Stohl and George A. Lopez, 165–187. Westport, CT: Greenwood Press, 1986.

Hirsch, Francine. *Empire of Nations: Ethnographic Knowledge and the Making of the Soviet Union.* Ithaca, NY: Cornell University Press, 2005.

Hoare, Marko Atilla. *Genocide and Resistance in Hitler's Bosnia: The Partisans and the Chetniks.* Oxford: Oxford University Press, 2006.

Hoare, Marko Atilla. *The History of Bosnia: From the Middle Ages to the Present*

Day. London and Beirut: Saqi, 2007.

Hoare, Marko Atilla. "Genocide in the Former Yugoslavia before and after Communism." *Europe-Asia Studies* 62, no. 7 (2010): 1193–1214.

Hoare, Marko Atilla. *The Bosnian Muslims in the Second World War: A History*. London: Hurst, 2013.

Hobsbawm, E. J. *Nations and Nationalism since 1780: Programme, Myth, Reality*. Cambridge: Cambridge University Press, 1990.

Holquist, Peter. "'Information Is the Alpha and Omega of Our Work' : Bolshevik Surveillance in Its Pan-European Context." *Journal of Modern History* 69, no. 3 (1997): 415–450.

Horne, Alistair. *A Savage War of Peace: Algeria, 1954–1962*. New York: New York Review of Books, [1977] 2006.

Horowitz, Donald. *The Deadly Ethnic Riot*. Berkeley: University of California Press, 2001.

Hrelja, Kemal. "Proizvodni odnosi u poljoprivredi Bosne i Hercegovini, 1918–1941." In *Ekonomski genocid nad bosanskim muslimanima*, edited by Kemal Hrelja and Atif Purivatra, 43–82. Sarajevo: MAG—Udruženje Muslimana za antigenocidne aktivnosti, 1992.

Hroch, Miroslav. *Social Preconditions of National Revival in Europe: A Comparative Analysis of the Social Composition of Patriotic Groups among the Smaller European Nations*. Translated by Ben Fowkes. Cambridge: Cambridge University Press, 1985.

Huggins, Martha, Mika Haritos-Fatouros, and Philip Zimbardo. *Violence Workers: Police Torturers and Murderers Reconstruct Brazilian Atrocities*. Berkeley: University of California Press, 2002.

Hurem, Rasim. *Kriza Narodnooslobodilačkog pokreta u Bosni i Hercegovini krajem 1941. i početkom 1942. godine*. Sarajevo: Svjetlost, 1972.

Hurem, Rasim. "Samo su branili svoja sela." *Ogledalo* 1, no. 2 (prosinac/decembar 1990): 32.

Imamović, Mustafa. *Pravni položaj i unutrašnjo-politički razvitak Bosne i Hercegovine od 1878–1914*. Sarajevo: Bosanski kulturni centar, [1976] 1997.

Jacoby, Karl. *Shadows at Dawn: An Apache Massacre and the Violence of History*. New York: Penguin Books, 2008.

Jelić-Butić, Fikreta. "Prilog proučavanju djelatnosti ustaša do 1941." *Časopis za suvremenu povijest* I, nos. 1–2 (1969): 55–91.

Jelić-Butić, Fikreta. *Ustaše i Nezavisna Država Hrvatska, 1941–1945.* Zagreb: Sveučilišna naklada Liber i Školska knjiga, 1977.

Jelić-Butić, Fikreta. *Četnici u Hrvatskoj 1941.–1945.* Zagreb: Globus, 1986.

Judson, Pieter M. *Guardians of the Nation: Activists on the Language Frontiers of Imperial Austria.* Cambridge, MA: Harvard University Press, 2006.

Jurjević, Josip. *Pogrom u Krnjeuši 9. i 10. kolovoza 1941. godine.* Zagreb: Vikarijat Banjalučke biskupije, 1999.

Kakar, Sudhir. *The Colours of Violence: Cultural Identities, Religion, and Conflict.* Chicago: University of Chicago Press, 1996.

Kalyvas, Stathis. "The Paradox of Terrorism in Civil War." *Journal of Ethics* 1, no. 1 (2004): 97–138.

Kalyvas, Stathis. "The Urban Bias in Research on Civil Wars." *Security Studies* 13, no. 3 (2004): 160–190.

Kalyvas, Stathis. *The Logic of Violence in Civil War.* Cambridge: Cambridge University Press, 2006.

Kalyvas, Stathis. "Ethnic Defection in Civil War." *Comparative Political Studies* 41, no. 8 (2008): 1043–1068.

Kamberović, Husnija. *Begovski zemljišni posjedi u Bosni i Hercegovini od 1878. do 1918. godine.* Zagreb: Hrvatski institut za povijest-Zagreb; Institut za istoriju-Sarajevo, 2003.

Katz, Jack. *Seductions of Crime: A Chilling Exploration of the Criminal Mind— from Juvenile Delinquency to Cold-blooded Murder.* New York: Basic Books, 1988.

Kaufmann, Chaim. "Possible and Impossible Solutions to Ethnic Civil Wars." *International Security* 20, no. 4 (1996): 136–175.

King, Charles. "Can There Be a Political Science of the Holocaust?" *Perspectives on Politics* 10, no. 2 (2012): 323–341.

King, Jeremy. *Budweisers into Czechs and Germans: A Local History of Bohemian Politics, 1848–1948.* Princeton, NJ: Princeton University Press, 2002.

Kisić Kolanović, Nada. *Muslimani i hrvatski nacionalizam, 1941.–1945.* Zagreb: Hrvatski institut za povijest; Školska knjiga, 2009.

Korb, Alexander. "Understanding Ustaša Violence." *Journal of Genocide Research* 12, nos. 1–2 (2010): 1–18.

Korb, Alexander. *Im Schatten des Weltkriegs. Massengewalt der Ustaša gegen Serben, Juden und Roma in Kroatien 1941–1945.* Hamburg: Hamburger Edition, 2013.

Kopstein, Jeffrey, and Jason Wittenberg. "Deadly Communities: Local Political Milieus and the Persecution of Jews in Occupied Poland." *Comparative Political Studies* 44, no. 3 (2011): 259–283.

Kotkin, Stephen. *Magnetic Mountain: Stalinism as a Civilization.* Berkeley: University of California Press, 1995.

Kreševljaković, Hamdija. *Kulen Vakuf.* Sarajevo: Islamska dionička štamparija, 1935.

Kreševljaković, Hamdija. *Kapetanije u Bosni i Hercegovini.* Sarajevo: Svjetlost, [1953]1980.

Krizman, Bogdan. *Ante Pavelić i Ustaše.* Zagreb: Globus, 1978.

Krstić, ĐorĐo. *Agrarna politika u Bosni i Hercegovini.* Sarajevo: Štamparija "Bosanka pošta," 1938.

Kukuljević Sakcinski, Ivan. *Putovanje po Bosni.* Zagreb: Narodna tiskarnica dr. Ljudevit Gaja, 1858.

Kuper, Leo. *Genocide: Its Political Use in the Twentieth Century.* New Haven: Yale University Press, 1981.

Laitin, David. *Nations, States, and Violence.* Oxford: Oxford University Press, 2007.

Lefebvre, Georges. *The Great Fear of 1789: Rural Panic in Revolutionary France.* Translated by Joan White. New York: Pantheon Books, 1973.

Leites, Nathan, and Charles Wolf Jr. *Rebellion and Authority: An Analytic Essay on Insurgent Conflicts.* Chicago: Markham, 1970.

Lieberman, Benjamin. *Terrible Fate: Ethnic Cleansing in the Making of Modern Europe.* Chicago: Ivan R. Dee, 2006.

Lienhardt, Peter. "The Interpretation of Rumour." In *Studies in Social Anthropology: Essays in Memory of E.E. Evans-Pritchard by His Former Oxford Colleagues,* edited by J. H. M. Beattie and R.G. Lienhardt, 105–131. Oxford: Clarendon Press, 1975.

Longman, Timothy. *Christianity and Genocide in Rwanda*. Cambridge: Cambridge University Press, 2010.

Lohr, Eric. *Nationalizing the Russian Empire: The Campaign against Enemy Aliens during World War I*. Cambridge, MA: Harvard University Press, 2003.

London, Perry. "The Rescuers: Motivational Hypotheses about Christians Who Saved Jews From the Nazis." In *Altruism and Helping Behavior: Social Psychological Studies of Some Antecedents and Consequences*, edited by Jacqueline Macaulay and Leonard Berkowitz, 241–250. New York: Academic Press, 1970.

Lower, Wendy. "Pogroms, Mob Violence and Genocide in Western Ukraine, Summer 1941: Varied Histories, Explanations, and Comparisons." *Journal of Genocide Research* 13, no. 3 (2011): 217–246.

Lubkemann, Stephen C. *Culture in Chaos: An Anthropology of the Social Conditions in War*. Chicago: University of Chicago Press, 2008.

Luft, Aliza. "Toward a Dynamic Theory of Action at the Micro Level of Genocide: Killing, Desistance, and Saving in 1994 Rwanda." *Sociological Theory* 33, no. 2 (2015): 148–172.

Lukač, Dušan. *Ustanak u Bosanskoj Krajini*. Belgrade: Vojnoizdavački zavod, 1967.

Marijan, Davor. "Lipanjski ustanak u istočnoj Hercegovini 1941. godine." *Časopis za suvremenu povijest* 35, no. 2 (2003): 545–576.

Martin, Terry. *The Affirmative Action Empire: Nations and Nationalism in the Soviet Union, 1923–1939*. Ithaca, NY: Cornell University Press, 2001.

Maslak, Nijazija, et al. *Turističke informacije. Stari gradovi općine Bihać*. Bihać: Općina Bihać, 2008.

Mazower, Mark. *Hitler's Empire: How the Nazis Ruled Europe*. New York: Penguin Books, 2008.

Mazower, Mark. "Timothy Snyder's *Bloodlands*." *Contemporary European History* 21, no. 2 (May 2012): 117–123.

McDoom, Omar Shahabudin. "Who Killed in Rwanda's Genocide? Micro-Space, Social Influence and Individual Participation in Intergroup Violence." *Journal of Peace Research* 50, no. 4 (2013): 453–467.

McDoom, Omar Shahabudin. "Antisocial Capital: A Profile of Rwandan Genocide Perpetrators' Social Networks." *Journal of Conflict Resolution* 58, no. 5 (2014):

866–894.

Midlarsky, Manus. *The Killing Trap: Genocide in the Twentieth Century.* Cambridge: Cambridge University Press, 2005.

Mikić, ĐorĐe. *Političke stranke i izbori u Bosanskoj Krajini, 1918–1941.* Banja Luka: Institut za istoriju, 1997.

Milgram, Stanley. *Obedience to Authority. An Experimental View.* New York: Harper-Perennial, [1974] 2009.

Naimark, Norman M. *Fires of Hatred: Ethnic Cleansing in Twentieth-Century Europe.* Cambridge, MA: Harvard University Press, 2001.

Nielsen, Christian. *Making Yugoslavs: Identity in King Aleksandar's Yugoslavia.* Toronto: University of Toronto Press, 2014.

Okamura, Jonathan Y. "Situational Ethnicity." *Ethnic and Racial Studies* 4, no. 4 (1981): 452–465.

Oliner, Samuel P., and Pearl M. Oliner. *The Altruistic Personality: Rescuers of Jews in Nazi-Europe.* New York: Free Press, 1988.

Orlovac, Anto. *Palme im rukama. Život i mučeništvo župnika Krešimir Barišić i uništenje župe Krnjeuša 1941. godine.* Banja Luka and Zagreb: Biskupski ordinarijat Banja Luka; Ekološki glasnik d.o.o., 2008.

Owens, Peter B., Yang Su, and David A. Snow. "Social Scientific Inquiry into Genocide and Mass Killing: From Unitary Outcome to Complex Processes." *Annual Review of Sociology* 39, no. 4 (2013): 4.1–4.16.

Patterson, Orlando. *Rituals of Blood: Consequences of Slavery in Two American Centuries.* New York: Basic Books, 1998.

Pavičić, Luka. *Kronika stradanja Hrvata južne Like.* Zagreb: D-GRAF, 1996.

Peterson, Roger D. *Understanding Ethnic Violence: Fear, Hatred, and Resentment in Twentieth Century Eastern Europe.* Cambridge: Cambridge University Press, 2002.

Politkovskaya, Anna. *A Small Corner of Hell: Dispatches from Chechnya.* Chicago: University of Chicago Press, 2003.

Popović, Vasilj. *Agrarno pitanje u Bosni i turski neredi za vreme reformnog režima Abdul-Medžida (1839–1861).* Belgrade: Srpska akademija nauka, 1949.

Portelli, Alessandro. "The Peculiarities of Oral History." *History Workshop* 12, no. 1 (1981): 96–107.

Posen, Barry. "The Security Dilemma and Ethnic Conflict." *Survival* 35, no. 1 (1993): 27–47.

Prunier, Gerard. *The Rwanda Crisis: A History of a Genocide.* London: Hurst & Company, [1995] 2010.

Prunier, Gerard. *Darfur: A 21st Century Genocide.* 3rd ed. Ithaca, N.Y.: Cornell University Press, 2008.

Prusin, Alexander V. *The Lands Between: Conflict in the East European Borderlands, 1870–1992.* Oxford: Oxford University Press, 2010.

Purivatra, Atif. "Političke partije prema agrarnoj reformi u Bosni i Hercegovini neposredno poslije 1918. godine." In *Nacionalni i politički razvitak Muslimana. Rasprave i članci,* edited by Atif Purivatra, 216–275. Sarajevo: Svjetlost, 1969.

Purivatra, Atif. *Jugoslavenska muslimanska organizacija u političkom životu Kraljevine Srba, Hrvata i Slovenaca.* Sarajevo: Bosanski kulturni centar, [1974] 1999.

Redlich, Shimon. *Together and Apart in Brzezany: Poles, Jews, and Ukrainians, 1919–1945.* Bloomington and Indianapolis: Indiana University Press, 2002.

Renwich Monroe, Kristen. *Ethics in an Age of Terrorism and Genocide: Identity and Moral Choice.* Princeton, NJ: Princeton University Press, 2011.

Robinson, Geoffrey. *The Dark Side of Paradise: Political Violence in Bali.* Ithaca, NY: Cornell University Press, 1995.

Ron, James. *Frontiers and Ghettos: State Violence in Serbia and Israel.* Berkeley: University of California Press, 2004.

Roy, Beth. *Some Trouble with Cows: Making Sense of Social Conflict.* New Delhi: Vistaar, 1994.

Rude, George F. E. *The Crowd in the French Revolution.* Oxford: Oxford University Press, 1959.

Rude, George F. E. *The Crowd in History: A Study of Popular Disturbances in France and England, 1730–1848.* New York: Wiley, 1964.

Sahlins, Marshall. "The Return of the Event, Again." In *Culture in Practice. Selected Essays,* edited by Marshall Sahlins, 293–352. New York: Zone Books, 2000.

Samardžija, Dušan D. *Bosanskodubičko područje u NOR-u i socijalističkoj revoluciji 1941–1945.* Bosanska Dubica: Društveno-političke organizacije i Skupština opštine Bosanska Dubica, 1984.

Sambanis, Nicholas, and Moses Shayo. "Social Identification and Ethnic Conflict." *American Political Science Review* 107, no. 2 (2013): 294–325.

Sarajlić, Abdulah, and Dragutin Strunjaš. "Prvi dani ustanka u Drvaru i okolini." *Godišnjak istorijskog društva Bosne i Hercegovine* II (1950): 5–18.

Sarić, Samija. "Prilog pregledu provoĐenja agrarne reforme u Bosni i Hercegovine 1918–1941. godine." *Glasnik arhiva i društva arhivskih radnika Bosne i Hercegovine* XVIII–XIX (1978–1979): 213–223.

Schama, Simon. *Citizens: A Chronicle of the French Revolution.* New York: Albert Knopf, 1989.

Schirmer, Jennifer. *The Guatemalan Military Project: A Violence Called Democracy.* Philadelphia: University of Pennsylvania Press, 1998.

Šehić, Nusret. *Četništvo u Bosni i Hercegovini, 1918–1941. Politička uloga i oblici djelatnosti četničkih udruženja.* Sarajevo: Akademija nauke i umjetnosti Bosne i Hercegovine, 1971.

Semelin, Jacques. *Purify and Destroy: The Political Uses of Massacre and Genocide.* New York: Columbia University Press, 2007.

Sewell, William H., Jr. "Three Temporalities: Towards an Eventful Sociology." In *The Historic Turn in the Human Sciences*, edited by Terrence J. McDonald, 245–280. Ann Arbor: University of Michigan Press, 1996.

Škaljić, Abdulah. *Turcizmi u srpskohrvatskom jeziku.* Sarajevo: Svjetlost, 1966.

Skoko, Savo. *Pokolji hecegovačkih Srba '41.* Belgrade: Stručna knjiga, 1991.

Skoko, Savo, and Milan Grahovac. "Junski ustanak." In *Hercegovina u NOB, April 1941.– juni 1942, tom 2*, edited by Sveta Kovačević and Slavko Stijačić-Slavo, 409–439. Belgrade and Mostar: Vojnoidavački i novinski centar i Istorijski arhiv Hercegovina, 1986.

Smith, Sebastian. *Allah's Mountains: The Battle for Chechnya.* New York: I.B. Tauris, 2006.

Šljivo, Galib. *Omer-paša Latas u Bosni i Hercegovini, 1850–1852.* Sarajevo: Svjetlost, 1977.

Snyder, Timothy. "'To Resolve the Ukrainian Problem Once and for All' : The Ethnic Cleansing of Ukrainians in Poland, 1943–1947." *Journal of Cold War Studies* 1, no. 2 (1999): 86–120.

Snyder, Timothy. "The Causes of Ukrainian-Polish Ethnic Cleansing, 1943." *Past and Present* 179, no. 1 (2003): 197–234.

Snyder, Timothy. "The Life and Death West Volhyinian Jewry, 1921–1945." In *The Shoah in Ukraine: History, Testimony, Memorialization*, edited by Ray Brandon and Wendy Lower, 77–113. Bloomington: Indiana University Press, 2008.

Snyder, Timothy. *Bloodlands: Europe between Hitler and Stalin*. New York: Basic Books, 2010.

Solonari, Vladimir. *Purifying the Nation: Population Exchange and Ethnic Cleansing in Nazi-Allied Romania*. Baltimore: Johns Hopkins University Press, 2010.

Spencer, Jonathan. "Popular Perceptions of the Violence: A Provincial View." In *Sri Lanka in Change and Crisis*, edited by James Manor, 187–195. London: Croom Helm, 1984.

Spencer, Jonathan. "Violence and Everyday Practice in Sri Lanka." *Modern Asian Studies* 24, no. 3 (July 1999): 603–623.

Stanisavljević, Đuro. "Pojava i razvitak četničkog pokreta u Hrvatskoj." *Istorija XX veka—Zbornik radova*, 5–140. Belgrade: Institut društvenih nauka, 1962.

Stanisavljević, Đuro. "Narodni heroj, Matić Ilije Stojan." In *Kotar Donji Lapac u Narodnooslobodilačkom ratu, 1941.–1945.*, edited by Gojko Vezmar and Đuro Zatezalo, 974–976. Karlovac: Historijski arhiv u Karlovcu, 1985.

Stojkov, Todor. "O takozvanom Ličkom ustanku 1932." *Časopis za suvremenu povijest* 2, no. 2 (1970): 167–180.

Stoll, David. *Between Two Armies in the Ixil Towns of Guatemala*. New York: Columbia University Press, 1993.

Stoll, David. *Rigoberta Menchú and the Story of All Poor Guatemalans*. Boulder, CO: Westview Press, 1999.

Straus, Scott. *The Order of Genocide: Race, Power, and War in Rwanda*. Ithaca, NY: Cornell University Press, 2006.

Straus, Scott. "Second-Generation Comparative Research on Genocide." *World Politics* 59, 3 (2007): 476–501.

Straus, Scott. "The Historiography of the Rwandan Genocide." In *The Historiography of Genocide*, edited by Dan Stone, 517–542. Basingstoke, England: Palgrave Macmillan, 2008.

Straus, Scott. "From 'Rescue' to Violence: Overcoming Local Opposition to

Genocide in Rwanda." In *Resisting Genocide: The Multiple Forms of Rescue*, edited by Jacques Semelin, Claire Andrieu, and Sarah Gensburger, 331–343. Translated by Emma Bently and Cynthia Schoch. New York: Columbia University Press, 2011.

Straus, Scott. "'Destroy Them to Save Us': Theories of Genocide and the Logics of Political Violence." *Terrorism and Political Violence* 24, no. 4 (2012): 544–560.

Straus, Scott. "Retreating from the Brink: Theorizing Mass Violence and the Dynamics of Restraint." *Perspectives on Politics* 10, no. 2 (June 2012): 343–362.

Straus, Scott. *Making and Unmaking Nations: War, Leadership, and Genocide in Modern Africa*. Ithaca, NY: Cornell University Press, 2015.

Stuparić, Darko, ed. *Tko je tko u NDH. Hrvatska 1941.–1945.* Zagreb: Minerva, 1997.

Su, Yang. *Collective Killings in Rural China during the Cultural Revolution*. Cambridge: Cambridge University Press, 2011.

Suny, Ronald Grigor, and Terry Martin, eds. *A State of Nations: Empire and Nation-Making in the Age of Lenin and Stalin*. Oxford: Oxford University Press, 2001.

Tambiah, Stanley. *Levelling Crowds: Ethnonationalist Conflicts and Collective Violence in South Asia*. Berkeley: University of California Press, 1996.

Tec, Nechama. *When Light Pierced the Darkness: Christian Rescuers of Jews in Nazi-Occupied Poland*. Oxford: Oxford University Press, 1986.

Ther, Philipp, and Ana Siljak, eds. *Redrawing Nations: Ethnic Cleansing in East-Central Europe, 1944–1948*. Lanham, MD: Rowman & Littlefield, 2001.

Tishkov, Valery. "'Don't Kill Me, I'm a Kyrgyz!': An Anthropological Analysis of Violence in the Osh Ethnic Conflict." *Journal of Peace Research* 32, no. 2 (1995): 133–149.

Tomasevich, Jozo. *Peasants, Politics, and Economic Change in Yugoslavia*. Stanford: Stanford University Press, 1955.

Tomasevich, Jozo. *War and Revolution in Yugoslavia, 1941–1945: Occupation and Collaboration*. Stanford: Stanford University Press, 2001.

Truhelka, Ćiro. *Historička podloga agrarnog pitanja u Bosni*. Sarajevo: Zemaljska štamparija, 1915.

Tse-tung, Mao. *On Guerrilla Warfare*. Translated by Samuel B. Griffith. Mineola,

NY: Dover,［1937］2005.

Valentino, Benjamin. *Final Solutions: Mass Killing and Genocide in the Twentieth Century*. Ithaca, NY: Cornell University Press, 2004.

Valentino, Benjamin. "Why We Kill: The Political Science of Political Violence against Civilians." *Annual Review of Political Science* 17 (2014): 89–103.

Valentino, Benjamin, Paul Huth, and Dylan Balch-Lindsay. "Draining the Sea: Mass Killing and Guerrilla Warfare." *International Organization* 58, no. 2 (2004): 375–407.

Varshney, Ashutosh. *Ethnic Conflict and Civil Life. Hindus and Muslims in India*. New Haven: Yale University Press, 2002.

Verkaaik, Oskar. "Fun and Violence: Ethnocide and the Effervescence of Collective Aggression." *Social Anthropology* 11, no. 1 (2003): 3–22.

Vujačić, Veljko, and Victor Zaslavsky. "The Causes of Disintegration in the USSR and Yugoslavia." *Telos* 1991, no. 88 (1991): 120–140.

Vukmanović, Milan. *Ustaški zločini na području Bihaća u ljeto 1941. godine*. Banja Luka: Institut za istoriju u Banjaluci, 1987.

Wachtel, Andrew Baruch. *Making a Nation, Breaking a Nation: Literature and Cultural Politics in Yugoslavia*. Stanford: Stanford University Press, 1998.

Waller, James. *Becoming Evil: How Ordinary People Commit Genocide and Mass Killing*. New York: Oxford University Press, 2002.

Weinstein, Jeremy. *Inside Rebellion: The Politics of Insurgent Violence*. Cambridge: Cambridge University Press, 2007.

Weitz, Eric. *A Century of Genocide: Utopias of Race and Nation*. Princeton, NJ: Princeton University Press, 2003.

Wickman-Crowley, Timothy. "Terror and Guerrilla Warfare in Latin America, 1956–1970." *Comparative Studies in Society and History* 32, no. 2 (1990): 201–237.

Wimmer, Andreas. *Waves of War: Nationalism, State Formation, and Ethnic Exclusion in the Modern World*. Cambridge: Cambridge University Press, 2013.

Wolfgang, Marvin. *Patterns in Criminal Homicide*. Philadelphia: University of Pennsylvania, 1958.

Wood, Elisabeth Jean. "The Social Processes of Civil War: The Wartime Transformation of Social Networks." *Annual Review of Political Science* 11

(2008): 539–561.

Yeomans, Rory. *Visions of Annihilation: The Ustasha Regime and the Cultural Politics of Fascism, 1941–1945*. Pittsburgh: University of Pittsburgh Press, 2013.

Yosmaoğlou, İpek. *Blood Ties: Religion, Violence and the Politics of Nationhood in Ottoman Macedonia, 1878–1908*. Ithaca, NY: Cornell University Press, 2013.

Zahra, Tara. *Kidnapped Souls: National Indifference and the Battle for Children in the Bohemian Lands, 1900–1948*. Ithaca, NY: Cornell University Press, 2008.

Zahra, Tara. "Going West." *East European Politics and Societies* 25, no. 4 (2011): 785–791.

Żbikowski, Andrezj. "Local Anti-Jewish Pogroms in the Occupied Territories of Eastern Poland, June-July 1941." In *The Holocaust in the Soviet Union: Studies and Sources on the Destruction of Jews in the Nazi-Occupied Territories of the USSR, 1941–1945*, edited by Lucjan Dobroszycki and Jeffrey Gurock, 173–179. Armonk, NY: M.E. Sharpe, 1993.

Zimbardo, Philip. *The Lucifer Effect: Understanding How Good People Turn Evil*. New York: Random House, 2007.

索引

（按汉语拼音顺序排列，页码见本书边码）

理想国译丛

imaginist [MIRROR]